*Le **Blog** documentaire* éditions
juin 2018

Couverture : Gwenaël Bossion – Tomahawk
http://www.twk-artwork.com/

Au-delà du webdoc

Les nouveaux territoires de la création documentaire

**Cédric Mal
Fanny Belvisi
Nicolas Bole
Xavier de la Vega**

et
Rym Bouhedda
Benjamin Chevalier
Pierre Corbinais
Ulrich Fischer
Florent Maurin

A Barbara Levendangeur

Introduction

Par Cédric Mal

A la question de savoir si le webdoc a existé[1], on répondra : « oui ». Mais il a vite changé de nom. Les uns avaient privilégié le préfixe (web-documentaire), les autres – sans doute à juste titre – le suffixe (documentaire-web)[2]... On préfère désormais *qualifier* le documentaire issu d'internet. On le dit : interactif, participatif, collaboratif, mobile, transmédia, gamifié, réflexif, géolocalisé, sérialisé, applicatif, virtuel, installatif... Les adjectifs pleuvent pour tenter de cerner un pan de création qui ne se laisse pas si facilement dompter, ni enfermer dans des cases. Le mariage du « web » et du « documentaire » a engendré des enfants turbulents, et pas si dociles.

Les formes originelles estampillées « webdocumentaires » se sont donc assez rapidement transformées, et ces mutations alimentent aujourd'hui ce qu'il est convenu d'appeler les « nouvelles écritures ». *« Le terme "nouveau" ne marque pas une chronologie précise (l'écriture était une nouvelle technologie à l'époque de Platon), mais une façon de voir le présent, comme porteur d'un futur en germes. Barthes disait que la photographie nous fait penser à "ça a été ". On pourrait dire que la nouvelle écriture dit : "ça va donner" (du sens, des œuvres, du succès, de l'argent). Ce pouvoir d'annoncer des révolutions est ce qui fait que les "nouvelles écritures" ne cessent de glisser, se chassant les unes les autres. »*[3]

---

[1] Nicolas Bole, Cédric Mal, *Le webdoc existe-t-il ?*, Le Blog documentaire éditions, 2014.
[2] Etienne-Armand Amato, *Le webdocumentaire et ses ressorts fonctionnels, au croisement du film documentaire et de la narration hypermédia*, in « Le levain des médias – forme, format, média », Guillaume Soulet et Kira Kitsopanidou (dir.), L'Harmattan, 2016.
[3] Yves Jeanneret, *Vous avez dit : « nouvelles écritures » ?*, revue Effeuillage n°6, juin 2017.

Derrière la querelle de vocable en tout cas, l'essence qui présida à la naissance du « webdoc » ne s'est pas éteinte. Bien au contraire : elle a flambé. Irrigué, irisé, contaminé un peu partout la création documentaire, allant même jusqu'à en redessiner certains contours. L'alliance du web avec l'esthétique et l'éthique documentaire a produit des œuvres qui résistent. Presque quinze ans après, qu'en reste-t-il ? Et où allons-nous ? Où cette fulgurante accélération des pixels nous conduit ? C'est l'un des objets de ce livre.

Mais pour scruter l'horizon des « nouvelles écritures », encore faut-il savoir d'où l'on regarde, et d'où l'on parle. Sur quelles bases les œuvres d'aujourd'hui sont-elles conçues ? Quelles sont les formes, quels sont les essais qui inspirent les créateurs ? Et que retenir de l'évolution des webcréations ?

Nous revenons dans cet ouvrage sur des documentaires essentiellement mis en ligne entre 2014 et 2018 – et en ce sens, nous nous inscrivons encore dans le prolongement du livre *Le webdoc existe-t-il ?*. Vous lirez entre ces lignes ce qu'il s'est fait hier, et devinerez sans doute ce qu'il se fera demain en matière de documentaires sur internet. Il existe, vous le verrez, des ramifications, des correspondances entre certains projets : des préoccupations qui se partagent, des intérêts qui convergent, des pratiques professionnelles et des recherches esthétiques ou techniques qui se répondent.

Rétro-viseur

Les documentaires produits avec internet ont aujourd'hui une quinzaine d'années – ce qui représente une éternité sur le web qui, rappelons-le, n'a que 25 ans. Leur croissance a été assez fulgurante : il n'y a qu'à considérer le fossé, qualitatif, esthétique, immersif, interactif et expérientiel, qui sépare les premières œuvres majeures et les dernières propositions éditées à ce jour pour se figurer l'ampleur du saut effectué en une belle décennie.

Les créateurs d'œuvres pour le web n'ont pas révolutionné la poudre, bien sûr, mais ils ont fait exploser certains canons narratifs en allumant et en alignant les lignes de codes. Tout a commencé en 2005 (même si on dit aussi que les documentaires web sont bien plus vieux que cela, descendants directs des CD-ROM culturels) avec *La Cité des mortes*, un programme interactif « *de type webdocumentaire* » sur l'assassinat de 400 femmes à Ciudad Juarez, au Mexique. Ce premier objet d'ordre documentaire sur internet procédait du livre[4] ; tout sauf un hasard, vous le constaterez en lisant nos développements sur les applications documentaires et les livres interactifs...

L'enfance des documentaires web a été celle des projets « dont vous êtes le héros », *Thanatorama* (2007) et *Voyage au bout du charbon* (2008) en tête. Des chemins pavés de bonnes intentions interactives qui ont pu laisser certains spectateurs sur leurs faims, mais les appétits ont été ouverts... Ce modèle d'immersion « à la place de » nourrit aujourd'hui les expérimentations de réalité virtuelle et les œuvres inspirées du jeu vidéo. Nous y revenons ici longuement.

A partir des années 2010, ce fut le temps de la reproduction. Comprenez : l'expansion des propositions. Sous l'impulsion du CNC et des diffuseurs publics en France (ARTE, France Télévisions, Radio France), de l'ONF et du Fonds des Médias au Canada, c'est le saut quantitatif... Les budgets s'étoffent, les œuvres se multiplient, mais le succès n'est pas toujours au rendez-vous. En 2014, Caspar Sonnen, le patron du DocLab de l'IDFA, expliquait : « *Il est toujours assez frappant de constater à quel point il est rare de voir des documentaires interactifs vraiment bons, et réussis. Parce qu'il s'agit de mélanger de l'eau et de l'huile. L'interactif et le narratif sont deux forces en conflit.* »[5]

---

[4] Christophe Rampal, Marc Fernandez, *La ville qui tue les femmes, enquête à Ciudad Juarez*, Hachette Littérature, 2005.
[5] Kel O'Neill, *Dispatches from IDFA : A Conversation with DocLab architect Caspar Sonnen*, POV's Documentary Blog (OBS), 20 novembre 2014.

L'adolescence des documentaires interactifs fut un peu le temps de la discussion. *Prison Valley* nous offrait en 2009 « les clés du débat » ; *Manipulations, l'expérience web*, en 2011, mettait en ligne de nombreuses pièces à conviction de l'affaire Clearstream, pour « se faire sa propre idée ». La maturité est atteinte un peu plus tard, quand le genre se construit et *reproduit* ses propres codes, son propre langage, inédit et fruit d'emprunts à tous les arts qui l'ont précédé, avec des adéquations entre le fond et la forme de plus en plus pertinentes.

Le documentaire web en est aussi venu à miser sur les spectateurs comme forces créatrices. De *Highrise* à *Anarchy* en passant par *Soundhunters*, il est devenu collaboratif, ou participatif, et nous nous y penchons précisément ici. Il s'encanaille aussi au contact des jeux vidéo, de *Type:Rider* à *Californium* et de *Fort McMoney* à *L'infiltré* – qui consacrent par ailleurs l'utilisation du « temps réel » pour interpeller les auditoires. L'émancipation arrive avec le documentaire mobile. C'est un peu le passage à l'âge adulte : le documentaire pensé pour le web, et d'abord pour un écran d'ordinateur, se répand sur les tablettes et les smartphones, devenant de fait un objet qui circule. Nous en parlons dans ce livre avec des œuvres aussi différentes que vivifiantes et simples d'utilisation : *Cinemacity, Jaurès pas à pas, Memoways, Le Cancer du Temps* ou *Affaires sensibles*.

La création documentaire sur internet s'est également renouvelée grâce au son. C'est un large chapitre de cet ouvrage : les « podcasts natifs » ont apporté un vent de fraîcheur aux créations sonores, de nouvelles voix et de nouvelles façons d'écrire. Le raz de marée venu des Etats-Unis (*Serial*) a débarqué en France où les acteurs (BoxSons, Nouvelles écoutes, Binge Audio, Louie Media) et les programmes ambitieux (*Superhéros, Transfert*) se multiplient.

Nouvelles visées

Qui suis-je ? Où vais-je ? Et que faisons-nous de nous à l'ère d'internet et de l'hyper-connexion généralisée ? Ces grandes questions, fondamentales, sont au cœur de trois programmes successifs mis en musique par ARTE, et abordés au début de cet ouvrage. (Oui, ARTE en capitales car, une bonne fois pour toutes, l'acronyme signifie : Association Relative à la Télévision Européenne.) C'est un peu la grande psychanalyse générale : *World Brain, In Limbo* et *Do Not Track* ont, coup sur coup, questionné notre rapport au web dans ses dimensions politiques, économiques, sociétales et intimes.

Aujourd'hui enfin, le documentaire lorgne vers la réalité virtuelle [VR, *Virtual Reality* en anglais]. Certains n'y voient qu'un feu de paille ; d'autres y devinent une révolution des industries culturelles... Quoi qu'il en soit des conjectures, plusieurs œuvres remarquables (*Jusqu'ici, The Enemy, Assent, Le Photographe inconnu, Notes on Blindness*) confirment que certains auteurs et producteurs inspirés trouvent dans cette technologie les prolongements de leurs ambitions. Et quoi qu'on en dise, sans quinze années de webcréations documentaires derrière nous, la réalité virtuelle n'aurait peut-être pas le même visage à ce jour...

D'autres ont jeté leur dévolu sur les webséries, techniquement plus abordables et pour lesquelles les diffuseurs ont un appétit manifeste (*La Parade, La Bande du skatepark, DataGueule, Product*). D'autres encore essuient les plâtres sur les réseaux sociaux et tordent les usages de Twitter ou d'Instagram pour y produire de réjouissants récits riches de sens, à découvrir également dans ce livre.

Alors, de quoi sera fait demain ? Quelles perspectives, quel horizon pour toutes ces œuvres ? Certains, à l'instar du producteur Jérémy Pouilloux (qui revient sur notre querelle de langage initiale), en appelle à davantage de volontarisme : *« Les "nouvelles écritures" ne doivent plus être qualifiés comme telles. Elles incarnent cette audace nécessaire, cette stratégie incontournable. Il est temps de passer à une production massive, laissant autant de place aux formats linéaires et facilement partageables, qu'aux formats interactifs, innovants et qui suscitent l'émerveillement. Tout en investissant dans le marketing de ces contenus et les stratégies de diffusions communautaires. L'interactif est une pierre angulaire de cette audace. De nombreuses erreurs d'appréciation sont régulièrement commises à ce sujet. Sous l'impact des mastodontes du web, le linéaire et la VR ont éclipsé un genre symptomatique du web et dont les initiateurs doivent rester fiers, et forces de proposition. »*[6]

C'est aussi pour leur rendre hommage que nous avons composé cet ouvrage. Une cinquantaine de personnalités s'y expriment. Tous nous disent que ces productions, fruits de notre époque, sont précieuses : elles racontent notre monde à leur manière, et avec leurs propres outils. A l'heure des *fake news* et de l'« infoxication » générale, les nouveaux formats déformatent les esprits en inventant une autre grammaire, un autre langage et des codes nouveaux. Le producteur François Le Gall explique : « *Face aux médias, aux marques, aux sites marchands, aux extrémistes, à ceux qui veulent contrôler, privatiser ou monnayer l'accès à cet espace... nos œuvres documentaires interactives sont comme des poches de résistance, des îlots de contenus non marchands, offerts et ouverts à l'intelligence de tous.* »[7]

Toutes, en tout cas, ont en commun d'être *belles*. L'ancien président de l'ONF Tom Perlmutter l'affirme : « *La beauté – et j'inclus dans ce discours sur la beauté tous nos modes de construction du récit – n'est pas un emballage ou une enveloppe, ce n'est pas le contenant dans lequel on placerait cette chose importante qu'on appelle le contenu. Elle est le contenu ; elle se trouve au cœur même de la production du*

---

[6] Jérémy Pouilloux, *Et si le sort calamiteux des « nouvelles écritures » ne faisait que dévoiler le déclin de l'empire médiatique européen*, revue Effeuillage n°6, juin 2017.
[7] Aurélie Réman, *Manifeste collaboratif du documentaire interactif*, Sunny Side of the Doc, 7 avril 2016.

sens. *La beauté est une singularité, mais ce n'est pas une chose unique, une règle uniforme. Et elle soulève autant de questions que le sens. Comment détermine-t-on ce qui est beau ? Sur quelles bases établit-on les critères de jugement ? Quel type de beauté est privilégié ? C'est en tentant de répondre à ces questions à titre de créateurs et de producteurs que nous repoussons les limites de l'innovation.* »[8]

Alors bien sûr, ces webcréations sont plutôt des programmes qui s'adressent aujourd'hui, sauf exceptions notables, à des (supers) niches, ou qui visent pour certaines des communautés (déjà) constituées. Mais sans doute que la mesure la plus décisive et la plus fondamentale de leur succès, au-delà de toutes les données arithmétiques que l'on peut compiler, c'est l'*impact* qu'elles peuvent avoir sur la réalité. Comment participent-elles à une prise de conscience collective, et à une modification de la manière dont on voit les choses ? Bourdieu affirmait déjà en son temps que, pour changer le monde, il faut changer les représentations que l'on s'en fait... L'ensemble des œuvres et des créateurs présents dans ce livre y participe.

Le webdoc est mort, vive le webdoc !

---

[8] Tom Perlmutter, *La centralité de la marginalité : fondements conceptuels pour imaginer l'avenir de l'ONF*, allocution annuelle adressée au personnel de l'ONF, 18 juin 2013.

Webcréations, la typologie impossible

Par Nicolas Bole

Dresser une classification des webproductions ? L'exercice, tentant, est devenu au fil des ans un programme imposé pour nombre d'invités des conférences, séminaires, formations et autres festivals dédiés aux « nouvelles » formes d'écriture. Depuis plus de 10 ans, la création web se cherche une grille de lecture par laquelle s'auto-organiser et ainsi apparaître de manière programmatique aux yeux du public non averti. Nous nous étions nous-mêmes prêtés au jeu il y a quatre ans dans un précédent ouvrage. Pourquoi refuser cette fois-ci de définir une typologie ?

Car bien que nécessaire à la lisibilité des webproductions, la typologie réifie la création et échoue à rendre compte des mouvements à l'œuvre dans le média web. En enfermant des œuvres dans des genres, elle suscite des (gué)guerres de chapelle et encourage le perpétuel dépassement de ses propres frontières par « l'hybridation » (des formes) qui devient un maître-mot dans le contexte du web où ni usages ni technologies ne sont encore clairement fixés, ni pérennisés. Rien de plus courant alors, en matière de création, que d'observer des auteurs nouvellement arrivés brûler les idoles de la génération précédente. Il en va de leur crédibilité, dans un univers technophile où « l'innovation » fait plus que jamais figure d'*alpha* et d'*omega* de la pensée. Le résultat : du webdocumentaire au transmédia, du *serious game* au *longform*, du multimédia à l'immersif et à la réalité virtuelle, une mode chasse l'autre à un rythme soutenu. Difficile dès lors de s'appuyer sur la faculté de *nommer* les choses quand ces noms donnés aux œuvres révèlent l'imaginaire subjectif de ceux qui les portent en étendard[9]. Devant ce jeu, grisant mais

---

[9] David Dufresne est ainsi passé du « webdocumentaire » *Prison Valley* au « jeu documentaire » *Fort McMoney* puis au « documentaire à collectionner » *Hors-Jeu* en passant par le « speed documentaire » *Fort Mc and The beast*,

facilement futile, du classement, l'analyste doit davantage tenter d'amener modestement constats et hypothèses dans une réflexion en rapide recomposition.

Comment classer ?

Le classement des webproductions ne relève pas seulement d'un questionnement purement théorique. Au nom de la visibilité et de la cohérence de leur ligne éditoriale, les diffuseurs sont eux aussi confrontés à la problématique. A France Télévisions, la distinction anglo-saxonne entre fiction et non-fiction a été adoptée pour dissocier les contenus linéaires en série : « Studio 4 » pour la fiction ; « IRL » pour le « réel ». Pour l'interactif en revanche, c'est plus flou. Sur le site des Nouvelles écritures de France Télévisions, on retrouve aussi bien du documentaire en images de synthèse et en réalité virtuelle (*The Enemy*) que de la fiction interactive (*Wei or Die*), de l'enquête journalistique interactive (*Generation What ?*) ou du documentaire « jouable » (*Uchroniques*). Alors, comment dissocier toutes ces expériences ? Gilles Freissinier, qui dirige le pôle web d'ARTE, parle volontiers de *« grandes catégories »*, qui relèvent à la fois de la forme (linéaire court, réalité virtuelle, expériences...) et du genre (fiction et documentaire, jeu)... tout en assumant le fait que ce système est plus utile en interne que lisible pour le public.

Sur ce point, ARTE a choisi la thématisation de son offre où chaque chaîne (Future, Creative, Cinéma ou Info) propose des programmes, qu'ils soient linéaires ou interactifs. Ce mode de classement, qui met résolument l'accent sur le fond au détriment de la forme, prend le risque de noyer ce que l'écriture interactive peut avoir de singulier parmi les propositions plus traditionnelles (fictions, documentaires, reportages et émissions). En se basant sur le système des « unités » qui structurent l'offre télévisuelle (Arts et Spectacle, Histoire, etc.), il rend aussi difficilement compte du mélange des genres. Car le web, en permettant une diffusion rapide et

---

par à la « petite fabrique documentaire » *Dada-Data* ou encore la « politique-fiction en temps réel » *L'infiltré*.

en démocratisant des outils de création très divers, a fait exploser le primat sur lequel reposait la télévision depuis sa création : l'éditorialisation des contenus organisée par quelques-uns à destination du « grand public ». Avec le web, chacun devenant potentiellement curateur de la multitude de contenus publiés chaque jour sur la toile, ce sont de nouvelles grilles de lecture, de nouveaux ponts conceptuels qui sont créés. Résultat : le mélange des genres est de plus en plus prégnant, dans des productions qui cherchent moins à creuser un sillon déjà emprunté qu'à se jouer des codes.

Les formes des webproductions désespèrent donc par leur diversité toute tentative de typologie adéquate. Quoi de commun entre une biographie en *live* qui se passe entièrement sur Twitter (*Madeleine project*), un jeu documentaire riche en vidéos assorti d'un forum de débat (*Fort McMoney*), une expérience qui met l'internaute face aux comportements d'animaux (*La question animale, Comme des bêtes*), un documentaire pédagogique qui montre comment les données sont filtrées sur Internet (*Do Not Track*), un récit interactif basé sur le texte (*Click here to save the world*), une expérience documentaire où l'on peut combiner plusieurs films (*Radioactivity*), un site de recueils de textes d'adolescents adossé à une installation muséale (*Mots d'ados*) ou une série documentaire sur de jeunes Bretons (*La Bande du skatepark*) ? On pourrait allonger la liste indéfiniment. Pour chaque désir narratif exprimé dans les œuvres citées, une réponse différente ; dans la manière de s'adresser aux internautes, de leur proposer de participer et d'interagir, ou dans l'objectif affiché par le programme. Devant tant d'hétérogénéités, quels constats peut-on tirer et quelles hypothèses formuler pour y voir clair dans ce *maelström* de webproductions ?

Constats

Premier constat : les usages des internautes ne sont pas figés. Là où la télévision continue à drainer des millions de téléspectateurs à des horaires clairement identifiés, le web fait toujours figure d'exception quand il permet de réunir une forte audience sur un programme. Le pic des 1,3 millions d'internautes ayant visité *Do Not Track* constitue à ce jour un plafond (de verre ?). Pour le reste des webproductions, il faut compter sur des adaptations constantes tant dans la chaîne de production que dans la proposition éditoriale.

Depuis 2015 et l'émergence – dans le journalisme – de formats uniquement destinés à une diffusion sur les réseaux sociaux (dont *Brut* est l'une des plus fulgurantes réussites, entraînant dans son sillage d'autres acteurs comme *Loopsider*, mais aussi avant eux un documentaire comme *Madeleine Project*, nativement pensé pour le réseau social Twitter), la notion même de plateforme sur laquelle un opérateur rassemblait l'ensemble de ses contenus a pris du plomb dans l'aile. L'omnipotence des réseaux sociaux dans l'accès aux contenus oblige dès lors les créateurs comme les diffuseurs à penser nativement leurs propositions éditoriales pour le public « là où il se trouve ». Ainsi, une BD feuilletonnante comme *Eté*, pensée par ARTE, se lit exclusivement sur Instagram ; le site web d'ARTE se bornant dans ce cas à n'être qu'une interface vers le cœur même de l'œuvre. C'est dire si, en quelques années seulement, toute une logique de production s'est peu à peu renversée : en devenant parfois les lieux même de la création, Facebook, Twitter, Instagram et demain Snapchat relèguent les sites Internet des diffuseurs au statut auquel ces réseaux étaient naguère cantonnés : une vitrine...

Auteurs, producteurs et diffuseurs sont donc tous trois dépendants des réseaux et des *devices* par lesquels le public accède à leurs œuvres. Conséquence : placés en situation de répondre à la demande davantage que de susciter l'offre, les producteurs de contenus assument, parfois naïvement, courir après la dernière mode venue. Du côté des productions linéaires, la messe semble être dite : les plateformes de visionnage (YouTube en tête) concentrent les audiences, et les productions d'ARTE ou d'IRL à France Télévisions sont souvent hébergées directement dans ces « tubes » pour être vues ailleurs que sur leur site.

La guerre du *hardware*, enfin, rend la définition d'une typologie périlleuse. Il y a cinq ans, tablettes et smartphones étaient totalement confidentiels ; aujourd'hui, les fabricants de casques de réalité virtuelle ont le vent en poupe. Quelles nouvelles innovations technologiques demain, dont l'industrie puis les artistes s'empareront ? Cette mutation rapide des usages et des technologies numériques fait de l'obsolescence programmée une funeste destinée pour les propositions narratives. Comment s'étonner en effet que la forme des documentaires interactifs change radicalement quand l'accès aux programmes des diffuseurs se fait de plus en plus par le biais d'un outil mobile dont la taille d'écran ne dépasse pas 6 ou 7 pouces ?

Deuxième constat : l'interactivité elle-même est encore trop imprévisible pour pérenniser les pratiques. Au clic, les webproductions ont peu à peu substitué le *scroll*, avant que la souris elle-même ne s'efface au profit des interfaces tactiles. Et demain, c'est peut-être avec les mouvements de notre propre corps que l'on interagira... (ainsi que l'expérimente, à mi-chemin entre le journalisme et la technologie, *The Enemy*). Dans la pratique professionnelle, l'évolution constante des fonctionnalités inscrites dans les langages informatiques (JavaScript en tête, mais aussi Unity pour la création d'univers 3D, WebGL pour la modélisation d'objets) fait souvent de l'initié des technologies web le dépositaire des véritables créations formelles. Savoir ce que peut faire une machine quand on interagit avec elle relève d'une connaissance du code ; or, les entreprises les plus riches sont désormais celles qui travaillent autant à perfectionner des algorithmes qu'à améliorer le design fonctionnel des sites qu'ils référencent. Ainsi la plateforme *Google Experiments* et les sites mettant en avant les dernières créations en matière de webdesign (comme *awwwards.com* ou *thefwa.com*) deviennent des lieux d'inspiration pour la webcréation issue de l'audiovisuel. Exemple symptomatique : celui de *Phallaina*, la bande dessinée que l'on fait défiler avec son smartphone. Son producteur, Pierre Cattan du studio Small Bang, explique combien l'innovation technologique permettant de géolocaliser des contenus grâce à l'application devient un élément-clé de la singularité narrative de l'expérience. Très régulièrement amélioré, le code permet donc d'écrire de nouvelles formes d'histoires, ouvrant de nouveaux pans dans l'univers connu de la webcréation. Ce que l'on observe aujourd'hui pourra donc facilement être dépassé dans deux ans.

Hypothèses

Fort de ces constats, le regard porté sur les webproductions ne peut guère embrasser que quelques hypothèses, qui structurent le champ de la création.

Première d'entre elles : la distinction entre narration et expérience. S'agit-il de porter un propos et suggérer une esthétique (par la narration) ou davantage de faire ressentir et placer en situation d'action (par l'expérience) ? Sans être frontalement opposées, ces deux propositions sous-entendent des questionnements différents. Le régime narratif porte dans le récit l'intention de l'auteur : *Fort McMoney, Check In, In Limbo* ou même *Cinemacity* et *Jaurès pas à pas* (la liste n'est pas exhaustive), ainsi que l'ensemble des webséries documentaires, relèvent de ce présupposé. L'expérience promet, elle, de mettre l'internaute en situation de ressentir pour mieux comprendre. En parlant à l'internaute lui-même, l'expérience déplace la position du regard. Et ce, même avec le filtre d'une narration : *Jeu d'influences, La question animale, Dada-Data*, et plus lointainement *Thanatorama* utilisent cette dimension dite « expérientielle ».

Deuxième hypothèse, à l'heure où la réalité virtuelle agite les milieux de la webcréation : la distinction entre images captées à partir du réel et images de synthèse. Incongrue il y a quelques années, la question se pose désormais face aux défis que doivent relever l'écriture vidéoludique et l'interactivité dans un flux d'images en 360°. Avec *Fort McMoney*, David Dufresne avait « soumis » le réel aux exigences du jeu, sans toutefois le transformer. C'est aujourd'hui la question de la *simulation* de la réalité qui est en « jeu ». Car dans le champ de la réalité virtuelle, rares sont les projets purement audiovisuels à être interactifs. Car pouvoir interagir avec les images, c'est faire en sorte que celles-ci puissent être modifiées (et donc générées) en temps réel par les actions du spectateur. Ces images dites CGI (pour *Computer Generated Imagery*) sont principalement des images de synthèse, qui *re-jouent* le réel sans formellement le *restituer*. Si l'image enregistrée à partir du réel connaît son essor à travers la vidéo linéaire à 360° (pour les applications ARTE360 ou NYTVR), c'est bien dans l'univers du jeu, de la simulation et du CGI que les promesses sont les plus fortes. Réel représenté ou réel simulé : il y aura peut-être ici matière à catégoriser les futures webproductions.

La dernière hypothèse se situe sur le contenant davantage que sur le contenu. Si télévision, cinéma et radio ont connu une histoire distincte, c'est parce que ces médias étaient radicalement différents. On ne regardait pas d'images avec un transistor et on ne reproduisait pas l'« effet » du cinéma à la télévision. Techniquement possible, le visionnage de toutes sortes de contenus, partout et sur toutes sortes de plateformes n'a pas pour autant aboli les espaces privilégiés de chaque medium. Ainsi la question de la limitation technique n'étant plus si contraignante, c'est celle de la pertinence des usages qui s'impose. Aussi fluide que soit la consultation d'un film de deux heures en *streaming*, aussi intéressants que soient narrativement des formats très courts, il y a encore peu de chances pour voir le premier sur un smartphone et le second au cinéma. Smartphones d'un côté, ordinateurs et tablettes de l'autre, cinéma ici, espaces muséaux là, et désormais casques de réalité virtuelle : chaque medium commence de manière empirique à (re)définir son usage optimal et sa spécificité. Aux smartphones et tablettes, les programmes courts et les expériences conçues pour la mobilité ; au cinéma, le film ; aux casques VR, l'immersion (courte) dans un flux à 360°. Et au milieu s'effondre lentement l'influence de l'ordinateur (qu'il soit « de bureau » ou portable) sur le lieu de diffusion privilégié des webproductions. Le net regain d'intérêt pour les webséries courtes en témoigne, de même que l'avènement de la VR et le déclin, en nombre, des webdocumentaires et autres expériences destinées à un grand écran non tactile.

Retour sur les narrations interactives

Par Xavier de la Vega

Les nouvelles écritures, c'est un peu la révolution permanente. Qu'on en juge. Alors que le terme de « webdocumentaire » arrive à peine aux oreilles du grand public, les professionnels l'avaient déjà plus ou moins enterré, ne jurant que par la websérie ou la réalité virtuelle. De lourds investissements sont consacrés à la VR cinématique (vidéo en réalité virtuelle), alors que les mêmes professionnels ne lui prédisent que 3 à 5 ans de vie. De leur côté, les créateurs semblent courir sans cesse après les usages mobiles des consommateurs culturels, tentant de se saisir à temps de la forme (le jeu ? La websérie ?) ou du medium (la VR, vite !) qui s'annonce comme « *The next big thing* ». A contempler la frénésie qui anime le laboratoire des nouvelles narrations, on peut se demander si on y mène avec un enthousiasme débridé des expériences sans lendemain. Ou si au contraire, dans cette effervescence se cristallise quelque chose de définitif, qui ressemblerait aux fondations des récits du XXIème siècle.

La singularité de tels récits, ceux propres à l'âge numérique, c'est qu'ils sont interactifs. Ce rappel n'est pas aussi trivial qu'il en a l'air. Sur les nouveaux écrans qui ont envahi notre vie, nous consultons des tas de contenus qui préexistaient au numérique : des textes, des photographies, des films, des séries. Et nous continuerons très probablement à le faire pendant longtemps. Parfois sous des formes renouvelées, comme le sont les webséries. Outre leurs qualités proprement artistiques, celles-ci constituent des formats particulièrement appropriés aux usages du web : elles ne demandent à chaque fois que quelques minutes d'attention, elles se partagent facilement sur les réseaux sociaux et peuvent éventuellement se monétiser. Pour autant, sur le strict plan de la narration, elles ne diffèrent pas des feuilletons que nous connaissons depuis le XIXème siècle.

Ce qui fait la singularité du numérique, c'est l'interaction qu'il permet entre l'utilisateur et la machine. Cette possibilité a remis au goût du jour une vieille ambition, nourrie par les avant-gardes littéraires (le Julio Cortázar de *Marelle*), théâtrales (Ariane Mnouchkine et son *1789*, l'*Orlando furioso* de Luca Ronconi) et artistiques (du *Fountain* de Marcel Duchamp à la floraison des installations et des performances et autres œuvres participatives). L'ambition est de placer le spectateur au cœur du dispositif, d'en faire un acteur du récit, voire son co-auteur. L'inviter à définir son propre point de vue, son propre montage, plus encore, en appeler à sa responsabilité, en conditionnant le déroulement du récit à l'exercice de son choix.

Le défi de la narration interactive

Plus de dix ans après l'apparition des premiers webdocumentaires, nous savons que cette ambition n'est pas aisée à satisfaire. Chacun connaît les faiblesses de nombreuses narrations interactives : audiences souvent décevantes, durée moyenne de fréquentation médiocre (rarement plus de quelques minutes), déficit de notoriété même auprès des catégories ciblées (jeunes ou trentenaires connectés), sans parler du « grand public ».

Pour expliquer ces faiblesses, une explication ressurgit régulièrement. Elles seraient dues à l'inadéquation du support de consultation initial des créations interactives ; à savoir : l'ordinateur de bureau. Dans l'entretien inclus dans cet ouvrage, Arnaud Dressen, patron d'Honkytonk films et de Wonda VR, observe ainsi : « *Nous nous sommes toujours sentis frustrés de voir que la principale manière de consulter des documentaires interactifs, c'était avec un clavier et une souris. Frustrant parce que l'ordinateur est avant tout un outil de travail. Si les webdocumentaires proposent des histoires adaptées à cet outil quotidien, elles sont consultables à un moment où les gens ont un navigateur web avec 15 onglets ouverts et un téléphone portable prêt à vibrer à côté d'eux. D'où une expérience forcément volatile.* ». Certains ont voulu voir à un moment, dans l'essor des tablettes, une solution à la volatilité évoquée par Arnaud Dressen. Destiné aux plages de loisir, confortablement installé dans un canapé, ce support apparaissait à leurs yeux comme plus approprié aux narrations interactives. Ce même raisonnement conduit parfois à considérer les masques de réalité virtuelle comme une planche de salut : en vertu de leur capacité d'immersion, ils constitueraient le médium de prédilection pour les narrations interactives.

Un biais technologique

Ce raisonnement souffre pourtant d'un biais, celui de considérer que le support technologique des œuvres détermine leur qualité d'immersion. Or, avec une technologie aussi rudimentaire qu'un livre rempli de caractères d'imprimerie, le roman est capable de nous absorber dans une réalité parallèle pendant des jours. Côté interactif, les fans des premiers jeux vidéo d'aventure ou de vieux jeux de gestion de football (comme *Football Manager*) peuvent témoigner de nuits blanches passées devant un écran où ne figuraient que du texte et des statistiques, éventuellement agrémentées de quelques visuels à gros pixels. Un récit interactif pour support mobile comme *Lifeline* (2015) a d'ailleurs récemment mis à profit le vieux principe de l'aventure textuelle en proposant une expérience particulièrement haletante. Bref, le secret de l'immersion est à rechercher ailleurs que dans les caractéristiques du support pour lequel elle est conçue.

Cela peut paraître encore une fois terriblement trivial de le dire, mais pour qu'une narration interactive soit capable de nous absorber dans son univers, elle doit satisfaire au moins deux conditions : 1/ elle doit nous proposer une expérience interactive intéressante, 2/ elle doit nous proposer un récit. L'insatisfaction que nous ressentons devant nombre de créations numériques tient au fait qu'elles ne satisfont pas l'une ou l'autre, voire aucune de ces deux conditions. Mais creusons-les un peu.

L'œuvre interactive comme « espace de possibilités »

L'interactivité d'abord. Les *game designers* Eric Zimmerman et Katie Salen [10] défendent une vision stimulante de la conception interactive : elle consiste selon eux à imaginer un « espace de possibilités » qui délimite les actions futures des utilisateurs, mais aussi confère du sens à leurs actions. Le design interactif est donc en premier lieu un cadre contraignant, « productif » dirait Michel Foucault, qui donne un pouvoir d'agir aux utilisateurs, en même temps qu'il bride leur champ d'action possible. Est-ce qu'ils pourront jouer avec les images et les sons ? Se déplacer d'un endroit à un autre ? Rencontrer des témoins ? Creuser des trous ? Prendre des décisions stratégiques pour un personnage ?

Mais le design, c'est aussi conférer du sens à ses actions. « *L'interactivité signifie la capacité à intervenir, d'une manière qui possède du sens [in a meaningful way*, NdA], *dans le contexte de la représentation lui-même* », nous dit le théoricien Andy Cameron[11]. Dans *Alma – une enfant de la violence* (2012), à mesure que l'utilisateur fait glisser son doigt sur l'écran de la tablette, il crée des associations nouvelles entre les images et le fil sonore du récit dramatique du personnage principal repenti des gangs. Dans *Le Grand incendie* (2013), en décidant de cliquer sur telle ou telle courbe de fréquence sonore, il choisit d'écouter le discours public (managérial, politique, médiatique) sur les suicides au travail ou le témoignage des proches, provoquant à son gré des chocs entre les niveaux de parole, le public et l'intime, l'officiel et le privé, le discours et l'expérience. Dans *In Limbo* (2015), lorsque l'utilisateur laisse l'application accéder à ses réseaux sociaux, ce récit documentaire sur la mémoire indiscrète des réseaux devient soudainement une expérience intime, qui vibre de ses propres données personnelles.

---

[10] Eric Zimmerman et Katie Salen, *Rules of play – Game design Fundamentals,* MIT Press, 2003.
[11] Andy Cameron, *The art of experimental interaction design,* Systems Design Ltd., 2004.

Meaningful play

Dans chacun de ces projets interactifs, les actions qui sont proposées à l'utilisateur sont porteuses de sens. Fondamentalement, elles le sont parce que l'utilisateur détient un pouvoir, une influence, ce que les anglo-saxons appellent « *agency* ». Autrement dit, chacune de ses interventions produit des effets sur le dispositif. C'est en cela que l'interactivité proposée est gratifiante pour le visiteur. Le mot « sens » prend du coup une signification plus précise : il désigne moins les idées ou les valeurs que l'on peut associer à une action, que la signification que celle-ci acquiert dans le système d'interaction. C'est ce qu'Eric Zimmerman et Katie Salen entendent lorsqu'ils avancent la notion de « *meaningful play* » ; c'est-à-dire, dans leur esprit : un système dans lequel les actions des joueurs se traduisent par des résultats effectifs dans le jeu.

Ces deux théoriciens décomposent la notion de *meaningful play* en deux critères qu'il est utile de préciser. Ils se révèlent non seulement précieux pour comprendre les conditions de succès d'un dispositif interactif mais, plus encore, pour entrevoir la manière dont cette interactivité peut fonder une véritable narration.

Le premier critère du *meaningful play*, est que les actions aient des effets « discernables » : à chaque action du joueur, le système doit associer un résultat clair et visible. Par exemple, dans une partie de *Backgammon,* à chaque tour les joueurs déplacent des jetons en fonction du score obtenu en lançant les dés. Cette action se traduit par une réagencement des jetons sur le tableau. De même, à chaque tour de *Monopoly* les joueurs déplacent leur figurine sur le tableau de bord. La case sur laquelle ils sont tombés a une implication sur la possibilité d'acquérir une nouvelle propriété ou l'obligation de payer une somme à un autre joueur, ce qui se traduit par une variation de la richesse qu'ils possèdent.

L'action ne prend cependant tout son sens que si elle a un impact général sur la partie, c'est-à-dire si elle affecte la possibilité de la victoire. A chaque tour de *Backgammon*, les coups décidés par le joueur affectent le cours du jeu et le rapprochent plus ou moins de la victoire par rapport à son adversaire. Au *Monopoly*, le patrimoine acquis et l'argent détenu par chacun des joueurs esquissent tour après tour une hiérarchie du pouvoir économique qui déterminera la capacité de l'un des joueurs à ruiner tous les autres. C'est le deuxième critère du *meaningful play* : chacune des actions du joueur doit être « intégrable » dans le cours global de la partie.

La notion de *meaningful play* est intéressante à plusieurs titres. En premier lieu, elle indique que la réussite d'une expérience de jeu dépend de la capacité des joueurs à mesurer dans quelle mesure chacun de leurs coups altère la ou les valeurs qui détermineront la victoire : l'avancée des pions sur le tableau dans le *Backgammon*, le patrimoine au *Monopoly*, l'emprise sur le territoire dans *Risk* ou dans le jeu de Go, etc. En second lieu, elle met en lumière l'articulation entre l'effet immédiat des microdécisions prises à chaque tour et leur impact à long terme sur la partie.

Meaningful change

Ces considérations sur le *game design* peuvent sembler à première vue assez éloignées des problématiques de la narration interactive. On peut pourtant aisément les mettre en rapport avec les bases de la dramaturgie telles qu'elles sont, par exemple, exposées dans ce classique du scénario qu'est le *Story* de Robert McKee[12]. Composer une histoire, pour McKee, c'est agencer une série d'évènements narratifs (*story events*) dans une trajectoire (l'arc narratif) qui retrace l'accomplissement d'un changement absolu et irréversible dans la vie d'un personnage.

---

[12] Robert McKee, *Story*, Methuen Publishing Ltd., 1999.

Il n'est pas inutile de citer sa définition de ces « *story events* » : « *A story event creates meaningful change in the life situation of a character that is expressed and experienced in terms of a VALUE* ». Chaque évènement de l'histoire n'a de raison d'être dans le récit que s'il introduit un changement dans la vie du personnage. Ce changement se mesure en fonction d'une valeur, c'est-à-dire une qualité humaine universelle qui « *est susceptible de passer du positif au négatif, ou du négatif au positif entre un moment et un autre* » : de la vie à la mort, de l'esclavage à la liberté, de la force à la faiblesse, de la vérité au mensonge - et inversement. Cette valeur, celle sur laquelle le narrateur a décidé de se pencher, est ce qui sous-tend l'intégralité de son récit.

Observons au passage que ces principes ne sont pas réservés à la fiction. Les notions de conflit et de changement sont tout aussi essentielles à une narration documentaire. Le drame shakespearien de *Black Harvest* (Bob Connolly et Robin Anderson, 1991), tout comme l'héroïsme minimaliste de *Le Jour du Pain* (Sergey Dvrotsevoy, 1998), le récit de résurrection christique de *Sugar Man* (Malik Bendjelloul, 2012), ou encore comme la fable alimentaire chaplinesque de *Notre pain quotidien* (Nikolaus Geyrhalter, 2005) : tous ces films nous font passer par des états émotionnels aussi intenses que variés parce qu'ils sculptent un arc narratif à la dramaturgie rigoureuse. De fait, le *meaningful change* de McKee peut tout aussi bien s'appliquer à un personnage qu'à un groupe d'individus, une institution ou une ville. Il peut également concerner le degré de résolution d'une énigme, arc narratif récurrent du documentaire d'investigation.

Il est aisé de mettre en parallèle le *meaningful play* d'Eric Zimmerman et Katie Salen et le *meaningful change* de Robert McKee. Chaque tour d'un jeu est analogue à une scène d'une histoire : le personnage principal (le joueur) y prend des décisions irréversibles qui ont pour effet immédiat de changer sa situation (l'action est discernable) par rapport à une valeur humaine (la ou les métriques du jeu), et pour effet à long terme (l'action est intégrée) d'affecter le déroulement ultérieur de son existence (de la partie).

Le succès des narrations interactives dépend en définitive de la manière dont elles intègrent les exigences du *meaningful play* et du *meaningful change*. Les projets que nous connaissons les ont pris en compte à des degrés différents et selon des combinaisons diverses. Tentons une typologie.

Trois types de narrations interactives

Disons-le tout de go : une bonne partie des webdocumentaires créés au cours de la dernière décennie ne devait pas grand chose ni au *meaningful play* ni au *meaningful change*. L'action, qui se limitait souvent à choisir l'ordre de chapitres essentiellement thématiques, n'avait pas d'effet discernable sur le récit, et encore moins d'impact sur le déroulement de l'histoire. De nombreux webdocumentaires étaient finalement des plateformes web qui rassemblaient des scènes éparses, fragments d'entretiens ou moment de vie, sans prévoir un quelconque principe de circulation entre eux. Combien de fois n'a-t-on pas entendu que « c'est aux utilisateurs de faire leur propre récit » ? Or, pour qu'ils aient quelque chose à raconter, il aurait fallu que lesdits utilisateurs aient quelque chose à vivre, une séquence d'évènements sur lesquels ils auraient pu avoir un tant soit peu d'influence.

Ces carences n'ont pas empêché la réussite de certains projets, mais celle-ci reposait alors intégralement sur la dramaturgie classique du *meaningful change*. Par exemple *Thanatorama* (2007), en dépit d'une architecture sommaire (la vieille architecture en étoile où une interface permet d'accéder à tous les chapitres), parvient néanmoins à capter l'attention grâce à l'humour noir de son récit en *off*, qui invite le visiteur à vivre les étapes de son propre passage dans les sous-sols des pompes funèbres.

Un deuxième groupe de narrations interactives mise partiellement sur le *meaningful play* : l'action y a des effets discernables sur le dispositif, sans pour autant avoir d'impact sur le déroulement du récit. C'est notamment le cas des projets qui offrent à l'utilisateur la faculté de combiner les images et les sons d'un récit qui se déroule pour le reste d'une manière linéaire. Ainsi, dans *Alma – une enfant de la violence*, l'action de l'utilisateur a des effets discernables, parce qu'il peut combiner à loisir les deux pistes visuelles avec la voix de la narratrice. C'est le cas aussi dans *WEI or Die*[13], où l'utilisateur peut choisir le point de vue à partir duquel il va assister aux différents moments d'un week-end d'intégration étudiant. En revanche, les actions de l'utilisateur n'ont pas d'impact sur le déroulement de l'intrigue, laquelle obéit aux règles de la dramaturgie traditionnelle. Dans ce cas, au-delà de l'intérêt de la manipulation proposée, la capacité de l'œuvre à engager l'audience dans la durée repose principalement sur les ressorts dramatiques du *meaningful change*.

D'autres types de projets se trouvent dans cette catégorie, sans doute la plus abondante à ce jour. Certaines œuvres proposent une expérience interactive particulièrement riche qui complète plus ou moins étroitement le récit. C'est le cas par exemple de *Bear 71* (2012), dans lequel la faculté d'errer dans la nature pixellisée d'une réserve naturelle, à la rencontre des animaux du parc, est entièrement disjointe du récit à la première personne d'une ourse, qui nous raconte son existence de sa naissance à sa mort. A ce jour, toutes les œuvres en VR cinématique appartiennent aussi à cette catégorie. Ainsi lorsqu'*I, Philip* (2016) propose de vivre à la première personne la vie d'un robot, la faculté de tourner la tête a essentiellement pour raison d'être de renforcer l'expérience de l'utilisateur. L'action de ce dernier sur l'image est limitée par la position de la caméra dans l'espace : s'il peut décider quelle portion de l'image sphérique il va regarder, il ne peut ni avancer, ni reculer dans l'espace. Soit l'expérience d'une machine certes capable de percevoir et de sentir, mais une machine impuissante, condamnée à la pure contemplation d'un monde sur lequel elle n'a nulle emprise.

---

[13] Voir notre conclusion *Ouverture – Esquisse d'un « Temple de la Renommée »*

Il existe une dernière catégorie d'œuvres qui misent autant sur le *meaningful play* que sur le *meaningful change*. C'est particulièrement le cas de tous les récits à embranchements multiples, dans lesquels ce sont les choix de l'utilisateur qui font avancer le récit. *Jeu d'influences* (2014) est ainsi l'une des œuvres qui ont poussé le plus loin la conjugaison harmonieuse du *meaningful play* et du *meaningful change*. A chaque étape de l'aventure, l'utilisateur devenu PDG en situation de crise doit effectuer un choix aux implications stratégiques (sa décision l'aidera-t-elle à protéger son entreprise ?) et morales (jusqu'à quel point devra-t-il mettre en péril ses liens intimes avec son entourage pour parvenir à ses fins ?). A chaque moment, son action est discernable : il en mesure les effets autant par les conséquences immédiates sur la couverture de la crise dans la presse et la réaction de ses proches, que par les variations des indicateurs de stress et d'exposition médiatique (les métriques du jeu). Son action a par ailleurs des conséquences irréversibles sur le déroulement ultérieur de l'aventure. Lâcher sa directrice de la communication ne sera pas sans effets, comme mentir à son *spin doctor*. Tel ou tel choix à certains points clés de l'intrigue l'engage définitivement sur l'un des versants d'un récit à embranchements multiples.

L'aventure textuelle *Lifeline* applique des principes similaires dans un dispositif nettement plus minimaliste (du texte, rien que du texte), mais avec une capacité d'immersion vertigineuse dans l'histoire d'un astronaute échoué sur une planète inconnue sur laquelle, en fonction des décisions de l'utilisateur, il finira par mourir de froid ou englouti par d'étranges créatures, à moins qu'il ne soit sauvé *in extremis* par une autre astronef. Dans le même genre, on citera le film interactif *Tantale* (2016)[14], un cours récit à embranchements multiples où l'utilisateur aide un président de la République française à naviguer dans la diplomatie trouble du C.I.O. (Comité International Olympique).

---

[14] Voir notre conclusion *Ouverture – Esquisse d'un « Temple de la Renommée »*

Dans la même catégorie, mais dans un registre très différent, le film interactif pour mobile *Her story* (2015) propose un jeu d'enquête policière d'une sobriété époustouflante. Le point de départ est pratiquement identique à celui de *WEI or Die* : des images vidéo ont été retrouvées, celles des interrogatoires d'une femme accusée d'avoir assassiné son mari. A-t-elle commis le crime ? Toutes les vidéos sont en principe accessibles à partir d'une même interface, celle minimaliste d'une banque de données, que l'utilisateur peut interroger en tapant des mots-clés. Mais quels mots taper ? A mesure qu'il se creuse les méninges pour inférer de nouveaux mots à partir des bribes d'interrogatoire qu'il a pu écouter, le joueur fait émerger les pans successifs d'une histoire complexe et ambiguë, où il est question d'amour, de jalousie, de solitude enfantine, de conte de fées et de folie. BAFTA 2016 du meilleur jeu mobile, *Her story* propose un *meaningful play* pour le moins original. Dans ce jeu consistant à trouver les bons mots pour débloquer le plus d'archives possibles, chaque nouvelle trouvaille est récompensée par la possibilité de visionner de nouveaux extraits d'entretien, et rapproche un peu plus le joueur du dévoilement de l'intrigue. Or, il ne peut reconstituer celle-ci qu'à travers les paroles, partielles et partiales, d'une femme qui nie toute responsabilité dans la mort de son mari. Bien que le joueur parvienne à glaner des indices significatifs, l'histoire demeurera toujours soumise à son interprétation. Le joueur construit ainsi bribe par bribe, dans le désordre, sa propre histoire du meurtre. La vérité n'est pas connaissable, elle demeurera toujours l'objet de conjectures.

Dans un genre lui aussi très différent, *Fort McMoney* (2013) a également combiné de manière originale les exigences conjuguées du *meaningful play* et du *meaningful change*. Dans ce jeu documentaire qui retrace la mutation d'une ville sous l'effet de l'exploitation de sables bitumineux, l'expérience consiste à enquêter sur Fort McMurray, en interviewant tel habitant ou tel responsable local, en explorant les lieux de la ville. Chaque microdécision (visionner telle séquence, poser telle question) rapporte des points à l'utilisateur, points qui se cumulent de séquence en séquence (action discernable). Ces points se traduisent en un pouvoir d'influence plus ou moins important lors de référendums menés sur la plateforme de *Fort McMoney* (impact sur le déroulement ultérieur du jeu). Si l'utilisateur rencontre de multiples personnes au cours de ses pérégrinations, le véritable personnage du récit est la ville. Les décisions agrégées de la communauté des joueurs se traduisent par un processus de changement dans la ville de *Fort McMoney*. Finira-t-elle par devenir une ville fantôme, une fois que les activités de prospection auront épuisé ses réserves de sables bitumineux et achevé son environnement naturel ? Ou bien ses habitants parviendront-ils à la sauver ? *Fort McMoney* repose sur une proposition interactive cohérente et ambitieuse, parvenant à articuler la mécanique du jeu d'aventure et l'expérience contemplative du cinéma. Cependant, le projet a sans doute souffert d'un *game design* qui tendait un peu trop vers la simple gamification (plus tu visionnes de clips vidéo, plus tu gagnes des points d'influence). L'impact des microdécisions sur le processus de changement à long terme de la ville pouvait apparaître trop abstrait, ce qui a probablement nui à l'engagement des internautes dans un arc narratif ambitieux.

Le petit monde des nouvelles écritures est pris, ces temps-ci, d'un certain pessimisme à l'égard de l'interactivité, au point qu'une récente table-ronde parisienne se demandait tout bonnement si elle n'était pas morte. La question même peut surprendre alors que l'un des médias prédominants du XXIème siècle, le jeu vidéo, explore avec succès les formes les plus variées d'interactivité, depuis les simples mécaniques addictives jusqu'à des narrations subtiles et complexes. Répétons-le : lorsque les créateurs interactifs ont su conjuguer dramaturgie et design interactif, ils sont parvenus à proposer des narrations engageantes.

Un chapitre des créations interactives s'est clairement refermé : la courte parenthèse du webdocumentaire et des narrations interactives pour *desktop*. Mais de nouvelles aventures créatives s'annoncent, avec l'essor des narrations destinées aux smartphones ou aux masques de réalité virtuelle. Les narrateurs numériques qui s'y projettent ont toutes les raisons de méditer l'expérience de leurs prédécesseurs. A eux d'inventer à la fois de vraies histoires et des parcours interactifs singuliers.

Chapitre 1

Introspections :
Webdocumentaristes
de notre temps

Ils ont été les premiers. Les premiers créateurs d'œuvres documentaires sur le web à s'interroger sur leur propre territoire de création. Webdocumentaristes de leur temps, pour paraphraser le titre de la série initiée par André S. Labarthe et Janine Bazin en 1964, ils sont aussi un peu à leur manière des lanceurs d'alerte.

Trois ans après leurs réalisations respectives, ce qu'ils soulevaient dans *World Brain*, *In Limbo* et *Do Not Track* n'en finit pas d'avoir des échos dans l'actualité. Des révélations d'Edward Snowden sur les basses pratiques de la NSA au scandale de l'immixtion de Cambridge Analytica dans la présidentielle américaine, en passant par les entailles infligées à la neutralité du net[15] aux Etats-Unis et les 10 années de lobbying nécessaires à l'adoption en Europe du Règlement Général pour la Protection des Données personnelles (RGPD, entré en vigueur le 25 mai 2018), le web, « *sorti du temps de l'innocence* »[16], est en perpétuelles mutations.

Le monde qu'on nous promettait, fait de connexions, de transparence et d'horizontalité, s'écarte de plus en plus du monde tel qu'il se dessine sur fond de surveillance, commerciale ou policière, et de reconfiguration des liens sociaux. Un fossé d'autant plus préoccupant qu'internet est plus que jamais central dans nos vies, personnelles, professionnelles et citoyennes.

Le point de bascule se situe sans doute quelque part autour du début des années 2010, quand la méfiance a pris le pas sur l'attractivité d'un web moderne, et libre. A l'universalité fondatrice tend à se substituer une parcellisation progressive d'internet ; aux services pour tous ont succédé par endroits les privilèges pour quelques-uns ; aux promesses d'*empowerment* des consciences a succédé le risque d'un appauvrissement généralisé des esprits.

---

[15] Tim Wu, *Network Neutrality, Broadband Discrimination*, Journal of Telecommunications and High Technology Law, 2003.
[16] Amaelle Guiton, *Benoît Thieulin : « L'internet est sorti du temps de l'innocence »*, Libération, 18 juin 2015.

Quatre à cinq milliards de personnes environ sont aujourd'hui connectées, et 80 % de la population mondiale a accès à un téléphone mobile. En 60 secondes sur internet, 2,8 millions de vidéos sont vues sur YouTube, 700.000 connexions sont effectuées sur Facebook, 350.000 tweets sont envoyés, plus de 500.000 photos déversées sur Snapchat et 40.000 posts sur Instagram ; Amazon, de son côté, engrange dans le même temps 200.000 dollars de chiffre d'affaires. C'est bien simple : en quelques années, nous avons créé davantage de données que depuis la naissance de l'humanité.

Les grands bénéficiaires du réseau sont bien connus : ce sont les GAFAM (Google, Apple, Facebook, Amazon, Microsoft, auxquels on ajoute de plus en plus souvent Netflix). En 2013, leurs richesses cumulées représentaient l'équivalent du PIB du Danemark, créées avec dix fois moins de personnes. Le marché global du *Big Data*, lui, devrait atteindre plus de 60 milliards d'euros en 2021, et générer plus de 4 millions d'emplois directs dans le monde. *« Avoir une poignée de compagnies qui contrôlent autant d'informations personnelles ne peut pas être bon pour la société*, explique la présidente de Mozilla Mitchell Baker. *L'essor de l'exploitation des données ne fait que commencer, il va encore être accéléré dans un avenir proche quand tout sera connecté [avec le développement de l'Internet des objets]. Ça va avoir des effets très positifs, avec des possibilités qui étaient inimaginables il y a dix ou quinze ans, par exemple en matière de santé pour repérer le déclenchement d'une épidémie, ou comment elle va se répandre. Mais la question du traitement des données pose plusieurs questions : celle du respect de la vie privée mais aussi celle de la sécurité des gens. Aujourd'hui, nos données sont utilisées le plus souvent pour nous manipuler, et c'est encore plus vrai avec le développement de l'intelligence artificielle. Désormais, des technologies sont capables de prédire mieux que nous-mêmes quels seront nos envies et nos comportements. Face à cela, quels outils peut-on donner aux citoyens, quelle armure peut-on inventer pour eux ? »*[17]

---

[17] Vincent Fagot, *Mitchell Baker :* « *La question est de savoir quel internet nous voulons* », Le Monde, 9 mars 2018.

Les données personnelles, c'est l'or du web et la matière centrale de *Do Not Track*. Brett Gaylor et ses acolytes y explorent la manière dont sont utilisées par des tiers les informations que nous laissons sur internet, souvent sans le savoir. Partager sur le web des pans entiers de notre vie transforme-t-il notre identité, notre humanité ? La question est soulevée par Antoine Viviani, sur un terrain plus intime et moins économique, dans *In Limbo*. Quant à Gwenola Wagon et Stéphane Degoutin, ils partent des *datacenters* pour explorer l'hypothèse d'une intelligence « artificielle » connectée dans *World Brain*.

Trois projets coproduits par ARTE, trois angles différents pour nous éclairer sur les enjeux d'une problématique aussi brûlante pour l'humanité que la question climatique. Il y en a d'autres, bien sûr : voyez par exemple le jeu *Datak*, produit par la RTS en 2017, ou encore l'application *Karen*, réalisé par Blast Theory en 2015.

Gwenola Wagon et Stéphane Degoutin explorent le « Cerveau mondial » d'une humanité connectée

Par Cédric Mal

C'est en 2015 que ce « webdocumentaire », produit par Irrévérence Film, était proposé sur le site d'ARTE. Dans *World Brain*, Gwenola Wagon et Stéphane Degoutin abordent l'architecture des *datacenters*, enquêtent sur les utopies et les idéologies liées à l'émergence d'un réseau global qui connecte les intelligences. L'interface regroupe de nombreux documents à explorer librement. Une œuvre créée avec et pour internet, qui s'est également déclinée en installation présentée lors de plusieurs festivals d'arts contemporains.

La première image que nous présente *World Brain* est celle d'un requin en eaux troubles. Puis, un câble. Puis, une vidéo de surveillance captant l'attaque dudit câble par ledit requin. Résonances sonores sous-marines, bruit de sonar ou de submersible sur la bande-son. S'ajoute alors la voix-off d'un commentaire à la fois pédagogique et magnétique : « *Au fond des eaux, sur le plancher océanique, des câbles de fibre optique voisinent avec la faune abyssale et les micro-organismes. Ils transportent les données qui circulent sur internet. Les données existent dans un espace de lumière et d'électricité que l'homme ne peut percevoir. Pour les faire circuler, il faut pourtant construire des infrastructures très matérielles. Les câbles sont enroulés sur d'immenses bobines qui sont chargées sur des navires qui vont les dérouler entre deux continents.* » Plus de 350 câbles sont aujourd'hui déployés sur un millier de kilomètres, soit 25 fois le tour de la Terre – et le réseau a doublé entre 2007 et 2012.

On n'est pas loin de penser que le requin représente l'appétit glouton des GAFAM pour les données personnelles, mais la caméra remonte vite à bord d'un bateau. Sons des machines qui déroulent les câbles. « *Les fibres sont enrobées d'armatures d'acier, puis d'un tressage de fils métalliques doublés de cuivre et de gaines de polyéthylène. Elles sont alors parfaitement hermétiques* ». L'ambiance sonore se ferme, une animation place la caméra à l'intérieur d'un câble. « *Elles ont l'épaisseur d'un cheveu mais la longueur d'un océan. Les données, qui étaient stockées dans les disques durs sous forme magnétique, sont transformées en lumière par des processeurs qui affectent à chaque signal une longueur d'onde spécifique. Ils sont ainsi capables d'envoyer simultanément des centaines de messages différents sur une seule fibre et à 200.000 kilomètres par seconde.* » Images et sons synchrones : des engins de chantier enfouissent des câbles sous la terre, le béton ou le sable. « *Les données parcourent la planète, traversent les frontières et les océans, d'un* datacenter *à un centre de stockage, d'un routeur à un terminal* ».

« Nous sommes devenus internet »

Ainsi s'ouvre ce *Cerveau mondial*, essai en forme de quête qui envisage internet comme un encéphale global, esquissant dans le même mouvement l'hypothèse de l'existence d'une conscience collective nourrie par les réseaux informatiques. Une telle « Bête » serait constituée de la somme des cerveaux humains qui l'auraient créée, chacun représentant un neurone du système global.

L'internaute peut poursuivre son chemin, au choix, en lançant un deuxième film court – et ainsi peut-être regarder l'intégralité du long-métrage (70 minutes environ) – ou en décidant d'explorer l'interface du projet sur laquelle sont disséminées l'ensemble des 17 vidéos qui forment la matière audiovisuelle du projet.

Il découvre alors, dans l'environnement immédiat de cette vidéo introductive, des liens vers des articles de presse, des photos d'archives, d'autres pièces audiovisuelles glanées sur YouTube... Des fragments qui racontent l'histoire passée et récente des télécommunications, un fait divers sur des plongeurs ayant tenté de sectionner ces câbles sous-marins, une conférence sur les enjeux globaux d'internet... Et puis, en s'éloignant un peu de ce premier « espace thématique » baptisé *Le câble, la charrue et le requin*, en faisant glisser l'interface en forme de patchwork cartographié ou en dézoomant, apparaissent : un article sur un film de Rithy Panh, une référence de livre lié à la thématique, un lien vers une émission de radio – France Culture en l'occurrence – s'interrogeant sur la géopolitique des infrastructures d'internet, et d'autres vidéos réalisées par les auteurs.

Que faisons-nous de nous ?

Sur le fond, l'exploration des soubassements techniques du « Réseau » forme la première strate du projet. Que se passe-t-il dans les *datacenters* qui, aujourd'hui, innervent nos vies ? Qu'est-ce qu'il se joue dans ces chambres froides de données, où les diodes crépitent, où les câbles (encore eux) se faufilent entre les baies, où l'air confiné, l'humidité, la température ne sont calculées que pour le confort des données, de *nos* données ? Et puis que construisons-nous ? Que faisons-nous de nous en bâtissant ce monde régenté par les câbles sous-marins et les satellites géostationnaires ?

Imaginons par exemple, avec le philosophe Pierre Cassou-Noguès, « *des extra-terrestres qui arriveraient sur la Terre... (...) Que remarqueraient-ils en premier ? Est-ce qu'ils ne remarqueraient pas d'abord ce "Cerveau", et ne se diraient-ils pas : finalement, c'est là ce qui vit d'abord sur la Terre. Qu'est-ce que c'est que cette Bête qui se développe entre le bord de la surface et la couche atmosphérique ?... Et qui est en train de coloniser ces humais qui avaient une intelligence autonome et qui maintenant consacrent celle-ci au développement de cette Bête...* ».

47

Où allons-nous ?

World Brain émet dans sa deuxième couche de sens une analyse critique du développement d'internet. Analyse prise en charge par la voix-off qui aborde la disparition de l'humanité de l'Homme : « *Il se construit une société de plus en plus automatisée, qui fonctionne progressivement toute seule. Elle fonctionne avec autant d'efficacité, sinon plus, en se passant de l'Homme. L'être humain lui-même devient extérieur à la société qu'il a créée* ». Puis de fustiger la surveillance généralisée, la robotisation et la marchandisation de ce « nouveau monde » : « *Le développement d'internet se fonde sur le désir de l'humain de se connecter à l'autre, mais il se voit approprié par de grands groupes qui fabriquent un internet extérieur, fordiste, en lui appliquant les logiques de l'industrie lourde... Cet internet traduit une société qui pousse la rationalité à l'extrême, qui prône la transparence tout en maintenant l'opacité des infrastructures, qui prône la gratuité pour mieux capitaliser sur l'accumulation des big datas.* » Une fois posé le constat et dénoncée l'idéologie du « plus d'internet possible » qui tendrait vers l'aspiration généralisée des cerveaux humains, *World Brain* bifurque vers « *différentes formes de folklore* ».

C'est-à-dire que le programme part en excursion pour explorer les mythes et les idéologies qui ont participé aux fondements du réseau tel que nous le connaissons aujourd'hui. On y évoque pêle-mêle : le baquet de Mesmer, le magnétisme animal, le Sémaphore de Chappe, le télégraphe, la cybernétique, les rats télépathes... Des données éparses, matériau scripto-audio-visuel glané sur le web, viennent constituer autant de pierres à la réflexion proposée par le programme autour de cette conscience collective qui émergerait de la connexion généralisée des cerveaux.

Dans la forêt

Troisième étage de la fusée : la réconciliation d'une humanité connectée ET proche de la Nature. « *Comment échapper à l'automation généralisée ? Comment réinventer l'humain dans un contexte déshumanisant ?* » Quelles promesses d'élévation des consciences humaines à l'heure où les algorithmes les plus perfectionnés servent à jouer notre argent en bourse, ou à égrener des vidéos de chatons sur nos réseaux sociaux ?

Les deux auteurs imaginent ici un dispositif mêlant mise en scène de fiction et toile de fond documentaire. Un groupe de personnes, colonie de chercheurs d'horizons divers et de comédiens (professionnels ou non), est immergé dans une forêt, avec le défi d'y vivre loin de tout mais reliés au monde et au réseau global par des connexions internet plus ou moins bricolées. Wikipédia leur permettra de faire du feu, d'apprendre à se soigner avec des plantes ou de chasser dans la nature. Des intervenants viendront scander leurs séjours par des conférences improvisées au milieu des bois. Comment reconnecter l'espace virtuel et l'espace physique ? Comment se servir de ces deux mondes, comment « jouer avec » pour « augmenter » l'être humain, et non le mutiler d'une partie de ses capacités ?

« *A mi-chemin entre le campement tribal et la conférence internationale* », ces séquences construites pour les besoins de World Brain parachèvent le programme. En questionnant « *la place de l'Homme dans ce système interconnecté et automatisé qui le dépasse* », Gwenola Wagon et Stéphane Degoutin orientent le spectateur vers une prise de conscience personnelle qui pourrait, additionnée aux autres, avoir un impact sur le système.

Au commencement, le livre

Déjà dans *Cyborg dans la brume (2011-2012)*, Gwenola Wagon et Stéphane Degoutin s'étaient penchés sur les *datacenters* et les données informatiques. Un film, une installation sonore, des tirages photographiques et un livre à propos desquels Gwenola Wagon expliquait : « *Ce sont nos vies qui sont dedans, c'est nous qui habitons à l'intérieur, nos conversations, nos mails, nos profils Facebook, nos doubles externalisés sous forme de données stockées dans un serveur ».*[18] Stéphane Degoutin, qui est notamment chercheur, enseignant à l'école nationale supérieure des Arts Décoratifs de Paris, avait même effectué une thèse d'urbanisme sur ces *datacenters*, dont il a tiré un livre[19]. A propos de *World Brain*, il détaille : « *Cela faisait longtemps que nous voulions réaliser un projet dont la matière première serait internet, et qui serait diffusé sur internet. Beaucoup de nos films utilisent des vidéos récupérées sur internet, et ce projet systématise un peu ce principe. Nous avons par ailleurs l'habitude de travailler sur des livres, des cartographies, des installations et des films, et nous avons voulu chercher ici comment ces quatre formes pouvaient se mélanger et se rejoindre »*.[20]

Cet essai « d'agrégation » de contenus épars trouve également son inspiration dans le *Whole Earth Catalog*. Les auteurs écrivent : « *Édité de 1968 à 1972, le* Whole Earth Catalog *regroupait des livres, des articles et des outils pour comprendre le monde. Le projet avait pour premier public les membres des communautés utopiques de l'époque. Il proposait un moyen de se repérer dans les systèmes et des solutions pour des modes de vie alternatifs. Il détournait la structure du catalogue de vente par correspondance pour promettre à ses lecteurs "l'accès aux outils et aux idées".* » Stéphane Degoutin précise : « *Dans le* Whole Earth Catalog, *il y a une contradiction évidente qui est que Stewart Brand aide à monter des communautés hippies, mais il le fait avec un objet commercial, puisque le catalogue propose bel et bien des objets à la vente. Or toute cette génération va entretenir des liens ambigus avec le consumérisme, la rentabilité, l'entreprise, etc. Cette ambiguïté nous intéresse beaucoup. Nous avons mis en scène des contradictions similaires dans le*

---

[18] Marie Lechner, *Data centers, Art around the bunker,* Libération, 17 janvier 2014.
[19] Stéphane Degoutin, *La Société nuage*, Media Mediums édition, 2014.
[20] *Que faire de nos datas pour (se) raconter dans un documentaire ?*, table-ronde lors du festival *Singulier/pluriel*, 30 mai 2015, Centre Pompidou, Paris.

film, comme par exemple le réseau et la forêt, des choses que l'on associe pas forcément ».

L'homme en réseau

World Brain pose finalement que notre avenir numérique se joue aujourd'hui sous terre et dans des bunkers de données surprotégés. Les cerveaux dans les serveurs. Cette œuvre dont l'interface met à la disposition de l'utilisateur ce qui a nourri son élaboration intellectuelle, ce qui est habituellement tu ou caché, laisse les clefs d'une éventuelle conclusion à l'utilisateur, qui dispose d'une large bibliothèque de contenus pour réfléchir à d'autres éventuelles alternatives.

« *On ne cherche pas à défendre une thèse,* explique Stéphane Degoutin. *Par contre, nous aimerions soulever une question : "où place-t-on le sujet ?". La question de la matérialité d'internet est fréquemment traitée d'un point de vue technique, ou alors d'un point de vue politique, du point de vue du respect de la vie privée, qui sont des approches tout à fait pertinentes et essentielles. Ce qu'on a voulu montrer, c'est qu'on pouvait aussi placer la question du point de vue du rapport de l'être humain au monde dans lequel il se trouve. La question n'est pas seulement technique ou politique, elle est aussi anthropologique. C'est une question importante, celle de l'Homme dans la société en réseau.* »

Antoine Viviani,
« Dans les limbes » d'internet

Par Cédric Mal
Propos recueillis par Nicolas Bole (novembre 2016)

C'est dans l'imaginaire d'internet que l'auteur du programme interactif *In Situ* (2011) nous convie dans cette proposition. Le film *Dans les limbes* est l'aboutissement cinématographique de l'expérience *In Limbo interactive* (2015), produite par Providences, ARTE et l'ONF. On y croise une voix incarnée par Nancy Huston, des *datacenters* à la fois beaux et inhumains, et des ingénieurs (notamment Gordon Bell, l'un des fondateurs d'internet et Ray Kurzweil, directeur de l'intelligence artificielle chez Google) qui sont aussi les acteurs de premier plan de la « révolution numérique ». Pour galvaudée qu'elle soit, l'expression trouve ici une certaine justesse dans la proposition esthétique d'Antoine Viviani, qui s'aventure dans une narration emprunte de poésie visuelle et d'échappées sonores. Détail de l'œuvre interactive et entretien avec l'auteur à propos du film.

Comment internet sauvegarde nos vies ? En quoi le partage croissant de pans entiers de nos identités et de nos activités transforme l'Humanité ? Quelles traces laissons-nous vraiment sur internet ? Et ces empreintes nous survivront-elles ? Ce sont ces enjeux, vertigineux, que travaille *In Limbo*, documentaire interactif qui, pour la première fois alors, intègre les données de l'internaute dans son récit.

Vous seriez par exemple le passager n°541864 du programme. Vous vous êtes connecté en liant vos comptes Facebook, Twitter Instagram, Gmail ou LinkedIn. Vous êtes géolocalisé, votre webcam est disponible. Plus vous jouez le jeu, plus l'expérience vous surprendra. Vos données personnelles ne seront bien sûr pas communiquées à des tiers, et seront effacées lorsque vous quitterez *In Limbo*.

L'expérience immersive d'une trentaine de minutes interroge le devenir de « *notre identité individuelle et collective à l'ère du numérique, à travers un voyage poétique et immersif dans les limbes du réseau* »[21]. Elle tire sa ligne directrice de la polysémie du terme : les limbes sont à la fois « *une région indéterminée de l'au-delà, à la frontière des enfers* » et « *le statut des données effacées d'un système, mais pas supprimées de leur support de stockage* ».

C'est là aussi dans des *datacenters* que s'enracine ce projet. « *Déjà 55 millions de photos par jour, 4 milliards d'ordinateurs, 25 milliards d'objets connectés, 1,3 milliard d'amis, 1 million de centres de données, mais il n'y a qu'une seule machine. Elle consomme déjà 20 % de l'énergie mondiale. Sa taille double tous les trois ans. Elle ne s'arrête jamais. Elle aspire tout en elle.* » Diodes, flashs rouges, images d'archives, d'enfants... qui se mêlent très vite à d'autres photos, qui vous sont inévitablement familières puisqu'elles proviennent de vos propres réseaux sociaux ou de votre boîte de courrier électronique. Votre vie numérique se mêle à celle du programme. L'effet est saisissant : l'utilisateur est interpellé par les traces qu'il a laissées sur un réseau qui n'oublie rien.

Un peu plus loin, vos archives personnelles se superposent avec celles de Cathal Gurrin, un ingénieur en informatique qui se revendique comme la personne la plus numérisée du monde, dans une succession de clichés impossible à suivre tellement elle est frénétique. Plus tard encore, c'est la valse de vos courriels qui se joue sur l'écran : « *Entre le 19 et le 25 septembre, j'ai reçu 1.924 messages, dont 38 d'Untel et 17 d'Unetelle.* » L'interactivité atteint peut-être son paroxysme

---

[21] Emilie Arlet, *Que faire de nos datas ?*, table ronde dans le cadre du festival *Singulier/Pluriel*, 30 mai 2015, Centre Pompidou, Paris.

quand c'est votre propre image, captée en direct par votre webcam, qui apparaît dans *In Limbo*.

Entre ces séquences interactives, l'internaute rencontre huit personnes, huit bâtisseurs, penseurs ou prophètes d'internet. Gordon Bell et Ray Kurzweil, on l'a dit, mais aussi Paul Miller, chroniqueur américain qui a essayer de se déconnecter pendant un an (« *J'avais l'impression d'être stupide* »), Brewster Kahle, le fondateur d'Internet Archive qui sauvegarde des copies d'internet, Laurie Frick, une artiste pionnière dans le *Quantified Self* (qui consiste à mesurer toutes ses actions et ses habitudes) ou encore George Dyson, un historien qui a consacré sa vie à l'étude de la création et à la mythologie du monde numérique.

Prouesse esthétique : tous ces personnages apparaissent transformés en ligne de codes, grâce à un astucieux dispositif filmique reposant notamment sur l'utilisation de la caméra Kinect. Ainsi dé-figurés, voire déshumanisés, ils semblent s'exprimer depuis les entrailles du réseau, comme des oracles venus de ce monde également peuplé de nos données. Par ce geste, le réalisateur montre que filmer, aujourd'hui, revient aussi à numériser des corps, à retenir et conserver des données. Antoine Viviani qui en profite aussi pour jouer sur l'illusion de la coprésence, en faisant dialoguer ces experts entre eux.

Ils nous renseignent sur les « qualités » de la mémoire numérique comparée aux capacités humaines du souvenir[22], abordent l'impact de nos informations personnelles dans le modelage du réseau et du monde physique (« *Les données deviennent le socle de notre société* »), engagent la réflexion sur le *tracking* (« *Mon ordinateur connaît plus de détails sur moi que ma mère* »), interrogent les « valeurs » d'internet (« *partage, connexion, transparence, authenticité* ») et discourent sur les questionnements métaphysiques liés à l'essor de l'intelligence artificielle.

---

[22] Voir Florence Rosier, *Notre cerveau est-il fragilisé par internet ?*, Le Monde, 23 août 2017.

« Cliquez pour explorer les limbes ». *In Limbo* ménage également des intermèdes, des failles dans lesquelles l'internaute peut choisir de s'immiscer, ou non. On y explore des archives qui ne sont pas les nôtres, baignées de musique, parfois mises en scène par couches superposées, parfois entrechoquées dans un kaléidoscope visuel.

Ce travail plastique et sonore fonde la réussite et l'impact d'*In Limbo*. Sensuel, sensoriel, le programme touche à l'intime et tend à l'universel : l'internaute y entrevoit les rêves et les peurs de cette nouvelle humanité connectée à partir de sa propre existence.

« Les souvenirs de la planète survivent en 0 et 1. Ils vivent maintenant par eux-mêmes. Personne ne les oublie ou ne se fatigue à les raconter. Cela nous permet de nous rappeler indéfiniment des histoires, des délicieux moments de notre vie sur Terre qu'on ne peut plus ressentir. Cette situation nous arrange plutôt, parce que se souvenir des moments les plus beaux de notre vie est peut-être tout ce que nous attendions d'un au-delà. »

Ce voyage à la fois poétique et philosophique s'achève sur une plage, en s'abandonnant au ressac des vagues sur le sable. Là où, précisément, commence le film, seconde partie de l'entreprise d'Antoine Viviani.

*

Comment est née l'envie d'un long-métrage documentaire ? Était-ce lié à une frustration, un désir d'expérimenter l'imaginaire numérique par le cinéma ?
Antoine Viviani : L'idée de faire un film est à la base du projet depuis le début. *In Limbo* est un projet qui s'est déployé en deux temps. *In Limbo interactive* est sorti en 2015, c'est une expérience en ligne de film personnalisé qui annonce le long-métrage *Dans les limbes*, l'aboutissement du travail qui a

circulé en festivals partout dans le monde. Mais tout a été pensé en même temps.

Mais pourquoi faire ce film, pourquoi ce projet ?
Avant tout pour questionner différemment notre rapport à internet, pas comme quelque chose d'uniquement technique, aux enjeux politiques ou économiques nouveaux, mais pour questionner notre attachement au réseau, à ce monde numérique, comme l'attachement à un nouveau monde, un monde qui aurait ses propres rêves, ses propres cauchemars, sa propre mythologie ; un monde que d'autres gens ont créé pour nous, dans lequel nous habitons et que nous entretenons tous, en numérisant tous les jours un peu plus de nos vies. C'est un questionnement existentiel sur notre participation à l'édification de cet immense monde de données que l'on construit tous ensemble. Essayer de capter un peu du sentiment de vertige de cette immense « chorégraphie chaotique » à l'échelle de la planète... Comment en si peu d'années la majorité de la population mondiale s'est jetée là-dedans, comment on se retrouve tous aux quatre coins du globe à avoir les mêmes gestes, les mêmes pratiques, sans vraiment se questionner plus que ça, à une échelle pourtant inédite dans notre Histoire ?

Ça, c'est la première envie, et puis après, l'envie de connecter cette idée d'un monde de *data*, d'un monde de mémoire informatique qui comporte des fragments de nos vies, avec cette idée du cinéma comme machine de mémoire, comme machine mentale. Trouver un film entre ces deux idées, inventer une forme pour ce film. Trouver une manière de représenter ce réseau, une manière de le filmer, et faire que le film lui-même reprenne l'architecture de ce grand cerveau. D'où l'idée du film comme la rêverie d'un esprit qui se réveille dans un *datacenter* et divague. Comme si internet se rêvait lui-même. De quoi rêverait-il ? Qui rencontrerait-il dans ses rêves ?

Je suis allé voir certaines des personnes qui ont inventé ce monde, qui le dirigent aujourd'hui, et je les ai filmées comme des spectres, des fantômes. Je les ai choisies parce que leur vision correspond à une idéologie très particulière. Gordon Bell ou Ray Kurzweil ne sont pas des experts en informatique, des *talking heads*, ce sont des gens qui sont pleinement engagés, dans leur propre vie, dans l'invention de ce monde. Gordon Bell a construit les premiers ordinateurs dans les années 50, il a aidé à bâtir l'infrastructure d'internet, et est le pionnier du *Lifelogging* (le fait de numériser volontairement toute sa vie). Ray Kurzweil est devenu l'un des dirigeants de Google, il est chargé aujourd'hui de créer son intelligence artificielle. Ils sont une dizaine dans le film que l'on rencontre ainsi. D'une certaine manière, ce sont les créateurs d'un monde dans lequel nous vivons désormais tous, que l'on soit d'accord avec eux ou pas. Et au-delà de ça, mon idée était de montrer que tous ces gens sont porteurs d'une idéologie très particulière, qui vient d'un endroit précis, et qui a une histoire précise. Une idéologie qui trouve son origine en Californie dans les années 50, qui met l'individu au centre de tout, mais qui reconnaît en même temps, après la fin de la Seconde Guerre mondiale, qu'il n'est peut-être pas souhaitable que l'avenir ait toujours un visage humain, et qui invente l'informatique, la cybernétique, pour libérer l'homme, pour lui offrir autre chose. Et c'est ainsi qu'on invente le monde numérique. Un monde de 0 et de 1 qui n'est fait que pour notre cerveau, et dans lequel on peut tout contrôler. Et avec la découverte que le monde physique est codé lui-même en informations, il n'y a qu'un pas pour vouloir mettre tout le monde physique dans le monde numérique. Et c'est ce que nous faisons désormais tous aujourd'hui.

Cela raconte aussi bien, en arrière-plan, un certain rapport avec ce qu'est la finitude, avec ce qu'est la mort, ce qui n'est pas contrôlable, ce qui échappe – ce que cette idéologie a plutôt du mal à envisager. C'est ça dont j'ai aussi voulu parler dans ce film. Entendre la parole de ces gens qui ont du pouvoir dans ce monde car ce sont eux qui l'imaginent, les incarner eux-mêmes dans les limbes d'internet, et confronter leur parole au regard du spectateur. A lui ensuite de faire sa propre critique.

Et au-delà de cet aspect mortifère de contrôle total, je trouve qu'il y a également quelque chose de très touchant dans ce rapport quasi mythologique qu'ont certains ingénieurs informatiques avec le réseau, et quelque chose de très beau également qui nous lie désormais tous de manière intime à ce monde numérique. Tout cela est pour moi extrêmement humain, à l'opposé de la vision caricaturale d'un monde technologique qui serait déshumanisé. On y stocke nos vies, nos mémoires. Il n'y a qu'à voir comment les gens, dans le métro, protègent précieusement leur téléphone dans la paume de leur main. Et moi j'ai voulu donner la mesure de cette machine énorme, à l'échelle de la planète, qui n'en a jamais assez, nourrie par le besoin d'interconnexions, le besoin d'exister, de sauvegarder en permanence. Cette machine est certainement le monument le plus grand qu'une époque a jamais construit pour elle-même. On est pris dedans, on ne s'en rend pas compte. Et c'est un immense monument de mémoire, de déchets, de traces, de souvenirs, d'informations, jamais fini ; c'est une immense machine jamais rassasiée qui mémorise tout, et au fond une machine alimentée par notre propre nostalgie du présent, par l'inconsolable nostalgie qui fait que nous sommes humains, que nous savons que, si grand et si loin que l'on puisse s'emparer des choses, elles passent et meurent toutes. Alors, oui, si on prend la mesure de ça, on peut voir cet immense réseau de mémoire comme un au-delà, un monde de traces qui nous survivra.

Le film arrive à instiller assez finement une forme de matérialité du numérique : non seulement en montrant les fameux *datacenters* bien physiques, mais aussi en donnant une consistance cinématographique et littéraire (avec le texte lu par Nancy Huston) à cet univers d'ordinaire si impalpable. Quelles étaient vos intentions esthétiques au départ du projet ?
Comment filmer internet ? Comment filmer quelque chose d'aussi abstrait qu'internet ? J'ai voulu avant tout trouver un langage et une forme propre au film. C'est extrêmement important dans mon travail. Alors j'ai dû inventer une forme

pour filmer internet. Je voulais faire de ce film une immersion dans un rêve ou un cauchemar du réseau. Les gens que l'on y rencontre sont représentés comme des fantômes, des spectres numériques. J'avais envie de les sortir de leur rôle d'expert informatique, de « *talking heads* » je l'ai dit, pour échapper au format didactique et traditionnel de ce type de films d'idées. Nous les avons donc filmés avec une double caméra, constituée d'une caméra infrarouge (la Kinect, la caméra 3D de la Xbox qui coûte 60 euros) et d'une caméra vidéo normale. Nous avons imbriqué les deux en utilisant un logiciel *open source*, développé par des ingénieurs américains, RGND ToolKit. Avec cette technique, en filmant un plan fixe, je pouvais en post-production *reshooter* la scène à l'infini en changeant les mouvements de caméra, comme dans un logiciel de 3D. Je pouvais donc faire en sorte que les personnages se parlent entre eux alors qu'ils ne se sont jamais rencontrés pour le film. Évidemment, le logiciel en question n'était pas vraiment prévu pour un long-métrage, et cela a rendu le montage très lourd et très long, avec toutes ces possibilités. Mais ce que je voulais, c'était que ces personnages ressemblent à des spectres. Qu'en les voyant, on se pose forcément la question de la peau, de ce qui est numérisable ou pas, mais sans le formuler, qu'on le ressente. Et puis je trouve certaines images qu'on peut obtenir avec cette caméra très belles et mystérieuses. J'avais envie d'expérimenter avec ça, justement dans un cadre *a priori* documentaire.

L'autre idée importante du film, c'est le rapport au son, à la musique, pour renforcer ce côté très mental ; une voix intérieure, envahie de souvenirs musicaux, et aussi d'images du corps et de la danse. L'étrangeté de cette machine de nostalgie, sa chorégraphie à l'échelle de la planète... C'était pour moi une obsession d'aller vers quelque chose de très mélancolique, avec une musique volontairement très lyrique, comme si c'était intrinsèque au projet internet. A ce titre, le fait d'utiliser la musique d'un ballet d'Aram Khatchatourian pour la séquence de danse à la fin du film (un compositeur du début du XXème siècle) était un clin d'œil à *2001, l'Odyssée de l'Espace*, film dans lequel Kubrick avait utilisé la musique d'un autre ballet à lui pour le voyage vers Jupiter. Il y avait pour moi un lien évident, cette atmosphère de silence et de mélancolie spatiale, post-humaine, m'habitait complètement lorsque je filmais les images des *datacenters*. Comme si internet était un immense silo qui dérivait dans l'espace, avec toute notre mémoire. Comme si internet était un projet forcément mélancolique. Pour toutes ces petites idées, c'est au final un film assez personnel, où ceux qui me connaissent me retrouvent beaucoup.

Il existe une véritable diversité des formes, comme un patchwork d'interviews, d'images récupérées, d'images captées, accompagnant la voix-off... Comment avez-vous composé les séquences du film et sa partition (car c'est un film qui produit un effet assez musical) à partir de vos intentions de départ ?
J'ai essayé d'écrire le parcours d'un esprit qui se réveillerait dans cet immense labyrinthe de *datacenters*. Comme s'il ne restait que ça. On est dans sa tête, dans une sorte de rêverie, de dérive pendant laquelle il rencontre les habitants de ce monde. L'idée du texte, de la voix, était donc là au début, même si la forme finale est apparue au terme de la production. Il y a dans ces mots un vrai parcours, une évolution. Nancy Huston se questionne d'abord elle-même, ce sont des questions autour de l'identité numérique, de la mémoire et de la manière de se connecter au réseau, de ce qu'on gagne en échange en le faisant. Petit à petit, elle se dissout en lui, s'y abandonne, et devient une voix plus collective, la voix de ce cerveau planétaire qui rêve de devenir intelligent : qu'est-ce qui est en jeu dans le développement de ce monde numérique pour l'évolution de notre espèce ? Qu'est-ce que ça raconte de nos croyances, de notre rapport à la mort ?

C'est une autre question que l'on se pose en regardant *Dans les limbes* : quel rapport entretenez-vous avec le numérique ? De la fascination ? De l'étonnement ? De la sidération ? On ne peut s'empêcher d'être effrayé par les gens que vous

filmez, qui choisissent de passer leur vie entière à se numériser...
C'est avant tout un rapport d'ambivalence, je suis aussi terrifié que fasciné. C'est un film qu'il faut absolument voir en grand, en salle, les images des personnages fantomatiques plus grands que vous, et l'ambiance sonore qui doit devenir très anxiogène, étouffante pour avoir pleinement le sentiment de cette ambivalence. Quand on voit un *datacenter*, on peut y voir une cathédrale autant qu'une prison ou un cimetière. J'ai voulu exprimer une forme de vertige à être pris entre ces deux positions très extrêmes. Il y a le rêve et le cauchemar en même temps. C'est pour cela que je n'ai pas mis de paroles critiques, j'avais essayé à un moment mais c'était insupportable, cela nous disait trop quoi penser.

Ce qui était important pour moi était de montrer les visions de ces gens qui ont le pouvoir, de montrer les lieux de pouvoir que sont les *datacenters*, qui sont à la fois beaux et inhumains. Au spectateur de faire lui-même sa propre critique. Je n'ai pas de message autre que de dire que ce monde est très humain, et donc onirique, monstrueux, ambivalent. Et peut-être même pourrait-on dire justement que c'est un monde trop humain, un monde où il n'y aurait plus rien d'autre que de l'humain.

Margaux Missika et Alexandre Brachet détricotent « Do Not Track »

Par Cédric Mal

« Traquez les trackers ». Telle est l'ambition affichée par ce programme imaginé par Brett Gaylor et produit par Upian avec ARTE, l'ONF et la BR[23]. Cette « *série documentaire personnalisée consacrée à la vie privée et à l'économie du web* » se décline en 7 épisodes publiés entre le 14 avril et le 15 juin 2015 ; 7 épisodes et 7 « auteurs » (Vincent Glad, Richard Gutjahr, Zineb Dryef, Sandra Rodriguez, Christiane Miethge, Virginie Raisson – sans oublier l'agence de design montréalaise Akufen) qui se sont partagés la narration et l'esthétique du programme interactif français d'ordre documentaire le plus vu à ce jour (plus d'1,3 million d'utilisateurs).

Tout commence par les *Routines matinales*. Une introduction d'environ 6 minutes convie l'internaute à partager le petit-déjeuner du journaliste français Vincent Glad (l'incarnation change en fonction de la version du programme, c'est Brett Gaylor qui apparaît par exemple dans les pays anglophones). Quel site d'information consultez-vous chaque matin pour vous tenir informé des nouvelles du monde ? Quelle plateforme fréquentez-vous quand il s'agit de vous détendre sur internet ? Deux questions, simples, interpellent l'utilisateur et permettent aux auteurs d'illustrer de manière très pédagogique la façon dont on vous suit lors de vos navigations sur le web. « *L'art du tracking, c'est de deviner qui je suis sans avoir donné la moindre info* », entend-on.

Il y a les données que l'on partage sciemment, sur les réseaux sociaux notamment, et puis celles que l'on transmet

---

[23] Bayerish Rundfunk, service public audiovisuel de la Bavière, en Allemagne.

effectivement sans même le savoir, ou contre son gré. Preuve en est faite dès la première minute, lorsque la voix-off vous renseigne sur la ville et le type d'ordinateur depuis lesquels vous consultez le programme – météo incluse.

« Ce qu'il y a de plus cher sur Internet : votre attention »

Les épisodes s'égrènent en mêlant astucieusement : une esthétique très « web » (l'utilisation de GIFs animés en constitue l'incarnation la plus évidente), des séquences incarnées par le personnage faisant office d'interlocuteur, des animations, des interviews d'experts reconnus sur le sujet (du *Guardian project* ou du *MIT Media Lab* notamment) et des scènes interactives impliquant votre investissement pour que le programme « agisse ».

Pour vous démontrer comment vos gestes sur Internet sont tracés, mesurés et enregistrés, *Do Not Track* engage la conversation [24] avec ses utilisateurs en personnalisant l'expérience. Pour faire la lumière sur les secrets du « profilage en ligne », une fausse application Facebook plonge dans votre profil pour détecter les « likes » qui éclaireront votre personnalité. *« Un ordinateur qui analyse 250 likes sera meilleur que votre mari ou votre femme pour cerner votre personnalité. »* Dans quel but ? Pour déterminer dans quelle mesure vous pourriez avoir accès à un crédit bancaire ou bénéficier d'une police d'assurance à prix compétitif. Alors, cyniques ou pragmatiques, ces algorithmes ? Exercent-ils une sélection impitoyable parmi les internautes, ou permettraient-ils à certains d'obtenir ce à quoi ils ne pourraient pas prétendre dans la « vraie vie » ?

C'est tout l'intérêt de *Do Not Track* que de constamment interroger nos croyances et nos certitudes. Rien n'est complètement blanc ou noir dans le monde merveilleux de l'exploitation des données personnelles. Dans l'épisode intitulé

---

[24] Cette dimension de « documentaire conversationnel » est présente dès le premier dossier de développement du projet, écrit par Brett Gaylor.

L'espion dans ma poche, on comprend par exemple que le fait de pouvoir consulter des horaires de transport en commun en temps réel ou de pouvoir commander un véhicule Uber quand bon vous semble permet aussi à d'autres applications de vous localiser pour vous « offrir » des services dont vous n'avez sans doute pas expressément besoin. Et quand cette surveillance n'est plus orientée par des motifs commerciaux mais par des objectifs politiques, un pouvoir malintentionné peut savoir si, oui ou non, vous avez participé à une manifestation jugée illégale. Tous les *trackers* ne sont pas mauvais, mais prudence tout de même...

« Nous devenons de minuscules pixels pris dans une masse d'informations »

Do Not Track tutoie ses utilisateurs pour mieux les surprendre, et leur donner à réfléchir. Dans *Big data : un monde d'algorithmes*, Sandra Rodriguez propose de relier trois mots-clés pris dans une constellation de données, ce qui débloque à chaque fois une vidéo questionnant la monétisation ou la manipulation des informations sur internet. Plus de données équivaut-il à plus d'objectivité ? Les algorithmes ont-ils forcément tort ? Les réponses, bien sûr, sont en partie laissées aux bons soins des internautes cependant que le programme analyse leur comportement. Au terme de l'épisode, le programme aura calculé que vous avez effectué 26 clics, et que vous êtes donc hyperactif ; que vous avez parcouru 47.761 pixels, et que vous êtes donc attentifs ; que vous avez passé 899 secondes sur l'expérience, et que vous êtes donc un internaute fidèle ; que vous avez consommé 6 contenus sur 9, et que vous êtes donc assidu... Au final, vous serez ainsi peut-être désigné comme « contemplatif » : « *Vous aimez prendre votre temps, vos décisions sont pesées, informées. Plutôt influencé qu'influenceur, vous êtes aussi un peu... prévisible ?* Le tracking *vous adore. Au moins vos pubs ont l'avantage d'être mieux ciblées. On vous la donne votre prime d'assurance.* » Troublant.

Vos amis sont vos ennemis

Troublant également la démonstration sur les algorithmes qui guident vos lectures sur les réseaux sociaux. Dans *Le journal du moi*, l'utilisateur est d'abord confronté aux images correspondant aux principales tendances qui émergent sur Twitter au jour et à l'heure de la consultation de *Do Not Track*.

Un implacable exercice est ensuite proposé par le programme à partir de la dernière campagne présidentielle américaine ou du débat relatif à la GPA. Les informations censées susciter votre intérêt sont triées et composent un menu éditorial monocorde – indigestion programmée – qui vous conforte dans votre « bulle de filtres ». Actionnez le bouton rouge et vous ne verrez que les informations favorables aux Républicains ; préférez le bouton bleu pour une lecture plus démocrate du monde. Les contenus que vous voyez sont influencés par les personnes que vous suivez. Les algorithmes des réseaux sociaux tendent à vous conforter dans vos opinions et dans votre vision du monde. Statut quo social et politique assuré : vous ne sortez pas de votre zone de confort intellectuelle. Pas de transparence, pas de controverse ; l'*Edge Rank* de Facebook veille à ce que les vaches soient bien gardées. Périlleux pour l'internaute citoyen. Emily Bell, la directrice de l'école de journalisme de Columbia alerte sur ce que fait la Silicon Valley à l'indépendance de la presse : jadis, les journaux possédaient leurs propres imprimeries ; aujourd'hui, ils sont soumis aux algorithmes des réseaux sociaux.

Pour changer l'avenir, cliquez ici

En 1972 déjà – une vidéo d'archive le montre dans *Do Not Track*, le mathématicien Oskar Morgenstern avait prévenu : « *Comme toute invention, les ordinateurs ont de bons et de mauvais aspects* ». En 1972 déjà, il pointait la possibilité d'allonger la vie des Hommes, comme l'invasion de la vie privée par les machines. L'avènement d'internet avait fait naître espoirs et utopies, « *plus de pouvoir à la société en connectant les gens entre eux »*, mais *« Edward Snowden a mis fin aux festivités »*.

Qu'est-ce que le futur nous réserve, alors ? *Do Not Track* a imaginé trois possibilités à partir des données collectées sur ses spectateurs. Le monde rassuré de « Big Brother », le monde à vendre de « Big Business » ou le monde responsable de « Big Win ». Ces deux dernières propositions recueillent 35 % des voix. On imagine que l'internaute explorera alors sans doute la perspective d'une « *gouvernance mondiale de l'internet, des intérêts citoyens avant les intérêts économiques, le consensus sur la protection de la vie privée et la nécessité de régulation* », plutôt que l'horizon de « *la surveillance générale, du* tracking *consenti et de la police prédictive* »...

Do Not Track propose, en marge de chaque épisode et au terme du programme, des ressources pour approfondir les sujets évoqués pendant l'expérience interactive. Des liens vers la Quadrature du Net, Access Now ou encore la CECIL (Centre d'Etudes sur la Citoyenneté, l'Information et les Libertés) et le FDN (French Data Network, fournisseur d'accès associatif à Internet) sont également proposés à l'internaute.

Après l'expérience, 27 % des utilisateurs se déclarent plus sensibles aux données personnelles, 21 % vont les protéger davantage, et 4 % s'en fichent encore. La voix-off aura prévenu : « *Une seule chose est certaine au sujet du futur : si vous ne faites rien, quelqu'un d'autre décidera pour vous. Certains essaient en ce moment même dans votre pays, ce sont eux qui écriront le prochain épisode de* Do Not Track. *Pourquoi ne pas vous joindre à eux ?* ».

Budget et audience record

Les prochains épisodes de *Do Not Track* furent en discussion, comme vous le lirez dans l'entretien que nous ont accordé les deux producteurs du projet. Margaux Missika et Alexandre Brachet qui, dans un exercice de transparence relativement peu commun, nous dévoilent aussi le coût du programme : 700.000 euros, financés par ARTE (140.000 euros), l'ONF et la BR (120.000 euros chacun), les préachats de Radio Canada, la RTS et AJ+ (50.000 euros), le CNC (120.000 euros), le *Tribeca Film Institute Media Fund* (60.000 euros) et Upian (90.000 euros). La production se sera étalée au final sur trois ans, mobilisant 90 personnes un peu partout dans le monde.

Do Not Track, ce sont aussi des chiffres d'audience inédits. Le programme est assurément l'un des plus gros cartons à ce jour parmi les œuvres documentaires interactives initiées en France. Trois mois après sa mise en ligne en avril 2015, près de 500.000 visiteurs uniques avaient déjà visité la plateforme (pour 4 millions de pages vues), et 47.000 personnes s'étaient inscrites sur le site en renseignant leur adresse électronique. Ajoutez à cela un taux de rebond très faible, de l'ordre de 13 %, et vous ne vous étonnerez pas que *Do Not Track* ait allègrement dépassé la barre du million d'utilisateurs. « *On a explosé tous les records de tous les diffuseurs* », se réjouit Alexandre Brachet. Entretien et analyse d'un succès en forme de discussion critique en deux temps, dans l'euphorie de la sortie en juillet 2015, puis avec la sérénité du recul en mars 2016.

*

Première partie

Il n'y a donc « que » 47.000 personnes qui ont bénéficié d'une expérience personnalisée après avoir renseigné leur adresse mail... C'est peu comme participation, moins de 10% de l'audience globale...
Margaux Missika – On avait un objectif de 5 %, et c'est deux fois plus que les moyennes qu'on peut constater dans les autres propositions de ce type. 95 % des internautes ont tendance à refuser de confier leur adresse mail à une page web.

Alexandre Brachet – Non seulement ce n'est pas décevant, mais c'est la très bonne surprise de ces chiffres, poussés par le succès du premier épisode et qui ont évolué favorablement dans le temps.

Capter plus de 40.000 personnes avec un programme portant sur le *tracking*, c'est un bel exploit ! Je suis très surpris, je crois d'ailleurs que ça correspond au pourcentage que nous avions observé sur *Prison Valley*.

Il faut ajouter que, pendant des mois, ce concept un peu nébuleux de « conversation » a vraiment bien fonctionné. Que ce soit sur les réseaux sociaux ou par mail, nous sommes parvenus à construire ce que nous avions en tête. Et ça a été vraiment une grande satisfaction que cette dimension du programme fonctionne.

Entre les épisodes 2 et 3 par exemple, mis en ligne avec 15 jours de décalage, un simple mail, très court et très simple, a généré de très nombreuses conversations privées qu'on gérait ici, à Upian. (Nous avions aussi des modérateurs canadien et allemand.) Ces messages généraient aussi des pics de trafic sur le site, et du bruit sur les réseaux.

Est-ce que vous auriez tout de même pu mieux faire ?
M. M. – Sur Twitter et Facebook, notre stratégie consistait à centraliser l'information. Il n'y avait pas énormément d'animation éditoriale de notre fait, mis à part le relais d'informations intéressantes sur le sujet qui nous intéresse ici. Ces comptes étaient un peu des vitrines à partir desquelles on pouvait aussi accéder au programme.

Le gros de notre travail en termes de communication a été qualitatif, avec les emails. Il n'y a pas un message qui soit resté sans réponse.

Et qu'ont fait les diffuseurs pour valoriser le programme ?
M. M. – Ça dépend ! Chez ARTE, il y avait un plan de communication assez expérimental, principalement basé sur Twitter et Facebook. La proposition était vraiment intéressante au regard du sujet. Sur Twitter au début du programme, un faux robot répondait, à partir de certains mots-clés, à des internautes qui parlaient de paranoïa ou de *tracking*, pour les interpeller. Par exemple, si tu parles du football, on te dit : « regarde ! Une vidéo de Zlatan Ibrahimovic à 6 ans ». Sur Facebook, de courtes vidéos de 6 ou 7 secondes, « très web », après lesquelles s'affichait le message : « *C'est facile de vous proposer ce que vous aimez quand on sait qui vous êtes* », ont permis de renvoyer les internautes vers *Do Not Track*.

Le fait est que les statistiques nous montrent l'importance fondamentale des réseaux sociaux dans la fréquentation du site.

De son côté, la BR avait une stratégie très différente, et tout aussi intéressante. Ils ont réuni toutes les unités de la chaîne pour leur présenter le programme et leur demander de réfléchir à une manière de s'en emparer en fonction des angles ou des tons de chacun. La seule condition était de faire référence à *Do Not Track*. Du coup, il y a eu plusieurs émissions qui faisaient référence au projet et qui suscitaient une augmentation significative des statistiques. Pour la première fois d'ailleurs sur nos programmes, les Allemands ont été les plus nombreux.

La stratégie au Canada et aux Etats-Unis reposait beaucoup plus sur la presse traditionnelle. En France, le partenariat éditorial avec Rue89 a également été très intéressant : à la fin de chaque épisode, un article prolongeait le propos. Soit il était écrit par nos soins, et ils l'embarquaient ; soit ils l'écrivaient et nous l'embarquions sur la plateforme *Do Not Track*.

Vous ne pensez pas que les très bons résultats en Allemagne s'expliquent aussi parce que le sujet du *tracking* y trouve davantage de résonnance ? Berlin, c'est quand même un peu la capitale du *hacking*...
A. B. – Bien sûr. Mais nous avons une approche très francophone de l'analyse des statistiques, si j'ose dire... Les soirées au cours desquelles le programme est mentionné à l'antenne de la BR font monter les connexions simultanées à 5 ou 6.000.

Un film documentaire linéaire a également été diffusé sur l'antenne de la BR. Est-ce que vous avez aussi supervisé ce travail ? Et que dire de cet apparent paradoxe : l'une des grandes réussites de *Do Not Track* – et c'est ce qui fonde la spécificité, c'est que le programme n'est pas directement adaptable en format linéaire... Je pense à l'utilisation que vous faites des GIFs animés par exemple.
M. M. – C'est tout le problème ! Nous sommes par exemple souvent sollicités par des acteurs du secteur éducatif qui veulent utiliser le programme pour les enfants, sans disposer de connexion internet. Or, c'est impossible...

A. B. – Avant même d'en arriver là, et c'est l'une des grandes réussites de ce projet, beaucoup pensent que les flux audiovisuels sont constitués de vidéos. Nous avons reçu quantité d'emails d'utilisateurs qui ne comprenaient pas qu'ils ne pouvaient pas télécharger nos « films ».

Revenons à la BR, est-ce vous qui avez validé le format linéaire ?
M. M. – Nous l'avons produit ! Il s'agit d'ailleurs de la condition *sine qua non* pour construire un partenariat avec la BR. La chaîne est obligée de proposer un film à l'antenne en complément d'un programme web. Ici, il s'agit d'un documentaire didactique, très pédagogique, qui aborde les thèmes traités dans la webcréation.

A. B. – On a quand même eu quelques problèmes, notamment pour les illustrations. La question des droits audiovisuels sur les GIFs animés est assez complexe en dehors du web !

Est-ce que vous disposez d'une étude qualitative de l'audience du programme web ? Est-ce que vous connaissez par exemple l'âge moyen de vos spectateurs ?
M. M. – Nous sommes dans une moyenne allant de 25 à 40 ans. Et c'est très important : nous devons nous pencher sur les manières de toucher un public jeune – et c'est d'ailleurs l'un des objectifs des diffuseurs publics.

Vous les avez traqués pour connaître leurs âges ?!...
M. M. – C'est Google Analytics qui traque pour nous ! En l'occurrence, je me base sur les internautes qui se sont inscrits sur le site et qui ont renseigné leurs âges. Google Analytics nous donne seulement des « indications ».

On a également reçu des mails de personnes âgées de 60 ou 70 ans qui nous disaient enfin comprendre les enjeux du *tracking* grâce au programme. Certains reconnaissaient même que cela leur faisait peur.

Ces données sont importantes car, l'une des limites du programme que l'on peut deviner, c'est que, parlant du web sur le web, il va d'abord et surtout toucher des internautes qui « savent » déjà, ceux qui sont « conscientisés » et qui connaissent les enjeux. A l'inverse, on pourrait imaginer que les plus vulnérables, moins au fait des mystères des internets, qui confondent parfois un spam et un email, ne vont pas avoir accès à ce programme particulier...
M. M. – On dispose à ce sujet d'une information intéressante, qui ne concerne bien sûr que les internautes qui se sont inscrits. A la dernière question que nous posons dans l'épisode 7 (« Est-ce que *Do Not Track* a changé quelque chose à vos habitudes ? »), 25 % des personnes nous indiquent qu'elles connaissaient déjà ces problèmes, 25 % ont changé

leurs habitudes grâce au programme, et 25 % ont pris conscience du problème mais n'ont pas encore modifié leurs comportements en conséquence. Au total, près de la moitié des internautes, sans être forcément très *geek* et au fait du problème, témoignent d'une prise de conscience. C'est quand même pas mal.

A. B. – L'impact social du programme est assez compliqué à mesurer. Cela étant, le risque de prêcher des convaincus existe, mais je crois vraiment que *Do Not Track* a permis à de nombreux internautes de découvrir des choses qu'ils ignoraient, même en Allemagne et notamment grâce au relai à l'antenne de la BR dont nous parlions.

En France, le climat était très particulier en avril 2015, à l'époque de la sortie du programme, avec le projet de loi sur le renseignement. Ça a été un moment assez fort pour nous de prendre la parole sur ce sujet précis à ce moment-là. Ce contexte peut éclairer la question d'une autre lumière...

M. M. – Il y avait effectivement beaucoup de personnes qui recherchaient des informations sur les sujets traités par *Do Not Track* à cette époque précise.

A. B. – Et prendre la parole à cet instant précis signifiait quelque chose. Je me rappelle d'ailleurs que lorsque *Libération* a publié un dossier spécial sur cette loi, une chercheuse expliquait que la surveillance d'Etat et la loi sur le renseignement ne devaient pas faire oublier que la surveillance principale reste le fait des entreprises privées. *Do Not Track* permettait également de changer un peu la perspective...

Vous avez fait le parti d'une série feuilletonante. Etait-ce pour maximiser l'audience et pour avoir le plus d'impact possible sur la durée ?
M. M. – C'est surtout que la construction des différents épisodes évoluait au fur et à mesure. Tous les épisodes n'étaient pas finalisés le jour du lancement, le 14 avril 2015.

A. B. – Depuis le début, le programme a été pensé comme une série.

M. M. – Il y a plusieurs raisons à cela. D'abord, la souplesse. Nous voulions pouvoir agir et adapter certaines choses en fonction des interactions avec les audiences. L'épisode 7, par exemple, est conçu en partie en fonction des données que nous avons pu récolter depuis le lancement du programme, et de ce que l'on pouvait en déduire.

L'expérimentation reposait vraiment sur cette notion de « conversation ». L'origine de la série repose quand même sur la volonté d'ouvrir un dialogue. Nous ne voulions pas publier un contenu avec lequel les internautes auraient dû se débrouiller seuls. Il nous fallait des retours, mais pour enclencher cette conversation, il faut une bonne raison. Et cette bonne raison, c'est cette construction par épisodes.

La troisième justification est éditoriale : le sujet est tellement complexe à traiter dans un format « audiovisuel » qu'on ne voulait pas tenter d'élaborer une arche générale qui serait sans doute parue très artificielle, ou trop touffue.

Vous auriez aussi pu publier tous les épisodes, sauf le dernier, d'un seul coup...
A. B. – Oui, mais alors on aurait perdu cette dimension conversationnelle, et ces échanges d'emails.

M. M. – Nous voulions aussi « thématiser » les différents moments du programme. L'espace de conversation situé à droite du site – et composé à partir d'éléments extérieurs – évoluait en fonction de l'actualité. Quand on choisit les articles de l'épisode 4 par exemple, le Canada est en train de discuter de la loi antiterroriste C-51 ; donc, nous nous adaptons – et cela en lien avec la problématique du mobile que nous abordons largement.

En somme, les épisodes constituent la partie « stock » du programme, très largement définie en amont, et la conversation ainsi que le blog forment le « flux » de *Do Not Track* qui permet de nous adapter à l'actualité.

A. B. – *Do Not Track* est finalement construit sur quatre piliers : la personnalisation, les épisodes, la localisation et la conversation (mails, articles chez les partenaires, blog et réseaux sociaux). C'est ce qui sous-tend l'ensemble du programme.

Dans quelle mesure la conversation a-t-elle modifié le processus de production ? Car le 14 avril 2015, seuls deux épisodes sont prêts...
M. M. – Oui, et deux autres sont quasiment finalisés. L'épisode 5 dépendait davantage des données des utilisateurs que nous avons collectées. L'épisode 6 était par définition moins impacté par le recueil de *data* même s'il intègre un outil, *Sky Model*, qui joue avec la notion de temps réel. Quant au 7, il est clairement produit à la fin de l'aventure pour avoir une vision d'ensemble sur des informations récupérées et pour disposer d'éléments sur ce que les utilisateurs ont fait, vu et compris. Nous avons défini les « futurs » et les questions finales en fonction de ces données.

A. B. – Si on entre un peu plus dans le détail des épisodes, on voit comment la localisation entre en jeu. Dès le départ, on sait que les deux premiers épisodes seront poussés par tous les pays impliqués dans le programme, même si le premier est d'origine française. Nous savons aussi que le troisième sera davantage poussé par l'Allemagne, le quatrième par la France et les Etats-Unis (grâce au partenariat avec AJ+) et le cinquième par le Canada. Cette construction, qui est une stratégie de distribution, permet de multiplier les temps forts en termes d'audience, qui s'auto-alimentent. Un gros « buzz » en Allemagne aura ainsi des répercussions dans les fréquentations dans les autres pays. C'est très intéressant. Mais finalement, nous avions en tête cette idée de série dès le départ, aussi bien pour le clin d'œil au format TV qu'on télécharge tous sur internet, et dans le rapport à l'audience (française, notamment). Nous voulions instaurer cette relation particulière et spécifique avec une partie du public.

M. M. – On a même reçu des mails d'internautes qui s'impatientaient, le mardi à 16h30, face à un épisode dont la publication avait quelques minutes de retard !

S'agissant du clin d'œil aux séries TV, vous avez nommé vos épisodes S01EP01, S01EP02, etc. Est-ce que ce « S01 », qui signifie « saison 1 », est une provocation vis-à-vis du diffuseur, pour éventuellement lui forcer la main pour une saison 2 ?
M. M. – Ce sont des clins d'œil.

A. B. – On pensait aussi depuis longtemps à ce genre d'écrin pour les séries américaines. Pourquoi *The Wire* ne dispose pas d'un tel site, où on pourrait voir des épisodes et choisir sa langue par exemple ? Même chose avec *The Corner* ! Ce serait quand même mieux que de télécharger ces programmes sur des sites plus que douteux ! On a toujours dit que, pour lutter contre le piratage, il valait mieux construire des plateformes de distribution abouties plutôt que de mettre un flic derrière chaque internaute.

Jouer aussi avec la science du *teasing* des séries nous a bien amusés, et force est de constater que ça a bien fonctionné.

Il y aurait cependant des choses à redire sur ces *teasings*, notamment dans le premier épisode. L'interprétation des voix est assez décevante, et on a plutôt l'impression d'un *gimmick* placé là parce qu'il doit y être... Il n'y a aucune subtilité, aucune pirouette qui nous tienne vraiment en haleine. Dire : « *Et la suite, vous la verrez dans le prochain épisode de* Do Not Track », c'est un peu léger, non ?
A. B. – De nombreux internautes nous ont pourtant félicités à ce sujet ! Mais cette remarque est intéressante. J'y voyais personnellement plutôt du second degré – encore un clin d'œil aux séries – et force est de constater que certaines transitions

(entre les épisodes 3 et 4 par exemple) sont plus réussies que d'autres. Mais cela nous a imposé de lourdes contraintes ! S'est par exemple posée la question d'intervertir les épisodes 3 et 4 car, jusqu'à la dernière minute, nous ne savions pas si nous allions avoir les validations nécessaires de Facebook.

M. M. – En anglais, les transitions passent mieux...

Revenons au début de l'histoire... Qui est à l'origine du programme ? Brett Gaylor ? Son aversion pour Facebook et le « capitalisme sauvage » ? Upian ? La volonté de s'emparer du web comme sujet pour un programme web ?
A. B. – J'avais rencontré Brett Gaylor en 2008, à l'IDFA d'Amsterdam. Je présentais alors *Gaza/Sderot*, et lui était au festival avec *RIP Manifesto*. Il avait gagné le prix du public alors qu'à l'époque toute l'industrie lui crachait dessus ! Nous étions tous les deux présentés comme étant des trublions des nouveaux médias, et c'est Monique Simard *[alors directrice du programme français de l'ONF, NdA]* qui nous avait mis en contact...

De passage en Europe quand il travaillait chez Mozilla, il a contacté ARTE pour ce projet afin de savoir si ça pouvait intéresser la chaîne. Il a eu un rendez-vous au siège de la chaîne à Issy-les-Moulineaux à midi, et il était chez nous à 15 heures, avec ce projet sur le *tracking*. Difficile de refuser une telle proposition venant d'un auteur comme lui.

Cette volonté de produire un programme web sur le web n'était pas une envie de départ pour Upian ?
M. M. – Non, et d'autant que nous parlons là de discussions qui remontent à 2013. Personne ne parlait du *tracking* ou des *big datas* à cette époque ! J'ai personnellement appris beaucoup de choses sur le sujet en lisant le dossier de développement (le fonctionnement des régies publicitaires, la personnalisation des annonces, etc.). Mais c'est vrai qu'on n'avait pas beaucoup de doutes quant à l'opportunité de produire un tel programme.

A. B. – Au départ, Brett Gaylor n'a pas encore d'idée sur la forme que prendrait le programme. Le premier dossier décrit finalement... un film ! De notre côté, nous n'avons pas d'idées préconçues, d'autant que produire un objet pour le web sur le web est une idée qui, initialement, nous fait plutôt peur. Pour être tout à fait honnête, on avait évoqué le sujet à plusieurs reprises, et on constatait presque paradoxalement qu'il fallait être prudent sur ce terrain. C'est finalement la rencontre avec Brett Gaylor qui sera déterminante.

On mettra du temps à se réapproprier le sujet, avec une longue phase de recherches. Une documentaliste nous a abreuvés d'informations, au risque de nous noyer, mais on a tous été très sensibilisés au sujet sur le plan politique. Petit à petit, nous avons tous pris conscience qu'il s'agissait fondamentalement d'un enjeu démocratique. On se sentait capables de porter ces questions qui relèvent finalement d'une vraie préoccupation de service public. Ce sont des choses qui se sont imposées et qui nous ont très vite fait oublier cette dimension de « l'internet sur l'internet ». Notre investissement de producteur engagé allait au-delà, et a trouvé un point de convergence avec la loi sur la surveillance. Nous n'avons pas produit ce programme pour rien.

Pour être dans le bon *timing*, il faut nécessairement un avant-gardiste, un lanceur d'alerte en quelques sortes, qui pointe du doigt une telle problématique avant tout le monde.
M. M. – C'est un peu plus compliqué que cela, car il se passe beaucoup de choses pendant trois ans. Les *big datas* ne sont pas encore un sujet de débat public, mais il existe déjà des écrits sur le phénomène, et des personnes qui s'engagent à droite ou à gauche. C'est aussi un puits sans fond : délimiter et circonscrire le sujet a été un travail conséquent. Est-ce qu'on parle des caméras de vidéosurveillance dans les villes ? Des cartes de fidélité dans les magasins ? Des cartes bleues ? De l'aspect gouvernemental avec Snowden ? De ce que les entreprises collectent de données ? De la personnalisation du

monde ? D'Orwell ? La phase de définition éditoriale du projet a été très longue

A. B. – Chaque membre de l'équipe rentre dans le sujet de manière très intime. Certains se sont sentis concernés par la publicité ou par les réseaux sociaux ; je suis personnellement très sensibilisé par HADOPI[25]qui, selon moi, contient tous les gènes de *Do Not Track*. A partir du moment où on décide de surveiller et de pénaliser le téléchargement illégal en envoyant des lettres personnalisées aux internautes, ça veut dire qu'on les traque. Pendant très longtemps, j'en ai fait un combat personnel. Pour moi, HADOPI reste un mystère. Je ne comprends pas comment un auteur de documentaire, dont la mission reste quand même d'être à l'écoute du monde pour en raconter la complexité, peut accepter de mettre un flic derrière chaque internaute pour protéger une œuvre. Et donc de cautionner l'une des lois les plus liberticides au monde.

Qui est le véritable maître d'œuvre du programme ? Brett Gaylor ? Qui a le *final cut* dans la conception ?
A. B. – C'est à la fois un travail d'équipe et un travail d'auteur. Ce qui est finalement assez proche de notre manière de travailler. Brett Gaylor a d'ailleurs été un peu surpris par l'engagement créatif d'Upian, mais c'est cela qu'il cherchait. Nous avons eu besoin d'une période pour caler nos méthodes de travail et de création – d'autant qu'il avait adopté la casquette du *showrunner* en plus de celle du réalisateur au début de l'aventure. Et Upian a proposé d'instituer des auteurs différents pour chaque épisode...

Qui lui sont subordonnés du coup ?
A. B. – Oui, mais il ne les a pas vraiment choisis finalement. Ce sont donc des relations particulières, qui peuvent être compliquées. On aurait parfois préféré qu'il s'empare davantage du *final cut*, mais cela correspond à deux cultures

---

[25] La Haute Autorité pour la Diffusion des Œuvres et la Protection des droits sur Internet (HADOPI), créée en 2009, est censée encourager l'offre légale et lutter contre le piratage des contenus sur internet, notamment *via* des rappels à la loi et des amendes.

différentes : un réalisateur n'a pas la même fonction en France et aux Etats-Unis. Nous n'avons pas la même vision. Au final, c'est du tricot...

*

Seconde partie

Nous nous étions arrêtés sur la manière dont s'étaient imbriqués les apports d'Upian et de Brett Gaylor... Vos rôles respectifs étaient bien différents... Comment tout cela s'est articulé ? Vous parliez de « tricot » ? Est-ce que les différentes pelotes de laine se sont enlacées sans accroc ?
A. B. – Disons que Brett Gaylor est quelqu'un qui sait réaliser des films et raconter des histoires. Nous sommes, nous, mus par nos convictions – et nous sommes parfois un peu chiants. Il y a donc eu des discussions un peu « fortes », mais globalement il n'y avait pas de problèmes fondamentaux. Comme dans toute production, il y a des moments de friction, de remises en cause... Rien de très anormal dans le monde des webcréations.

Aujourd'hui, je serai très heureux de travailler à nouveau avec Brett, mais nous tirerions sans doute aussi des leçons sur la difficulté du travail à distance. Ne pas être dans le même pays, et *a fortiori* dans le même bureau, avoir des discussions croisées à cause du décalage horaire... Tout cela n'est pas très pratique.

Parfois aussi, on aurait sans doute aimé que Brett soit encore plus dans son rôle de « réalisateur ». Il a très bien endossé sa fonction de *showrunner*, mais en faisant très (trop ?) confiance aux personnes avec lesquelles il travaillait. Bref, il était tiraillé entre ses différentes casquettes.

M. M. – Mais ce n'est ni positif, ni négatif. Ce qui est certain, c'est que Brett Gaylor se posait des questions que des réalisateurs français se posent moins : comment construire l'audience ? Comment rendre un sujet compliqué abordable pour des publics qui n'y sont pas déjà sensibilisés ? La dimension du *storytelling*, voire de l'*entertainment*, était très importante pour lui. Il fallait que ce soit sérieux, mais aussi que ce soit fun ! Franchement, nous n'étions pas les plus aguerris sur cet aspect que Brett a vraiment apporté au projet. Il a pensé dès le départ à la manière de toucher le « grand public », dans une acception nord-américaine.

Il y a eu cependant une friction assez intéressante avec lui pendant toute la période de production. Elle reposait sur cette notion de « campagne » pour faire changer les comportements. Nous, nous sommes toujours un peu dans cette posture de dire : nous sommes là pour raconter des histoires, et pour produire de bons programmes. Brett, en revanche, voulait impliquer des associations et renforcer la dimension « *call to action* » - ce qu'on a un peu fait dans le dernier épisode. Pour résumer, nous nous concentrions plutôt sur la narration quand lui voulait absolument faire changer les comportements, et c'est peut-être cet équilibre improvisé qui fait la force du programme.

A. B. – L'« impact social » est aussi une notion qui reste mouvante, et contextuelle. Elle fait sens sur ce programme précis, il y a un engagement possible pour les internautes. 20 % des utilisateurs nous ayant répondu ont réellement modifié leurs habitudes de navigation sur internet après avoir consulté le programme. 30 % estiment aussi avoir vraiment mieux compris les enjeux de *privacy* à l'issue du programme. Ce n'est pas rien, même si nous restons simplement sur des « tentatives » de mesure de l'impact.

M. M. – Tout dépend aussi de la définition de l'impact que l'on retient. Est-ce que le fait d'informer les spectateurs peut amener à d'éventuels prises de consciences qui, elles-mêmes, vont déboucher sur des modifications de comportements ? Ou alors faut-il plus directement demander de changer de comportement ? Cet équilibre subtil a été une discussion récurrente pour nous.

Pour revenir à la construction web, ou audiovisuelle proprement dite... Vous déléguez presque la vision du programme, dans tous les sens du terme, à un algorithme. C'est-à-dire qu'un dispositif, une architecture est posée... Et les tuyaux sont remplis par un flux de GIFs animés puisés dans le web que les auteurs et les producteurs ne peuvent maîtriser qu'à moitié...
A. B. – La réalité est un peu différente, mais tant mieux si c'est cette impression qui reste.

M. M. – Nous savons quels contenus rentrent et sortent du programme, mais nous ne savons pas quand.

Mais vous ne pouvez pas savoir ce que moi j'ai vu en regardant *Do Not Track*...
M. M. – Non, nous ne connaissons qu'une majorité des choses que tu as vues. Pas tout... Mais si on connaît l'heure à laquelle tu as regardé le programme, on peut déduire beaucoup plus d'éléments que tu auras vus.

Et comment en êtes-vous arrivés là ? Qui s'est levé un matin avec cette idée de se servir de GIFs animés pour prendre visuellement en charge le propos du programme ?
A. B. – D'un point de vue créatif, nous voulions vraiment que chaque épisode puisse tenir la promesse de la personnalisation, qui était au fondement du programme. Comment puis-je mélanger du récit classique et de la personnalisation ? Et comment peut-on y injecter du temps réel ? En fait, c'est assez difficile à faire. Certains épisodes nous ont demandé beaucoup de travail avant de parvenir à la bonne solution.

M. M. – Nous ne sommes ni Google, ni Facebook ! Et dès que nous trouvions des moyens de collecter des données pour alimenter et construire le programme, on les livrait indirectement à d'autres services. Nous avons ainsi été assez vite restreints par cette posture éthique fondamentale : nous ne sommes pas là pour accélérer la circulation – et la vente – de données personnelles.

A. B. – Il y a aussi des contraintes techniques ! L'enjeu est par exemple de taille quand il s'agit de personnaliser de la vidéo.

M. M. – Tout cela nous amène à la plus grosse question que pose ce programme en termes de représentation : comment montrer internet avec des images ? En évitant bien sûr les plans de personnes derrière des écrans ou tapant sur un clavier. Sous l'impulsion de Sébastien Brothier et en accord avec Brett Gaylor, nous sommes assez vite parvenus à cette idée de GIFs qui permettait à la fois de personnaliser les contenus (puisque nous pouvons appeler aléatoirement de nombreuses images différentes) et d'être vraiment des émanations du web.

Cela revient à utiliser les productions du web pour représenter le web...
M. M. – Exactement. Et ça parle à tout le monde...

La personnalisation est une idée, une contrainte imposée par Brett Gaylor ? D'aucuns pourraient y voir une astuce marketing pour capter l'internaute...
M. M. – Tu dis « marketing » ; je préfère parler d'« impact ». Quand on voit ses propres données dans un programme, on n'est plus dans un documentaire qui montre des personnes mettant leurs données en ligne, mais dans quelque chose de plus fort.

A. B. – Je me rappelle par exemple avoir présenté *Do Not Track* à Prague, et quand la ville s'est affichée dans l'épisode 1 avec la météo en direct, le public était franchement estomaqué ! Il y a donc l'impact, mais aussi – et je me répète en boucle – cette idée de proposer sur internet quelque chose qui n'est pas faisable à la télévision. La personnalisation du récit est ici l'une des réponses les plus simples et les plus évidentes à la problématique posée au départ.

M. M. – D'autant plus que le cœur du programme, son propos de fond, porte précisément sur la personnalisation. On l'a vu, quand nous avons produit la version linéaire du programme pour la télévision allemande : la démonstration n'a pas le même effet, elle devient un peu froide et extérieure. On n'est vraiment pas touché de la même manière.

A. B. – Je m'inscris également en faux contre ce terme de « marketing ». Quand je vois le nombre de sollicitations que l'on reçoit des écoles ou des bibliothèques pour présenter et accompagner le programme, nous sommes au-delà de ces considérations, et vraiment dans l'impact que nous recherchions. Parenthèse, d'ailleurs : nous donnons gratuitement le programme, le *pack* presse et d'autres images à qui nous les demandent. Le but, vraiment, c'est que ça circule !

Est-ce que vous êtes allés aussi loin que vous le vouliez ou que vous le pouviez ? Autrement dit : est-ce que vous vous êtes mis des barrières pour justement ne pas utiliser les armes de « l'ennemi » dans un programme sur le *tracking*...

M. M. – Nous nous sommes imposé d'énormes barrières ! Et nous avions pourtant créé quelque chose d'assez extraordinaire... Nous avions par exemple fait des tests sur une dizaine de personnes : il suffisait de rentrer une adresse mail pour avoir accès à toutes les données attachées (réseaux sociaux, photos publiées, derniers tweets, etc.). Tout ! Mais nous étions alors obligés d'utiliser un service qu'on réprouvait sur le plan éthique. Je ne cache pas que le débat, philosophique, a été intense entre les différents acteurs du projet, mais il était hors de question de livrer les adresses mail de nos utilisateurs à une entreprise commerciale pour avoir accès à cette fonctionnalité.

De manière plus pragmatique, Facebook n'est pas « banni » de *Do Not Track***... Vous jouez avec un réseau social qui se gave avec les données personnelles de ses utilisateurs...**
A. B. – Ça a été une question permanente ! Même chose pour Google Analytics, d'ailleurs... et le sujet est loin d'être clos ! Mais Facebook est devenu tellement central dans le sujet qu'on explore qu'on pouvait difficilement passer outre.

De mon point de vue, cet épisode est assez réussi, non pas sur le plan esthétique mais en termes d'interpellation et de format. Ce mélange entre un film et un compte Facebook, qu'on n'a peut-être pas poussé jusqu'au bout, créé quelque chose de vraiment intéressant. Ce mariage de deux matières fonctionne bien, à mon sens.

M. M. – Disons que nous nous sommes imposés des contraintes. Il fallait par exemple systématiquement un « *fallback* ». Si l'utilisateur ne veut pas utiliser ses données personnelles, il doit pouvoir jouir de cette option sans pour autant altérer le fonctionnement du programme. Ce fut techniquement beaucoup de complications puisqu'il a fallu produire plusieurs versions d'un même épisode.

En ce qui concerne Facebook, l'idée consistait à ne pas donner d'informations supplémentaires au réseau social qu'il ne possédait déjà. Le programme va en effet utiliser des données déjà publiées sur Facebook, mais *Do Not Track* ne lui fournit rien. L'équilibre à trouver était là.

Do Not Track **est une coproduction internationale... Vos différents partenaires étaient-ils au diapason avec vous ? Ou est-ce qu'Upian, finalement, a été l'intégriste des données personnelles ?**
M. M. – J'ai été un peu ayatollah, oui. Pendant des semaines par exemple, j'ai demandé à ce que l'on trouve une alternative à Google Docs. En vain... C'est quand même assez dingue de conduire la production de ce programme grâce à Google !

A. B. – Les Allemands sont beaucoup plus sensibles que nous à ces problématiques. Ils sont très vigilants vis-à-vis des lois européennes, et encore plus encore avec les données qui s'en iraient aux Etats-Unis. Mais se cacher derrière la barrière géographique de l'Europe au prétexte que les Américains seraient « les méchants », c'est faire preuve de très courte vue. D'autant que le contrôle des flux de données est assez impossible... Et que les Américains ont des hébergeurs en Europe.

C'est aussi, dans une autre mesure, l'une des questions que posent les coproductions internationales. Comment par exemple se mettre d'accord sur les mesures d'audience quand certains de nos partenaires refusent d'utiliser tel ou tel outil ?

M. M. – Chez ARTE, ils étaient par exemple assez inquiets quant au *tracking* de l'audience sur un programme qui dénonçait le *tracking*. La réaction du public leur faisait un peu peur, d'autant que nous tenions à rester très transparents sur le sujet. On l'explique très bien dans un encart intitulé « *Vos datas, nos trackers* ».

A. B. – Tout cela est très sensible parce que c'est politique ! Il y a 100 ou 200 personnes maximum (sur 1,3 million) qui se sont insurgées sur les réseaux sociaux de ce *tracking* des audiences. Mais nous l'expliquons, et la plupart du temps le message est compris.

M. M. – Dans la même veine, nous avons eu aussi quelques sueurs froides avec Facebook. Car à la fin du premier épisode, nous donnons de nombreuses astuces pour ne pas se faire *tracker*... sauf que l'utilisation de l'un de ces outils empêchait tous les autres épisodes de fonctionner ! Nous avons bien sûr réglé le problème en informant les utilisateurs qu'il fallait désactiver ces outils pour profiter pleinement de *Do Not Track* ensuite.

Do Not Track **est donc une coproduction internationale... Dans quelle mesure est-ce aussi une collaboration internationale ?**
M. M. – Ça l'est beaucoup, ne serait-ce que dans le principe des épisodes, tous porteurs de points de vue différents. En dehors de l'apport financier et de la supervision globale du programme, l'ONF est par exemple producteur de l'épisode 5 de la série. Ils sont responsables des équipes qu'ils font travailler, en coordination bien sûr avec Upian. Dans une moindre mesure, le diffuseur allemand (la BR) pilote l'écriture de l'épisode allemand, soumet des propositions de trames, d'interactions, d'interviews. C'est donc une vraie collaboration.

A. B. – Et c'est ce qui fonde aussi l'originalité du programme ! Ce n'est pas simplement un même programme traduit. Il est surtout localisé en fonction des territoires.

Comment avez-vous supervisé tout cela ? En essayant justement que tous les épisodes ne se ressemblent pas pour créer des oppositions formelles fortes ou, au contraire, en tentant de conserver une certaine harmonie et de lisser ou d'homogénéiser les différentes parties du programme ?
A. B. – Les deux, mon capitaine !

M. M. – Nous avions défini une bible assez stricte, basée sur le premier épisode, et l'ensemble était pensé pour être un peu plus homogène que le résultat final. Mais nous nous sommes assez vite rendu compte que, si certaines choses fonctionnaient dans le systématisme (rester dans un *player* indépendamment de l'interaction, avoir un élément de personnalisation, etc.), nous ne pouvions pas trop restreindre les possibles narratifs. Nous avons donc assoupli au fur et à mesure la trame que nous imaginions pour laisser davantage de liberté aux auteurs.

A. B. – Au final, s'il existe un lien évident entre les différents épisodes – ne serait-ce que graphique, avec les génériques, etc., il y a de vraies surprises à chaque fois. Quand on a vu les deux premiers épisodes, on ne peut pas se douter, par exemple, du type d'élément de personnalisation qui interviendra dans le troisième, réalisé par les Allemands. De la même manière, l'épisode 4 surprend car on ne peut pas se douter que nous allons réutiliser les réponses des utilisateurs. Bref, il fallait à la fois bien tenir la direction artistique et le format tout en créant les conditions de la surprise. C'est le principe de la série : il faut de l'unité, et des différences à chaque fois. Et on gardait en tête l'exemple de la série *Black Mirror*. Le spectateur sait qu'il existe un élément commun à tous les épisodes, mais ce ne sont ni les personnages, ni l'époque.

***Do Not Track* poursuit cette tendance dans les œuvres interactives – et *Génération Quoi ?* [également produit par Upian, NdA] en est un autre exemple : ce ne sont pas tant des programmes que l'on reçoit, mais auxquels on s'adresse en tant que spectateur... Il y a une inversion par rapport à l'histoire de l'audiovisuel. Si on ne parle pas au programme, il ne nous parle pas nous plus, ou alors différemment.**

A. B. – Oui, et on pourrait le formuler en disant que c'est une forme de courtoisie. A partir du moment où on demande à des internautes de nous donner des données, il faut que nous aussi donnions quelque chose en retour. Cette dimension est effectivement très présente dans *Generation What ?*[26] : au fur à mesure que l'on répond aux questions, on est gratifié de plus en plus d'éléments pour se situer par rapport aux autres. C'est d'ailleurs sans doute l'une des clés du succès de ce programme.

Nous sommes ici dans une logique du donnant/donnant, et c'est aussi la conséquence naturelle d'une piste que nous avons creusée avec *Do Not Track* : comment sculpter cette matière organique vivante de l'internet ? A partir du moment où nous nous attaquons à quelque chose de vivant, nous sommes dans l'échange. Je ne sais pas si c'est une tendance qui se

---

[26] Voir chapitre 5, « *Generation What ?* » : *de l'expérience interactive française au projet mondial.*

développera sur le long terme, mais c'est certainement un sillon à creuser pour un certain type de programmes.

M. M. – L'autre tendance sur laquelle nous avions beaucoup travaillé pour *Alma – une enfant de la violence*, et qui sera au cœur de notre projet autour des films de Ken Loach[27], c'est le *slow* ou *soft web*. Quelque chose de beaucoup plus « *lean back* » ; des programmes qui suivent leurs cours si l'utilisateur ne fait rien, mais qui proposent des contenus et des expériences enrichies en cas d'interaction.

On constate tout de même que ce type de propositions se raréfie...
A. B. – Je serais plus mesuré. C'est un phénomène très temporaire, et très français. D'une part, à l'international, il existe un appétit très fort pour les productions (très) interactives – intérêt d'ailleurs porté par la VR. D'autre part, nous sommes aussi parvenus à un moment de maturité. Il faut arrêter de dire que nous sommes dans « l'expérimentation » pour que, enfin, tout le monde comprenne que nous ne travaillons pas sur les programmes du futur, mais bien sur ceux du présent ! L'interactivité se développe aujourd'hui dans tous les champs de la société à la vitesse de la lumière. Je pense donc au contraire que nous allons assister à un retour très fort de l'interactif, porté par de nouveaux auteurs, de nouveaux sujets et de nouveaux usages. Ceux-ci évoluent considérablement, et comme nous essayons d'être à la pointe – voire un peu en avance – nous payons un peu en ce moment cette idéologie tétanisante portée par Facebook... C'est comme cet ogre de dessin animé japonais qui se nourrit du monde qui l'entoure, lequel se réduit comme peau de chagrin. Facebook, c'est exactement ça ! Les « Instant Articles[28] », par exemple, sont d'une efficacité bluffante, mais cela revient à grossir l'écosystème de Facebook grâce à des contenus qui ne lui sont pas propres. Ce mirage (« Le web, c'est Facebook ») paralyse beaucoup d'initiatives. Personnellement, ça m'énerve. Il va

---
[27] Emmanuel Roy, *La méthode Ken Loach*, Sixteen Films, Upian ARTE, 2016
[28] Possibilité offerte à certains médias d'afficher leurs articles plus vite que les autres sur Facebook en les embarquant sur le réseau social.

falloir qu'on redescende un peu pour constater que, non, le web ne se résume pas à Facebook !

Les programmes interactifs se multiplient effectivement à l'étranger... Et peut-être que la France a été trop vite rassasiée... Quand on regarde ce que fait la NPR (*National Public Radio*) par exemple, c'est régulièrement assez intéressant.
A. B. – Et c'est le cas pour de nombreux journaux américains ! Il y en a partout, et encore, on ne voit pas tout ! Je pense qu'un immense souffle interactif va nous arriver dans la figure. Et c'est toute une manière de consommer les informations au sens large qui va s'imposer. Netflix, par exemple, est purement linéaire, mais l'interface est très proche de ce que nous portons en termes de valeur. C'est-à-dire que l'expérience utilisateur est amenée par cette qualité extraordinaire du produit – je ne parle pas des contenus. L'algorithme est mauvais, mais l'interface est très fluide...

Tout cela n'est qu'une histoire de moyens, et de prise de conscience des acteurs des industries culturelles comme de la presse... Aujourd'hui, malheureusement, les acteurs de la presse francophone sont un peu timorés, et ne veulent pas dépenser de l'argent pour préparer le futur. Peu de professionnels ont compris que la définition du service public, c'est internet et que, *vice versa*, internet est un outil de service public.

Mais parmi les services publics qui accompagnent vos projets (ARTE et France Télévisions en l'occurrence), ne constatez-vous pas un appétit moindre pour les œuvres interactives ?
A. B. – Il y a peut-être mois d'appétit, mais quand même ! Factuellement, *Generation What ?*, le dernier programme que nous avons sorti à ce jour regroupe 13 diffuseurs publics. *Hors-jeu*, ce sont trois partenaires publics européens et un partenaire privé suisse. Sans compter l'Angleterre avec laquelle nous travaillons avec ce type d'acteurs autour de Ken Loach.

Nous sommes, nous, en train de tenir ce cap des coproductions internationales parce que le monde est peut-être en train de changer... Le rapport au global et à l'intime se modifie.

M. M. – Il existe cependant comme un chemin inverse entre les grands services publics du monde et les services publics français. Ceux-ci ont été très en avance, et aujourd'hui ils tentent de redéfinir des stratégies qui ne sont pas encore très claires. Ils deviennent de fait un peu plus frileux, alors que partout dans le monde, on s'active...

Ils sont peut-être aussi simplement plus rationnels... Faire des webséries, ça reste finalement moins coûteux et certainement plus rentable pour eux...
M. M. – C'est certainement plus facile mais, fondamentalement, c'est leur métier de diffuseur qui est avant tout remis en question... et cela fait peser sur des programmes des échecs qui ne sont pas intrinsèquement dus aux programmes eux-mêmes. Un diffuseur, ça diffuse ! Et comme chacun sait, diffuser sur internet, ce n'est pas comme diffuser à la télévision.

Que feriez-vous si vous étiez à leur place ?
A. B. – Mais je n'y suis pas ! J'arrêterais peut-être de dire « nouvelles écritures » ou « laboratoire de recherches », je mettrais beaucoup plus de moyens aussi. On parle quand même d'un risque fort que ces institutions disparaissent s'il n'y a pas des moyens conséquents mobilisés pour produire des programmes pensés pour, par et avec internet. Qu'ils soient très interactifs ou totalement linéaires, peu importe.

M. M. – Il faudrait aussi penser en termes de plateforme de diffusion. Au singulier. Et arrêter de multiplier les sites réceptacles des programmes.

A. B. – Avec ces *players* vidéo qui fonctionnent bien !

M. M. – Un système de VOD qui fonctionne... La problématique est générale, elle ne concerne pas que les diffuseurs publics. Il y a bien un discours (« Internet, c'est l'avenir »), mais personne ne veut payer et tout le monde prend peur quand Netflix arrive en France... L'audiovisuel est une industrie qui a vécu longtemps très à l'aise, mais elle l'est moins, donc elle prend peur et se recroqueville.

A. B. – Sans vouloir édicter la stratégie des diffuseurs ici, il pourrait y avoir une autre piste que personne ne veut explorer parce que les conditions économiques ne sont pas réunies... Il existe en effet un service public de la radio, un service public de la télévision ; est-ce que demain nous n'aurions pas un besoin d'un service public de l'internet ? En arrêtant les dépenses superflues de marketing et en ne cédant plus ses contenus à des entreprises américaines sans lire les CGU *[Conditions Générales d'Utilisation, NdA]*.

M. M. – Il y a de surcroît un double-discours un peu perturbant, et qui nous interroge régulièrement à PXN[29] : tout le monde parle du numérique, mais les budgets alloués au numérique sont dérisoires. Or, une part non-négligeable des contenus seront consommés en ligne dans 5 ou 10 ans.

A. B. – Plus largement, cette faiblesse temporaire de l'offre de productions documentaires interactives masque le véritable sujet : la production de documentaire au sens large, et la place de ce genre dans l'offre du service public.

---

[29] Association de producteurs indépendants d'expériences numériques. http://www.pxn.fr/

Chapitre 2

Le documentaire en balade

C'est un fait : les ventes d'ordinateurs chutent depuis plusieurs années. En 2016, 270 millions de PC se sont écoulés dans le monde[30], soit le même nombre qu'en 2006, dix ans plus tôt (seule embellie pour le secteur : les ordinateurs spécialisés dans les jeux vidéo). Pas mieux pour les tablettes, dont les ventes plafonnent. En cause, bien sûr, le taux d'équipement des foyers, mais surtout la concurrence des smartphones qui sont devenus le premier équipement informatique de l'Homme moderne, et la première interface d'accès à internet (à 42 %, contre 38 % pour l'ordinateur et 7 % pour la tablette). Selon le baromètre du numérique 2017 établi par le Credoc, 94 % des Français ont désormais un mobile dans leur poche, et 73 % possèdent un smartphone (ils n'étaient que 11 % environ en 2011 ; 40 % en 2014).

Les usages changent, un écosystème se transforme, et la création documentaire s'adapte. Nous y revenons ici avec plusieurs précurseurs. Joffrey Lavigne et Bernard George, d'abord, qui ont clairement ouvert une brèche en 2014 avec leur application *Jaurès, pas à pas* qui propose une narration mobile et géolocalisée à Paris et Toulouse. Deux parcours pour (re)découvrir cette figure majeure de la vie politique française et qui offrent aux « mobinautes » des contenus vidéos, audios, photographiques et textuels en fonction de leurs déplacements.

Cette manière de revisiter l'Histoire en la mêlant au présent est au cœur de deux propositions plus récentes. A l'occasion du cinquantième anniversaire de la révolte, France Culture a proposé *Mai 68 : retour au Quartier Latin*, un « documentaire itinérant » en son binaural à écouter à partir de son téléphone dans les rues de Paris, mais aussi chez soi. L'immersion dans les rues névralgiques de la contestation dure 75 minutes. Le réalisateur Renaud Dalmar et le producteur Emmanuel Laurentin ont travaillé à partir des archives, mais aussi des analyses d'historiens et des souvenirs des témoins.

---

[30] Elsa Bembaron, *L'industrie du PC doit se réinventer pour ne pas disparaître*, Le Figaro, 3 février 2017.

Une autre proposition sonore qui propose de raconter l'Histoire là où elle a eu lieu à travers une webApp géolocalisée a été mise en point en 2018 par la société de production narrative, avec le CNRS, l'EHESS et l'INA. *Ça s'est passé ici* est une série sonore qui met en récit des archives géolocalisées. La première proposition de 12 épisodes dure une heure et permet de parcourir 1,7 kilomètre. Imaginée par Sarah Gensburger et réalisée par Jean Dubrel, elle s'intitule *Les Parisiens racontent la Shoah*. Le deuxième épisode, *Gens de la Seine au XVIIIème siècle*, permettra au « spectateur en marche » de se promener pendant plus de 4 kilomètres immergé sur les rives du fleuve. Toutes les séries sont élaborées par des chercheurs, co-écrites avec des auteurs-réalisateurs et travaillées en son binaural.

Au Canada, ce sont les témoignages des nouveaux arrivants dans la ville de Montréal qui fondent l'intérêt de l'application *Déroutes,* produite par l'ONF avec l'université du Québec à Montréal et qui s'utilise idéalement dans le métro de la ville. Il suffit d'entrer dans l'application des stations de départ et d'arrivée, et le temps de trajet calculé débloque une trame sonore unique.

Ces œuvres qui engagent une nouvelle appréhension de notre espace en redéfinissant *in situ* notre environnement visuel et sonore font du téléphone une extension de nos perceptions et nourrissent un rapport très individualisé aux histoires. Nombreuses sont celles qui utilisent la géolocalisation : Thomas Baumgartner avec *Sur les bancs*, Pierre Cattan avec notamment *Cinemacity*, Ulrich Fischer avec *Walking the Edit* et *Memoways*... Ce sont des expériences innovantes et exigeantes sur lesquelles nous nous arrêtons en détails ici.

Mais les applications documentaires opèrent également sans géolocalisation. Qu'il s'agisse d'aborder notre incapacité à ne rien faire (*Le Cancer du temps*, Dominic Turmel), de revenir sur d'invraisemblables faits divers (*Affaires sensibles*, Brigitte Vital-Durand et Upian) ou de faire vivre en direct et en immersion au Front National la dernière campagne présidentielle française (*L'infiltré*, David Dufresne), les créateurs investissent les poches et les mains des utilisateurs avec brio et efficacité.

S'adresser aux spectateurs sur leurs terminaux mobiles, c'est aussi la promesse des livres interactifs. Propositions plus rares mais non moins intéressantes, elles ont notamment été mises en œuvre par Alexandre Hallier et la Générale de Production dans le domaine documentaire. *Retour à Bézier* et *Elysée en scènes* sont deux excellents exemples de ce qu'il est possible de faire en la matière, et sur lesquels le producteur revient ici avec franchise. 20%, seulement, des lecteurs français déclarent lire des livres numériques ; le marché reste modeste (13 millions de livres numériques vendus en 2017, contre 343 millions d'exemplaires papier), mais les promesses de cette forme documentaire sont vivifiantes. Le secteur de l'édition l'a bien compris : Hachette livres, par exemple, a mis au point l'application *Emile*, qui propose aux visiteurs de Paris de leur fournir des extraits, textuels ou sonores, d'œuvres littéraires en lien avec les grands monuments qu'ils côtoient. Dans une autre mesure, Pierre Cattan et son studio de production Small Bang ont conçu la première bande « défilée » ; révolution dans le secteur sur laquelle nous revenons également dans ce chapitre.

Alors certes, selon le baromètre de la Mobile Marketing Association, les Français n'utilisaient en moyenne que 5 applications en 2016, et les diffuseurs publics rechignent à développer des applications spécifiques autour d'un seul programme, mais ce n'est pas une raison pour se détourner de ce support de création. Rithy Panh l'a bien compris, lui qui a mis au point une application sur l'histoire des Khmers rouges, des premiers jours de la dictature aux procès entamés ensuite. Développée avec le Bophana Center, *Khmer rouge History* revient sur cette tragique période en mélangeant images, sons et textes pour toucher les jeunes générations sur le plus intime de leurs outils numériques. L'application est gratuite, disponible en Cambodgien et en Anglais. Elle propose de nombreuses ressources historiographiques et permet aux utilisateurs d'y ajouter leurs propres liens, lectures et connaissances, qui sont ensuite validées par un comité scientifique pour enrichir le tout.

Toujours dans le champ de l'Histoire – décidément propice à ce genre d'expérimentations, Fabien Collini, Cécil Isnard et Raphaëlle Moncorger ont porté le projet *Voyages en résistance* pour Petit Homme Production. Cette aventure transmédia en réalité augmentée embarque l'utilisateur sur les hauts lieux de la Résistance dans la région lyonnaise et lui propose de réaliser des missions comme un « agent de liaison » de l'époque. D'abord proposé entre 2012 et 2014, le programme a rassemblé plus de 10.000 utilisateurs ; une deuxième version a été lancée en 2018.

Des auteurs indépendants voient aussi dans ces applications un débouché potentiel pour leurs travaux documentaires. Ce fut le cas en 2015 pour Joël Foulet, qui proposait alors ses *Petites musiques de train* sur l'Appstore d'Apple. Totalement autoproduite et développée par Bootstragram, l'application a été pensée comme un écrin pour distribuer les films qui auraient pu constituer une websérie, et emmènent le spectateur au Mexique, en Bolivie et à New-York pour un voyage ferroviaire à la découverte des musiques du monde.

Le théâtre et le spectacle vivant suivent aussi ce mouvement, comme en attestent la création *First Life, aux armes etc.* qui propose de se mettre dans la peau d'un autre : « *Seul et mobile, vous traverserez les décors réels ou reconstitués d'une histoire intime et réaliste. Guidé par une vidéo embarquée dans un smartphone, vous découvrirez pas à pas les lieux et les enjeux de l'histoire à travers les gestes et le comportement subjectif de votre personnage. A l'écran, des scènes filmées dans les lieux se superposent au réel. Autour de vous, vous retrouverez tout l'univers de la scène et davantage. Vous voilà dans les pas, les yeux, le corps subjectif du personnage, en temps réel, sans ellipse ni coupe, à la frontière du réel et du virtuel.* »

En somme, si l'essor des narrations sur mobile ne signifie pas la fin de l'ordinateur, elles redéfinissent clairement les contours du domaine des possibles documentaires.

« Le Cancer du temps », une fable interactive sur notre incapacité à ne rien faire

Par Cédric Mal (novembre 2014)

> Voici un autre programme qui réfléchit la condition humaine à l'heure de la connexion généralisée : *Le Cancer du temps* est une fable ludique, qui se présente sous la forme d'une application mobile gratuite coproduite par l'ONF et France Télévisions. Sommes-nous encore capables d'être seuls avec nous-mêmes ? Exploration de la question avec le directeur de la création Dominic Turmel, qui nous éclaire un peu plus sur ce projet iconoclaste et avant-gardiste sorti en 2014.

Je crois qu'il y a eu plusieurs titres de travail sur ce programme... Et vous vous êtes finalement arrêtés sur celui-ci : *Le Cancer du temps*. Pourquoi ? Ça sonne un peu comme une provocation ?...
Dominic Turmel : C'est un peu une provocation, mais ça nous permet surtout de donner le ton du programme. C'est un titre qui émane du jeu, et qui renvoie au premier chapitre – initialement situé à la fin de l'expérience. Dès que nous avons positionné cette séquence au début, le titre s'est imposé de lui-même. Le producteur de l'ONF Hugues Sweeney l'utilisait régulièrement pour présenter l'application à nos interlocuteurs pendant le travail créatif, et la formule marquait les esprits. Nous nous sommes beaucoup questionnés sur ce sujet, et lorsque le scanner a intégré l'un des chapitres, nous avons définitivement décidé d'assumer ce discours : l'incapacité à ne rien faire est une maladie chronique. C'est une proposition forte, je crois, qui interpelle l'existence et l'imaginaire de chacun.

Vous proposez donc aux utilisateurs de perdre un peu plus encore de leur temps pour réfléchir à leur propre rapport au temps... Le paradoxe vous semble-t-il tenable ?
C'est un beau paradoxe, oui ! Nous sommes partis du fait que, dans nos sociétés, nous avons l'habitude d'entendre : « *Le temps, c'est de l'argent* ». Mais s'il est si précieux, quelle est la valeur de ne rien faire ? Est-ce du gaspillage pur et simple ? Est-ce qu'on « perd » effectivement du temps ? Ou y-a-t-il d'autres dimensions au problème ?

On ose espérer, en tout cas, que les utilisateurs n'auront pas l'impression de perdre leur temps avec ce jeu. Nous avons tous des rapports très différents au temps. Certains l'optimisent, certains le comptabilisent... Et nous proposons de prendre volontairement un peu de temps pour réfléchir à l'usage qu'on en fait tous les jours. En espérant que ce soit utile...

Quelle est la part documentaire du projet ? On imagine qu'elle intervient très en amont de la réalisation de l'application ?
Effectivement. Mais si nous avons lu beaucoup de choses sur le sujet, mais nous n'avons pas d'intentions documentaires exhaustives. Nous avons d'abord travaillé à partir de nos impressions et sensations personnelles, plutôt qu'avec des statistiques.

Dès le départ, nous avons souhaité mettre l'utilisateur au cœur de l'expérience. Nous voulions en faire le sujet, sans visée pédagogique ou moralisatrice. Nous avons bien sûr pensé à comptabiliser des données et à analyser les comportements ou les réponses des utilisateurs, mais ça n'apportait pas grand chose, pour différentes raisons. Nous voulions construire quelque chose d'évocateur, sans didactisme. Notre recherche s'est donc structurée sur des points de vue artistiques forts, eux-mêmes nourris par d'autres jeux et d'autres applications, ainsi que par nos rapports personnels au temps.

Quelles sont ces inspirations, justement ?
On a beaucoup aimé le travail de Molleindustria, un collectif italien qui produit des jeux qui ne sont pas vraiment des jeux. Ce sont des programmes qui mettent en scène des personnages dans des histoires un peu « diffuses ». Je pense par exemple à *Every day the same dream* ou à *Unmanned*. Ce sont un peu des jeux « anti-jeu » qui sont très intéressants. Je me souviens aussi de *Desert Bus Game* qui était une proposition inspirante. Ce sont des expériences réflexives et poétiques qui nous ont un peu accompagnées pendant notre travail sur *Le Cancer du temps*. D'autres influences viennent des domaines de l'illustration, des arts de rue, du cinéma et de l'animation... mais pas tant du secteur du jeu vidéo.

L'application est découpée en 5 chapitres : le temps suspendu, le temps précieux, le temps mort, le temps partagé et le temps arrêté. Des chapitres plutôt courts, sous-tendus par une esthétique sobre, et efficace... Et il y a aussi un récit de fiction qui porte l'application... Comment en êtes-vous arrivés là ? Comment avez-vous construit le parcours que vous proposez ?
Tout s'est organisé de manière très organique, et dans un dialogue constant entre le scénariste (Jean-François Nadeau, qui vient du théâtre et de la poésie), les codeurs de Ko-op Mode (qui sont des *hardcore gamers*, si on peut dire) et le compositeur sonore (Stéfan Boucher qui, lui, a l'habitude de travailler pour les arts de la scène).

Chacun avait ses désirs, et nous nous sommes arrangés pour les combiner au mieux. Par exemple, Jean-François souhaitait intégrer plus de textes, très découpés et très travaillés, alors que les codeurs avaient une approche plus minimale pour tenter de tout transformer en mécanique de jeu. Ils voulaient en dire le moins possible et en jouer le plus possible. Le résultat se situe au juste milieu des envies de chacun, je crois

Au départ, nous étions partis sur une mécanique boursière pour explorer la valeur du temps mort. Puis, nous avons réfléchi aux réseaux sociaux, et à Facebook en particulier, où nous avons l'habitude de poster uniquement les bons moments de notre existence. Pourquoi ne pas poster des instants de temps mort pour les réhabiliter, en créant des sortes de vignettes pour réfléchir sur cet aspect ? On serait alors parti vers un journal visuel et animé, comme un *comic book* de temps morts. Nous nous sommes finalement orientés vers quelque chose de moins ouvert et de plus scénarisé pour aboutir à ce jeu de miroir.

En tant que directeur de la création, j'étais le garant du message et de l'homogénéité du thème, mais nous avons beaucoup échangé pour parvenir à l'application que nous avons présentée.

C'est effectivement très « fermé », on ne retrouve pas la dimension participative que l'ONF a pris l'habitude d'incorporer dans ces projets. Et c'est interactif à l'échelle personnelle, seulement...
Nous voulions absolument travailler cette mise en abîme des usages dans un rapport très intime à l'objet. Nous ne souhaitions pas réhabiliter le temps mort en fabriquant une application trop riche et trop explosive qui aurait été à l'encontre de notre message.

L'expérience peut durer 10 ou 15 minutes seulement, et au final, si l'utilisateur s'appuie sur cette impression de lenteur pour remettre son téléphone dans sa poche et ne pas répondre tout de suite au prochain message qu'il recevra, on aura gagné le pari. Tout ce qui est de l'ordre du partage ou de la promotion ne rentrait pas dans l'esprit que nous avions envie d'insuffler au projet. Il était hors de question de surfer sur le buffet de la gratification instantanée. A partir du malaise que nous exprimons en remplissant le vide avec nos smartphones (qui ne sont pas de mauvais objets en soi !), nous avons voulu faire naître de la poésie à partir de très peu de choses.

La narration est en apparence très simple, mais très efficace. Elle s'appuie sur de petites trouvailles assez ingénieuses (le téléphone qui empêche de voir les personnes avec lesquelles on dîne au restaurant par exemple, ou le logo de l'application qui ressemble à l'horloge de l'iPhone) et sur un souci très appuyé du détail. La poésie passe effectivement dans de petites choses, qui paraissent finalement évidentes...
C'était le but recherché. Nous ne voulions juger de rien mais simplement évoquer certaines choses, sans jugement moral. Notre ambition, c'est de poser des questions à l'utilisateur à partir de ses propres impressions une fois le jeu terminé.
Nous avons aussi réalisé des tests avec certains utilisateurs pour justement perfectionner tous ces détails. Nous les regardions jouer sans rien dire, en observant où ils bloquaient, où ils s'impatientaient... Et nous avons raccourci ou rallongé certains moments en fonction des réactions. C'était très intéressant de voir comment nos testeurs s'appropriaient instinctivement le jeu pour comprendre comment ils évoluaient dans leur découverte, sans mode d'emploi.

Il ne fallait pas qu'ils se perdent dans l'application, et nous devions donc construire quelque chose d'envoûtant qui ne soit ni trop plat, ni trop pétaradant. Ce sont ces petits ajustements qui ont par exemple fait qu'il n'y a que deux stations de radio dans la voiture, contre quatre précédemment. Ce travail de détails et de finitions était extrêmement important.

Il a été très poussé, notamment sur les textes qui viennent rythmer le jeu comme les cartons d'un film muet. Nous voulions faire comprendre le concept par la simple mécanique de jeu, mais le besoin de texte répondait aussi au désir de présenter l'aspect éditorial avec le plus de clarté possible.

Il y a aussi de petits jeux tactiles dans le jeu... Comment et pourquoi avez-vous voulu les intégrer ?
Ces éléments ont très tôt été présents dans notre réflexion. Quand on s'arrête ou qu'on appuie sur pause dans nos journées, c'est généralement là que nous pouvons sublimer

notre quotidien. Quand la radio s'arrête, c'est le temps du jeu. Et ça ouvre quelque chose de plus grand et de plus calme. C'est là que la magie opère, sans grands efforts.

Les réponses qu'on donne aux quiz ou aux jeux n'ont d'ailleurs pas d'influence sur le déroulé de l'expérience ?
Non. On aurait pu le faire, mais il nous fallait alors ajouter du temps, de l'argent et de la complexité au projet. Cela étant, je pense que ces petits jeux nous renvoient à nous-mêmes. Ils interrogent nos propres usages et notre propre existence sans avoir besoin d'impacter l'application dans son ensemble. L'utilisateur reste le sujet d'étude, mais de manière détournée.

Vous avez donc travaillé avec un auteur de théâtre, un compositeur de musique de scène... Et le son tient une place très importante dans le programme... Comment vous êtes-vous partagé le travail, si l'on peut dire ? Qui menait la danse en ce qui concerne l'univers sonore de l'application ?
Tout le monde avait son mot à dire, et comme chacun portait une vision différente, c'était parfois compliqué. Les codeurs, par exemple, sont aussi les concepteurs du projet.

Au départ, je suis arrivé avec un *mood board* qui regroupait des influences visuelles, sonores, poétiques ou plus décalées... Et tout le monde a proposé d'autres éléments à partir de cette base.

S'agissant précisément de la musique, nous avons convergé vers un *spleen* un peu onirique, un peu flottant, avec des situations de base très ancrées dans le quotidien le plus banal. Il fallait instituer du calme, inciter à ralentir pour entrer en interaction avec l'application.

Mais je le répète : c'est grâce à un dialogue constant que nous sommes parvenus à quelque chose de très simple et de très dépouillé. C'est minimal, froid et assez statique sur le plan visuel ; la musique devait donc être chaude, onirique et enveloppante. L'autre défi que nous sommes parvenus à relever, c'est que chaque artiste conserve sa personnalité au service du projet. Avec quelques concessions, tout le monde a pu s'épanouir, et rester entier tout au long de l'aventure.

Comment s'est déroulé le travail entre la France et le Canada ? Quelles ont été les relations entre France Télévisions et l'ONF avec, on l'imagine, vous au milieu ?
Le projet a été initié à l'Open Documentary Lab du M.I.T. Nous nous sommes rencontrés là-bas, notamment avec Boris Razon *[alors directeur des Nouvelles écritures de France Télévisions, NdA]*, Hugues Sweeney et plusieurs membres du studio interactif de l'ONF. Je suis d'ailleurs le seul auteur qui ait suivi l'aventure du début à la fin.

C'est donc au M.I.T. que nous avons expérimenté les premières tentatives autour des jeux « anti-jeu ». Et petit à petit, nous avons mis de côté la « bourse du temps mort » pour nous orienter vers une proposition plus intimiste.

Trouver la ligne directrice nous a pris beaucoup de temps, et tout le monde a été patient. Pendant la phase exploratoire, les contacts directs avec la France étaient limités. Nous bénéficiions de la confiance de l'ONF et de France Télévisions, et ces deux partenaires n'ont jamais été très intrusifs. Ils sont intervenus plus fortement avec les premiers tests des premières idées. Puis, quand le projet était réalisé aux deux tiers, les échanges se sont intensifiés pour peaufiner certaines choses.

Il y a d'ailleurs trois versions différentes du projet : en Français, en Français québécois et en Anglais. Certaines expressions et certaines voix ont été adaptées en fonction des publics.

J'ajoute que c'est sans doute la première fois que l'ONF collabore avec une société dont l'activité principale est le jeu vidéo (Ko-op Mode), et c'est très différent. Les mécaniques et les méthodes de travail sont plus rigides, et nous devons nous y plier. C'est beaucoup plus malléable de travailler sur le web où on peut quasiment se rendre compte en direct des modifications qu'on effectue. On ne peut pas tout voir tout de suite avec les jeux vidéo...

***Le Cancer du temps*, c'est donc d'abord une application... Il n'y a pas d'autres déclinaisons prévues pour le programme ?**
Il y a seulement une page fixe sur Internet, qui agit comme un point de chute à partir duquel on peut télécharger l'application. Et s'il n'existe pas de versant web au programme, c'est parce que le rapport intime sur lequel nous avons travaillé ne l'autorise pas. Une telle entreprise serait inévitablement une adaptation de ce que nous proposons aujourd'hui, voire un projet de nature très différente.

« Affaires sensibles » :
Le fait divers revu, corrigé... et épuré

Par Cédric Mal

Un graphisme sobre, une édition élégante, des dessins évocateurs et une narration concise... Voilà en quelques mots résumés les lignes de force de la proposition éditoriale d'Upian, développée en 2015 avec (et préachetée par) France Inter. Cinq histoires vraies, habituellement rangées dans les rubriques « faits divers » ou « police/justice » des journaux, à lire, à contempler et à méditer sur téléphone mobile.

Ces *Affaires sensibles* ont mis 15 mois à voir le jour, depuis que la première idée a germé dans l'esprit du producteur Alexandre Brachet. Celui-ci s'est rapproché de la journaliste Brigitte Vital-Durand, cheffe du service « informations générales » de *Libération*, et tous deux ont commencé à écumer les affaires les plus retentissantes, ou les plus éloquentes, de nos temps modernes.

Un premier pilote est esquissé autour de l'affaire Lubin – un infanticide qui avait « défrayé la chronique » dans les années 2000. Suffisamment efficace pour convaincre à l'époque les Nouveaux médias de Radio France de s'engager sur cinq histoires, en lien avec l'émission éponyme de Fabrice Drouelle. *Loulou la carpe, Balle perdue, Maître et esclaves, Emile et sa bestiole, Les enfants criminels...* Soient, dans l'ordre : la triste fin d'un truand octogénaire, le meurtre absurde d'un jeune homme devant une discothèque, la vengeance d'une amoureuse sur fond de pratiques sadomasochistes, les abominables secrets d'un tueur en série, et le crime de deux enfants qui ont tué la grand-mère de l'un d'eux pour 3.000 euros de butin. Autant de drames qui défient souvent l'entendement – ce qui fait aussi leur attrait – et qui nourrissent cinq récits plutôt succincts en texte et en images – ce qui fonde, en partie, leur force.

A la palette, cinq dessinateurs, tous ou presque choisis par le producteur en fonction de ses affinités artistiques personnelles. Hugues Micol (déjà à la manœuvre sur *Alma – une enfant de la violence*[31], ici également directeur de la collection), Grégory Mardon (qui vient du dessin animé, a créé la BD numérique *Chinois de Paname* pour ARTE en 2017 ; et dont le dernier ouvrage paru est *Prends soin de toi* chez Futuropolis), Nadja (voir le fameux *Chien Bleu*, publié en 1989), Fanny Michaëlis (la plus jeune de la bande, auteure récemment de l'album *Le lait noir*) et Stéphane Trapier (connu, notamment, grâce aux affiches qu'il imagine pour le théâtre du Rond-Point, à Paris).

Tous ont dessiné à partir des textes de l'auteure qui a réduit les faits (divers) à leur substantifique moelle, en construisant au présent le récit chronologique des crimes commis avec une précision chirurgicale. Les illustrateurs avaient carte blanche, le travail d'édition intervenait ensuite ; Upian gérant la fabrication et les animations en développant un *framework* spécifique dans un format ouvert. Une opération « *techniquement très compliquée* », reconnaît le producteur.

Animation

Le premier épisode, sans doute le meilleur, se résume à une petite cinquantaine de phrases (courtes) et à une grosse quinzaine de dessins. L'enchaînement des éléments textuels et visuels a été minutieusement composé, et les discrets effets qui animent le récit aimantent l'utilisateur. Les auteurs jouent sur la taille de la typographie, le mode d'apparition de tout ou partie des phrases, la manière dont les images glissent sur ou à côté du texte, l'usage parcimonieux mais signifiant des couleurs ou encore l'animation d'un dessin particulier pour souligner un « moment décisif ».
Ce sont par exemple la guirlande d'un sapin qui clignote, les stries d'une balle de revolver qui, scintillant, procurent l'impression du mouvement, une tête qui vire au bleu pour

---

[31] Voir notre conclusion, *Ouverture – Esquisse d'un « Temple de la Renommée »*.

figurer la strangulation... A chaque fois, de petites audaces visuelles à même de sur-prendre le lecteur au détour d'une pression du doigt, et de distendre le temps en produisant paradoxalement la sensation d'un « arrêt sur l'image » – ce qui tend à allonger le plaisir.

Les différents écrans – entre 70 et 80 par histoire en moyenne, nettement moins pour le parcours d'Emile Louis, mais c'est le récit le plus prolixe, peut-être aussi le plus poignant – s'enchevêtrent avec une remarquable fluidité, et dans un rapport texte/image à chaque fois renouvelé. C'est d'ailleurs cette relation entre les mots et les dessins qu'il faut d'abord interroger, car c'est elle qui renferme le sens, et la signification. Illustration, complément, contrepoint, accompagnement... Si les traits des dessinateurs sont bien sûr reconnaissables, chacun a opté pour une forme particulière d'appropriation de l'histoire, plus ou moins proche des faits, plus ou moins frontale dans le rapport aux crimes, plus au moins (dé)cadré par rapport aux lieux et aux personnages. A chacun son rythme, donc, à chacun sa mise en scène, « *avec toujours beaucoup de respect pour les personnages*, précise Alexandre Brachet. *On ne rejuge personne, on ne fait pas de dossier journalistique. On raconte des histoires. Ces* Affaires sensibles, *c'est avant tout une innovation éditoriale* ».

Au-delà de la simplicité, dans le rendu comme dans l'utilisation de l'application, et de l'épure dans la narration, la singularité de cette proposition repose aussi sur un choix radical : l'absence de son, d'autant plus remarquable que le programme a été développé avec... une radio. Si elle peut décevoir les *aficionados* de ces programmes qui ajoutent (sons, textes, images fixes et mouvantes, animation, interactivité, etc.) plutôt qu'ils ne retranchent, l'option retenue ici a le mérite de centrer et de concentrer le lecteur sur... la lecture. Sans autre possibilité de distraction, et à rebours des tendances qui visent à faire du livre quelque chose de cumulatif (voir par exemple le « roman interactif transmédia » de Marc Frachet, *Incarnatis*[32]). Cette absence de parasite sonore sied bien au « traitement » du fait divers, si l'on en croit l'historienne Mara Goyet qui explique à propos de son ouvrage *Sous le charme du fait divers*[33] : « *Ils nous recentrent, ils nous ramènent à ce qu'il y a de plus humain et de plus intérieur : le désordre, le chaos, le hasard. C'est bien pour cela qu'ils nous fascinent* ».

Immanence

S'il existe une parenté évidente avec *Alma* [34] – une « connexion », avoue Alexandre Brachet –, elle relève d'abord de la matière première du programme : le fait divers et ses potentialités romanesques, formidable réservoir à histoires. Elle procède également de l'économie des mots et de la simplicité des traits : il n'y a (presque) rien de superflu dans ces *Affaires sensibles*, tout est essentiel – dans tous les sens du terme. Roland Barthes[35] disait en son temps que le fait divers était une histoire complète, figée, ne renvoyant qu'à elle-même. C'est aussi le cas ici, sauf pour *Les enfants criminels* qui se clôt sur l'évocation d'autres affaires similaires, penchant vers l'exhaustivité qui nous fait un peu sortir du récit singulier développé jusqu'alors. « *Le fait divers est une information totale, ou plus exactement, immanente ; il contient en soi tout son savoir : point besoin de connaître rien du monde pour consommer un fait divers (...) tout est donné dans un fait divers ; ses circonstances, ses causes, son passé, son issue ; sans durée et sans contexte, il constitue un être immédiat, total, qui ne renvoie, du moins formellement, à rien d'implicite ; c'est en cela qu'il s'apparente à la nouvelle et au conte, et non plus au roman. C'est son immanence qui définit le fait divers.* »

---

[32] Marc Frachet, *Incarnatis*, Acci Entertainment, juin 2016.
[33] Mara Goyet : « *Le fait divers, boule à neige de l'horreur* », entretien par Sonya Faure. Libération, 8 mai 2016.
[34] Voir à ce titre fanny Mahy, « *Le fait divers criminel au prisme du web 2.0 : le Grand incendie, La Cité des mortes et Alma* », Entrelacs, janvier2016.
[35] Roland Barthes, *Structure du fait divers*, in Essais critiques, Seuil, 1964.

Dans le même parallèle, là où ces *Affaires sensibles* se distinguent d'*Alma*, c'est dans l'appréhension des limites, physiques et symboliques, du cadre de l'histoire, et dans la manière de jouer – ou pas – avec le hors-champ. Cet appel au-delà des bords des images était puissant, et très cinématographique, dans le travail de Miquel Dewever-Plana et Isabelle Fougère ; il est ici quasiment inexistant. Tout est ramassé sur l'écran, et les différents « plans » des histoires ont été pensés pour nourrir une « lecture photographique », loin des usages de l'édition traditionnelle, qui n'engage pas au-delà des limites du téléphone.

Cette « verticalité » du format n'est pas anodine. En cela d'ailleurs, *Affaires sensibles* prend le contrepied des œuvres délinéarisées, notamment produites par Upian. Là où celles-ci tendaient à « *agencer un désordre en possibilités* »[36] (voir *Manipulation l'expérience web* ou *Prison Valley*, par exemple) par un design pensé de manière horizontale pour une interface délinéarisée – et un écran d'ordinateur –, l'application, en instaurant cette verticalité nouvelle pour un récit interactif, remet de l'ordre dans la narration, et impose une contrainte de lecture. Quand Fanny Mahy remarque que « *les webdocs criminels à l'étude sont riches d'archives, de documents, d'imprimés, de photographies, lesquels constituent autant d'histoires composites d'une plus grande* », le chemin obligé tracé par *Affaires sensibles* empêche de fait toute dispersion de l'attention.

Mythes

Disons aussi avec Mara Goyet – quitte à froisser Pierre Bourdieu – que le fait divers n'est pas un rebut, une perte de temps, une diversion ou une dispersion dans ce qu'il conviendrait de retenir des informations concernant la marche du monde. « *Les faits divers sont nos mythes contemporains*, explique l'historienne. (...) *Ils ouvrent une brèche dans le réel, nous font entrevoir, pour un bref moment, un monde qui*

---

[36] *Op. Cit.*

ressemble au nôtre mais qui obéit à des lois différentes, à d'autres causalités. »[37] Ce trouble dans l'ordonnancement des choses fonde le charme discret du fait divers. L'« inexplicable contemporain » fascine parce qu'il est transgression, des normes et des interdits, brèche causale qu'il faut interroger pour essayer de combler ce défaut de « pourquoi ». Apparemment futiles, les faits divers ramènent l'homme au fondamental : à la vie, à la mort, à l'amour, à la haine, etc.

Fragiles, éphémères, les faits divers inspirent les écrivains (de Stendhal à Truman Capote en passant par Emmanuel Carrère) et nous saisissent grâce à cette lueur de fiction et d'étrangeté qu'ils apportent dans notre quotidien. Ces *Affaires sensibles* effraient, dérangent, bousculent, « *hantent notre manière de voir le monde. Et nous enchantent.* »[38] Sans doute parce qu'elles ont aussi la saveur d'un haïku, et trouvent ici avec le téléphone portable leur support privilégié.

Cet outil que l'on consulte au creux de sa paume, dans l'intimité de sa main, avec ce parti pris de lecture verticale, est l'écrin idéal pour ce qui se révèle être « *ni un livre illustré, ni un dessin animé, ni une BD* ». C'est une proposition éditoriale qui renouvelle tout simplement un genre qui a accompagné l'essor de la presse au milieu du XIXème siècle. Vivement – on l'espère – une suite…[39]

---

[37] *Op. Cit.*
[38] *Op. Cit.*
[39] A noter qu'Upian et le journal *L'Equipe* se sont associés pour publier en juin 2018 un format de récit mobile et vertical encore une fois novateur, *France 98 – à jamais les premiers*, écrit par Rémy Fière et réalisé par Thomas Deyriès. https://98.lequipe.fr/

Joffrey Lavigne invite les spectateurs dans les pas de « Jaurès »

Par Cédric Mal (avril 2016)

Le documentaire mobile se consomme aussi en promenade. L'une des premières applications géolocalisées a été lancée en 2014 à l'occasion du centenaire de l'assassinat de Jean Jaurès. Bernard George et Joffrey Lavigne invitent les spectateurs à deux balades dans les rues de Paris et de Toulouse, sur des lieux jadis fréquentés par cette figure majeure de l'Histoire politique française. Cette réappropriation de l'espace urbain par l'entremise d'un téléphone intelligent est aussi un voyage « augmenté » dans le temps.

Pourquoi avoir opté pour une production (en partie) géolocalisée pour rendre hommage à Jean Jaurès ? Comment êtes-vous arrivé à travailler sur ces deux parcours bien définis dans les villes de Paris et de Toulouse ?
Joffrey Lavigne — Le choix d'un documentaire mobile s'est fait de manière naturelle, compte tenu du contexte et du sujet. Il s'agissait alors (et il s'agit toujours) d'expérimenter de nouveaux supports et de nouvelles formes de narration pour une société de production comme Cinétévé, qui ne s'était jamais aventurée dans la narration mobile - et encore moins géolocalisée. Il y avait eu l'application de Small Bang, *Cinemacity*, mais peu d'autres expériences documentaires qui jouaient la carte du parcours, notamment dans une perspective historique.

En dehors de l'écosystème de l'audiovisuel, la tendance des jeux d'expériences *in situ*, qui mêlent lieu physique et technologie (notamment pour des évènements d'entreprises de type « *team building* »), était naissante à l'époque. À l'image aujourd'hui de l'émergence des *escape rooms* qui ont pu inspirer l'expérience web autour de la série *Au-delà des Murs*, réalisée par Hervé Hadmar avec Marc Herpoux.

Pour *Jaurès, pas à pas*, c'est le cœur du sujet qui imposait de créer une expérience géolocalisée. D'une part, Jaurès est le personnage le plus cité dans l'espace public français après De Gaulle (parc, écoles, établissements sportifs, statues, café, métro, etc.), ce qui est saisissant quand on compare la notoriété du personnage historique dans les représentations collectives et la mythologie commune en France. D'autres personnages sont bien plus évoqués, et bien plus évocateurs pour le grand public.
D'autre part, Jaurès a été un homme politique extrêmement présent partout en France. Il se déplaçait énormément dans les différentes régions pour soutenir des grèves, des hommes politiques, etc., mais aussi en Europe, notamment pour les grandes messes du socialisme international, et même dans le monde entier, avec notamment un long séjour en Amérique Latine. Il se déplaçait beaucoup en train et son activisme politique, ses talents d'orateur et ses idéaux faisaient qu'il occupait pleinement l'espace public, d'un point de vue littéral et métaphorique.

De fait, il nous semblait donc évident de faire le pari d'une application géolocalisée pour interroger l'histoire de ce personnage incroyable, mais aussi sa présence aujourd'hui dans l'imaginaire et le concret de nos villes. Pour ce dernier point, nous avions évoqué de nombreuses pistes possibles, mais nous ne les avons pas toutes suivies en production pour des raisons de budget, de cohérence et de logistique. En revanche, le parcours de Toulouse questionne frontalement cette trace qu'il a laissée dans la ville.

Les films sont par ailleurs géolocalisés en fonction des régions. La porte d'entrée de l'expérience est différente selon la position de l'utilisateur. Cette ambition a été compliquée à porter, pour des raisons techniques et d'« expérience utilisateur », mais nous avons tout de même essayé de la tenir jusqu'au bout.

Ce qu'il y a d'intéressant dans le programme, c'est l'exploration de l'espace, la réappropriation physique de l'histoire *via* un parcours sensible dans la ville... Qu'est-ce qui vous a inspiré pour parvenir à cette déambulation ?
C'est d'abord le personnage, comme je le disais plus haut. Mais ce sont aussi l'ensemble des jeux « *IRL* » *[*In Real Life, NdA*]* qui mettent à profit la géolocalisation pour créer – et maintenir – une tension narrative. C'est ce qui est le plus difficile à réaliser dans ce genre d'expérience car, finalement, les éléments perturbateurs sont bien plus nombreux dans la rue pour l'utilisateur que quand il est devant son ordinateur. Il n'est pas non plus possible d'imaginer un plein écran ou une immersion sonore complète.

La plupart des jeux « *IRL* » géolocalisés utilisent la carte comme espace narratif, notamment grâce au temps réel et aux dispositifs multi-joueurs. C'est ce que nous avons tenté de mettre en place, du moins sur le parcours de Paris car cela s'y prêtait, avec ces trois personnages : le tueur Raoul Villain, Jaurès et le mobinaute.

Il y avait aussi un autre parcours prévu à Castres, avec l'idée d'une expérience multi-joueurs pour faire revivre tous les personnages que le jeune Jaurès a croisés pendant son enfance. Faire exister ces personnages historiques dans l'espace était l'un des enjeux de ce volet, également inspiré des jeux « *IRL* ».

Par ailleurs, ce sont les lieux qui sont inspirants. Paris est un terrain de jeu complexe, mais un terrain de jeu très excitant. De même pour Toulouse qui propose davantage de rues piétonnes ; cela offre des possibilités et des libertés supplémentaires pour le mobinaute (pour des raisons de sécurité). Ce sont ces lieux qui inspirent l'expérience géolocalisée et qui engagent l'exploration. C'est par exemple plus compliqué à Castres : la ville est un peu trop petite. De plus, la mise en images aurait été délicate car l'enfance de Jaurès correspond au milieu du XIXème siècle. Aussi, nous n'avions pas assez de moyens et de temps pour nous atteler au concept narratif plutôt intéressant que nous avions imaginé pour cette ville. La réalité urbaine est donc un facteur à la fois inspirant et contraignant.

Comment la réalisation s'est-elle concrètement déroulée ? Quelles sont les principales difficultés à surmonter pour réussir un tel projet ?
Nous avons d'abord dû convaincre les diffuseurs de l'intérêt d'une expérience géolocalisée en mobilité ; ce qui est très contraignant, d'autant plus quand il s'agit d'un sujet historique. C'est probablement différent quand le projet est un jeu pur. Ensuite, il faut prendre en considération la réalité de la ville : la sécurité, le bruit, l'ensoleillement, la géolocalisation en fonction du temps, de l'étroitesse des rues, etc. Autant de détail auxquels on ne pense pas toujours au début de la conception et de la production. Or, chacun de ces détails prend une dimension extrêmement importante dès lors que l'on se confronte à la réalité des lieux. Le plus difficile est de les anticiper. C'est un peu comme si on était en permanence en repérage pour écrire le scénario d'un film.

Les tests fonctionnels et ergonomiques en mobilité sont également une difficulté à prendre en compte. Tester, corriger, tester, corriger... et tout cela sur le terrain (même s'il y a des GPS factices) ! J'ajoute que la réalité augmentée n'était pas encore une technologie vraiment mature à ce moment, donc nous avons été obligés d'apporter de nombreuses corrections au programme. S'agissant enfin du test de l'expérience narrative, il reste difficile tant que nous ne sommes pas en situation mobile sur le terrain. Est-ce que cette alerte fonctionne dans la narration ? Est-ce que ce déplacement est utile ? Trop long ? Trop court ? Il y a un volume incommensurable de questionnements inhérents à la narration en mobilité qui restent en suspens tant qu'on ne teste pas l'application dans les rues qu'on se propose d'explorer.

Jaurès, pas à pas **aura été comme un « coup d'essai » tant les propositions narratives de ce type sont encore rares en documentaire (si l'on excepte bien sûr les audioguides « nouvelle génération » qui fleurissent dans certains lieux culturels). On imagine donc aisément que vous devez avoir des regrets... Ou, tout du moins, que vous avez identifié des éléments qui pourraient être perfectibles ?**
Oui, c'est un vrai coup d'essai, et certains éléments restent bien sûr perfectibles. Dans le processus de travail, il convient d'abord de verrouiller au mieux la narration en amont de la production et de la conception ergonomique car le moindre détail technologique ou lié à l'expérience utilisateur en mobilité peut remettre en cause les choses. Ensuite, l'auteur-réalisateur doit vraiment être dans un processus itératif, pas à pas – c'est le cas de le dire. C'est franchement un volume de travail que je n'avais pas bien anticipé. Je pense notamment à la nécessité de travailler le temps réel de manière aboutie pour soutenir la tension narrative (par exemple, les déplacements des personnages fictifs en fonction des déplacements du mobinaute).

Dans une autre mesure, nous avons encore des progrès à faire dans la réalité augmentée. Comment l'utiliser au mieux pour servir la narration ? Aujourd'hui, nous disposons des Cardboards et de la réalité virtuelle. Cette dernière peut être un outil intéressant quand on veut plonger dans une réalité parallèle, même si je crois que la réalité augmentée est plus pertinente dans les conditions d'un parcours en mobilité.

Il me semble enfin nécessaire de penser en amont l'interaction avec les lieux physiques, à la fois dans la narration et dans la promotion de l'expérience. Il faut tenter de faire exister ces parcours virtuels dans les lieux physiques, et cela passe par des partenariats avec les villes ou les institutions concernées.

Dans le parcours parisien, le rapport entre l'effort de marche demandé à l'utilisateur et les contenus offerts tout au long du trajet paraît assez faible... Pourquoi si peu de matière audiovisuelle ? Par manque de temps ? De moyens ? Ou est-ce une volonté délibérée ?
C'est avant tout une volonté délibérée. Il me paraissait primordial d'épurer au mieux le contenu pour éviter que le regard des mobinautes reste uniquement attiré par l'écran, et leurs oreilles par les écouteurs. Par ailleurs, en mobilité, il faut être à la fois concis et précis, tout en préservant la tension narrative. C'est un vrai enjeu. Car l'expérience de la rue (notamment les lieux que traverse le parcours à Paris) n'est pas optimale pour profiter des contenus audiovisuels (film et conception sonore). Je pensais d'ailleurs que les utilisateurs ne prendraient pas vraiment le temps de regarder et d'écouter, qu'il fallait leur prendre la main et les entraîner rapidement vers le prochain lieu. J'imaginais de simples étapes, comme une sorte de *live-tweet in situ*. Or, les retours d'expérience que j'ai eus, après plusieurs parcours avec des utilisateurs, ont montré qu'ils prenaient le temps de l'écoute. Ils s'arrêtaient et observaient, lisaient. J'ai sous-estimé cette capacité d'attention sur le lieu.

De fait, l'équilibre précaire entre les exigences d'un lieu physique, la mobilité et le contenu n'a pas vraiment été trouvé quand on pense au projet *a posteriori*. Des choses ont fonctionné ; d'autres moins. Cela fait partie de l'expérimentation.

On aurait effectivement pu imaginer des illustrations sonores tout au long de la marche, mais aussi davantage de vidéos ou de propositions en réalité augmentée...
Nous aurions pu imaginer davantage de contenus, et notamment interactifs, mais plusieurs raisons m'ont conduit dans le sens inverse.

La première est liée à mon expérience en la matière. C'était mon premier projet de ce type, au cours duquel j'ai appris et compris beaucoup de choses sur la narration en mobilité – et sur la narration documentaire tout court. Le choix des contenus, leur nature et la manière de les orchestrer dans le parcours... C'est une vraie compétence de mise en scène documentaire qu'on cultive au fur et à mesure des projets.

La deuxième difficulté repose sur la matière documentaire disponible sur un sujet aussi précis. Il existe trois archives animées de Jean Jaurès. Certes, l'iconographie est plus abondante, mais nous n'avions que très peu d'éléments sur les autres personnages qui participent à l'histoire et à la narration – et je pense notamment à Raoul Villain. Nous avions donc peu de matière pour réaliser des compositions ou des montages qui soient pertinents et visuellement efficaces. Nous avons dû composer avec cette matière, d'autant qu'il n'était pas concevable de faire de la restitution « fictionnée ». Cela a été réalisé pour le film produit par Cinétévé, mais nous n'avons pas utilisé ces images, par choix et pour des problématiques de production.

Troisième explication à la rareté des contenus audiovisuels dans *Jaurès, pas à pas* : le temps et le budget pour réaliser les deux expériences à Paris et à Toulouse – sans compter les éléments de l'interface générale. C'est un travail très conséquent, qui nécessite beaucoup de réflexion, de conception et de tests. Le périmètre du projet était très important, peut-être trop au regard de l'équipe. Cela fait partie des choses que j'ai apprises : bien périmétrer un projet pour éviter la dispersion. Il faut aussi savoir abandonner certaines idées et volontés, quitte à être frustré.

Quatrième point : le cadre technique imposé, qui était assez contraignant. Ce manque de souplesse a été un frein à certains moments du processus de création. Par ailleurs, se posait l'enjeu de disposer d'une application relativement légère (car tous les contenus sont embarqués pour permettre de faire le parcours hors connexion). Nous ne voulions pas être dépendants d'une connexion internet en mobilité. Dans plusieurs années, avec la généralisation de la 4G et d'accès gratuit au Wifi dans les villes, cela peut changer.

Tout cela pour dire que je suis d'accord avec vous : les récompenses après et pendant le parcours restent assez faibles.

Revenons aux retours des utilisateurs que vous évoquiez... Que vous a-t-on dit ?
Nous avons eu des retours positifs sur les tests que nous avons effectués, mais c'était dans des cadres collectifs où la discussion était possible – et comblait donc les moments de transition entre les différents lieux de l'expérience. Quand les mobinautes sont seuls, l'immersion est relativement faible entre les étapes.

Aujourd'hui, si c'était à refaire, je porterai davantage d'attention à l'environnement sonore du projet. Nous avions pensé reconstituer l'environnement sonore spatialisé de l'époque pendant tout le parcours mais, sur presque 50 minutes de déambulation, cela demande un travail énorme.

La géolocalisation à Paris et à Toulouse rend de fait le programme très excluant. C'est un parti pris fort, mais n'est-ce pas un peu trop radical ? Avez-vous des statistiques d'audience à ce sujet ?
C'est un parti pris fort mais c'est celui qui me semble le plus pertinent. Nous avions conscience de son aspect radical, nous avons réfléchi à d'innombrables solutions, mais la plupart du temps la promesse devenait plus complexe.

Pour conclure sur ce point, je pense que le travail de communication *online* et *in situ* doit porter ce parti pris fort. Pour faire exister ce projet, il y a des moyens à déployer sur le marketing. Il faudrait par exemple proposer une restitution de l'expérience qui puisse être diffusée, pour donner envie. Il y a par ailleurs d'autres passerelles à trouver. Ce sont des points auxquels je réfléchis désormais en amont de mes différents projets.

Sur l'audience, je me suis arrêté de compter après 20.000 téléchargements...

Pensez-vous donc avoir ouvert une brèche avec *Jaurès, pas à pas* ? Autrement dit : pensez-vous qu'il existe une forme d'avenir pour ce genre de proposition ?
Oui, je pense qu'il existe un avenir pour ce genre de projets. Je ne sais pas si *Jaurès, pas à pas* a ouvert une brèche, mais je suis certain que les expériences de ce type font sens pour raconter certaines histoires. Elles apportent une vraie valeur ajoutée, à condition que prendre en considération toutes les contraintes et toutes les opportunités qu'offrent la géolocalisation et la mobilité.

À ce titre, les dispositifs multi-mobinautes offrent des possibilités créatives très intéressantes. Les expériences mobiles peuvent permettre la rencontre entre des utilisateurs dans un espace physique. La distance et le rapport à l'autre peuvent même nourrir la tension narrative.

Imaginez-vous d'autres développements à ce type d'application, en dehors des champs du patrimoine, de l'histoire et de la culture ?
Oui, bien sûr Il y a des multiples applications envisageables. Il n'y a pas de limites à mon sens, si ce n'est celles qu'impose la technique à ce jour. Autant dire que les limites seront toujours plus loin repoussées...

« L'Infiltré » : Coulisses de la première politique-fiction en temps réel

Il a remis les mains dans la création web à l'occasion de l'élection présidentielle française. Quatre ans après *Fort McMoney*, deux ans après *Dada-Data*, David Dufresne a proposé, sur téléphone mobile, une expérience de "politique fiction" d'un mois entre le 10 avril et le 7 mai 2017.
L'Infiltré nous plonge au cœur du Front National, en particulier de son activisme sur les réseaux sociaux. L'utilisateur est mis dans la peau d'un officier de la Direction Générale de la Sécurité Intérieure. Il doit guider son contact, Tolissac, dans les méandres de la machine électorale du FN. Mise à jour et écrite au gré des événements, l'aventure se joue désormais en différé. Plus de 800 choix possibles, 320.000 caractères, 50.000 mots, 1.221 liens : la taille d'un roman, des heures de lecture. *« Inspiré des interactions homme-machine, le visuel de* L'infiltré *flirte avec la face grise des services secrets et le côté obscur de la cryptographie. Un design sobre et sombre, discret et secret. »*
Retour sur immersion inédite, jubilatoire par endroits, et une forme nouvelle, *PhoneStories*, qui est déjà un coup d'essai prometteur. Que retenir de cette expérience ? Quel impact ? Quelles limites ? Quel avenir ? Avec un incroyable épilogue *in real life* que l'auteur nous livre ici. Propos recueillis par Cédric Mal.

«

A l'origine

Le constat vient de la productrice, Anita Hugi de Narrative Boutique, qui à l'été 2016 me demande ce que nous, Français, faisons contre le FN en vue des élections. Elle est Suisse... Comment expliquer la banalisation de ce « parti » ? Piqué au vif, la première chose qui me vient à l'esprit est de regarder ce qu'il se passe sur internet. Premier constat : ceux qui portent aujourd'hui le discours de la liberté d'expression, d'internet comme média alternatif libre et sans filtre – soit notre discours au milieu des années 90 – c'est aujourd'hui... le FN. Et Assange, qui restera l'immense déception de ces dix dernières années. Bref, je me dis qu'il est hors de question de laisser l'innovation narrative à ces gens-là. Ils ont le droit de s'exprimer, comme la pire ordure, mais la moindre des choses est de répondre, et de ne pas laisser le terrain vierge.

Ma première idée : on va répondre œil pour œil, en faisant comme eux : des mèmes, des slogans, des détournements, etc. Je contacte à ce moment mes amis de WeDoData[40], qui sont partants. Malheureusement, je me heurte à un problème : je ne peux pas faire cela avec le logo d'un média français (*Libé*, *Médiapart*, *L'Obs*, etc.). On ne peut pas contrer la fachosphère de cette manière.

A l'automne 2016 sort le livre de David Doucet et de Dominique Albertini, *La Fachosphère* Je découvre que la bataille du web va plus loin que je ne le pensais. Ne me reconnaissant pas dans les autres partis, je me dis qu'il faut aller au-delà du FN. J'abandonne donc l'idée, refroidi également par certains contacts avec la presse française, qui me fatigue avec sa neutralité coupable. D'ailleurs, plus tard, quand j'ai proposé *L'Infiltré*, j'ai été frappé par certains

---

[40] WeDoData est une agence française de datavisualisation et de datajournalisme fondée par Karen Bastien et François Prosper.

médias, comme *Libération*, qui n'ont pas voulu embarquer le programme au prétexte que, à l'heure des *fake news*, ils ne pouvaient pas se permettre de s'associer à un projet de politique-fiction. C'est invraisemblable. Et d'une tristesse insondable. Bref. J'étais en colère par rapport au barnum médiatique, complice du bazar ambiant. La dédiabolisation reste une affaire de forme, qui n'a rien à voir avec le fond. Et les télés ont joué le jeu. *L'Infiltré* était une manière de dire, très modestement : « On ne marche pas dans cette combine ». C'est à cette période que je découvre la série de jeux-récits purement fictifs *Lifeline*. C'est ce qui me donne l'idée d'écrire en *vrai* temps réel une histoire à choix multiples sur un sujet réel : le FN.

PhoneStories est ainsi né, avec trois priorités : un véritable propos, l'élaboration d'un outil d'écriture interactive, et le temps réel. *L'Infiltré* est arrivé comme premier cas pratique. C'est à ce moment-là, avec Akufen et Narrative Boutique, que nous avons affiné l'affaire. Techniquement et visuellement avec les premiers, éditorialement avec les seconds. L'équipe de *PhoneStories* est celle de *Dada-Data*.

L'écriture

Au départ de l'aventure, ce qui est prêt, ce sont les fiches des personnages, issues d'un travail de documentation pour essayer d'identifier des caractères crédibles qui incarnent certaines problématiques du FN. Un travail propre à tout roman ou à tout documentaire. Il fallait que j'identifie les différents clans du FN. Je plaçais donc tous les éléments dans mon Scrivener[41] fétiche. Par exemple, on apprend que le personnage principal Tolissac a été arrêté lors d'une manifestation violente contre le « mariage pour tous » ; manifestation qui a réellement existé en 2013.

Au-delà de ce travail de documentation, il y a aussi une recherche sur l'intrigue : Tolissac parle à l'agent de la DGSI à

---

[41] Logiciel de prise de notes et de traitement de textes.

cause de son secret : son arrestation initiale, classée sans suite en échange de sa coopération. C'est de cette manière que les flics travaillent. L'aspect « DGSI » de *L'Infiltré* est en droite ligne de mon enquête sur l'affaire dite « de Tarnac »[42].

Certaines dates liées à l'actualité ont aussi rythmé le récit : le 1er tour, le débat d'entre deux tours, les meetings du FN, etc. J'avais des jalons prévus, mais aucun scénario pré-écrit. La seule chose acquise était que si Marine Le Pen avait été élue, on aurait eu besoin de Tolissac par la suite, et donc on ne l'aurait pas tué. Il serait devenu le chef de l'utilisateur, chef à la DGSI. Mais comme vous avez préféré voter Macron, Tolissac a été « suicidé » par les services secrets...

(...)

Pour moi, l'interactivité, c'est l'hypertexte. L'interactivité sans délinéarisation ne m'intéresse pas. Je préfère dans ce cas un récit linéaire. *L'Infiltré*, ce n'est que de l'hypertexte, au sens 1965 du terme, quand le philosophe américain Ted Nelson le conceptualise. La quintessence de mon travail interactif, c'est l'hypertexte, c'est le HTTP – et c'est ce que j'ai définitivement compris avec *L'Infiltré*. On peut enlever l'image, on peut presque enlever le son, l'hypertexte même seul me rend heureux...

Dans *L'Infiltré*, j'aurais voulu aller plus loin d'un point de vue romanesque, mais c'est très difficile d'éclater une histoire qui s'écrit en temps réel et dans laquelle on ne sait pas ce qu'il va se dérouler dans l'heure qui suit. Par exemple, le personnage de « Pépère » a dû disparaître au cours du récit. C'était l'incarnation du FN à l'ancienne, mais je me suis rendu compte que je ne pouvais pas multiplier, seul, avec les outils que nous avions développés, plusieurs personnages dans des histoires très différentes.

---

[42] David Dufresne, *Tarnac, magasin général*, Calmann-Lévy, 2012, Prix des Assises du Journalisme 2012.

(...)

PhoneStories, d'une certaine manière, c'est l'outil d'écriture que je voulais développer à l'OpenDoc Lab du MIT, qui s'appelait à l'époque *Storytools*, un programme d'aide à l'écriture interactive. Malheureusement, nous n'avons pas pu aller au bout car, au sein du MIT, il y avait deux écoles. L'une stipulait que l'auteur doit rester le maître, donc sans besoin d'un outil qui place l'utilisateur au cœur du scénario ; et l'autre, dont j'étais, voulait créer un logiciel qui aurait permis d'écrire du point de vue de l'utilisateur.

Avec Akufen et Narrative boutique, nous avons mis au point un outil d'écriture pour *PhoneStories* qui n'est pas réservé aux *geeks*. On part du logiciel Twine pour exporter les contenus dans un langage propre, où tout est largement réinterprété avant d'être mis à jour en direct. Nous allons affiner ce que nous avons déjà construit, et les recherches de financement concerneront précisément cet outil d'écriture.

Le téléphone

Ce choix du texte seul, sans image et sans beaucoup de son, est le fruit d'une réflexion par rapport au téléphone. Depuis un an, les diffuseurs nous disent : point de salut pour les projets interactifs sans version mobile. *Hors-Jeu*, réalisé avec Patrick Oberli et Upian, avait été vraiment pensé prioritairement pour le téléphone. Les vignettes verticales qu'on s'échangeait avaient le format du téléphone mais, sur le plan de fondre un regard documentaire dans un écran de téléphone riquiqui, je n'avais pas été tout à fait satisfait du résultat.

Mon boulot, c'est de tenter de comprendre, de décrire et de raconter le monde. Et j'ai pris acte, non sans certaines difficultés, que les gens se connectent désormais majoritairement à internet avec leur téléphone. Effectivement, dans ce (petit) cadre, des grandes fresques comme *Fort McMoney, Prison Valley, Journal d'une insomnie collective* ou *Bear 71* ne semblent plus trop d'actualité. Dont acte. Allons vers le téléphone.

Mais là, j'ai un problème. Parce que je suis précisément venu à l'interactif par l'image et pour faire de l'image, avec mon complice Philippe Brault. *Prison Valley* ou *Fort McMoney*, ce sont aussi des recherches esthétiques fortes – les siennes. Or, à ce jour, sur téléphone, je n'ai pas trouvé d'expérience visuelle vraiment concluante. De mon point de vue, les meilleures expériences avec le téléphone restent aujourd'hui les services, les jeux, et... le texte. Pas le cinéma. Pas le documentaire.

L'idée du tout texte avec *L'infiltré*, c'était donc aussi de répondre à l'air du temps. « *Vous voulez du téléphone ? Ok, on va vous en faire avec un truc incroyable : le retour du texte !* ». Réfléchissons deux secondes : il y a 20 ans, si on nous avait dit qu'on passerait nos journées à écrire sur un téléphone, on aurait crié aux fous ! C'était le règne de la télévision, du clip, du tout en images.

Ceci étant dit, les prochains récits que nous développerons dans notre collection *PhoneStories* intégreront des éléments visuels. Sur *L'Infiltré*, j'ai pu tweeter en direct des photos et des vidéos des meetings du FN auxquels je me rendais et ça aurait été sans doute assez chouette de les incorporer au texte, d'ajouter du visuel à l'effet de réel, mais de la contrainte naît aussi la force. Et la force de *L'Infiltré*, c'est, si on en croit les retours des utilisateurs, sa radicalité formelle...

Bilan

Un événement proprement magique est survenu neuf mois après la mise en ligne de *L'Infiltré*. J'ai reçu un email qui disait : *«L'infiltré, c'est moi »*. La fiction allait basculer dans la réalité. Le mail disait : « *On m'a parlé de l'application dont vous êtes l'auteur (...) J'ai travaillé dans l'équipe de campagne de MLP et ai été "proche" de Florian Philippot de 2011 à 2017, je me suis reconnu dans certains passages (même si contrairement à votre personnage, je ne vote pas*

FN, j'étais simplement salarié et faisais ce qu'on me disait de faire.) »

Or, notre agent, Raphaël Tolissac, n'a jamais existé. Il était une synthèse de témoignages et de lectures sur le FN. Un jeune homme, un jeune loup, un fidèle du clan Philippot, à la fois moderne et égaré. Une invention, une intuition.

Rendez-vous fut pris avec l'expéditeur de l'email, Mickael Ehrminger. Il s'est approché comme il l'avait annoncé : « rien à cacher ». Il avait fait partie de la vingtaine de permanents du QG de campagne de Marine Le Pen. Il avait beaucoup vu, beaucoup entendu. Je le reconnaissais : Mickael Ehrminger figurait sur les vidéos de son chef (dont il s'est depuis éloigné). Si son profil de « jeune homme moderne » avait bien inspiré *L'Infiltré*, il n'était pas le seul, loin de là. Soudain, avec le temps et la distance, il devenait réalité. Et la « fiction » Le Pen pouvait être (d)écrite de l'intérieur. Pour de vrai.

Mickael Ehrminger a ensuite accepté de témoigner à visage découvert, pour *Médiapart* où il a dévoilé les coulisses de la campagne du FN. Des révélations qui ont obligé le parti à réagir.

Bien entendu, jamais nous avions imaginé un tel rebondissement à *L'Infiltré*. Mais nous y voyons comme un signe tangible que la fiction en temps réel peut vraiment apporter quelque chose. Une validation de notre dispositif...

Sur le plan comptable, il y a eu 2.500 téléchargements payants de l'application, 11.000 au total dès qu'on l'a rendue gratuite. Nous avons fait le pari du payant, au départ, notamment parce que nous devons, tous, inventer nos modèles économiques en matière d'interactivité. Si l'information est gratuite, elle a un coût ; idem pour la production interactive : *L'Infiltré re*présente un coût, et si on veut poursuivre l'aventure avec notre collection *PhoneStories*, il faut bien trouver les moyens de nos ambitions. Nous avons proposé un mois d'expérience à chaque utilisateur pour le prix d'un café.

Sachant qu'Apple et Google conservent 30 % du prix de vente, à quoi il faut ajouter 20 % de TVA environ, le calcul est simple : nous n'avons rien gagné financièrement. Le gain s'est fait ailleurs : expérience, plaisir, retours des utilisateurs

Disons également, avec l'expérience de lecture que nous proposions, que c'est l'édition plutôt que la diffusion télé ou web qui est notre référence. Rappelons à titre de comparaison qu'un premier roman se vend en moyenne à 400 exemplaires en France, sauf récompense bien entendu. *L'Infiltré* est un roman à clés. Rappelons aussi que certains quotidiens, c'est 20.000 exemplaires par jour, parfois moins. Aujourd'hui, tout est niche. Même TF1 voit ses audiences chuter. Marine Le Pen, quand elle diffuse son meeting sur YouTube, c'est 2.000 connexions.

Nous avons toutefois commis une erreur importante : nous avions besoin d'un diffuseur et nous sommes partis à la bataille sans, la fleur au fusil. Un projet a besoin du soutien d'un diffuseur, de son regard, et de son savoir-faire à faire savoir. Autre point : nous avions peut-être sous-estimé la saturation politique chez bien des gens. Et le lancement de *L'Infiltré* en pleine semaine de vacances n'était peut-être pas l'idée du siècle...

Maintenant, au-delà des chiffres : il y a l'impact, les retours des utilisateurs. Ils ont été incroyables. Vraiment. Des internautes tweetaient pour avoir des nouvelles de Tolissac, tels autres s'adressaient directement à lui... Il y a aussi eu des commentaires fous sur les plateformes de téléchargement qui soulignent la proximité créée entre le programme et la communauté d'utilisateurs. Et puis, il y a la durée d'utilisation. Bien des internautes ont passé deux heures cumulées sur *L'Infiltré*, une heure en moyenne. Pour moi, comment dire... c'est nouveau. C'est énorme !

Quand je regardais les notifications envoyées à chaque mise à jour du récit (il y en a eu environ 80 en 4 semaines), 25 % des utilisateurs cliquaient dans les 120 secondes ! Un public très fidèle. D'où vient ce rapport ? Le texte ? La sérialité, nourrie par plusieurs dates butoir ? Est-ce que cela provient des notifications ? De l'irruption de l'histoire à tout moment de la journée, voire de la nuit ? Du fait de disposer de cette histoire dans sa poche, sur un objet aussi « personnel » que son portable ? De l'acte d'achat ?

En tout état de cause, nous avons lancé *L'Infiltré* en ayant la conviction qu'il fallait faire vite, qu'il y avait une nécessité politique, une envie esthétique et un désir de conception. Nous considérerions ensuite le modèle économique. En observant les interactions entre les utilisateurs et l'application, nous sommes aujourd'hui convaincus qu'un truc s'est joué.

Nous avions eu des conseils, d'ARTE notamment, nous expliquant qu'il n'y avait rien de plus périlleux que de faire télécharger une application payante. Certains observateurs ont même calculé que ça coûterait 7 euros (en promotion, en mise en marché, etc.) quand faire cliquer vers un site web reviendrait à 1 euro. Notre budget de communication propre était de 100 euros. Quelle rigolade ! Heureusement, Radio Nova était là. Avec un peu d'argent et beaucoup d'amour, et de courage...

(...)

En gros, le coût réel de *L'Infiltré* se situe autour de 50.000 euros, et Nova nous a aidé à hauteur de 10 %. Le reste, c'est un investissement technologique, technique et en design de la part d'Axufen, et en conception, rédaction et frais de reportage pour Narrative Boutique et moi. C'est mon côté « punk » et « *do it yourself* » : nous avons foncé pour voir, nous avons vu, et nous en avons pris plein les yeux. Nous n'envisagions pas d'autres moyens de faire, et il est évident que nous produirons le prochain différemment. Au final, c'est un projet qui a fonctionné à l'énergie.

Perspectives

Je retiens de cette expérience qu'un récit écrit en direct et en temps réel peut susciter de l'émotion. Depuis des années, c'est le débat des nouvelles écritures : quid de l'émotion ? De l'identification ? Il existe un paquet d'œuvres interactives fantastiques, mais ces questions restent souvent posées. On n'y arrive pas, ou peu ! Pour de multiples raisons : le *loading* casse la magie, le clic nuit à la présence, le multi-fenêtrage écarte l'attention... Or là, visiblement, l'utilisateur a été ému par cette histoire, alors qu'il a eu un rôle horrible à tenir ! Agent de la DGSI renseigné par un traître, imaginez ! Passer un mois avec ces deux figures, ce n'est pas rien.

(...)

J'ai vraiment pris un plaisir d'écrivain à produire de la fiction même si, malgré tout, la réalité reste plus forte à mes yeux et me fait revenir au documentaire. J'estime en ce sens que *L'Infiltré* est un documentaire, « *une interprétation artistique du réel* », littéraire en l'occurrence.

(...)

Notre souhait, c'est de développer d'autres récits, avec d'autres auteurs pour écrire d'autres histoires en direct avec *PhoneStories*. Nous cherchons des plumes – et nous en avons en tête – des histoires et des rendez-vous. Pour que ça fonctionne, ces rendez-vous constituent un impératif. Ça aurait pu être Serge Daney pendant un Roland Garros[43]. Ça peut être du sport, de la politique, peu importe... à partir du moment où il y a une tension. Il faut idéalement une date butoir vers laquelle converge l'histoire.

Il faut aussi des auteurs qui aient envie d'écrire par embranchements, ce qui n'est pas naturel. Et des partenaires, puisqu'il nous faudra lancer les choses différemment...

---

[43] Serge Daney, *L'amateur de tennis. Critiques 1980-1990*, POL, 1994.

Nous n'avons aucune restriction littéraire. Nous avons d'autres projets dans les tuyaux, pas forcément liés à l'actualité. Pour se faire, nous venons de lancer Grand Garage, une société de production. Nous envisageons *PhoneStories* comme une maison d'édition dans laquelle coexisteraient plusieurs collections, dont l'une serait basée sur le direct et l'actualité. Mais tout nous intéresse. Pour nous joindre, c'est : contact@phonestories.me

Alexandre Hallier : Eloge du livre numérique interactif

Par Cédric Mal (août 2016)

Ce sont des objets rares, et donc précieux. Les livres interactifs constituent à la fois une promesse pour le secteur de l'édition et pour la création documentaire. Deux exemples notoires permettent d'aborder les problématiques inhérentes à ces objets nouveaux ; tous deux ont été conçus par La Générale de Production et L'Apprimerie éditions interactives. *Retour à Béziers*, d'abord, de Didier Daeninckx et Sébastien Calvet (2014). *Elysée en scènes*, ensuite, de Sébastien Calvet, Christian Delporte et Yves Jeuland (2015). Deux projets éminemment politiques, construits en parallèle de la réalisation de deux films documentaires sur les mêmes terrains.

Quelles sont les intentions et les intuitions du producteur quand il se lance dans la fabrication d'un livre interactif ? Est-ce qu'il s'agit de produire un objet dématérialisé que les utilisateurs vont pouvoir transporter ? Autrement dit : est-ce pour s'adapter aux usages, et à la consultation mobile de contenus, qu'on décide de se lancer dans cette aventure ? Sachant qu'à chaque fois, le livre numérique est adossé à un long-métrage...
Alexandre Hallier – Nous avons effectivement sorti deux livres interactifs, et l'intuition est d'abord littéraire – parce qu'il s'agit de valoriser le travail d'un écrivain –, mais elle est aussi technique puisque nous allons conjuguer plusieurs médias dans une interface inédite.

Au départ, l'intention est aussi éditoriale : nous observons un problème patent de récit concernant la politique, et nous cherchons différents biais pour souligner ce phénomène, le mettre en évidence et tenter modestement, par une approche plurielle, d'y remédier. Et si la crise ne venait-elle pas aussi de notre manière de raconter et de représenter la politique ? Nous allons donc prendre en charge cette problématique par le film documentaire, le documentaire photographique, et la fiction – celle-ci étant d'ailleurs immergée dans le réel.

Pour *Retour à Béziers*, je savais également que Didier Daeninckx est un auteur engagé, et c'est ce que je cherchais. Je lui ai donc demandé s'il pouvait imaginer une nouvelle inédite autour de ces problématiques. Il a rapidement accepté.

La suite est très pragmatique. Nous travaillons, et c'est une rencontre, avec Julie Guilleminot de L'Apprimerie, qui nous permet d'avancer un peu plus. On défriche ensemble les possibilités, et on en arrive à l'ePub 3 *fixed-layout* qui nous permet de tendre vers ce que nous imaginons. Avec un défaut majeur à ce stade : l'interface était alors difficilement compatible avec tous les supports – la faute à Android.

Nous disposons donc d'un premier texte auquel se mêlent photos et sons. La « majeure » – et la force – de ce livre est avant tout littéraire, je le répète. C'est d'ailleurs, à mon sens, l'une des différences entre le livre interactif et le webdoc : en plus de le consommer en mobilité ou en « local », on ne se perd pas dans l'histoire. L'interactivité est un leurre s'il n'y a pas d'histoire. Cette obligation de récit est assumée ici par la nouvelle de Didier Daeninckx.

A la lumière de cette première expérience, on décide de tenter une nouvelle aventure, *Elysée en scènes*, qui répond également à un besoin éditorial : la politique est sous emprise de l'image. Cette dépendance est l'un des angles du film *Un temps de président* d'Yves Jeuland, que nous produisons. Or, la caméra est à l'intérieur de l'Elysée avec Yves Jeuland qui tourne son documentaire. J'ai donc demandé au photographe Sébastien Calvet, qui a beaucoup travaillé sur la matière politique et qui de surcroît possède une belle plume, de nous commenter ses clichés. Ceci étant dit, le texte prévaut ici encore, avec toutefois une intention beaucoup plus pédagogique. Sébastien a ensuite voulu avoir une mise en perspective historique de ce travail photographique, et ce fut la contribution de Christian Delporte au livre interactif ; ce qui en fait pleinement une œuvre collective aux sens juridique et artistique du terme.

Ce livre nous fournit un peu le contre-champ du documentaire d'Yves Jeuland... Mais pourquoi ne pas avoir alors fait, comme on en voyait beaucoup, un récit en *scroll* sur le web ? Pourquoi précisément un livre numérique ?
Nous aurions effectivement pu nous lancer dans cette forme, qui ressemble d'ailleurs aux *Stories* ou à *Discover* de Snapchat. Ce type de narration s'est aujourd'hui imposé, y compris dans la presse quotidienne, et s'adapte à l'usage mobile. Mais les possibilités sonores, graphiques, visuelles et littéraires du livre interactif en font une interface idéale.

Calvet, Delporte, Daeninckx écrivent bien, et on en dit davantage sous cette forme, par l'explication et par la démonstration, que par une simple image. Si on allait au bout de la logique, il manque un étage à ce livre interactif : l'édition papier. Nous aurions pu creuser davantage dans cette direction, en affirmant la possibilité d'un aller-retour entre différents niveaux de récit. Nous devrions publier ces livres.

La logique est donc déterminée par la « majeure »... Ça vient de l'écrit, par conséquent ce sera un livre interactif ?
En quelques sortes, oui. Mais c'est surtout la promesse de pouvoir conjuguer différents niveaux de narration – et à l'époque de la conception de ces livres, nous ne connaissions pas Snapchat. Il s'agit donc de manier à la fois l'objet formel, qui est assez physique, tactile, et une promesse éditoriale. La forme éclaire le fond. Bref, le livre interactif est pour moi une interface qui me plaît, que je trouve efficace, et qui potentiellement peut et doit se décliner sur le papier.

Alors pourquoi ne pas avoir précisément publié ces livres ?
Parce qu'on apprend en marchant ! C'est d'ailleurs un vrai regret sur *Retour à Béziers* puisque nous initions et produisons le texte tout en cédant les droits d'édition à Verdier. C'était le *deal*, qui incluait notamment un soutien à la production de la région Languedoc-Roussillon.

Néanmoins, et je n'ai pas les chiffres, mais vu les mises en place de l'ouvrage dans les libraires en France et à l'étranger, et au regard des retirages, je pense que les éditions Verdier ont au moins dû vendre mille fois plus d'exemplaires en version papier que nous en version numérique. Nous avons dû totaliser entre 50 et 70 téléchargements pour le livre numérique à sa sortie, ce qui est très peu.

Quid de l'autre livre ? Le sujet – les coulisses du pouvoir – est plutôt « vendeur » pour une édition papier ?
L'interface du livre numérique se justifie pleinement par le jeu d'exact champ-contrechamp qu'elle autorise. La « tirade du perron », par exemple, où l'on voit les deux aspects d'une scène avec Emmanuel Macron, est éloquente. Ici, je pense qu'une édition papier aurait été moins forte que la version numérique... Il nous faut également prendre en compte nos publics potentiels, et souligner la fonction de ce livre numérique – à la fois d'éducation à l'image et d'intérêt politique.

Cela dit, je reste quand même très attaché à *Retour à Béziers* car il recèle une ambition artistique assez importante. Il y a notamment un travail sur le son qui me plaît beaucoup. L'ambiance sonore est très réussie, très immersive, bien que ce soit assez compliqué à produire d'un point de vue technique ; le mérite revient à Karine Duperret, de l'Apprimerie, et à Julien Valette, le compositeur.

Comment se déroule justement le processus de production ? Il y a d'abord un texte que vous allez

« mettre en musique »... Mais comment opérer le *distinguo* entre le gadget illustratif et l'élément interactif qui va vraiment creuser et densifier le récit ? Ces deux dimensions sont clairement présentes dans *Retour à Béziers*...
C'est à la fois la jubilation et la maladresse du débutant ! On a commencé par réunir les trois « auteurs » : l'écrivain, le réalisateur et le photographe. Ils se sont tous pris au jeu. L'exercice est surtout compliqué pour l'écrivain mais il se trouve que ça l'amusait. Tous travaillent sur le même thème, en essayant de ne pas se marcher sur les pieds, et tous s'amusent de ce dispositif.

Sachant que personne n'a jamais travaillé ainsi pour fabriquer un tel objet...
Tout à fait. Tout le monde est profane en la matière, et personne ne sait vraiment comment cela va se passer. D'autant qu'à l'époque, nous venons filmer Béziers comme un territoire en crise et non comme une ville qui va passer sous le giron de Robert Ménard.

Nous récoltons donc un texte, des photos, des sons issus du documentaire (qui sort presque en même temps). On passe alors au travail de réalisation avec Julie Guilleminot et l'Apprimerie, en procédant au chapitrage du livre.

Et à la relecture aujourd'hui, je m'aperçois qu'il y a quelques maladresses. Il y a des aspects trop illustratifs, trop de gadgets, mais il existe aussi des mises en forme et en page qui créent une ambiance unique, et très particulière. L'ensemble est, je trouve, plutôt réussi.

Comment se passe la relation de travail avec l'Apprimerie ?
Simplement. Après discussion autour de *Retour à Béziers*, nous avons défini ensemble un principe de navigation assez simple. Pour *Elysée en scènes,* c'était un peu différent car nous nous sommes inspirés d'un principe classique déjà existant, qu'on retrouve dans le *scroll* vertical. Ensuite, il ne faut pas

perdre de vue que la mise en page fait aussi acte de narration. L'enchaînement des pages à droite et à gauche reste un élément structurant.

C'est l'Apprimerie qui vous apporte les compétences techniques et qui vous expose toutes les potentialités des livres numériques ?
Oui. Ces potentialités restent assez simples, et elles sont déjà bien cadrées, en dépit des variations que l'on peut observer d'un livre à l'autre.
Lors du premier « essai », nous avons par exemple rencontré des problèmes de taille de fichier. Nous voulions utiliser de la vidéo, ce que nous avons fait pour le deuxième livre.

La question de la portabilité et de la compatibilité est plus difficile à résoudre. Je crois savoir que certains livres ne fonctionnent pas de manière optimale sur toutes les tablettes. Mais pour avoir déjà réalisé une application, je trouve que les livres numériques sont des objets infiniment plus souples à développer.

Le deuxième livre est donc plus lourd, sans doute à cause des images qu'il renferme... mais ce deuxième essai vous renseigne-t-il aussi sur ce que pourrait être idéalement un livre numérique ? Dans *Elysée en scènes*, l'image est beaucoup plus signifiante, si l'on peut dire, elle nous raconte beaucoup plus de choses que dans le premier. Est-ce là l'une des spécificités du livre numérique ; à savoir : quelque chose qui nous raconte autant avec le texte qu'avec les images, dans un jeu d'addition, de soustraction, de multiplication voire de contradiction entre les différents médias...
Ce qui est intéressant pour *Retour à Béziers*, c'est que dans la publication littéraire qui appartient aux éditions Verdier et à Didier Daeninckx, ce dernier a insisté pour y insérer des images – des photos qu'il a lui-même prises.

Cette question est pertinente. De fait, le livre interactif a des potentialités techniques qu'il faut utiliser, notamment avec des propositions de médias complémentaires. Cela étant, il ne faut pas non plus devenir surabondant. Je pense qu'il est important de soigner la trame majeure constituée ici par le texte, puis d'y contribuer par la musique ou par l'image. Les médias s'enrichissent mutuellement et doivent pouvoir nourrir le propos commun. La vidéo peut illustrer ou compléter, le graphisme souligner tel ou tel point, la musique contribuer à l'immersion, etc.

De mon point de vue, le livre interactif idéal serait celui qui proposerait une conversation parfaite et complémentaire entre la version numérique et le livre édité (car on n'a pas forcément envie de se plonger dans des grands classiques, ou dans des textes un peu difficiles sur un écran ; le besoin de toucher, de corner, de sentir physiquement les pages existe toujours !). Combien de livres papier ont-ils été frustrants parce qu'ils ne pouvaient pas renvoyer à des exemples, et notamment dans une perspective d'éducation à l'image ? C'est la note de bas de page dans sa version dynamique, qui ne nous renvoie pas dans d'autres interfaces.

Ce livre, qu'on achèterait dans les circuits commerciaux classiques – et idéalement dans une librairie indépendante –, donnerait naturellement accès à une édition numérique qui ne serait pas simplement un enrichissement, mais une proposition autre. Il y aurait là une circulation intelligente entre les objets.

Enfin, le livre numérique doit sans doute se considérer aujourd'hui dans un gabarit donné. Nous nourrissons l'ambition d'en publier d'autres, plutôt autour de l'éducation à l'image et de la réflexion autour du numérique, en créant une forme de collection, ou de format.

Il s'agit en fait pour vous d'industrialiser, en quelque sorte, ce que vous avez appris de vos deux premiers « essais » ?...
Sans doute. Ce qui est certain, c'est que nous nous inscrivons aujourd'hui dans une certaine forme d'artisanat. Il nous

faudra intégrer des compétences et des ressources, qui évoluent d'ailleurs très vite. Il conviendra également de s'interroger sur la faisabilité d'une édition papier. Cela ne sert à rien de multiplier les supports pour le principe. Il faut que chaque version ait son identité.

Deux stratégies s'offrent à nous : soit on s'adosse à un éditeur classique qui a les reins solides (mais manifestement, ils freinent tous des quatre fers dans ce domaine) ; soit nous le faisons nous-mêmes. Se posera alors le problème de la diffusion... C'est *in fine* la plus grosse difficulté que l'on rencontre avec ces livres interactifs. Y compris quand on coproduit un objet avec un acteur important comme France Télévisions, qui plus est avec un film diffusé en *prime time* sur France 3 (*Un temps de président*), qui a plutôt bien marché en termes d'audience et qui a suscité une presse nombreuse et assez bonne... mais qui ne parle ni du livre, ni du site. CQFD. Le problème de la diffusion ne se limite pas aux livres interactifs. Dans une offre de contenus de plus en plus importante, le défi pour le producteur de contenus est de penser la diffusion.

En tout état de cause, nous avons produit à ce jour les images et les textes d'un certain nombre de programmes – je pense notamment aux *Clés de la République*[44], aux *Clés des médias*[45] ou à *Graine de citoyens*[46] qui sont des programmes courts d'éducation à l'image et à la citoyenneté – qui pourraient potentiellement devenir des livres interactifs. Et il ne se passe presque pas une semaine sans qu'un éditeur scolaire ne me

---

[44] Série réalisée en 2015 par Mathieu Decarli et Olivier Marquézy, produite par La Générale de Production avec le soutien de LCP Assemblée Nationale, Public Sénat et le réseau Canopé – CNDP.
[45] Série réalisée en 2015 par Mathieu Decarli et Olivier Marquézy, produite par La Générale de Production avec le soutien de France Télévisions Education, France Inter, le réseau Canopé – CNDP et le ministère de l'Education Nationale (Direction du numérique pour l'éducation).
[46] Série réalisée en 2014 par Joyce Colson et Olivier Blond, produite par La Générale de Production avec le soutien du CNCDH et le réseau Canopé – CNDP.

demande des iconographies de ces programmes ! Ces contenus que nous produisons ont vocation à être publiés.

Mais soyons clairs : le papier existe, et résiste ! Il n'y a qu'à se promener dans les couloirs du Salon du Livre et de constater le nombre d'enfants qui y prennent du plaisir. Je ne crois pas à une dématérialisation complète du secteur de l'édition.

Vous pourriez aussi vous adosser à des magazines spécialisés pour la jeunesse ou destinés aux adolescents... Un secteur qui fonctionne assez bien...
Oui, sauf que notre envie et notre ligne éditoriale portent aujourd'hui davantage sur un accompagnement critique, concret, et un peu gourmand du numérique. En évitant d'être ennuyeux. L'enjeu se situe peut-être ici : on se pose aujourd'hui beaucoup de questions sur l'immédiateté de l'information, et un abécédaire un peu simple du « tout info » pourrait trouver sa place, à la fois dans l'édition traditionnelle et dans l'édition interactive. On effectue parfois et par ailleurs ce genre de travail, avec *Denis décode*[47] par exemple. On pourrait le décliner... Le sémioticien Denis Bertrand *[auteur de* Denis décode, *NdA]* serait capable d'écrire plus de 1.200 signes sur ce type de sujets – ce qui correspondait à la contrainte formelle de la télévision. Il y aurait une proposition à faire sur ce terrain. Le livre interactif permet ce développement à plusieurs niveaux.

Est-ce que le livre numérique n'est pas en avance, aujourd'hui, sur les usages ? Ce que les audiences – et votre volonté de recourir à l'édition classique – tend à suggérer ...
Je ne sais pas. Mais il est certain que les livres numériques ne servent pas à grand-chose s'ils ne sont pas connus, et donc bien diffusés. Néanmoins, les départements et les régions équipent aujourd'hui les collèges et les lycées en tablettes numériques... et il va bien falloir trouver des contenus pertinents pour alimenter ces supports. Comment pourrait-on

---
[47] Programme court de l'émission Médias le Mag', diffusée entre 2008 et 2016 sur France 5.

proposer des choses intelligentes parmi les 100 heures de programmes regardées chaque minute sur YouTube ? Il faut des repères, des endroits où les offres de qualité sont éditées.

Naturellement, nous devrions nous tourner vers des éditeurs importants, littéraires ou audiovisuels. Et je pense que France Télévisions aurait dû depuis longtemps se positionner en lançant une collection d'édition numérique digne de ce nom.

Qu'est-ce qui vous inspire aujourd'hui en matière de livres numériques, notamment à l'étranger ?
Je n'ai pas fait de *benchmark*, ma vision est très artisanale. Mais le contexte de production n'est pas du tout le même. J'ai moi-même fait une tentative assez vite avortée aux Etats-Unis en bande dessinée. Le secteur est difficile, et *Phallaina* est à ce titre assez réussie. A un moment donné, je n'ai pas voulu, pas osé faire de BD numérique avec Mathieu Sapin[48] parce que j'ai vu le moment où on allait casser l'objet livresque. Ça aurait été ridicule. Une adaptation en *rich média* où l'action de l'utilisateur ne consiste qu'à faire avancer une animation de basse qualité n'est pas très intéressante. *Phallaina* propose à l'inverse un récit original basé sur une proposition formelle forte. Nous avions pourtant une matière assez géniale avec Mathieu Sapin, et le livre numérique nous aurait d'ailleurs permis de faire passer dans la fiction (et dans le vraisemblable) des *rushs* du documentaire *Un temps de président* qui étaient non montrables ou confidentiels.

Ce qui aurait permis d'enrichir considérablement la matière documentaire...
Oui, par la fiction, en allant un peu à rebours de certaines tendances. C'est d'ailleurs là que ces questions sont fascinantes : paradoxalement, l'image n'a jamais été aussi envahissante comme force véridictoire. *« Ça a existé, donc nous allons vous le montrer »*. Même *via* des reconstitutions. C'est un peu la même bizarrerie avec la radio qui s'efforce de filmer et de montrer ce qu'il se passe dans les studios derrière

---

[48] Mathieu Sapin, *Le Château – une année dans les coulisses de l'Elysée*, Dargaud, 2015.

les micros. Fondamentalement, on en arrive presque à se dire que tout ce qui est dépourvu d'image n'existe plus. Ce qui tend à rendre l'image inopérante quand elle entre dans une telle répétition d'elle-même.

Parallèlement, le son retrouve aujourd'hui des fonctions narratives de premier plan dans la réalité virtuelle ou avec la technologie binaurale. Et à l'inverse, il existe des injonctions non dites qui consistent précisément à retirer le son des images. Chez AJ+, Vox ou même sur les vidéos du *Monde*, on s'efforce de produire des contenus qui puissent être compréhensibles sans le son[49], et donc utilisables sur les réseaux sociaux à partir d'un téléphone portable.

Et *Retour à Béziers* propose une expérience contraire : le son prédétermine presque la manière dont on va lire et recevoir le texte...
Presque trop . Même si j'aime bien cette ambiance très sombre que le son instille à l'objet.

L'audience d'*Elysée en scènes* est-elle tout de même supérieure à celle de Retour à Béziers ?
Je n'ose pas demander les chiffres ! Ça reste assez faible, autour de 500 téléchargements. C'est vraiment un problème de diffusion, d'autant que cela reste un très bel objet.

Ces problèmes de diffusion appellent une autre question : le coût de production de ces livres numériques... Qui paye ?
Nous sommes ici confrontés à un problème juridique. Le deuxième livre, *Elysée en scène*, est gratuit car coproduit par le service public. Ce qui est difficilement concevable pour un livre, le secteur de l'édition étant par ailleurs protégé.

Dans les deux cas, nous avons le même client – et un seul acheteur : France Télévisions, qui a payé des sommes assez

---

[49] Voir aussi à ce titre le succès de *Brut*, média vidéo exclusivement basé sur une diffusion *via* les réseaux sociaux, à l'instar de *Loopsider*, créé plus récemment.

dérisoires pour ces livres numériques. Pour *Elysée en scènes*, nous avons mobilisé notre compte automatique au CNC. Nous aurions pu déposer le projet à la commission « Nouveaux médias », et à l'époque nous aurions sans doute été éligibles. Mais nous ne l'avons pas fait...

Cela étant, nous nous inscrivons aujourd'hui dans une phase de recherche et développement qui nous amuse et qui pourrait s'avérer payante dans un proche avenir.

Pour être clair, est-ce que vous perdez aujourd'hui de l'argent en produisant des livres numériques ?
Oui, le développement s'effectue à perte mais ça ne coûte pas très cher. J'ai dû vendre *Elysée en scènes* 10.000 euros, mais l'ensemble de la production coûte environ 20.000 euros... et on mobilise parfois de l'argent du CNC, quand cela est compatible avec les films réalisés par ailleurs.

Mais les livres numériques sont avant tout des objets éditoriaux formidables. Ce ne sont pas des produits techniquement très compliqués, plutôt des promesses. C'est une aubaine pour le journalisme, qui résonne bien avec « l'époque narrative ». Il n'y a qu'à lire Florence Aubenas, Svetlana Aleksievitch ou Nicolas Delesalle (par exemple *Il est 16h17 à Kobané*[50]) pour s'en convaincre.

Finalement, sommes-nous sortis de cette phase d'exploration des promesses et des potentialités des livres numériques ? Le modèle économique reste à trouver, et les coûts de développements sont encore supérieurs aux potentialités commerciales, mais sait-on où l'on va ?
L'absence de modèle économique n'est pas (encore) un problème en soi, et la seule promesse qui vaille, à mon avis, est d'ordre éditorial. Ce qui m'intéresse aujourd'hui, c'est d'explorer ces champs du numérique et de l'image, avec l'ambition d'apporter une expertise amusée et éclairante sur

---

[50] Nicolas Delessale, *Il est 16h17 à Kobané*, Télérama, 4 novembre 2014.

les sujets que j'affectionne. On essaie de prendre des contre-pieds et de produire des objets qui soient formellement plaisants, et utiles pour l'éducation à l'image.

Mais force est de constater que vos deux premiers ouvrages ne sont pas strictement des œuvres d'éducation à l'image... Ils s'attaquent plutôt à la manière de décrire et de raconter la politique, à la manière de la mettre en scène et en mots...
C'est d'ailleurs ma plus grande fierté sur ces deux projets, indépendamment de l'objet livresque. Il s'agissait de créer des productions autonomes des films dont elles dépendent. Elles se suffisent à elles-mêmes mais constituent également des contributions utiles. La politique a été tellement montrée, elle baigne tellement dans l'image que je suis aujourd'hui nettement plus convaincu par ces objets que par des productions classiques. Aujourd'hui, le journalisme politique comme le documentaire politique sont devenus compliqués. C'est d'ailleurs la raison pour laquelle notre film sur George Frêche[51] a bien fonctionné, et qu'il a existé une déception relative avec *Un temps de président*. Ce sont des déceptions que nous avions prévu. « *Puisque qu'il y avait une caméra, c'est que nous allions tout voir !* » Tout le monde s'attendait à voir quand et comment on décide d'enclencher le bouton nucléaire, mais il n'a jamais été question de montrer quelque chose de secret ou de caché. La politique ne se montre pas à nu, totalement transparente, et c'est heureux. En revanche, la fabrique de l'image et l'impératif de récit pour le politique sont des choses qui se racontent.

Est-ce que vous recevez des propositions de livres interactifs ?
Franchement ? Non.

---

[51] Yves Jeuland, *Le Président*, La Générale de Production, 2010.

Seriez-vous également prêt, demain, à produire un livre interactif qui ne s'appuie pas sur un film en parallèle ?
Oui, absolument. Sur l'éducation à l'image, notamment, dans la continuité de *Denis décode* dont nous parlions tout à l'heure.

Ulrich Fischer et la promesse de « marcher son film »

Ulrich Fischer a démarré son travail avec les images en mouvement en plein changement technologique au début des années 90 : l'informatique pointait son nez, l'argentique était au sommet de sa gloire et la vidéo amplifiait la « démocratisation » de la production audiovisuelle.

L'apprentissage des trois techniques, à l'époque totalement séparées, a constitué ce qui est le fondement formel de son travail aujourd'hui : la chance de l'accès non linéaire et la combinatoire (l'informatique), la possibilité de réaliser des images évocatrices et plastiques (cinéma) et la facilité de produire et distribuer à travers l'accès de moins en moins onéreux aux outils (vidéo). Sur ce chemin, il a réalisé plusieurs films courts (documentaires, fiction, animation).

Dès les années 2000, il s'est orienté vers la performance et les installations, à travers des projets interactifs, en lien avec la ville (sortir de la salle de cinéma, amener les images dans la ville). La place de l'habitant, la question de la marge de manœuvre et des interactions entre personnes et espaces de vie, les utopies et alternatives, la place des nouveaux médias et l'informatique contextuelle sont quelques-uns de ses cadres d'approches aux questions que soulève la ville contemporaine.

Entre 2007 et 2013, il a essentiellement travaillé sur le projet *Walking the Edit*, un dispositif qui permet de « marcher son film » lors d'une promenade enregistrée par une application mobile spécifique, en composant en temps réel un montage à partir de vidéos déjà existantes. Ce projet, sur lequel l'auteur revient ici, a été mis en production à Genève, Paris, Bruxelles ou encore Montréal.

Ulrich Fischer développe depuis 2011 la plateforme vidéo *Memoways* pour mettre à disposition des créateurs audiovisuels un outil permettant de créer des projets digitaux mobiles, interactifs et vivants, avec la vidéo comme composante principale.

En parallèle à *Memoways*, il développe des projets mobiles de médiation culturelle (comme par exemple *Traverse*, *Art Sans RDV* et *Loretan*) ou des nouvelles expériences avec de la vidéo interactive (comme le projet VR *EyeWander* ou l'expérience vidéo *Comet*)[52].

Walking the Edit

Marcher son film : voici un résumé très succinct, sous forme de boutade, du projet de recherche *Walking the Edit*, qui est devenu au fil des années le concept d'application mobile *Memowalk*.

Marcher demeure la constante ; du montage (*edit*), nous sommes passés à la mémoire (*memo*) – mais les images en mouvement sont bien restées le terreau nécessaire pour faire pousser les films à partir de déambulations individuelles.

Marcher, comme *naviguer* sur internet (d'un contenu à un autre, par sérendipité) ; marcher, comme *tisser des liens* entre un point de départ et un point d'arrivée, entre ce que l'on entend et ce que l'on voit (faire la part belle à l'expérience du chemin) ; marcher, en tant que *processus de lecture et d'écriture* (lire la ville et y laisser une trace) ; marcher, comme *acte d'appropriation* et de *partage* (une histoire qui devient conversation)...

---

[52] Toutes les informations sur : http://ulrichfischer.net/

Reprenons.

La marche (ou plus précisément : le comportement et la forme de la déambulation) devenant le montage (la forme du film), le film ne peut pas exister avant d'enregistrer son parcours. Cela pose un certain nombre d'interrogations. Comment un film, qui est avant tout une expérience temporelle, peut-il devenir une expérience spatiale (et spéciale) ?
Et comment donc un film, qui *a priori* est basé sur une histoire figée, visible collectivement, peut-il devenir une histoire unique pour chaque spectateur / utilisateur, basée sur une expérience très personnelle, plus sensorielle que visuelle ?
Et surtout, comment est-il possible de concevoir le film comme étant le fruit d'une expérience singulière (le film existe en aval de l'expérience individuelle) alors que nous sommes habitués à considérer le film comme étant le fruit d'un travail de spécialistes (le film existe en amont de son visionnement) ?
Et finalement : comment un film, qui est *a priori* un objet statique réalisé par un auteur (c'est ce qui fait sa valeur), peut-il être généré à partir d'un flux de contenus, assemblés par l'interaction entre un utilisateur et un algorithme ?

Le présent texte se propose d'apporter quelques pistes de réflexion sur les interrogations posées ci-dessus, d'esquisser à rebours le contexte des questionnements initiaux et de mettre en perspective les applications actuelles.

Objet et flux

Marcher son film semble être une proposition loufoque : si l'on considère qu'une histoire n'a de valeur seulement si elle préexiste à son expérience ; si l'on présuppose qu'une histoire est un chemin à sens unique entre son créateur et le spectateur et si l'on postule que les éléments constitutifs d'une histoire doivent être connectés de manière statique et immuable pour garantir une certaine vérité (celle de l'auteur, en tout cas).

Maintenant, si l'on considère que « le numérique » peut ajouter des fenêtres à notre perception et à notre interprétation du présent (par la visualisation dynamique de données sur un écran, par exemple), qu'internet peut dérouler des chemins perpendiculaires à notre activité quotidienne (par la mise à disposition d'un flux de contenus sur son smartphone, par exemple) – eh bien, il devient envisageable de changer notre relation à ce que l'on considère comme étant un film ou une histoire.

D'un objet aussi statique qu'un glaçon, mettons, le film peut être appréhendé comme un flux aussi dynamique qu'un cours d'eau, imaginons. Et nous sur le pont, qui regardons les images passer : celles qui partent au loin vont revenir, c'est sûr, sous une autre forme, plus tard et plus loin, recyclées dans un autre flux, dans un autre film.

Montage combinatoire

A partir de là, on peut se dire que le labyrinthe n'est pas devant nous, mais derrière nous (il n'y a pas de chemins préexistants, parce qu'il faut en faire l'expérience), on peut troquer le temps des monologues par des espaces de dialogues et postuler que les éléments constitutifs d'une histoire peuvent exister, de manière non exclusive et complémentaire, dans de multiples histoires.

C'est sans doute le dernier point qui est le plus vertigineux : un contenu (image, plan, fragment) peut donc raconter plusieurs choses différentes, en fonction de sa localisation et de son contexte (dans l'espace) et de sa combinaison avec d'autres contenus (dans le temps).

Marcher son film n'est finalement pas si compliqué : on marche, simplement accompagné par une application mobile qui enregistre son parcours et une histoire se génère, automatiquement et en temps réel, au rythme de ses propres pas.

Pour le dire autrement : c'est un peu comme si l'on marchait, littéralement, à travers une base de données géolocalisée...

Sauf que l'on a bien les pieds dans le réel et l'histoire s'écoule à travers les écouteurs dans ses oreilles, stimulant l'imaginaire. Le regard, idéalement, s'affûte au fil de son parcours, mis en appétit par les morceaux d'histoires – servies contextuellement, bien entendu.

Cette expérience hautement personnalisée pour l'utilisateur est cadrée par deux « autorités » : d'une part, il y a l'équipe éditoriale ; et d'autre part, il y a un algorithme. L'équipe éditoriale effectue un travail plus proche de la scénographie (théâtre, urbanisme) que du montage cinématographique (*editing*), dans le sens où il s'agit de spatialiser des contenus sur une carte (*spaceline*) et non pas aligner des plans dans une ligne de temps (*timeline*).
L'algorithme peut être vu comme un monteur intégré dans son smartphone, obéissant à des règles arbitraires définies en amont par l'équipe éditoriale et calculant les choix de montage en fonction du comportement de l'utilisateur (localisation, vitesse, type de déambulation).
L'enjeu principal, au final, est de permettre au marcheur de s'immerger intuitivement et activement dans son contexte immédiat, porté par un flux narratif, poétique ou informatif – en fonction de son propre choix. Il y a donc une balance très délicate entre le lâcher-prise (je me laisse surprendre par les « briques d'histoires » qui surgissent de manière parfois arbitraire dans mon contexte immédiat) et les choix conscients (je cherche un certain type de contenus ou d'histoires).

C'est ici qu'il convient de poser une première ramification : développé à partir du projet *Walking the Edit*, le concept de l'application *Memowalk*, au départ pensé comme une application générique qui pouvait récupérer de manière personnalisée des flux spécifiques en fonction des envies, besoins et questions d'un utilisateur, s'est transformée au fil du temps et des réalisations dans une constellation d'applications originales.

La production d'une expérience originale est mieux servie par une architecture spécifique, la forme et surtout les fonctions étant au service des contenus, pour façonner les usages souhaités. *Memowalk* est donc resté une preuve de concept, au même titre que le projet *Walking the Edit* a existé à travers plusieurs déclinaisons dans un état de prototype expérimental.

Vu d'aujourd'hui, on peut résumer notre chemin parcouru comme suit : au départ, comme il n'y avait pas de routes préétablies et encore moins de bitume, il fallait « broder » des applications avec beaucoup d'efforts. Chaque nouvelle destination (adaptation à une nouvelle ville) était un nouveau départ, une nouvelle manière de construire sa route.

Puis est venue l'industrialisation, le fait de pouvoir enfin poser une autoroute bien goudronnée pour mener efficacement à tous les Rome du monde. Sauf qu'entre l'expérience de frayer son chemin à la machette et une expérience générique, cadrée et balisée, il y a des mondes.

Mais le problème était en fait ailleurs : pas grand monde a envie d'employer la machette au quotidien, et tant que les autoroutes ne mènent pas à la plage, pas grand monde non plus va utiliser ces beaux ouvrages d'ingénieurs.

Comment faire venir le monde, alors ?

Point de départ

En automne 2007, alors que j'enseignais dans une école de cinéma, on m'a demandé si je ne serais pas intéressé de « monter » un projet de recherche. Chercher dans le domaine du cinéma : tout semble avoir été dit sur cet art si jeune.

Et pourtant, tellement de choses étaient en train de changer en dehors des salles obscures...

En regardant du côté de la musique, le téléchargement et le *streaming* mettaient à mal une industrie endormie sur les deniers faciles (l'accès devenait plus important que la possession).

Les photographes commençaient à être dépassés par les amateurs (tous artistes !).

Les acteurs classiques de la téléphonie mobile n'ont pas voulu voir arriver la déferlante des smartphones tactiles (un ordinateur dans la poche).

Le GPS embarqué dans les smartphones laissait entrevoir une multitude de services à valeur ajoutée, à commencer par la mobilité.

Les applications installées dans les smartphones ont commencé à découper internet en petites tranches (à chacun son jardin privatif).

Le logiciel a commencé à dévorer le monde...

Entre le *hardware* et le *software*, ce n'est pas le plus dur qui crée le plus de vagues mais bien le plus doux et mou, qui, de l'intérieur, va retourner et chambouler tout ce qui a été considéré comme immuable. Rien ne sert de lutter contre (le *soft* est également très agile et évolue rapidement au rythme des usages) ; toute tentative de cadrage est vouée à l'échec (la complexité est telle que ça échappe finalement à tout le monde).

Tout ça bouillonnait dans une énorme casserole (qui prend de plus en plus la forme d'un nuage, c'est plus évocateur), assaisonné par des salves de métadonnées (sans elles, pas d'accès au contenu de la casserole) et brassé par des algorithmes toujours plus puissants (sans eux, on se noie dans la casserole).

Ces diverses questions n'étaient pas vraiment à l'ordre du jour dans le monde passablement protégé de la création audiovisuelle (les subventions, notamment, faisant « *airbag* »). Les producteurs de contenus avaient fort à faire pour gérer l'explosion des contenus permise par la démocratisation des outils de production et pour préserver l'aura du cinéma devant l'avalanche de vidéos de chats (YouTube).

On parlait alors plutôt de 3D (qui a fait long feu), puis de 4K (où sont les contenus ?), de droits d'auteurs et finalement des cuisiniers qui ne délivrent plus de recettes universelles comme au bon vieux temps.

Et tout ce nouveau monde autour de la table, demandant également sa part du gâteau…

Personne, ou presque, ne parlait de métadonnées et d'algorithmes, alors qu'ils sont bien plus indispensables qu'une haute définition censée gommer la structure des pixels. Sans mots-clefs qui connectent le contenu au monde, sans mécanique algorithmique qui permet de traiter l'acheminement du contenu vers sa destination, l'image aussi bien définie soit-elle ne sera simplement pas vue.

Mais définir l'intérêt de notre couple métadonnées/algorithmes simplement par le biais des impératifs techniques est sacrément réducteur. Parce qu'une fois que l'on trouve des informations (les métadonnées), on peut aussi connecter des fragments (les contenus) pour raconter des histoires (les films)… simplement en profitant, de manière artistique, des métadonnées et des algorithmes.

Dès lors, il s'agit plutôt de tirer parti du potentiel du *software* et de présumer que le montage contemporain se fera bientôt avec des mots et des phrases.

Ou plus précisément, avec des métadonnées et des algorithmes…

Le contexte

Dans les années 1920, « l'effet Koulechov » a contribué à définir une écriture cinématographique moderne en la libérant des réflexes hérités des formes d'art établies (théâtre, peinture et photographie). La nouvelle machine cinéma de l'époque, grâce à son outillage mécanique et son support facilitant la reproduction et la diffusion, a permis l'essor d'une forme narrative spécifique (« native ») au médium : le montage.

Le fait de combiner d'une manière maîtrisée des fragments (les plans) dans le temps va dorénavant conditionner la réception d'une histoire. C'est la combinaison réfléchie *entre* des images qui va faire sens et dérouler le fil de l'histoire. A partir du moment où le résultat (l'objet partagé) est devenu cohérent avec les potentialités intrinsèques du médium (mécaniques et artistiques), le cinéma est devenu 7ème art.

Presque 100 ans plus tard, le même questionnement concernant la formule spécifique revient à l'ordre du jour, mais cette fois-ci concernant le 7ème art lui-même. En effet, la machine cinéma n'est plus la même : la mécanique (complétée avec de l'électronique au fil du temps) a été remplacée par un ordinateur et le support argentique par du stockage non linéaire. La reproduction et la diffusion en tant que telles ont encore gagné en puissance, à un point que cela pose un réel problème (le « piratage »).

Vu de l'extérieur, on réalise toujours des films avec une caméra et un outil de montage, puis on diffuse le résultat avec un projecteur ou par le biais d'un écran. Mais il ne faut pas se fier aux apparences : sous le capot de toutes ces machines se nichent les mêmes entrailles. Processeur, mémoire, stockage, puces... et du *software* qui circule dans les circuits, permettant d'exploiter de manière personnalisée et presque organique le potentiel de tous ces composants.

Bref, une caméra est devenue un ordinateur (bridé) avec un œil (et deux oreilles) ; l'outil de montage est clairement un ordinateur et le projecteur se fait également ordinateur (bridé) qui projette de la lumière.

Pour mesurer l'importance et le caractère limitant de ce bridage, il faut faire une digression en regardant ce qu'il s'est passé au milieu des années 2000 avec le téléphone. Avant l'arrivée de l'iPhone, il y avait déjà des smartphones sur le marché : des téléphones « intelligents » fonctionnant avec un système d'exploitation (bridé) et proposant des applications (propriétaires), reléguant de plus en plus la téléphonie dans la périphérie des usages de l'appareil. Mais les usages restaient encore très limités au rang du seul utilitarisme et demandaient un certain volontarisme de la part des utilisateurs.

Le fait que le design d'utilisation n'ait pas encore été résolu d'une manière aussi intuitive qu'aujourd'hui n'est sans doute pas la majeure raison du plafonnement des usages ; à mon avis, c'est plus dans le verrouillage (choisi industriellement) du potentiel intrinsèque qu'il faut chercher les raisons du confinement du smartphone de l'époque à un marché de *geeks*.

A partir du moment où le smartphone est réellement devenu ce qui caractérise un ordinateur, en adaptant les usages à la taille de l'objet et la relation à l'échelle du contexte de l'utilisateur, les scénarios d'usages se sont démultipliés.

Et aujourd'hui, le smartphone est en train de remplacer les appareils photos dans le quotidien des utilisateurs ; peut-être qu'en débridant le système d'exploitation de leurs appareils (sur base d'Android par exemple) les fabricants peuvent s'éviter la même fin pénible que Nokia... Je me demande également ce qu'en pensent les fabricants historiques de caméras vidéo, comme Panasonic, Sony ou JVC : est-ce qu'ils espèrent secrètement que cette histoire ne va pas se répéter avec les caméras vidéo ?
Le facteur différenciateur n'est plus uniquement la qualité et les multiples réglages possibles, mais la simplicité d'usage et le fait de pouvoir valoriser les contenus créés, immédiatement et de manière souple (*soft*).

Alors, à quand une smartcaméra ? Oui, il faudrait trouver un autre nom – mais les enjeux sont posés : il faut connecter la création de contenus (le tournage) de manière plus intégrée avec l'éditorialisation (le montage) et le partage (la diffusion).

Pour en revenir à la question initiale en la précisant : est-il vraiment nécessaire que les *artefacts* d'un médium soient cohérents (« natifs ») avec ce qui les a créés ? Que le potentiel de l'outil influence la mise en forme du contenu ?

A voir ce qui se produit sur la planète cinéma aujourd'hui et même sur les nouveaux territoires à l'expansion fulgurante que sont les YouTube, Netflix et consorts, on serait tenté de dire : « non ». Un film reste un objet non évolutif qui puise sa valeur précisément de son caractère fermé et statique.

Regarder une vidéo sur YouTube, c'est comme lire un PDF : tout est « embarqué » dans un fichier en lecture seule. Oui, parfois on peut cliquer sur un lien collé sur le fichier et tomber sur une nouvelle vidéo, une autre page web ou un article à acheter – mais ces liens sont écrits en « dur » (toujours le même résultat du clic) et surtout, ça sort le spectateur de ce qu'il est en train de faire ou de vivre.
La navigation est héritée du temps du web des années 90 et du CD-ROM : il s'agit d'une arborescence où tout est pré-écrit et figé.

A l'opposé, internet puise son intérêt et sa valeur précisément dans le fait que ce que l'on voit n'existe pas en tant que tel : c'est calculé et affiché de manière dynamique, personnalisée et évolutive en fonction de multiples critères (les questions de montage ne sont pas loin...).

« Liquéfier » l'objet dans un flux reviendrait purement et simplement à devoir abandonner le droit d'auteur (tel qu'on le connaît aujourd'hui), vu qu'il n'y a plus d'auteur unique qui peut avoir le dernier mot (le célèbre *final cut*) sur l'histoire qui va se poser dans le monde. Du coup, il n'y a plus de possibilité de « spéculer » de manière maîtrisée et facilitée sur la rentabilité attendue de l'objet : il faut donc inventer de nouveaux modèles économiques qui pourraient venir générer de la valeur à partir de la vie des usages, de la dynamique d'appropriation et de développement d'un projet.

Le fait de devoir / pouvoir penser « projet » plutôt qu'« objet » est en outre rendu compliqué, comme on l'a vu plus haut, par le flux de travail qui est loin d'être optimal entre les phases du tournage, du montage et de la diffusion.

Les outils (*hard* et *soft*) pour travailler différemment – de manière native avec le médium, par cycles itératifs et collaborativement - ne sont pas encore là...

Cette problématique de flux de travail, de droits d'auteur et d'argent rend aujourd'hui le développement du concept de *Memowalk* difficile, voire impossible : les producteurs de contenus et les financeurs ne sont pas prêts à prendre des risques financiers et artistiques au-delà de petits projets expérimentaux.

Pour revenir à une question posée plus haut : comment faire venir – et surtout – revenir le monde ? Comment créer des « récidivistes », actifs, partageants, créatifs ? Et encore en amont, comment convertir les personnes qui aiment bien admirer le mirage au loin sur l'horizon, en personnes qui se mettent à marcher vers l'horizon, de manière à activement enraciner le mirage dans des usages quotidiens ?...

Une solution serait de faire circuler des petites portions bien éditorialisées de contenus sur les autoroutes existantes (les Snapchat, Facebook, Twitter, etc.) et de donner envie aux voyageurs / utilisateurs de prendre un chemin de traverse pour rejoindre la route sinueuse (mais néanmoins praticable) qui permettra de combiner ces contenus d'une manière plus personnalisée (à la machette ?), contextuelle (en courant ?), de manière à vivre une expérience unique (le passé dans ma poche ?), pour partager sa trace avec d'autres (une mémoire qui prend son pied ?)

En attendant : continuer de marcher, il y aura bien une histoire au bout.

Les projets

BRIB

2013 à 2016.

Suite à une rencontre avec Patricia Bergeron à Montréal en 2012, j'ai accompagné la mise en route d'un prototype financé par le FMC. La politique culturelle canadienne étant plus innovante et entreprenante que sous nos latitudes, le prototype développé milieu 2015 a déjà une belle allure.

Il s'agit en somme d'une adaptation du concept de *Walking the Edit* avec un ajout très important : la création de contenus – les BRIBS – par n'importe quel utilisateur.
Le projet raconte des histoires de quartier avec au départ des contenus créés par des professionnels du cinéma. Puis, venant à travers les usages au quotidien, des contenus créés par les utilisateurs eux mêmes.
En outre, le design de l'application a été entièrement revu, avec une manière de naviguer dans le film et le territoire qui est très originale...

Un extrait du dossier de production : « *L'équivalent de BRIB n'existe toujours pas au Canada! Pour créer ses films marchés, BRIB repose sur une forme unique de narration - dite « combinatoire » – où les contenus se combinent dynamiquement les uns aux autres pour générer des histoires inattendues. Dans BRIB, le film n'est pas derrière nous mais devant nous : il n'existe que grâce au déplacement de l'utilisateur dans l'espace. BRIB est un projet ouvert : les utilisateurs peuvent participer, créer, et générer des films marchés. BRIB inscrit le cinéma dans les quartiers. Un cinéma participatif, collaboratif, créatif et évolutif. À l'heure de la géolocalisation et des villes intelligentes, BRIB se démarque en proposant une expérience mobile et culturelle hors des sentiers battus.* »

Loretan

2014 à 2015.

Erhard Loretan était un célèbre alpiniste suisse, décédé en 2011 dans un accident de montagne. Durant ses expéditions, Erhard Loretan et ses compagnons ont laissé une mémoire audiovisuelle que le projet numérique entend valoriser en complémentarité avec un Mémorial dédié à son honneur à Bulle, en Suisse.

Depuis l'application mobile, il est possible de naviguer dans des centaines de vidéos inédites et découvrir des lieux, des personnages, des exploits, comme écouter des témoignages bouleversants – en étant immergé aux premières loges de ces exploits sportifs. Dans le Mémorial lui-même, le montage des vidéos se réalisé en temps réel, en fonction de l'emplacement du visiteur dans le parc : la visite sera donc interactive et personnalisée.

Une autre mode d'utilisation, intitulé *Marche ton 8.000*, permettra à tout un chacun de gravir le sommet du monde en compagnie de Erhard Loretan, du moment que 8.000 mètres sont marchés (à plat, en rond...).
Dans un mode « audioguide », il sera possible d'écouter le récit d'une ascension : en partant du niveau de la mer, le marcheur arrive au camp de base après 4.000 mètres ; quelques centaines de mètres plus loin, une tempête de neige va mettre en danger l'expédition, mais en continuant la route le marcheur va entendre les impressions des alpinistes à 6.500 mètres au-dessus du niveau de la mer. Passé le cap des 8.000 mètres marchés, l'utilisateur pourra savourer avec Loretan et ses compagnons la victoire d'un des sommets de l'Himalaya.

La mémoire audiovisuelle de Loretan est donc accessible dans un mode privilégié et personnalisé sur le site du Mémorial alors que *via* le mode *Marche ton 8.000*, les enjeux liés à l'alpinisme s'expérimentent, à travers un effort personnel, n'importe où dans le monde.

Cette application mobile très spécifique a été réalisée sur le modèle d'une application de médiation de l'art contemporain dans l'espace public : ART Sans RDV. Il est ainsi possible de décliner un même concept, en adaptant tout de même fortement les algorithmes, les fonctionnalités et le design.

Lignes de désir

2015 à...

J'accompagne le projet de Pierre Ménard *Lignes de désir* avec une adaptation simplifiée de notre outil d'édition et un système qui permet de générer des applications mobiles natives.

Le projet : « *Lignes de désir est un récit non linéaire, une fiction poétique écrite par Pierre Ménard, dans le cadre d'un projet d'édition protéiforme sur les formes du livre à l'ère du numérique.*

Un livre devient un autre livre à chaque fois que nous le lisons. Une ville est pareille invention, voyage à travers le temps, chaque parcours la transforme. Marcher dans les rues comme entre les pages d'un livre. En garder une trace. Avec cet étonnement de voir, au fil du temps, se dessiner un chemin qui n'existait pas au moment de notre trajet.

Ce texte raconte l'histoire d'un photographe qui traverse la ville de Paris d'un bout à l'autre, à la recherche de la femme qu'il aime, qui a disparu, dans les lieux qu'ils avaient l'habitude de fréquenter.

Le dispositif interactif propose une écoute mobile de cette histoire, à travers une déambulation libre dans l'espace du récit (les rues et les quais de l'île Saint-Louis) s'élaborant en fonction du parcours et des déplacements de l'auditeur pour lui permettre de marcher dans les rues comme entre les pages d'un livre.

Un livre comme une carte nous conduit quelque part, mais une fois arrivés, nous ne savons pas forcement où nous sommes, de même quand nous entrons dans une bibliothèque. La sérendipité, c'est avant tout une posture : posture d'attente, posture du guetteur. Nous cherchons, mais nous ne savons pas quoi.

Transformer la narration en jeu, sauter de case en case avec la liberté ́ primitive qu'avait, à ses débuts, l'art de raconter. Puis tisser l'histoire à partir de la juxtaposition ou de l'entrelacement de nos lignes de désir. »

On fait le point avec... Pierre Cattan (Small Bang)

Par Nicolas Bole (septembre 2016)

A l'heure où tout le monde jure par la réalité virtuelle, lui opte davantage pour la réalité augmentée. Les yeux plus volontiers ouverts sur le monde que dirigés dans un casque, Pierre Cattan poursuit sa recherche de nouveaux espaces pour raconter des histoires. Producteur fondateur du studio transmédia Small Bang en 2012, il a déjà affiché des journaux sur les murs des villes, produit des webdocumentaires, testé des expériences de déambulation dans l'espace public. Avec l'avènement de la mobilité d'internet grâce aux smartphones et aux tablettes, l'insatiable défricheur s'est mis en tête de développer des « *story-apps* » ; autrement dit : des histoires créées spécialement dans le cadre (contraint mais riche) de l'application et non du navigateur web. Avec comme souci premier, pour un producteur indépendant habitué aux œuvres uniques, de créer des collections à même de produire des économies d'échelle, d'attirer les investisseurs et de fidéliser un public. Ainsi sont nés *Morphosis* et *Phallaina*, une *story-app* et une « bande défilée », véritables défis technologiques visant à utiliser de manière fluide l'interaction dans l'espace public.

Vous produisez des récits, de 20.000 ans en arrière à aujourd'hui (*Morphosis*), en se baladant dans Paris (*Cinemacity*) ou le long d'une BD horizontale (*Phallaina*). En quoi l'interactif vous inspire de nouvelles façons de raconter des histoires ?
Pierre Cattan – On raconte des histoires depuis toujours. Aujourd'hui, on propose une expérience supplémentaire, et cette idée est nouvelle. Ce qu'on explore avec les nouvelles

écritures, c'est une forme de conquête du sens à travers de nouveaux langages. C'est comme une colonne vertébrale, à partir de laquelle on développe une nouvelle manière de considérer la réception de l'œuvre comme faisant intégralement partie de l'histoire qu'on raconte. Le souci de la bonne réception des histoires, ça amène beaucoup dans le travail de création, et je crois que ça me vient de mon ancienne vie de créateur de magazines. Il y a un sens à la lecture allié à une obsession permanente de l'attention du lecteur.

A votre échelle, le travail a-t-il beaucoup changé entre *Cinemacity*, en 2013, et *Phallaina*, en 2016 ?
Tout le secteur de la création interactive a été d'une gourmandise certaine pour la complexité au départ, et émet aujourd'hui un désir de simplicité. Je pense qu'on va dans le bon sens en considérant le champ des possibles comme un territoire où il faut faire des choix radicaux. Cela nous vaut encore beaucoup d'incompréhensions de la part des industries classiques car, pendant longtemps, nous étions dans l'explosion, dans l'extension de l'univers narratif, pour le plaisir de toucher les bords. Il y avait plein de projets qui reposaient sur dix plateformes avec un engagement d'audience sur deux ans... On en mettait trop, comme un jeune écrivain ou un cinéaste qui fait son premier film et en met trop, en voulant tout dire. La maturité fait qu'on essaie d'en dire un peu moins.

Je suis très content de voir que tout le monde simplifie les usages et les expériences. La technologie est un outil, pas une fin en soi. Steve Jobs disait que la sophistication extrême, c'est la simplicité. Nous sommes dans un âge de fluidité et d'accessibilité. Quand je regarde avec le recul mon parcours personnel, je me rends compte que j'étais un « techno-baba », qui préconisait un changement des valeurs à partir du digital. Je le pense toujours, mais nous avons basculé dans une société de momies face à leurs écrans. Donc le digital doit plus que jamais servir à créer du lien, à inviter à aller dans l'espace commun. C'est pour ça que je suis content de continuer à produire des applications gratuites, même si cela pose des problèmes économiques. Car cela développe le « faire-ensemble », qui est l'étape d'après le « vivre-ensemble ».

Ce qui m'intéresse, c'est de rapprocher le patrimoine matériel et immatériel : la ville et le cinéma, la science et les citoyens, le *guerilla gardening* et des œuvres de cinéma... Il faut tisser des liens étroits entre réel et virtuel, qui sont des dimensions indissociables de nos vies.

Pour autant, il semble que les expériences narratives sur le web ne soient pas modélisables, comme elles peuvent l'être au cinéma. Ce qui suppose dès lors que chaque œuvre est unique, avec des modes de réception et de diffusion spécifiques... N'est-ce pas un problème majeur pour le modèle économique de ces œuvres ?
A Small Bang, nous sommes très clairement à la recherche de formats de narration. Je pense qu'avec *Morphosis*, nous avons exploré une forme de jeu documentaire qui s'apparente à une histoire interactive. C'est une *story-app* qui propose une forme de récit documentaire : j'aimerais que nous continuions à en produire sur ce modèle. Je voudrais faire une collection de *Morphosis*. Car un studio qui tourne bien doit pouvoir entraîner ses équipes. Entre le premier épisode, qui a pris deux mois, et le dernier qui a été fait en cinq jours, on voit que le processus itératif de production permet une véritable maîtrise. Le constat est le même pour *Phallaina*, qui est un moteur créé par Christophe Da Silva : nous disposons maintenant d'une machine à raconter des histoires, et à faire des bandes défilées. Dans les deux cas, la vocation même des Nouvelles écritures de France Télévisions ou du pôle web d'ARTE, ce n'est pas de lancer des collections mais d'expérimenter. Je comprends leur démarche mais un producteur comme Small Bang ne peut épouser ces stratégies. Bien sûr, nous avons envie et besoin de lancer des formats car on ne fait pas de l'innovation pour de l'innovation. Dans la « recherche et développement », il y a aussi le mot « développement », qui signifie qu'on ne part pas d'une feuille blanche à chaque projet.

J'observe une chose prégnante depuis la création de Small Bang : la tentation de la start-up ; c'est-à-dire aller chercher des investissements, sécuriser un peu les salariés, trouver du fonds de roulement... Aujourd'hui, nous produisons de la création à 100%, à part les soirées *Live* de *Médiapart* qui sont récurrentes. Pour une équipe, ce n'est pas confortable de ne travailler que sur de la création. Après plusieurs années d'existence, je veux mettre l'activité à l'abri. Un investisseur va comprendre l'intérêt des formats développés en *story-apps*, qui sont à mi-chemin entre la série d'animation et le *serious game*. Le problème, c'est la distribution, qui est plus compliquée qu'il y a dix ans. Quand je réalisais un journal en 2005, j'avais en face de moi quelques milliers de titres. Aujourd'hui, il existe des millions d'apps et tout passe par l'App Store ou Google Play...

Vous travaillez justement beaucoup autour du dispositif de l'application. Quelle est pour vous la philosophie des apps ? N'est ce pas le triomphe d'un modèle fermé contrôlé par de grands *stores* ? Pouvez-vous me décrire les différences entre l'app et la webApp *[œuvre disponible directement en accédant à Internet via un navigateur web, NdA]* ?

Les apps et les webApps, c'est très différent. Dans l'app, pour 80 % du parc mobile, on peut maîtriser parfaitement l'expérience. On peut débugger avec finesse et écrire un code très propre. Une webApp, c'est plus limité. Les fonctionnalités sont bridées. Nous avons souhaité en produire mais c'est totalement impossible. L'app « compagnon » de *Phallaina*, qui envoie du son au mobinaute à certains endroits de la fresque et qui permet de proposer plusieurs langues, est impossible à faire en webApp. Sur un navigateur, on ne peut lancer qu'une seule fois un son. On ne peut pas multiplier le nombre de pistes sonores sur une même page. Pour bien utiliser les fonctionnalités de la tablette ou du smartphone, il y a un code natif ou un code *via* un moteur de jeu comme Unity dans lequel on écrit dans un langage plus direct, et sujet à moins d'interprétation, que dans un navigateur.

Mais n'est-ce pas un modèle fermé, contrôlé par deux grands acteurs, Google et Apple ?
Je chine beaucoup sur l'AppStore, comme certains chinent dans des brocantes. Je me balade, et la scène applicative raconte notre époque comme le rock'n roll racontait les années 60. Être un parmi ces millions d'apps, c'est une goutte d'eau ! En outre, les *stores* n'investissent rien dans les contenus, retiennent 30 % des bénéfices et décident seuls de l'éditorialisation. C'est compliqué d'arriver dans les premières places ; en revanche, y rester, c'est plus simple. Ce qui en fait un système très féodal : on a perdu plusieurs dizaines d'années d'évolution en termes d'horizontalité du pouvoir. Par ailleurs, les *stores* censurent la nudité, la sexualité, etc. Avec l'AppStore, le marquis de Sade n'aurait jamais écrit une seule ligne !

Je ne produis pas des apps pour les *stores*. J'estime qu'il faut faire exister les apps autrement que dans l'AppStore. L'idée, c'est que l'installation monumentale de *Phallaina* voyage. Ma stratégie est de trouver des partenaires de coédition dans chaque pays, assurant la traduction et devenant coéditeurs pour la BD physique et digitale. Nous voulons aussi réunir une communauté physique pour exister au-delà du *store*. Il n'est pas exclu que nous sortions un format papier, même si ce serait la « downgrader » par rapport à la version app.

Le problème des apps, c'est que les utilisateurs les téléchargent peu et ne les utilisent pas plusieurs fois. J'observe avec fascination la méthode initiée par la plateforme d'apprentissage des langues, *Duolingo*. Le modèle économique est très simple : l'app est gratuite et à la fin, ils délivrent un diplôme à 25 euros. Un vrai diplôme avec des équivalences. Il y a 100 millions d'utilisateurs et 1 % d'entre eux paient le diplôme. Cela fait 25 millions de chiffre d'affaires chaque année ! Dans nos métiers, il y a le vertige du champ des possibles, mais il faut aussi stabiliser l'activité. La bande défilée, *store* ou pas, navigateur ou pas, si les gens aiment et sont clients, doit nous permettre de vivre, de proposer de nouvelles histoires avec d'autres auteurs. Nous n'avons pas besoin de conquérir le monde et d'avoir des millions d'utilisateurs pour cela.

Small Bang fait un travail d'édition d'apps digitales. Je trouve intéressant le fait de penser « histoire » et « usage » en même temps. Quand je vois le chemin parcouru entre *Cinemacity* et *Phallaina*, je trouve que nous avons beaucoup progressé. En revanche, nous ne devons pas entretenir de liens de co-dépendance avec nos co-diffuseurs. Un des enjeux futurs est de travailler avec des distributeurs de cinéma, des studios comme Sony. Notre activité nous oriente vers un débouché naturel à l'international, avec des collections et non des œuvres uniques.

Vous avez été l'un des premiers à jouer avec la géolocalisation dans le récit avec *Cinemacity*. Pensez-vous que cette personnalisation de l'expérience par la géolocalisation soit une avancée ? Ne risque-t-on d'être davantage "seuls ensemble" [53] avec cette technologie ?

Le constat que nous avons fait sur *Phallaina*, c'est que si on fait l'expérience à plusieurs, on n'a pas envie de se retrouver seul dans son casque. C'est important : je n'ai pas envie de faire des projets dans lesquels les gens sont seuls avec leur casque dans la rue. Ce serait une fausse expérience collective. Donc, utiliser l'espace public, oui, mais il faut trouver un rapport entre l'espace physique et l'histoire. Nous l'avons imaginé dans l'installation monumentale de *Phallaina*, où Jacques Poupony a développé un marqueur temporel qui permet de vivre une déambulation synchrone entre la fresque et le son, grâce à l'accéléromètre d'un smartphone.

---

[53] En référence au livre de Sherry Turkle, *Seuls ensemble, de plus en plus de technologie et de moins en moins de relations humaines*, L'Echappée, 2015.

Alors que vous vous intéressez à la réalité augmentée, certains ne jurent que par la réalité virtuelle. Comment voyez-vous le phénomène grandissant de la VR ? Est-ce une technologie qui vous intéresse ?
Comme tout le monde, j'observe la VR avec beaucoup de curiosité. Nous avons assuré la production exécutive du court-métrage de Michel Reilhac, *Viens !*, et nous travaillons sur un autre projet avec le même réalisateur, *Fugues VR*, à partir de l'univers du chorégraphe Yoann Bourgeois. Mais j'ai décidé de temporiser parce que la VR nécessite des compétences importantes que je n'ai pas en interne. Utiliser le logiciel Unity pour faire *Morphosis* et pour faire de la VR, cela n'a rien à voir. Ce sont des secteurs tellement vastes ! Sur la VR, nous allons dans un premier temps nous associer avec des professionnels qui travaillent dessus depuis des mois, notamment *Les Éditions du Bout des Doigts*. Ils ont notamment tordu InDesign dans tous les sens pour en faire une machine à raconter des histoires interactives, avec leur magazine de cinéma *Bande à Part*.

Mais dans le fond, je sais déjà que je suis davantage intéressé par la réalité augmentée que par la VR. J'adore la VR, mais avec elle, il y a une idée de prise de contrôle sur les perceptions de nos cinq sens. La VR nous fait croire à ce que nous voyons, à ce que nous entendons, aux distances telles que nous les estimons. Le simple fait que nous puissions reproduire le mal de mer montre combien on peut prendre contrôle de notre cerveau. Pour la création, c'est génial bien sûr. Mais pour moi, cela fait converger la narration et les psychotropes. Bien faite, l'expérience de la VR est celle du « *high* »: quand on chausse un casque stéréoscopique, on est dans l'hallucination puisque trois sens (ouïe, vue, toucher) sont totalement pris en charge par la narration et croient totalement à ce qu'on leur montre. Plus la technologie va se perfectionner, plus nous serons dans l'espace virtuel. Tout cela pose la question d'un code de bonne conduite : je pense par exemple qu'il ne faut pas toucher une personne qui fait une expérience de réalité virtuelle. Cela peut être terrorisant.

Cela dit, le digital existe comme une peau qui recouvrirait notre environnement, et cela m'intéresse davantage de travailler la notion de calques superposés sur l'environnement physique que sur la réalité virtuelle.

Autre champ de recherche de Small Bang : les projets collaboratifs. L'expérience de *Birdlab* est autant une expérience documentaire qu'un appui à la science. Cela fait écho aux *Open Bidouille Camps* que vous avez co-organisé. Croyez-vous vraiment au *crowdfunding [financement par la foule, NdA]* et au *crowdsourcing [apport de données par la foule, NdA]* pour la création ? Comment faire pour que les gens participent vraiment à des projets collaboratifs ?
Small Bang n'a jamais fait de campagnes de *crowdfunding*. J'estime que nos projets sont *crowdfundés* à la source, par l'impôt, puisque nous recevons de l'argent (du) public avec le CNC et France Télévisions ou ARTE. Quant au *crowdsourcing*, il nous faut travailler sur une image de marque. Aujourd'hui, nous avons besoin d'un bon *community management* pour travailler sur une identité commune de Small Bang et ce, même si on se réinvente à chaque projet. Les studios doivent se développer comme un groupe de musique. David Bowie, qui s'est réinventé et qui a proposé une forme de sérendipité de lui-même, est une figure inspirante. Tout comme le trajet de Steve Jobs : il a fait un calcul sur le long terme et il a mis 30 ans à parvenir à ses fins. Un jour, il est devenu, pour très longtemps, numéro 1. Il a pris beaucoup d'élan pour tout changer. Les appareils qu'Apple a inventés sont venus cannibaliser les précédents. Pour la première fois de mon existence, ma nièce et ma mère, âgées de 8 et de 72 ans, s'en servent, alors que les ordinateurs étaient plus compliqués à utiliser.

N'est-ce pas contradictoire de citer Steve Jobs en exemple, alors même qu'il est l'un des initiateurs de l'appropriation des données et d'une structure verticale de la société informatique ?
Au moment de la mort de Steve Jobs, j'avais lu un éditorial que j'avais adoré d'Emmanuel Batifoullier dans le magazine *Geek*. L'auteur disait que nous sommes nombreux à être dans une forme de contradiction, à suivre à la fois Jobs et *Anonymous*. Pour lui, c'est le Yin et le Yang de la technologie. Eux s'opposent mais nous, en tant qu'utilisateurs, nous vivons une forme de cohérence à comprendre et épouser ces deux facettes. Apple, c'est vraiment l'expression démocratique qui permet d'utiliser massivement des applications. Le design des services est pensé de manière à permettre aux gens de dépenser avec autre chose que de l'argent. De l'autre côté, il y a le mouvement du libre, des communs, d'*Anonymous,* qui complète avec d'autres valeurs le panorama de la révolution digitale. Les deux sont indissociables : je ne veux pas trancher entre l'un et l'autre. Les deux sont nécessaires car, mine de rien, Richard Stallman *[le fondateur de Linux, NdA]*, c'est la société des mathématiciens et de ceux qui savent face à ceux qui ne savent pas. C'est un savoir ouvert, certes, mais partagé entre développeurs. Tant qu'on n'aura pas à l'école : *lire, écrire, compter, coder*[54], il faudra que le code arrive à nous avec des interfaces WYSIWYG[55], simples à comprendre.

Comment produit-on ces œuvres dans un contexte d'expérimentations ? Comment envisagez-vous votre métier de producteur transmédia ? Est-on vraiment sorti du temps où le CNC et ARTE ou France Télévisions étaient incontournables pour produire un projet ?
Je pense que le CNC reste incontournable dans la phase de développement des œuvres. Il y a en France, et c'est unique au

---

[54] Frédéric Bardeau et Nicolas Danet, *Lire, écrire, compter, coder,* Fyp, 2014.
[55] *What You See Is What You Get* ; autrement dit : « *ce que vous voyez est ce que vous obtenez* », et donc des interfaces qui interprètent le code pour en donner une visualisation compréhensible, à l'inverse des lignes de code compréhensibles des seuls experts.

monde, des dispositifs de soutien à la création en dehors de toute considération de modèle économique. Le CNC, dans l'aide au développement, permet à des auteurs d'émerger et de faire des phases d'exploration. Il n'y a qu'en France qu'on encourage des projets d'auteurs, c'est une belle exception !

Je distinguerais cette aide de celle à la production, où il faut un partenaire d'édition. Nous, producteurs, nous devons aller chercher à l'international une diversification du financement des œuvres, pour que les projets soient armés en production. J'espère qu'à terme, des diffuseurs et des éditeurs se lanceront dans la coproduction de ces œuvres car il ne peut pas y avoir durablement que trois guichets pour toute cette création. Tous les ans, il y a des régiments entiers de développeurs qui sortent des écoles. Je suis très étonné par la simplicité du dialogue avec eux, alors qu'on passe notre temps à expliquer ce qu'on fait à des décisionnaires qui ne comprennent pas bien les enjeux de la création digitale. Les jeunes diplômés sont des chefs de projets digitaux qu'il faut pouvoir embaucher. Et pour embaucher, France Télévisions et ARTE ne doivent plus être seuls. On espère que tout le monde va s'y mettre progressivement : Canal+, M6, TF1, Amazon, Netflix, et consorts.

Faudrait-il instaurer une aide au format ?
J'adorerais. Avec *Phallaina*, nous avons contractuellement conclu avec les Nouvelles écritures de France Télévisions que chacun avait le droit de développer des collections, d'un côté comme de l'autre, sur la base technique de l'œuvre. Car pour moi, nous n'avons pas fait tout ce travail pour ne produire qu'une œuvre unique.

Est-ce la conclusion de l'expérience vécue avec ARTE sur *Cinemacity*, où vous souhaitiez étendre le principe des déambulations cinématographiques à d'autres villes que Paris, un projet que ne voulait pas développer la chaîne ?
Il y avait des intérêts divergents entre ARTE et Small Bang. Ce n'est ni le mandat ni la vocation de cette chaîne de développer

ce projet sur d'autres territoires. Pourtant, nous avons fait en quelque sorte de l'agriculture : nous avons planté des graines, fait en sorte que ça pousse et nous avons essayé de polliniser. Sur *Cinemacity*, les destins de Small Bang et ARTE étaient liés jusqu'en en juillet 2016. Dorénavant, Small Bang a récupéré les droits de *Cinemacity* et nous comptons développer une prochaine version avec les technologies de réalité augmentée.

J'insiste : nous allons essayer de devenir distributeur de nos œuvres. Nous y arriverons si on sait comment s'adresser à nos communautés. C'est comme un groupe de musique : il faut faire exister une base de fans. Sur la création, nous sommes harassés de travail et la dernière chose que nous avons le temps de faire, c'est de communiquer. C'est pourquoi le *community management* fait partie des développements impératifs pour une entreprise comme Small Bang.

Vous poussez très loin l'idée d'expérience documentaire ; autrement dit : penser la forme, la manière d'accéder au contenu comme un début de connaissance du sujet lui-même. Est-ce devenu dans l'écriture un prérequis ?
Nous travaillons actuellement sur un projet, *Anokua*, où nous mettons côte à côte un récit documentaire et une expérience. D'un côté, l'idée est de montrer la manière dont le temps est envisagé par les peuples de la Sierra Nevada colombienne. De l'autre, on veut faire vivre ce rapport au temps. Entre le documentaire et l'expérience, il y a la même différence qu'entre expliquer et faire ressentir. Nous souhaitons utiliser ces deux langages, qui ne sont pas redondants l'un l'autre, mais complémentaires. On ne ressent pas de la même manière avec le narratif qu'avec l'expérientiel et on n'explique pas de la même manière avec l'expérientiel qu'avec le narratif. C'est une question de *feeling* et d'instinct qui est très abouti dans certains jeux vidéo : lorsqu'on mobilise nos sens, on comprend instinctivement ce qu'on est censé faire, et donc on apprend par l'action, sans avoir besoin de mode d'emploi. Dans *Anokua*, l'idée est de comprendre une vision du monde différente de la nôtre en en faisant l'expérience. Pas en

l'expliquant. Ce sera, je l'espère, plus simple à vivre que facile à expliquer.

Existe-t-il un espace entre le narratif du documentaire et l'expérience hallucinatoire de la VR ?
C'est *Morphosis* et le récit interactif ! C'est *Phallaina*, où on invente un dispositif d'usage, une liseuse. La *story-app*, c'est un récit enrichi, avec une écriture interactive qui permet de mémoriser les choses. Les enfants retiennent mieux quand ils peuvent interagir. Quand je parle d'expérience, je pense à quelque chose de simple. Simple, mais pas simpliste ou abrégé. Je suis ravi de voir que *Morphosis* permet d'augmenter le nombre d'informations que les utilisateurs retiennent. La *story-app*, pour moi, c'est le juste milieu entre le *full immersif* de la VR et le documentaire linéaire.

Et le webdoc ? Et l'expérience *in situ* ? Où se situent-ils ?
Cela vaut aussi pour le webdoc puisqu'il s'agit d'une écriture interactive qui s'adresse à un utilisateur actif. Quant à l'expérience *in situ*, elle est la plus grande expérience qui puisse être vécue. L'instant présent, en trois dimensions, mobilisant nos cinq sens, c'est le Graal, et c'est encore et toujours le spectacle vivant qui *revient* au cœur de nos inspirations.

Chapitre 3

Le documentaire fait du bruit

Preuve, s'il en fallait encore une, que l'émergence des podcasts est en train de chambouler le paysage du documentaire audio et de la radio : tout le monde s'y met !

Avec internet, la radio est devenue « *un patrimoine sonore dans lequel on va piocher parce qu'on veut réécouter une émission, parce qu'on veut se cultiver. Elle fonctionne de façon documentaire. De ce point de vue, elle s'est enrichie* »[56]. Mais internet ne sert plus uniquement d'outil de « rattrapage » pour accéder à une exceptionnelle bibliothèque de contenus déjà diffusés sur les antennes, les stations hertziennes historiques commencent à produire des programmes « webnatifs ». France Inter s'est lancé en 2018 avec *A la hussarde* (Thomas Legrand revient sur les grands moments de l'élection présidentielle française de 2017) ; France Culture avait précédé le mouvement avec *Superfail* (Guillaume Erner se plonge chaque semaine dans l'histoire d'un échec) et avec une série de fiction (*Hasta Dente !*). La fièvre des podcasts a également gagné des journaux historiques (du *New York Times* à *L'Equipe*) et les grands groupes audiovisuels (RTBF).

La vague qui déferle aujourd'hui s'est formée aux Etats-Unis, avec les retentissants succès de *This American Life* et de *Serial*[57], deux podcasts natifs dont on parle beaucoup dans ce chapitre (le second a eu plus de succès que *Game of Thrones*). En France, l'engouement s'est concrétisé par la création récente de plusieurs sociétés de production entièrement dédiées aux podcasts. Binge Audio d'abord, qui se distingue par une offre protéiforme et dont la série documentaire de Julien Cernobori *Superhéros* atteint des sommets de finesse et d'empathie. Le fondateur du studio Joël Ronez revient en détail dans ces pages sur ses ambitions et sur sa vision de ce nouvel écosystème. Louie Media ensuite, qui propose notamment *Transfert*. Ce podcast diffusé sur *Slate* raconte

---

[56] Jérôme Lefilliâtre, « *Il est rare de rencontrer des auditeurs éclectiques* » - rencontre avec le sociologue Hervé Glevarec, Libération, 21 avril 2017.
[57] Voir Cristina Anghel, *Serial, l'affirmation du journalisme narratif*, Syntone, 19 octobre 2016.

également de belles histoires documentaires, que nous détaille ici Caroline Gillet

D'autres acteurs ont émergé au cours de ces deux dernières années ; citons notamment Nouvelles Ecoutes (à l'initiative de Lauren Bastide et Julien Neuville) et BoxSons (créé par Pascale Clarke et Candice Marchal) qui a misé sur un accès payant.

Mais depuis 2002, c'est ARTE Radio qui porte haut la création radiophonique hors format sur internet. Silvain Gire nous offre ici sa conception du documentaire radio ; nous revenons également sur deux programmes emblématiques de la chaîne franco-allemande : *Les Braqueurs* et *De guerre en fils*.

Dans une autre mesure, de nombreux podcasts indépendants de toute entreprise de production essaiment sur le web. Il y a les « recalés » de la radio (*Nouvel Esprit public* de Philippe Meyer ; *Là-bas si j'y suis* de Daniel Mermet), mais aussi une multitude de projets originaux ; par exemple *RadioKawa*, avec sa vingtaine de formats différents, *Le Verrou*, qui revisite des textes littéraires érotiques, *Choses à savoir* ou encore *Nouvelle école*.

Au total, Apple comptabilise sur son seul réseau 555.000 podcasts en 2018, provenant de 155 pays et racontés en une centaine de langues différentes. Les audiences (rajeunies par rapport à la radio hertzienne) augmentent, les revenus publicitaires suivent : + 85 % entre 2016 et 2017 aux Etats-Unis pour les plus grosses sociétés, passant de 119 à 220 millions de dollars. La National Public Radio (NPR) a doublé ses revenus grâce aux podcasts.

En France, cet engouement, vous le lirez dans les lignes qui suivent, s'explique notamment par une nouvelle manière – sans doute plus libre – d'écrire les rapports aux personnages et aux auditoires, par les sentiments d'intimité et de proximité qui se déploient dans ces programmes, par l'aspect addictif aussi de certains podcasts qui nous offrent la possibilité de ralentir le flux quotidien pour se plonger dans de singulières histoires.

Pour entrer dans le vif de ces univers sonores, c'est tout naturellement à Brest qu'il faut se rendre, là où se tient depuis une quinzaine d'années le festival *Longueur d'ondes*, qui célèbre l'art radiophonique. Il nous fallait aussi un « grand témoin » pour nous accompagner dans la compréhension des bouleversements qui accompagnent le documentaire sonore. Ce sera Thomas Baumgartner, passé par ARTE Radio, Radio France et Radio Nova. Et puisqu'il convient toujours de garder un œil sur la création numérique québécoise, Mathieu Paiement nous détaille l'incroyable histoire du « balado »[58] *T'es où Youssef ?*, qui accompagne le film du même titre.

Enfin, nous élargissons notre approche du documentaire sonore au-delà des podcasts en évoquant la plateforme participative *Audiostories* avec ses auteurs, et en sortant du web pour apprécier les formidables soirées *Radio Live*.

Et pour ceux qui ne le savaient pas encore, « podcast » est la contraction de « iPod » et de « *broadcast* »...

---

[58] « Podcast » en québécois.

Le documentaire sonore : un jardin d'herbes folles à explorer

Par Fanny Belvisi (mars 2016)

La radio fait son festival chaque année à *Longueur d'ondes* (Brest), et le documentaire y a régulièrement une place de choix. En 2016, il y est même valorisé avec une section spéciale qui lui est dédiée. La manifestation bretonne est aujourd'hui devenue incontournable tant elle brasse les enjeux et les meilleures pièces de la création radiophonique, que l'on parle des acteurs historiques ou de l' « audio digital ». Tour d'horizon des réjouissances sonores rencontrées là-bas en 2016, et des questions que pose ce pan vigoureux – et luxuriant – des arts documentaires.

La treizième édition du festival *Longueur d'ondes* s'est tenue à Brest du 4 au 7 février 2016. Des rencontres, des conférences, un marathon de montage et des écoutes de radio (fiction, documentaire, archives), dans une chambre noire ou assis sur un transat, sont venus jalonner ces quatre jours consacrés à ce média si familier et pourtant si peu représenté.

Il faut dire que *Longueur d'ondes* a justement l'audace, le mérite de donner une belle visibilité à la radio, non seulement en en rendant le foisonnement créatif et la diversité des formes, mais aussi en offrant aux festivaliers de belles conditions d'écoute, c'est-à-dire de véritables plages où l'oreille peut s'arrêter pour s'immerger entièrement dans les sons et les paroles diffusés. Au programme donc, une attention toute particulière portée sur l'activité d'ouïr, pas si fréquente de nos jours...

Cette treizième édition du festival présentait également une nouveauté : celle d'une programmation complètement dédiée au documentaire radiophonique, intitulée « *Les rencontres du documentaire* ». Non pas que le documentaire et la création radiophonique n'aient jamais été abordés au sein du festival, au contraire. Mais cette année, le désir de dégager une ligne spécifique pour ce type de productions s'est fait ressentir plus fortement. Au sein d'un genre hybride et dont on a peine à définir clairement les contours, le festival a fait le pari de pouvoir rendre ces créations identifiables autour d'enjeux et d'évolutions communs.

Quels nouveaux horizons, induits notamment par les mutations technologiques, se dessinent pour le documentaire ? Quel avenir existe-t-il pour cette forme au sein de la radio, mais aussi en dehors ? Pourquoi la notion d'auteur de radio est-elle également corrélée à de nouvelles pratiques d'écoute ? Quelle place la créativité tient-elle à l'intérieur des formats imposés par les antennes ? C'est notamment autour de ces questionnements que des invités prestigieux et passionnés se sont réunis pour partager leurs expériences, leurs réflexions et leurs analyses, proposant aux festivaliers un tour d'horizon à 360 degrés des lignes de fracture qui traversent la création documentaire radiophonique.

Il semble en effet clair que l'arrivée du numérique a transformé la radio en profondeur, la faisant passer d'un média de flux temporaire à un média d'auteurs, susceptible d'être transporté, écouté n'importe quand et n'importe où, rediffusé, partagé. Comme l'a expliqué Etienne Noiseau, responsable éditorial de la webrevue *Syntone*, l'évolution du producteur de radio en une figure auctoriale est intrinsèquement liée à la révolution numérique. « *Avant, il fallait être au rendez-vous pour suivre un documentaire à la radio. Le média était extrêmement volatile. A présent, on peut écouter et réécouter un documentaire, prendre son temps pour entrer dans la création d'un auteur.* » C'est d'ailleurs cette autonomisation de l'artiste vis-à-vis de la diffusion de son documentaire qui a participé à la création de *Syntone*. « Puisque nous étions à présent en face d'œuvres, il fallait bien créer une plateforme critique pour en parler », explique Etienne.

De son côté, Silvain Gire, directeur d'ARTE Radio qui diffuse exclusivement des documentaires sur le web, rappelle à quel point l'entrée du numérique dans la radio a permis aux auteurs de s'émanciper de toutes contraintes de formats. N'étant plus liés à un flux, et donc à une grille de programmes avec ses cases spécifiques, ces derniers sont libres d'explorer des formes et des écritures nouvelles, pour être au plus près de ce qu'ils ont à dire. L'entrée de la radio sur internet serait ainsi le gage d'une liberté retrouvée ? Mieux, d'une liberté à réinventer, puisqu'elle déculperait les possibilités de création en offrant aux auteurs des expériences originales et singulières...

Car en effet, ce n'est pas tout. En affranchissant le documentaire radio des espaces de diffusion classiques, le numérique a permis de décloisonner la création sonore, de l'ouvrir à des espaces inédits et de conquérir ainsi un public renouvelé, qui n'est pas forcément celui des radios nationales, publiques ou privées. Dans ce domaine, tout est encore à inventer, à rêver, promesses de belles dynamiques.

« Ce qui m'attire, c'est la question de l'immersion et de l'écoute nomade » explique Thomas Baumgartner, alors producteur à France Culture. « Il faut écouter de la radio en dehors des cadres convenus, amener des écoutes dans des lieux inhabituels, là où le public ne s'y attend pas. » C'est précisément cette ambition qu'il poursuit avec l'application *Sur les bancs*, qu'il a imaginée. Il s'agit de proposer aux visiteurs des parcs et des jardins parisiens une réalité sonore augmentée où, grâce à un smartphone, un casque et au QR code déposé sur certains bancs, on peut écouter une histoire entièrement liée au lieu où on se trouve. Entre fiction et réalité, l'application sonore propose aux visiteurs une expérience sensorielle et immersive inédite.

Mehdi Ahoudig, vainqueur du prestigieux Prix « Grandes Ondes du documentaire radiophonique » de cette édition de *Longueur d'ondes* pour son œuvre *Poudreuse dans la Meuse*, récompensée également par le Prix Europa 2015, partage son activité entre le documentaire radiophonique et la création sonore pour le spectacle vivant. Il raconte comment le théâtre s'est emparé du son, pour venir nourrir ses mises en scène, mais aussi à quel point cet espace d'écoute si particulier, où la création sonore doit toujours servir la dramaturgie du texte sans gêner les comédiens, vient enrichir sa propre pratique du documentaire radio, dans un échange fécond et stimulant.

Depuis sa naissance, que Christophe Deleu, auteur de documentaires et de fictions radiophoniques, professeur au CUEJ, fait remonter à 1946 avec une première tentative intitulée *Paris-Brest* réalisée par Jacques Peuchmaurd pour le Club d'essai, l'évolution du documentaire radiophonique est intrinsèquement liée aux progrès technologiques. Perfectionnement des appareils d'enregistrement, de montage et de mixage, jusqu'à l'apparition dans les années 2000 du numérique proposant des appareils plus faciles d'utilisation et moins onéreux… C'est bien la technique qui a contribué à l'épanouissement et à la vitalité de ce genre polysémique et hybride, difficile à enfermer dans une définition unique.

« *Le documentaire radiophonique est encore devant nous. Il est même d'ailleurs en train de prendre une place et une force considérables* », affirme Irène Omélianenko, conseillère des programmes pour le documentaire et la création radiophonique à France Culture depuis 2011. Paradoxe d'une situation où l'intensité créative réelle dont bénéficie les documentaristes se conjugue néanmoins avec une fragilisation de leur statut d'auteur, ainsi qu'avec une perte de la valeur symbolique de la radio.

L'arrivée de la télévision dans les années 50 avait déjà largement contribué à affaiblir la radio, en prenant en charge ce qui constituait alors sa fonction principale, à savoir celle de donner des nouvelles, d'informer. Or, justement, le remède à cette perte de vitesse se situe peut-être dans un regain d'imagination, de nouveaux formats, d'écoutes publiques, de déambulations sonores permettant d'affirmer toujours plus haut et plus fort la spécificité du média radio et de restaurer ainsi cette valeur symbolique.

Cette année, le festival avait choisi de mettre en lumière deux projets : *Ce qui reste* de Martine Abat et *Making Waves* d'Alexandre Plank. Le premier se compose de trois épisodes de 29 minutes et se présente comme une enquête menée par la documentariste à Tunis à partir d'une bouteille à la mer trouvée sur l'île de Pantelleria, en Italie. Les trois volets de cette investigation abordent le problème des migrants tunisiens fuyant vers les côtes européennes, du point de vue de « ce qui reste » d'eux lorsque leurs embarcations sombrent dans la Méditerranée.

Le second projet est constitué de quatre épisodes de 53 minutes et emmène l'auditeur aux quatre coins du monde, dans des pays où les radios communautaires, militantes ou indépendantes, luttent contre les idéologies politiques dominantes pour tenter de servir la paix et la démocratie.

Devant l'élan, l'énergie, l'enthousiasme qu'insufflent ces deux créations, on ne peut que regretter amèrement le manque de visibilité dont fait objet la radio. Pourquoi la critique se désintéresse-t-elle globalement de ce média, tandis que ces documentaristes ont au contraire un réel besoin de soutien, de reconnaissance ? S'il est vrai que l'enjeu est certainement aussi de renouveler les espaces de diffusion afin d'ouvrir le documentaire radiophonique au plus grand nombre, la recherche et le monde universitaire ont également leur rôle à jouer.

On constate en effet que les émissions radiophoniques réalisées avant l'ère des podcasts sont plus difficilement accessibles que la musique par exemple. Ces archives sont encore sous-numérisées, et donc forcément bien moins valorisées. Si le numérique a significativement transformé le documentaire radio, il reste donc néanmoins un travail important à effectuer pour lui rendre son histoire et lui permettre ainsi d'asseoir véritablement sa légitimité.

Internet a eu déjà le mérite de donner la parole aux auditeurs, leur offrant la possibilité de s'exprimer, de donner leur avis sur une œuvre, et ainsi de contribuer à son rayonnement. On attend désormais que la presse s'empare de nouveau de ce média, qu'elle réinvestisse ce champ, qu'elle défriche, ou se perde dans ce jardin d'herbes folles, rares et odorantes qu'est aujourd'hui, et plus que jamais, le documentaire radiophonique.

Thomas Baumgartner :
« *Le son binaural est une révolution de l'écriture radiophonique* »

Par Nicolas Bole (août 2016)

Le son, parent pauvre de la création audiovisuelle ? Longtemps lancée envers ceux qui délaissaient cet élément-clé de l'écriture documentaire, l'assertion perd depuis 15 ans de sa pertinence. Entre nouvelles plateformes de diffusion liées à l'émergence des podcasts, nouveaux outils d'écoute et de création, percée du son spatialisé, c'est une nouvelle écriture qui s'invente où l'internaute, au centre de l'écoute voire de la création, peut volontiers casser les codes de la radio traditionnelle. Média déjà plus interactif que les autres à sa naissance, la radio a gagné avec le web une infinie variété de formes, aujourd'hui mises à l'honneur dans des festivals dédiés, des plateformes web et même... des émissions de radio « à l'ancienne » ! Témoin privilégié de ce bouleversement, Thomas Baumgartner a connu la naissance d'ARTE Radio, animé *Supersonic* sur France Culture, est vice-président de la commission Nouveaux médias du CNC et maintenant rédacteur en chef de Radio Nova... Malgré tout, il trouve encore le temps de créer des fictions en son binaural (*Sur les bancs*, produit par Gedeon Programmes) et de participer à l'expérience du *Live Magazine*, où le journalisme retrouve toute la ferveur de l'oralité...

Qu'est-ce que le web a changé au documentaire radiophonique ?
Le point de départ, c'est la possibilité de l'écoute différée, en dehors du flux hertzien. Cette nouveauté a encouragé une audiophilie nouvelle à partir du début des années 2000, à

travers différentes expressions : ARTE Radio, notamment, qui est pensée en 2001, ou L'atelier de création sonore et radiophonique (ACSR) de Bruxelles. Cet atelier existait déjà mais il prend un nouveau départ à cette période, *via* notamment un festival, *Radiophon'ic*, en 2003. Un autre festival, *Longueur d'ondes*, apparaît à Brest à peu près dans les mêmes eaux. Et aux Etats-Unis, par exemple, c'est la naissance du projet *Storycorps*, un studio mobile qui fait parler les gens à la fois pour eux-mêmes et dans le cadre d'une diffusion. Quand en 2005 le podcast se généralise, d'une certaine manière il y a déjà un terrain sonore favorable.

Plus tard, la facilité du montage et des modes d'enregistrement, du fait des nouveaux outils, va se doubler d'une facilité de diffusion. C'est vraiment Soundcloud mais aussi Bandcamp qui apportent cette aisance de la mise en ligne, beaucoup plus que Myspace qui n'avait pas réussi à rendre le son « social », à savoir « commentable » et « partageable ». On l'avait fait à notre échelle avec les audioblogs d'ARTE en 2006 : on voulait que l'internaute puisse mettre en ligne du son aussi facilement qu'il édite du texte sur internet.

Sur la question du documentaire, il se trouve que beaucoup des acteurs dont je viens de parler sont des gens qui aiment cette forme d'expression. Il y a donc eu un double mouvement quelque part : entretenir le geste documentaire tout en encourageant une radiophilie.

En termes d'écriture, mon premier mouvement serait de dire qu'il n'y a pas beaucoup eu de changements. Sur France Culture, je ne pense pas que les formats aient beaucoup changé du fait de la réécoute en ligne ou du podcast. J'y ai vécu la transition numérique : le premier documentaire que j'ai fait, en 2004, c'était avec un Nagra à bandes, qu'on numérisait avant d'attaquer le montage ! Mais j'ai tout de même la sensation que nous sommes passés d'une écriture plus *cut* à une écriture plus mixée. Avant, couper la bande aux ciseaux était le premier geste du montage ; venait ensuite le mixage – moment spécifique – qui permettait éventuellement d'adoucir. Aujourd'hui, on coupe, on structure et on anticipe le mixage face à l'écran, quasiment dans le même mouvement. Le *cut* devient un élément d'écriture qui s'assume. Je trouve d'ailleurs qu'on manque de *cuts* secs aujourd'hui !

Le web a en revanche permis ARTE Radio. C'est une évidence et cette naissance « dans » le web a eu une conséquence sur le format : le reportage ou le documentaire pouvaient durer ce qu'ils « devaient » durer. 6 minutes, 12 minutes, 20 minutes, 30 minutes... Il n'y avait pas de durée préétablie. Au sein d'ARTE Radio, au début, nous étions dans notre bulle. Nous avions 25 ans de moyenne d'âge en 2002, peut-être moins... Nous avons ainsi pu expérimenter un grand nombre de choses !

De quelle manière l'interactivité du web peut permettre d'écrire de nouveaux récits sonores ? Avez-vous des exemples marquants de ce lien entre interaction et son ?
D'abord une réponse générale, sur le lien entre l'interaction et la radio. La transition numérique de la radio est nettement moins douloureuse que dans la presse papier ou la télévision car la radio est nomade depuis les années 60, participative depuis les années 80, et en *live* comme internet. Donc, d'une certaine manière, écouter un podcast sur son mobile, ça n'est pas si éloigné de l'autoradio ou du transistor sur la plage.

Cela dit, je pense que nous avons intégré les éléments de la grammaire numérique. Je n'ai pas fait d'émission avant l'arrivée du web mais j'en ai animé une de manière hebdomadaire pendant 5 ans, et je pense qu'on ne fait pas du tout les émissions de la même manière que s'il n'y avait pas le web. Je faisais par exemple référence aux émissions précédentes, car je savais que l'auditeur pouvait facilement aller les réécouter. On réflechit aussi en termes de collections au lieu de réfléchir en termes d'émission unique. Tu peux penser ton émission avec des régularités plus assumées. Je faisais des hors-séries, et je m'astreignais à une régularité car elle apporte une visibilité. Cela influe sur le contenu et sa présentation.

Dans le détail, on peut citer dans la création interactive des choses très intéressantes : en 2015, est sorti le projet *A Blind Legend*[59], produit par le studio DOWiNO. Radio France en était partenaire et France Culture a même participé à la production de certaines parties sonores. C'est un jeu vidéo qui nous met dans la peau d'un chevalier aveugle. On est guidé par le son, c'est une expérience où le *gameplay* se base avant tout sur le son spatialisé. Dans le projet que j'avais mené avec Gedeon Programmes et France Culture, *Sur les banc*s, l'interaction est réelle entre l'environnement (des parcs de Paris, puis de Metz) et les fictions courtes que le public est amené à écouter, qui se déroulent précisément là où on écoute. C'est une forme d'interactivité douce, qui crée une ambiguïté entre le réel et la fiction.

Le web a aussi permis de jouer sur la sérialité des contenus, comme la radio américaine NPR et son célèbre *Serial*...
Serial a fait date, en montrant que le documentaire sonore pouvait être un vrai succès d'audience. Par ailleurs, la NPR *[National Public Radio, NdA]* a compris quelque chose en allant chercher les gens qui font de beaux podcasts indépendants « dans leur coin », et en entérinant le fait que le web permet de créer des constellations de gens qui font. Aux Etats-Unis, il y a suffisamment d'auditeurs pour aborder des sujets de niche qui, pour autant, parlent à 500.000 personnes.

Comment diffuser des documentaires sonores ? Sur des plateformes dédiées ? Soundcloud équivaut-il à YouTube ? Si oui, existe-t-il un Vimeo du son ?
Soundcloud a réussi à intégrer la participation et le commentaire dans le son. Ça marche plus ou moins avec les artistes mais c'est une dimension intéressante. En montrant la forme des ondes, Soundcloud parvient aussi à toucher le grand

---

[59] Voir notre conclusion, *Ouverture – Esquisse d'un « Temple de la Renommée »*

public et a quelque chose d'un YouTube sonore... sachant que YouTube est aussi utilisé pour du son ! Soundcloud a réussi à créer un réseau social du son. Au jeu des analogies, Vimeo correspondrait davantage à Bandcamp (qui a été qualifié dans le New York Times, en août 2016, de « *one of the greatest underground-culture bazaars of our time* »[60]). Les artistes que j'invitais à la radio, souvent ignorés par l'industrie musicale, sont souvent sur ce réseau, qui permet le partage bien sûr mais aussi la monétisation des albums. Cela dit, je ne suis pas un spécialiste des usages de ces réseaux.

Comment jugez-vous l'évolution du rapport entre parole et son ? Est-on dans un monde saturé de paroles ?
Depuis 15 ans, beaucoup de professionnels se soucient davantage du son, mais je n'ai pas l'impression que cela signifie qu'il faille mettre en avant un « son pur ». Le but est davantage de rythmer et d'encadrer esthétiquement la parole, pour faire valoir sa singularité. Alors, « ça » parle beaucoup, c'est sûr. Et même ça parle fort, le volume est très haut pour se faire entendre. Mais si on évoque la « parole », alors on va au-delà du son. La parole, la prise de parole, est multiple. Le développement du son, tel qu'on s'en parle ici, du souci de la qualité sonore, de sa composition, de sa fabrication, c'est peut-être la recherche d'un antidote ou d'un antipode. Il y a un mouvement parallèle d'une parole publique de plus en plus partagée et massive d'un côté, et d'une sonophilie galopante de l'autre. Comme deux courses à l'opposé. Ce n'est pas un hasard non plus si de nombreux activistes du son sont aussi, à différents degrés et à différents postes, des militants. Tout cela a à voir avec la question d'être ensemble. Se parler, s'écouter.

Qu'est-ce qu'on ne peut pas dire avec des images qu'on peut dire avec du son ?
Je n'ai aucune pratique de l'image, sinon celle de spectateur. Ce serait caricatural de dire : « *Le son peut tout !* ». Pour moi, il y a avec le son un accès à l'intimité, une légèreté dans

---

[60] « L'un des plus grands bazars de culture underground de l'époque. »

l'approche qui permet de rencontrer différemment les gens. Face à la caméra, il y a une forme de pose car chacun se projette dans un rapport filmé. Avec un micro, mais sans l'image, j'ai la sensation qu'on transforme un peu moins le réel et qu'on peut délier la parole plus facilement. Mais ça peut relever de l'*a priori*. C'est aussi plus « facile » de faire accepter un son moyen si le propos est intéressant, alors qu'une image de mauvaise qualité fera plus vite décrocher un spectateur.

Le silence, c'est permis dans un documentaire radio ?
Tout dépend de ce que l'on en fait. Il faut bien sûr que le silence veuille dire quelque chose. Par ailleurs, je parle plus volontiers de « radio élaborée » que de documentaire, qui risque d'enfermer le propos dans un genre en soi. « Élaborée », pour signifier qu'il faut passer un certain temps sur la réalisation, en opposition à la radio en direct (que j'aime beaucoup par ailleurs !). Pour en revenir à votre question : oui, on peut se permettre le silence. C'est amusant car j'ai fait une revue de presse un jour en citant les propos de l'écrivain Dany Laferrière qui disait qu'à la radio, le silence n'était plus possible. Qu'il y a trop de parole partout, et que c'est pour cette raison que l'on dit : « *Mes paroles ont dépassé ma pensée* ». Et une fois que j'ai rapporté la citation, je me suis tu. Mais je n'avais pas prévenu l'animateur de la matinale de mon silence, et il a repris très vite la parole parce que, c'est vrai, le silence fait peur. Dans le documentaire, c'est plus simple parce que c'est préparé. A Radio France, je crois qu'il existe un programme de secours qui part automatiquement dès qu'il y a un silence. Mais quand on dit « silence » ici, on parle d'un silence numérique, ce qui n'est pas le cas dans la création. Le silence n'est jamais une absence totale de bruit. La seule fois où j'ai fait prévenir le centre de modulation de la radio pour ne pas qu'ils coupent la diffusion, c'est quand j'ai diffusé un artiste (Dominique Petitgand) qui mettait de vrais blancs numériques dans son œuvre. Et c'est vrai, c'est perturbant.

On évoque beaucoup aujourd'hui le son binaural et le son spatialisé... Pouvez-vous nous parler des caractéristiques des deux dispositifs ?
Prenons alors l'idée de départ de *Sur les bancs*, qui était de créer une illusion de présence sur le banc, en écoutant en son 3D les personnages autour de soi. Nous souhaitions superposer au réel une couche narrative de fiction sonore ; et les deux se mêlent. C'est ce mélange que je voulais expérimenter. J'ai l'impression que ça marche bien, en tout cas techniquement. Au moment de développer *Sur les bancs*, je me suis rendu compte qu'il y avait une masse critique de gens qui possédaient un smartphone et un casque audio sur eux. Le son binaural était prêt à sortir des laboratoires. Tout était en place pour imaginer une « réalité augmentée sonore », dont chacun ou presque aurait les outils dans la poche. Maintenant, on pourrait aussi imaginer la manière dont la géographie du son pourrait devenir un élément de programmation : d'un parc à l'autre, d'un banc à l'autre, des histoires se répondraient, s'entremêleraient. Ce serait quelque chose que j'aimerais bien voir développer. Mais bon, maintenant il va falloir y ajouter des Pokémons[61] ! (rires)

Croyez-vous au développement et à la généralisation de ce type de proposition ?
Les hors-séries que je produisais sur France Culture, *Machins/Machines*, étaient réalisés en « son 3D », comme on dit à Radio France. Ils étaient plus musicaux et sonores que dans la diction et la voix. Cependant, je ne sais pas si tout a vocation à être « binauralisé ». Je n'en suis pas certain, il y a aussi de très belles choses en stéréo. Ce qui est sûr, c'est que ça se développe, dans la fiction notamment. Si c'est fluide, on ne s'en rendra pas forcément compte consciemment ; il y aura des éléments binauraux intégrés dans différents contenus. J'aimerais expérimenter une émission de plateau en binaural, en plaçant les intervenants à certaines places spécifiques. Je

---

[61] Référence à l'incontournable jeu dans l'espace public, *Pokémon Go*, sorti à l'été 2016. Aux Etats-Unis, l'application a cumulé en quelques semaines plus de 30 millions d'utilisateurs actifs, et 100 millions de téléchargements dans le monde. Le phénomène connut également un grand succès en France.

crois que l'on n'a pas pris totalement conscience du fait que le binaural est une révolution de l'écriture et de la grammaire radiophonique. On met l'auditeur au centre de l'écoute. Comme avec l'image et la réalité virtuelle, à ceci près qu'avec le son on peut voir ses mains, ses pieds !

Quelle est l'attitude des diffuseurs aujourd'hui ? Sont-ils aussi interventionnistes dans l'éditorial que pour des projets audiovisuels ? Poussent-ils l'audace plus loin que les auteurs l'imaginent ?
Je n'ai jamais produit d'images de manière professionnelle. En produisant un documentaire pour France Culture ou ARTE Radio, les échanges avec les décideurs sont plus simples, plus rapides, plus directs. Il n'y a pas l'équivalent des allers et retours entre producteurs et diffuseurs que l'on connaît à la télévision, et qui sont parfois fastidieux. Il y a beaucoup moins d'argent à la radio mais aussi beaucoup plus de liberté. Cela a un prix : il est de plus en plus compliqué d'être un auteur radio aujourd'hui. Autant il y a un certain nombre de portes auxquelles aller frapper pour des projets visuels ; autant en radio, c'est très restreint.

Quel rôle joue un festival comme *Longueur d'ondes* dans le documentaire sonore ? La communauté des faiseurs de ce genre semble plus amateure, moins professionnalisée que celle de l'audiovisuel...
Mmh... Il y a pas mal d'auteurs tout à fait professionnels en radio quand même ! Ce qui est vrai, c'est que dans la grande population des amateurs (au sens noble) de la radio et du son, il y a une partie importante de « praticiens du son », plus ou moins réguliers.

Longueur d'ondes à Brest, chaque année vers fin janvier ou début février, est un rendez-vous devenu traditionnel, un moment rare de rencontres avec des auditeurs passionnés. Le festival va au-delà du documentaire mais lui réserve une place centrale. Et c'est un moment important de rencontres entre professionnels également. C'est un mélange très agréable de gens assez différents les uns des autres. C'est ouvert, il y a des auditeurs qui prennent leur voiture et font parfois 200 kilomètres pour assister à des émissions en direct, et en même temps il y a un public actif, voire activiste de la radio, qui est parfois proche d'un esprit « *Do It Yourself* » (*DIY*) qu'on retrouve dans d'autres lieux. Le son et le *DIY*, ça va bien ensemble : léger, combinable, nomade, partageable...

Existe-t-il des aides spécifiques aux nouveaux médias sonores ?
Nous nous sommes heurtés à cette question avec *Sur les bancs*. Alors même que nous étions produits par Gedeon Programmes, qui est une structure de production audiovisuelle, nous n'avons pas pu demander d'aide au CNC parce que le programme n'intégrait pas d'images animées. On a tout de même obtenu l'aide du DICRéAM. La SACD nous a aussi aidés car nous proposons de la fiction et France Culture a apporté en industrie la production de 10 épisodes qui ont été diffusés sur l'antenne. Pour le moment, je crois que chaque projet doit trouver sa propre structure d'aides ; il n'y a pas, à ma connaissance, de guichet spécifique « nouveaux médias sonores ».

Comment mesure-t-on le succès d'un documentaire radio ? Quels sont les critères d'audience pertinents ?
Je me méfie de la mesure d'audience sur le web. Mais quand les chiffres sont bons, comme à Radio Nova, on aurait tort de se priver de communiquer ! Ce qui est plus intéressant, c'est l'évolution, la tendance. Et il y a de plus en plus d'auditeurs.
Mais on n'est pas dans les quantités astronomiques qu'on trouve avec l'image, même en ligne, les *deals* à millions d'euros des YouTubeurs... Le son + le web, c'est typiquement un écosystème qui correspond à ce nouvel axiome : « *small is powerful* »[62]. Le petit « boom » du podcast indépendant qu'on connaît en France depuis quelques mois est une application de cet axiome.

---

[62] « Ce qui est petit est puissant »

Cela signifie aussi que nous sommes dans un domaine où aujourd'hui tout est prototype, où le format est volontiers adaptable et souple. Où la question de la norme de production est moins stricte. Pour autant, *Longueur d'ondes* fait salle pleine, les projets affluent chaque année à la bourse Brouillon d'un rêve sonore de la SCAM, et il y a des auditeurs nombreux. L'ébullition est totale depuis 15 ans, et elle se relance régulièrement. Tant mieux !

Le nouveau podcast :
état des lieux, enjeux et perspectives

Par Fanny Belvisi

> Les podcasts et leur succès grandissant consacrent aujourd'hui l'émergence de l'« audio digital »... Mais ils ne sont pas sans poser questions. Quelles écritures ? Quels modes de production ? Quelles audiences ? Quels financements ? Autant de problématiques brassées lors d'une journée de discussion qui s'est tenue fin juin 2016 à Paris.

Ils étaient tous là ce mardi. Tous, ou en tout cas une grande partie des mordus du son et plus précisément des adeptes du podcast s'étaient donné le mot pour se retrouver pendant une après-midi au Tank, à Paris[63]. Objectif ? Dresser un panorama tous azimuts des enjeux traversant le monde de ce « nouveau » podcast.

« Nouveau podcast » ou même « néo-podcast », tel que définit durant ces cinq riches heures, tout simplement parce que le podcast tel qu'il est apparu en 2009, chez Radio France notamment, connaît aujourd'hui une profonde et flamboyante évolution. De simple radio de rattrapage utilisée par les auditeurs pour écouter ou réécouter une émission diffusée sur une chaîne de radio hertzienne, le podcast est devenu « natif », objet de création, terrain d'expérimentations pour les auteurs et gage d'une liberté immense à inventer et à explorer. Renvoyer dos à dos, « podcast de rattrapage » et « podcast natif » s'avère néanmoins parfaitement stérile, l'un et l'autre faisant l'objet d'un engouement sans précédent.

---

[63] « Le nouveau podcast », une après-midi de rencontres organisée le 28 juin 2016 par les professionnels du podcast avec le GESTE et en partenariat avec Deezer.

Certes, ce renouveau n'est pas arrivé seul. Le développement d'internet à haut débit, l'apparition et la diffusion du smartphone, la création par Apple d'une application sur iTunes dédiée aux podcasts : autant de mutations technologiques qui ont donné sa chance à cette nouvelle pratique et à ce nouvel usage du son.

Plus totalement « marché de niche », pas encore « *mainstream* »

Les Français sont de plus en plus nombreux à télécharger des podcasts. Rien que chez Radio France, qui représente tout de même 45 % du marché hexagonal, on note une augmentation de 46 % du nombre de podcasts téléchargés entre 2015 et 2016. Plus globalement, en 5 ans, ce nombre est passé de 8 à 33 millions de téléchargements, auquel il faut ajouter 18 millions de déclenchements du *player* et 20 millions de vues pour la radio filmée. Ces chiffres de mai 2016 sont supplantés à chaque nouveau décompte ; ils ont atteint 55 millions de téléchargements pour l'ensemble des podcasts de Radio France en octobre 2017. « *C'est enfin le tour de l'audio en ligne et des podcasts !* », affirme Joël Ronez, le fondateur de Binge Audio. Longtemps relégué au second plan car jugé moins intéressant que l'image et la vidéo, le son, sous sa forme podcast en tout cas, semble bel et bien gagner ses lettres de noblesse.

Il faut aussi tout de suite dire que beaucoup reste à imaginer à l'intérieur de ce marché émergent, tant du point de vue des modèles économiques à mettre en place pour monétiser le secteur de manière viable, que d'un point de vue auctorial et des nouvelles formes de narration que ce format rend possible. Et sur ces deux points, la France accuse un retard certain face aux États-Unis, qui ont compris bien avant elle l'impact potentiel des podcasts. Le succès sans précédent de *Serial*, une enquête radio diffusée à l'automne 2014 aux Etats-Unis et téléchargée plus de 80 millions de fois, était annonciateur de cette révolution en marche.

Même ARTE Radio qui, dès sa naissance en 2002 au sein du groupe ARTE France, avait pourtant déjà fait le pari très audacieux de proposer une radio entièrement numérique – de la prise de son à la diffusion, avec l'intégralité de son contenu accessible en ligne et téléchargeable par les auditeurs – ne peut faire l'économie de repenser son positionnement.

« *Lorsque nous sommes arrivés il y a une quinzaine d'années, nous étions la première radio numérique mais aussi la première à faire de la création radio. C'est-à-dire que notre matrice intellectuelle s'inscrivait dans une certaine forme de tradition radiophonique où les commentaires, la voix-off et la musique étaient absolument prohibés au sein des documentaires. C'est ce qui explique en partie l'avance et le retard que nous avons pris par rapport aux podcasts d'aujourd'hui. D'un côté, nous étions déjà dans le numérique avec une totale liberté sur les formats que nous mettions en ligne, mais de l'autre nous avions ces contraintes, ce dogme : pas de narrateur et pas de musique. C'était une erreur, car tout ce que je pensais être des atouts devient en fait, à l'heure du néo-podcast, des handicaps.* », explique Sylvain Gire, le responsable éditorial d'ARTE Radio. « *Par exemple, chez ARTE Radio, nous ne mettons en avant que des auteurs et des projets singuliers. Il n'y a pas de séries : une personne vient faire un documentaire et après c'est fini. Nous avons aboli le principe du rendez-vous et donc de la demande, ce qui est antinomique avec le podcast tel qu'il est fait maintenant. Nous avons réussi à faire émerger des auteurs, mais nous n'avons pas fait émerger l'idée de l'abonnement qui est à présent nécessaire.* »

Dès lors, comment repenser sa ligne éditoriale pour s'adapter le mieux possible au virage de ces nouveaux podcasts et satisfaire les attentes d'un public, sans pour autant changer radicalement son éthique du documentaire radiophonique ? ARTE Radio retournerait-elle vers l'idée d'une programmation qu'elle avait abolie à sa création ? « *Je réfléchis à des formats plus récurrents ainsi qu'à cette question de l'interpellation, de l'adresse. L'idée qu'un documentaire radio puisse être sans commentaire et sans narrateur, je trouvais cela fantastique. Mais je me rends compte que cette dimension d'accompagnement de l'auditeur manque sur ARTE Radio et qu'il est important de ne pas le désarçonner en le plongeant* in media res *dans une situation.* », reprend Sylvain Gire.

Conversation entre subjectivités

Mais alors en quoi ce nouveau podcast est-il si révolutionnaire ? Pour Lâm Hua, animateur et cofondateur de *Studio 404*, celui-ci n'a rien de finalement si nouveau. Au contraire. « *Les podcasts reprennent à 90 % les codes de la radio classique, mais en y injectant de la culture internet, c'est-à-dire une primauté du subjectif sur l'objectif, et le fait que les gens partagent. Quand on écoute un podcast aujourd'hui, il s'agit la plupart du temps d'un* talk-show*, d'une personne traitant d'un sujet. Les formats ne sont donc pas si différents de ceux de la radio hertzienne. Par contre, les podcasts ont une fraîcheur, un amateurisme qui a un impact considérable sur les gens. Les auditeurs ne cherchent plus forcément à écouter des dossiers parfaits. Les podcasts permettent une plus grande liberté de parole que n'offrent pas les médias traditionnels, une parole qui est de l'ordre de la conversation.* »

Comme les blogs l'avaient déjà fait quelques années auparavant, ce néo-podcast modifierait ainsi le rapport des auditeurs à l'information, transformant un mouvement ascensionnel, vertical, c'est-à-dire d'une institution à une subjectivité, en un mouvement horizontal, c'est-à-dire d'une subjectivité s'adressant à une autre subjectivité. Avec ces nouveaux podcasts, le sujet compte finalement presque moins que la manière dont le récit va être pris en charge et raconté par une personne bien précise. Pour Charlotte Pudlowski, rédactrice en chef adjointe chez *Slate*[64] : « *Les podcasts qui marchent sont ceux où l'auditeur sait qu'il va*

---

[64] Charlotte Pudlowski a fondé le studio de podcasts narratifs Louie Media avec Mélissa Bounoua début 2018.

retrouver son pote, qu'il lui fait confiance, qu'il aime la manière dont il lui raconte des histoires. Et même si le sujet ne l'attire pas, il sait qu'il va aimer comment, lui, va lui en parler. »

L'affirmation d'un « je » dans les podcasts prend donc une place prépondérante, et ce d'autant plus pour ceux relevant d'une approche documentaire. Caroline Gilet et Aurélie Charon racontent comment, avec leurs projets de séries radio *Alger, nouvelle génération*, *I Like Europe* et *Welcome Nouveau Monde* (diffusées sur France Inter), elles ont réussi à faire entendre leurs propres voix en même temps que celles des personnes qu'elles partent interroger. « *La voix est très présente dans nos documentaires, on parle beaucoup ! Nous voulions nous laisser assez libres. Mais c'est une écriture collective aussi, puisqu'il s'agissait de tisser le récit avec toutes les voix que nous avons rencontrées. Aussi, nous ne voulions pas cacher les coulisses des interviews, avec tout ce qui serait jugé comme des défauts. Ils racontent des choses sur qui on est. Même si ces moments peuvent paraître inutiles, ils donnent de la chair à nos documentaires. Nous nous sommes battues pour qu'ils ne soient pas coupés au montage !* », commente Aurélie.

Forte présence des narratrices dans leur récit, volonté délibérée de laisser les imperfections de la prise de son, choix d'un format de série : autant d'éléments qui prouvent que même les chaînes hertziennes qui pratiquent davantage un podcast dit « de rattrapage » sont elles aussi de plus en plus poreuses à cette nouvelle esthétique du podcast dit « de création ».

Et pourtant, ici encore, la France doit cheminer si elle veut parvenir à implanter aussi durablement les podcasts que les États-Unis. Assumer une subjectivité, porter une parole singulière sans *a priori*, c'est-à-dire en lui accordant autant de valeur que celle délivrée par l'institution, est encore loin d'être une évidence dans l'Hexagone. « *Les Américains arrivent à nous faire écouter tout et n'importe quoi, c'est fascinant. Ils ont une manière de nous prendre par la voix, par la main, que nous n'avons pas encore complètement trouvée en France. En même temps, les Américains ont aussi un rapport différent à la parole, totalement décomplexé.* » explique Charlotte Pudlowski.

Il nous resterait donc encore à comprendre comment on tend un micro en Français. Mais ce n'est pas tout. Tout en déplorant le formatage américain des podcasts qui annihile la dimension poétique de la radio, Sylvain Gire constate que nous avons également beaucoup à apprendre de leur efficacité narrative. Un savant équilibre, manifestement, que celui de parvenir à prendre le meilleur de la pratique du podcast « *made in U.S.A.* » tout en la mariant avec notre tradition et notre savoir-faire singulier du documentaire. « *Il faut réussir à varier les écritures, c'est ça qui est intéressant.* », reprend-il.

C'est dans cet exercice de style difficile que s'est lancé récemment *Slate*, en proposant deux émissions *Titiou, Nadia et les sales gosses*, sur la parentalité et *Transfert*, racontant des histoires de voisins, d'amour, de famille, de révélations... Le premier épisode de *Transfert* parle par exemple de voisinage et de voyeurisme au travers du récit d'Hugo. « *Il faut des histoires passionnantes, qu'on n'aie pas envie de décrocher, et qui posent des questions sur notre société d'aujourd'hui. On s'inspire de la littérature, du cinéma pour construire un scénario qui soit haletant, exactement comme de la fiction.* », affirme Charlotte Pudlowski.

Le néo-podcast semble donc osciller entre une pratique allant du récit hyper « *storytellé* » à l'émission en *live*, improvisée, voire participative. *Badass*, proposée pendant un temps par Binge audio et animée par Pia Jacqmart, était ainsi entièrement dédiée aux femmes et visait à critiquer la représentation féminine dans la culture pop. Elle était volontairement réalisée avec des chroniqueuses non formatées par une culture du journalisme qui, de ce fait, peuvent offrir une voix avec laquelle les auditeurs vont se sentir plus proches. Le public de l'émission pouvait s'emparer des sujets, en nourrir la programmation et dialoguer avec les chroniqueuses.

De son côté, Thomas Hercouët réalise sur YouTube *La Nuit originale* une émission *live* de 18h, qu'il redécoupe dans un second temps heure par heure, en podcasts, diffusés sur tous les canaux de diffusion possibles. Quant à l'émission *Studio 404*, elle invite la communauté des auditeurs à envoyer des textes, à les préparer et à les lire. « *Nous voulons produire des choses qui ne soient pas juste de la réaction par rapport à un sujet, mais qui implique notre communauté.* », raconte Lâm Hua.

Et la radio se transforme...

Tous inventent donc leurs propres formes et explorent de nouveaux champs. « *Nous avons le devoir d'expérimenter !* », affirme Thomas Hercouët. Les néo-podcasts consacrent finalement le triomphe de « l'amateur » sur le « professionnel », au sens noble du terme, tel que le définit le philosophe Bernard Stiegler.

Ces amateurs/auteurs de podcasts s'emploient à créer des objets qui ne peuvent pas trouver leur place dans les médias classiques. Paradoxe d'une situation où *Studio 404* est par exemple une émission née pour préparer un pilote de radio pour France Inter, c'est-à-dire « *une émission qui a été pensée pour la radio, qui reprend les codes de la radio, mais qui n'est plus possible à la radio.* », reprend Lâm Hua.

Pourtant, si les radios hertziennes ne peuvent ou ne souhaitent pas suivre la créativité débordante que permettent les podcasts indépendants, elles ne sont pas non plus à la traîne pour diversifier et renouveler leurs offres. La radio de rattrapage devient elle aussi de plus en plus personnalisée en fonction du profil de l'auditeur. Radio France fait par ailleurs un travail conséquent pour éditorialiser le mieux et le plus possible de podcasts, proposant ainsi à son public une grande diversité de formats à (ré)écouter, allant du court au long. Ces longues écoutes comprises entre 45 et 50 minutes sont largement sollicitées par les auditeurs et impliquent pour Radio France de laisser ces contenus en ligne pour une durée suffisante. Plus difficile encore, le groupe public se doit d'être à même d'organiser cette masse de contenus disponibles de manière cohérente, en créant des collections à partir d'un ensemble de podcasts abordant des thématiques ou des sujets similaires.

Les podcasts constituent donc un enjeu décisif pour la radio française pour les années à venir. Consolider cette offre et atteindre un niveau d'éditorialisation supérieur, mais pas seulement. Se préparer aux nouveaux outils qui diffuseront demain les podcasts, comme la voiture connectée, sur laquelle les constructeurs automobiles travaillent d'arrache-pied, ou même encore travailler sur des niveaux de recommandations qui proposent à l'utilisateur des contenus sans même qu'il ait à les chercher, telles sont les problématiques auxquelles Radio France doit se préparer, si elle veut rester dans la course. *In fine*, l'ambition est bel et bien de transformer par exemple le site de France Culture en « Netflix des savoirs », explique Matthieu Beauval, directeur adjoint du numérique chez Radio France.

Même Deezer s'est lancé dans l'aventure depuis le mois de juin 2016. « *Aujourd'hui, nous avons un réel enjeu de diversification et d'élargissement de l'offre. Nous sommes en train de construire un projet qui va au-delà de la musique pure, et qui ressemblerait à une vraie plateforme audio, avec des podcasts et des livres audio notamment. Nous sommes convaincus que la nouvelle scène du podcast a une vraie valeur et nous avons envie de créer et de participer à cette révolution de l'audio.* » affirme Frédéric Antelme, chef des contenus chez Deezer France.

En quête d'un marché

Les podcasts ont donc clairement le vent en poupe. Reste encore à réfléchir sur la ou les manières de structurer financièrement ce marché émergent, dont l'économie demeure encore souvent très précaire. L'autonomie des auteurs de podcasts par rapport aux diffuseurs traditionnels, qui a été rendue possible grâce des plateformes web comme YouTube par exemple, ou bien même par rapport aux annonceurs, grâce à un système de financement participatif comme Patreon par exemple, a elle aussi un prix.

Vivre de la création de podcasts reste encore très difficile pour le moment. Chez *Slate*, le coût de production d'un podcast varie entre 2.500 et 3.000 euros ; l'auteur y est payé 1.000 euros, ce qui est faible par rapport au travail requis pour la création d'un podcast, mais ce tarif serait presque satisfaisant si on le compare à l'économie globale du secteur...

Différents modèles économiques sont néanmoins en train de se mettre en place et devraient aider à transformer les podcasts en un véritable marché. Une fois encore, le modèle américain est une réelle locomotive en termes de monétisation des podcasts. Parmi les modes de financement les plus identifiés, on compte bien évidemment la publicité avec des annonces en début, milieu ou fin de podcast, le *sponsoring* que pratique déjà *Slate* par exemple, la souscription et le financement participatif sous forme de *crowdfunding*, de dons ou d'échange de *merchandising*, mais aussi la vente du podcast lui-même (l'utilisateur achète son accès au contenu), ou la vente d'une licence d'exploitation lorsque le podcast est fabriqué par un auteur mais exploité par d'autres personnes.

Les producteurs de podcasts sont bien souvent amenés à combiner plusieurs de ces sources de financement pour parvenir à être économiquement viable. C'est le cas par exemple de Carole Cheysson, productrice et co-fondatrice de *Bloom prod*, une radio proposant du contenu à destination des enfants, qui navigue entre la vente de licences d'exploitation, la production de contenus spécifiques pour des marques désirant communiquer auprès des enfants, et des opérations spéciales où les marques offrent leurs contenus sous forme d'applications mobiles et paient à *Bloom* chaque téléchargement.

Du côté de *Studio 404*, Lâm Hua entend multiplier et diversifier les sources de revenus. Pas question de rendre les podcasts payants, mais il s'agit de gagner de l'argent par l'événementiel, en organisant des soirées avec les membres de la communauté notamment, mais aussi par les produits dérivés et par un travail avec des marques.

La bonne nouvelle, c'est que si les annonceurs avaient encore du mal il y a quelques années à comprendre l'émergence du média et sa plus-value, *versus* la radio hertzienne, l'audio digital est enfin installé.

Pourtant, pour transformer le secteur du podcast en réel marché, il reste encore des outils à mettre en place. Il n'existe ainsi à ce jour pas de véritable moyen pour mesurer l'audience de ce secteur de l'audio. A la différence de l'audience web ou du *streaming* vidéo, il n'y a en effet pas d'instrument de mesure solide et partagé pour les podcasts. Or, sans baromètre de mesure commun aux régies publicitaires, aux producteurs, aux diffuseurs, aux plateformes, aux radios et aux éditeurs, il est impossible de faire des podcasts un business puisque les annonceurs veulent avoir une idée juste de l'audience avant de s'engager financièrement. Et sans flux monétaire, enclencher une réelle production dans laquelle les auteurs sont enfin payés à leur juste mesure, semble improbable.

Plus globalement, le secteur de l'audio digital doit faire l'objet d'une connaissance plus approfondie de l'ensemble de son écosystème. C'est à cette fin que s'emploie la Commission « Musique et Radio » du Geste[65] avec la sortie en septembre 2016 de la deuxième version du Livre Blanc *La radio 2.0* visant notamment à exercer un *lobbying* auprès des instituts d'études pour faire évoluer les mesures, savoir combien de personnes écoutent de l'audio digital et s'intéressent au podcast, mais aussi essayer de dresser un

---

[65] Le GESTE fédère les principaux professionnels éditeurs en ligne, tout horizons confondus : médias, plateformes de musique, petites annonces, services mobiles et vocaux... Tous convergent vers la mise en place d'un écosystème pérenne et équitable.

profil des auditeurs, offrir une typologie des acteurs du secteur et donner, *in fine*, certaines opportunités de monétisation.

La transformation des podcasts en un marché réellement lucratif pose toutefois la question de la pérennité de leur liberté de tons et de formes. A partir du moment où ceux-ci seront soumis à une certaine pression financière, n'existera t-il pas alors un risque d'une ingérence du payeur sur le contenu même des podcasts ?

Cela étant, plus les podcasts généreront de flux monétaires, plus les offres et donc la concurrence devraient augmenter. Et plus il y aura d'offres, plus il y aura aussi de plateformes et de sites pour les distribuer, ce qui devrait donc contribuer largement à l'épanouissement du secteur. « *Je ne crois pas à la concurrence entre les podcasts : plus il y a de podcasts, plus on en écoute. C'est notre devoir de faire du trafic !* », explique Charlotte Pudlowski. Il y aurait donc de la place pour tout le monde, et c'est tant mieux. Gageons alors que ce néo-podcast a un bel avenir devant lui.

« De guerre en fils » : quand le documentaire radio joue avec la fiction

Par Nicolas Bole

La petite histoire et la grande : le procédé narratif est connu, et voici pourtant que François Pérache réactualise cette vieille dialectique avec une inventivité rare et une sincérité touchante dans *De guerre en fils*, produit et diffusé par ARTE Radio. Dans la grande Histoire qui conduit la France de la guerre d'Algérie aux attentats de novembre 2015, l'auteur insère le destin de son grand-père, flic parisien tué 15 jours avant la répression de la manifestation des Algériens du 17 octobre 1961. Et bien sûr son propre regard, mâtiné de conversations imaginaires et de vraies discussions, en chemin vers la découverte de l'identité complexe de son grand-père. Foisonnant, inspiré et *in fine* addictif, ce feuilleton documentaire (fiction documentée ?) aux allures de patchwork prouve encore que matériau sonore rime avec audace narrative... L'ensemble tient sur six épisodes d'une douzaine de minutes chacun.

Si depuis 15 ans ARTE Radio gratifie ses auditeurs d'œuvres sonores d'une grande diversité, il manque parfois dans la riche sonothèque du diffuseur public de ces feuilletons haletants qui, à la manière d'une série, vous transforment en *binge-listeners* (qui, sur le modèle des *binge-watchers* de séries télévisées, avaleraient les six épisodes d'un coup plutôt qu'en plusieurs fois...). Avec *De guerre en fils,* l'équipe de Silvain Gire a frappé fort en déployant un récit dense mêlant habilement passé et présent, fiction et documentaire, tout en usant d'une liberté d'écriture que seul le documentaire radio semble pouvoir s'autoriser.

François Pérache a miraculeusement survécu aux attentats du 13 novembre 2015 à Paris : le dîner en tête-à-tête avec une de ses amies en terrasse du *Petit Cambodge* n'avait pas eu lieu, la « faute » à une troisième personne qui s'était greffée au repas au dernier moment. D'un drame à l'autre, pour François Pérache le passé a resurgi dans son esprit embué par les images traumatisantes d'une France sous état d'urgence. Ce retour du passé familial, qui croise la route de l'Histoire de France, s'accompagne cette fois de la nécessité impérieuse de s'y confronter. « Cette fois », car voilà 10 ans que François, le petit-fils comédien, se demande pourquoi et comment son grand-père flic, Georges Pérache, a été assassiné le 2 octobre 1961 par trois miliciens du FLN. Une mort qui justifiera le couvre-feu imposé aux FMA (pour Français Musulmans d'Algérie) par le préfet de police de l'époque, Maurice Papon. Quinze jours après la mort de Georges Pérache, ce même Papon ordonnera à la police de réprimer la manifestation pacifique des Algériens sur les quais de Seine. « Répression sanglante » (selon les termes consacrés) ou « crime d'État » (pour ceux qui souhaitent que l'État reconnaisse sa responsabilité), ce sombre moment de l'Histoire entre en écho avec les attentats perpétrés dans la France du XXIème siècle. C'est toute l'intelligence de *De guerre en fils* que de donner corps, avec les moyens du récit, à cet aller et retour entre les blessures du passé et ses conséquences, rarement vécues 50 ans plus tard pour ce qu'elles ont tout l'air d'être : les répliques sismiques d'un tremblement de terre.

Posture hautement politique donc, que ce lien indéfectible tressé entre ce qu'on a appelé pudiquement « les événements » du début des années 60 et les temps troublés de la France contemporaine, avec une parole toujours plus décomplexée sur les « ennemis de l'intérieur » ou la « cinquième colonne ». Mais le feuilleton de François Pérache évite avec brio un quelconque discours lénifiant sur le sujet : à peine effleure-t-il ce thème qui parcourt les six épisodes, qu'il transforme cette impossibilité à traiter des séquelles du passé en traits d'humour. Ainsi, lorsque les noms de militants algériens accusés à tort d'avoir tué son grand-père sont égrenés en arrière-fond sonore, François Pérache imagine le discours gauche et confus qu'il tiendrait à l'un de ces militants, s'il frappait à sa porte aujourd'hui. Loin d'une « repentance » chère aux esprits ultra-droitiers, la gêne qu'éprouverait le petit-fils à « *s'excuser pour le dérangement* » devient une virgule burlesque en même temps qu'un matériau réflexif d'une Histoire plus que jamais à interroger, à l'heure où le « concept » d'identité nationale fait fureur chez les « déclinologues ».

Pour comprendre si son grand-père était « un héros ou un salaud », François Pérache s'arme d'une émouvante sincérité et d'une virtuosité dans le mélange des sources sonores qu'il utilise. Qui était mon grand-père ? Quels moyens ai-je de le connaître d'après ce que l'on m'en dit ? Ce questionnement auquel tout le monde peut s'identifier est la matrice de ces 90 minutes de feuilleton. L'auteur n'hésite pas à exposer ses doutes et à rendre audible le dialogue qu'il entretient avec sa petite voix intérieure. Mais loin de l'auto-analyse, son récit est construit comme un système de poupées russes qui font se côtoyer un faux enquêteur joué par le vrai Patrick Pesnot, mythique voix de l'émission de France Inter *Rendez-vous avec X*, un vrai Abbé Pierre, un faux Maurice Papon, de vrais témoignages d'Algériens préparant la manifestation du 17 octobre 1961, une fausse mère fan de Patrick Pesnot, un vrai père interviewé par François Pérache il y a 10 ans évoquant son propre père, Georges... Avec cette incroyable diversité de régimes d'expression, François Pérache progresse dans son enquête avec un art consommé du suspense et une propension à la légèreté, pour un sujet qui en est pourtant *a priori* dépourvu.

En prenant des libertés avec les formes traditionnelles du documentaire et de la fiction, il construit aussi l'identité complexe de son aïeul, à la fois tué parce que probablement tortionnaire pendant la guerre d'Algérie et résistant actif pendant la Seconde Guerre mondiale. C'est d'ailleurs lorsque François Pérache place, comme un élément de preuve irréfutable et un émouvant morceau de bravoure, l'interview réalisée quelques années plus tôt avec l'Abbé Pierre en personne, que *De guerre en fils* prend une épaisseur romanesque. Il y a, dans cet art kaléidoscopique du portrait, nourri par la ténacité du réalisateur à parvenir à ses fins, quelque chose des récits d'Emmanuel Carrère (notamment *Limonov*) : la fiction sert la réalité qui devient déjà un peu terrain de roman...

D'autres séquences viennent opérer une forme de décadrage par rapport à la narration « classique » : ainsi lorsque François Pérache souhaite réaliser un entretien avec Sylvie Thénault, une de ses professeurs aujourd'hui spécialiste de la guerre d'Algérie, il lui explique au téléphone qu'il faudra trouver une mise en scène pour que cette interview trouve sa place dans le feuilleton. En enregistrant cette conservation et en la plaçant au cœur de sa narration, Pérache inscrit le hors-champ dans le récit et brise les codes convenus de l'expertise : non seulement la manœuvre est facétieuse mais l'universitaire, par ailleurs passionnante sur son sujet de prédilection, y gagne en épaisseur narrative, devient personnage à part entière. Et en saisissant ainsi le lien qui les unit, nous assistons aussi à la touchante amitié qui existe entre eux, au-delà de l'avis d'expert de Sylvie Thénault sur la grande Histoire.

Fourmillant de micro-séquences (dont celle, frivole et hilarante, du rire des compagnes supposées de Georges Pérache), *De guerre en fils* montre ainsi que le réel ne se capte pas davantage qu'il ne se reconstitue comme une suite d'événements irréfutables (comme le ferait un docu-fiction). Réduit aux conjectures par 50 ans de distance avec son « terrain d'étude », François Pérache fait d'un dispositif habile de réinterprétations, d'imaginations et de témoignages réels, le récit de sa quête. Comme un symbole à la fois primesautier et nostalgique, la chanson *J'ai la mémoire qui flanche*, interprétée par Jeanne Moreau, indique que tout récit sur l'Histoire est le produit de celui qui le raconte, avec ses trous de mémoire et ses approximations... De ce point de vue assumé comme subjectif, on peut alors percevoir des échos : le plus emblématique d'entre eux étant que, sur la *timeline* de la grande Histoire, l'état d'urgence n'a existé durablement que sur deux périodes : la guerre d'Algérie et aujourd'hui. Et que face à ce fait qui n'a rien d'une coïncidence, notre mémoire ne doit pas, elle, flancher...

ARTE Radio :
le documentaire sonore selon Silvain Gire

Par Sacha Bollet et Cédric Mal (version revue en mai 2018)

> Cela fait plus de 15 ans que le patron d'ARTE Radio donne une autre dimension aux documentaires (et aux fictions !) sonores. Précurseur dans le domaine de la radio numérique, initiateur de formes de récit singulières, il a fait émerger des auteur(e)s, mis en ligne des histoires qui ont fait date.
> Poser son micro sur la table de diffuseur exigeant et ambitieux est la garantie d'en revenir avec de très bonnes vibrations...

ARTE Radio a quinze ans, et pas une ride. C'est finalement chez vous que sont nés en France ce que l'on appelle aujourd'hui « podcast »... Commençons pas une question impossible : quelles sont les œuvres dont vous êtes le plus fier ?
Je suis assez fier de nos 2.000 podcasts en ligne... Il y a peut-être quelques loupés, mais je crois que chaque écoute apporte quelque chose : une émotion, un sourire, un beau son, un point de vue inattendu, une écriture singulière... Comme on n'a pas de contraintes de production et une exigence assez forte, on n'est pas là pour ennuyer l'auditeur ou pour lui faire perdre son temps.

Quel est le profil de vos auditeurs justement ?
Ce sont souvent des auditrices. Comme ce sont des femmes qui réalisent la plupart les documentaires sonores d'ARTE Radio. La documentariste et féministe Fréderique Pressman dit avec humour que c'est normal pour un métier précaire et mal payé... Il y a des auditeurs de tous âges, mais désormais beaucoup de 20-35 ans. Nous sommes nés sur internet et nous touchons des gens nés en ligne. Ils se méfient des images, et

trouvent que sur des sujets intimes, le son permet de raconter beaucoup plus d'histoires. Le son est moins intrusif. Beaucoup de nos sujets traitent de l'intime, de la sexualité ou de l'identité. Le son permet de ne pas avoir un jugement péremptoire sur l'apparence de quelqu'un.

Les auteurs sont parfois des auditeurs qui soumettent un projet, pour raconter leur histoire ou celle d'un proche. Je réponds à tous ceux qui m'écrivent. Pour moi, c'est important cette perméabilité entre ceux qui écoutent ARTE Radio et ceux qui la font.

C'est rare par rapport aux autres radios... C'est un milieu plutôt compliqué à pénétrer avec des budgets et des places limités...
A mes débuts, je suis entré à France Culture de cette manière ! C'est sûr qu'il y a énormément de demandes et déjà beaucoup trop de projets en cours, donc pas mal de refus. Nous sommes une petite équipe, 5 salariés sur 3,5 postes. Et nous sommes assez exigeants ! De plus, chaque génération a tendance à proposer la même chose...

Par exemple ?
Les musiciens du métro, mais ça se fait un peu moins maintenant... Les voyages en Transsibérien, les origines de ma grand-mère, la transformation d'une personne trans, les apiculteurs philosophes, les gens de la nuit... Et puis toujours les sans-papiers et les handicapés...

Il y a une volonté de donner la parole à ceux qui ne l'ont pas dans le documentaire de création en général, et dans le documentaire radiophonique en particulier. La conséquence, c'est un afflux de projets sur les minorités, les migrants, les Roms, etc. Nous sommes toujours à la recherche du bon angle, de la bonne histoire, de la bonne façon de raconter. Je me méfie du « docu-tract » réalisé par des convaincus et qui n'intéresse même plus les convaincus... Il n'est pas question de ne plus faire de documentaires sur ces sujets, mais il faut inventer des dispositifs sonores plus pertinents que le simple portrait ou le « je vais suivre XX dans ses démarches... ».

Ce qui m'intéresse en général, c'est le dialogue entre une voix et un son. ARTE Radio est là pour revaloriser l'écriture documentaire et notamment le son, c'est-à-dire tout ce que la voix ne dit pas. C'est l'environnement de la personne, son réel, ce dans quoi elle vit. Nous demandons beaucoup d'ambiances et de sons seuls à nos réalisateurs. Quand ils vont interviewer une personne, il faut qu'on l'entende chanter, marcher, faire la vaisselle : qu'on l'entende dans sa vie.

Ce son, cette ambiance, ces silences, c'est aussi la place de l'auditeur. C'est lui laisser la possibilité de contredire, de savourer, de comprendre ce que raconte la voix. Dans le cas contraire, la radio devient un ruban qui ne s'arrête jamais, une voix qui parle et qui vous assène des vérités – comme je suis en train de le faire en ce moment !

Une autre caractéristique d'ARTE Radio, c'est que vous avez longtemps travaillé sans commentaire...
Ce qui m'intéresse dans la radio, c'est le côté direct, l'interpellation. Dans une radio hertzienne, la voix du passeur, du commentateur ou du journaliste est nécessaire parce qu'elle crée de la complicité, elle vous tient par la main. C'est ce qui vous permet d'aller faire pipi et de revenir en ayant l'impression de ne rien avoir raté. Avec le podcast, l'écoute procède d'un choix. C'est une posture d'écoute analogue à la lecture, intense, immersive. On clique ou on ne clique pas. Si on clique, dans la première minute on doit savoir qui sont les protagonistes, l'enjeu, et à peu près où on est. Je pense que cette génération très méfiante vis-à-vis des médias traditionnels trouve dans cette manière de s'exprimer un rapport plus sain, en tous cas plus direct.

Est-ce que la vogue des « nouveaux podcasts », des podcasts « natifs » qui misent davantage sur la personnalisation de l'adresse à l'auditeur, change la donne pour vous ?
On a toujours produit des documentaires à la première personne, avec des séries comme *Je découvre mon enfant* de Perrine Kervran ou le *Journal d'une jeune prof* de Delphine Saltel. C'est le commentaire du journaliste qui était interdit, pas la parole de l'auteur – surtout que celle-ci s'exprime aussi par le montage, etc. Maintenant il est vrai que nous produisons désormais beaucoup de récits personnels. C'est une tendance forte du récit contemporain, qu'on retrouve dans la BD autobiographique, l'autofiction littéraire, la non-fiction ou le journalisme gonzo... C'est aussi une adresse plus directe à l'auditeur. On lui tend la main, on le séduit, on l'étonne... Le podcast est une affaire d'adresse, de ton, de personnalité autant que d'écriture. Et il s'avère souvent plus difficile à réussir que le *« no comment »*.

Et au niveau des formats, vous ne vous imposez aucune règle ? Pas même celles en vigueur sur internet, selon lesquelles les visiteurs décrocheraient au bout de quelques minutes ?
Nous avons d'abord fait des choses très courtes. Nous sommes ensuite passés à des formats plus longs, et maintenant la tendance est de varier les formats, de 3 à 50 minutes ou plus. Dans le cadre du documentaire, je ne crois pas qu'il soit nécessaire de s'imposer quoi que ce soit. Ce qui est génial sur internet, c'est l'absence de format. 52 ou 26 minutes, ce sont des formats TV, ridicules et non adaptés au web. 52 minutes pour un documentaire radio, c'est un défi difficile à relever : peu d'auteurs en sont capables.

Notre webradio a été précurseure de ce qu'allait devenir la télévision, avec des documentaires et des épisodes sans format. Ça dure le temps que ça doit durer. Même sur de bons sujets documentaires, il y a souvent de quoi faire 25 ou 30 minutes et ça suffit, il faut s'arrêter là ! Vouloir atteindre les 52 minutes, cela signifie qu'on va délayer et rajouter artificiellement, des chansons notamment. Cela se fait beaucoup en radio, mais je trouve que c'est un constat d'échec. La musique a une telle capacité d'émotion qu'elle mange tout le récit autour ! Ce qui nous intéresse, c'est la musicalité des voix, des sons, des paysages... Sinon, on fait un documentaire sur les sans-papiers, on met *Clandestino* et tout le monde va se coucher, c'est insupportable.

Vous avez installé des « rendez-vous » récurrents avec vos auditeurs : ***Le mike et l'enclume, Le Tchip, Sex and Sounds,*** **etc. C'est devenu incontournable pour vous de penser aussi en termes de « série » ? Comme là aussi les « nouveaux podcasts » le proposent...**
Les plus grand succès d'ARTE Radio restent des documentaires unitaires (*Poudreuse dans la Meuse* de Mehdi Ahoudig, *La bouillabaisse infernale* de François Beaune) ou des séries documentaires (*Les Braqueurs* de Pascale Pascariello, *Crackopolis* de Jeanne Robet), mais on a décidé pour la saison 2017-2018 de proposer aussi des émissions régulières. C'est l'effet « rendez-vous » qui fidélise et permet là aussi de renouveler les écritures. L'émission féministe *Un podcast à soi* de Charlotte Bienaimé, qui mêle chaque mois récit personnel, documentaire, paroles d'expertes, lectures et musique originale, est un énorme succès.

Savez-vous si vos auditeurs écoutent vos propositions jusqu'au bout ?
Il faut prendre avec des pincettes les chiffres affichés par les divers sites et podcasts : Facebook considère qu'une vidéo est vue au bout de 10 secondes ! Comme on passe beaucoup de temps en écriture, montage et réalisation finale, on fait en sorte de ne pas ennuyer, et il s'avère que des documentaires très longs sont autant écoutés jusqu'au bout que des formes brèves.

En 15 ans, on imagine que votre « stratégie de distribution » a évolué. Comment faites-vous

aujourd'hui pour aller chercher de nouveaux auditeurs ?
La distribution, c'est le nerf de la guerre, en podcast comme pour le cinéma ou les livres. On y répond en étant présent sur le site, sur notre appli gratuite, sur iTunes, Deezer, Stitcher, SoundCloud, YouTube... On est très actifs sur Facebook et Twitter. La distribution et la communication sur tous ces réseaux captent beaucoup de notre temps, ce qui est assez répétitif. Il faut désormais accompagner chaque son d'une image originale, image qu'il faut recadrer en 45 formats, etc. Notre métier a bien changé...

Sortir du web, pour des événements publics dans la « vraie vie », c'est quelque chose qui vous semble important pour ARTE Radio ?
C'est fondamental. Les séances d'écoute publiques sont un tel succès qu'elles regonflent le moral de l'équipe, des auteures et du public[66]. Ecouter un documentaire sonore ensemble est une expérience magique, avec des rires et de la séduction. On sort de l'écoute solitaire du podcast pour vivre une expérience collective. Et c'est une porte d'entrée agréable et ludique vers une écriture documentaire qui reste parfois exigeante.

Comment peut-on faire pour que ça se démocratise davantage ? Parce que tout le monde possède aujourd'hui un support d'écoute mobile...
Les trois-quarts de mes amis disent toujours « reportage » au lieu de « documentaire »... En quarante ans, le mot n'est toujours pas passé dans le langage courant. Mais si le mot « création radio » fait fuir, le pot « podcast » a du succès, donc tout arrive... Des centaines de milliers d'écoutes sur ARTE Radio, c'est extraordinaire. Le documentaire demande du temps et de l'attention, deux choses bien difficiles à exiger aujourd'hui. On ne fait pas le poids face à une vidéo débile, mais on est bien plus écoutés qu'il y a 15 ans.

---

[66] Elles sont organisées tous les mois à Paris.

Le documentaire sonore, c'est donc forcément une mission portée par le service public ?
Quand nous avons commencé en 2002, les journalistes radio n'avaient même pas le droit de mettre du son dans leurs petits reportages. Maintenant, il y a parfois un peu d'ambiance en amorce, un chien qui aboie, un oiseau... On ré-entend du son. Et l'engouement des jeunes envers le podcast est palpable. Le matériel est plus accessible. Les jeunes gens ont tous des enregistreurs sur leur téléphone et des logiciels de montage gratuits. Tout le monde a des écouteurs dans les oreilles... Nous étions dans une petite niche que le mot « podcast » a fait exploser. Désormais, c'est légitime de parler radio, sons, reportage, durée, et une nouvelle génération s'empare de ces outils pour réinventer l'écriture sonore. Nous vivons un nouvel âge d'or de la radio et une formidable mutation du récit.

Bonus –
Comment se voir refuser un projet à ARTE Radio ?

Par Silvain Gire

Le responsable éditorial reçoit 3 à 5 propositions par jour, et tente de répondre à tout le monde. Depuis 2002 il a envoyé un nombre incalculable de mails venimeux, méchants et vindicatifs en réponse à des propositions de collaboration. Comment être sûr d'en recevoir à son tour ?

On ne le dira jamais assez : ARTE Radio compte trois salariés. Parfois ceux-là bidouillent des sons eux-mêmes, mais le plus souvent ils produisent des auteurs et pigistes venus de l'extérieur. Le chef reçoit 3 à 5 propositions par jour. Depuis 2002, il – bon, d'accord, je – s'efforce de répondre à tout le monde. La conséquence c'est que j'en oublie forcément, et ceux-là m'en veulent à mort, ou je réponds trop vite, et ceux-là m'en veulent à mort. Un effet pervers souvent noté des nouveaux modes de communication, c'est que la correspondance électronique bascule rapidement dans l'insulte ou le venin (ou chez moi dans la pornographie, mais c'est un autre problème). Il suffit de lire les commentaires et les forums pour perdre foi en l'humanité.

Si je suis si méchant, c'est à force de répéter des évidences à des gens qui ne se donnent pas la peine de lire, ou même d'écouter, ce que nous faisons. Je vais donc tâcher ici d'expliquer notre fonctionnement, nos attentes, nos modes de production, espérant ainsi me faire encore plus d'ennemis.

D'abord, ARTE Radio ne diffuse que ses productions.
On n'achète pas de son « tout fait », on produit des créations originales réalisées pour et avec nous. Désolé, mais désormais j'arrête d'écouter les CD, liens et *downloads* de 57 minutes

« pour avis ». Je n'ai plus le temps, et c'est trop rarement intéressant. En 10 ans et 3 cartons de CD reçus et commentés, peut-être 5 nous ont donné envie. Donc, SVP, n'envoyez plus de son. SAUF – il y a toujours un sauf, sinon ce serait trop simple – si l'on entend Jean-François Copé accepter de l'argent sale pour égorger une brebis albinos. En moins de 2 minutes, et qu'il articule bien son nom.

Ensuite, on ne veut pas de sujets.
On s'en fout des sujets. C'est bon pour les journalistes, ça, les sujets (voyez, ça commence). Si votre sujet peut faire la couve du *Nouvel Obs*, renoncez. Si ça peut faire un reportage télé, oubliez. Nous sommes à la recherche de projets pour la radio. Je m'explique avec un exemple au hasard : l'alcoolisme. C'est un sujet, donc on n'en veut pas.

Le bon projet serait : « *Mon copain est alcoolique. Il semble décidé à entamer un traitement. Jeudi il a rendez-vous à 11h chez un médecin addictologue pour la première fois. J'ai l'accord du médecin et de mon copain. Je connais le cabinet, y'a pas de clim' et pas de réverb' dans la pièce. Je peux placer deux micros mono sur le bureau, l'un pour le patient l'autre pour le doc. Moi-même et par souci de discrétion je serai dans un cagibi à l'écart, comme Fred Pressmann dans* Permanence *ou Jeanne Robet dans* La bande SM. *L'entretien doit durer une heure que j'espère réduire à 10 minutes.* » Un tel projet, pensé, clair, techniquement réalisable par un(e) débutant(e), a de grandes chances d'être accepté.

Les sujets qui suivent n'en ont aucune : Mon voyage en Transsibérien – Mon voyage en général – Le journal de bord du *making-of* des coulisses de mon voyage – Les musiciens du métro – Les catacombes – Les gens qui travaillent la nuit – Portrait sonore d'un objet – Un jeune artiste marocain entre tradition et modernité – Une association courageuse qui fait des marionnettes avec des taulards handicapés sans-papiers – Vous l'avez déjà fait en 2003 mais j'ai la flemme de chercher sur le site – Je connais très bien quelqu'un qui vous connaît, qui connaît la Présidente d'ARTE, qui connaît la vie – Je parle allemand et souhaite m'investir dans un projet de dimension européenne, etc. Je ne réponds plus à ce genre de courrier autrement que par un hurlement de bête blessée.

Parfois, le seul résumé garantira acceptation et félicité : Mon voisin est un loup-garou – Une copine a inventé la suçothérapie – Un dîner de filles qui parlent cul – Mon pote fabrique des poupées sexuelles – La chanteuse des gendarmes – Le mouton à vélo, parmi tant d'autres exemples en ligne sur notre site merveilleux.

En conclusion provisoire : Un projet pour ARTE Radio, c'est une narration, un personnage, une histoire, une dramaturgie, un dispositif sonore. Ne proposez pas de grand docu pour une première collaboration et pas de série non plus. Pensez court, simple et efficace. Le meilleur projet est peut-être en vous, ou pas loin. Car une fois votre projet accepté les ennuis commencent. (à suivre)

Sara Monimart et Chloé Assous-Plunian racontent « Les Braqueurs »

Les Braqueurs, c'est l'un des gros succès d'ARTE Radio en 2017. En trois mois, cette série documentaire avait comptabilisé plus de 120.000 lectures. Les histoires de ces trois anciens gangsters fascinent, et s'écoutent comme un bon polar. Du récit de leur enfance aux détails de leurs braquages jusqu'à leurs expériences de la prison, c'est un travail d'orfèvre signé Pascale Pascariello, qui a donc rencontré François, Miki et Tito. « *Ce qui m'importe, c'est de parvenir à provoquer la parole qu'on n'entend pas, celle de ceux qu'on a oubliés ou celle de ceux qui souhaitent se faire oublier. Donner la parole (...) permet de sortir des clichés.* »[67] La série a été réalisée par Sara Monimart, qui revient ici sur le processus créatif avec Chloé Assous-Plunian, également chargée de production à ARTE Radio[68]. La musique originale et le mix sont dus à Samuel Hirsch et Arnaud Forest, réalisateurs attitrés d'ARTE Radio.

Sara Monimart : « Réaliser une série audio comme un film »

Les Braqueurs est une série en 11 épisodes, qui retrace trois portraits d'anciens braqueurs. L'auteure, Pascale Pascariello, est une journaliste d'investigation qui a beaucoup

---

[67] Clément Baudet « *Provoquer la parole qu'on entend pas* », rencontre avec Pascale Pascariello, *Les carnets de Syntone*, été 2017.
[68] Propos tenus lors de la journée « Le Nouveau podcast » organisée le 22 juin 2017 à l'Antenne (Paris). L'événement a été organisé par Joël Ronez et Gabrielle Boéri-Charles pour Binge Audio.

travaillé pour Daniel Mermet et *Les Pieds sur terre* en radio. En amont de cette série, elle a mené un long travail d'investigation pour trouver d'anciens braqueurs qui auraient été prêts à témoigner de leur activité passée – ce qui n'est pas forcément facile. Il a fallu chercher, se documenter, recouper les informations, etc. pour ensuite cibler ceux qui correspondaient aux partis pris que nous nous étions donnés dès le départ ; c'est-à-dire que Pascale voulait interviewer des gens qui n'avaient pas tué et dont la fin d'activité était relativement récente. Elle a fini par rencontrer des anciens braqueurs avec qui elle a passé beaucoup de temps pour discuter, et présenter les enjeux de la série.

L'un des défis consistait à ne pas juger ou condamner ce qui avait été fait. Nous ne voulions pas non plus encenser, ou idéaliser ces parcours. L'idée était d'y revenir en détails, en partant de l'enfance pour aller vers les choix qu'ils avaient faits pour arriver dans ce milieu, revenir aussi sur les modes opératoires de manière précise, sur les années de prison et enfin sur l'analyse rétrospective qu'ils pouvaient avoir de leur destin.

Ce travail de mise en confiance a été long, et pas toujours évident. Parfois, des procédures judiciaires en cours faisaient que les personnes ne pouvaient pas témoigner. Pascale a finalement choisi trois anciens braqueurs, qu'il a fallu ensuite convaincre de venir en studio.

C'est un choix que nous avons effectué dès le départ car nous voulions que les voix soient captées de la façon la plus précise et la plus fine possible. Plus la voix est bien enregistrée, plus son timbre et sa tessiture seront bien rendus. Ces finesses comportent énormément d'informations, parfois même autant que le contenu des propos. Cela donne accès à la personnalité profonde, à une partie de l'intimité des braqueurs. Ce travail minutieux dans la prise de son était très important pour nous, car il permet une réelle adresse à l'auditeur. L'ensemble de ces détails procurent finalement une sensation de proximité avec le personnage.

Nous avons donc enregistré ces interviews dans le studio d'ARTE Radio, parfois pendant une seule après-midi, parfois en plusieurs sessions. D'autres braqueurs sont aussi venus, mais ça n'a pas fonctionné, pour différentes raisons. Nous avons finalisé trois interviews avec trois anciens braqueurs.

Nous sommes ensuite passés à l'étape du montage. Cette prise de son en studio nous a permis un travail très ciselé, et rapidement nous avons eu envie de construire une série, avec plusieurs épisodes pour chaque braqueur.

Le premier personnage, François, avait une manière très cinématographique de raconter sa vie, et c'est ce qui a un peu donné le ton du programme. Nous avons essayé de monter les épisodes à la manière d'une série TV, en cherchant à re-scénariser l'interview. Pour chaque épisode, il s'agissait par exemple de créer une amorce au début, qui permette de recontextualiser l'épisode. Chacun d'entre eux devait également fonctionner indépendamment des autres, mais l'ensemble devait être lié par des *cliffhangers* qui donnent envie de continuer. Chaque épisode a aussi été travaillé avec des moments de tension, d'action, mais aussi avec des moments plus réflexifs. L'idée était de parvenir à dresser progressivement le portrait intime de ces anciens braqueurs. Ce travail de montage n'a pas été une retranscription d'une interview de manière linéaire ; il y a eu de vrais choix pour retisser un fil narratif dans chaque épisode.

Cette série, il faut également la penser comme un travail collectif. Pascale et moi avons ensuite passé la main aux deux réalisateurs d'ARTE Radio, Arnaud Forest et Samuel Hirsch, qui ont travaillé sur l'habillage sonore, en créant notamment des musiques originales à chaque fois adaptées à l'univers d'un braqueur, avec des déclinaisons pour chaque épisode. Ils ont également habillé la série avec des ambiances, un peu de bruitages... L'idée consistait à rester assez « léger » parce que les propos et la narration étaient déjà très denses, et assez fascinants. Il s'agissait donc de composer un habillage qui ne fasse qu'accompagner les tensions et la scénarisation des épisodes.

Nous avons aussi décidé de décliner cette série en vidéo.

*

Chloé Assous-Plunian : « ARTE Radio fait des vidéos »

Nous avons décidé d'inaugurer ARTE Radio en vidéo avec *Les Braqueurs*. C'est un projet qui a vraiment mobilisé l'ensemble d'ARTE Radio – l'équipe salariée compte 5 personnes sur 3 postes et demi. Cette idée nous est venue d'Eleanor McDowall de Radio Atlas, un site qui propose des docus radio sous-titrés en anglais. Nous avions une traduction en anglais de la série *Crackopolis* (Jeanne Robet, 2014), qui raconte le parcours d'un usager de crack. Eleanor nous avait envoyé un fichier vidéo avec la traduction finement synchronisée aux propos du personnage. Nous avions trouvé cela très agréable de pouvoir « lire le son ». Nous avons donc décidé de le faire aussi en français : c'est un peu le principe du karaoké, mais en version documentaire ! Nous avons donc envoyé le script en français des *Braqueurs* à un monteur pour produire ces vidéos.

Cette production répond notamment à notre souci de diffuser plus largement les sons d'ARTE Radio. Nous concevons vraiment l'écoute et le podcast comme de la lecture. Ça demande la même disponibilité, la même concentration. Nous avions envie que ces podcasts soient aussi lus. Ils sont d'ailleurs écoutés dans les transports en commun, dans les salles d'attente... Ce sont des moments où nous sommes très disponibles.

Ce qui est intéressant ici, ce sont les retours des personnes qui disent ne pas adhérer aux podcasts, qui ont du mal à avoir cette concentration, et qui pour le coup se sont concentrés trois fois seize minutes grâce à ces vidéos. Elles nous ont donc permis de diffuser largement *Les Braqueurs* sur les réseaux sociaux. On nous avait conseillé de ne pas le faire, à part pour le *teaser*, parce qu'un épisode de seize minutes intégralement composé de texte sur une vidéo YouTube ou Facebook était une aberration pour certains consultants. Nous l'avons tout de même fait, et ça a plutôt bien marché. Cela demande toutefois un temps de travail que nous n'avions pas imaginé au départ. Il faut tout « scripter » et envoyer un texte prémonté, imaginé carton par carton. Surtout, le montage est très travaillé : l'opacité se réduit parfois sur certains mots, et le découpage exige un calque à chaque plan dans le logiciel de montage.

Nous allons toutefois continuer de produire de telles vidéos, peut-être sur des sujets plus courts qui permettront de faire des propositions un peu plus animées.

Ajoutons que les illustrations ont été réalisées par Thierry Chavant, et que la diffusion des *Braqueurs* s'est effectuée en partenariat avec *Slate*.

Genèse et développement du podcast
« Transfert »

Caroline Gillet est journaliste, sévit à la radio mais aussi sur scène. Habituée des ondes de France Inter, avec notamment les émissions *A ton âge* et *Babelophone,* elle fut l'une des premières à raconter des histoires singulières pour *Transfert* sur *Slate.* Ces podcasts sont désormais produits par Louie Media.

Je ne suis pas à l'initiative de *Transfert* ; j'y participe, mais c'est Charlotte Pudlowski qui a lancé ces podcasts. Elle appartient à cette génération qui a fait une partie de ses études aux Etats-Unis, qui écoute *This American Life*[69] depuis 10 ans, et qui a une excellente connaissance de tous les podcasts qui se produisent aux USA... Elle a eu envie d'importer en France ce qu'elle entendait là-bas. Elle est allée directement rencontrer les équipes d'Ira Glass[70] et, à son retour, on a commencé à en discuter sérieusement, dans son salon et autour d'un repas libanais, avec Baptiste Etchegaray et Lola Costantini. Le projet s'est un peu lancé comme ça.

Personnellement, j'aime beaucoup discuter avec elle, parce qu'au-delà de sa connaissance de *This American Life,* elle a beaucoup réfléchi à la question de la narration, à la manière de raconter des histoires en s'inspirant du « *storytelling* à l'américaine » pour donner envie d'écouter jusqu'au bout, en parlant à la première personne et en coupant les questions des journalistes. Au départ, il était par exemple question de nous

---

[69] *This American Life* est une émission de radio américaine qui existe depuis 1995. Elle mêle documentaire, journaliste d'investigation, récits intimes. C'est aujourd'hui le podcast le plus téléchargé en Amérique du Nord, toutes catégories confondues.
[70] Journaliste, producteur et animateur de radio, il a créé *This American life* en 1995.

impliquer dans la production d'un « chapô » pour les épisodes, mais elle a préféré s'en charger. Un choix radical a aussi été effectué sur les ambiances, qui sont absentes des podcasts de *Transfert*.

Ce qui est agréable aussi, c'est qu'il n'y a pas de limites de temps. On essaie de trouver pour chaque récit la durée optimale. La question s'est d'ailleurs posée de manière frontale pour l'épisode le plus long de *Transfert*, celui de l'histoire de ce jeune garçon tombé éperdument amoureux lors d'un voyage en Inde[71] : nous avons décidé de le diviser en trois, et de proposer ainsi des épisodes de 20 minutes environ, ce qui correspond *grosso modo* à la durée moyenne d'un transport en commun. Il y a aussi la version d'une heure pour ceux qui préfèrent. Nous avions écouté ce « personnage » raconter son histoire pendant 4 heures, et c'est un luxe de pouvoir la transmettre en plus de 20 minutes, de garder ainsi des détails et de la complexité.

La radio permet une vraie proximité avec ceux qu'on interroge. Physiquement d'abord : alors que pour la télévision, il faut instaurer une distance pour mettre son interlocuteur dans un cadre, j'aime que nous devions être assis très près pour la radio, pout ne pas « tendre » mon micro. Les gens, quand je les rencontre, ont le réflexe de s'asseoir de l'autre côté de la table basse ou assez loin sur le canapé, je dois toujours leur dire de venir plus près et j'aime bien que cela nous mette tout de suite dans une configuration intime. La voix ensuite, est vraiment propice aux récits personnels ; elle permet une forme d'anonymat bien sûr, et en même temps une grande proximité. Une sensation d'authenticité. Je pense que je fais notamment de la radio car, adolescente, je suis tombée par hasard sur une cassette qu'avait enregistrée ma mère à l'attention de son amoureux de l'époque. Elle devait avoir une vingtaine d'années, elle lui racontait son quotidien, il y avait beaucoup d'émotions dans sa voix, cela traduisait énormément de choses sur qui elle me semblait être alors. J'avais vraiment eu la

---

[71] Podcast intitulé *Une terrible histoire d'amour, de voyage et de fuite en avant,* podcast réalisé par Caroline Gillet et Lola Costantini.

sensation d'avoir rencontré ma mère de l'époque. Parmi les autres cassettes, il y en avait une également de ma grand-mère, enregistrée par mon père et ses frères et sœurs, dans la chambre d'hôpital peu avant sa mort. Je ne l'ai jamais connue, mais sa voix, plus que son image, me donne une sensation de proximité.

Même si d'autres contesteraient ce ressenti, je pense qu'il y a des méthodes de travail très différentes entre la radio et les podcasts. Les notions de *storytelling* et de *cliffhangers* existent bien sûr à la radio, et nombreux sont ceux à s'en servir très bien quand ils disposent de ce temps de mise en récit. Depuis plusieurs années, j'ai réalisé beaucoup de portraits, avec Aurélie Charon d'abord, puis seule en formats courts de 7 ou 8 minutes pour les séries *I Like Europe* et *A ton âge* sur France Inter. Dans ces portraits, on se posait nous aussi la question de la sérialité. Comment diviser en plusieurs parties le récit d'un personnage que l'on retrouve d'une semaine sur l'autre ? D'autres questions qui irriguent la réalisation de podcasts se posent aussi pour les antennes de Radio France : comment utilise-t-on la musique et les ambiances pour recréer un lieu ; comment on joue avec sa voix-off pour créer du lien avec un personnage que les auditeurs ne rencontreront jamais ; comment donne-t-on l'impression aux publics qu'ils sont vraiment embarqués avec nous, que ce soit en Bosnie ou dans le parc en bas de la rue ? Ça a d'ailleurs été pour moi un grand bonheur de pouvoir expérimenter tout cela dans le cadre de ces séries sur la jeunesse en Europe ou sur les questions de société en France, avec une grande liberté et sans aucune contrainte éditoriale.

Ceci étant dit, il est toujours assez excitant de se lancer sur un nouveau projet, en repartant de zéro, avec des réunions rassemblant trois ou quatre personnes dans un salon. Ce qui m'intéresse surtout avec *Transfert*, c'est de pouvoir bouleverser toutes les méthodes de travail que j'avais mises en place jusqu'ici. Chambouler mes narrations, les repenser en envisageant une manière de faire très différente, et avec laquelle je me débats un peu. Par exemple, Charlotte

Pudlowski aime bien qu'on lui propose un scénario. On s'entretient donc beaucoup avec la personne en amont de la rencontre à proprement parler ; on discute beaucoup au téléphone, pour avoir une idée assez précise du but que l'on cherche à atteindre. On écrit ensuite un script, presque comme en fiction. On pense aux *cliffhangers*, aux moments pour insérer de la musique, à la manière de tenir en haleine un auditeur pendant le temps du récit. La construction générale s'élabore beaucoup dans le dialogue que je peux avoir avec Charlotte (qui vient de la presse écrite, et pas de la radio, rappelons-le). Pour l'histoire de Mariette par exemple[72], elle m'a fait remarquer que je parlais beaucoup de « brouillard » la concernant, et que j'évoquais souvent son « regard ». Qu'est-ce que ça nous raconte sur elle ? Comment ça peut alimenter la manière dont nous construisons le récit avec le personnage ? Réfléchir en amont permet parfois de fluidifier et d'intensifier le récit, et nous avons des échanges passionnants sur ces questions, mais ça va à l'encontre de ce qu'on a toujours appris en école de journalisme pour la radio et que j'avais pu mettre en place jusque-là : ne jamais faire répéter son histoire à l'interlocuteur, pour ne pas perdre en spontanéité. C'est effectivement parfois compliqué. L'histoire de Mariette est à cet égard exemplaire : elle me racontait très bien son histoire au téléphone, mais c'était plus compliqué pour elle de redire les choses une deuxième fois. Dans ce cas précis, j'ai passé sept heures avec elle, souvent pour lui faire redire ce qu'elle m'avait déjà raconté. Je pense qu'on perd quelque chose à essayer de tout baliser en amont. Mais ça dépend aussi des « personnages » : certains ont davantage de facilités d'être dans la performance et dans la mise en scène d'eux-mêmes ; d'autres paroles sont plus fragiles, et il faut être prêt pour recueillir la sincérité d'une expression à sa première formulation.

L'idée, aussi, avec ces podcasts, c'est d'interroger des gens qui ont un certain recul par rapport à leur propre histoire. Pour le coup, le fait d'avoir discuté en amont au téléphone permet à

---

[72] *Une histoire d'amour sur un bateau – Peut-on s'aimer en silence*, podcast réalisé par Caroline Gillet et Lola Costantini.

certains de nourrir cette autoréflexion et de se poser éventuellement des questions auxquelles ils n'avaient jamais pensé. Nous postulons que, puisque l'ensemble du récit repose sur leur simple et unique parole à la première personne, sans questions, il faut qu'ils aient un rapport à leur propre histoire sain et assez avancé, pour ne pas que ce soit douloureux de la raconter, mais que demeurent les détails, et l'implication émotionnelle. Les histoires de Mariette et de Gabriel, en Inde, remontent à 10 ans. Je pense que c'est une bonne distance car il y a à la fois le temps de digérer les péripéties et il reste des sentiments. On ressent chez Gabriel que c'est une histoire qui ne l'a pas quitté ; il n'est pas encore blasé, et il la raconte régulièrement autour de lui. Il a besoin d'exorciser. Il faut donc que ce soit des « personnages » qui aient réfléchi sur eux-mêmes, pour qu'ils puissent nous apporter des clés de compréhension pour nous aider, nous, et chaque auditeur, à réfléchir sur notre propre vécu. Et c'est ce que me disent les auditeurs de *Transfert* : ils n'ont pas toujours vécu des histoires aussi dramatiques que celles qu'on écoute dans *Transfert*, mais il y a des résonances qui se créent avec le quotidien de chacun.

C'est la base de ce que l'on a en vue quand on créé un podcast : comment raconter des histoires intelligentes, intelligibles, avec des gens un peu « éclairés », qui vont nous aider à comprendre des choses qui peuvent nous arriver au quotidien ? Je suis souvent très impressionnée par les analyses que peuvent produire ceux que j'interroge sur leurs propres histoires. Mais il m'est aussi arrivé de rencontrer des personnes et d'estimer ensuite qu'elles n'avaient pas la distance suffisante avec leur propre histoire. Si c'est juste pour raconter des faits, quelque chose d'haletant, un récit avec un début, un milieu et une fin, sans introspection, on peut verser dans le voyeurisme. Nous ne cherchons pas uniquement des biographies de personnages, nous sommes mus par le désir de raconter des histoires qui nous disent quelque chose de ce que peut être l'humain, la vie, l'amour, la peur, etc. Il faut vraiment ce pas en arrière pour que le récit devienne important et nécessaire.

Par ailleurs, avant de commencer l'enregistrement, je rappelle qu'il y aura du montage, que mon interlocuteur peut, si nécessaire, revenir vers moi dans les jours après le tournage pour me demander d'enlever des éléments du récit qu'il préfère finalement garder pour lui. Cela permet, je pense, de créer de meilleures conditions pour une discussion en confiance. Les gens ensuite me rappellent très, très rarement.

Avec Gabriel, nous avons enregistré pendant 4 heures environ, d'une traite. On sentait qu'il était habité par son récit. Nous lui avons demandé de préciser ou de revenir sur certaines choses, mais la session d'enregistrement était assez époustouflante. Je crois qu'on peut ne pas beaucoup aimer ce garçon quand on écoute son récit, mais de mon côté, j'ai beaucoup de tendresse pour lui, peut-être parce que je sais qu'il renferme encore beaucoup de culpabilité, et qu'il est encore très habité par cette histoire. Il nous raconte beaucoup de choses aussi sur ce que c'est que l'amour à 20 ans. Je me reconnais dans ce récit, alors que je n'ai pas du tout vécu cela. Il est très touchant. Et ceux qui me touchent le plus sont les gens qui ont des doutes, qui se posent des questions sur leur place dans la société et qui ont la générosité de les partager. Ce sont pour moi les fondements d'un bon récit : se poser beaucoup de question, et les partager.

Ce que je cherche, surtout, ce sont de bonnes histoires ET de bons personnages. Et je ne cherche qu'UNE histoire. Nous ne nous inscrivons pas exactement dans la ligne de *Superhéros* par exemple, qui propose des personnages très forts avec des histoires de vie très fortes, racontées sur plusieurs années. Charlotte reçoit d'ailleurs beaucoup de propositions qui ne collent pas exactement à ce qu'elle recherche.

C'est aussi en ce sens que la démarche est différente de ce que je peux faire à la radio. A Radio France, nous sommes sur le service public, et nous recherchons des personnages qui soient très divers, « représentatifs » pour utiliser un gros mot. C'était par exemple l'une de mes préoccupations majeures sur la série *A ton âge*. Il fallait que je trouve des gens jeunes, vieux, riches, pauvres, etc. pour faire entendre les Français dans leur diversité. A *Transfert*, ce n'est pas une exigence. Et personnellement, je ne recherche pas d'histoires pour *Slate* ; j'en propose quand j'en rencontre. Travaillant pour d'autres supports, je sais très bien quand une histoire est faite pour *Slate* ou pour un autre média. Pour le moment, je n'ai proposé que des histoires de proches – même s'ils sont parfois éloignés, l'ami d'un ami d'un ami... Il arrive aussi de plus en plus souvent qu'on m'aborde pour me proposer des histoires. Mais comme *Transfert* diffuse de nouveaux podcasts tous les quinze jours, Charlotte Pudlowski et ses collaborateurs recherchent, eux, des récits, dans la presse, sur internet ou Twitter. Certains reprochent à *Transfert* de ne donner la parole qu'aux Parisiens. C'est vrai qu'ils représentent une part importante et c'est quelque chose qu'ils cherchent à faire bouger. Ceux qu'on entend sont souvent des jeunes, qui ont fait des études. Cela s'explique par le fait qu'effectivement, ce sont souvent des histoires de personnes liées aux réseaux des journalistes qui travaillent pour *Transfert* et qui habitent à Paris. C'est aussi une question d'argent, car plus il y a de moyens humains et financiers, plus il y a la possibilité de chercher longtemps et partout. Radio France a des pigistes dans toute la France, un réseau immense ; *Transfert* est une petite équipe qui existe depuis 2 ans. On reproche aussi à *Transfert* de n'avoir jamais donné la parole qu'à des blancs, et c'est faux. Mais les histoires n'étant pas liées à des questions de couleurs de peau, celle-ci n'a bien sûr pas été explicitée.

Une autre différence entre *Transfert* et ce que j'ai pu faire à Radio France, c'est l'absence d'ambiances. A la radio américaine, ils ont moins cette culture de prise de sons extérieurs, et je pense qu'il y aurait un entre-deux intéressant à cultiver. Pour *Transfert*, on réalise les interviews dans des lieux complètement non identifiables, dans un univers sonore plutôt neutre. En cherchant bien sûr un endroit dans lequel la personne se sente à l'aise, car l'enregistrement peut durer plusieurs heures. Il m'arrive de les inviter chez moi plutôt que d'aller chez eux, ça signifie qu'eux dévoilent un peu moins, et moi un peu plus. J'aime bien l'idée de cet échange, ça participe, je trouve, à créer une relation de confiance mutuelle qui est agréable, qui ne sera connue que de nous deux, mais s'entendra dans le son. On en demande beaucoup à ceux qu'on intervieweé, je les admire d'avoir le courage de se livrer ainsi. Pour Mariette, la prise de sons a duré deux fois trois heures, puis encore une heure, et nous avons mangé pas mal de brioches…

Il arrive de louer des studios pour les enregistrements, mais nous cultivons cette volonté d'être dans un rapport de proximité avec les personnages. Le studio est un espace un peu impressionnant, même s'il reste toujours possible de créer un lieu accueillant, ou « réchauffant comme un pled » comme nous le faisions pour *Tea Time Club* sur France Inter.

Une autre différence avec les formats longs en radio, c'est que les auditeurs sont là dès le départ. Sur les ondes, ils peuvent arriver à n'importe quel moment d'un récit, alors que pour *Transfert* ils fondent son commencement, ils sont toujours au début. Sur la bande FM, ils peuvent intervenir en cours de route, il faut donc souvent penser à contextualiser à nouveau ces personnages et rappeler régulièrement les informations de base.

Pour le montage, il y a plusieurs options. Si on n'a pas le temps de monter nous-mêmes, on peut livrer l'enregistrement brut et l'équipe de *Transfert* se charge de la réalisation et du montage. Je préfère personnellement réaliser une première ébauche, chez moi, avec mes propres outils. Sur les 7 heures d'enregistrement de Mariette, j'en ai par exemple donné 1h50 à Charlotte. Et ce fut difficile puisque je lui ai fait répéter certaines scènes 4 ou 5 fois. Je n'étais pas toujours satisfaite du résultat, il n'y avait pas assez de détails par endroits, ou parfois les hésitations étaient trop nombreuses. C'est toute la difficulté : maintenir l'auditeur attentif, et en même temps apporter des détails, faire des pas de côté dans l'histoire, pour travailler sur la complexité des « personnages ».

Pour Gabriel, j'ai travaillé avec Lola Costantini, qui a pris en charge la réalisation des épisodes. J'ai procédé à une première organisation de l'enregistrement, et elle a affiné mes choix initiaux. Ça dépend des épisodes, mais pour *Transfert* je suis généralement davantage monteuse que réalisatrice. En revanche, je ne pose jamais la musique, elle est créée spécifiquement pour chaque épisode dans un deuxième temps et elle est introduite par le musicien. Les choix de mix musicaux ne me paraissent pas toujours les meilleurs, mais c'est très subjectif. Il n'y a pas d'autres ajouts, pas d'ambiance comme je l'ai déjà expliqué, si ce n'est bien sûr une piste avec uniquement des silences. Les sons ne peuvent pas être là pour illustrer, mais pour raconter. Et globalement, l'idée consiste à s'en passer.

Je ne connais pas précisément l'audience des podcasts[73] que j'ai faits sur *Transfert*, mais le premier, avec Hugo[74], a très bien fonctionné. C'est un très bon ami à moi, qui a la faculté de se raconter avec intelligence et autodérision. Il a donc toutes les qualités pour faire un bon personnage de podcast. Mais je pense aussi que nous devons partager des récits moins forts, moins spectaculaires, plus doux et davantage portés sur l'introspection. Ils fonctionnent peut-être moins bien mais ils sont tout aussi importants. Bien sûr, nous ne sommes pas du tout dans des chiffres comparables à ceux de Radio France.

Contrairement à ce que je fais le samedi soir pour France Inter, je rencontre souvent des gens qui connaissent *Transfert* autour de moi. Avec le podcast, on s'adresse à des auditeurs qui sont davantage de ma génération, qui écoutent à partir de leur plateforme aux heures qui les arrangent. Même si Mariette m'a dit que sa mère adorait le programme ! Et ce qui est frappant, ce sont les retours que j'entends quand je vais conduire des ateliers dans les écoles. Les jeunes connaissent mal Radio France, ce qui est très dommage. Ils connaissent d'ailleurs très peu la radio et c'est savoureux de leur faire

---

[73] Selon Charlotte Pudlowski, les podcasts *Transfert* rassemblent 280.000 écoutes par mois, avec 50.000 écoutes par épisode en moyenne (70.000 pour celui consacré à Mariette).
[74] *Jusqu'où peut-on aller pour devenir ami avec ses voisins ?*, podcast signé par Baptiste Etchegaray, et réalisé par Lola Costantini.

écouter des portraits et de leur demander ensuite de décrire les personnes et les lieux qu'ils ont imaginés. Je leur montre que, sur leurs téléphones, ils peuvent écouter gratuitement la radio et des podcasts natifs, ce qu'ils ne connaissent pas du tout... Il y a pourtant des formats qui s'adressent à eux. J'ai par exemple fait écouter des épisodes de la série d'ARTE Radio *Les Braqueurs*, et ils ont adoré. Même chose avec un épisode de *A ton âge* : une jeune fille était fascinée et n'en revenait pas d'avoir écouté une heure de sons sans image sans s'ennuyer. J'espère que les podcasts de *Transfert* donneront aussi envie d'écouter Radio France, aux plus jeunes notamment. Je mise beaucoup sur ces vases communicants.

Un dernier mot sur la rémunération ? Nous sommes plutôt bien payés pour fabriquer *Transfert*, même si le temps passé n'est pas du tout le même d'un épisode à l'autre. Les journalistes perçoivent 800 euros par épisode. Ce qui est plus que pour un *Interceptions* de France Inter, par exemple. Mais il n'y a pas de droits d'auteurs de la SCAM. *Transfert* est aujourd'hui entièrement financé par son partenariat avec Audible. Ce qui est rare et précieux.

« T'es où Youssef » : le podcast en forme de making-of d'un film

Par Cédric Mal (avril 2018)

Au départ, il y a un projet de film. Celui porté par Raed Hammoud, 30 ans, journaliste à Radio Canada, qui comprend en 2014 que l'un de ses anciens camarades de classe est parti rejoindre Daech en Syrie. Abasourdi, il ne comprend pas, et décide de partir à la recherche de son ami. Il en résulte un documentaire en forme d'enquête, et une intuition de génie. Un podcast sur les coulisses de la fabrication du film. Une haletante série dans laquelle le réalisateur Gabriel Allard-Gagnon et le producteur Mathieu Paiement livrent tout. Leurs états d'âme, la difficulté du projet, les joies et les peines d'une telle entreprise audiovisuelle. C'est passionnant, et c'est à écouter sans modération.

C'est très singulier de proposer un documentaire TV et un « *making-of* » en forme de podcast (ou « série documentaire en baladodiffusion »)... D'où vous est venue cette inspiration ?
Mathieu Paiement – Rendons à César ce qui appartient à César. Un jour, après peut-être trois ou quatre mois d'une production qui en aura pris le double, le réalisateur du film est venu me voir pour m'expliquer, avec une certaine maladresse, que l'enquête que nous menions n'était pas anecdotique. Qu'il y avait là quelque chose d'important. Une histoire à raconter. Il m'a ensuite demandé si je connaissais le podcast *Serial*, qu'il m'a fortement recommandé d'écouter. Puis il a tout avoué : *« Tu sais, le son étrange que tu entends quand nous nous parlons au téléphone ? C'est parce que j'enregistre toutes nos conversations depuis quelques mois. »* Au début, ça m'a choqué. J'ai compris plus tard que c'était du génie.

247

Au contraire du film qui m'a été présenté par Raed lui-même, à travers une amie commune, Sophie Bélanger, et que j'ai démarché pendant quelques temps avant d'y trouver un financement, l'idée du « *making-of...* », c'est donc Gabriel Allard-Gagnon, avec qui j'ai par la suite affiné le concept. Le rôle de Cédric Chabuel, coréalisateur et monteur du podcast, n'est pas à négliger, au contraire.

Expliquez-nous comment vous avez procédé... Vous réalisiez le podcast sans savoir ce qu'il allait advenir du film ? Ou vous meniez les deux entreprises de front, persuadés que les deux objets allaient aboutir et seraient pertinents ?
La moitié de la production du film était derrière nous quand nous avons confirmé notre intention de produire parallèlement un podcast. Or, d'une part une bonne partie de l'enquête avait été documentée secrètement par Gabriel et, d'autre part, plein de choses se sont jouées dans les derniers mois de la production : l'accord de la famille, notamment, est arrivé très tardivement.

Donc, pendant quelques mois, nous avons effectivement poussé les deux productions de front. Je dirais toutefois que pour le podcast nous étions plus en mode « collecte de contenus » que nous nous retenions de traiter, alors que le film était à un stade plus avancé : montage, réécriture, etc. C'est une fois le montage quasiment terminé que nous nous sommes attaqués à structurer la masse de contenus accumulés pour le podcast. Un travail colossal.

Comment avez-vous écrit ce podcast ? Vous êtes-vous fixé des contraintes de départ, ou avez-vous mené votre barque au fur et à mesure ?
Je pense qu'outre la volonté de raconter une histoire relativement chronologique, nous avons d'emblée voulu donner au podcast les ressorts narratifs d'une fiction. Pas tant parce que nous voulions « inventer » une histoire, mais parce que nous le vivions comme un thriller nous-mêmes ! Alors une

des premières décisions que nous avons prises fut de faire comprendre à l'auditeur, qu'à un moment donné, nous nous sommes réellement demandés s'il allait être possible de faire quoi que ce soit avec cette histoire de radicalisation islamiste.

Nous avons donc conclu le scénario d'un épisode, je crois le deuxième, par cette bête phrase : « *Mais arriverons-nous seulement à faire un film qui mérite de s'appeler un film ?* ». Bien entendu, nous savions alors que nous avions entre nos mains le minimum nécessaire pour faire un film, mais nous voulions transmettre à l'auditeur les véritables craintes que nous avions eues quand tous les intervenants pressentis nous ont fermé la porte au nez.

Une autre décision structurante, mais peut-être la seule autre, a été de réserver le dernier épisode au dénouement de la production : diffusion, réactions, etc. Il nous paraissait que le podcast portait sur le film, et non sur nous, et que dès lors que nous aurions fini d'y travailler, le film n'aurait pas encore véritablement connu sa conclusion ; il fallait pour ça qu'il y ait un épilogue sur sa réception. Bien entendu, nous n'avions pas prévu l'attentat à la Grande mosquée de Québec[75], qui est survenu une semaine avant la diffusion télé du film.

Pour le reste, nous avons vaguement tenté d'imprimer à chacun des épisodes une thématique, dont je ne suis pas certain qu'elles ressortent toujours clairement.

Vous enregistriez vraiment tout ce qu'il se passait en marge de la production de ce film pour nourrir ce journal audio ?
Pratiquement. Nous avions tous l'application pour enregistrer les conversations téléphoniques sur nos téléphones et il n'était pas rare qu'une discussion à brûle pour point soit interrompue par ce qui est devenu un classique : « *Attends, retiens ce que tu veux dire, je vais enregistrer.* »

---

[75] Le 29 janvier 2017, un homme de nationalité canadienne de 27 ans ouvre le feu sur les fidèles du Centre culturel islamique de Québec. Il fait six morts et huit blessés.

Quelles étaient vos ambitions finalement, vos envies au départ ?
Au départ, nous voulions transmettre aux auditeurs les émotions que nous avions vécues. Des montagnes russes, ni plus ni moins, qui nous ont fait crier, pleurer, sourire, s'inquiéter. Ça demeure le principal moteur narratif du podcast.

Ensuite, il y avait aussi en nous une volonté de faire comprendre au néophyte le genre de travail que nécessite la production d'un tel film. Des trucs sur la police qui enquête, il y en a des masses. Mais des contenus qui démystifient le boulot des recherchistes, scénaristes, réalisateurs et producteurs de documentaires, beaucoup moins. Il a fallu un peu marcher sur notre humilité pour admettre que nous abattions du bon boulot ; assez, en tout cas, pour en raconter les tenants et aboutissants. Nous étions, et sommes encore, fiers.

Le podcast est très riche, de témoignages, en ambiances sonores aussi... On a l'impression qu'il nous emmène encore plus profondément dans l'histoire de Youssef et dans l'enquête pour le retrouver... C'est une sensation que vous avez aussi ?
Absolument ! Si le film a eu une bonne réception, il n'est pas rare d'entendre de la part d'auditeurs que le podcast est « meilleur », en ce qu'il approfondit une histoire qui a fasciné les gens... Une histoire qui n'aurait de toutes façons pas pu se raconter en 90 minutes. Le podcast dure pratiquement 4 heures !

Et ça n'est pas qu'une question de temps. En effet, certains intervenants craignaient la caméra. Ils se sentaient plus confortables devant un micro. Tant mieux pour le podcast, qui comprend aussi des chutes de montage... et de nombreux contenus « derrière la caméra », qui nous mettent en scène, Gabriel et moi, avec de nombreux autres intervenants. La liste des voix qu'on entend est très, très longue !

Il ne faut toutefois pas négliger l'extraordinaire travail accompli par Cédric Chabuel à la construction sonore. Le podcast permet de jouer avec les sons dans une mesure que l'image, à mon sens, interdit. En production strictement audio, il n'y pas de risques de créer une confusion par la superposition des messages. On peut se laisser aller à souligner à souhait le contenu, un procédé que Cédric maîtrise à la perfection.

Faisons un bilan du podcast en termes de production et d'écriture : quels sont les défis que vous estimez avoir relevés, quels sont les problèmes auxquels vous avez fait face, et quelles sont les éléments dont vous n'êtes pas tout à fait satisfaits ?
Je pense que nous sommes parvenus à donner son sens à une masse de contenus non seulement très volumineuse, mais aussi informe. À un certain moment, je me souviens que nous avons sourcillé devant les disques durs remplis de discussions mal étiquetées ! C'était de loin notre plus grand défi. Au final, on ne sent pas la construction *a posteriori*. Ça semble organique, couler de source, aller de soi...

Notre plus gros problème, s'il en est un, consistait en ces moments que nous avons vécus, mais oublié d'enregistrer... ou perdu dans la masse, comme une goutte dans l'océan. Quelques-uns de ces moments forts, dont tout le monde se souvenait, nous avons tenté de les jouer, pour pallier le manque. C'était pathétique ! Il a donc fallu en faire notre deuil.

Pour ce qui est des insatisfactions, elles sont plutôt rares. J'ai toujours trouvé, avec le recul, que le premier épisode était un peu lent, par rapport au reste de la série. Que notre fatigue nous a fragilisés, ce qui peut donner à certaines entrevues une note dramatique disproportionnée. Que certaines anecdotes auraient dû demeurer des anecdotes. C'est à peu près ça...

Eclairez-nous sur la diffusion de l'expérience... Quand le podcast a-t-il été rendu public par rapport au film ? Et était-ce selon vous une bonne équation ?
Les trois premiers épisodes du podcast ont été rendus publics une semaine avant la diffusion du film. Le quatrième épisode a été diffusé le jour même de la première du film. Les quatre autres épisodes sont sortis dans le mois qui a suivi la diffusion du film. Le rythme de diffusion était pertinent, mais la machine promotionnelle n'a pas permis au podcast de réellement exister *avant* la diffusion du film, sur lequel toute la publicité était concentrée. C'est donc dire qu'on aurait pu lancer quatre épisodes en même temps que le film, et ça n'aurait pratiquement rien changé. L'enjeu n'est toutefois pas celui de la diffusion, mais de la communication. À ce jour, des gens découvrent encore le podcast, alors que le film a été diffusé il y a plus d'un an...

Quelle a été la réception au Canada du documentaire TV et du podcast ? Quelles différences avez-vous pu noter ?
La réception a été très très, très bonne. Si l'audimat est difficile à calculer en raison des rediffusions du film, de sa disponibilité en ligne et des nombreuses plateformes sur lesquelles le podcast était accessible, on peut dire sans se tromper que c'est un relatif succès populaire pour du documentaire.

Surtout, il s'agit d'un succès d'estime. Ensemble, les deux productions ont gagné plusieurs prix, donc quatre trophées de l'Académie canadienne du cinéma et de la télévision (Gémeaux). Or, le podcast étant un genre relativement nouveau, il n'existait à l'époque pratiquement pas de concours réservés aux œuvres sonores. Depuis, des compétitions sont nées. Notre podcast a de nouveau été mis en nomination.

Quels ont été les budgets du film et du podcast ?
Le film a coûté un peu plus de 250.000 dollars canadiens *[160.000 euros environ, NdA]*. Le podcast, le quart.

Est-ce que ce dispositif (podcast « *making-of* » et film documentaire) est pour vous une solution gagnante ? Seriez-vous prêt à le reconduire ?
Nous y travaillons déjà ! Notre prochain film raconte l'histoire mouvementée d'un ancien skinhead néonazi repenti. Le podcast tente de pénétrer l'univers de l'extrême droite telle qu'elle se manifeste depuis quelque temps chez nous, aux États-Unis et de l'autre côté de l'Atlantique. Sans qu'il s'agisse d'un « *making-of* » du film à proprement parler, le podcast, qui évoque une tendance sociale lourde, et le film, qui raconte une histoire plus personnelle s'inscrivant dans ce même phénomène, se compléteront de la même manière que *T'es où, Youssef ?*.

« Audiostories » : un geste documentaire en partage qui consacre les univers sonores

Par Cédric Mal

> « Trois minutes dans vos oreilles ». C'est la promesse de cette série de portraits initiés en 2015 par Audrey Ginestet, Marlène Laviale et Amanda Robles, qui ambitionne de déconstruire les rapports habituels entre images, textes et sons. On y entend des cerfs qui brament, des robinets qui jouent de la musique, des cloches qui dévalent la montagne... Un berger, un cuisinier, une grand-mère, un homme des bois... Chaque histoire est une rencontre entre une personne et un son. Analyse du projet avec ses auteurs.

Comment renouveler le portrait documentaire grâce aux potentialités du web ? C'est en substance la question qui a agité les auteures de ce programme (Audrey Ginestet, Marlène Laviale et Amanda Robles), son producteur (Fabrice Lapeyrere) ainsi que son webdesigner (Vadim Bernard). Avec cet objectif, ambitieux : *« renouveler les relations image/son au sein d'objets audiovisuels documentaires simples »*.

Ceci étant posé, l'équipe d'*Audiostories* a cherché à construire *« une forme audiovisuelle ouverte qui revendique son hybridité et sa fragmentation »*. En somme : *« Des images d'un côté, des sons de l'autre. Entre eux des possibilités de contact et de connexion mais aussi la coprésence de mondes autonomes dont on ne viendrait pas forcer les points de rencontre ou les rapports de force, les correspondances ou les écarts »*.[76]

---

[76] Amanda Robles, Audrey Ginestet et Fabrice Lapeyrere, *Audiostories, retour sur la création collective d'une forme audiovisuelle "ouverte" pour le web*, revue *Entrelacs*, 12 janvier 2016.

Pendant deux ans, les auteurs ont travaillé sur cette disjonction des images et des sons : « *Ce qui nous apparaissait comme l'une des spécificités les plus novatrices du web était la fragmentation quasi illimitée des formes et des contenus. Monde en morceaux, constellations de données et de subjectivités, le web s'affiche comme un espace ouvert aux tentatives et tâtonnements, objets inachevés et formes évolutives* ».

C'est en inspirant du travail d'Alain Cavalier (*Portraits*), de David Lynch (*The interview project*) mais aussi de *Histoires courtes* (Jean-François Dars et Anne Papillault) et de *One in 8 million* (*New York Times*) que les auteures ont progressé vers l'idée de la série, puis vers celle du diaporama sonore. Une forme dans laquelle « *le portrait documentaire se fait impressionniste : la durée se construit d'instant en instant et le portrait s'esquisse détail après détail. Une série de moments, une suite de morceaux de corps, de lieux et d'objets. Par cette fragmentation l'image se fait moins totalisante et les gouffres laissés dans les intervalles entre chaque cliché permettent de mieux laisser entendre la présence des voix et des sons. Ainsi ce monde disjoint et elliptique est en quelque sorte reconstruit et solidifié par le fil de la voix qui nous raconte l'histoire secrète des fragments* ».

Mais il faut aller plus loin. Faire éclater le carcan du diaporama, déconstruire le dispositif en s'arrêtant sur les images, en fixant partiellement leur défilement et en les représentant par paires : « *La paire permettait en effet de défaire ce rapport unilatéral entre le signifié sonore et le signifié photographique et permettait d'établir un autre rapport au temps et au montage. Une photographie c'est un instant, deux photographies c'est déjà une histoire. Un cliché c'est un monde en soi, deux clichés c'est un monde en suspens* ».

A ce système de défilement manuel par paires s'est ajouté, au gré des allers et retours entre le terrain et le studio, le dédoublement de la bande son : « *Ainsi le son subit un peu le même sort que les paires photographiques puisqu'il se trouve lui aussi fragmenté en deux : la face A pour la voix de la personne qui raconte son histoire, la face B pour les sons dont elle nous parle ».*

C'est en revoyant *La Jetée* (Chris Marker) et en s'inspirant du Pathéorama[77] que l'équipe de création fixe cette « *expérience toujours unique et toujours différée. La non-simultanéité entre l'expérience visuelle et sonore est mise en avant. On peut bien sûr choisir d'imbriquer momentanément les images et les sons mais leurs rythmes demeureront toujours autonomes et indépendants : un flux d'un côté et un défilement de l'autre, une continuité sonore d'une part et une intermittence visuelle d'autre part* ».

Expériences auditives subjectives

Dans *Audiostories*, l'internaute est considéré comme un « interprète » auquel est soumis une « œuvre à achever ». « *Nous avons souhaité que l'internaute construise une durée unique, subjective. L'une des caractéristiques fondamentales du cinéma – la succession des images et de sons selon un montage dont le déroulement est figé – est ici mise en question. Le montage se fait en quelque sorte en ligne. À chaque fois qu'un utilisateur regarde et/ou écoute, il réalise son propre montage qui ne sera inscrit/écrit nulle part si ce n'est dans la mémoire de son expérience de spectateur. Le web permet ce "non-montage" et cette indépendance des matériaux qui se voyaient autrefois figés et agglomérés dans les supports tangibles traditionnels (pellicule, cassette...)* ».

Il s'agissait également de « *proposer un objet audiovisuel dont la forme rappelle celle d'un outil. Un objet audiovisuel qui puisse porter en lui la trace même de sa fabrication* » mais aussi « *une plate-forme collaborative de montage en ligne* »...

---

[77] Inventé en 1923, le Pathéorama est une petite visionneuse d'images et un élément de lanterne magique qui permet de projeter des films.

Interface à partager

Ancrée dans la « culture libre », l'équipe de production a décidé de concevoir un CMS à code source ouvert qui peut être réutilisé dans d'autres projets audiovisuels. « *Tout comme l'écriture du projet s'appuie sur de nombreuses références cinématographiques et documentaires, sa réalisation technique s'appuie sur tout un corpus de logiciels libres, en premier lieu les systèmes qui font fonctionner internet (Linux, Apache, PHP, etc.) puis des projets plus récents qui animent le web d'aujourd'hui, comme par exemple le projet AngularJS*[78] ».

Reste à transformer l'essai, et à compter sur des contributions nombreuses[79], et de qualité. Les auteures expliquent : « *Ce projet a soulevé beaucoup plus de questions et nécessité davantage d'expérimentations que nous ne pensions au départ. Maintenant que nous approchons du but, il nous semble important de dire combien la création audiovisuelle pour le web est un terrain d'expérimentation riche et fascinant parce qu'elle convoque une remise en question à tous les niveaux : durée, media, montage, production, diffusion, financement, auteur/spectateur...* ».

Avant de conclure : « *Le plus fort potentiel du web réside peut-être avant tout dans sa générosité, sa capacité à accueillir les élans créatifs de chacun. On pourrait alors y voir la possibilité d'une véritable action collective, et non pas simplement la prétendue liberté d'une interactivité qui semble bien souvent fonctionner en vase clos. En effet le plus souvent le terme "interactivité" désigne une action-réaction d'ordre individuel alors que nous aurions envie de lui donner un champ d'action plus large. Défendre l'échange plus que l'interaction, le partition plus que la participation et faire ainsi de l'internaute autre chose qu'un simple utilisateur, mais un interprète des formes mobiles et ouvertes du web* ».

---

[78] Solution libre et *open source* pour créer des sites internet. Elle a été développée chez Google dès 2009.
[79] Il en existe une quinzaine à l'heure de l'écriture de ce livre.

« Radio Live », une nouvelle génération de documentaires radio en live et sur scène

Par Rym Bouhedda (mai 2015)

> « *Nous ne sommes plus à la radio, nous ne sommes plus sur les réseaux sociaux, nous sommes au même endroit au même moment. (...) Ce n'est pas un spectacle, ce n'est pas une conférence, c'est plus qu'une rencontre. C'est un moment du futur, une émission de radio en trois dimensions* ». Si le concept de cette « Radio Live » ne cesse d'évoluer au fil des numéros et en fonction des invités, le socle n'en demeure pas moins solide. En somme : un patchwork audio-visuel à même de susciter réflexions et émotions, des expériences individuelles qui interrogent sur scène ce que nous faisons du collectif, de la chaleur et de la convivialité, avec un horizon délibérément très... politique.

Après *Fuck, et après ? Oser l'action politique* en février 2016, après *La France avec nos mots, se réapproprier notre démocratie* en mars 2016, *Peut-on encore dire nous ?* en novembre de la même année, *Nouvelles générations, nouvelles actions collectives ?* a constitué une autre série de rencontres s'interrogeant sur les échéances électorales de 2017 en France, en se faisant « *l'écho de vies engagées, lumineuses, inspirantes d'une génération en train de bouger les lignes en France et à l'étranger* ».

Tout se joue sur scène et en direct, à l'instar des expériences proposées par le *LIVE Magazine*, lui même directement inspiré du *Pop-up Magazine* américain initié en 2009 à San Francisco.

Cette *Radio Live* initiée à Paris par Aurélie Charon, Caroline Gillet et Amélie Bonnin s'est déplacée à Marseille, Metz, Montpellier, en Inde ou encore au Maroc. Avec à chaque fois de nouveaux personnages et de nouveaux artistes sur scène. Alors pour comprendre les ferments de ce succès, retour sur l'une des premières performances proposée aux publics par ce trio haut en couleurs. C'était en mai 2015, ça s'intitulait : *Underground Democracy*. France Inter s'invite à la Maison des métallos pour prolonger l'émission de radio *Underground democracy*. D'emblée, on reconnaît la voix suave d'Aurélie Charon qui nous fait voyager dans *l'Atelier intérieur* et l'enthousiasme espiègle de Caroline Gillet, qui animait à l'époque le *Tea Time Club*. Rentré dans la salle, c'est avec un peu d'effort que l'on s'extirpe de ses représentations auditives pour constater qu'en effet, ce ne sont pas seulement des ondes qui nous parlent mais de vraies personnes, en chair et en os.

Sur la scène de l'amphithéâtre, les éléments-clés du studio de radio sont reconstitués : une table d'invités et des micros, le bureau du dessinateur un peu en retrait, des musiciens qui accompagnent la soirée en musique. Un panneau au néon rouge devant la table annonce « RADIO Live » et une pendule digitale fait scintiller les secondes en rouge. La dessinatrice Amélie Bonnin, installée devant son Mac, fait rejaillir sur le mur du fond dessins, photos, montages et petites phrases écrites au feutre qui s'inscrivent sur l'écran, projetés au gré des récits. Les deux musiciens Swann et Stephen Munsen fabriquent en direct la bande-son de ces images et paroles, comme on l'entend d'habitude sur le poste. Seulement, cette fois-ci, on voit tout, comme dans une balade tridimensionnelle, *in real life*.

Quatre invités – Amir de Gaza, Inès de Sarajevo, Amer et Sara de Syrie – siègent à la table, accompagnés d'une traductrice très sollicitée tout au long de la soirée. Les deux animatrices, tantôt assises, tantôt debout, nous font assister à l'ambiance feutrée et décontractée que l'on imagine en studio. Des micros mobiles circulent, les questions sont simples, accessibles, comme dans une discussion informelle entre des personnes qui se rencontrent pour la première fois. On aborde la vie quotidienne, les envies et le parcours de chacun. La mise en scène est dynamique. Autour de la discussion, des extraits des documentaires sonores, des photos de famille pour illustrer les récits et des invités qui investissent l'espace dans de petites situations imaginées pour l'occasion.

Quand il était adolescent à Gaza, Amir recevait des textos de l'armée israélienne lui intimant l'ordre de quitter sa maison dans un délai de quinze minutes. A l'écran, on voit apparaître les mots en arabe qu'Amir écrit sur le pad de la dessinatrice. C'est Inès qui reproduit ensuite sur le sol le plan de sa maison à Mostar, en Bosnie-Herzégovine. Les photos de ses parents, couple mixte bosnien-croate et musulman-chrétien, s'affichent tandis qu'elle raconte ses rêves d'ado dans sa chambre aux murs épinglés de posters de rock stars. Pendant ce temps-là, des gâteaux de Damas ramenés par le couple syrien sont distribués gracieusement au public qui se passe de mains en mains la boîte en carton. La gravité des témoignages est bien-sûr palpable mais sans lourdeur, contrebalancée par l'écoute chaleureuse et la convivialité du rendez-vous.

L'expérience est émouvante et enrichissante. Elle redonne aux conflits géopolitiques une dimension humaine en convoquant histoires personnelles et intimes, pour montrer ce que les schismes culturels et les guerres produisent sur les êtres, dans leurs vies et leurs chairs.

« Ce n'est pas une histoire drôle, mais bon... ». Inès s'en excuse d'avance mais raconte qu'à l'âge de 9 ans, elle est blessée par une explosion de bombe qui lui laisse à jamais des morceaux de métal à l'intérieur du corps. En ajoutant avec humour qu'elle est obligée à chaque fois de se déshabiller pour passer sous les portiques des aéroports, devant les agents incrédules. Amer et Sara ont vécu en Syrie des situations difficiles qu'ils racontent avec dignité. Les téléphones sur écoute, les agressions imprévisibles. Amer, lui, a été emprisonné, torturé. Installés en France avec Sara, ils pensaient pouvoir s'échapper au Liban mais craignaient d'être arrêtés à l'aéroport par des hommes du Hezbollah, alliés d'Assad.

On écoute avec fascination ces histoires de vie où l'amour, l'amitié, l'émerveillement sont toujours, et peut-être même encore plus vifs dans ces contextes hors-norme, lorsque les acquis d'une vie décente sont fragilisés. Pas de pathos, pas de démonstration larmoyante, mais tout le contraire. L'envie de donner la parole à une jeunesse endurcie par des conditions de vie oppressantes, mais toujours encline à l'autodérision. Le public rit et communie. Lorsque Amir raconte sa stupéfaction devant les filles qui lui font la bise à son arrivée en France. Ou lorsque Inès explique que son père, fervent communiste, a placé le portrait de Tito à la place du sien sur le mur au-dessus du lit.

Une carte projetée à l'écran situe les invités en pointant d'un rond coloré leur pays. La parole circule d'un personnage à l'autre, mais à la fin c'est Inès qu'on invite à discuter avec les trois autres comme pour bâtir des ponts dans ce partage d'expériences. Comment vit-on l'après-guerre, comme en Bosnie-Herzégovine ? Son constat est lucide : le pays laissé ne sera jamais celui retrouvé, mais il reste de l'espoir, tout est encore à construire. Le thème de la soirée fait directement allusion à l'absurdité criante des divisions communautaires qui font rage au Liban, en Syrie, en Palestine, en Bosnie et en Croatie. Mais durant une soirée, c'est vers une composition universelle que l'on s'efforce de tendre, avec en toile de fond des valeurs pacifistes et mondialistes.

« *Tu peux venir dans la maison d'Ines* », dit Aurélie Charon à Amir pour l'inviter à se tenir sur le dessin de la maison d'enfance de l'invitée bosnienne-croate et réciter un de ces poèmes sur le ciel bleu de Gaza. Mosaïque internationaliste qui caractériserait une jeunesse destinée à se rencontrer et à être connectée d'un bout à l'autre de la planète.

Le mot d'ordre est sans surprise « *Ecoutez la jeunesse* », écrit sur un dessin d'Amélie Bonnin. Parce qu'on comprend bien que l'appel à la démocratie tient surtout de ce constat : on ne peut ignorer une nouvelle génération ambitieuse et endurante, éprise de liberté et de solidarité. La conscience du monde se construit dans un réseau d'échanges et d'interconnexions. Amélie Bonnin nous le montre implicitement en nous faisant partager à travers YouTube la musique arabe de la chanteuse libanaise Fairouz, une vidéo de Banksy en Palestine, ou en allant chercher des images du camp de Yarmouk sur Google Earth.

Comme si cela coulait de source, la soirée se termine avec un karaoké collectif sur *Smells Like Teen Spirit* de Kurt Cobain, le public étant invité lui aussi à chanter. A défaut d'hurlements grunge et éraillés pour cette cérémonie finale, il y aura eu des moments de grâce, d'espoir et de poésie.

On fait le point avec... Joël Ronez (Binge Audio)

Par Cédric Mal (Juin 2018)

Joël Ronez a presque tout vu et tout fait en matière de documentaire web. Il a piloté le pôle numérique d'ARTE France de 2008 à 2011, impulsant le virage de la chaîne vers les œuvres interactives ; il a dirigé les « nouveaux médias » de Radio France de 2011 à 2014 ; il a enfin lancé le réseau de podcasts Binge Audio en 2015, installant sa société parmi les plus audacieuses de la scène française (700.000 écoutes par mois). Il pilote également depuis 3 ans avec Christilla Huillard-Kann « L'air Numérique », la sélection de films écrits, conçus et distribués en ligne du festival Premiers Plans à Angers. Mais c'est avant tout de création sonore dont nous parlons ici.

Pourquoi avoir créé Binge Audio en 2016 ? Quand est-ce que tu t'es dit qu'il fallait se plonger et investir dans les podcasts et que, au-delà de *Serial*, ce n'était pas seulement un phénomène de mode ?
Joël Ronez – Il y a plusieurs choses. J'ai travaillé pendant dix ans dans la transition numérique des médias « d'héritage » ; en presse écrite, à la télévision et à Radio France. De cette dernière expérience, j'ai retiré une conviction et une frustration. La conviction – et ça s'est vérifié tout au long de ma carrière –, c'est que la production de contenus destinés à un public d'internautes, et conçus pour cet écosystème, fonctionne ! Nous avions d'ailleurs proposé dès 2014 un petit programme avec le Mouv' intitulé *Webline*, basé sur des formats courts pensés pour le web, et on avait eu de très bons retours. Bref, quand on ne se contente pas de proposer une offre de « rattrapage » *[ou « catch-up », NdA]*, quand on investit, qu'on trouve des talents et des formats

adaptés, ça marche. (Il y avait aussi bien sûr la vogue des podcasts aux Etats-Unis...).

La frustration, quand on travaille dans un grand groupe de radio, c'est que les choses bougent difficilement. Quand on dirige des départements où s'agitent des questions stratégiques et sociales importantes, on a peu de temps pour faire de l'éditorial. Or j'avais envie d'y revenir.

J'avais aussi envie de produire des contenus qui aient la force de l'audio (de la longueur, de l'attention, de le narration, de l'intime, etc.), mais à destination d'une génération qui n'écoute plus de *broadcast*, qui ne se reconnaît pas dans les programmes fédérateurs, et qui par contre peut offrir de l'attention à des choses qu'elle a choisies. Rappelons que l'âge moyen des auditeurs de radio est assez élevé, entre 50 et 60 ans pour les chaînes généralistes. Il faut donc faire quelque chose pour ces jeunes qui ne rentrent pas dans le marché radio.

J'ai d'ailleurs la conviction que le marché radio – et le marché *broadcast* de manière générale – arrive à la fin d'un cycle. Il commence à s'effriter. La durée moyenne d'écoute chez les jeunes diminue, et les goûts évoluent vers un écosystème orienté sur le non linéaire. On sent un besoin de contenus un peu radicaux, spécifiques, identifiables, avec des angles engagés... Ce que le *broadcast* n'offre pas car il doit rester fédérateur.

Comment Binge est structuré ? Qui fait quoi ? Et est-ce que tout le monde peut vous envoyer un projet ?
Oui ! Nous sommes une dizaine de permanents ; je dirige la production, David Carzon dirige la rédaction, Gabrielle Boeri-Charles dirige la partie contractuelle, commerciale et financière, Julien Cernobori est le directeur artistique. Nous formons le quatuor qui prend les décisions importantes, et nous tenons un comité éditorial mensuel avec l'ensemble des équipes (chef d'édition, ingénieurs du son, chargés de production, réalisateurs, etc.) pour évaluer les propositions

que nous recevons. Tout le monde peut nous solliciter *via* notre adresse project@binge.audio.
Mais avant de se lancer, il faut bien sûr écouter nos programmes pour comprendre nos orientations. Il faut aussi transmettre des échantillons sonores quand cela est possible. Et on essaie de répondre, arguments à l'appui, à chaque envoi.

Qu'est-ce qui vous intéresse dans le podcast narratif ? C'est quoi, pour vous, un bon programme documentaire de ce type ? Est-ce qu'il y a des ingrédients, une recette ?
Ce qui nous intéresse dans le podcast narratif, c'est d'abord sa capacité à générer de l'attraction, c'est-à-dire : des personnes qui viennent écouter. Les gens ont besoin d'histoires ! Plus il y a de vidéos carrées sur les réseaux sociaux, de tweets, de contenus viraux, et plus les gens ont besoin de passer un temps, long, avec des histoires. Il n'y a qu'à considérer le succès des séries qu'on « *binge-watch* » sur Netflix. Les gens veulent des contenus très bien faits, riches, denses, très narratifs, avec des éléments imprévisibles ou « accrocheurs ». Nous nous reconnaissons davantage dans l'approche documentaire narrative inspirée du *storytelling* américain, avec une efficacité, une ligne directrice forte, des personnages complexes, des rebondissements, etc. C'est ce que nous cherchons, davantage que les formats « thématiques », plus exhaustifs, où l'on donne la parole à de nombreux témoins, avec une ligne directrice moins maîtrisée, et un propos parfois édulcoré. Nous ne nous situons pas dans ce champ : ce qui nous intéresse, c'est que les gens restent, et écoutent.

Le premier ingrédient, c'est l'auteur. Et notre crédo en matière de production documentaire, clairement, c'est de n'utiliser dans le montage que les éléments nécessaires. Il faut un fil rouge, mais on enlève tout le superflu. Musique, éléments sonores, propos... Tout doit être au service du récit, chaque composante doit être strictement nécessaire. Parfois, on dit que *Superhéros* est un montage « qui ne s'entend pas »... et pourtant, il y a trois mois de montage derrière chaque personnage.

Pour les interviews, on essaie de miser sur la rencontre, et de jouer sur l'incarnation. La mise en scène et la façon dont on enregistre vont également avoir un rôle sur l'efficacité de ces propositions.

Vous proposez des « séries », mais où place-t-on le curseur entre « sérialisation » des contenus et « saucissonnage » pour attraper l'audience ? La série sur le Qatar, par exemple, aurait pu être plus courte, non ?...
Prenons cet exemple[80]. Pour nous, c'est une tentative de raconter une histoire différemment, dictée par nos moyens : nous ne pouvons pas envoyer de reporter au Qatar ; et nous nous basons ici sur les souvenirs de quelqu'un qui raconte son expérience à la première personne, dans un format où la journaliste se parle un peu à elle-même. Il y a toutefois une écriture, tout est prévu : l'auteure sait où elle va, par où elle va passer, connaît ce dont elle parle et toutes les données journalistiques ont été recoupées.
Nous avons aussi besoin de proposer de la longueur. C'est un programme qui n'a pas la même densité que *Superhéros*, mais il ne demande pas le même volume de travail, en termes de réalisation. C'est une proposition un peu hybride, et nous ne l'avons pas saucissonnée ! Il y a une logique, une progression, une narration. C'est une façon un peu différente de raconter quelque chose, et qui a très bien fonctionné.

Dans les séries comme *Superhéros*, l'objectif est de proposer des épisodes assez denses, et logiques, qui permettent d'amorcer, de développer et de conclure une micro-histoire avant d'en amorcer une autre. Ces épisodes ont d'ailleurs des durées très variables ; parfois 8, parfois 15 minutes... Ça dépend des histoires et des personnages. Alors, oui, nous sérialisons les contenus, et nous sommes plus proches du modèle 10 x 10 minutes que du 1 x 90 minutes.

---

[80] Camille Maestracci, *Deux ans au Qatar*, Binge Audio, 2018

On a longtemps glosé autour du « modèle économique » introuvable des documentaires interactifs... et ça recommence avec la VR... C'est différent pour les podcasts ? Il y a une économie, une viabilité industrielle ?
On ne peut pas comparer. Les documentaires interactifs sont nés dans des économies subventionnées de service public, au sein de grosses structures ayant un cahier des charges tourné vers l'innovation. Ce sont des acteurs qui ont une obligation de recherches formelles, forcés de défricher autre chose que de répondre à la demande basique. Même chose pour la VR, bien qu'il y ait aussi une industrie d'équipement. Mais elle ne pourrait pas se développer en France sans un soutien public à la production. Dans les deux cas, nous nous situons dans un contexte où les innovations précèdent en fait la demande, les audiences, et l'économie.

Avec les podcasts, nous sommes dans un cadre bien différent. Un peu similaire à celui des vidéos sur YouTube. Il y a de grosses masses de consommation, de demande ; il y a de vraies dynamiques créatives, industrielles et narratives.

Autre différence par rapport à mes expériences chez ARTE ou Radio France : j'ai fondé Binge Audio comme une entreprise de presse. C'est un média avec une activité commerciale et un modèle économique natif. Nous ne nous sommes pas lancés en nous disant que nous allions vivoter dans l'attente de trouver le modèle de demain. Il y a un marché, des consommateurs, des auditeurs, des annonceurs, des régies publicitaires, un système de distribution, etc. Nous avons exploré tout ça, et nous avons élaboré un modèle économique viable dès le départ. Bien sûr il est ambitieux, et nous visons un large spectre d'activités pour toucher le (grand) public avec des productions diverses. Dans ce contexte, il faut des investissements, voire des levées de fonds.

Par ailleurs, le marché des podcasts ne bénéficie pas de financements publics. Nous ne produisons pas de vidéos, donc nous n'avons pas accès au CNC ; nous ne produisons pas de contenus écrits, donc nous n'avons pas d'aides à la presse.

Combien ça coute de produire un podcast comme *Superhéros* ? Et comment on finance l'activité alors même que, justement, les « guichets » du CNC ou de la SCAM ne vous sont pas accessibles ?
Une saison de *Superhéros* coûté entre 10.000 et 15.000 euros, principalement en salaires (ce qui inclut les charges, les frais, la musique originale, les illustrations, l'édition et la promotion). Pour nous, c'est une production hollywoodienne.

Pour financer l'activité, nous avons conçu dès le départ notre modèle sur la contribution des publics et des annonceurs. On fait donc aussi de la publicité et du *brand content*. Parfois je m'en plains, parce qu'il faut financer nous-mêmes nos pilotes (nous y parvenons depuis peu). Mais c'est vertueux : quand on engage un projet, on ne reporte pas la charge de l'investissement sur un guichet public. On investit donc correctement, et on ne mise pas « pour voir ».

On travaille dans une plus petite économie, avec des coûts maîtrisés, et j'y trouve certains avantages. Nous ne faisons pas la même chose que sur le service public puisque nous n'avons pas d'obligations liées à la création ou la recherche formelle. Bien sûr, nous innovons quand même parce que nous voulons atteindre un public plus jeune, différent, et ainsi répondre à une demande de consommation et d'usages. Mais nous sommes loin du système public, avec son rythme de décision lié à des commissions mensuelles ou trimestrielles, ses délais et ses rendus de compte complexes. C'est l'avantage de l'inconvénient.

Sur des productions complexes, nous nous sommes posé la question de monter des plans de financement avec des sociétés audiovisuelles. Nous sommes allés voir la SCAM, puisque nous rémunérons des auteurs, et il est important que les sociétés de gestion de collective soient impliquées. On aimerait d'ailleurs qu'elles investissent un peu plus dans le secteur des podcasts natifs – même si ce n'est formellement ni le mandat de la SCAM ni celui de la SACD. Ça nous aiderait pour du développement.

Il y a finalement peu de choses qui sont financées directement sur fonds propres dans le secteur culturel, mais cela présente l'avantage de nous rapprocher d'une certaine forme de rationalité économique. Du coup, les décisions que nous prenons sont peut-être plus pertinentes...

La publicité, ça fonctionne bien ? Est-ce que vous envisagez aussi de monétiser certains de vos contenus?
Oui et oui. On monétise nos contenus, mais nous ne vendons pas tout. Il y a des programmes qui intéressent moins les annonceurs, ou qui font moins d'audience. On vend des campagnes à Disney, au secteur agroalimentaire, à des banques, etc. On diffuse ces messages en *pré-roll* ou en *post-roll* sur nos programmes.

On fait aussi du *brand content,* c'est-à-dire des contenus réalisés sur la base du *brief* d'un annonceur qui travaille plutôt pour l'intérêt général (universités, mairies, ONG, etc.). Nous produisons des contenus que nous diffusons avec la marque de l'annonceur, dans une indépendante éditoriale totale.

Nous faisons également de la production déléguée pour des tiers, avec des contenus diffusés sous « marque blanche ». Nous produisons enfin des podcasts sous la marque « Agence Binge Audio Creative », dans lesquels l'annonceur intervient, mais que nous ne signons pas et que nous ne diffusons pas *via* nos canaux. Ça nous permet de financer nos activités éditoriales.

Aujourd'hui, la publicité représente une part infime de nos revenus par rapport à la production déléguée, mais ça progresse vite et ça va s'équilibrer sur le temps.

Au-delà des chiffres d'écoutes (700.000 par mois à ce jour), avez-vous d'autres manières de mesurer l'impact de vos programmes ?
Il y a d'abord les chiffres en valeur absolue : nous ne comptabilisons pas les écoutes épisode par épisode, mais globalement sur un podcast, c'est-à-dire un flux RSS, pendant un mois donné. L'ensemble des derniers épisodes constitue en règle générale entre un tiers et la moitié de la consommation du mois ; le reste étant de la longue traîne.

On observe ensuite la dynamique, c'est-à-dire la croissance d'un podcast d'un épisode à l'autre. On regarde par exemple avec quelle rapidité un épisode atteint 10.000 écoutes.

On regarde aussi la manière dont les gens s'emparent de nos productions sur les réseaux sociaux, sans indicateur objectif précis. On analyse le nombre d'abonnés sur les différentes plateformes, et le courrier des auditeurs que l'on reçoit spontanément. On a beaucoup de messages pour *Les Couilles sur la table* et pour *Les Gentilshommes*, qu'il s'agisse de personnes voulant passer dans l'émission ou de simples remerciements.

Pour les séries comme *Superhéros*, on scrute ce que l'on appelle le « taux de complétion », c'est-à-dire le nombre de personnes qui écoutent l'ensemble des épisodes. Si le différentiel entre l'audience du prologue et celle de l'épilogue est de moins de 10 %, c'est un succès – et c'est souvent le cas.

On observe la presse, et les sollicitations professionnelles. Et puis nous organisons des séances d'écoute collective (avec *Superhéros*) ou des enregistrements publics pour les *talks No Ciné et No Fun*. Le nombre de personnes qui viennent, leur profil, leurs âges sont aussi des indications pour mesure l'impact de nos programmes.

Comment toucher ceux qui ne connaissent pas encore Binge ? Autrement dit : quelle est votre stratégie de

distribution ? On a vu une tentative de partenariat avec « M », le magazine du Monde...
Ce n'était pas qu'une tentative ! C'était même quasiment une forme de coproduction. L'enquête de David Carzon[81] a été réalisée en exclusivité pour *Le Monde Magazine*, et a également fait l'objet d'un podcast, d'abord seulement disponible en version payante sur le site de notre partenaire, puis sur Binge Actu. Le Monde a donc financé une partie de cette enquête. Ce qui est intéressant ici, c'est la visibilité permise par un journal de référence, et l'apport extérieur en termes de financement pour un programme qui demande du temps.

Pour les lancements de saisons ou de nouveaux programmes, nous essayons de nous appuyer sur des partenariats médias (comme *Libération* ou *Mademoizelle*). On donne notre programme à diffuser en exclusivité pendant quelques jours avant de le rendre disponible sur nos réseaux.

Pour la stratégie de distribution en tant que telle, nous travaillons notamment avec Apple Podcasts pour leur fournir les éléments graphiques destinés à alimenter leur site. On fait beaucoup d'effort sur l'édition ; on fait en sorte que la qualité visuelle et écrite de nos contenus soit irréprochable et cohérente. Il faut que le graphisme puisse indiquer à l'auditeur qu'il écoute un contenu de Binge Audio. Il faut aussi par exemple que quelqu'un qui a écouté *No Ciné* puisse être tenté par *No Fun*.

L'une des difficultés du marché des podcasts est d'assurer la découvrabilité des programmes. Il faut qu'un auditeur puisse savoir qu'un programme existe quand il en écoute un autre. Or, il existe peu d'endroits de prescription aujourd'hui.

Disons également que nous nous inscrivons dans une stratégie de distribution multi-plateformes. Nous sommes présents

---

[81] David Carzon, *À la recherche des oubliés du Parti Socialiste*, M Le Magazine du Monde, 8 décembre 2017.

partout où l'on peut écouter du son : Soundcloud, YouTube, Apple Podcasts, Deezer, etc.

On utilise aussi les espaces *pré-roll* en début de nos programmes pour faire de la valorisation croisée. Au début d'un épisode de *Les Couilles sur la table*, on peut par exemple parler d'un épisode ou du lancement de *A dérouler*.

ARTE Radio a mis en images *Les Braqueurs* pour toucher davantage de monde, notamment sur les réseaux sociaux... C'est un paradoxe pour un média sonore... C'est une piste à laquelle vous réfléchissez ?
Il n'y a pas de paradoxe ! Et il n'y a pas de contradiction fondamentale entre l'image et le son. Certes, ils doivent s'apprivoiser. L'illustration trop directe d'un contenu narratif coupe un peu l'herbe sous le pied du programme. Quand c'est trop explicite, c'est idiot. Il faut proposer des éléments visuels qui ne viennent pas en contradiction avec ce que l'on est en train d'écouter. C'est la même chose avec les livres : il faut savoir entretenir l'imaginaire, et ne pas raconter tout ce qu'il se passe.

Quand je travaillais à la radio, j'ai toujours encouragé la radio filmée, en étant très conscient que ce n'était pas de la télévision. Ça n'est valable que pour le flux, pour exister sur les plateformes vidéo, mais ce n'est que de l'illustration, il n'y a pas de mise en scène comme à la télévision. Nous pourrions aujourd'hui filmer l'enregistrement de nos *talks*, mais c'est une charge de production et de traitement de fichiers que nous ne pouvons pas aujourd'hui caser dans notre économie. Si nous étions équipés, nous le ferions pour alimenter notre compte YouTube. Mais cela reste une proposition complémentaire : la majorité des usages, c'est de l'écoute en mode mobile et au casque. On n'a donc pas besoin d'images dans ce contexte. YouTube reste aujourd'hui la première plateforme de musique, et les gens ne regardent pas l'image. Il en faut en revanche une dans le cadre ; donc soit on choisit une image fixe – ce que l'on fait aujourd'hui pour des raisons de coûts –, soit on choisit une image qui bouge.

Pour les documentaires, c'est encore autre chose. On aimerait bien pouvoir illustrer, mais c'est encore une charge de production et de montage importante.

Bref, il n'y a ni contradiction, ni tabou sur le sujet. ARTE Radio a fait du très beau travail avec *Les Braqueurs*, mais toutes les tentatives en la matière ne sont pas payantes. On n'a pas encore trouvé l'équilibre, car il faut des images qui parlent à une partie du cerveau sans demander d'effort d'analyse. C'est d'ailleurs la raison pour laquelle nous avons conçu une charte graphique basée sur le trait, et non sur la photo. Ça revient moins cher, et il faudrait produire nos propres photos pour tenter de construire un langage qui nous soit propre. Notre image de marque repose sur de l'illustration.

Il y a de plus en plus d'acteurs indépendants dans le secteur... Est-ce qu'il ne faudrait pas mutualiser ces forces en créant une plateforme de diffusion « libre et indépendante » ? Un « Netflix » du podcast, en quelque sorte...
La multiplicité des acteurs dans le secteur est une bonne nouvelle. Il y a les indépendants, mais aussi la presse écrite, des marques, des agences de publicité ou de communication, etc. Et c'est tant mieux ! Plus on sera nombreux, mieux on se portera. Plus il y aura d'offres sonores originales (c'est-à-dire natives), plus il y aura d'auteurs et de réalisateurs qui travailleront avec plusieurs sociétés, et plus le secteur sera solide. C'est la même chose dans la communication, la presse, le cinéma, etc.

Ceci dit, je ne suis pas intéressé par la mutualisation de ces forces pour tenter de créer une plateforme de diffusion. Je préfère me concentrer sur la production et la distribution de mes propres contenus. S'investir dans un projet de plateforme commune, c'est un autre business qui demande de fédérer des acteurs aux intérêts économiques différents. C'est beaucoup de travail. Nous essayons déjà de nous coordonner pour mettre en commun nos chiffres d'audience, et ce n'est pas simple...

Ajoutons que pour que ce type de plateforme fonctionne bien, il faut qu'elle soit soutenue par une société tenue par un modèle économique et un management vertical. On ne peut pas à la fois être un média et s'occuper de sa propre distribution. Des groupes médiatiques se sont déjà regroupés pour mettre en place des kiosques numériques, et ça ne fonctionne pas. C'est la même chose pour nous : on n'aura pas le temps, pas les moyens, on ne sera pas d'accord sur la gouvernance. Je pense que personne n'est vraiment demandeur ; tout le monde se débrouille avec les plateformes existantes. Si en revanche un acteur émerge avec l'ambition et les moyens d'être aussi structurant que Netflix pour les podcasts, on l'utilisera sans problème.

Quel regard portez-vous d'ailleurs sur la concurrence ?
Je les adore ! Ils sont très sympas, et ils sont nécessaires à mon business. Plus il y aura d'offre, plus les gens écouteront des podcasts, plus ils auront besoin d'en écouter d'autres, et plus ils viendront chez Binge. C'est la métaphore d'une rue avec des restaurants. S'il n'y en a qu'un, il fera moins de chiffre d'affaires que s'il est entouré de 14 concurrents. Pour faire venir des auteurs, des créateurs et des auditeurs, vous avez besoin d'une économie, et vous avez donc besoin de plusieurs acteurs.

Nous sommes en face d'amorçage, et plus il y aura de dynamisme, mieux ça vaudra pour tout le monde. Nous avons besoin d'une offre large. Je crois aux médias quand il y a une diversité d'offre, pluraliste et libre. C'est d'ailleurs stimulant : on regarde ce que font les autres, et on essaie de faire mieux... Il n'y aura jamais assez de concurrence. Aujourd'hui, nous sommes face à une demande et il n'y a pas assez d'offre. Merci les concurrents, et montez des business dans les podcasts, s'il vous plaît.

Vont arriver sur le marché les enceintes connectées, les assistants personnels... En quoi ça va changer la donne pour vous ?
Ça va vraiment changer la donne. Pourquoi ? La radio est au départ un média linéaire sonore, qui est devenu visuel avec la radio filmée, qui est ensuite devenu non linéaire en 2004/2006 avec l'émergence des podcasts et donc avec la « catch-up ». Mais nous restons déterminés par un système de distribution *broadcast*, qui façonne les contenus et le marché.

Le podcast natif arrive en complément, notamment pour s'adresser aux jeunes générations, avec des acteurs comme nous. Mais on reste toujours *challenger* de la radio parce qu'elle a de gros volumes et de grosses communautés qui viennent de leurs antennes (qui ne sont pas les mêmes que les nôtres, on l'a dit).

Les enceintes connectées vont rebattre les cartes parce que les radios ne bénéficieront plus de leur prééminence basée sur leurs ressources hertziennes. La bande FM est un secteur où il n'y a que peu de place : à Paris, vous pouvez écouter 30 radios ; avec les enceintes connectées, vous pouvez écouter tout ce que vous voulez. Il y a bien sûr une prééminence pour les marques installées car, en mode vocal, on ne fait pas de recherches, on va vers ce que l'on connaît. Mais il existe une opportunité de s'adresser différemment aux publics, avec des contenus faits différemment, distribués différemment. C'est très intéressant pour nous car nous allons être au même niveau ; nous pourrons nous confronter aux radios sortantes, en étant sans doute meilleurs. Nous pensons différemment, nous façonnons différemment les programmes, et nous avons des équipes agiles tournées vers la performance sur le non linéaire. Les enceintes connectées sont donc essentielles pour nous.

C'est aussi une nouvelle manière de penser la radio et de structurer les contenus. Ces technologies seront présentes dans les foyers, mais aussi dans les voitures, et ça va entraîner d'autres demandes, et d'autres types de production. C'est plus de contenus possibles, et d'autres modèles économiques envisageables. Ça va contribuer à accélérer l'effritement du média de masse *broadcast*, qui va rester encore fort très longtemps, avec également des offres pour les enceintes connectées, mais je fais le pari : nous aurons toujours moins de volume, mais un impact plus fort.

Chapitre 4

Le documentaire en série

En documentaire, les feuilletons et la sérialité ne sont évidemment pas nés avec internet. Point Frères Lumière : déjà les inventeurs bisontins, qu'il s'agisse du programme de la première séance publique payante de cinéma le 28 décembre 1895 à Paris ou de la teneur des images ramenées d'un peu partout dans le monde par les premiers « explorateurs cameramen », ont involontairement construit une œuvre où les « vues » documentaires s'ajoutent les unes les autres, se complètent et se commentent, formant un tout qui ne se résume pas à la somme des parties.

Dans l'Histoire du cinéma, la démarche de George Rouquier fait également référence. En réalisant à 37 ans d'écart *Farrebique* (1946) et *Biquefarre* (1983), l'auteur proposait un diptyque avec les mêmes personnages et sur les mêmes lieux ; deux « fictions documentées » qui misaient notamment sur le temps long pour déployer une réflexion puissante sur la condition des paysans du Rouergue. En 1968, c'est en Inde que Louis Malle allait chercher matière à régénérescence personnelle et professionnelle. Le résultat s'imprime dans une époustouflante série, *L'Inde fantôme*[82].

Autre démarche exemplaire : celle de Michaël Apted qui, depuis 1963, nourrit un remarquable travail au long cours. Tous les 7 ans, il retrouve 14 personnages filmés pour la première fois alors qu'ils avaient 7 ans. Après *Seven Up !*, *7 plus Seven, 14 Up, 21 Up, 28 Up*... et jusqu'à *56 Up* diffusé à la télévision britannique en 2012, le réalisateur britannique dresse un portrait inédit d'une génération qui nous interroge sur nos propres destins, sur nos choix comme sur nos renoncements.

Les références de « suites » documentaires sont nombreuses, et elles ont pris une nouvelle tournure dans les médias contemporains, avec l'essor des séries américaines. Sans remonter à *Dallas* ou à *La Quatrième dimension*, force est de constater que les codes des succès comme *Game of Thrones*,

---

[82] Benjamin Genissel, *Un Français, en Inde, en 1968*, Le Blog documentaire éditions, 2017.

House of Cards ou *Narcos,* et plus anciennement, de *Twin Peaks, Desperate Housewives, Les Soprano* ou *The Wire,* ont alimenté plus ou moins directement les créateurs de séries documentaires, eux-mêmes encouragés par l'émergence de nouvelles plateformes de diffusion comme Netflix qui mettent d'importants moyens financiers dans la production.

Histoire et faits divers

Là aussi, un précurseur : Jean-Xavier de Lestrade. Tout juste auréolé de l'Oscar du meilleur film documentaire en 2002 pour *Un Coupable idéal,* le réalisateur français se voit proposer par la chaîne de télévision américaine HBO de trouver « *une histoire aussi forte (...) en faisant la promesse de nous suivre aussi loin que possible* »[83]. Jean-Xavier de Lestrade et son équipe écument les faits divers nord-américains pendant de longues semaines avant de tomber sur l'histoire de Michael Peterson, un écrivain aisé accusé du meurtre de sa femme, retrouvée sans vie en bas de son escalier. Le drame et ses développements judiciaires sont à ce point saisissants que le projet de long-métrage se transforme en série de 8 x 45 minutes (avec pas moins de 800 heures de rushs). HBO renonce, et c'est Canal+ qui prendra la suite.

Ce « polar du réel », aussi efficace que brillant, trouvera son apothéose dans *Soupçons 2*[84] et *3* (récupéré alors par Netflix), ultimes rebondissements d'une affaire incroyable et d'une série en 13 épisodes d'une exceptionnelle intensité... Bien sûr, les épigones ont suivi.

Jean-Xavier de Lestrade explique le mouvement : « *Aujourd'hui, aux Etats-Unis comme en Europe, qui dit télévision dit désormais série, même si on parle de fiction. Les chaînes qui produisent des séries à succès se forgent une*

---

[83] Bruno Icher, *Entretien avec Jean-Xavier de Lestrade :* « *Il y a un rapport fascinant entre l'exercice de la justice et le documentaire* », Télérama, 8 janvier 2016.
[84] Cédric Mal, *Soupçons 2 : Entretien avec Jean-Xavier de Lestrade,* Le Blog documentaire, 28 janvier 2013.

identité forte et se construisent un public fidèle grâce notamment au format en épisodes. Avant que les chaînes câblées américaines ne se lancent dans les séries, elles n'existaient pas dans le paysage audiovisuel. Il est donc assez logique que ces diffuseurs considèrent la série documentaire comme un terrain à creuser. »[85] Tout en pointant déjà les limites évidentes d'une duplication à la chaîne d'un concept : « Au regard de ma propre expérience et de ce que j'ai pu voir, je sais que les meilleures séries documentaires sont des accidents, des aventures qui, grâce à une succession de péripéties totalement inattendues, font exploser le cadre dans lequel elles étaient développées. Et cela, par définition, n'est jamais programmable. Du coup, j'ai un peu peur que la volonté des grands diffuseurs de produire des séries documentaires n'aboutisse à une "industrialisation" de ces projets, avec le risque de forcer le processus à grands renforts de mise en scène. »[86]

Jean-Xavier de Lestrade a d'ailleurs été sollicité par les auteures d'un autre succès récent : *Making a murderer*, diffusé à l'hiver 2015 sur Netflix et réalisé par Laura Ricciardi et Moira Demos. Les ingrédients sont sensiblement les mêmes : une affaire judiciaire extra-ordinaire, portée par des personnages emblématiques et nourrie par une intrigue à rebondissements. Fruit d'un travail d'enquête de 10 ans, la série de 10 épisodes d'une heure environ (pour la première saison) est construite autour du sort de l'accusé principal, Steven Avery, condamné à 18 ans de prison pour une agression sexuelle, puis à nouveau accusé d'un meurtre à sa sortie de détention. Plus « délayée » que *Soupçons*, elle devrait elle aussi connaître un épilogue puisque son diffuseur américain a annoncé une saison 2, sur la base de nouveaux rebondissements.

Si la veine du « thriller documentaire » est très (trop ?) bien exploité en série (voir aussi *Shadows of Truth*, de Ari Pines et Yotam Guendelman, toujours sur Netflix), un autre genre

---

[85] *Op. Cit.*
[86] *Op. Cit.*

cultive la sérialisation des contenus : l'Histoire. *Apocalypse* (Isabelle Clarke, Daniel Costelle) revisite les grands conflits mondiaux avec la spectacularisation qu'on lui connaît[87] depuis 2009. Plus récemment, une autre coproduction internationale, *Vietnam* (Ken Burns, Lynn Novick)[88], portait un regard « neuf » sur la guerre du même nom – 9 heures de film sur ARTE en 2017 ; 18 heures sur la chaîne américaine PBS.

Quant à la série *O.J. Simpson : made in America* (Ezra Edelman et Caroline Waterlow pour ESPN Films et ABC), elle réunissait à la fois fresque historique et fait divers énigmatique en revenant sur la vie de l'une des plus grandes stars des Etats-Unis. Plus de huit heures de films, diffusés en France par ARTE en juillet 2017, qui valurent à leurs auteurs l'Oscar du meilleur documentaire la même année. Depuis ce sacre, l'Académie américaine a modifié les règles de sélection et d'attribution des distinctions pour les documentaires, en excluant les séries de la compétition...

Et le web, dans tout ça ?

Sur internet, les séries documentaires de courts-métrages se sont développées et professionnalisées ces dernières années en France sous l'impulsion des diffuseurs publics, France Télévisions et ARTE, avec deux plateformes dédiées que sont IRL et ARTE Creative. Studio+ propose également, pour le groupe Canal+, des webséries depuis 2016, avec notamment le très remarqué *Biarritz Surf Gang*, *The Fan* dans l'univers du e-sport ou *El Justiciero* sur une incroyable histoire au Brésil. Venu des Etats-Unis, Blackpills propose de son côté à ses utilisateurs : « *Touche l'écran. Prends ta dose_* ». Plusieurs webséries ont inauguré l'offre documentaire de l'application, notamment *The Clichy-Montfermeil chronicles* de J.R. et Ladj

---

[87] Jean-Louis Comolli, « *Apocalypse/Hitler* », *les faux monnayeurs*, Le Blog documentaire, 14 novembre 2011.
Hugues Le Paige, « *Apocalypse/Hitler* », *la mystification*, Le Blog documentaire, 25 octobre 2011.
[88] « *Vietnam* » : *une fresque monumentale pour changer les regards sur l'Histoire*, Entretien avec les auteurs, Le Blog documentaire, 19 septembre 2017.

Ly qui reviennent dans l'épicentre des émeutes urbaines 15 ans après les faits pour dresser un portrait du quartier et de ses habitants, ou *Resist* qui suit des activistes nord-américains dans leur combat contre la construction de deux prisons dans le comté de Los Angeles.

Fin observateur de cet écosystème, Joël Bassaget note, en pensant d'abord à la fiction : « *La France est le deuxième producteur mondial de webséries après les Etats-Unis et devant le Canada. (...) Le phénomène a démarré bien avant 2005, date officielle de naissance des webséries, avec l'ouverture des sites de partage comme YouTube, Vimeo, Dailymotion. En France, tout a démarré dès la fin des années 90, avec le développement de la "sphère geek", des forums et sites ont relayé les adresses internet permettant de découvrir des webséries. Elles ont ainsi acquis un public et créé un terreau fertile pour des auteurs qui ont fait à leur tour des émules. Aujourd'hui, on peut compter 500 séries différentes produites en France, à rapporter aux 5.000 séries créées depuis 1995 dans le monde entier (sans compter les saisons). Pourtant en France, le public reste restreint. Sans doute car les auteurs français ont développé une culture de la clandestinité et de la spontanéité. Quand en 2009 et 2011 le monde a connu deux bonds qualitatifs des webséries, les auteurs français n'ont pas trouvé leur place, au contraire des Espagnols ou des Italiens. Ce n'est qu'en 2012 que les Français ont abandonné les thèmes issus des jeux vidéo et des univers "geek" pour s'approprier des genres plus traditionnels de la télévision comme le thriller ou la comédie. Et la France a alors retrouvé une place de premier rang, avec des webséries présentées et primées en festivals. C'est en France que des réseaux de distributeurs professionnels comme Canal Play, Studio 4 ou des plateformes de SVOD proposent des offres de webséries, ce qui est unique en Europe. C'est aussi en France que naissent des initiatives pour aider les auteurs, comme récemment à la SACD.*
Une websérie est d'abord un programme court conçu pour être diffusé sur le web. Car 95 % des épisodes durent moins de 13 minutes et 80 % moins de 10 minutes. Ce sont encore des

formats peu exploités par la télévision où il existe cependant des "shortcoms". Et surtout, les webséries sont une opportunité pour la télévision de faire sa révolution numérique : les téléspectateurs la consomment non plus dans leur salon, mais sur plusieurs écrans dont des tablettes et des smartphones... Il faut voir les webséries comme une extension du territoire narratif de la télévision. Ecrire un format court implique donc nécessairement une nouvelle écriture. »[89]

Vaste challenge, sur lequel nous revenons ici au travers de plusieurs exemples notables dans la production française récente. Si les auteurs trouvent dans la websérie une manière de travailler un ton et des écritures différentes, ils apprécient la relative liberté dont ils jouissent dans l'exercice – même s'ils déplorent globalement le manque de « mise en valeur » de leurs réalisations. Jérémy Pouilloux, producteur à La Générale de Production, explique sans ambages : « *Le format est libre. Sur le web, il n'y a pas de grille, pas d'encadrement, ni d'impératifs de diffusion (...). Les diffuseurs doivent apprendre à diffuser en ligne. Si les audiences d'ARTE Creative ou de Studio 4 ne sont pas énormes, ce n'est pas à cause des contenus : c'est parce qu'ils ne savent pas diffuser en ligne, ils ont conservé des réflexes de la télévision traditionnelle. Par exemple, les relations presse ne sont pas adaptées, les journaux qui publient des programmes de télévision ne parlent pas de ce qui se passe sur le web* »[90]. Lors de la même rencontre organisée par le CNC et la SACD, Harold Varango, réalisateur de la série digitale *Persuasif*, résumait parfaitement le défi : « *Le web change tout le temps, donc nos certitudes aussi* »[91]. Raison pour laquelle vous découvrirez au fil de ces pages que le documentaire en série se décline aussi sur les réseaux sociaux...

---

[89] Joël Bassaget, *Ecrire et produire une websérie – Premier rendez-vous des rencontres CNC/SACD*, 6 octobre 2015, Paris.
[90] Jérémy Pouilloux, *Ecrire et produire une websérie – Premier rendez-vous des rencontres CNC/SACD*, 6 octobre 2015, Paris.
[91] Harold Varango, *Ecrire et produire une websérie – Premier rendez-vous des rencontres CNC/SACD*, 6 octobre 2015, Paris.

Les webséries dans tous leurs états

Par Nicolas Bole

Elles sont de plus en plus présentes dans les commissions du CNC et sur les bureaux du pôle web d'ARTE (principalement sa chaîne Creative) et de France Télévisions (avec IRL). Les webséries n'ont pas fait que pallier la désaffection pour le webdocumentaire, parmi les auteurs et les producteurs ; elles proposent à leur manière des codes d'écriture, sinon entièrement nouveaux, tout du moins singuliers. Revue d'effectif subjectif et non-exhaustif de différentes formes de webséries, de *La Bande du skatepark* à *Product* en passant par *Fais-le toi-même*.

La websérie au long cours

Elle n'a d'autre spécificité à proposer qu'une écriture séquencée, où le récit puise avant tout sa source dans un fil narratif déployé tout au long des épisodes. La websérie au long cours, c'est celle qui démarre sur une situation particulière et nous expose à ses développements. C'est aussi celle qui se rapproche le plus du documentaire dans ce qu'il a de « traditionnel ». Pour une bonne websérie, prévoyez des personnages d'une épaisseur que les épisodes n'épuiseront pas totalement et un traitement cinématographique qui leur laisse la parole – que cette parole soit prise en son (comme dans *La Parade*, de Samuel Bollendorff et Mehdi Ahoudig) ou diégétique, à l'instar des sept héros de *La Bande du skatepark*.

Cette websérie produite par Quark Productions prolonge d'une autre manière l'approche sensible de sa réalisatrice, Marion Gervais, que l'on avait vu à l'œuvre dans un documentaire célébrant la pugnacité de son héroïne (*Anaïs s'en va-t-en guerre*) et qui avait explosé les records de visionnage d'un documentaire sur internet, dépassant allégrement les 500.000 vues en deux mois. Dans *La Bande du skatepark*, ce sont de sept minots dont il s'agit, qui parlent comme s'ils avaient 25 ans et qui boivent du panaché dans lequel « *on sent la bière* » même s'il n'y en a pas beaucoup. Ces sept ados-là ne jurent que par le « bol », l'espace semi-sphérique dans lequel les rêves tournent et s'envoient en l'air, juchés sur une planche à roulettes. Certains d'entre eux iront à Barcelone pour l'été, d'autres resteront coincés dans une « France périphérique » où la zone commerciale renferme l'imaginaire démesuré et attendrissant de ces petits rebelles.

On est davantage convié à suivre un récit documentaire qu'à émettre une réflexion sur la forme choisie : pourquoi la websérie plutôt que le bon vieux documentaire linéaire ? Juliette Guigon, productrice chez Quark, confie qu'elle imaginait bien... un 52 minutes au départ *[vœu qui sera exaucé par la suite, NdA]*. Mais malgré le succès de son premier film, Marion Gervais n'essuie que des refus de la part des diffuseurs pour *La Bande du skatepark*. Le bébé passe donc des mains de France 4 à celles d'IRL, qui le sélectionne. Avec un budget plus restreint (35.000 euros), la production et l'équipe du film doivent abattre, de l'avis de la productrice, une somme de travail « *hallucinante* ». Réécriture en feuilleton, validation de chaque épisode... Comme le résume malicieusement Juliette Guigon : « *Plus l'œuvre est petite (en termes de temps), plus ça demande du travail !* »

Malgré cette naissance due à un projet linéaire avorté, on peut percevoir une liberté renouvelée dans la forme séquencée du récit. Comme si elle avançait par bonds successifs, la narration se laisse guider par la singularité des personnages. A l'instar de *La Parade*, qui mettait précisément la parade comme point d'orgue à l'histoire pour mieux passer du temps avec une majorette, un amateur de *tuning* ou un dresseur de pigeons voyageur, *La Bande du skatepark* nourrit son histoire de temps de pause (ou de pose photographique, pourrait-on dire) sur ses personnages. Au rythme général du récit, se superposent des échappées qui enrichissent la série :

davantage dans la largeur que dans la longueur, si l'on considère que le récit ne nous emmène pas dans un final en forme de climax mais qu'il nous dévoile toutes les pistes qui mènent à ce final. C'est donc une approche pointilliste qui, par petites touches, colore le récit de détails et d'à-côtés, que n'aurait peut-être pas permis la linéarité (contrainte ou non dans un format audiovisuel) d'un film.

La websérie à dispositif

ARTE avait déjà ouvert la voie à ce type de projets « à contraintes » : dans *Le marcheur*, tout un chacun était invité à filmer ses pieds puis un bout du paysage autour de soi pour revenir finalement à ses pieds, dans un dispositif millimétré, détaillé comme un jeu d'écriture oulipien. D'une manière moins radicale, la websérie humoristique *Kestuf* reprenait le principe du « dispositif » en l'adoucissant ; restait tout de même l'unité globale de la proposition, composée d'un recueil de témoignages et d'une illustration dessinée. Même dessein dans la réalisation de *DataGueule*, à France Télévisions cette fois et sur un tout autre sujet, qui a fait des *datas* le moteur de sa mécanique narrative. Avec *Product*, produit par La Barone, Sandl et Media 365, Simon Bouisson et Ludovic Zuili ont poussé le dispositif jusqu'à imposer le point de vue subjectif.

Explications : pour comprendre comment des objets du quotidien se retrouvent dans notre assiette, dans nos cheveux ou à nos pieds, les deux réalisateurs de cette websérie conçue pour ARTE Future mettent une caméra au cœur même du mécanisme de production. A la place du cheveu dans une usine de filage en Inde ou dans les filets d'un chalutier pêchant des milliers de crevettes, la caméra se fait bringuebaler au rythme entraînant d'une musique qui « signe » le ton de la websérie. Imaginé, en 3 minutes, comme un film global qui n'oublie aucune étape de production, chaque épisode réussit le tour de force de réunir l'informatif et une intention narrative proche des films d'installation muséale. On s'y perd avec délectation, dans un rythme de consultation volontiers boulimique, une main sur la souris, le regard sur la liste des 10 produits portraitisés. La force d'un dispositif si rigoureux est de faire entrer le spectateur dans une jubilation du mimétisme. Chaque produit étant traité de la même façon, les différences dans la chaîne de production apparaissent de manière criante, notamment parce qu'un compteur nous indique le nombre de kilomètres reliant la matière première au client final.

Nul besoin d'être grand clerc pour deviner que certains tournages ont été difficiles à réaliser, tant du point de vue des défis techniques que des autorisations, parfois absentes dans quelques ateliers où la misère vient nourrir les lubies consuméristes occidentales (l'épisode des rajouts de cheveux est éclairant à ce sujet). Ce type de websérie, basée sur une idée formelle très aboutie, donne à l'ensemble des épisodes la forme d'une collection, déclinable à l'infini.

La websérie au fil de l'eau (des égouts ?)

Elle s'apparente, dans son engagement documentaire, à une websérie au long cours. Et pourtant : il y a quelque chose de sensiblement différent dans l'approche, comme si chaque épisode découlait du précédent. Dans une forme d'enquête mi-sérieuse mi-drolatique, Pauline Horovitz laisse exprimer son talent de réalisatrice à la première personne dans le format court, avec *Peur sur la ville*, produit par les (décidément incontournables) deux producteurs de Quark. Bestioles rampantes, légendes urbaines et vrais tatoués, répondant au fil de l'eau aux interrogations de la réalisatrice, peuplent l'univers si caractéristique de la comédie documentaire. Pauline Horovitz scrute la cuvette de ses toilettes, les dalles menant aux égouts ou des vidéos d'alligators sur internet avec une mine déconfite. Ce faisant, elle est le guide de sa websérie, lui imprimant son rythme, sa direction.

Si, comme nous le confirme Juliette Guigon, le projet était, conformément aux vœux du diffuseur, « *très écrit* », avec les grandes lignes narratives pour chaque épisode, l'impression laissée lors du visionnage n'en reste pas moins très différente de celle amenée par *La Parade* ou *La Bande du skatepark*. La réalisatrice joue avec le temps, le rendant élastique, jusqu'à nous faire croire qu'elle a filmé son enquête en temps réel. La jouissance vient du puits semble-t-il sans fond dans lequel se jette Pauline Horovitz pour explorer l'ensemble des symptômes de sa phobie : dans cette liberté de ton, cette ouverture au hasard (tel ce spécialiste interrogé par Skype qui semble vouloir faire dévier la conversation des crocodiles vers Pauline), elle raconte une histoire *a priori* sans grande consistance. C'est avec le ton et la malice d'un dispositif semblable au jeu « marabout, bout de ficelle » que la réalisatrice permet à l'internaute de voguer d'une surprise à un étonnement, d'une découverte des plus sérieuses à un éclat de rire.

La websérie à thème

ARTE Creative a sans conteste trouvé sa ligne éditoriale : une ligne où l'esprit pop côtoie la bidouille, la musique et le *street art*, ciblant méthodiquement une audience jeune qui s'installe dans des codes *hackant* la culture légitime. Après *Photos rebelles*, après *Dig it !*, *Fais-le toi-même* plonge dans les arcanes du *Do It Yourself* et des fablabs qui fleurissent partout en France, créant une véritable communauté dont le site *Makery* est le principal lieu de ralliement sur le web. En francisant le *Do It Yourself*, le réalisateur Adrien Pavillard donne une foule d'exemples d'un profond changement d'état d'esprit. Fini l'enseignement théorique, place à la pratique : le mouvement des *makers* renverse la logique de l'apprentissage en proposant à tout un chacun de venir bidouiller, fabriquer ou recycler.

Avec leurs imprimantes 3D, découpeuses laser ou autres machines CNC *[pour Computer Numerical Control, rien à voir avec le Centre National du Cinéma et de l'image animée, NdA]*, les *fablabs* représentent ces tiers-lieux dans lesquels le lien social émerge d'une pratique collaborative. *Fais-le toi-même* foisonne ainsi, musique électro en bandoulière, de ces réinventions quotidiennes, mi-artistiques, mi-citoyennes. La websérie prend un tour thématique qui cherche une forme d'exhaustivité dans les signes avant-coureurs de cette révolution des *makers*.

Postulant qu'un « *problème ne doit pas être résolu deux fois* », les têtes bidouilleuses des *fablabs* mettent souvent leurs créations sous licence *creative common*, permettant à chacun de réutiliser leurs découvertes. Ainsi, on y fabrique tout soi-même et avec les autres : des meubles en matériaux recyclés, de petits objets connectés mais aussi des œuvres célébrant l'art du détournement, comme lorsque des consoles de jeu *vintage* deviennent des instruments de musique.

Mais la websérie *Fais-le toi-même* croise aussi le chemin des artistes du numérique, qui créent dans l'espace public pour ré-enchanter le quotidien, à l'instar du *Graffiti Research Lab*. Le collectif propose des murs de LED sur lesquels les passants peuvent écrire et dessiner avec de l'eau. L'artiste Aram Bartholl, lui, installe des clés USB dans les murs de la ville, comme autant de points d'entrée vers son imaginaire. D'autres actions incarnent la résistance face aux géants du web, réunis sous l'acronyme GAFAM : on y retrouve avec joie Albertine Meunier, Julien Lévesque et Bastien Didier, les trois trublions qui avaient participé au hackathon *Dada-Data* de David Dufresne et Anita Hugi à Zurich.

Cette websérie joue aussi sur une signature, reconnaissable par une introduction *slamée* (par le rappeur Rocé), sur des images d'archives d'un mode de production du XXème siècle. Bien moins formelle qu'une collection comme *Product*, la série de 8 épisodes se laisse davantage de liberté quant à la forme. L'informatif y a toute sa place, avec des interviews d'artistes et de bidouilleurs. Mais la singularité de l'écriture réside dans la réalisation qui laisse large place au montage – écriture désormais très reconnaissable des webséries d'ARTE Creative. Inventivité que l'on retrouve également dans les détails, comme ces « synthés » malins qui présentent chaque personne interrogée. De quoi faire passer, si ce n'est déjà fait, à tout un chacun les portes du *fablab* le plus proche...

Marion Gervais : pourquoi et comment « La Bande du skatepark » a été une websérie

Par Fanny Belvisi (avril 2016)

La Bande su skatepark, ce sont Enzo, Liam, Pierrot, Ben, Orso, Glen et Louis. Sept ados entre 13 et 15 ans qui rêvent d'une vie plus grande. Ils investissent le skatepark, leur deuxième maison, *no man's land* entre terre et mer près de Saint-Malo. Dans la bande, il y en 4 qui se promettent de quitter l'ennui et de partir à Barcelone, la capitale du skate pour une grande virée. La série regarde de près l'aventure de la bande et les histoires de chacun. Un long-métrage a ensuite été composé à partir de la websérie. Confessions d'une réalisatrice qui avait tout pour ne pas se plier à cette forme spécifique...

Après votre film documentaire *Anaïs s'en va t'en guerre*, qu'est-ce qui vous a poussé à vous lancer dans une websérie ? D'où est venue cette idée ?
Marion Gervais – À l'origine, je voulais faire un film documentaire de 52 minutes avec les sept garçons. Lorsque mes producteurs, Quark, et moi-même, avons envoyé le dossier à France 4, France Télévisions était en train de lancer son site dédié aux « nouvelles écritures ». Le projet leur a beaucoup plu et ils ont tout de suite pensé qu'il était justement adapté à ses nouvelles écritures. Nous nous sommes rencontrés et nous avons décidé de faire cette websérie.

Etiez-vous enthousiaste sur le fait de tester cette forme ?
Cela m'a fait peur. J'aime prendre mon temps, j'aime aller dans l'intériorité des êtres, du monde et je n'avais pas du tout envie de devoir « saucissonner » le réel. J'ai une manière personnelle de filmer, je n'écris pas de scénario par exemple,

comme on pourrait en demander dans une websérie. J'ai donc posé mes conditions : je ne voulais pas filmer autrement que comme j'ai l'habitude de le faire ; à savoir en passant beaucoup de temps avec mes personnes et filmer en fonction de ce que je trouve, même si je sais parfaitement ce que je veux et ce que je cherche. Tout cela est très intuitif. Je voulais cette liberté sinon je ne me serai pas lancée dans ce projet. Il était hors de question pour moi de provoquer des choses, de trafiquer, de séduire. Je voulais une matière brute.

Comment avez-vous travaillé en sachant que l'œuvre finale serait une websérie ? Aborde t-on le tournage et le montage de la même manière ?
J'ai essayé de très peu penser à ça, sinon cela me conduisait sur une route qui n'était pas la mienne. J'ai fait quelques petits efforts, dans la compréhension de l'histoire notamment, lorsque les garçons se rencontrent. D'habitude je ne cherche pas à ce que le spectateur « comprenne » mes films. Dans ce projet, je n'avais pas la pression du scénario, mais je devais vraiment faire en sorte que les spectateurs aient tous les éléments pour saisir le déroulement de l'histoire. J'avais des personnages avec des destins rudes, chacun d'entre eux avait son petit drame, et je voulais faire avec cela, sans rien construire à l'avance.

C'est donc plutôt au moment du montage que vous avez dû penser le film dans sa forme de websérie ?
Exactement. Le montage que j'ai réalisé en étroite collaboration avec Ronan Sinquin, mon monteur habituel, a été très intense. Il a fallut trouver des épisodes. Mes diffuseurs souhaitaient que le film soit essentiellement axé autour de la bande. Moi je leur ai proposé quelque chose qui n'abîmait pas ce que je voulais raconter ; c'est-à-dire que chaque épisode soit construit autour de trois fils conducteurs : un personnage dans son histoire personnelle, l'univers de la bande et le voyage à Barcelone.
Au début, je n'avais proposé que les personnages, mais comme eux tenaient vraiment à une suite d'histoires qui s'enchaînent, je leur ai proposé les épisodes sous leur forme finale.

Comment la durée des épisodes a-t-elle été déterminée ?
J'avais la durée que je souhaitais. Comme il s'agissait d'un format de « webdocumentaire », les durées devaient nécessairement être courtes. Cela pouvait donc durer 3 minutes ou 8 minutes, mais je suis restée libre dans le choix de la durée de chaque épisode.

Comment avez-vous construit et pensé la structure générale de la série ?
Cela s'est fait à l'instinct également. La seule contrainte était que deux des personnages se coupent les cheveux dans la série ; il fallait donc respecter cette cohérence. Mais sinon la chronologie était libre.

Pour la construction, j'avais aussi deux garçons : l'un attendait le retour de son père au port, et l'autre une lettre de reconnaissance de son père. D'une manière ou d'une autre, il fallait donc respecter une certaine cohérence dans l'attente du bateau et de la lettre. Nous avons procédé à des contractions de temps dans chaque épisode, tout en tenant toujours les fils qui m'étaient chers. Le travail de montage a donc été très méticuleux, avec toujours cette crainte de perdre le sens et de tomber dans quelque chose de superficiel. Je voulais absolument que la websérie rende aux personnages leur liberté, leur puissance de vie et leur amitié qui les sauvent de tout et les protègent de leurs drames personnels.

Avez-vous pris en compte, dans le processus de réalisation, le fait que la série était diffusée sur le web et non à la télévision ? Cela induit potentiellement une différence de spectateur. Aviez-vous en tête cet élément ?
Pas du tout. Je ne pense pas à toutes ces choses là. Cela n'a rien de péjoratif, mais je ne m'intéresse pas à la manière dont les gens vont recevoir mon travail. Je travaille à l'instinct, je donne tout pour que cela soit au plus près de ce que je veux faire. Après, le film fait sa vie.

Si je commence à penser à cela, je perds de ma fraîcheur et de mon âme. Je ne lâche rien, mon intégrité est plus importante. J'ai besoin d'être touchée. Quelque soit la forme de mon film, je conserve ma manière de travailler. Cela a d'ailleurs été une vraie victoire, car cela n'a pas été facile de m'imposer...

Mes diffuseurs avaient tendance à se concentrer sur l'efficacité de l'histoire. Eux pensent justement un peu trop aux spectateurs. Moi la seule chose qui m'intéresse c'est le vrai, c'est ça qui me touche. Dès que tu t'en éloignes pour chercher de l'efficacité ou des rebondissements, tu fabriques. C'était vraiment ma peur en début de tournage et c'était absolument ce que je voulais éviter.

Vous avez donc travaillé sans scénario d'un bout à l'autre ?
Oui, je n'ai fait que le dossier d'écriture dans lequel je parlais de chaque personnage ainsi que de ce *no man's land* cinématographique où il n'y a rien, mais où leur monde fait justement tout. J'ai une grande intimité avec eux, je suis devenue leur amie, leur confidente. Je ne me suis jamais posée en adulte morale. Je leur avais juste posé comme condition de ne pas faire mal aux autres ou à eux-mêmes. Parfois, cela allait loin. Je me demandais s'il fallait que j'intervienne ou pas, où était la limite. Au final le tournage a duré un an et tout s'est bien passé...

J'ai décidé d'arrêter de les filmer après le retour de Barcelone. Cela s'est fait naturellement, contrairement à *Anaïs s'en va-t-en guerre* où j'avais eu du mal à arrêter. J'ai attrapé ce groupe de garçons à un moment de leur vie très bref ; à cet instant où ils accèdent à la conscience de ce qu'ils sont, à la conscience qu'ils peuvent inventer leur monde et en être les rois. Cette liberté qui jaillit dure très peu de temps. Après vient le formatage, l'éducation des parents, les études... Cela bouge vite, en quelques mois, un an peut-être. J'ai tout de suite compris que ces garçons, que je connaissais pour la plupart d'entre eux depuis qu'ils étaient enfants, changeaient et qu'il fallait que je prenne ma caméra.

Pour la narration, je connaissais donc leurs histoires personnelles. Ce qui m'intéressait, c'était de comprendre comment à 13 ans on navigue avec des choses rudes. L'idée était de se mettre à l'intérieur pour voir comment ça se passe. Je savais donc exactement ce que je voulais filmer. Leurs histoires et leurs ombres devaient apparaître sur fond de leur amitié et de leur bienveillance. Je voulais mettre en lumière le côté sauvage, non formaté, entre la mer et la terre, de ces petits gars perdus dans un immense espace.

Est-ce que vous vous racontiez des choses entre chaque épisode ? Au tournage ou au montage ?
Les épisodes ont été diffusés une fois par semaine, mais cette fréquence n'était pas adaptée. Tout le monde voulait pouvoir regarder les huit épisodes d'un coup. Mes diffuseurs eux-mêmes ont reconnu que c'était une erreur de les avoir mis en ligne à ce rythme, surtout dans un format web, où les gens passent rapidement à autre chose. L'important pour moi, c'est que les gens se soient laissés prendre par la série, qu'ils aient été bouleversés. Toucher des spectateurs dans des formats aussi courts, ce n'est pas simple, il faut que ça soit très percutants très rapidement. C'est un vrai exercice se style.

Regrettez-vous au final de ne pas avoir fait un film documentaire de 52 minutes, comme vous l'aviez imaginé au tout début ? Êtes vous contente de cette expérience ?
J'ai été très heureuse d'aller au bout de cette aventure, c'était passionnant. J'ai pu exprimer des choses grâce aux contraintes spécifiques d'une websérie. Un film documentaire aurait peut-être donné plus de gravité au propos ; la série m'a donné une forme de légèreté, sans jamais toutefois oublier les ombres présentes dans la vie de chacun de mes personnages. La vie l'emporte toujours sur le tragique : ce format m'a donné l'occasion de rendre particulièrement sensible cette énergie.

Par ailleurs, j'ai pu quand même réaliser le 52 minutes que je souhaitais faire au tout début de l'aventure. Dans ce film, *La belle vie,* on retrouve les mêmes garçons que dans la websérie, mais l'écriture est radicalement différente !...

« La Parade »,
un conte documentaire post-industriel

Par Cédric Mal

> Ce fut un peu la « série de l'été » 2015 dans l'univers des webcréations francophones, et elle nous emmenait dans les cultures dites « populaires » du Nord de la France. Mehdi Ahoudig et Samuel Bollendorff nous offrent avec *La Parade* un « *conte documentaire post-industriel en photographie parlante* » ; dix chapitres de 4 à 5 minutes chacun, qui explorent aussi « *une nouvelle forme de dialogue entre le son et l'image fixe* ». Savoureux.

Elles apparaissent sur une route déserte, dans le cadre d'une image bordée d'un terril et d'un pylône électrique. Elles s'avancent au-devant de la scène, progressent à notre rencontre en rythme, synchronisées. Chorale visuelle et sonore, cette « parade » de majorettes, troupe en costume de gala qui peut tout aussi bien rejouer la *Naissance de Vénus* en surgissant de la mer (voir épisode 6), est emmenée par Cloclo, marquée jusque sur sa peau par le nombre 18 – elle vous explique pourquoi dès l'ouverture du programme ; marquée jusque dans son cœur par l'infortune – vous l'apprendrez plus tard au terme d'une séquence poignante de l'épisode 4.

Dans cette remarquable scène inaugurale, Cloclo et toutes les autres se dévoilent de manière presque fantomatique. Deux fondus règlent leur entrée et sortie du champ, cependant que la caméra reste fixe. Si elles semblent ainsi « flotter sur l'image » et survoler le paysage sans apparemment le marquer de leurs empreintes, c'est le son qui les arrime au sol, les enracine dans le récit et vous happe dans la narration.

« Un deux trois, sur le côté... »

Le décor ainsi planté, le geste fondateur de cette websérie consiste en un mouvement dans et sur l'image, une extension des limites du cadre qui nous rapproche un peu plus encore des personnages. En apparence, un simple panoramique sur la droite. Panoramique qui ne dévoile pas ce qui était supposé rester hors-champ, mais qui opère un décadrage sur une autre image. S'incrustent alors plusieurs clichés de Cloclo, qui poursuit son récit en voix-off. Images « virtuelles », en puissance, dont le surgissement abolit le traditionnel cadre cinématographique. Continuité spatiale, contraction temporelle, évaporation du montage. C'est ici formellement résumé le projet d'ensemble de cette websérie : agrandir la toile, aller voir derrière les apparences, dans le relief des détails et au-delà des bords admis de la représentation. Nous placer, aussi, *à côté* des personnages.

Cloclo conclut ce plan inaugural de près de 2 minutes sur le ton de la confidence, avec ces mots qui rétrospectivement résonnent sur l'ensemble du programme : « *mes collègues me respectent* ».

Identités positives

Le respect est indéniablement le moteur central de la démarche des auteurs, qui sont parvenus à trouver la juste mesure et la bonne distance par rapport aux univers très caractérisés de leurs différents personnages (les majorettes, donc, mais aussi le *tuning*, les combats de coq ou les défilés de Géants). Point de voyeurisme ni de condescendance ici – et le terrain était glissant... Les regards qui se portent sur ces cultures populaires du Nord de la France sont profondément bienveillants, attentionnés, empathiques.

Il en va d'abord du postulat de départ des auteurs, et de leur point de vue. Mehdi Ahoudig explique : « *Ce projet a commencé avec la rencontre de Yannick, sur notre dernier projet commun avec Samuel Bollendorff (...) dans le bassin minier lorrain (...). Il nous disait qu'il "voyait encore loin, mais un peu moins loin qu'avant"* ». Et d'ajouter : « *Nous sommes partis du postulat que les gens, plutôt que de s'accomplir dans le travail, s'accomplissent maintenant dans ces cultures populaires. Et nous souhaitions interroger des formes d'accomplissement plutôt que des échecs sociaux* ».

Samuel Bollendorff va plus loin en décrivant « *de véritables héros de disciplines spectaculaires* » mus par « *une passion dans l'accomplissement et dans le fait de "faire"* ». A cette intention initiale de se focaliser sur des « *identités positives* » s'ajoute ce dispositif ingénieux qui permet aux réalisateurs de sublimer les réalités qu'ils se sont proposés de dépeindre.

Un peu de fiction dans un monde brut

La voix de François Morel l'expose en exergue de chaque épisode : « *C'est* l'histoire *de Cloclo la majorette, de Petit bleu le coq combattant, de Gros bleu le pigeon voyageur, et de Jonathan, l'homme Vectra. Tous se préparent pour... la Parade* ». Et cette histoire, ces histoires savamment construites par petites touches, d'épisodes en épisodes, reposent sur ce que Samuel Bollendorff nomme des « *photographies parlantes* ».

Le principe était déjà en germe dans le webdocumentaire *À l'abri de rien* (des mêmes auteurs) – et le programme s'ouvrait symboliquement par ce mot, « Regarde », répété 8 fois dans l'introduction. Ici aussi donc, les images de Samuel Bollendorff, complexes, foisonnantes de détails et toutes shootées en argentique, sont le réceptacle des récits des différents personnages. Les paroles, *off*, viennent alimenter et *creuser* la représentation, en ajoutant une nouvelle strate de sens et en étendant dans le même temps les bords du cadre de notre perception. Formidable et subtil travail de Mehdi Ahoudig – accompagné par la très adéquate musique originale composée par Thierry Deleruvelle : les denses et riches mondes sonores de *La Parade* semblent parfois même agir *derrière* les images pour interroger notre manière de voir.

Samuel Bollendorff explique : « *On ouvre un espace entre la surface de l'image fixe et la profondeur de l'écoute, on propose une autre dimension : celle du hors-champ qui engage l'imaginaire du spectateur* ». L'imaginaire, et la réflexion...

Punctum

En creusant ainsi les signes de la composition, les sons permettent de mettre en relief des détails qui pointent, qui piquent et qui interpellent (voir le *punctum* de Barthes dans *La Chambre claire*[92]). Un bébé dans un salon de majorettes, un garçon avec une énigmatique mallette métallique, un pigeon capturé en plein vol... Autant de petits éléments épars et signifiants, qui soutiennent la subtile alternance de paroles patiemment recueillies pendant près d'un an par Mehdi Ahoudig et Samuel Bollendorff.

Ces récits qui structurent et suturent la narration ouvrent aussi des brèches fictionnelles dans l'apparence documentaire des images. La mise en mots des personnages par eux-mêmes ajoute des touches d'onirisme dans le programme, des pigments colorés et contrastés dans un contexte plutôt morose. C'est là toute l'épaisseur de *La Parade*, son intérêt et son inventivité. Mehdi Ahoudig confie : « *La série nous a poussés vers la question de la fiction, et à raconter une histoire avec des éléments du réel. Cette écriture nous a permis de créer un réel augmenté d'une part de fiction plus affirmée* ».

La Parade

Déjà dans *A l'abri de rien*, il était question de difficultés sociales et d'impossible projection dans l'avenir. Avec *La Parade*, et comme son titre l'indique, la veine est nettement plus optimiste. On se concentre sur ce qui permet de tenir

---

[92] Roland Barthes, *La Chambre claire – notes sur la photographie*, Gallimard, 1980.

debout malgré tout, sur les motifs de fierté et sur la grandeur des personnages qu'on s'efforce de sublimer.

Derrière le folklore, face à un contexte économique fragile et un paysage politique incertain, les auteurs préfèrent opposer des résistances. Comme celle de Jonathan, qui souhaite quitter l'usine pour ouvrir un garage parce qu'il ne veut pas « *toujours avoir un chef au-dessus de son cul* ». Il dit qu'il est jeune et qu'il n'est pas pressé. On aimerait pour lui que l'avenir se hâte.

Simon Bouisson détaille « Product »

Par Benjamin Chevalier (septembre 2016)

Simon Bouisson est assurément un auteur « prolifique ». Après sa sortie de la Fémis en 2010, où il avait déjà réalisé le webdocumentaire intitulé *Les Communes de Paris*, il s'est illustré à maintes reprises dans le domaine interactif, avec *Jour de vote* en 2012 (coréalisé par Olivier Demangel) et *Stainsbeaupays* en 2013 (créé avec Elliot Lepers). Son film interactif *WEI or Die*, toujours construit avec Olivier Demangel, a également eu un retentissement certain en 2015. Plus confidentielle mais non moins audacieuse, l'expérience *Tokyo Reverse* proposée sur France 4 en 2014 n'en était pas moins novatrice dans le champ de la *« slow TV »*. Et alors que Simon Bouisson prépare un nouveau film interactif pour France Télévisions (*La République*), il revient ici sur la websérie *Product* qu'il a coréalisée avec Ludovic Zuili pour ARTE. Avec toujours une franche défense de l'interactivité...

Product **est une websérie documentaire qui se propose de nous faire découvrir les arcanes (méconnues) de la mondialisation, à travers le parcours de fabrication de différents objets. Comment est né ce projet ? Est-ce une commande du pôle web d'ARTE à l'occasion de la COP21, ou en êtes-vous à l'initiative ?**
Simon Bouisson – Ce n'était pas une commande d'ARTE, et l'échéance de la COP21 est arrivée sur le tard, un peu comme une coïncidence. Initialement, c'est la productrice Laetitia Barone qui est venue nous voir, Ludovic et moi, avec l'envie de faire quelque chose sur le processus de fabrication des objets.

Nous avons tout de suite pensé au générique de *Lord of War*[93]. On est donc parti sur l'idée de filmer en caméra subjective la trajectoire de différents produits pour raconter le monde d'aujourd'hui, dans sa grandiloquence et son absurdité. L'idée s'est construite de cette manière, assez simplement. Mais connaissant le milieu de la production audiovisuelle, on pensait que ce serait infaisable car trop coûteux. Voyager aux quatre coins du monde pour chaque épisode, avec toutes les contraintes techniques que notre concept impliquait, ça semblait impossible... Et puis on pensait aussi que tous les fabricants nous fermeraient la porte au nez, par crainte qu'on produise des films à charge.

Bref, on ne voyait pas le projet aboutir.

Du coup, qu'est-ce qui vous a permis de passer, contre vos attentes, de l'idée à la fabrication ?
Nous avons obtenu l'aide du CNC et un premier investissement d'ARTE pour réaliser un pilote. Ils voulaient voir ce que notre concept donnait concrètement à l'image.

On s'est lancé, et on a fait l'épisode sur la crevette. A nos yeux, c'était le plus emblématique de ce qu'on cherchait à raconter. La crevette, c'est un produit qui est consommé à quelques kilomètres du lieu où il a été pêché, mais qui en a parcouru des milliers d'autres entre temps ! [94] C'était un pari très ambitieux... C'est un 3 minutes qui nous obligeait de partir en Allemagne, aux Pays-Bas, au Maroc, sur des chalutiers en mer. En tout, il a coûté 17.000 € à réaliser, ce qui est très cher, surtout pour le web.

Heureusement, ARTE a beaucoup aimé, et s'est donc engagé pour la suite de la production. À ce moment-là, la machine

---

[93] Film d'Andrew Niccol (2005), avec Nicolas Cage, sur le trafic d'armes. Le générique retrace la « vie » d'une balle, de sa fabrication à son objectif : tuer.
[94] Pêchées au large de l'Allemagne, les crevettes sont ensuite envoyées au Maroc pour y être décortiquées avant de revenir en Allemagne *via* les Pays-Bas. Un périple qui dure 13 jours entre la pêche et la vente du crustacé.

s'est vraiment mise en route : Ludo et moi avons pu commencer à tourner le reste des épisodes.

Comment s'est passé le travail avec les équipes d'ARTE ?

Vraiment très bien. C'était génial de voir à quel point ils nous ont soutenu dans tous nos délires. On a quand même passé plusieurs mois dans les usines du monde entier, à essayer de trouver les cadres les plus hallucinants possibles, et eux nous encourageaient dans ce sens... C'était incroyable. Leur mot d'ordre, c'était littéralement : « *Lâchez-vous !* ».

Après, et c'est bien normal pour un diffuseur, ils ont cherché à penser le projet à l'aune d'enjeux de programmation. Par exemple, à un moment donné, il était question que les épisodes soient diffusés à Noël, et ils ont donc évoqué la possibilité de ne choisir que des objets qui pourraient potentiellement se retrouver sous le sapin.

En fait, plus largement, que ce soit sur ARTE ou sur France Télévisions, je crois que la liberté dont j'ai bénéficié en tant qu'auteur tient beaucoup à l'univers du web.
Par exemple, j'ai réalisé un 52 minutes sur la jeunesse pour l'antenne de *France Télévisions*[95], et c'était vraiment un autre monde. Les cases sont extrêmement formatées, les enjeux d'audience énormes, et donc le diffuseur est beaucoup plus interventionniste. Les équipes sont littéralement derrières les tables de montage, pour s'assurer du respect de règles esthétiques et dramaturgiques très précises. L'idée étant de déboussoler le moins possible le spectateur. Alors que sur *WEI or Die*[96] on me poussait à être le plus trash possible, sur ce 52 minutes – qui parle pourtant de la jeunesse actuelle –, je n'ai pas eu le droit de montrer des adolescents qui fument ou qui se droguent.

---

[95] Une déclinaison linéaire du projet interactif *Generation What ?* destinée à l'antenne de France 4, coréalisé avec Ludovic Zuili et Pierre Bourgeois.
[96] Thriller social interactif sur les futures élites françaises ; l'intrigue se déroule lors d'un week-end d'intégration qui tourne mal (Resistance Films, Cinétévé, France Télévisions, 2015).

Indiscutablement, *Product* entend porter un discours critique à l'égard des conséquences environnementales et sociales de la mondialisation. Pourtant, on a parfois l'impression d'une dénonciation bridée, qui ne va pas au bout de son propos. Est-ce que cela relève d'une contrainte de diffusion ou était-ce une volonté assumée de votre part ?
Certaines personnes sont effectivement venues nous voir après avoir visionné les différents épisodes pour nous dire la même chose. Leur discours, en substance, c'était : « *On ressent une certaine frustration, on aimerait en savoir plus, avoir plus d'informations* ».

En réalité, la proposition de *Product*, c'est précisément de pousser les spectateurs à s'interroger. C'est le but de chaque épisode que de poser des questions à celui qui le regarde, et de l'encourager à aller y répondre par lui-même, par ses propres moyens. Ludo et moi ne sommes pas journalistes. Notre ambition avec *Product* n'a jamais été de réaliser des reportages au sens strict du terme. Nous sommes des réalisateurs de cinéma. Notre force, c'est de raconter une réalité par l'image. Et au final, l'ambition de *Product*, c'est de faire passer autant d'informations en 3 minutes d'images fortes qu'en 52 minutes d'enquête journalistique.

Et c'est une ambition qui correspond bien aux usages actuels sur le web… Est-ce que vous pensez que c'est ce qui a séduit ARTE dans le concept de *Product* ?
Il est indiscutable que le format court est ce qui fonctionne le mieux actuellement sur internet. Toute l'intelligence d'ARTE a été de comprendre que, désormais, pour cartonner sur le web, il faut des objets concis et extrêmement efficaces dans leurs propositions.
Des objets qui peuvent être consommés directement sur les réseaux sociaux. Aujourd'hui, plus personne ne sort de ses réseaux pour visionner du contenu ! Il faut que les vidéos soient dans les fils d'actualité Facebook ou Twitter pour que

les gens les regardent. Et je crois que *Product* s'inscrit bien dans ce rythme contemporain.

Cette tendance au format court et linéaire ne se fait-elle pas au détriment de l'expérimentation interactive ?
En effet. *Product* était initialement un projet interactif. On avait pensé une interface web en *scrollytelling*, sur laquelle apparaissaient tous les produits auxquels étaient associés un ensemble de vidéos qui en retraçaient le parcours de fabrication... Et libre au spectateur de passer de l'une à l'autre comme bon lui semblait. Il aurait par exemple été possible de dérouler le parcours de l'étain dans son intégralité.

Ce projet était plus complet en termes journalistiques, comportait davantage de documents d'investigation que pouvait consulter l'internaute s'il le souhaitait. Mais ça n'a pas intéressé ARTE, qui a préféré partir sur un format court et sériel, toujours avec l'idée qu'aujourd'hui il faut être le plus percutant possible sur le web. J'ai l'impression que les Nouvelles écritures de France Télévisions s'inscrivent également dans cette démarche. Du coup, globalement, l'interactivité est de moins en moins recherchée par les diffuseurs, si ce n'est pour des projets d'accompagnement.

Et puis après tout, comment leur jeter la pierre ? A regarder de près l'audience des œuvres interactives, ça se comprend. Par exemple, à mon échelle, *WEI or Die* est la seule création de ce type qui ait vraiment rencontré son public... Pour autant, je regrette que les choses évoluent dans cette direction.

Pourquoi ? Tu penses que l'innovation sur le web passe par la dimension interactive ?
Oui, je le crois. Mais malheureusement je ne suis capable de te citer que trop peu d'œuvres interactives abouties. Ce que font Antoine Viviani ou Samuel Bollendorff, je trouve ça super, mais ils sont bien seuls... Je ne comprends toujours pas pourquoi il n'y a pas eu davantage d'auteurs qui se soient intéressés au web et à ses possibilités. C'est pourtant un

champ des possibles tellement vaste. Et le plaisir de fabrication est tellement grand ! Je pense que ça tient à la méconnaissance du média, mais aussi à un certain mépris des artistes à son égard.

Aujourd'hui, la réalité virtuelle commence à prendre le relai, intéresse plus naturellement à la fois les créateurs et les spectateurs. A l'instar du son dans les années 30, de la couleur dans les années 50 et de la 3D dans les années 2000.

Au générique, on peut lire que Ludovic et toi avez « *écrit, réalisé et post-produit* » chaque épisode. Estimez-vous que la création audiovisuelle pour le web exige aujourd'hui cette polyvalence ?
Avec Ludo, on maîtrise tout le *workflow [processus de fabrication, NdA]*, de l'écriture à la post-production. On tourne avec des caméras qu'on connaît par cœur, on sait utiliser tous les outils de la suite Abode. Et puis au-delà de ça, on aime vraiment être sur le terrain, prendre du son, faire des images.

Il est certain que ça permet de s'adapter aux contraintes économiques d'internet... Sans cette polyvalence des réalisateurs, beaucoup de créations web n'auraient pas vu le jour. Sur *Product*, pour préserver l'ambition de chaque épisode, il fallait réduire au maximum les coûts, donc pouvoir tout faire soi-même.

Mais on ne se complaît pas non plus dans ce mode de fonctionnement. Dès que la réalité économique nous le permet, on essaie de répartir au maximum le travail. Sur *WEI or Die*, on avait une monteuse, une étalonneuse, un mixeur. Il ne faut pas oublier que si tous ces métiers existent, ce n'est pas pour rien. Ça libère le regard du réalisateur, ça lui permet de respirer, c'est crucial. En ce moment, je travaille sur l'écriture de deux long-métrages pour le cinéma, et je me vois mal en ingénieur du son sur le tournage !

Concrètement, comment vous fonctionniez sur le tournage ?
Avant tout, il faut rappeler que, dans l'équipe, il y avait deux producteurs et deux journalistes. Une fois le choix des sujets arrêtés ensemble, ils s'occupaient de nous faciliter le travail : ils mettaient en place les collaborations avec les différentes entreprises, trouvaient des fixeurs, etc.

Et puis à partir de là, on s'envolait avec notre petite caméra (Canon 1D) et un micro. On cherchait vraiment à être le plus léger et flexible possible. Sur place, en moyenne, le tournage durait de 3 à 5 jours (même si c'est en réalité plus complexe que ça, car il nous arrivait souvent de tourner à un endroit des séquences correspondant à différents épisodes).
On ne prenait jamais le son en direct, à l'exception de très rares scènes où l'on voit les travailleurs qui parlent à l'image. Pour l'essentiel, ce sont des sons que nous avons enregistrés après et que nous avons post-synchronisés.

Au bout du compte, c'était une expérience de tournage documentaire classique, avec une composante humaine très forte. On devait séduire tout le monde, installer un climat de confiance propice au travail. Et ça s'est toujours bien passé. Je crois que la plupart des travailleurs, dans les usines ou ailleurs, étaient vraiment enthousiastes à l'idée d'avoir des images de leur boulot, pour enfin faire comprendre ce qu'ils faisaient.

Et en ce qui concerne le travail d'écriture, comment avez-vous procédé ?
On commençait par écrire le pitch. Puis les intro et les *outro*, les petits sketches de début et de fin. L'idée, c'était toujours d'installer un peu d'ironie et de provocation. Pour l'épisode sur le mât d'avion, au départ on voulait mettre en scène un crash en mer, pour finir sur l'image d'une pièce en titane flottante dans l'eau... Là, ARTE nous a dit qu'on allait un peu loin !

En fait, sur *Product*, le processus d'écriture était vraiment minimaliste. Beaucoup plus que sur un projet de documentaire linéaire classique, qui demande un travail d'anticipation et d'imagination très complet et très précis.

Là, pour chaque objet, les journalistes nous renseignaient sur les différentes étapes de fabrication, on imaginait les principaux plans qu'on aimerait filmer sur le terrain, les sketches, et c'est tout.

Cette simplicité tient au fait que *Product* est avant tout un concept. C'est-à-dire qu'une fois qu'on avait eu l'idée de la caméra subjective, l'essentiel était fait.

Julien Goetz et Sylvain Lapoix : construire la communauté de « DataGueule »

Par Nicolas Bole (juillet 2016)

Le premier a intuitivement compris les spécificités que pouvaient offrir les nouveaux espaces de création et de diffusion que constitue le web. Le second réconcilie avec agilité et pertinence le journalisme et la gestion des données, disponibles en masse dans les rédactions depuis le passage au monde numérique. Ensemble, Julien Goetz et Sylvain Lapoix animent *DataGueule*, un programme d'une efficacité redoutable qui donne aux données éparses l'allure d'un système de pensée. Car rien n'énerve autant les deux complices que la mode de la datavisualisation [97] et les discours se réclamant à tort et à travers de la donnée. Terreau politique qui doit devenir le soutien à une démonstration, la donnée triturée par *DataGueule* cherche à questionner les partis pris et à déstabiliser les certitudes. Avec ce modèle de série documentaire s'étant affranchie de la diffusion télévisuelle, Julien Goetz et Sylvain Lapoix ont exploré en plus de 70 épisodes – déclinés sur plusieurs saisons – tout ce que l'économie, la politique, l'écologie ou l'industrie comptent de faits, tour à tour révoltants, problématiques et (parfois) porteurs d'espoir... Et l'intérêt est là : 22 millions de vues (dont 30 % à partir de smartphones), plus de 400.000 abonnés sur YouTube et plus de 100.000 « *likes* » sur Facebook fin 2017, avec environ 500 commentaires sur chaque épisode... Après être passé du format court (3 à 4 minutes) au un peu plus long (10 à 12 minutes), les deux auteurs ont relevé à deux reprises le défi du long métrage avec *Deux degrés avant la fin du monde*

---

[97] Représentation graphique de données statistiques.

(destiné à France 4 et ayant collecté 790.000 vues sur YouTube entre fin 2015 et fin 2017) et *Démocratie(s) ?* (sorti en mai 2018 sur la plateforme de Google, avec déjà 200.000 vues au premier mois de la diffusion).

Qu'est-ce qui vous a pris de lancer l'idée de *DataGueule* ?

Julien Goetz — L'idée est venue de Boris Razon, à l'époque où il dirigeait les Nouvelles écritures de France Télévisions. Il avait contacté la société de production StoryCircus, avec laquelle il travaillait sur l'émission *Le Vinvinteur*. Il souhaitait lancer un programme avec des *datas*, inspiré par *The Beast Files,* diffusé sur la chaine australienne ABC. Ce programme prenait pour sujet des personnalités ou des entreprises et analysait qui elles étaient par le biais des *datas*. Nous sommes partis de ce concept avec Henri Poulain, le réalisateur. J'ai écrit un pitch du concept en décalant le regard par rapport à *The Beast Files.* L'idée de *DataGueule* était de raconter le monde dans lequel on vit et déconstruire par les *datas* (chiffrées ou factuelles) les enchaînements de données qui nous mènent à des mécanismes de pensée qui posent problème.

Sylvain Lapoix — Je n'étais pas dans l'aventure au tout début de *DataGueule*, je suis arrivé à partir de la saison 2. J'avais déjà travaillé sur un format approchant, *C Data*, diffusé dans l'émission de France 5, *C politique*. La grosse différence avec *DataGueule,* c'est que la rédaction de *C Politique* nous imposait le sujet à traiter, qui était en lien avec l'invité.

J.G. — Ils imposaient le sujet ET l'angle éditorial ! Nous, nous disions qu'il ne fallait pas présupposer l'angle mais le laisser advenir à partir de l'analyse des *datas*. L'exemple du sujet sur l'immigration lors de l'invitation sur le plateau de Marine Le Pen était parlant...

S.L. — La rédaction voulait absolument que l'on dise qu'il y avait beaucoup de Roumains en France. Or les *datas* disaient que les cinq premières nationalités présentes en France sont celles des pays limitrophes !

J.G. – C'était une perception de comptoir. Le script de l'épisode n'en parlait pas mais la rédaction pensait qu'il manquait quelque chose...

S.L. – Avec *DataGueule*, on a pu sortir d'une dialectique bizarre : *C Data* était en fait un complément qui servait à l'animatrice pour rebondir dans sa discussion avec son invité. C'était un gadget... sauf avec Marine Le Pen, qui n'a pas trop aimé notre séquence. Donc Julien a lancé *DataGueule*, je l'ai appelé pour savoir s'il avait besoin d'aide. Il était arrivé au bout de la première saison sur les rotules et la deuxième saison, c'était 35 épisodes...

J.G. – La première année, 10 épisodes c'était super mais je ne voulais pas repartir seul sur d'autres *DataGueule*. Je voulais quelqu'un que je puisse choisir et qui travaillerait sur l'enquête et le recueil de données.

En amont de chaque épisode, que fait-on ? Un copieux travail de recherches ? Qu'est ce qui fait qu'on choisit un sujet plutôt qu'un autre ?
J.G. – On prend un bon petit déjeuner car les journées sont longues !

S.L. – Il y a deux critères. D'abord, il faut qu'il y ait des données sur un sujet. France Télévisions comme nous, on a parfois pensé à des idées de sujet « datagueulisables », mais sur lesquels on manquait de données. Il faut dire que dans *DataGueule*, il n'y a quasiment aucune exclusivité, mais que des informations qui existent déjà ailleurs. Ensuite, il faut qu'il y ait une « colonne vertébrale » dans la démarche explicative de Julien. On a là aussi imaginé de très bons sujets, sur lesquels on a une masse de données. Simplement, le sujet ne va pas « tenir », au sens anatomique du terme. Il va se casser la gueule.

J.G. – Oui, il n'y aura pas de points de liaison entre des données toutes passionnantes en soi. On ne pourra pas circuler dedans, ça fera « *listing* de *datas* ».

S.L. – Au départ, nous pensions qu'il suffisait qu'il y ait des données et de la surprise. Un sujet a prouvé le contraire : les cosmétiques. J'avais des données à ne plus savoir qu'en faire. Je pouvais observer un ensemble de phénomènes parallèles, mais qui ne formaient pas système. Et quand ça ne fait pas système, ça ne fait pas script, et donc il n'y a pas d'épisode.

Vous faites des tableaux croisés dynamiques de données ?
J.G. – En gros, *DataGueule*, c'est : des données et des points de liaison qui permettent de démonter un système. Sur les cosmétiques, on avait des pièces de moteurs de camions, de voiture et de vélos mais ça ne racontait rien.

S.L. – A l'inverse, des sujets démontrent une cohérence phénoménale entre discours et données brutes : le charbon, la biodiversité... De mon côté, je m'occupe de « gratter » des bases de données, lire quantité de rapports, d'articles... Je m'en occupe, disons, à 80 %, Julien complète le cinquième restant. Ensuite, il écrit tout le script et je fais des suggestions à la marge.

J.G. – On discute de certains choix de *data*.

S.L. – *DataGueule* a d'abord été un format court, même si on a parfois dépassé la barrière des 4 minutes. Dans cette économie, tout ce qui demande plus de 15 secondes à expliquer, à moins que ce soit essentiel, est *de facto* hors-jeu. La démarche de réflexion qui se reflète dans le script devait pouvoir tenir dans la petite chaussure que constitue *DataGueule*. Et le moindre caillou dans cette chaussure nous empêche d'avancer. On en a parlé dans le *making-of* : nous étions parfois obligés d'abandonner des données incroyables car cela prenait trop de temps à contextualiser dans le raisonnement global de l'épisode. On effectue constamment un rapport temps/pertinence de la démonstration.

Qu'est ce qui vous a amené à travailler pour ce format court pour le web plutôt que pour la télévision ?
J.G. – Ce n'est pas vraiment un choix. Le format et la diffusion étaient déterminés par Boris Razon. Il nous a laissé carte blanche. Le premier épisode sur le partage du monde a posé le format et le *timing*. Il faisait 3 minutes mais je parlais très vite, donc on a un peu allongé. Concernant la diffusion YouTube, Boris a cette culture-là et cette liberté nous convenait. Certains *DataGueule* sont passés de temps en temps sur l'antenne, dans l'émission *L'autre JT* sur France 4. La plupart du temps, on ne s'en rend pas compte, on est au courant sur Twitter ! *[Depuis, des épisodes ont été portés à l'antenne de franceinfo, NdA]*

Qu'est ce sur la forme courte apporte en termes de narration ? Vous écrivez *DataGueule* comme une chronique ?
J.G. – Oui et non. La complexité de ce travail, c'est l'énormité des données amassées en deux jours, et un travail de compression tout aussi énorme. Les condenser en une page et quart, c'est usant. Passionnant mais usant ! Ce format est intéressant car il permet une diffusion très simple. Je ne suis pas forcément un défenseur des formats ultracourts, mais ici, ça fonctionne. Le côté feuilletonnant est aussi un atout car nous avons construit une communauté qui attendait chaque lundi le nouvel épisode de *DataGueule*.

Il y a tout de même des *gimmicks* d'écriture ?
J.G. – Oui, et dans ce sens-là, ça ressemble à un travail sériel. C'est comme un coin de canapé confortable qu'on aime retrouver. Mais ça nous enferme aussi. C'est pour cela qu'on a changé de format pour défendre quelque chose d'un peu différent. Après 57 épisodes, on a à peu près fait le tour du format. Avant la nouvelle formule, nous en étions au stade que je redoutais dans les 10 premiers épisodes : le format risquait de prendre le pas sur le fond. On risquait de traiter des sujets

non« datagueulisables » en insistant éditorialement sur des choses qui sont fausses pour conserver la mécanique.

S.L. – Pour la nouvelle formule, nous nous sommes inspirés de notre premier long-métrage *Deux degrés avant la fin du monde*. Le risque, à partir du 45ème épisode, c'est de réutiliser des données. On ne peut pas, à moins d'être conspirationniste, réécrire l'Histoire du monde sans se répéter. Dans notre mécanique de déconstruction, on va retomber sur les mêmes acteurs, les mêmes mécaniques. L'une des choses qui nous soude à notre communauté, c'est que nous sommes très à l'écoute de leurs critiques ou de leurs suggestions. Mais parfois celles-ci ne fonctionnent pas : quand on a fait un *DataGueule* sur l'aluminium, un internaute nous a suggéré d'en faire un sur l'argent, le plomb... Mais on ne fait pas un Wikipédia en vidéo ! Par ailleurs, l'aluminium est intéressant parce que c'est un métal considéré comme inoffensif alors qu'en fait, c'est un cataclysme environnemental, ce qui n'est pas forcément le cas des autres métaux. On a par ailleurs envisagé de lier la fin d'un épisode avec le début d'un autre, mais c'était ingérable du point de vue des délais de diffusion car cela nécessitait beaucoup de post-production. Et puis, il y a le piège du formalisme que Julien évoquait. L'une des plus grandes exigences du programme, c'est la cohérence et le caractère irréprochable de l'enquête. Vu ce à quoi nous nous attaquons, nous devons être béton. On ne doit donc pas chercher un petit truc, pas pertinent du point de vue de l'enquête, qui permettrait de lier les sujets entre eux.

J.G. – On avait ce rêve de faire de la série *DataGueule* elle-même une sorte de méta-épisode. Au bout de 57 épisodes, on ferait un zoom arrière global qui raconterait le monde : mais il aurait fallu tout écrire en amont.

S.L. – L'un des principes de *DataGueule*, c'est que les liens se font par les données. C'est fou à quel point la réalité nous donne la matière pour raconter des histoires. Et parfois on trouve une donnée qui fait vraiment la jonction entre deux parties du récit. Dans ce cas, il n'y a rien à tordre : parfois émerge de cette masse ingrate que constituent les données (de plusieurs milliers de pages !) un cadeau de ce type.

J.G. – Il y a souvent des choses qui émergent en fin d'enquête. Sylvain récupère des données, on les regarde ensemble et on repasse une dernière fois pour trouver la donnée qui manque. Beaucoup de chevilles qui permettent de faire tenir le récit sont apparues dans le sprint final de l'enquête.

Vous pensez au webdesign de l'épisode à ce moment-là aussi ?
J.G. – Non, il n'intervient pas à ce stade, même si j'écris en pensant à la matière visuelle qu'il y aura sur mon texte.

Quand intervient l'image finale de chaque film, qui contient tous les visuels de l'épisode ?
J.G. – Cette image-là émerge au moment du *brief* avec le graphiste. La difficulté de l'exercice est paradoxalement de ne pas écrire de manière trop imagée afin que le visuel ne soit pas redondant avec le texte. Il faut trouver une dynamique de vocabulaire agréable à mettre en image. Le script émerge des données : la première journée, je m'immerge dans la matière trouvée par Sylvain ; le lendemain, des blocs de sens émergent peu à peu. C'est assez fascinant.

Vous avez fait en sorte qu'il n'y ait pas de redondance entre le texte et le visuel, à l'inverse des journaux télévisés et des « plateaux infographiés » sur lesquels les journalistes redisent ce qui est écrit à l'écran ?
J.G. – Il y a forcément un peu de redondance mais elle est voulue. Dans *C Data*, l'idée était de désynchroniser image et script, avec des visuels assez réalistes. Le réalisateur, Henri Poulain, possède un gros bagage dans le *motion design* et, dès le début, il a eu la conviction qu'au vu du volume important de données proposé par *DataGueule*, il fallait assumer une part de redondance pour assimiler l'information. L'image vient régulièrement accompagner l'information donnée, tout en restant digeste. Je me suis posé la question de ce choix au début, mais il a eu raison.

S.L. – Vous parliez des « plateaux infographiés » des JT : avec *DataGueule*, on contredit un nombre incalculable de formats pensés pour la télévision. Dans mon école de journalisme, on nous apprenait qu'il ne fallait pas plus de 2 chiffres à la minute. Nous en dégainons 8 à 10 à la minute ! C'est en cela que *DataGueule* est « fondamentalement web ».

J.G. – Malgré tout, on se permet des décalages de sens, comme avec le « piquons une tête dans tel sujet » illustré par une tête qui se fait piquer ou « le circuit des ventes d'armes » représenté par deux voitures sur un circuit télécommandé. On s'amuse à traduire de manière littérale, au premier degré.

Qu'est ce qu'on essaie de dire derrière le ton un peu caustique de *DataGueule* ? Un propos politique non militant ?
J.G. – C'est tout à fait ça. C'est politique car l'idée de base de *DataGueule* est de se réapproprier la question du vivre-ensemble et donc la déconstruction des mécanismes qui régentent notre vie de tous les jours. C'est profondément politique mais non militant, même si nous avons globalement des sensibilités de gauche. Nous sommes très vigilants là-dessus : nous avons par exemple fait beaucoup de sujets sur l'écologie mais du point de vue du bon sens. La question de la viande par exemple : Sylvain et Henri sont végétariens ; je ne le suis pas. Le fait d'arrêter d'en manger relève du libre arbitre. Cette question relève du domaine privé. En revanche, il est certain qu'aujourd'hui on en mange trop. La question n'est donc pas pour moi d'arrêter ou non la consommation de viande mais plutôt de poser cette question : est-ce qu'on en mange pas trop ?

S.L. – Dans nos recherches, nous ne nous rangeons derrière aucune facilité. Sur la croissance par exemple, l'une des critiques récurrentes est de dire que l'on peut faire dire ce qu'on veut au PIB et que l'idée même de croissance n'a pas de sens. Pourtant, j'ai lu des économistes qui ne sont pas forcément pro-croissance et qui disent que cette théorie est indémontrable. Parce que si on prend l'exemple de la marée noire, il y a certes le coût de la dépollution, mais d'un autre côté le tourisme va s'effondrer, il va falloir reconstruire... La conclusion, c'est que la croissance est un flux que l'on essaie de mesurer. Nous avons procédé de la même manière avec la viande. D'ailleurs, je suis devenu végétarien à cause des données, et non par rapport à la souffrance animale. Et c'est une des principales remarques que l'on nous fait : pourquoi vous ne parlez pas de la souffrance animale ? Mais c'est purement moraliste et très difficile à quantifier. Pour moi, c'est en plus d'une malhonnêteté totale car cela consiste à dire que ce n'est pas grave de les tuer s'ils ne souffrent pas. C'est un raisonnement complètement idiot ! Ou en tout cas très incomplet...

Qu'est ce qu'on ne peut pas traiter avec *DataGueule* ?
J.G. – Toutes les plantes grimpantes ! (rires)

Sur la question de l'écologie par exemple, pourquoi n'y a-t-il pas de *DataGueule* sur le projet d'aéroport de Notre-Dame-des-Landes ?
J.G. – Pour moi, Notre-Dame-des-Landes n'est pas un sujet *DataGueule*. Ça peut être un exemple à l'intérieur d'un *DataGueule*, mais en soi, ça ne forme pas un système. Il faudrait identifier le système dont il est le fruit ou le symptôme, comme le développement du transport aérien, ou les grands projets immobiliers qui ne servent que l'industrie du BTP. On ne peut pas faire un sujet très factuel.

S.L. – On avait fait un *DataGueule* sur le cannabis qui avait bien marché. On nous a demandé d'en faire un sur la cocaïne mais on risquait de se répéter et ça faisait moins système. Beaucoup de personnes nous demandent aussi de trouver des solutions, de faire le « *DataGueule* des solutions ». On a souvent eu cette discussion car c'est la principale réponse dans les commentaires : les solutions, on ne les traite que quand elles constituent elles-mêmes un système complémentaire, comme la neutralité du net...

J.G. – Ou les biens communs, les monnaies complémentaires... Ce sont des solutions plus philosophiques, qui nous aident à penser différemment le système.

S.L. – Par ailleurs, ça pose le problème de la « bonne » solution. Du coup, ce serait prendre parti.

J.G. – Une chose dont nous sommes sûrs, c'est que l'observation du chemin qui va du problème à la solution est plus riche s'il est observé individuellement, sur sa propre énergie, plutôt que si on nous le donne. Ce sont des problèmes qui nous interrogent tous. En phase d'écriture, certains sujets ne m'interpellent pas, ne me révoltent pas : c'est en général un bon guide pour savoir s'il faut en faire un *DataGueule* ou non. On se pose des questions mais on n'est pas là pour donner des réponses. Chacun doit trouver les siennes. On dit d'ailleurs à ceux qui commentent que cet espace existe précisément pour faire émerger vos solutions, en discutant entre vous.

S.L. – On ne veut pas être des prescripteurs. Les médias fonctionnement souvent comme cela : « ça, c'est bien ; ça c'est mal ». Je préfère faire des sujets qui posent les questions autrement, avec plus de profondeur ou de problématique. Il ne suffit pas de dire « l'aluminium c'est la merde » alors qu'il y en a partout. Nos données sont ouvertes et nous intervenons dans les commentaires pour trouver des solutions.

J.G. – Il faut arriver à transformer cette énergie. On nous dit parfois que le ton de *DataGueule* est cynique, désabusé.

S.L. – Ou déprimant...

J.G. – En soi, c'est vrai que le monde qu'on décrit n'est pas très rassurant. Mais si j'utilise un peu le cynisme dans l'écriture, c'est comme un clin d'œil. Pour le reste, on a surtout l'envie de développer un esprit critique. L'idée, c'est d'apprendre de nos erreurs parce qu'au fond, on est capable de faire exactement les mêmes si on n'y réfléchit pas.

Qu'est ce que *DataGueule* aurait pu être et n'a pas été ?
J.G. – Ca aurait pu être un espace d'échanges un peu plus assumé. Après les 10 premiers épisodes, une communauté s'est créée et on aurait pu travailler dessus car la somme des discussions qui émergent est très intéressante. J'avais proposé à France Télévisions de faire un site *DataGueule* pour utiliser les commentaires générés sur YouTube, pour faire une sorte de « Wiki » contributif, par épisode et par thématique, afin que chacun fasse remonter ses solutions. Malheureusement ça ne s'est jamais fait, pour une histoire de temps et de budget. Pendant longtemps, j'ai eu l'espoir que ça se crée à partir de l'audience elle-même. A des gens qui me contactaient en message privé, je leur disais que ce serait bien de créer un tel espace. Mais on ne pouvait pas aller au-delà de la suggestion.

S.L. – Ce que *DataGueule* n'a pas été, c'est un programme *crowdsourcé*. Pour des raisons de structure : l'idée de *crowdsourcer* les solutions, c'est prendre un risque en termes de contenus. On traite de sujets difficiles, on l'a vu notamment sur la COP21.

J.G. – Nous avons quand même 400 à 500 commentaires par épisode, ce qui est énorme. Les gens se répondent avec des vrais pavés de texte...

Qu'est-ce que les auteurs de *DataGueule* pensent de la « mode » de la datavisualisation ? Qu'est ce qu'elle dit de notre monde actuel ?
S.L. – Je suis très critique. Pour être au cœur de la recherche, je remarque très souvent que des choses sont énoncées comme des évidences alors qu'elles sont fausses. La mode de la *dataviz*, c'est la mode du chiffre comme source d'autorité. Quand on a créé *Le Véritomètre* en 2012, on nous avait dit : « *Vous voulez gouverner avec les chiffres* ». C'était tout le contraire : pour nous, le bon débat, c'est celui dans lequel il n'y a plus de chiffres qu'on se balance à la figure.

N'est-ce pas alors paradoxal alors d'utiliser la *data* comme source principale du récit ?
J.G. – On n'utilise pas la *data* dans la même démarche. Le point de départ de *DataGueule*, c'est le constat que l'on est bombardé de données mais qu'elles racontent rarement quelque chose. Cela explique que certaines données ne peuvent pas constituer une colonne vertébrale de récit : qu'est-ce qu'elles nous racontent dans leur interconnexion ? J'ai toujours été critique envers le terme « datajournaliste », qui est très marketing. Ca n'a rien de nouveau, la donnée : le film *Les hommes du président*[98] le raconte bien. Le journalisme de données existe depuis que le journalisme existe. Croiser des données, ça n'est pas révolutionnaire. Ce qui est nouveau, c'est la quantité des données et les outils pour les traiter et les afficher.

S.L. – Nous passons notre temps à aller d'une source non *data* (articles scientifiques, rapports...) à une source *data* et *vice versa*. Je construis une foule de tableaux de données sur tel sujet et je vais toujours chercher un article, un rapport qui illustre les données. Ça marche ensemble.

J.G. – Pour moi, la question essentielle, c'est : qui émet les données ? Un jeu de données n'est jamais neutre, il faut savoir qui l'a organisé.

S.L. – Un exemple sur la croissance : on s'était moqué des Italiens quand ils avaient compté la prostitution dans la valeur du PIB. En lisant les articles sur le sujet, on s'aperçoit qu'il s'agissait en fait d'une directive et d'un règlement comptable européen qui date de 1994 et qui s'applique à tout le monde. Ce type d'anecdotes pose des questions sur la communication autour des chiffres et des indicateurs de croissance...

J.G. – Le vrai problème, c'est la parole objective que semblent porter les données. Alors que souvent, personne ne s'interroge sur l'origine des données.

---

[98] Film d'Alan Pakula avec Robert Redford et Dustin Hoffman, sorti en 1976.

S.L. – Alors que c'est essentiel quand on voit l'origine douteuse de certaines données...

Qu'est ce qu'on vous a dit de plus sympa sur *DataGueule* ? Et de plus désagréable ?
S.L. – Au débat auquel nous avons participé à l'Université Paris-Dauphine sur le changement climatique, on a entendu que le documentaire restituait le cheminement de pensée sur la question. C'est valorisant de voir que la transmission s'est faite comme on l'avait imaginée.

J.G. – Il y a des adolescents qui nous disent merci car ils ont développé leur esprit critique. Et ils ajoutent : « *Je ne suis pas toujours d'accord avec vous* ». Ça, c'est super : on n'est pas là pour dire quoi penser mais pour interroger. La nuance est importante, humainement.

S.L. – Sur les climato-sceptiques, un type nous a dit : « *Je ne suis pas d'accord avec vous mais j'ai confiance en votre démarche donc je vous écoute.* » Ce type de retour nous plaît car c'est facile de convaincre des convertis. Si on sauve quelqu'un d'un dogmatisme total, c'est déjà bien.

S.L. – Par contre, à propos du *DataGueule* sur le complot, on a eu notre dose de choses négatives !

J.G. – Oui, des critiques sur des positions jugées partisanes...

S.L. – Alors que c'est précisément ce que l'on cherche à éviter. Mais les critiques sont généralement précises et argumentées, rarement des *trolls*. Ce qui est amusant, c'est que la communauté de *DataGueule* est suffisamment consolidée pour qu'elle se réponde elle-même sans que l'on ait parfois à intervenir !

*

Depuis cet entretien, Julien Goetz, Sylvain Lapoix et Henri Poulain se sont lancés dans un nouveau projet de long-métrage dont le titre provisoire résumait bien l'ambition : *La démocratie n'est pas un rendez-vous.* « *Nous voulons la décorréler des échéances électorales qui, justement, l'assèchent. L'essentiel se joue ailleurs, partout, tous les jours.* », expliquait Henri Poulain avant le tournage[99].

Le projet a réussi la prouesse de récolter 243.181 euros par le financement participatif – pas loin d'un record pour un projet documentaire francophone. C'était la condition de sa réalisation, soit plus de 75 % du budget de production qui a ainsi été trouvé, et qui a permis aux auteurs de s'affranchir de la télévision. « *Nous savons que les chaînes ne savent pas forcément quoi faire de ce genre de programme*, explique Julien Goetz[100], *elles ont des lignes éditoriales propres, et nous avons nous aussi une identité forte, si bien qu'il aurait été difficile de marier les deux – ou alors après de nombreuses discussions, longues et sans doute compliquées* ». S'affranchir d'un diffuseur classique, c'est aussi une liberté – un luxe ? une nécessité ? – qui correspondait parfaitement à la philosophie du projet. Henri Poulain expliquait : « *Nous voulons prendre le temps de réfléchir, de rencontrer, de remettre en cause nos propres pensées sans avoir à ménager des échéances qui pourraient compromettre la ligne fixée au départ. Et puis tout documentaire est un voyage. On sait à chaque fois quand on part et dans quelle direction on va, mais on ne sait jamais où et quand on va arriver. Encore une fois, nous voulons nous donner les moyens de nos espoirs* ».

Mais ce ne sont pas des espoirs personnels ou recroquevillés sur eux-mêmes qui s'énonçaient ici. « *Nous avons l'intuition que la démocratie est un objet complexe, vivant, transverse,*

---

[99] Cédric Mal, *#DATAGUEULE : La démocratie n'est pas un rendez-vous… mais d'abord un crowdfunding*, entretien avec les auteurs, Le Blog documentaire, avril 2017.
[100] *Op. Cit.*

imbriqué, qui croise tous les niveaux de notre société », note Julien Goetz. « *L'essence de ce projet, c'est son aspect collaboratif, ou participatif*, renchérit Henri Poulain. *Nous voulons aborder ce grand sujet, la démocratie, en y associant nos concitoyens.* Ce crowdfunding, *finalement, c'était en quelques sortes le prix à payer pour toutes ces libertés ».*

Associer les internautes à la fabrication du projet passait ici par la mise en place de groupes d'échanges et de discussion sur internet et les réseaux sociaux. L'idée des auteurs, qui ont bien sûr conservé le *final cut*, c'était de travailler avec les futurs spectateurs du film – qui sont aussi pour certains de plus ou moins humbles coproducteurs. « *Nous ne sommes pas là pour imposer des réponses ou des solutions, mais pour partager des questions et des alternatives*, précise Julien Goetz. *Et là dessus, l'échange avec toutes celles et tous ceux qui ont participé à la campagne de financement participatif peut être passionnant. ».* Assurément plus qu'une simple invitation sur le tournage, comme le promettait l'une des contreparties à cette campagne de *crowdfunding*. Henri Poulain précise : « *Des internautes, sur les réseaux sociaux, viennent mettre sous nos yeux des références, des livres ou des vidéos auxquels nous n'aurions pas pensé. Ce fut le cas avec la méthode Condorcet, par exemple ; un système de vote alternatif sur lequel nous allons nous pencher dans nos recherches. Fondamentalement, il s'agit de réfléchir à la démocratie avec ses acteurs, avec celles et ceux qui la font vivre tous les jours ou presque, donc chacun d'entre nous ».*

Et n'allez pas dire à ces trois auteurs que les-formats-longs-ne fonctionnent-pas-sur-internet, leurs chiffres disent le contraire : « *Si on regarde les statistique de* Deux degrés avant la fin du monde, *qui en avril 2017 avait été vu plus de 600.000 fois tout de même, près de 200.000 internautes ont regardé le programme en entier. C'est la troisième vidéo la plus vue sur les 71 qui nous avons publiées !* ». Et ce film continue d'être regardé et discuté chaque semaine ou presque, dans des « projections citoyennes », dans des écoles ou des médiathèques. « *La longue traîne fait son travail* », ajoute Henri Poulain.

Le documentaire en réseau : du « Madeleine project » à « Eté », de Twitter à Instagram

Par Cédric Mal

C'est une tendance qui s'affermit un peu plus tous les mois : la création (documentaire) à l'intérieur même des réseaux sociaux. Twitter, Facebook, Instagram ou Snapchat non plus convoqués pour valoriser des productions visibles sur d'autres sites, mais utilisés pour créer des récits au sein de ces plateformes. Utiliser un outil qui n'a pas été pensé dans cette optique pour raconter des histoires, susciter émotions et réflexions. Après Thierry Crouzet et *La quatrième théorie*, un polar d'abord écrit petit à petit sur les réseaux sociaux en 2013, Clara Beaudoux s'y est essayé avec un certain succès sur Twitter, les projets s'aiguisent sur Snapchat, Stéphane Mercurio a jeté son dévolu sur Facebook tandis que Camille Duvelleroy a réussi la prouesse d'imaginer un feuilleton, *Eté*, sur Instagram. Tous cultivent quelque part l'art du fragment...

Prenez l'histoire d'un jeune homme qui emménage dans un appartement dont le propriétaire s'avère pour le moins étrange ; prenez les tribulations d'un jeune couple qui se donne le temps d'un été pour mettre leur amour à l'épreuve ; prenez le récit d'une vie recomposée à partir de souvenirs laissés par une vieille femme dans une cave. Dans tous les cas, des histoires originales, fictionnelles ou documentées. Et à chaque fois, des propositions qui s'épanouissent d'abord et de ma manière exclusive sur les réseaux sociaux, avant la publication éventuelle d'un livre. Car les maisons d'édition traditionnelles, elles aussi, tentent de tirer parti – profit ? – de la créativité qui émerge sur Facebook, Twitter, Instagram ou Snapchat.

@3emeDroite

Avec @3emeDroite, François Descraques a lancé sa première fiction sur Twitter. Le réalisateur de la websérie à succès *Le Visiteur du Futur* s'essayait à un exercice inédit : proposer un récit sous forme de *threads*, ces séries de tweets qui se répondent. Après 12 « épisodes » publiés entre septembre et décembre 2017, l'auteur s'est accordé une pause pour reprendre le *fil* de son histoire en février 2018. La situation de départ, en partie basée sur des événements réellement advenus, campe un jeune chômeur aux prises avec un propriétaire au comportement inquiétant (Monsieur K), des amis parfois encombrants (Gwen, Cisco) et une voisine (Aude) prise dans les mêmes filets que lui. En lisant progressivement les tweets, l'internaute s'avance de surprise en surprise ; son intérêt alimenté par un suspens savamment entretenu et par de rares mais saisissants « effets de réel » lorsque François Descraques poste des photos ou des vidéos qui jouent alors comme une « preuve de véracité » assez confondante. Le ton et le style de l'écriture imitent ce que l'on retrouve fréquemment sur ce réseau social : humour, dérision, concision, simplicité, adresse directe au lecteur... Tant et si bien que plus de 55.000 abonnés s'étaient laissés « prendre » par le récit en mars 2018 (l'auteur en compte 134.000 sur son profil personnel). *« Je voulais accrocher les gens sur le long-terme et ne surtout pas écrire un roman simplement découpé tous les 140 caractères,* explique l'auteur. (...) *« Chaque tweet doit constituer une idée, une punchline ou une avancée dans l'intrigue. (...) Ce sont ces contraintes qui m'ont permis d'être clair, spontané et en même temps addictif »*[101]. Il précise sur le site *Frenchnerd* peu avant les premiers posts de @3emeDroite : *« J'ai longtemps cherché une façon d'écrire une histoire de manière "littéraire" sans avoir la pression d'écrire un vrai roman (car je n'ai pas forcément le talent pour ça). Du coup, l'écriture par* thread *et par tweet m'aide à exprimer des idées sans avoir l'impression de rentrer dans un domaine que je ne maîtrise pas. C'est un peu la même*

---

[101] Robin Korda, *Il écrit un roman sur Twitter : « Chaque post devait constituer une punchline »*, Le Parisien, 20 septembre 2017.

démarche créative que Le Visiteur du Futur *(qui était à l'époque une manière de produire un feuilleton TV sans avoir l'impression de devoir respecter toutes les normes techniques et artistiques de la télévision).* »[102]

Si l'intrigue du polar s'épaissit à mesure que les tweets s'égrènent un peu à la manière des cases d'une bande dessinée, l'intérêt pour les lecteurs procède aussi bien sûr des interactions qu'ils peuvent entretenir avec le récit. Réactions à chaud ou commentaires à froid, *« même si j'ai de l'avance et que je sais où va l'histoire, j'aime lire les commentaires et faire évoluer le projet en fonction des réactions des gens. »*[103], explique François Descraques. Un rapport direct entre l'auteur et les lecteurs, pas de filtre non plus entre l'intention créatrice et la diffusion d'un récit.

Autre initiative étonnante apparue sur le même réseau social : le « *Gamethread* » (marque déposée). Pensée sur le modèle du « jeu dont vous êtes le héros », l'expérience initiale lancée en février 2018 proposait aux internautes de visiter un musée virtuel en choisissant un parcours libre dans une suite de tweets qui, à chaque fois, proposent des embranchements pour progresser dans un parcours fait de textes et d'images. Le concept est née dans l'esprit d'Ariane Aujoulat (@museolepse), doctorante en Histoire de l'art, qui a pu le décliner en mai 2018 avec le musée de Cluny, dédié au Moyen Âge à Paris. Prometteur, et à suivre, donc...

Twitttérature

La « twittérature » ou la « twittopoésie » ne sont bien sûr pas tout à fait nouvelles ; elles existent depuis la naissance du réseau social (2009 en France)[104]. Un « institut de twittérature

---

[102] François Descraques, *3ème Droite – un feuilleton Twitter*, Frenchnerd, 5 septembre 2017.
[103] Clara Delente, *Les best-sellers 2.0 s'écrivent sur les réseaux sociaux*, Télérama, 28 septembre 2017.
[104] Voir les expériences menées par Manuel Bartal, Teju Cole ou encore Eric Jarosinski.

comparée » a même été inauguré sur le web par Jean-Michel Le Blanc (@Centquarante puis, fatalement, @deuxcents80)[105] et Jean-Yves Fléchette (@pierrepaulpleau)[106]. Le site recense de nombreux essais et auteurs travaillant autour de cette question : « *Peut-on créer un texte de 140 caractères qui ait une véritable valeur littéraire ?* ». Revendiquant des influences venant autant des haïkus japonais, des romans-feuilletons du XIXème siècle, des cadavres exquis des surréalistes et des expériences littéraires de l'OuLiPo, les deux auteurs expliquent : « *L'Institut de Twittérature Comparée (ITC) existe parce que Twitter existe. Parce que la littérature existe. Parce qu'il est possible de rédiger des textes en moins de 140 caractères (espaces compris). Parce qu'on peut être drôle et intelligent à la fois et vice versa. Parce qu'on peut être aussi simultanément dense et léger, brut et subtil, lent et rapide, cérébral et viscéral, poétique et discursif. La twittérature existe enfin parce qu'une nanorhétorique des antithèses, oxymorons compris, stimule l'essor et l'éclat ; elle y trouve sa piste d'envol et son champ d'exploration.*

La twittérature existe ici et ailleurs, littéralement et dans tous les sens. Elle fait la promotion de l'instant et du bref. Elle s'attarde aux tables des cafés, au creux des mains qui manipulent les portables et sur le pupitre des écoliers. Parce qu'elle tripote le temps et l'espace et qu'elle se réclame de l'immédiateté, elle appartient à la contemporanéité des technologies web. Parce que la nature commande à l'infiniment petit, la twittérature n'est pas en reste puisqu'elle déploie une véritable écologie de la nanotextualité. Parce que rire et être surpris par les mots font du bien, la twittérature s'engage à émouvoir. Parce que l'époque commande de penser vite et bien, la twittérature se diffuse illico. *Parce que le* jogging *littéraire n'exclut pas le 140 mètres textuel comme épreuve de demi-fond, la twittérature s'en tient à ses marques et pousse au-delà. Parce que l'âme désuète, roucoule tout aussi bien dans les canaux numériques que dans les carnets*

---

[105] Le réseau social Twitter permet à ses utilisateurs de poster des messages de 280 signes depuis 2017.
[106] http://www.twittexte.com/

de moleskine, *mais aussi parce qu'elle se fait une beauté dans le petit rectangle mince de Twitter. Parce que quand c'est plus court, c'est plus long à comprendre. La preuve ? "Le silence éternel de ces espaces infinis [qui] m'effraie" et qui n'en finit plus d'alimenter les gloses d'une durée courbée par tant de relations d'incertitudes. Parce que, néanmoins, toutes choses étant égales par ailleurs, tant il est vrai que la nanolittérature fait son nid dans la pratique textuelle contemporaine du web 2.0, dans Twitter et ailleurs, alors voilà !* » Un manifeste a même été édicté, avec évidemment des phrases de 140 signes.

Madeleine project

Une autre expérience très réussie sur Twitter, et d'ordre strictement documentaire, est née dans une cave parisienne. Clara Beaudoux y a découvert les souvenirs d'une vie, peu après son emménagement dans un nouvel appartement. Ceux de Madeleine, qui a occupé ce logement pendant 20 ans.

Pendant cinq saisons à partir de novembre 2015, la documentariste a déballé le contenu de cette cave bien rangée sur le réseau social à l'oiseau bleu. Avec respect, pudeur et sensibilité, elle a proposé aux internautes de découvrir cette histoire, et celle qu'elle-même construisait avec son personnage. L'expérience, faite de mots, de photos puis de films pour la saison 5, est devenue un livre, évidemment édité aux éditions du Sous-sol.

Clara Beaudoux explique : « *En 2015, j'ai fait une formation aux ateliers Varan, je me suis passionnée davantage pour le documentaire, et je pense que c'est cette nouvelle direction qui m'a permis de penser ce projet, d'en avoir l'idée, d'imaginer une telle démarche. J'ai eu envie de le faire sur Twitter assez spontanément, parce que je sortais de trois années sur un site d'actualité (France Info) où j'avais beaucoup pratiqué le "live-tweet" pour des évènements (élections, manifestations, procès, etc.). C'était donc un format que je maîtrisais et que j'aimais (j'aime la concision qui pousse à peser ses mots,* l'association "image + légende", la discussion en direct avec les internautes). Disons que mon envie de démarche documentaire a croisé à ce moment-là ma pratique de Twitter. »

Une fois l'intention posée, reste tout de même à écrire ce projet. Et si à mesure que défilent les tweets on a le sentiment assez agréable d'un « récit en direct », comme si les messages étaient postés à mesure des découvertes de l'auteure, ce n'est pas un hasard : « Ce projet n'a pas été écrit en amont. J'ai vraiment démarré ça spontanément, sans penser que ça marcherait si bien. Alors que je m'apprêtais à me lancer dans des projets plus documentaires cette année (où je sais que le temps est long : il faut écrire des dossiers, chercher de l'argent, etc.), j'ai eu envie de lancer quelque chose de plus spontané, en direct : m'occuper de cette cave avant de me lancer dans d'autres choses. J'aimais l'idée d'écrire le projet tout en le faisant, de ne pas attendre des mois avant de me lancer, je voulais le faire tout de suite.

Donc pour la saison 1, j'avais écrit les 15 premiers tweets environ, puis j'ai réellement fait le récit de mes découvertes en direct pendant la semaine. En gros, j'allais l'après-midi et le soir dans la cave, je faisais des photos des objets en notant ce que je ressentais, et je racontais ces découvertes le lendemain matin sur Twitter. J'ai donc vraiment raconté les choses dans l'ordre où je les ai découvertes cette semaine-là, même si j'ai le sentiment d'avoir ouvert les cartons dans le bon ordre pour que ça raconte une histoire, mais ça c'est le hasard, la magie de ce projet...

Pour la saison 2, j'ai procédé différemment puisqu'il s'agissait essentiellement d'interviews. J'ai donc rassemblé la matière des entretiens, puis il y a eu un temps de dérushage et d'écriture. Tout était donc déjà écrit dès le début de la semaine. Sauf quelques découvertes que j'ai réellement faites cette semaine-là dans la cave (le film 8mm par exemple).

Et j'ai globalement découvert en le faisant l'importance du rythme entre les tweets. J'ai au fur et à mesure pu "sentir" quand les internautes attendaient la suite, le tweet suivant, et c'est quelque chose qui m'a beaucoup porté. »

Cette interactivité entre auteurs et spectateurs ressort souvent comme l'une des principales raisons de confier ses histoires à un réseau social : « *C'est la très bonne surprise de ce projet. Beaucoup de gens ont souhaité participer d'une manière ou d'une autre. Parfois simplement en commentant, ou en m'envoyant des messages. Ils sont très nombreux à m'avoir écrit en me racontant leurs propres histoires de cave, de grenier, de grands-parents, ça renvoie chacun à ses propres souvenirs.*

Et puis j'ai moi-même joué sur la participation, en demandant aux internautes de m'aider à retrouver l'utilité de certains objets découverts dans la cave. Et grâce à eux, on a rapidement trouvé ! Un jour, un internaute m'a aussi envoyé une image actuelle de Cayeux-sur-Mer, où Madeleine partait en vacances ; donc j'ai proposé à tout le monde de m'envoyer des photos de ces lieux-là s'ils les connaissaient, et plusieurs l'ont fait. Des gens m'ont aussi demandé spontanément les recettes de cuisine de Madeleine, et j'ai reçu plusieurs photos de gâteaux faits à partir de ses recettes. Enfin, de nombreux passionnés de généalogie m'ont écrit pour tenter de retrouver son arbre généalogique, et je suis restée en contact avec certains d'entre eux pour la suite de l'enquête. »

Au final, donc, ce « documentaire ouvert », ou « docu-tweet » est devenu livre : « *J'avais envie d'inscrire cette démarche dans le papier pour la conserver, en garder une trace plus "matérielle" que Twitter, conserver la mémoire de ce projet sur la mémoire... Nous nous sommes dit aussi que cela permettrait de faire connaître cette histoire à des gens qui ne sont pas forcément sur le web.* »

Les Parisiens d'août

Autre performance portée par une auteure chevronnée de documentaires : filmer Paris et ses habitants au mois d'août, dans le calme de l'été, et poster ces rencontres tous les jours sur Facebook et YouTube, où se dévoile alors le portrait impressionniste d'une ville.

Dans sa note d'intention, Stéphane Mercurio explique : « *J'ai imaginé ce film au fil des années. Chaque fois, l'été, je découvre de petites scènes insolites. J'aperçois des hommes ou des femmes auprès desquels je pourrais m'asseoir pour écouter leur histoire ou en imaginer une autre.*
L'été, plus précisément le mois d'août est un moment particulier dans les villes. Même dans MA capitale, le temps ralentit, l'activité se dilue avec cet air de vacances. J'aime l'été à Paris, il y a comme quelque chose de suspendu, de léger ou/et de désespéré. Une solitude un peu plus dense, les amours plus exaltés, les désirs plus puissants, les rencontres plus faciles, la liberté plus grande. Un air de fête.
Août est propice à la rêverie. C'est le moment où je prends le temps de regarder. Et quelles découvertes ! C'est comme ouvrir les yeux pour la première fois. »

La réalisatrice a en quelque sorte imaginé ce dispositif en réponse aux attentats du 13 novembre 2015, ou en tout cas à l'homme qui l'a interrogé quelques mois après, à Amsterdam, pour savoir si Paris avait changé. « *Il ne s'agit ni d'un film touristique, ni d'un film ethnographique, ni d'un film parisien, ni d'un film sur les attentats. Un film que je voudrais poétique, humain, contemplatif, exotique, drôle, étrange...* ».

Dans ses intentions de réalisation, Stéphane Mercurio détaille son itinéraire. Départ du parc de la Villette, au nord-est de la capitale. Le chemin épouse les berges des canaux puis de la Seine. « *Je marcherai chaque jour trois ou quatre heures avec une caméra, toujours à pied, seule. Je ferai donc l'image et le son. Le lendemain, je reprendrai exactement à l'endroit et à l'heure ou je me suis arrêtée la veille. Je m'accorderai 5 jours off pendant le mois d'août que je choisirai au dernier moment. Je mettrai 8 jours pour faire le tour du cadran mais le 31 août l'aventure prendra fin.*

(...) Je filmerai quoi qu'il arrive. S'il fait beau je marcherai, s'il pleut j'enfilerai un manteau de pluie à ma caméra, s'il vente un bas de soie autour du micro fera l'affaire. S'il fait nuit, les confidences affleureront sans doute plus aisément ; s'il fait froid, je grelotterai au bord du canal. A l'aube tout sera plus beau, comme chaque matin. »

Et comme la réalisatrice ne souhaite pas attendre pour partager ses découvertes le long de la Seine, elle justifie ses publications sur Facebook et YouTube : « *Ça m'amuse d'essayer cette rencontre en direct avec des gens qui peuvent interagir avec moi, avec mes tournages. Ce qui a guidé cette aventure, c'est le désir, et le défi – ce n'est pas rien de tout faire seule à ce rythme-là !* ». Ce rythme, c'est une publication chaque jour. Photos, textes ou vidéos... « *Un petit instantané, comme un petit bonbon à déguster. Ces petits moments publiés sur la toile ne seront pas la matière principale du film à venir mais une mise en bouche, un partage, autre chose. Un autre récit permettant aux autres d'ajouter leur histoire ou leur souvenir au mien. Cet échange permettra à ceux qui le souhaitent de réagir, de me proposer des pistes voire de venir à ma rencontre. Parfois je m'emparerai d'une suggestion pour en faire un tournage le lendemain. Un aller-retour dans les deux sens entre le virtuel et le réel. Un réel tout droit sorti de mes rêveries.* »

Le projet « *atypique, en dehors des clous... et pas facile à financer* » a été très vite soutenu par La Générale de production. Et il est devenu film, diffusé sur France 3, un an après l'expérience sur le web.

De son côté, Facebook a annoncé à l'été 2017 son intention de lancer « Watch », un espace dédié aux contenus vidéos originaux produits pour le réseau social. Les partenaires (dont par exemple *National Geographic*) impliqués dans le programme seront rémunérés à hauteur de 55 % (contre 45 % pour le groupe de Mark Zuckerberg), à partir des publicités qui couperont les vidéos. Rappelons que ce nouveau développement s'appuie sur un réseau de 2,5 milliards d'abonnés dans le monde.

Eté

Revenons à la fiction, car c'est aussi une manière d'appréhender ce que pourrait devenir la création documentaire sur les réseaux sociaux.

Abel et Olivia sont de jeunes trentenaires parisiens, en couple, et ils décident de mettre leur amour à l'épreuve d'un *Eté*. Deux mois éloignés l'un de l'autre, pour voir, avec chacun une « *bucket list* » dans la poche, soit la somme des choses, des fantasmes ou des envies à réaliser au moins une fois dans sa vie. Les internautes ont pu suivre les aventures de l'un et de l'autre sur Instagram entre le 29 juin et le 25 août 2017, et une deuxième saison était prévue à l'été 2018.

C'est Camille Duvelleroy, désormais productrice chez Super Simone, qui a imaginé ce concept de « *BD palindromique sur Instagram* », c'est-à-dire que l'œuvre finale peut se lire du début à la fin, ou de la fin ou début. Chaque épisode constitue par ailleurs un point d'entrée possible dans l'histoire ; le train du récit peut être pris en route. Dans son « retour d'expérience »[107], la scénariste interactive explique : « *Toutes ces expériences sont lisibles dans les deux sens, mais en fonction de l'ordre dans lequel tu les lis, elles ne racontent pas la même chose et la fin ne sera pas la même. (...) Chaque épisode doit être absolument autonome : une action ne peut pas avoir de conséquence dans l'épisode suivant, cela induirait une chronologie unique dans le récit + les temps de conjugaison sont très périlleux (en gros tu parles au présent tout le temps) + les déplacements dans l'histoire (genre Olivia et Julien sont en train de covoiturer) doivent marcher dans*

---

[107] http://supersimone.com/project/ete-2017-feuilleton-bd-instagram/

les 2 sens (donc il n'y a ni arrivée ni départ, ils « sont » dans une situation, déjà dans un lieu) + la progression dramatique doit marcher dans les deux sens + personne ne peut mourir (parce que le mort qui redevient vivant, on n'a pas trouvé). Bref, c'est un vrai casse tête. » Plus loin : « *Avec les mêmes événements, nous avons deux histoires de 60 épisodes et 4 trajectoires psychologiques (deux par personnage). Le plaisir de lecture est doublé : les personnages se construisent différemment en fonction de l'ordre de lecture. Olivia n'est pas la même personne dans l'histoire 1 et l'histoire 2. Nous pourrions presque dire que nous avons 4 personnages principaux...* »

Camille Duvelleroy détaille par ailleurs son choix de produire uniquement à destination de ce réseau social : « *C'est une BD, mais avec de la musique, des GIFs. Ce n'est pas du gadget,* Eté *a été réfléchi avec et pour ça dès le début. De même, les épisodes sont géolocalisés, ce qui permet de ne pas expliquer à chaque fois où se passe le récit. Les épisodes sont postés avec les hashtags, l'état de la «bucket list» des personnages. Bref, c'est un dispositif global. Le téléphone est un support incroyable, c'est là que tout se passe. Il est intéressant de voir y surgir de la narration.* »[108]

Le scénario a été écrit par Thomas Cadène (qui avait déjà dépoussiéré la BD sur internet avec *Les Autres Gens* en 2010) avec Joseph Safieddine. Les dessins sont signés Erwann Surcouf. Les 60 épisodes ont séduit près de 90.000 abonnés au compte Instagram dédié à l'expérience.

S'agissant de la production proprement dite, Camille Duvelleroy confesse, toujours dans le retour d'expérience mis en ligne sur le site de Super Simone, vouloir aller plus vite que dans les productions interactives plus classiques : « *Nous savons que les usages changent rapidement, que les plateformes changent régulièrement leurs fonctionnalités (on*

---

[108] Guillaume Lecaplain, *L'Eté, la BD aussi se rafraîchit sur les réseaux sociaux*, Libération, 8 août 2017.

en fera les frais), on ne peut donc pas attendre 2 ans, ce serait trop risqué. Nous déposons en septembre une demande d'aide au développement auprès du CNC Nouveaux médias et du fonds transmédia de la ville de Paris. Les deux nous apportent leurs soutiens fin 2016. Nous en parlons aussi assez rapidement aux équipes d'ARTE France qui nous écoutent attentivement... Nous signerons la coproduction en décembre. Nous obtiendrons aussi l'aide à la production CNC en mars 2017. »

La production avance, à coup de prototype et de « tests utilisateurs », la mise en forme s'affine pour arriver, en fonction de l'algorithme d'Instagram, à des épisodes de 9 cases, la mise en son fait le pari de jingles liés aux personnages, à des ambiances et des bruitages.

« Au début, nous avons testé des heures différentes de publication : l'audience réagit-elle plus à 17h, 9h ou midi ? Au final, nous avons fixé un rendez-vous à midi (environ). Un peu comme au bon vieux temps du JT de 20h, on donne un rendez-vous (ce qui me paraît totalement désuet, du coup j'aime beaucoup). L'audience semble s'habituer à cette heure fixe.

Les publications sont toutes assurées par l'équipe (formidable) de community managers *de Bigger Than Fiction. Ils sont sur le pont toute la journée (et pour 2 mois) pour publier et répondre aux commentaires des lecteurs. Leur présence en ligne rend* Eté vivant *: ils répondent, expliquent, donnent des conseils.*

Pour moi, c'est la première fois où je vois une audience participer en temps réel à un programme : elle réagit, commente, se met en colère, débat, aime, se désabonne. Et ça recommence tous les jours, pendant 60 jours. Nous n'avions aucune idée des réactions du public et nous ne savions pas qu'il y aurait autant de commentaires (plusieurs épisodes dépassent les 200 commentaires !). C'est dans cet espace de commentaire que réside une grande partie de l'interactivité du programme.

Eté *est passé de 50 à 10.000 abonnés en 48h. Nous avons dépassé les 78.000 abonnés à la fin de la diffusion (27 août). En cumul (nombre de vues de tous les épisodes), nous dépassons les 3,8 millions de vues. Chaque épisode a été vu en moyenne 30.000 fois en stories et 80.000 fois en album.* »

Le livre tiré de la série sur Instagram a été édité par les éditions Delcourt dès le mois de septembre 2017, avec notamment des scènes de sexe plus explicites que ne l'autorise la censure du réseau social.

A noter également, deux autres expériences notables sur Instagram : *Shield 5*, par le réalisateur Anthony Wilcox, et *Je bois des cafés et je me fais avorter* par Clara Lalix.

#PLS

Passons sur Snapchat désormais, toujours dans le domaine de la fiction, avec une expérience pionnière venue de Belgique. *#PLS*, pour *Post. Like. Share.* a été développé au sein de la RTBF qui, pour cette première fiction exclusivement dédiée à cet autre réseau social, a eu l'audace – et l'intelligence – de faire confiance à de jeunes auteurs et producteurs, Adrien Bralion et Maxime Benoît, 23 ans à l'époque. Sophie Berque, responsable de la cellule « webcréation » de la RTBF Interactive, reconnaît[109] : « *Le défi était de créer le bon contenu pour les bonnes personnes sur le bon support : il ne fallait donc pas raconter ce que nous avions envie de voir, parce que nous sommes tous trentenaires. D'ailleurs, nous mettions parfois en ligne des contenus dont nous ne savions pas trop quoi penser... Parfois, les récits ne volaient pas forcément très haut, mais il faut bien admettre que cela plaisait beaucoup à l'auditoire cible !* ».

---

[109] Benjamin Hoguet, *Diffuser une fiction sur Snapchat, le pari réussi de #PLS*, Blogue du FMC – Fonds des Médias du Canada, 22 février 2018.

Le pitch de *#PLS* est en effet assez rudimentaire : « *C'est l'histoire de Nathan et ses potes, fraîchement sortis des secondaires et des vacances d'été, qui débarquent à l'université, bien décidés à en profiter un maximum ! Sortir tous les soirs de la semaine :* check. *Ne pas aller aux cours :* check. *Multiplier les aventures Tinder :* check. *Trouver la femme de sa vie : en attente. Le tout raconté à travers leur story Snapchat qu'ils alimentent quotidiennement. Cependant, la réalité va vite les rattraper : le blocus arrive à grand pas, et tout le monde n'en réchappera pas !* ». L'expérience a rassemblé, entre le 6 octobre et le 29 novembre 2017, 28.000 abonnés au compte Snapchat dédié, avec plus de 15,8 millions de messages vus, et un bon « taux de rétention » : 90 % du public regardait les épisodes du début à la fin[110].

Les ficelles du succès, ici, reposent également sur le rendez-vous quotidien institué entre le programme et ses consommateurs, dès avant la mise en ligne du premier épisode. Cette activation des communautés a permis à ce projet au budget plutôt modeste (80.000 euros environ) de « trouver ses publics ». L'urgence dans laquelle s'inscrivent les utilisateurs de Snapchat a aussi aidé à la « viralisation » du programme, étant donné que les messages postés sur ce réseau social disparaissent au bout de 24 heures. Dans ce contexte, la production de la fiction quasiment à flux tendu a encore accentué l'identification entre les spectateurs et les personnages de la série, ce qui permettait par surcroît aux auteurs de s'adapter aux réactions parfois très pertinentes du public avec qui ils ont pris soin d'entretenir un dialogue soutenu, répondant à tous les messages qu'ils recevaient.

Aujourd'hui, le réseau social Snapchat affiche une insolente santé qui pourrait donner des envies à d'autres. Lors de son entrée en bourse en mars 2017, la capitalisation boursière de la société créée en 2010 par deux jeunes de moins de trente

---

[110] RTBF Webcréation, *5 conseils pour créer votre série Snapchat,* 7 décembre 2017.

ans s'élevait à 24 milliards d'euros, soit 60 fois son chiffre d'affaires (c'était 27 fois pour Facebook lors de son entrée en bourse en 2012). Le réseau revendiquait alors 150 millions de fans, dont un tiers en Europe, qui y passe en moyenne 25 minutes par jour[111].

De quoi aiguiser l'appétit des médias traditionnels, qui furent servis avec une plateforme dédiée, « *Discover* ». Un an après son lancement en France, MTV y atteignait 750.000 vues par jour, *L'Equipe* culminait à 450.000 tandis que *Le Monde* revendiquait 425.000 abonnés. Au total, la France comptait alors 8 millions d'utilisateurs à Snapchat, dont la grande majorité a moins de 25 ans[112]. De quoi donner des idées aux documentaristes en tout genre ?

---

[111] Pierre-Yves Dugua, *Snap fait une entrée en bourse en fanfare*, Le Figaro, 3 mars 2017.
[112] Lucie Ronfaut et Chloé Woitier, *Snapchat Discover veut attirer les chaînes de télévision*, Le Figaro, 28 septembre 2017.

On fait le point avec... Gwenaëlle Signaté (« IRL » – France Télévisions)

par Benjamin Chevallier (version revue en avril 2018)

> La plateforme dédiée aux séries de courts-métrages documentaires de France Télévisions a été lancé en 2015. On y trouve des œuvres remarquables : *La Parade, La Bande du skatepark, Commises d'office, In Game* ou encore les concours de films *Infracourts* et *Filme ton quartier*. Gwenaëlle Signaté, conseillère éditoriale à la Direction des Nouvelles écritures de France Télévisions et responsable d'*IRL*, revient ici sur les trois premières années d'activité de la plateforme.

***IRL* a été lancé officiellement en juin 2015 par le département des Nouvelles écritures de France Télévisions, avec pour ambition d'être une plateforme web *« résolument libre, qui s'affranchit des contraintes éditoriales pour mieux rénover les écritures »*. Aujourd'hui, quel bilan pouvez-vous tirer, et quelles sont les perspectives futures ?**
Gwenaëlle Signaté – Plus qu'une plateforme, *IRL* est une offre de programmes courts dédiée au réel, conçue pour une diffusion sur internet. Je le précise car nous avons fait le choix, dès le début, de « l'hyper-distribution ». Nous diffusons nos programmes dans l'écosystème de France Télévisions bien sûr, mais nous rendons aussi nos films accessibles sur plusieurs plateformes et canaux de diffusion, pour ne citer que YouTube et Facebook où, de plus en plus de vidéos sont regardées et partagées aujourd'hui. L'idée, c'est d'aller chercher notre audience là où elle se trouve, et permettre à nos programmes de trouver leurs publics.

A mes yeux, le premier bilan qu'on peut tirer de 3 ans d'existence, c'est qu'on a trouvé une audience, jeune et assidue. Et on s'en réjouit. Plus de 69 millions de vidéos vues depuis le lancement d'*IRL* ! En 2017, la majorité de notre audience se situait dans la tranche 18-24 ans, avec une prédominance de femmes. C'est assez rare pour être souligné.

Nos derniers succès comme la série *Commises d'office* – 1,6 millions de vues – confirment nos intuitions en termes d'écriture et de diffusion : intégrer les codes de la fiction dans l'écriture documentaire et optimiser nos programmes en fonction de leur canal de diffusion.

Pour autant, il me semble important de souligner que nous n'évaluons pas la réussite d'un programme uniquement à l'aune des vues et des *likes* qu'il génère. On s'intéresse de plus en plus à l'impact que sont capables de produire ces programmes. Avec des mesures d'engagement évidemment – se rendre compte qu'un épisode de *DataGueule* génère plusieurs centaines de commentaires de qualité, de surcroît sur YouTube, c'est un indicateur majeur de succès qui en dit finalement bien plus qu'un volume de millions de vues. *DataGueule*, c'est aussi une communauté de 400.000 personnes, dont 75.000 se sont abonnées lors des 6 derniers mois.

On s'appuie aussi sur des indicateurs moins marketing : nous observons ainsi avec intérêt que nos programmes deviennent des supports pédagogiques en classe, ou qu'ils sont repris dans des expositions et évènements. Que plusieurs ONG nous approchent pour étudier nos *process*, notre façon de penser et de produire ces programmes. Que nos talents sont soutenus par leurs communautés lorsqu'ils appuient des causes ou font appel au *crowdfunding*. Dans un écosystème web où l'économie de l'attention est reine, ces signaux – qui ne sont pas forcément les plus évidents à déceler – sont de notre point de vue les plus à même de refléter le succès d'un programme.

Sur internet, le format sériel (ou le feuilleton) implique de nouvelles problématiques de diffusion. Et quand on observe les vues que vos séries

comptabilisent sur YouTube par exemple, on remarque qu'elles déclinent systématiquement d'épisodes en épisodes... Pensez-vous que cela soit lié à votre stratégie de mise en ligne, qui s'inspire de l'antenne mais qui ne correspond pas forcément au web ? Quelles sont les alternatives ?
C'est très juste, nous l'avons également remarqué. Effectivement, le premier épisode a toujours davantage de succès que les autres. Cela s'explique en partie par la campagne de communication que nous organisons pour le lancement de nos séries, dont l'effet finit par décliner avec le temps. Mais aussi, c'est arrivé, par un rythme de mise en ligne parfois inadapté.

Du coup, nous nous sommes posé beaucoup de questions relatives à la diffusion, et ce d'autant plus que nous ne voulions pas nous enfermer dans des stratégies plaquées sur celles de l'antenne. Nous avons testé différents scénarios.

Ce que nous savons, c'est que nous devons adapter nos méthodes au format feuilletonnant, et à la manière dont il est consommé sur le web. Chaque série est un cas à part. L'expérience de la plateforme *Studio 4*, par le biais de laquelle nous diffusons nos webséries de fiction, nous a inspiré au début, puis nous avons fini par trouver notre propre modèle.

Par exemple, pour *La Bande du skatepark* de Marion Gervais, nous avions diffusé 3 épisodes par semaine. Nous avons fait la même chose pour *Transsiberian* de David Ctiborsky. Mais pour *In game*, de Paul Arrivée et Julien Demond, nous avons décidé de mettre en ligne l'intégralité des épisodes simultanément, pour satisfaire le désir de *binge-watching*. Enfin, pour *Commises d'office*, plus récemment, nous avons diffusé les épisodes en deux salves de 4 épisodes. Cela a très bien fonctionné.

C'est la vocation d'*IRL* que de promouvoir le format court, sous toutes ses coutures... Est-ce que cette plateforme est née de la volonté de France Télévisions

de mieux coller à la temporalité du web, en proposant davantage de contenus brefs ? Et, par ailleurs, est-ce le signe annonciateur d'un déclin des tentatives interactives ?
Il s'agit de l'exploration d'une voie alternative et complémentaire plutôt que d'un déclin. Car finalement, travailler sur le format court n'est qu'une autre manière d'atteindre l'objectif plus global qui incombe, en partie, aux Nouvelles écritures ; à savoir : aller vers un public plus jeune et explorer de nouvelles formes de narration.
Donc, que ce soit pour du programme court ou du documentaire interactif, l'ambition est de parler à cette nouvelle génération. Ce qui implique de travailler en priorité avec les talents émergents, qui n'ont pas forcément accès aux antennes, pour les faire grandir avec nous.

D'ailleurs, nous ne nous interdisons rien sur *IRL* et nous osons tout, même du long : nous avons diffusé un documentaire de... 90 minutes ! *Démocratie(s) ?*, écrit et réalisé par la *team DataGueule*.

En ce qui concerne spécifiquement *IRL*, les passerelles se sont mises en place assez naturellement. Une collaboration régulière s'est installée avec les chaînes du groupe, notamment dans le cadre de nos concours de documentaires. Par exemple, nous travaillons avec France 2 sur *Infracourts* et avec France 3 sur *Filme ton quartier*. Dans les deux cas, les films lauréats ont été diffusés à la fois sur les chaines TV et sur *IRL*.

Le fait que vous proposiez exclusivement des contenus linéaires rend-il la collaboration avec l'antenne plus naturelle ?
Sur le principe, oui, même si cela se passe au cas par cas, et la forme de notre collaboration dépend beaucoup de la nature du projet en question.

Par exemple, notre série *Attaquantes*, actuellement en production, fera l'objet d'une déclinaison en format long, pour une diffusion sur France 3 Centre-Val de Loire. Même chose a été faite pour *Santa Muerte, la Vierge des oubliés* avec France Ô.

Mais cette forme de partenariat, dans lequel deux objets autonomes sont produits (un pour *IRL*, un pour l'antenne), n'est pas systématique, et ne fait pas office de modèle. Sur ces questions également, nous continuons d'avancer !

Très concrètement, comment fonctionnez-vous ? De quelle manière, par exemple, choisissez-vous les projets?
L'équipe d'*IRL*, c'est l'équipe des Nouvelles écritures. Soit une quinzaine de personnes, dont huit conseillers éditoriaux. Nous travaillons indépendamment sur le transmédia, sur la recherche narrative, sur l'horizon de la réalité virtuelle (dans le cadre du projet *The Enemy* par exemple), sur les formats courts de fiction pour *Studio 4*... et donc également sur les formats courts documentaires pour *IRL* !

Il y a un responsable par plateforme et par format, mais tous les conseillers éditoriaux contribuent, ensemble, à la sélection et au développement de chacun des programmes portés par les Nouvelles écritures. Les projets sont donc choisis en groupe, collégialement. Notre directeur *[Pierre Block de Friberg, NdA]* a le *final cut*, bien sûr.

On se réunit de manière hebdomadaire en comité éditorial, et on étudie tous les dossiers qui nous sont envoyés. En moyenne, on analyse chaque semaine deux à trois propositions pour *IRL*.

Vous est-il déjà arrivé, dans le doute, de « financer pour voir », c'est-à-dire de vous engager sur un pilote avant de véritablement soutenir une série ?
Oui, bien sûr, tout dépend des projets, mais il nous arrive en effet de fonctionner de cette manière.
Si ce que nous présentent l'auteur et le producteur nous paraît suffisamment abouti, alors nous n'hésitons pas à partir en production. Et puis c'est aussi notre mission d'essayer, au

risque de nous tromper parfois. Dans la majorité des cas, nous travaillons ainsi. En revanche, parfois, lorsque le projet présente un véritable potentiel mais aussi des zones d'incertitudes (formelle ou narrative), nous optons pour la solution du pilote.

Dans un cas comme dans l'autre, nous essayons vraiment de leur donner les moyens de fabriquer une œuvre à la hauteur de leurs ambitions. Nous refusons le *low-cost*.

Pour vous donner un ordre de grandeur, notre apport financier, en moyenne, est équivalent à celui des petites chaînes de *France Télévisions* pour un documentaire d'antenne. Soit, approximativement, un investissement moyen de 800 euros la minute.

Et sur le plan créatif, comment s'organise le travail de développement, entre les équipes d'*IRL* d'une part, et les auteurs d'autre part ? Par exemple, dans quelle mesure êtes-vous présents à l'écriture et au montage ?
Aux Nouvelles écritures, notre ambition est de travailler au plus près des auteurs et des producteurs. C'est d'ailleurs pour cela qu'on apprécie de recevoir les projets au début, pour pouvoir intervenir le plus en amont possible. On est donc très présent pendant toutes les étapes de fabrication, de l'écriture au montage, en passant bien évidemment par le tournage. Nous sommes bien plus que de simples partenaires financiers.

Notre mission étant de renouveler les écritures du réel, nous avons des idées assez précises de ce que nous recherchons. Et donc, naturellement, nous « *challengeons* » parfois les réalisateurs pour que ce qu'ils créent réponde à nos critères de scénario et de dramaturgie. Néanmoins, nous le faisons toujours dans le souci de produire le meilleur film possible. Et nous n'imposons jamais notre vision de manière unilatérale. Nous sommes aussi à l'écoute et offrons une grande liberté à nos auteurs. C'est très apprécié !

Par exemple, nous sommes attachés à l'idée d'avoir une arche narrative permettant au format sériel de fonctionner, à l'histoire de se développer efficacement, d'épisodes en épisodes. Sur *La Bande du skatepark*, de Marion Gervais, nous trouvions donc très important de garder comme fil rouge la compétition de skate à Barcelone, à laquelle une grande partie des personnages devait participer à la fin de la série... Mais, à un moment donné, il a été envisagé de ne plus l'inclure aussi fortement dans la narration, pour diverses raisons. Nos avis divergeaient. Et c'est finalement à force d'échanges et de discussions que nous avons pu, ensemble, prendre la décision de conserver cet élément de récit. Je crois que nous sommes tous très contents de l'expérience et du résultat !

Comment définiriez-vous votre ligne éditoriale ? Est-ce qu'il y a des thèmes, par exemple, auxquels vous êtes particulièrement sensibles ?
Oui, nous avons une obsession sur IRL : raconter le monde, actuel et à venir, avec engagement, et avec une liberté de ton et de formes, pour toucher les nouvelles générations.

C'est dans cette optique que nous avons été amené à penser la datavisualisation au service de l'actualité avec *DataGueule*, à mixer création sonore et voyage à bord du *Transsiberian,* ou *à* créer un conte documentaire dans le Nord – *La Parade.*

Nous avons proposé, plus récemment, une plongée au cœur de la machine judiciaire avec *Commises d'office* d'Olivia Barlier ; et aussi *Trucs de meufs*, une série de Maïwenn Guiziou et Marie Cécile Lucas, qui mixe les codes du documentaire, du magazine, et de l'animation. Un regard féminin, décalé et subjectif, sur les jeunes femmes d'aujourd'hui. Pour *Trucs de Meufs*, nous avons fait le choix d'une animation abstraite. C'est un parti pris formel assez radical, l'image est complètement mise au service des voix.

Dans tous les cas, nous attendons des regards d'auteurs, des points de vue affirmés, une liberté de ton. Nous recherchons, avant tout, des histoires fortes, des parcours. En ce sens, les thèmes qui ne sont pas traités à la télévision aujourd'hui – ou alors, jamais de cette manière – nous intéressent tout particulièrement.

Nous voulons interroger les lignes de fractures de la société, et ses évolutions marquantes. Nous recherchons des séries feuilletonnantes qui documentent les révolutions du travail et du numérique, les nouvelles formes politiques et d'engagement, l'évolution de la société – la débrouille, le partage mais aussi la précarité.

Nous venons d'ailleurs de lancer notre premier appel à projet pour *IRL* sur le phénomène du *ghosting* – action de disparaître ou de faire disparaître, sans préavis, radicalement, sans explication – qui ne se limite plus aux seules relations amoureuses. Est-ce un nouveau mode de vie ? Les projets retenus seront co-développés financièrement et artistiquement avec des producteurs. On espère découvrir de nouveaux talents, de jeunes auteurs audacieux, et des structures de production à l'esprit libre et ouvert, pour continuer d'explorer, avec eux, l'audiovisuel de demain.

Chapitre 5

Ensemble, le documentaire

Là encore, le web n'a rien inventé. Les films collectifs et les réalisations conçues en « atelier » constituent depuis longtemps un pan vivace, bien que sous-estimé, de la création documentaire. Les professionnels du cinéma, aussi, se frottent à l'écriture collective.
Ce fut encore le cas récemment d'Avi Mograbi qui, avec Chev Avlon en 2017, mettait au centre d'*Entre les frontières* un atelier de théâtre organisé dans un camp de rétention en Israël.
En France, Nicolas Constant et le groupe cinéma d'un centre d'accueil psyho-thérapeutique vont plus loin en réalisant conjointement un film hybride, hétérogène, à partir d'un collectif de singularités qui cherchent à donner une autre image de la folie en racontant la maladie, la thérapie, le rapport au monde. La démarche participative est ici un geste politique qui met tous les acteurs du film sur un pied d'égalité.
Dans une autre mesure en Corée du Sud, Park Chan-Wook et son frère ont réalisé un documentaire en 2014, *Better Sweet Seoul* (disponible sur YouTube), à partir de 11.852 vidéos soumises à leur examen par 2.821 personnes dans le monde. Commandé par la municipalité, ce projet collectif est un voyage dans la capitale de 10 millions d'habitants. Le cinéaste explique : « *L'un des objectifs, c'est de donner une image plus conforme au côté multiforme de la cité, de mélanger les blessures de l'histoire avec l'énergie des jeunes d'aujourd'hui. C'est un kaléidoscope, une expérience en mouvement.* »[113]

Le web n'a rien inventé dans ce champ de la création, mais il a permis de systématiser le phénomène, ou du moins de le rendre plus accessible, plus évident, plus déterminant. La collaboration entre les publics et les auteurs peut bien sûr débuter avant le processus de création : le financement par la foule (*crowdfunding*) est largement entré dans les mœurs, permettant parfois de récolter plusieurs centaines de milliers d'euros pour lancer la production d'un film. A l'autre bout de l'échelle de la participation des spectateurs, on trouve ce que les anglo-saxons appellent les « *users-generated contents* »,

---

[113] Eva John, *Park Chan-Wook, de tout son Séoul*, Libération, 4 mars 2014.

les contenus générés par les utilisateurs, qui peuvent avoir un impact majeur sur les œuvres en construction.

Pomme de terre de canapé

Au-delà des films linéaires, dans les documentaires « collaboratifs » ou « participatifs » qui nous intéressent ici, ce sont ces modes d'« écriture associative » qui président au devenir des projets. Le processus est complexe, et recouvre plusieurs modalités de création, en amont ou en aval de la mise en ligne des programmes.

C'est un changement de paradigme : les documentaristes ont parfois l'habitude d'imaginer, de se représenter un spectateur fictif en se mettant « à la place de » ; les journalistes s'accordent globalement sur le plus petit dénominateur commun en imaginant une indistinction de la réception de leur travail... Là, les publics peuvent devenir dans le meilleur des cas les co-créateurs de l'œuvre.

Michel Reilhac pose ainsi la radicalité de la transformation : « *Le choix d'interagir dans une histoire me donne une place active dans une narration qui m'attendait, qui m'invite, où ma participation était prévue dès le départ. Là, je compte pour quelque chose, ma présence est importante, mes actions font la différence, je suis inclus, je suis un participant, je choisis, j'influe. Je cherche, je décide, je creuse, j'explore. Je ne suis plus un simple consommateur, je ne suis pas un cœur de cible. Je ne suis pas une pomme de terre de canapé.* »[114]

Il y a d'abord la simple collaboration entre auteurs (qui, au besoin, ne se fréquentent pas). Dès 2011, ARTE et l'ONF initient *Code Barre*, une collection de 100 films d'une minute sur des objets du quotidien, réalisés par 30 auteurs français et canadiens. Les internautes pouvaient ajouter leurs propres contributions ramassées dans une bibliothèque en ligne. La démarche qui a présidé à la construction, par les mêmes

---

[114] Aurélie Réman, *Manifeste collaboratif du documentaire interactif*, Sunny Side of the Doc, 7 avril 2016.

producteurs, des collections *Haïkus interactifs* en 2015 puis *Très très court* en 2017 est similaire, si ce n'est que des appels à projets d'expériences interactives avaient été lancés en amont.

Toujours à l'ONF, une autre forme d'écriture collaborative a été mise en œuvre pour *The Devil's Toy* en 2014. L'Office National du Film proposait de revisiter l'œuvre de Claude Jutra, *Rouli-roulant,* réalisée en 1966. A l'époque et sans doute pour la première fois, le cinéma s'emparait de l'univers du skateboard. Près de cinquante ans plus tard, c'est l'inverse qui se produit, soit une invitation pour le monde du skate de se réapproprier les outils du cinéma. Des contributions, le plus souvent suscitées par les producteurs, ont afflué du monde entier. 11 films de 14 réalisateurs ont été rassemblés dans une interface idoine à même de sublimer l'œuvre originale et celle en train de se faire. (Les courts-métrages ont ensuite été rejoués sous forme de websérie sur le site d'ARTE Creative).

Le producteur en chef du studio interactif de l'ONF à Montréal, Hugues Sweeney, revient dans ces pages sur ces différentes expériences collaboratives, notamment sur le *Journal d'une insomnie collective,* qui a été élaboré en 2012 à partir de milliers de témoignages d'insomniaques amassés en amont du projet pour nourrir la proposition finale, réduite à quatre récits emblématiques sur le sujet. L'un des créateurs, Guillaume Braun, explique comment la participation modifie la production : « *Avoir le public actif et au cœur d'une œuvre permet de valider son angle et son contenu. Cela permet d'avoir le bon discours pour le bon auditoire. Cela nous a permis d'avoir un lien privilégié avec les insomniaques, de confirmer notre direction, mais également de corriger notre tir lorsque nous étions dans le champ.* »[115]

---

[115] Valérie Darveau, *La participation vue par 4 créateurs de l'interactif,* ONF/blogue, 31 octobre 2014.

Impossible de ne pas mentionner ici *Highrise*[116], le travail au long cours de Katerina Cizek (2008-2015), avec le studio interactif anglophone de l'ONF. Cette vaste exploration de la vie dans les périphéries des grandes villes s'étale sur cinq œuvres différentes, et complémentaires. Collaboration à tous les étages pour l'auteure qui a co-construit l'ensemble avec des habitants des immeubles, des architectes et des ingénieurs. Elle a aussi fait appel à d'autres auteurs, journalistes ou photographes, quand elle ne pouvait pas se déplacer dans toutes les villes visitées dans *Out my window*. Collaboration également avec le *New York Times* et ses incroyables archives photos (5 à 6 millions de pièces) pour *A Short History of the Highrise*, qui permettait par surcroît aux internautes du monde entier d'envoyer leurs photos pour nourrir une partir du site web (pas moins de 400 publications sur 4.000 contributions reçues). Dans sa réflexion sur la manière de produire des projets *avec* les personnes concernées plutôt que *sur* elles, Kat Cizek se réfère au programme de l'ONF *Challenge for change/Société nouvelle* qui a permis de produire 200 films entre 1967 et 1980, avec la volonté de faire du cinéma participatif un instrument de changement social.

Sans l'utilisateur, ça ne fonctionne pas

Sans participation, il n'y a pas de projet. C'est une nouvelle étape, plus radicale encore, pour les documentaires collaboratifs ; un défi qu'ont relevé plusieurs œuvres notables. En restant encore à l'ONF par exemple, *Primal* engageait les internautes en 2014 à créer un « cri éternel », soit l'expression de nos sentiments les plus vifs. Et si personne n'avait hurlé dans la machine pour participer à ce défouloir collectif, le projet aurait été vain.

Dans une mesure un peu plus décisive, *Génération Quoi ?* a ouvert en France une voie assez inédite, peu commune en termes d'étude sociologique à grande échelle. On aurait pu se croire loin de la création documentaire, mais non : l'afflux

---

[116] Voir notre conclusion, *Ouverture – Esquisse d'un « Temple de la Renommée »*.

massif de réponses au questionnaire soumis aux internautes (230.000 environ) a permis de dresser l'un des plus fidèles portraits de la jeunesse française jamais réalisé. C'était en 2013, en interrogeant les 18-34 ans sur leurs propres valeurs, leurs attitudes et leurs comportements, en les incitant à réfléchir sur leur famille, leur travail, leurs amis, la société ou le futur, le programme diffusé par France Télévisions a produit un récit inédit : la jeunesse se raconte par elle-même, avec le sentiment d'être écoutée comme jamais. Preuve de la réussite du projet : il a été décliné dans une douzaine de pays européens au printemps 2016, puis dans le monde presque entier (Asie et Maghreb dans un premier temps). Le producteur Christophe Nick nous raconte ici les tenants et les aboutissants de cette incroyable histoire. A noter que les sociétés de production Upian et Yami 2 ont reconduit un dispositif similaire pour une grande enquête baptisée *Parlons travail*, initiée par le syndicat majoritaire en France – la CFDT –, qui a réuni plus de 200.000 personnes. En 2018, c'est *Parlons retraites* qui a été mis en ligne sur le même modèle.

Encore un peu plus osé dans l'expérimentation des potentialités narratives de la co-création : *Anarchy*. Toujours sous l'égide de France Télévisions, il s'agit là d'imaginer la France sortie de l'euro. Une expérience exigeante, à tous points de vue. Il fallait d'abord du temps pour participer à cet essai ; il fallait aussi de l'imagination pour se fondre dans la trame narrative conçue et animée par une rédaction d'une douzaine de journalistes. Cette fiction alimentée par les internautes a débouché sur un bilan mitigé mais non moins encourageant. Rarement une œuvre d'anticipation politique a été aussi concrète, et proche de nous. Une démarche imparfaite mais qui donne à réfléchir (ce que nous lui demandions...) et sur laquelle nous revenons ici avec ses principaux acteurs.

Miroir

Les documentaires participatifs séduisent aussi sans doute car il y est régulièrement question d'identités, à (re)trouver, à (re)construire, à affirmer. *Générations 14*, que nous raconte ici Andrés Jarach, propose depuis 2014 une interface pour que les internautes puissent enquêter sur leurs aïeux engagés dans la Première Guerre mondiale grâce à 1,4 millions de documents du ministère des Armées. Au Pérou, *The Quipu Project* revient sur les campagnes de stérilisation forcée dont furent victimes 272.000 femmes et 21.000 hommes dans les années 90. Vingt ans après, en décembre 2015, l'initiative de Maria Court, Rosemarie Lerner et Ewan Cass-Kavanagh a permis de recueillir des témoignages *via* une ligne de téléphone spécifique pour ensuite les diffuser sur une plateforme collaborative dont le design évoque le *quipu*, ces cordes nouées entre elles qui auraient pu permettre aux Incas de conserver la mémoire de données économiques, démographiques ou sociétales. Des téléphones mobiles préprogrammés ont été distribués dans des communautés reculées et parfois analphabètes pour faire entendre au monde des injustices longtemps restées sous silence, dans l'espoir qu'elles trouvent rapidement réparation. Les internautes pouvaient de leurs côtés enregistrer des messages audio pour soutenir ces femmes et ces hommes qui ont courageusement décidé de prendre la parole publiquement.

D'identité il est encore question dans *My One Thing*, le projet collaboratif initié par Marcelle Aleid en 2016. Documentariste syrienne réfugiée au Canada, elle a lancé un appel sur Facebook pour collecter de courtes vidéos d'autres exilés en leur posant une simple question : « *Quel objet prendriez-vous ou avez-vous pris en fuyant une guerre qui ravage votre pays ?* ». Un sablier, une couverture, un violon, un passeport et des diplômes... Une soixantaine de réponses ont été reçues, essentiellement de réfugiés syriens, mais aussi de migrants en Grèce ou de ministres canadiens. Cette « *histoire de mémoires, d'amour, d'espoir et d'humanité* » pourrait s'achever par un film ou un documentaire interactif.

Dans une approche que l'on pourrait situer entre le *Journal d'une insomnie collective* et *The Quipu Project*, *Testimony* donne la parole aux victimes de viols et d'agressions sexuelles. Sur une plateforme participative webVR (consultable sur un ordinateur ou *via* un vasque de réalité virtuelle), Zohar Kfir propose à l'utilisateur d'écouter des témoignages assez rares. Gal à Tel Aviv, Selena à Los Angeles, Karasten dans le Michigan... Les récits sont forts, et d'autant plus marquants avec un casque VR qui empêche de détourner le regard. Là encore, les internautes peuvent compléter cette collection en livrant leurs propres histoires sur le site, en vidéo, en audio ou par texte. Avec ce projet, l'auteur entend mettre sur la place publique un problème de société majeur, et accompagner les victimes sur le chemin de la reconstruction, qui peut passer par des actions judiciaires. Là encore, le documentaire participatif, au-delà de ses qualités esthétiques, vise à aider les victimes, à modifier les consciences, et à avoir un impact social et politique sur la réalité.

Politique

C'est aussi le sens des *Civic tech*, ce vaste mouvement d'associations, de particuliers ou de groupements de citoyens qui entendent changer la donne politique par des formes de mobilisations participatives. Elles essaiment, traditionnellement à la veille de grands rendez-vous électoraux. Mais pas que. *Zéro Impunity*, à partir d'un sujet grave et peu relayé voisin de *Testimony* (l'impunité des violences sexuelles dans les conflits armés), mobilise les citoyens par la signature de pétitions, par des rassemblements physiques et par l'organisation d'une « manifestation virtuelle » dans le but de poursuivre les coupables et de faire changer les législations quand besoin est. Dans un autre genre, *Mobil-Eyes Us* (witness.org) permet à tout citoyen, grâce aux technologies numériques, en misant sur la co-présence et le temps réel, de filmer et de rendre compte d'événements pour protéger et défendre les droits humains là où ils sont bafoués. « *See it, Film it, Change it* » : la plateforme s'est déjà attaquée aux droits des prostituées en Europe de l'Est, à la protection des anciens enfants-soldats en République Démocratique du Congo ou à la lutte pour la justice climatique aux Etats-Unis.

Peu importent finalement les mesures d'audience, le succès de telles entreprises se jauge *in real life*. Un champ de recherches investi par la sociologue des médias numériques Sandra Rodriguez qui, au sein de l'OpenDocLab du MIT, travaille à un projet d'enquête et de création baptisé *_ReWriting publics*, pour « *repenser le changement social et l'engagement des auditoires au travers des plateformes transmédias* ». « *On entend souvent dire que les nouvelles œuvres interactives doivent comprendre et évaluer de "nouveaux publics". Mais je crois qu'il est important de rappeler que ce n'est pas le public qui change. Le public demeure, encore et toujours, composé d'une variété d'individus, ayant chacun des capacités réflexives, des appréciations et des expériences différentes d'une même œuvre. Une diversité qui peut être des plus inspirantes. À nous, créateurs, de repenser ce que l'on veut savoir du public. À nous de lui proposer de nouveaux rôles, plus inclusifs, plus participatifs. À nous de trouver d'autres façons de s'inspirer des apprentissages, mesures et observations faites à propos du public et avec le public, pour informer la création.* »[117]

---

[117] Sandra Rodriguez, *Œuvres interactives : repenser l'impact, repenser le public [2/3]*, Plan Culturel Numérique, 10 juin 2016.

Irvin Anneix, le créateur numérique qui murmure à l'oreille des ados

Par Cédric Mal (juin 2016)

Irvin Anneix est bel et bien sorti de l'adolescence, mais il retourne très souvent. Au moins plusieurs heures par jour. Ce jeune auteur né en 1990, passé par l'ENSAAMA Olivier de Serres à Paris, a longtemps nourri ce projet collaboratif transmédia pour lequel il se replonge dans les écrits intimes de nos jeunes années. Une entreprise au budget limité (un peu plus de 60.000 €), mais à l'ambition élevée : « *documenter l'adolescence de l'intérieur* », en lui donnant voix au chapitre. Le projet est étonnamment resté en dehors des radars des diffuseurs, mais c'est peut-être mieux tant la matière de cette aventure est malléable en de multiples formes... La première d'entre elles, documentaire interactif, a été déversée sur la toile le 14 mai 2016. Elle est produite par Narrative et nous permet, à travers des écrits adolescents, de mieux comprendre la jeunesse contemporaine. Portrait d'un (jeune) auteur web qui pousse un peu plus à chaque projet sa démarche participative.

Au départ de ces *Mots d'ados* : une centaine de lettres. Celles que l'un des amis du réalisateur a échangées avec un autre lycéen, entre Amiens et Saint-Malo. Des messages où il est question d'identité sexuelle, d'amour, d'amitié, de questions philosophiques aussi. L'idée d'un film émerge, mais un second hasard surgit : la rencontre avec le carnet intime d'une autre amie, assidument rempli pendant 10 ans, jusqu'à sa majorité. L'ensemble est teinté d'une toute autre tonalité : on y lit notamment le poids du célibat entre des lignes drôles et remplies d'autodérision. Aux textes denses du garçon s'ajoutent les mots plus légers de la fille, mais ces deux contributions sont loin de représenter un point de vue, si ce n'est représentatif, du moins révélateur sur l'adolescence. Il faut donc élargir le spectre de la collecte, et sans doute s'éloigner de l'idée d'un seul film.

Construire une communauté

Pour agrandir le cadre, Irvin Anneix lance un appel à contributions sur le web, premier étage de la fusée participative qu'il met en orbite pour ce projet. Il édite un site (aujourd'hui disparu) à même de recevoir les confidences des ados, et commence à le faire connaître grâce à Facebook ou Twitter. Les « writers » du réseau social de Mark Zuckerberg s'emparent rapidement et en nombre du projet. Des relais sur France Inter et France Culture, dans *Le Monde des ados* et *Phosphore*, finissent par mobiliser la communauté des 15-17 ans.

Mais pour atteindre les plus jeunes (13-15 ans), c'est sur Instagram qu'il faut aller – Facebook est déjà un « réseau de vieux ». En moins d'un mois, 4.000 abonnés au compte des *Mots d'ados,* et des dizaines de messages privés quotidiens. Irvin croule sous les propositions ; au total : pas moins de 5.000 contributions glanées en 2 ans, pour plus de 400 textes sélectionnés.

Psychologue du web

La dimension participative est ici un travail collaboratif. Rien n'est automatique, il faut en effet accompagner les « auteurs », surtout quand les textes sont violents. Harcèlement, viol, mutilation... Il n'est pas rare qu'Irvin Anneix récolte des cris de désespoir ou des appels à l'aide. L'auteur interactif se transforme en psy des internets. Il faut dialoguer, mettre en confiance pour permettre de coucher des sentiments sur le papier, ou dans des pixels. *« Il faut faire preuve de bienveillance et de compréhension. Ça induit de revaloriser la personne, de lui faire comprendre qu'elle n'est pas seule et que ses problèmes ne lui sont pas spécifiques, qu'ils ne sont pas uniques. Il faut finalement "renarcissiser" les gens »*, explique le réalisateur. L'entreprise est délicate, d'autant que « *la frontière entre le réel et la fiction est difficile à tenir, et à déterminer. Ce sont des écrits que l'on adresse à soi-même ; et quand on y parle de suicide, par exemple, ça reste souvent quelque chose d'un peu lointain, ou d'imaginaire.* » L'enjeu consiste finalement, pour l'auteur comme pour les contributeurs, à (re)créer du lien. Une nécessité qui va influer sur la forme du projet final ; laquelle participera en retour à souder toutes ces expériences adolescentes entre elles.

Curation

Autre constat tiré de l'examen attentif de ces écrits intimes : si les textes des « ados d'hier », aujourd'hui âgés de 24 à 35 ans, sont le plus souvent distanciés, cocasses, évoquant avec légèreté « les premières fois » ; les écrits des « ados d'aujourd'hui » sont plus noirs, et plus directs. « *De fait, on écrit souvent quand ça va mal* », remarque Irvin Anneix.
Reste qu'il faut opérer des choix dans cette matière abondante et fortement contrastée. Comment sélectionner les confidences à même d'alimenter un projet audiovisuel lui-même encore flou ? « *J'ai essayé de construire une collection assez diverse quant aux thèmes abordés pour proposer le plus large éventail possible d'émotions quotidiennes qu'on peut éprouver quand on est ado. J'ai aussi privilégié le documentaire sur la fiction. Et je me suis finalement focalisé sur les écrits les plus bruts, comme pris sur le vif. Ce ne sont pas forcément les plus poétiques, mais ce sont des textes rédigés au présent immédiat dans lesquels on sent un geste fort, ou qui attestent d'un vrai mouvement d'humeur, ou d'esprit* ».

Faire dire

Dans tout projet participatif, il arrive un moment où « l'auteur », « le responsable », « le chef de bande », « le *showrunner* » – appelez-le comme vous voudrez – se retrouve plus ou moins seul devant une page, plutôt dense que blanche, mais qui reste à organiser. Comment réinterpréter ces *Mots d'ados* ? Comment en retisser le récit ? Comment raconter les histoires *entre* les textes et, surtout, comment préserver leur force émotive (et revendicative) ?

Irvin Anneix s'enferme alors dans son laboratoire. Mais ses recherches vont très vite redevenir... participatives. Après plusieurs tentatives solitaires qui débouchent sur un travail audiovisuel très plastique sur lequel les textes étaient énoncés *off* (« *ça ne fonctionnait pas ; l'image prenait trop le pas sur l'écrit* »), le jeune réalisateur va emporter ses expérimentations dans les ateliers qu'il a pris l'habitude de mener dans des collèges de la région parisienne. « *J'ai eu l'intuition que la lecture des textes à voix haute par des personnes tiers pourrait rendre sa noblesse à l'écrit, dans un processus pas forcément maîtrisé mais qui permettrait de créer des rencontres* ».

L'essai sera assez vite concluant. Si des premiers tests avec des personnes âgées provoquaient des décalages intéressants (une grand-mère s'interrogeant par exemple sur la signification de l'expression « *rouler un bob à la sortie du lycée* »), la tonalité générale s'avérait trop anecdotique pour convaincre. Rien de tel avec des ados à qui l'on propose de « *lire quelque chose qu'ils auraient pu écrire, et ainsi créer une rencontre entre un texte et un lecteur. L'identification est évidente, presque immédiate, et cela crée des lectures engagées. Même les erreurs de diction ou les hésitations exacerbent la puissance émotionnelle des écrits* ».

Le réalisateur a aussi la bonne idée de doubler ce travail d'interprétation par une introspection documentaire. Irvin Anneix demande en effet aux lecteurs de commenter le texte qu'il leur a soumis par rapport à leur propre vécu. Le résultat est saisissant : on assiste à de rares moments de sincérité, des bribes de confession en *live*, comme l'expression orale et directe d'un carnet intime spontané. Il faut dire que le réalisateur s'entretient longuement avec ses lecteurs pour leur proposer un extrait qui leur corresponde, et qui puisse entrer en résonnance avec leur état d'esprit.

Mise en formes

Irvin Anneix n'est pas en reste, niveau carnets intimes. L'un des textes qu'il a reçu, celui de Laura, le renvoie à ses propres souvenirs adolescents, au temps où il passait le plus clair de ses loisirs à... filmer. Des images d'arbres, de fleurs, et de ses expériences de chimie... « *Le texte m'a parlé directement, et il est emblématique par rapport au projet. Il affirme la volonté de voir de la beauté partout, même dans les choses les plus banales. J'ai immédiatement repensé aux tonnes d'images que j'avais tournées chez moi en Bretagne, à Saint-Gilles, quand j'avais 17 ans.* »

Carnets secrets sur carnets intimes... Ce sont des séquences de ses propres *Mots d'ados*, en somme, qui viennent s'impressionner sur les lectures des collégiens. Manière de délicatement poser ses propres sensations audiovisuelles adolescentes sur les mots des autres, de ceux qui traversent aujourd'hui les maux qu'il a lui-même expérimentés il y a quelques années... Et d'un point de vue esthétique, le résultat est plutôt convaincant, comme en atteste la vidéo d'introduction d'une dizaine de minutes qui vous accueille sur le site des *Mots d'ados*.

In situ

Si le mode de conception influence la teneur du programme, Irvin Anneix fait tout, tout seul ou presque. Seule le design interactif a été confié à l'agence lyonnaise Cher ami, et la musique composée par Karelle.

L'auteur est également à la manœuvre de la petite exposition itinérante conçue par Pauline Laufmöller-Marlier et basée pendant un temps au Centre Pompidou à Paris, qui agit en support et en renfort du documentaire interactif. Pensée à la fois comme cabine de projection et comme studio d'enregistrement, elle permet de diffuser les témoignages recueillis (sur une toile pour une appréciation collective, ou *via* des tablettes individuelles), mais aussi de filmer de nouvelles lectures, à partir notamment des textes parsemés dans l'aire d'exposition.

L'installation a été conçue pour voyager pendant un ou deux ans : après Beaubourg, Irvin Anneix a planté sa tante au Cube d'Issy-les-Moulineaux, en Bretagne (en MJC à Rennes, et dans son ancien lycée Bréquigny), mais aussi à Montreuil, Montpellier, Saint-Etienne ou encore en Guadeloupe. De quoi nourrir sur le long terme ces *Mots d'ados*, qui devraient également être transcrits dans un livre.

Jeune pousse Narrative

Une devinette, pour finir : quel est le point commun entre *Photo de classe*, *Stainsbeaupays*, *L'amour à la plage* et *Mots d'ados* ? Les jeunes, bien sûr. La société de production narrative, aussi. Et... Irvin Anneix. Celui qui a achevé ses études par 6 mois de stage au sein de la structure dirigée par Cécile Cros et Laurence Bagot en est devenu l'un des piliers tant il a multiplié ses interventions dans toutes les productions de cette société.

Ce fut d'abord le design interactif de *Photo de classe*, là aussi conçu dans un travail collaboratif avec les enfants. Une dizaine d'ateliers menés avec des élèves de CM2 d'un établissement du XVIIIème arrondissement de Paris ont permis de définir ensemble l'identité visuelle, la matière graphique et même l'ergonomie du site. Logo, typographie, mise en page des « autoportraits », sélection et édition des vidéos... Ce sont les personnages du projet qui en sont devenus en partie les auteurs, d'autant qu'ils sont aussi passés derrière la caméra pour interroger leurs parents sur leurs propres origines et parcours de vie.

Retourner l'objectif sur le réel et devenir le documentariste de son propre quotidien, c'est aussi ce qu'il fut offert aux collégiens de Stains dans le projet chapeauté par Simon Bouisson et Elliot Lepers, *Stainsbeaupays*[118], pour lequel Irvin Anneix a réalisé deux courts-métrages. Là encore, c'est la rencontre avec ces jeunes âgés de 14 à 16 ans qui a guidé la création. Un travail collaboratif qui n'empêche par l'auteur de manifester discrètement sa présence dans la réalisation. C'est en effet le « plasticien » qui parle dans *Stainstouché expérimental* : 6 mains, 30 ongles (vernis) et « un opus magnétique digne du palais de Tokyo ». Et c'est le « metteur en récit » des *Mots d'ados* que l'on devine derrière le portrait chinois de la ville que brosse Emilia face caméra dans *Stains humain,* l'un des autres épisodes du dispositif global.

Même démarche participative, mais à un degré encore différent, pour *L'amour à la plage,* une commande passée par la Cité des Sciences de Paris et coréalisée avec Floriane Davin, à l'occasion de la réédition de l'exposition « Zizi sexuel ». Après les *paroles de visiteurs* (« photographies sonores ») collectées par Irvin Anneix dans les couloirs de l'institution de La Villette, c'est une nouvelle carte blanche qui est offerte au jeune réalisateur. Seul impératif : recueillir des témoignages de jeunes ados sur l'amour et la sexualité.

Le résultat passe ici par une immersion de trois semaines dans une colonie de vacances à Noirmoutier. « *C'étaient vraiment le lieu idéal et le moment parfait : les colos loin des parents sont souvent le terrain des premières expérimentations adolescentes* », indique le réalisateur devenu pour un temps animateur mobilisé 24h/24 au contact de jeunes de moins de 14 ans. Le dispositif qui en résulte est simplissime (mais encore fallait-il y penser) : « *Venez avec vos copains ou vos copines, par groupe de deux ou trois, et parlez-nous face caméra de tendresse, de mariage, d'amour, de films X, de puberté, de drague, de romantisme, etc.* ». Les jeunes

---

[118] Voir notre conclusion, *Ouverture – Esquisse d'un « Temple de la Renommée ».*

vacanciers se confient sans fard et sans filtre. 50 heures de discussions sont ainsi enregistrées, classées, ordonnées, montées puis agencées dans un écrin conçu pour FranceTV Education. Des quizz et une « roulette » viennent agrémenter la consultation de ces courts-métrages en s'insérant entre deux confidences... pour un résultat remarquable de simplicité, de spontanéité, de fraîcheur et de sincérité.

Un regret, toutefois, sur ce projet : ne pas avoir pu confier de caméras aux jeunes ados pour que ceux-ci puissent filmer en dehors des tournages « officiels »... *« Ça aurait donné des images un peu plus trash que ce que l'on voit dans le film ! »*, sourit encore le réalisateur. Comme quoi, la démarche participative peut (doit ?) aussi avoir certaines limites...

Tranche d'âge

Obsédé par les jeunes, Irvin Anneix ? Pas si simple... Il n'y a qu'à considérer ses travaux de fin d'études. *Au-delà des mots* entendait *« valoriser et légitimer la thérapie par l'art »* ; ou quand le graphisme, la typographie et l'illustration sont utilisés pour aider à soigner. L'expérience a débouché sur deux films courts et un documentaire interactif, et s'est ensuite prolongée auprès des malades d'Alzheimer au centre Barr Héol de Bréhan, puis avec les patients du centre d'addictologie Ty-Yann de Brest, avant de se poursuivre dans un centre pour personnes handicapées de La Celle Saint-Cloud.

Dans une autre mesure, Irvin Anneix a aussi pris la suite d'Albertine Meunier pour animer les ateliers *Hype(r)olds* qu'elle a fondés au Centre des Arts d'Enghien-les-Bains. Il s'agit ici d'apprendre de manière ludique les outils numériques à des femmes de plus de 77 ans. Au programme : réalisation de reportages multimédia, écriture d'articles, création de GIFs, d'images, gestion des outils numériques et des réseaux sociaux, etc.

Irvin Anneix est aussi partie prenante du *Grandmas project*, une websérie collaborative et culinaire placée sous le patronage – excusez du peu – de l'UNESCO. L'initiative conçue par Jonas Parienté propose de collecter et de partager « *les recettes et récits de grands-mères du monde entier, filmées par leurs petits-enfants* ». L'appel à films (8 minutes maximum), et promet déjà de jolis moments de complicité transgénérationnelle. Onze courts-métrages ont déjà été produits, dont celui d'Irvin avec sa grand-mère. Excellente manière de boucler provisoirement la boucle, et de souligner une nouvelle fois que le documentaire participatif repose sur des idées très simples... Encore faut-il pouvoir les mettre en musique.

Comment « Soundhunters » a mis en musique le collaboratif ?

Par Cédric Mal (mai 2018)

Ecouter, capturer et remixer le monde. La belle ambition de ce dispositif transmédia se déploie au travers d'un documentaire TV de 52 minutes (diffusé sur ARTE), d'un site web et d'une application mobile.
Watch, Rec, Create. Trois options pour découvrir les « chasseurs de sons », et éventuellement rejoindre la tribu. *Watch* : quatre films interactifs disponibles sur la plateforme web, avec quatre artistes envoyés explorer les sonorités de quatre villes différentes (New York, Berlin, Lagos et São Paulo). *Rec* : parcourez à votre tour un environnement urbain pour en recueillir les sons, les travailler et les partager. *Create* : c'est l'heure de la création de vos propres compostions, qui pourront concourir au concours qu'avaient organisé les producteurs.
Au total depuis le lancement de l'expérience en 2015, 7.400 sons ont été enregistrés par 4.000 chasseurs dans 150 pays différents. Le site web, de son côté, a accueilli 150.000 visiteurs uniques.
On fait le bilan avec les producteurs de a_BAHN, notamment Nicolas Blies, Stéphane Hueber-Blies et Marion Guth.

Qu'est-ce qui vous a décidé à poursuivre les « chasseurs de sons » pour en raconter les histoires ?
a_BAHN – C'est un peu par hasard, en réécoutant l'album *Zoolook* (1984) de Jean-Michel Jarre, que l'idée nous est venue. C'est un album qui nous a toujours beaucoup fascinés par sa richesse sonore et les textures du monde qu'il a su capter. *Zoolook* est une sorte d'opéra-électro « linguistique » reposant sur le principe du « *sampling* », technique musicale

aujourd'hui très présente dans le *RnB*, le rap ou l'électro. En musique, le « *sampling* » est cette opération qui consiste d'abord à enregistrer un élément sonore (n'importe quel son autour de vous), puis à le manipuler (transformation du son), et à le mélanger avec d'autres sons (d'autres *samples*), pour créer un univers sonore ou musical. Cette approche était courante dans le monde expérimental des musiques électroacoustiques (années 60), et notamment au GRM[119] de Pierre Schaeffer, groupe de recherche dont Jean-Michel Jarre a été l'un des élèves pendant un temps. Cependant, Jean-Michel Jarre comme quelques autres précurseurs de cette époque (Peter Gabriel, Kraftwerk) ont pressenti la puissance créative du « *sampling* » et son potentiel musical grand public. L'idée de *Zoolook* était d'observer musicalement le « zoo humain » à travers le prisme du *sampling* de milliers de sons récoltés aussi bien par des ethnologues en Amazonie que par Jarre lui-même qui enregistrait les émissions de radio chinoises ! Son ambition était de réaliser un instantané du monde basé sur la diversité des langues.

Cette approche sensible du monde a fait écho lorsque nous réécoutions cet album. On réalisait aussi que l'album avait presque 30 ans, et forcément s'est posée la question de savoir ce que nous verrions du monde actuel si nous reproduisions le même dispositif artistique, à l'heure d'internet et des smartphones. Toutefois, nous souhaitions lier ce dispositif avec cette certitude que la musique peut nous aider à transmettre des idées, à faire passer des messages. L'art comme vecteur social en quelque sorte. C'est pourquoi nous souhaitions que nos chasseurs de sons explorent nos sociétés, et spécifiquement les nouvelles langues qui se développent ou revivent. Ces nouvelles langues qui sont à l'image d'un monde polychrome et en mouvement. C'est ainsi qu'est né *Soundhunters*.

---

[119] Groupe de Recherches Musicales, initié en 1958 par Pierre Schaeffer, qui rejoint le fameux Service de la Recherche de l'ORTF avant d'être intégré à l'INA en 1975.

C'est un vaste projet, avec un site web, une application, un film, un disque... Impossible de vous contenter d'un seul support ? L'expérience devait être à ce point variée pour réussir ? Et comment la dimension participative s'est-elle imposée dans le projet ? En quoi a-t-elle constitué un moteur pour *Soundhunters* ?
Pour nous, *Soundhunters* était le prétexte idéal pour tenter de questionner le monde qui nous entoure à travers un dispositif musical. Il fallait donc laisser la main à l'utilisateur. C'est le concept de départ. Chez a_BAHN, nous avons toujours cette volonté d'éveiller le public à des nouvelles pratiques ou à des causes. Nous souhaitions donc créer un outil qui puisse permettre à chacun d'expérimenter le monde sonore, de le détourner, de le *hacker* et d'exprimer en quelque sorte sa propre « poésie sociale ».

Il fallait donc faire preuve de pédagogie avec le public. Il ne s'agit pas d'une pratique évidente pour tous les internautes ; savoir écouter le monde nécessite un apprentissage. Il fallait donc un film (TV et des films pour le web) pour faire la démonstration du *process* et pour inspirer les gens. Ensuite, il nous fallait des outils simples pour capturer les sons et créer facilement des univers musicaux. Des outils simples pour obtenir rapidement un résultat qui ne découragerait pas les utilisateurs.

Enfin, la musique est un art populaire par essence et donc, très rapidement, nous avons souhaité pousser le jeu dans toutes ses dimensions. Nous souhaitions parler bien entendu au grand public, aux novices de cette pratique artistique mais nous rêvions aussi de toucher les plus initiés et de les *challenger*. D'où l'idée de l'album parrainé par Jean-Michel Jarre, avec ce concours.

Quels ont été les moyens mis en œuvre pour vous assurer que les internautes s'emparent du projet ? D'autant que vous ne leur demandiez pas qu'un

« clic », il s'agit d'une démarche volontaire et exigeante...
C'est vrai que ce n'était pas simple et qu'il a fallu faire preuve d'ingéniosité. Notre approche a vraiment été celle d'un pédagogue, notre objectif était de prendre le spectateur par la main pour l'emmener dans notre système. Nous ne sommes jamais sûrs de pouvoir transformer l'essai, nous n'avions en l'occurrence aucune certitude et c'est pourquoi nous avons misé sur les communautés de musiciens. Nous avons d'abord Jean-Michel Jarre comme parrain naturel du projet, cela nous a donc permis de toucher une première audience assez importante, d'autant plus avec la promesse d'être choisi par l'artiste lui-même pour faire partie d'un album anniversaire *Zoolook Revisited*. Cela a été un vrai moteur.

Les quatre artistes qui ont participé à l'aventure digitale ont aussi été de très bon relais pour engager l'audience. Ils venaient d'univers musicaux différents et de pays différents, nous avons donc pu élargir notre cible d'audience. A cela, nous avons adjoint des partenariats très solides qui nous ont permis d'engager le public, notamment avec l'éditeur de logiciel musical Native Instruments. Tous les musiciens, pro ou amateurs du monde entier, possèdent des produits Native Instruments. Nous avons créé avec eux un kit des meilleurs sons de *Soundhunters* à télécharger gratuitement depuis le logiciel. Cela a eu un véritable impact. *[Plus de 2.000 kits ont été téléchargés, NdA]* Le partenariat avec la plateforme SoundCloud a aussi été un vecteur de communication puissant.

L'application est très simple d'utilisation, ça a été un gros travail de la mettre au point ?
Oui. Nous sommes passés par différentes philosophies avant de finaliser cette version. Le concept est totalement nouveau et donc il nous a fallu du temps pour prendre le recul nécessaire et ainsi trouver la solution la plus optimale en termes d'utilisation et de fonctionnement (*UX* et *UI design*[120]). A

---

[120] UX est l'abréviation de « *user experience* » ; UI signifie « *user interface* ».

présent, avec du recul, nous aurions pu faire plus simple encore, aller à l'essentiel tout en développant une expérience encore plus lisible.

Nous sommes malgré tout très fiers du résultat final parce que nous avons développé quelque chose de nouveau, conceptuellement parlant. Créer des univers musicaux générés automatiquement en *taguant* des lieux et des objets est une idée plutôt novatrice et audacieuse. Il vous suffit de *taguer* « #Berlin » pour générer un flux musical avec tous les sons captés dans cette ville. Il ne vous reste plus qu'à spécifier le tempo et le style musical, la musique se crée automatiquement et évolue sans cesse. Rajoutez d'autres *tags*, « #bois », « #nature », et vous aurez tous les sons de nature dans la ville. Dès que vous aimez ce que vous entendez, vous l'enregistrez et le partagez avec la communauté.

Le concept, à la fois collaboratif et communautaire, a d'ailleurs beaucoup intéressé nos partenaires de l'industrie musicale. Sous une autre perspective, cette audace technologique a aussi fait qu'il était plus difficile de communiquer sur l'application en tant que telle. Il aurait fallu une véritable stratégie de start-up que nous n'avions pas, faute de moyens. Nous avons encore aujourd'hui plein d'idées en tête pour développer cette application mais ce serait le début d'une autre aventure.

L'aspect collaboratif a-t-il également « joué » pendant la création du projet ? Dans quelle mesure avez-vous fait intervenir d'éventuels utilisateurs dans la production ?
Ce caractère collaboratif a aussi eu lieu pendant la production du projet dans une certaine mesure. D'abord dans le film TV, réalisé par Beryl Koltz. Nous avons beaucoup employé la dimension d'improvisation créative et les deux musiciens qui nous servent de fils conducteurs dans la narration du film ont été sollicités dans la création artistique en improvisant des musiques tout au long du voyage documentaire. Cela a été une expérience de production passionnante.

De la même manière, nous avons laissé les internautes créer la musique du générique de fin du film diffusé à l'antenne d'ARTE. Pour cela, nous avons simplement pris la musique créée avec notre application et la plus partagée sur notre plateforme.

Enfin, pour les films documentaire sur le web, nous avons demandé à nos quatre artistes musiciens, envoyés une semaine en compagnie de nos réalisateurs dans quatre mégapoles (São Paulo, Lagos, New York, Berlin), de créer la bande originale de leurs voyages avec les sons qu'ils ont capté au fil de leurs rencontres. Ce fut une véritable découverte à la fin de chaque tournage de voir quel esprit musical ressortait de l'aventure. Un esprit musical qui a totalement influé sur le travail du réalisateur en post-production.

Ces expériences de production et de réalisation ont été vraiment ancrées dans un esprit de collaboration artistique à différentes échelles.

L'application a été traduite en plusieurs langues, et elle continue d'être utilisée trois ans après sa sortie... C'est une grosse satisfaction, on imagine... Vous vous attendiez à une telle « longue traîne » ?
Oui, cela fait plaisir de voir que des sons continuent d'être enregistrés partout dans le monde et que notre démarche interpelle. Nous avions immédiatement pris conscience de la portée internationale du projet dès son origine, et c'est pourquoi nous voulions d'emblée qu'il soit accessible en plusieurs langues.

Pour le chinois, c'est le fruit d'une demande spécifique de la mairie de Taipei (Taiwan). Ils ont organisé un week-end de découverte culturelle de leur ville et nous ont demandé de faire une version « chinoise » de l'application. Ils avaient découvert *Soundhunters* depuis les réseaux sociaux. Nous leur avons donc fabriqué une version spéciale, et pendant ce week-end d'exploitation, nous avons eu une centaine de sons enregistrés à Taipei. C'était très intéressant de voir comment le projet pouvait voyager à travers le monde. Aujourd'hui, des sons sont encore enregistrés, en Roumanie par exemple pour le dernier en date. Sur l'ensemble de l'expérience, nous avons récolté des sons provenant de plus de 150 pays. C'est évidemment énorme. Le film documentaire continue lui aussi de parcourir le monde. Après avoir été diffusé en France et en Allemagne, il a été diffusé au Qatar, aux Pays-Bas, au Danemark, en Russie et même sur la NHK au Japon, où le film a eu beaucoup de succès ! La musique est définitivement un langage universel.

Depuis *Soundhunters*, vous avez notamment produit *Zero Impunity*... Là encore, vous engagez les internautes à participer, à une manifestation virtuelle ou en signant des pétitions en ligne, pour faire bouger les choses... C'est politique, le collaboratif ? C'est une ligne directrice dans vos projets ?
Oui, avec *Zero Impunity*, nous avons eu aussi cette même approche pédagogique qui vise l'éveil et l'engagement du spectateur. Pour nous, la notion de transmédia est entièrement d'actualité car cela nous permet de créer des univers dans lesquels nous pouvons influer sur les modes de pensée et de comportement des citoyens afin de les sensibiliser à des causes ou des points de vue. Dans cet esprit, le collaboratif est essentiel. Il se rattache pour nous à une notion qui nous est très chère, celle d'impact social. Si nous souhaitons bouger les lignes, nous devons mobiliser et rendre le spectateur « actif ». Ainsi, nous développons nos projets sur un principe dual : sensibiliser et engager. Nous sensibilisons avec nos outils d'artistes et nous engageons avec des outils citoyens.

« Generation What ? » : de l'expérience interactive française au projet mondial

Voici un projet interactif qui ne cesse de grandir, et de revoir son envergure à la hausse. D'abord commencé en France en 2013 sous le titre *Génération Quoi ?*, le programme basé sur 150 questions environ adressées aux jeunes a eu un tel succès (plus de 350.000 personnes ont répondu) qu'il a été étendu à d'autres pays d'Europe, puis du monde sous l'appellation *Generation What ?*. C'est un portrait inédit de la jeunesse par la jeunesse qui s'est ainsi dessiné sous nos yeux. Christophe Nick, producteur chez Yami 2, revient ici avec beaucoup de détails sur cette incroyable histoire qui continue aujourd'hui, et qui en dit long sur la manière dont le numérique est intégré dans les logiques des télévisions du monde entier. Propos recueillis par Cédric Mal.

Generation What ? est finalement l'aboutissement d'une longue évolution documentaire. Tout part des *Chroniques de la violence ordinaire*[121]. Nous avions alors, de manière totalement empirique, mis au point un système d'immersion de très longue durée. Techniquement, nous cherchions à observer des phénomènes de société en restant très longtemps dans un même endroit pour y capter des histoires qui feraient « collection documentaire » et permettraient d'aborder sous plusieurs angles les fractures cruciales de la société française. Après ce premier succès, nous avons réalisé de façon un peu plus bordélique *Ecoles en*

---

[121] Christophe Nick, Patricia Bodet, Pierre Bourgeois, David Carr-Brown, *Chroniques de la violence ordinaire*, série en 5 épisodes, Nova Productions, France 2, 2004.

France[122], qui était moins réussi car moins pensé selon l'optique initiale. Le troisième temps, *La mise à mort du travail*[123], a été un succès, et à ce moment-là, je me suis dit qu'un phénomène reliait toutes les problématiques que nous avions abordées : les problèmes de la jeunesse.

Nous sommes alors au début des années 2010, et je commence à lire un certain nombre de livres, de sociologues notamment, dans lesquels je découvre des indicateurs qui tendent à prouver qu'il est en train de se passer quelque chose de grave. C'étaient des données socio-économiques qui montraient des taux de pauvreté, de chômage et d'échec scolaire incroyables chez les jeunes. Les statistiques sur le déclassement, que j'ai découvertes dans le livre de Camille Peugny[124], étaient de loin les plus déconcertantes : en 2009, 27 % des fils et 34 % des filles de cadres supérieurs étaient ouvriers ou employés ! Et la tendance depuis le début des années 2000 ne cesse de s'accroître. C'est un phénomène unique dans l'histoire de la sociologie française. Traditionnellement, soit ça stagne, soit le fameux « ascenseur social » fait son office. Assiste-t-on alors à une rupture générationnelle ? C'est une vraie question.

Je rencontre des sociologues qui sont assez partagés sur le problème, et je suis également frappé par le travail de Cécile Van De Velde qui, dans un ouvrage[125], montre les différentes stratégies mises en place par des jeunes pour devenir adultes dans plusieurs pays européens. Son livre nous donne à comprendre le malaise français en la matière. Derrière la crise de 2008 qui a amplifié ces phénomènes, des facteurs structurels expliquent un problème spécifiquement français. De là naît le désir de construire notre quatrième grande série autour de la jeunesse. Il fallait donc que nous trouvions un lieu qui puisse nous accueillir, pour voir y naître des histoires telles

---

[122] Christophe Nick et Patricia Bobet, *Ecole(s) en France*, série en 3 épisodes, Yami-PM Holding, France 2, 2006.
[123] Jean-Robert Vialley et Christophe Nick, *La mise à mort du travail*, série en 3 épisodes, Yami 2, France 3, 2009.
[124] Camille Peugny, *Le déclassement*, Grasset, coll. « Mondes vécus », 2009.
[125] Cécile Van De Velde, *Devenir adulte ? Sociologie comparée de la jeunesse en Europe*, Presses Universitaires de France, collection Le Lien Social, 2008.

que nous les recherchions, et nous commençons à explorer les potentialités à Cergy-Pontoise.

Nous en discutons avec Fabrice Puchault, alors responsable des documentaires de France 2, avec Bruno Patino, alors directeur général délégué aux programmes, aux antennes et aux développements numériques de France Télévisions... Nous rencontrons également Upian, pressentant qu'il pouvait se passer quelque chose sur le web avec notre projet. Nous naviguons dans plusieurs directions, nous pensons à une forme d'abécédaire, comme à une sorte de « Dico des ados » puisse aider les jeunes à se trouver ou à moins se sentir seuls – la solitude, à l'heure des réseaux sociaux, était aussi l'un des éléments très frappants des études que j'avais consultées. Au fil du temps, le patron d'Upian Alexandre Brachet me parle d'une sorte de questionnaire que les Anglais proposaient en ligne, avec des questions un peu nulles (par exemple : « *préfères-tu les hommes avec ou sans moustache ?* »), après lesquelles on pouvait voir ceux ou celles qui répondaient comme nous. A la réflexion, on estime que le dispositif est fort, et qu'il pourrait être efficace avec des interrogations plus sérieuses.

En même temps que nous construisions la collection documentaire, nous nous sommes dit qu'il fallait donner aux jeunes la possibilité de dresser par eux-mêmes (et avec le web) le portrait de leur génération. En somme, les films pour l'antenne de France 2, c'est un regard d'adulte sur cette génération, mais sur le web, nous proposons un autoportrait. Nous avons mis du temps à comprendre ce que nous étions en train de faire, mais l'évidence a fini par s'imposer. Nous avons testé les premières questions, et nous avons filmé des jeunes répondant au questionnaire à Clermont-Ferrand. Le résultat était stupéfiant. C'était fort, brut, simple. Nous avons donc décidé de systématiser ces vidéos, qui allaient faire partie du site.

Nous nous inscrivons donc dans une double logique. D'une part, le questionnaire permet aux internautes de se rendre compte en temps réel qu'ils ne sont pas seuls grâce au mécanisme qui permet de se situer par rapport aux réponses des autres. On peut être dans la majorité, dans la minorité, mais on est *dedans*, inclus. Il n'y a donc plus de peurs à avoir. D'autre part, les vidéos permettent de s'identifier plus concrètement aux autres, et à des gens dont on ne soupçonnerait pas qu'ils pensent comme nous. Ces petits films nous ont aidés à corriger la vision très parentale que nous avions de la jeunesse.

Les documentaires TV sont d'ailleurs un peu passés à côté de certaines tendances. Les jeunes ne sont pas uniquement en train de subir, il se passe des choses, il y a des énergies que nous avons tout de suite vues dans les vidéos produites pour le web. Et il a été très troublant pour nous de constater le décalage entre ce qu'un « documentaire d'adulte » pouvait apporter et ce que les jeunes disaient d'eux-mêmes quand on abordait toutes les problématiques : la vie de famille, le travail, la sexualité, l'éducation, la vision du futur, de la société, des institutions, etc. Comprendre les problématiques sociales sans considérer les relations familiales ou amoureuses n'est pas possible – et c'est là où il manquait des éléments dans les documentaires TV.

La stupeur, pour les diffuseurs, c'est de comprendre qu'un truc plus fort avait émergé sur internet. Les discours étaient beaucoup plus dynamiques, et positifs, que ce que nous pouvions imaginer. Nous avons vu émerger ce paradoxe qui revient à dire : « *Je ne crois pas du tout à la société dans laquelle je suis, mais je crois en moi et à ma capacité à m'en sortir* ». Cette ambivalence est maîtresse pour tout comprendre des jeunes, et elle est apparue au cœur du projet web.

Les questions de *Generation What ?* ont été conjointement formulées avec des sociologues, Upian, Yami 2, et des jeunes qui étaient en stage chez nous. Ça a été un long travail. Il a fallu trouver un ton, une manière de poser les questions, mais aussi s'écarter le plus possible du sondage pour interroger les jeunes sur les valeurs, les comportements ou les attitudes. La démarche n'est pas neuve, on faisait déjà ça chez *Actuel* avec Jean-François Bizot, et c'est compliqué – mais drôle – à construire.

Honnêtement, nous ne nous attendions pas à un tel succès sur le web. 350.000 répondants en France, plus d'un million en Europe... avec une logique de partenariats. Pour la France, nous avons réuni France 2, *Le Monde* et Europe 1. L'idée consistait à avoir un journal sérieux pour que les jeunes se rendent compte que ce n'était pas du pipeau et pour être certains de toucher les leaders d'opinion. Il nous fallait aussi une radio, elle aussi capable de toucher les responsables, mais qui ne soit pas dans le giron de Radio France pour ne pas être dans le même univers de service public que France 2. La stratégie, inspirée par Alexandre Brachet, consiste clairement à saturer l'espace médiatique, mais aussi à créer un média éphémère pendant la campagne de 6 mois de *Génération Quoi ?*. On pensait que c'était un peu utopique tant le temps de consultation du programme était important pour qui voulait aller au bout. Et force est de constater qu'à chaque fois qu'une référence à *Génération Quoi ?* était faite à la télévision, des milliers d'internautes débarquaient dans la minute sur le programme. C'est incroyable de voir le lien automatique qui existe entre ce qui est dit à la télévision et ce qui est fait sur le web. Plus on multiplie les points d'entrée à l'antenne, plus les jeunes sont nombreux sur *Génération Quoi ?*. Quoi qu'on en dise, la télévision reste le premier prescripteur, de très loin. Ceci dit, 30 % de l'audience est venue du site du *Monde*, ce qui a également été surprenant.

Je pense aussi que les jeunes ont respecté notre programme parce qu'il n'y avait pas de publicité, pas de marques. C'est du service public ! Et ceux qui s'exprimaient au nom de *Génération Quoi ?* étaient des sociologues, il n'y avait pas de journalistes. Qui plus est, c'est un dispositif très horizontal. Sans préméditation – nous nous en sommes rendu compte ensuite –, tous ces ingrédients ont contribué au succès du programme qui, finalement, portait des valeurs qui parlaient aux jeunes. L'objet était presque parfait finalement, et ce n'est pas qu'une stratégie de communication qui a contribué à sa réussite.

Génération Quoi ? correspondait aussi à une envie, à un besoin des jeunes de se faire entendre au travers d'un canal nouveau. Une chose est de téléphoner à une émission de libre antenne sur la radio FM ; une autre en est de participer à un tel programme. Mais rien n'est automatique : c'est d'abord une proposition ludique, qui fait qu'on se pose des questions auxquelles on n'a jamais pensé. C'est aussi une question de confiance. Les valeurs de respect, d'écoute, la variété des questions, le ton très adapté, l'ergonomie du site, la présence de vidéos... Tout cela encourage aussi le bouche-à-oreille. Il s'est vraiment passé quelque chose sur les deux premiers mois. Nous avions prévu une campagne de six mois, mais après la moitié de ce temps prédéfini, on savait que les grandes tendances ne bougeraient plus. Les statisticiens nous disaient que les fluctuations allaient être marginales dans les dernières semaines.

Ces six mois ont finalement correspondu à quatre mois de communication intense, puis deux mois nécessaires aux chercheurs pour analyser les réponses et produire un rapport. C'est en tout cas ce que nous avons constaté pour la France. Ce que nous n'avions pas anticipé, c'est la Une du *Monde* au terme de l'expérience, qui a été faite sans nous prévenir. Trois pages du journal étaient consacrées aux résultats de notre enquête participative. Nous nous sommes alors pris une déferlante médiatique comme il en arrive rarement. Pendant trois jours, nous avons été sur tous les plateaux de télévision et de radio. Il y a eu un respect des journalistes pour notre travail, il n'y avait plus de concurrence, seulement ce constat implacable : un média, *Génération Quoi ?*, avait produit du contenu et créé de l'information. Avec des données très fortes sur une jeunesse un peu révoltée, mais désidéologisée, qui ne s'insurgerait pas pour n'importe quoi.

Au moment de cette Une, je me suis demandé si le phénomène était une exception française, et je me suis dit qu'il serait intéressant de comparer avec d'autres pays européens. On en parle rapidement avec Boris Razon pour les Nouvelles écritures de France Télévisions, puis lors d'une réunion avec Bruno Patino et Rémy Pflimlin. A ma grande stupeur, le président du groupe public trouve que cette proposition est extraordinaire, d'autant qu'il s'agit de l'un des objectifs de l'UER. Dans l'agenda 2020, l'Union Européenne de Radio-télévision ambitionne de se tourner vers les jeunes, d'aller vers la numérisation et de trouver de nouvelles écritures. Or, *Generation What ?* coche toutes les cases. Quatre jours plus tard, j'accompagne Rémy Pflimlin à Bruxelles pour rencontrer Jean-Paul Philippot, l'administrateur général de la RTBF, par ailleurs président de l'UER. Il a lui aussi été très vite convaincu d'engager son groupe et de mettre le projet à l'ordre du jour du bureau de l'UER.

On a ensuite mis un an, avec Margaux Missika chez Upian, à découvrir la complexité qu'il y a à produire de telles entreprises. Heureusement, nous étions naïfs ! Sinon, nous aurions arrêté tout de suite... Mais nous avions un argument redoutable : la France a prouvé que ce programme fonctionne, et très bien. Les Allemands nous ont soutenu très vite, ce qui était essentiel : l'Europe, quoi qu'on en dise, c'est d'abord un binôme franco-allemand. Ça leur permet de discuter avec les pays du nord, et nous avec les pays du sud. Le problème, c'est que cela nous coupe radicalement du monde anglo-saxon. BBC et Channel 4 n'ont pas compris – ou n'ont pas voulu comprendre – le projet. Ou alors ils ont estimé qu'il était impossible qu'un programme innovant ne provienne pas d'eux. *Generation What ?* a donc été développé au Pays de Galles et en Irlande, mais pas en Angleterre.

Au total, 14 pays et 19 diffuseurs se sont mobilisés en Europe, mais là encore, la grande difficulté a été de faire comprendre à ces derniers la nécessité d'investir sur le web. Personne n'était dans cette logique à l'époque ; la majorité des diffuseurs européens considéraient encore le web comme un instrument de communication et de marketing, un endroit où l'on pouvait pousser des avant-programmes, des *teasers*, des autopromotions sur Facebook, etc. En dehors de la France, du Canada, et de BBC3, le web n'était pas pensé comme un espace où on pouvait (ré)inventer des programmes, et une autre manière de faire de la télévision.

Nous lançons donc *Generation What ?* en 2016. Gros carton, mais inégal. Les diffuseurs en Autriche, en Belgique (flamande et wallonne), en Irlande et en République Tchèque ont appliqué à la lettre toutes nos propositions et nos recommandations pour que le programme fonctionne. Le résultat, en termes de pénétration, a été deux fois plus important qu'en France, et la fréquentation ne s'est pas arrêtée au bout de deux mois. C'était pour moi le plus étonnant : les partenaires ont continué à injecter des idées, des petites vidéos, des *happenings*, des références dans les *news*, etc. et la courbe de fréquentation continuait de progresser, même dans les deux derniers mois. En somme, là encore, plus il y a de mise en avant à l'antenne, plus il y a de monde sur le web. Si on construit une longue traîne, ça fonctionne et ça ne s'arrête pas en six semaines, après le gros du « bruit ». Et ça aide les chaînes puisque les petits programmes courts, même d'une minute, rafraîchissent et dynamisent les antennes.

Les résultats ont toutefois été décevants en Allemagne, et c'est essentiellement dû à la complexité du paysage audiovisuel du pays, très régionalisé. Nous avions commencé par nouer des relations avec la Bavière, puis avec le Bade-Wurtenberg et avec une partie du réseau ARD, avant de parvenir à convaincre la ZDF. Il existe une forte concurrence entre tous ces acteurs, et le programme n'a pas tenu ses promesses, avec 200.000 Allemands concernés sur une population de 80 millions d'habitants – c'est donc moins qu'en France. Les performances en Italie ont également été décevantes, comme finalement dans tous les « gros » pays. Déception aussi aux Pays-Bas, où les diffuseurs étaient très ancrés dans une vision marketing du web. Les *project managers* du programme considéraient que les offres sur internet ne fonctionnaient que s'ils donnaient des places de concert ou des CD aux internautes. Nous les avons dissuadés de faire ces cadeaux, mais ils n'ont fait aucun effort et le programme n'a pas fonctionné. C'est pourtant simple et ce n'est pas faute de l'avoir répété : cette génération est la plus éduquée de tous les temps ! Il ne faut pas prendre nos jeunes pour des imbéciles ! Ils ne sont pas forcément plus intelligents, mais ils sont beaucoup plus critiques que nous. Et ils savent décrypter tous les pièges – et toutes les intentions des diffuseurs – comme on voit un nez au milieu d'une figure. S'il n'y a pas de cadeaux, pas de marques et pas de publicité dans *Generation What ?*, c'est pour clairement signifier aux jeunes qu'il s'agit d'un outil pour qu'ils se fassent entendre. Nous, on s'efface, on leur donne les clés. Le cynisme auquel nous avons parfois été confrontés dans certaines chaînes reste cependant intéressant à observer, d'autant qu'il est aussi le fait de jeunes actifs...

Il y a donc eu des disparités entre les pays, mais au final c'est quand même plus d'un million de jeunes mobilisés par le programme. A ce moment-là, *Generation What ?* commence vraiment à faire du bruit. Et parmi les nombreuses sollicitations que j'ai reçues, il y avait celle de Michael Randall. Il dirigeait alors « Med Media », un important projet pour la BBC, avec le soutien de la Commission Européenne, pour essayer de permettre à la jeunesse et à la société civile des pays arabes de se réconcilier avec les télévisions de service public après les révolutions en Lybie, en Tunisie ou en Egypte. Je suis donc allé avec lui présenter le projet dans plusieurs villes du Maghreb, avec d'autres producteurs qui proposaient d'autres projets. Et tout le monde a adoré le concept de *Generation What ?*.

J'y croyais moyennement, mais l'argent de la Commission Européenne est finalement arrivé et a rendu concevable ce nouveau déploiement du projet. Nous sommes alors partis sur 5 pays, puis 8, avec 800.000 puis 1 million d'euros de budget européen d'autant plus primordial que les diffuseurs locaux n'étaient pas en mesure de financer une telle entreprise (contrairement aux pays européens, où tous les diffuseurs sont bien sûr mis à contribution). Précisons toutefois qu'en Europe, le système a été « mutualisé » grâce à l'UER : jamais les Belges ou les Tchèques auraient pu investir sans le système de péréquation de la structure européenne. En somme, les riches paient plus que les pauvres. Impossible à concevoir dans le monde arabe. C'était d'autant plus compliqué pour nous que le financeur était la Commission Européenne, donc pas des diffuseurs mais un organisme inter-gouvernemental, avec des devis, des attendus et des logiques qui n'ont rien à voir avec ce à quoi nous sommes habitués. Il a donc fallu rendre compatibles deux langages très différents.

Il a aussi été compliqué de trouver une architecture solide. L'UER ne suffisant pas, nous nous sommes rapprochés de l'organisme de radio-diffusion des pays arabes, l'ASBU (Arabic States Broadcasting Union). C'était obligatoire d'un point de vue juridique car la structure de l'UER est suisse, et la Commission Européenne ne peut donc pas directement l'abonder. La COPEAM (Conférence Permanente de l'Audiovisuel Méditerranée) nous a aussi aidés, et a intégré le consortium, ce qui a rassuré la Commission Européenne. Au total dans le monde, il n'y a finalement qu'une petite trentaine de pays capables de prendre en charge un projet comme *Generation What ?*.
Nous commençons donc à travailler pour le monde arabe avec ce consortium et là, contre toute attente, une représentante de l'UNESCO en poste à Rabat se voit muter à Bangkok, où elle parle de *Generation What ?* au bureau régional de l'ASEAN (Association des Nations de l'Asie du Sud-Est). La branche régionale de l'UNESCO est enthousiaste, et donc au moment où on reçoit l'accord de l'Union Européenne pour les pays arabes, nous recevons une demande pour l'Asie ! A ce stade, France Télévisions décide de se désengager du projet, et ARTE saute sur l'occasion pour nous rejoindre.

Il nous a fallu un peu de temps pour nous adapter au fonctionnement de l'UNESCO, et pour aller rencontrer les diffuseurs des différents pays asiatiques – en ce sens d'ailleurs, l'Asian Side of the Doc a été très précieux, et très efficace.

Notre avantage, c'est que nous avions désormais un argument imparable : *Generation What ?* n'avait pas seulement fonctionné en France, mais dans toute l'Europe ! Le seul problème qui se posait, et qui était plus difficile à surmonter qu'en Europe, c'est que les diffuseurs asiatiques ne se conçoivent pas autrement que comme des chaînes de télévision. Mais c'est très paradoxal : en Thaïlande, 35 millions de personnes se sont abonnées en un an à un service sur mobile qui leur fournit 60 chaînes de télévision pour 1 euro par mois. Tout le monde est passé de la télévision hertzienne à des applications sur mobile sans passer par la TNT ou par d'autres développements numériques. L'offre de programmes est donc assez pauvre, sauf bien sûr en Corée du Sud, mais ces acteurs sont très forts d'un point de vue marketing.

Les pays asiatiques voulaient vraiment apprendre, qu'on leur transmette notre savoir. Nous nous sommes alors retrouvés dans une troisième position qui impliquait de passer du temps sur place pour expliquer le concept et former les équipes à se l'approprier. Ça n'a pas toujours été évident : il faut casser les murs entre les différents départements d'une chaîne de télévision, et ça peut être très déstabilisant. Mais c'était aussi très excitant pour eux, et vital. A la NHK, au Japon, les responsables ont compris que la chaîne allait fermer dans 10 ans si elle ne rajeunissait pas son audience. Ils sont obligés d'inverser la tendance ! Or, la législation leur interdit d'aller sur le web, comme c'était le cas en Allemagne il y a quelques années.

Néanmoins, ce qui était très intéressant et très riche, c'est que nous parlions de la même manière au Bhoutan, au Cambodge ou au Népal qu'au Japon, en Corée du Sud ou en Australie. C'était assez extraordinaire : les plus pauvres et les plus riches ont tous des problématiques très différentes, mais l'engagement était assez similaire.
Ce faisant, nous avons eu un autre « problème » avec l'UNESCO. L'institution a besoin de ce genre de regard sur la jeunesse, et des actions éducatives qu'on peut mener ensuite. Le problème, c'est qu'ils ont voulu que nous investissions

également l'Afrique et l'Amérique ! L'institution a accepté de trouver des fonds pour *Generation What ?* si nous affichions une ambition clairement mondiale. Tout le monde a aujourd'hui pris conscience que l'avenir se joue en Afrique, avec 1,5 milliards d'habitants, bientôt plus de 4. Il est donc urgent pour des structures comme l'UNESCO d'être davantage présentes sur ce continent, et de le penser autrement. Là encore, *Generation What ?* coche toutes les cases : ça permet aux jeunes de se comprendre différemment d'un pays à l'autre, ça créé des liens, ça souligne qu'il existe des visions du monde radicalement différentes mais que certaines valeurs sont de plus en plus largement partagées.

En avril 2018, nous lançons la version japonaise. A l'automne 2018 ou début 2019, avec le concours de l'UNESCO, 15 autres pays asiatiques devraient suivre. Aujourd'hui, toutes les chaînes sont prêtes à rentrer en production, mais il faut encore entre 500.000 et 600.000 euros car nous ne pouvons plus avancer sur nos fonds propres.

Pour parachever l'aventure, nous nous sommes interrogés avec Bruno Patino et Fabrice Puchault : quelle idée pourrions-nous trouver pour rendre compte à la télévision d'un programme web qui devient mondial ? Ils me conseillent alors de me rapprocher d'un producteur britannique, Roy Ackerman. C'est un roi des formats TV, il a été stupéfait par le projet, et il a eu l'idée du siècle ! Je crois que le principe de fond de *Generation What ?* consiste à *hacker* la télévision. En gros, on pousse une génération à prendre le pouvoir. C'est comme cela que nous en sommes parvenus à ce concept de « Week-end ». On va dire aux jeunes : « *Entendu, vous ne regardez plus la télévision, ça vous gonfle, on a reçu et on a compris le message, mais on aime bien ce que vous êtes alors prenez les clefs, faites la télévision et on revient lundi !* ». Cette idée est tellement forte qu'elle a directement convaincu la NHK. Très rapidement, les responsables du groupe ont pensé à l'horizon des Jeux Olympiques d'été à Tokyo en 2020. L'idée d'un axe Japon-ARTE posée, nous avons réuni en octobre 2017 tous les diffuseurs asiatiques à Kuala Lumpur, et la dynamique était lancée. Nous avons beaucoup travaillé sur la programmation de ce « Week-end » et à la manière de le financer. Nous avons créé des ateliers de travail à Londres, à Paris, à Tokyo, avec des « *millenials* », des jeunes journalistes, des activistes, des artistes, etc. Nous leur présentions nos idées, écoutions leurs remarques et leurs envies. Nous semions en fait des graines sur lesquelles germent leurs propres projets. C'est très sain, et enthousiasmant. Nous sommes dans un dialogue permanent, et dans la co-construction. Et nous n'en sommes qu'aux prémices ! Les Japonais sont d'ailleurs très investis dans la création participative. Ils ont mis sur pied un programme bluffant, qui, pour moi, constitue un grand virage.

Lors des dernières élections, les Japonais de 18 à 20 ans avaient le droit de vote pour la première fois. La NHK s'est donc légitimement posé la question de la meilleure manière d'inclure ces jeunes dans l'espace civique. Et ils ont créé un programme un peu complexe, mais tellement réjouissant. Ils ont pris l'un des groupes de rock japonais les plus populaires, et par une émission TV et le site du groupe, ils ont demandé à tous les fans d'envoyer des vidéos dans lesquelles les jeunes devaient dire qui ils sont, où ils ont envie d'aller, et chanter. Ils en ont reçu des milliers, les ont triées pour retenir mille garçons et filles. Ces personnes ont ensuite participé à l'élaboration d'un chœur qui devait accompagner la nouvelle chanson du groupe. La NHK a ensuite choisi 12 chanteurs néophytes pour en dresser le portrait dans un programme de 60 minutes qui retrace aussi l'évolution de cette nouvelle chanson. Il y a la fille qui veut se suicider parce qu'elle ne peut plus faire de sport depuis un accident, le mec qui a quitté sa maman pour devenir cuisinier, le meilleur calligraphe du pays, les deux amis musiciens, etc. Et à la fin, ils sont tous réunis pour interpréter la chanson. C'est simple, complexe, et tellement puissant. Voilà l'une des manières de faire confiance aux jeunes pour faire de la télévision. Et on veut aller beaucoup plus loin encore !

« Générations 14 » : Andrés Jarach plonge dans les souvenirs de la Première Guerre mondiale

C'est en amont et en aval du programme que la participation opère ici. Avant la production, par la collecte de données et de documents sur la Première Guerre mondiale ; en aval car le dispositif repose sur l'engagement des internautes désireux de retrouver la trace de leurs ancêtres engagés dans ce conflit.
Générations 14 a débarqué sur le web le 27 juin 2014. Cinq mois plus tard, ce projet participatif réalisé par Andrés Jarach et Kévin Accart comptabilisait plus de 150.000 sessions, de huit minutes en moyenne, avec un pic autour du 11 novembre. 68 % de l'audience provenait des ordinateurs de bureau ; 20 % des téléphones et 18 % des tablettes.
Retour sur la construction de cette interface « patrimoniale » avec l'un de ses responsables. Propos recueillis par Cédric Mal.

On demande à David Bigiaoui, producteur chez Cinétévé, d'imaginer une proposition numérique autour de la Première Guerre mondiale, en lien avec le ministère de la Défense. Or, il se trouve qu'au fin fond du site web de ce ministère, il y a quelque chose de formidable : on peut aller consulter les fiches des personnes « mortes pour la France », ainsi que des « journaux de marches et opérations de la guerre » (tous les jours, dans chaque unité, quelqu'un écrivait sur les événements qui se déroulaient entre 1914 et 1918). Tout est bien rangé, avec des cotes, et on peut y retrouver ce que l'unité d'Untel a fait pendant cette période. David Bigiaoui me demande alors de réfléchir à une idée de « webdoc ».

Il se trouve que, dans ma famille, j'ai un arrière arrière arrière arrière-grand-père noble. Ça devait être au début du XVème siècle. C'est une histoire que j'aime raconter : il y a eu un blason, il existe un emblème de ma famille qui en est devenu la preuve tangible. Je pense que tout le monde a, caché en lui, le désir d'avoir un aïeul héroïque, un résistant, quelqu'un de célèbre, qui a fait de grandes choses au cours de sa vie. Je crois que, pour tout le monde, c'est plutôt chouette de penser qu'on appartient à une lignée qui a fait quelque chose dans l'Histoire. On a envie de le savoir, de pouvoir le prouver, et de le partager en famille.

L'aïeul « mort pour la France », ce n'est pas quelque chose de triste ou de déprimant ; c'est une fierté ! *Mon arrière grand poilu !* C'était notre titre de travail, que j'adorais mais qui n'a pas été retenu, sans doute pour être plus consensuel.

Nous avons imaginé et écrit le projet avec Eric Thebault, un historien qui avait déjà réalisé quelques documentaires. Je le connaissais depuis longtemps, car il avait notamment participé aux ateliers de Tribudom[126]. J'avais besoin d'un chercheur de cette trempe car je ne connaissais pas grand chose en Guerre 14-18.

Au départ, nous avons conçu un parcours scénarisé pour accéder aux fiches du ministère de la Défense, un mini-réseau social pour partager ses découvertes avec ses proches, avec une approche ludique pour consulter les journaux. Cette dernière option a été abandonnée pendant le développement, notamment pour des raisons de sécurité informatique. Aujourd'hui, il est possible de consulter ces écrits, mais avec des codes sécurisés à partir de *Générations 14*.

Il faut aussi avoir en tête que le site du ministère de la Défense, c'est la Sécurité sociale multipliée par 10 ! C'est un enfer de complexités, c'est très labyrinthique, et le cheminement est souvent basé sur des formulaires à remplir, sans aucune scénarisation, ni algorithme, pour faciliter la

---

[126] Collectif de cinéastes qui anime un atelier dans un quartier de Paris dont l'une des ambitions est de réaliser collectivement des courts-métrages.

progression. En somme, nous avons imaginé une interface beaucoup plus simple et instinctive qui recouvre en quelque sorte celle du ministère.

Un élément déterminant s'est ensuite ajouté à ce premier travail. Fabienne Servan-Schreiber, la fondatrice de Cinétévé, participait de près à une grande collecte d'archives privées sur la Première Guerre mondiale, organisée notamment par la Poste et la « Mission Centenaire » [127]. Des documents personnels liés à 14-18 étaient rassemblés grâce aux facteurs et à plusieurs centres d'archives, puis scannés par les bibliothèques locales pour ensuite être versés aux Archives départementales ou nationales. Des objets, des photographies, des journaux, des écrits intimes... C'est une matière inédite et exceptionnelle qui a été recueillie lors de cette journée nationale de collecte, avec d'autant plus de succès que France 3 avait relayé l'initiative sur ses antennes régionales.

Nous avions l'idée de faire quelque chose de cette collecte. Mais c'est un travail énorme que de fouiller pour trouver des choses et des histoires intéressantes. David Bigiaoui fait alors entrer le réalisateur Kévin Accart dans le projet. L'idée consistait à rechercher de la matière dans ces archives personnelles pour réaliser 10 courts-métrages, sur différentes thématiques que nous avions préétablies. La mort, l'aviation, les infirmières, etc. La palette devait être suffisamment large pour permettre aux internautes de pouvoir s'identifier, ou de se sentir concernés, et pour ensuite éventuellement télécharger d'autres documents liés aux thématiques choisies. Car si *Générations 14* permet à tout le monde de retrouver un aïeul « mort pour la France » à partir d'un nom, d'une date de naissance ou d'une ville, il fallait aussi que la plateforme soit « jouable » pour ceux qui n'avaient pas de tels ancêtres.

Avant que ce projet voie le jour, il y a eu des milliers de tractations politiques, ou en tout cas de négociations, car il

---

[127] Voir www.centenaire.org

fallait que les intérêts de tous nos nombreux partenaires convergent. Il y avait le ministère de la Défense, le CNC, Canopé, France Télévisions, La BNF, Pictanovo (ce qui impliquait par exemple de se servir de serveurs informatiques situés dans le nord de la France) ou encore *Le Figaro* qui, s'il n'apportait pas énormément d'argent, a pris en charge la modération des contenus versés sur la plateforme, ce qui représente un énorme travail (et cela de 2014 à 2018, car la plateforme devait être utilisable au moins pendant 4 ans).

L'apport de notre développeur, Yves Diffre, a aussi été fondamental dans la simplification des accès aux fiches, comme dans la sécurisation du site et sa validation par les services des armées. Ces derniers étaient un peu vexés d'ailleurs en voyant comment on pouvait simplifier quelque chose qu'ils avaient rendu très complexe du fait de l'absence de scénario interactif dans leur site.

C'est finalement un travail en profondeur que nous avons mené. Comment accéder à ces fiches et qu'en faire une fois atteintes ? C'est là que Joffrey Lavigne a eu une idée, là encore simple mais essentielle : celle de la carte « zoomée ». Quand on rentre sur le site, nous sommes face à un film et à quelques archives, et il suffit de se déplacer pour comprendre que nous nous situons devant une carte dont l'écran de l'ordinateur cache la majeure partie. Le cadre de ce que nous voyons est assez limité par rapport à l'ensemble de l'univers.

Le directeur artistique du projet, Mickaël Charbonnier, a effectué un remarquable travail sur l'« expérience utilisateur ». Joffrey Lavigne nous a permis de concevoir un accès simple aux contenus. Et Cécilia Chatelet, directrice de production, a mis de l'huile dans les rouages et assuré la coordination de l'équipe pour que tout le monde se mette en marche. Mon travail a précisément consisté à garantir la simplicité de l'interface. Pour l'ambiance sonore de la plateforme, nous avons fait appel à Solveig Risacher, une monteuse par ailleurs *sound designer* avec laquelle j'ai aussi l'habitude de travailler sur mes films. Il était important pour nous de proposer une ambiance agréable, et pas anxiogène, qui puisse être à la fois la mémoire, les archives et la technologie.

Générations 14 fonctionne très bien sur les ordinateurs de bureau, sur les tablettes comme sur les téléphones portables. C'était aussi un défi, et il nous faut rendre encore hommage sur ce point au travail du développeur Yves Diffre.

De mon point de vue, la grande réussite de ce projet a été de constater que notre idée de départ avait été exaucée. La promesse initiale – chercher et trouver un éventuel « héros de la France » dans chaque famille – fonctionne. L'autre fierté, c'est que *Générations 14* est un programme très « concernant », et surtout un outil transgénérationnel. Il y a toujours dans les familles un grand-père, un oncle, une tante qui se porte garant des archives familiales. Et il doit pouvoir communiquer grâce à *Générations 14* avec les plus vieux comme avec les plus jeunes. Précisons également que l'engagement de Canopé dans le projet impliquait qu'il soit accessible et utilisable dans les écoles. L'idée consistait également à « sortir du web ». Il fallait qu'un jeune, par exemple, qui n'ait ni de nom ni de date de naissance en tête, puisse aller enquêter dans sa famille avant de revenir sur la plateforme.

L'audience du programme a été impressionnante dès la première année (et tous les ans au 11 novembre, il y a un énorme pic de fréquentation). *Générations 14* a été poussé par ses médias partenaires, *Le Figaro* et France 3, avec notamment des spots sur les antennes régionales. Au départ, la chaîne publique n'était d'ailleurs intéressée que par les films ! Il est certain que ces objets sont plutôt bien faits, mais on ne peut réduire l'expérience à ces courts-métrages. Et répétons-le, Mickaël Charbonnier a apporté une « expérience utilisateur » agréable ; son travail a été remarquable par rapport à ce que l'on peut généralement obtenir d'un directeur artistique web. Son secret, peut-être, c'est d'avoir œuvré main dans la main avec les développeurs...

L'architecture du projet et sa conception n'ont pas été simples, tant le nombre de partenaires était grand, et c'est là que Cécilia Chatelet et David Bigiaoui ont été excellents. Il fallait que tout le monde s'y retrouve, cela a été l'une des contraintes majeures du travail. Et pour que cela fonctionne, il fallait pouvoir garantir une réponse aux internautes qui renseignaient un nom de famille et un lieu dans l'interface. Le fait que ça ait fonctionné a été une grande satisfaction.

Lors des présentations publiques du projet par exemple, je me suis amusé à prendre des personnes au hasard dans la salle pour faire le test. Ça fonctionnait très souvent, et 80 % des spectateurs notaient l'adresse pour ensuite tester chez eux *Générations 14*.

Il n'y a finalement pas beaucoup de projets interactifs sur lesquels j'ai travaillé et au terme desquels je peux dire : « *Mission accomplie !* ». Ce fut néanmoins le cas ici. Cela m'a conforté dans l'idée qu'il ne faut pas surestimer ce que l'utilisateur a envie de fournir, qu'il faut lui donner une récompense à hauteur de ce qu'il investit dans un projet de ce genre. Et surtout il faut faire le plus simple possible, notamment quand les programmes intègrent une dimension participative ou collaborative. C'est important parce que c'est un gage de durabilité. Dans les œuvres interactives, la technologie évolue et se périme très vite. Plus c'est simple donc, mieux ça ira et plus ça durera.

« Anarchy » : C'est le chaos, entrez dans la fiction

Anarchy, c'est sans doute l'expérience numérique d'écriture collective la plus audacieuse jamais menée à ce jour en France. Du 30 octobre au 18 décembre 2014, la direction des Nouvelles écritures de France Télévisions et France 4 invitaient les internautes à construire ensemble la suite d'une histoire dont le point de départ imaginait une France en crise, chahutée et obligée de sortir de la zone euro. Chaque citoyen était désormais contraint de vivre avec 40 euros par semaine. L'économie chancelait, les institutions et la société vacillaient... Qui allait prendre le pouvoir ?

Cette entreprise assez culotée s'est déployée sur une plateforme web, une application mobile, une chaîne de télévision et un journal de presse écrite – sans compter les indispensables réseaux sociaux. Au total, la première fiction transmédia participative (et entièrement gratuite) aura regroupé un jeu, une série télévisée, un roman et une chronique hebdomadaire dans la presse.

Comme l'écrivaient ses concepteurs à la fin de l'expérience : « *Anarchy, c'est une histoire fleuve écrite au kilomètre par une bande de doux-dingues, camés au verbe, accros aux intrigues, dopés aux rebondissements. 2.633 auteurs très exactement, qui, 50 jours durant, ont écrit quotidiennement l'équivalent d'un roman de 200 pages.* »

Alimenté en temps réel de 7h à minuit par une rédaction dédiée de journalistes et d'auteurs, le dispositif invitait à réfléchir sur ce qui constitue une société et à imaginer ensemble un nouveau monde. Eminemment politique, les conclusions tirées du projet dans la table ronde[128] retranscrite ici sauront intéresser au-delà du « genre » – documentaire ou fiction – dans lequel s'est écrit cet essai. Les points forts et les points faibles de l'expérience pourront nourrir d'autres propositions travaillées dans cette veine.

Anarchy, **c'est donc un site web, avec plein de choses à l'intérieur – on va y revenir... C'est aussi une série pour l'antenne de France 4. Et c'est également un livre qui raconte et revient sur l'expérience. Marion Guénard y écrit notamment : «** *Comment faire entrer dans un livre un objet aussi hybride qu'*Anarchy, *expérience participative et transmédia à la production pléthorique ? Trois mois après la fin de l'expérience, je n'arrive toujours pas à décrire le projet en moins de 5 minutes, montre en main* **». Je vais donc demander à Boris Razon de tenter de décrire le projet en moins de cinq minutes, montre en main...**
Boris Razon – *Anarchy*, c'est une grande histoire. L'idée repose sur cette question : sommes-nous capables de raconter une histoire et d'en construire un récit à plusieurs ? Et est-ce que cette histoire peut circuler d'un média à un autre ? Avec un cœur en forme de site internet sur lequel vous trouviez une proposition assez phénoménale, et simple.

Le postulat narratif de départ, c'est la France qui sort de l'Euro à la suite de la faillite d'une très grande banque *« too big to fail »*. Le pays est très vite contraint d'adopter des mesures drastiques et, parmi elles : la limitation des retraits d'argent à

---

[128] « Tous auteurs ? » ou le collaboratif/participatif en question, avec Boris Razon (directeur des Nouvelles écritures de France Télévisions entre 2011 et 2016), Marion Guénard (journaliste dans l'équipe de rédaction d'*Anarchy*), Roland Richard (rédacteur en chef adjoint d'*Anarchy*) et Tristan Sanchez (gagnant du jeu). La discussion était modérée par Julien Goetz (auteur indépendant). Elle s'est tenu le 29 mai 2015 dans le cadre des journées *Singulier/Pluriel, le webdoc tisse sa toile*, organisées par la BPI et *Le Blog documentaire* au Centre Pompidou (Paris).

40 euros par semaine. Ça commence comme ça, et ensuite c'est parti pour plusieurs semaines d'histoire, avec l'idée que ce monde allait évoluer, non seulement avec le travail des 12 journalistes mobilisés dans notre rédaction, mais aussi avec le travail d'autant d'auteurs conviés à participer qu'on pouvait en trouver.

Seconde idée : le programme doit se déployer un peu partout. Il y avait par exemple des morceaux d'*Anarchy* à la télévision : une série hebdomadaire de 26 minutes qui était une forme de pari industriel fou puisqu'elle s'inspirait du monde d'*Anarchy* et était écrite tournée et montée, en une semaine. Elle intégrait, chaque semaine à compter du deuxième épisode, un personnage issu de la participation de l'audience. C'est quelque chose qui ne se fait jamais à la télévision, en France et dans le monde. On ne travaille pas en temps réel, ni dans l'écriture, ni dans le tournage, ni dans le montage. On fait généralement ce que l'on appelle un « *cross board* » qui permet de réduire les coûts de production. C'est un point important, ce pari industriel, car il permet de comprendre bien des choses...

Anarchy, c'était aussi des flashs info sur le site de France Inter (ils étaient bien sûr faux, et procédaient de l'univers du programme). Il y avait aussi une page hebdomadaire dans *Le Monde*, qui opérait comme une prise de distance par rapport à l'histoire globale, et qui racontait ce qui se passait dans *Anarchy* en interviewant des économistes, des philosophes, des sociologues, sur les échos potentiels d'une telle histoire dans la réalité. Enfin, une application permettait à ceux qui voulaient voir et/ou participer à *Anarchy* de prendre part à la construction de l'univers.

L'histoire est longue, complexe, et elle a des dérivés multiples.

Anarchy est donc une énorme pieuvre narrative, avec ces postulats de base. Antonin Lhôte, l'une des autres têtes pensantes – et opérationnelles – de ce programme, parle de son côté non pas de

« *journalisme de fiction* » mais de « *fiction journalistique* ». Nous sommes là sur une limite, sur une vraie tangente... C'est très particulier de produire une expérience de fiction avec une rédaction de 12 journalistes. Ce prisme rédactionnel et éditorial très fort à l'intérieur de la fiction est l'une des caractéristiques marquantes du programme.
Revenons alors sur la construction d'*Anarchy* avant le lancement du programme. Quelles sont les prémices ? Comment aborde-t-on l'écriture d'un projet collaboratif en amont ? Qu'est-ce qu'on écrit avant de lancer un site qui accueillera précisément un exercice d'écriture collaborative ?
B. R. – C'est une question éminemment complexe qui nous avons mis cinq ans à essayer de résoudre... Mais c'est la rencontre des univers scénaristique et journalistique qui est intéressante. C'est aussi l'une des prémices d'*Anarchy* et l'une des idées fortes de ce projet, qui dérivait de mon activité première de l'époque (rédacteur en chef du site internet du journal *Le Monde*). J'étais immergé dans l'actu en ligne, avec le sentiment que nous étions en train de développer des techniques journalistiques très évoluées, très intéressantes, très complexes, et que jamais la fiction ne s'était réellement emparée de ces outils.

La naissance d'*Anarchy* procède donc de la rencontre d'un modèle narratif (l'actualité en continu en ligne) et d'un univers de fiction, avec une idée simple : les gens ont un rapport à l'actualité dans lequel ils réagissent, participent, collaborent ; nous devons être capables de créer un univers avec les mêmes codes et les mêmes usages.
Ensuite, quand nous avons commencé à travailler en mêlant ces apports journalistique et scénaristique, il y a eu une tension forte et permanente entre ceux, journalistes, qui vivent ce temps réel (et qui induit de faire évoluer l'histoire tous les jours au gré et en fonction de ce qu'il se passe) et ceux qui sont plus habitués à « tenir » leur monde et à l'anticiper, et qui avaient envie et besoin d'*écrire* l'histoire. Pendant l'ensemble du développement d'*Anarchy*, qui nous a fondamentalement

pris 7 ans entre la première idée et la mise en ligne, nous n'avons jamais cessé d'osciller entre ces deux paradigmes : le temps réel pur et une histoire déjà écrite.

Avez-vous essayé de trouver une solution, une issue à cette tension ?
B. R. – Pas vraiment. Disons que nous avons écrit une arche ; nous savions vers quelle direction nous allions, mais nous acceptions la crise, la tangente, le fait que ça échappe à nos prévisions. Avec une difficulté principale qui est très liée à la télévision : *Anarchy* est un vrai projet transmédia, avec une vraie circulation du site vers la télévision, et il fallait donc que ce qu'il se passait chaque semaine à l'antenne soit « raccord » avec ce qu'il pouvait se passer sur le site. Nous avons vécu en nous disant qu'on « allait bien voir », mais j'avais la conviction que l'expérience numérique l'emporterait et qu'on lâcherait de fait l'histoire telle que nous l'avions imaginée au départ. Ce qui n'était quand même pas du tout certain...

Nous n'avons pas de scénariste d'*Anarchy* avec nous, mais Marion, en tant que journaliste immergée dans un bain de fiction dans lequel il faut tenir ce rôle de journaliste et se confronter à un autre type d'écriture qui ne s'inscrit pas dans le même tempo, comment avez-vous perçu vos premiers pas sur *Anarchy* avant même que le site se lance, puisque vous avez eu un mois pour former l'équipe et préparer la machine ?
Marion Guénard – Nous avons effectivement eu un mois pour comprendre en quoi *Anarchy* consistait et comment ça allait fonctionner. Nous venions tous d'univers différents, avec des expériences d'internet très diverses. Personnellement, je n'avais jamais travaillé sur un *back office*, cette interface à partir de laquelle on rentre toutes les données qui apparaissent ensuite sur le site.

Pendant ce mois d'« intégration », ce qui était très intéressant, c'est que nous avons dû adhérer à l'idée qu'on allait faire de la fiction, de façon journalistique certes, en intégrant d'autres producteurs d'histoires autour de nous. Cette forte adhésion au projet était très importante et explique sans doute pour quoi la rédaction a bien fonctionné, et qu'elle a tenu le projet du début à la fin.

Nous avons aussi dû créer nos propres outils de travail. Nous avions par exemple un « *live* » d'informations, le « flux » que nous appelions le « fuel », et tout était à construire : les contenus, la charte typographique, l'intégration des contributions des joueurs (textes, photos, commentaires), etc.

Concrètement, l'architecture de l'engin était présente, mais il a fallu tout construire à l'intérieur pour que les contenus circulent, et que la narration opère ... Vous avez créé vos propres règles, pour vous et les journalistes ?
M. G. – L'un des hiatus qu'il y a eu entre le monde de la télévision et la rédaction, c'est que nous n'avons jamais travaillé ensemble, alors que cela avait été prévu au départ. Mais pour des raisons de cultures très différentes, c'était difficile de nous faire travailler ensemble parce que les journalistes d'une rédaction arrivent le matin, organisent une conférence en regardant les sujets à traiter dans la journée, les angles, etc. Les tâches sont ensuite réparties, et le travail comme sa finalité évoluent beaucoup. Les scénaristes ne travaillent pas de cette manière : ils peuvent écrire au milieu de la nuit, chez eux. Nous n'avons donc jamais réellement collaboré ensemble.

Est-ce que vous avez ressenti un manque ?
M. G. – Je ne m'en suis pas rendu compte sur le moment. J'étais dans mon environnement habituel. Mais au fil des semaines, nous avons effectivement constaté que nous ne nous comprenions pas forcément. Et j'ai pris conscience *a posteriori*, notamment en écrivant le livre, de toutes les contraintes de production télévisuelle dont je n'avais absolument aucune idée. Je n'imaginais pas que faire de la fiction était aussi lourd, et que tout devait être gravé dans le marbre, jusqu'au moindre détail. Pour un simple raccord

d'image parfois... Ce manque ne s'est pas ressenti sur le coup, mais il a été présent...

Tristan, vous avez été joueur, vous avez gagné la compétition d'*Anarchy*. Est-ce que vous aviez l'impression d'être en rapport avec une rédaction, un média, ou est-ce que c'était autre chose, davantage de l'ordre de l'histoire... Comment l'avez-vous perçu, vous qui veniez « simplement » participer à l'expérience d'*Anarchy* ?
Tristan Sanchez : Pour le coup, c'était nouveau. Je n'ai jamais rencontré ce cas de figure ailleurs. Même dans des jeux de rôles, avec des maîtres du jeu. Personnellement, j'ai eu l'impression de jouer avec eux. Nous ressentions la sensation d'être en présence d'autres joueurs. On renvoyait la balle, et on s'interrogeait sur leurs prochains mouvements...

Comment en parliez-vous entre vous ? D'une rédaction ?
T. S. – Oui, on disait parfois « la rédac' ». C'était un camp opposé et en même temps allié puisque nous construisions une histoire ensemble. Nous tentions d'anticiper leurs réactions pour lancer les scénarios dont nous avions envie, et nous ne savions pas comment ils allaient répondre.

Boris, quand on part sur un tel projet d'écriture collaborative, à quel point écrit-on en amont ? A quel point prépare-t-on le terrain ? Et à quel point laisse-t-on des blancs, pour justement ménager cette liberté telle qu'a pu la ressentir Tristan ? Si c'est collaboratif, il faut précisément que ça puisse s'écrire ensemble... Comment se jauge cet écart ?
B. R. – Difficilement, de manière très pragmatique et très variable pendant les huit semaines qu'a duré l'expérience. Nous étions globalement très préparés au départ ; nous avions une histoire, écrite, et l'un des travaux de la rédaction pendant le mois précédant la mise en ligne a été justement de préparer tous les éléments qui allaient être publiés les premiers jours. Nous avions donc de l'avance...

Vous aviez préparé tous les éléments scénaristiques qui devaient advenir sur l'ensemble des semaines de l'expérience ?
B. R. – Nous avions préparé tous les événements qui devaient, selon nous, advenir dans l'histoire d'*Anarchy*. Des jalons qui formaient une arche narrative assez précise, qui le devenait cependant de moins en moins au fur et à mesure des évolutions. J'aurais peut-être d'ailleurs préféré qu'on navigue davantage à vue.

Concrètement, la fin d'*Anarchy* correspond à la fin que vous aviez écrite ?
B. R. – Non, il y a beaucoup de changements. Le dernier jour d'*Anarchy* n'était prévu, comme beaucoup de choses par ailleurs. Ce sont les joueurs qui l'ont voulu, leurs personnages se sont vraiment imposés dans la vie d'*Anarchy*. Il y a d'ailleurs eu un moment phare dans la vie du dispositif au terme duquel nous avons décidé de lâcher davantage les rênes. Trois semaines et demi environ après le début de l'aventure, presque à mi-parcours, les choses se sont débridées, et nous avons laissé davantage de place aux joueurs.

Est-ce que ça s'est senti de l'intérieur, Tristan ?
T. S. – En fait, nous nous sommes demandé à un moment si nous allions leur laisser le choix. Avec les auteurs avec lesquels je collaborais, nous voulions aller dans une direction précise. Nous nous sommes dit que si notre scénario était bien foutu et réaliste, nous allions pouvoir leur forcer la main. Je pense qu'ils avaient d'autres options en tête, mais nos personnages avaient acquis une telle importance pour les autres joueurs que nous pouvions dicter la direction à prendre. Il fallait finalement que les choses avancent dans notre sens aussi. Nous avons ensuite privilégié le « juste milieu », mais il y a eu des moments où nous faisions en sorte qu'ils ne puissent pas refuser nos options. En faisant mourir un personnage important de l'histoire par exemple, nous forcions parfois un peu le passage.

Roland, pouvez-vous nous éclairer sur ce point, et sur les principes de *game design* d'*Anarchy* qui permettaient de participer et qui ont été partie prenante dans l'installation de cette tension ?
Roland Richard – Nous avions limité par le *game design* les actions qu'il était possible de matérialiser concrètement sur le site par des clics. Il y avait deux types d'interactions majeures. La première : « *Je mets l'arobase et le nom du personnage avec lequel je veux interagir et j'écris une histoire avec lui (un rendez-vous militant, une romance, une manifestation, etc.)* ». C'est l'immense majorité des cas qui se sont présentés à nous. Une autre interaction, un peu plus spécifique, faisait intervenir un hashtag, comme sur Twitter. Nous avons créé « *#kill* ». Son insertion dans un texte faisait mourir un personnage, ce que nous validions éventuellement. Pour pimenter les interactions, nous avons aussi créé un « *#midnightkill* ». A minuit, toutes les actions qui étaient restées en suspens, qui n'avaient donc pas reçu de validation de la part d'un auteur, étaient automatiquement validées. Nous avons donc essuyé un certain nombre de tentatives de meurtre vers 23h55 ! Les joueurs, et nous aussi du coup, étions extrêmement actifs à cet horaire. Tous les soirs vers minuit, nous devions donc valider les histoires en fonction de leur crédibilité. Certaines morts, évidemment, prenaient une ampleur énorme, en fonction de l'importance que nous avions donnée à tel ou tel personnage. Ça devenait des informations capitales, comme n'importe quel fait d'actualité qui pourrait intervenir dans la vraie vie.

A propos d'actualité, parmi l'ensemble des contenus protéiformes présents sur la plateforme *Anarchy*, il y avait des « flashs », dont la fréquence a évolué au fil de l'expérience ?
R. R. – Le changement est intervenu au bout des trois semaines et demie dont nous parlions. Au départ, nous étions partis sur un flash d'information quotidien ; entre 1 minute 30 et 3 minutes, avec 3 à 5 informations. Nous étions deux présentateurs. A mi-chemin, nous nous sommes dit qu'il fallait moins de flashs, et faire davantage exister les histoires des

personnages dans ce module vidéo. Ça a eu deux conséquences. Nous avons d'abord inséré une brève « magazine », atemporelle, au sein des flashs pour raconter la vie quotidienne des personnages en faisant des appels à témoignages auprès des joueurs (comment les transports fonctionnent ? Comment on s'organise avec ces retraits limités à 40 euros ? Est-ce que le troc s'est installé ?, etc.). Nous essayions d'imaginer toutes les conséquences de cet état de fait dans la vie quotidienne, et nous faisions confiance à l'imagination des joueurs. Deuxième conséquence : nous sommes passés de 7 à 3 flashs par semaine à mi-parcours. Nous mettions alors en avant trois histoires de personnages, qui étaient lues par l'un des membres de la rédaction. Pour prendre en charge ces récits, nous avons opté pour un design un peu particulier : une bouche rouge sur un visage blanc, et on ne voit que la bouche raconter l'histoire pendant 1 minute ou 1 minute 30. Il s'agissait souvent de textes qui avaient particulièrement retenu notre attention. Nous les mettions ainsi en exergue, nous les incarnions à travers cette voix sans visage qui racontait l'histoire des personnages.

B. R. – Ce qui est intéressant dans les mécaniques narratives, c'est que nous avions imaginé plein de choses, nous avions une arche, etc. D'un point de vue journalistique, nous nous sommes dit que nous allions avoir un phénomène de désagrégation de la nation et une résurgence de mouvements régionalistes. A dire vrai, les auteurs nous ont largement dépassé. Ils ont très vite pris en main leurs destinées, celle de leurs régions, le système des changes, etc. Nous n'avions pas eu besoin de forcer. Et quand nous avons vu débouler certains personnages, nous étions heureux car nous les attendions !

Roland, à partir du moment où on lâche la bride et où on laisse l'histoire s'échapper un peu, comment imagine-t-on les embranchements ? Comment malgré tout rester maître du jeu et du cadre de l'histoire ? Comment vous preniez vos décisions ?
R. R. – Nous basions tous nos choix sur la crédibilité. Je sais que les joueurs ne nous ont pas beaucoup cru quand on leur a

dit ça, et nous nous sommes beaucoup opposés à des scénarios proposés. Est-ce que les choses pourraient concrètement se passer tel qu'on nous le propose ? Et si nous avons pu lâcher la bride au bout de trois semaines et demie, c'est que nous en avions quasiment fini avec la France institutionnelle telle qu'elle existe aujourd'hui. Une fois qu'on avait évacué la question du délitement du pays et de ses institutions, avec Gérard Larcher président par intérim, les joueurs pouvaient pleinement exister, avec leurs histoires. Il revenait littéralement aux citoyens de créer un nouveau pays. Les débats étaient soutenus au sein de la rédaction ; nous n'étions souvent pas d'accord, et nous éliminions tous les scénarios qui n'étaient pas crédibles. Des choses qui, selon nous, ne pouvaient pas se produire si vite, ou si brutalement.

B. R. – Notre démarche a été guidée, dans l'écriture, par un constant souci de crédibilité. Dans le domaine de l'information, les choses se passent ainsi : plus on est spécifique dans la demande qu'on adresse aux gens, plus on obtient des réponses pertinentes. Dans *Anarchy*, et ça a beaucoup guidé notre démarche dans l'écriture, plus nous étions crédibles, plus l'univers était construit, plus les gens pouvaient y trouver leur place logique, et donc une interaction. De fait, nous ne pouvions pas jouer constamment avec le *Deus ex machina*.

L'autre instrument de décision, c'était la conférence de rédaction, tous les matins, qui décidait ce qui allait se passer dans la journée, et dans les jours à venir. Ce qui ne se vérifiait pas toujours...

Tristan, pour permettre l'agrégation d'un collectif d'auteurs, pour que cette histoire puisse s'écrire collectivement, il y a à la fois une proposition narrative très forte dans laquelle les internautes ont pu rentrer, et puis toutes les règles de *game design* pour inciter à participer et à jouer. A ton niveau,

qu'est-ce qui t'a le plus guidé ? L'envie de gagner le jeu ou de créer l'histoire d'*Anarchy* ?
T. S. – Au début, j'ai joué pendant dix jours dans mon coin avec mes propres personnages pour créer l'histoire. J'ai ensuite commencé à jouer avec d'autres auteurs, et quand j'ai vu que j'étais bien classé et que je pouvais prendre les devants, les deux se sont liés. C'est resté un plaisir tout le long – sauf quand j'étais fatigué. Jamais l'envie de gagner la compétition n'a pris le pas sur le plaisir de créer un univers. Cet univers, et les thèmes qu'on abordait, m'intéressaient. Si la proposition avait concerné l'histoire d'un hippodrome, je n'aurais pas continué la compétition. Au fil du temps, je prenais toujours autant de plaisir à écrire, surtout que je voyais qu'il y avait une réelle répercussion sur *Anarchy*. Mais au bout d'un moment, j'ai quand même vraiment eu envie de gagner le jeu.

Concrètement, combien de temps ça prend de jouer à *Anarchy* ? 5 minutes le matin et 5 minutes le soir ? 8 heures par jour. A quelle fréquence y avez-vous joué ?
T.S. – Mon expérience personnelle s'étalait de 8 heures du matin à 4 heures du matin. Il faut dire que j'étais au chômage à cette époque... J'avais huit personnages à gérer, et de multiples intrigues, donc pendant un mois et demi, j'ai arrêté de chercher un emploi et je n'ai fait que jouer à *Anarchy*. Le « *live* » du jeu, qui promettait de la production de contenus tout au long de la journée par l'équipe de journalistes, nous tenait en haleine. Nous savions que, la nuit, quelqu'un était en veille sur le programme, et il fallait que notre groupe d'auteurs ait un temps d'avance.

Est-ce que, justement, la rédaction s'est dit qu'un collectif d'auteurs pouvait sortir vainqueur, plus qu'un individu, étant données les stratégies mises en place au cours du jeu ? Ce qui pourrait prendre sens dans un travail collaboratif...
B. R. – Nous avons vu que certains s'entendaient, mais ce n'était pas possible de récompenser un collectif... Il y aurait pu aussi avoir plusieurs auteurs derrière un personnage, et c'étaient des hypothèses que nous n'avions pas envisagées.

Une autre hypothèse à laquelle nous n'avions pas pensé est le suicide. Nous n'avions pas anticipé qu'un auteur puisse tuer l'un de ses personnages. C'est pourtant intéressant...

Est-ce que ce genre de programme est limité de fait par l'investissement qu'il demande aux joueurs ?
R. R. – Il y a eu 2.600 auteurs et 1.500 personnages inscrits. On a compté entre 200 et 300 contributeurs réguliers, ce qui est beaucoup.

Dans la manière dont nous avons conçu le site, il y avait plusieurs modalités de participation possibles. La création de personnages, ce qui est devenu le cœur d'*Anarchy*, était le niveau le plus évolué. Mais on pouvait entrer dans l'histoire en participant à un témoignage, à un vote, en livrant un morceau d'expérience, en prenant des photos, etc. Il y avait plein d'entrées possibles qui n'étaient pas toutes aussi engageantes que celle de faire vivre un personnage dans l'histoire.

Il y avait aussi un jeu littéraire, une sorte de cadavre exquis : nous avions créé cinq personnages et, tous les jours, nous proposions à l'audience de raconter la suite de leurs aventures, en proposant chaque jour une forme différente. Des auteurs ont d'ailleurs travaillé quasi exclusivement sur ce jeu.

Ces participations restent faibles par rapport à ce que représente par exemple une émission de télévision mais, en le disant autrement, *Anarchy* est une histoire qui s'est écrite à 500. On tombe alors sur quelque chose de vraiment nouveau, et différent. Et si on le dit encore autrement : chaque jour, sur *Anarchy*, la rédaction et les auteurs associés, les joueurs, ont produit un roman de 250 pages. Il s'est passé un truc. Et très clairement, c'est ce que nous cherchions. L'enjeu résidait dans cette participation.

[Question du public] J'ai noté une incohérence dans *Anarchy*. Le président et le Premier ministre sont victimes du même crash d'avion, alors qu'en réalité,

ces deux personnalités ne voyagent jamais ensemble, pour des raisons de sécurité...
Mais ma question porte sur le travail des journalistes. Comment ont-ils ressenti le fait de devoir travailler pour un jeu ? J'ai de plus en plus l'impression, en regardant les informations à la télévision, qu'il y a une « scénarisation » très forte de l'actualité ? Je me demande quel effet cela peut avoir sur le travail des journalistes ? J'ai aussi la sensation que la réalité dépasse parfois les fictions qu'on peut imaginer ?
Marion Guénard : De manière assez naïve, je n'avais pas imaginé tout ce que ces expériences de fiction pouvaient m'apprendre sur mon propre métier. Avant *Anarchy*, j'étais surtout journaliste *freelance*, et je n'avais donc jamais vraiment travaillé dans une rédaction. Je n'avais jamais non plus été confrontée au web 2.0, ce journalisme que l'on peut aussi construire avec les lecteurs qui envoient des commentaires. Pour moi, cette expérience a donc été complètement nouvelle, et je pense que ça a été salvateur. C'est très intéressant, en pratique, sur la conception que les journalistes se font de leur propre métier. On apprend d'abord que nous ne sommes pas les seuls dépositaires de la plume ou de la parole. On partage cette plume ou cette parole, et ça change du coup complètement le point de vue. Ça ne nous donne pas plus de responsabilité mais ce retour immédiat agit comme une injonction. Quand un joueur créait un scénario important, qui était repris parce que nous en faisions un article, il était très important de respecter les *desiderata* de l'auteur. Au-delà de cet aspect, passer par la fiction, et par l'imagination, change tout. Quelque part, cela revient à « se donner la possibilité de », à imaginer qu'il puisse aussi se passer ceci ou cela. Mine de rien, ça résout beaucoup de problèmes et d'écueils dans lesquels le débat public est souvent enfermé. Imaginer qu'on sort de la zone euro permet d'aller au-delà de la question idéologique et de ne pas s'enfermer dans une position préétablie. Pour moi, ça a été une jubilation absolue, et le grand plaisir de cet exercice.

R. R. – S'agissant de ce détail relatif au président et au Premier ministre, nous en avons fait un acte symbolique. Nous racontons cet événement en mentionnant que ça n'est jamais arrivé, que c'est une singularité, et que ça se passe très mal. Crédible ne signifie pas « extraordinairement réaliste », nous ne nous situons pas dans une démarche naturaliste, mais dans une démarche de crédibilité. Est-ce que si nous justifions bien les choses, celles-ci peuvent « passer » ? Nous avons validé des textes qui sont assez peu probables, mais qui étaient tellement bien écrits et tellement bien justifiés que nous les avons validés. C'était notre curseur de crédibilité, effectivement très subjectif. C'est la raison pour laquelle nous avions des conférences de rédaction le matin, et des débats parfois houleux au cours des journées de travail.

J'y vois une dimension presque pédagogique, aussi bien pour nous que – je l'espère – pour les gens qui nous ont lu. Ce que nous avons bâti comme scénario, la France qui sort de l'Euro, c'est une hypothèse envisagée et dont certains hommes ou femmes politiques parlent. Ce qui était intéressant, ce sont les questions très concrètes qui se posent derrière : combien de temps faut-il pour frapper une nouvelle monnaie ? Quelles conséquences concrètes sur des créances, sur une dette ? Je ne m'étais personnellement jamais posé ces questions, et en étant dans cette démarche spéculative, créative et imaginative, nous nous sommes retrouvé à rechercher des informations que nous n'avions jamais cherchées.

B. R. – A mon avis, il y avait deux dimensions dans *Anarchy*. D'abord, cette forme de journalisme prospectif qui part d'un scénario fictif, qui n'hésite pas à mettre en scène des événements fictifs, mais qui néanmoins questionne hors des cadres le mode de fonctionnement de la société, et remet vraiment en perspective énormément de choses, auxquelles on ne pense jamais quand on est journaliste parce qu'on considère qu'elles sont acquises et normales. Le simple fait de déplacer le curseur, et de se demander ce qu'il va se passer si l'on pense différemment, ça remet tout dans un ordre différent et ça permet de se poser des questions, d'y répondre, et de tomber que des questions jamais discutées auparavant. C'était ce que nous voulions.

L'autre dimension, sous-jacente à une grande fiction participative de nature politique, relevait de cette question : comment fait-on pour que les gens s'approprient leur propre histoire en se la racontant ensemble ? C'était pour nous là encore extrêmement important. On peut se dire que c'est un gros délire, et ça l'est. Mais en même temps, c'est un gros délire collectif crédible sur une société qui évolue et qui bouge. Il y a derrière une démarche profondément démocratique.

De quelle manière Anarchy a pu toucher le monde réel ? Vous avez créé des faux comptes Twitter pour Le Pen, Mélenchon... Dans quelle mesure le monde réel s'est emparé d'Anarchy ? Est-ce que ça a eu lieu, et est-ce que c'était souhaitable ? Est-ce que vous vous êtes aussi, à un moment donné, posé la question d'héberger ce programme sur Francetvinfo, *par exemple ?*

B. R. – Nous nous sommes naturellement posé la question de l'hébergement du programme sur un grand carrefour d'audience qui pouvait nous apporter du trafic. En l'occurrence, cela s'est davantage passé sur *Le Monde* que sur *Francetvinfo*, mais avec un point sur lequel nous n'avons jamais transigé : pour toute personne qui rentre sur *Anarchy*, il doit être clair que nous ne sommes pas dans la réalité. C'est la raison pour laquelle nous avons créé un *previously* avant d'accéder au site d'*Anarchy*, qui stipule bien que cette histoire est fictive. Quand vous ouvrez le programme, vous acceptez le fait d'entrer dans une fiction.

Les comptes Twitter que nous avons créés relèvent d'une décision de quasi dernière minute, et nous l'avons fait avec des noms qui permettaient de savoir que ce n'étaient pas les vrais comptes des responsables concernés. Nous avons toujours tenu à ne pas franchir cette limite. De la même manière, lorsqu'on « jouait » avec l'actualité, quand *Anarchy* s'emparait de faits existant dans la société, ça rentrait dans notre histoire.

[Question du public] Ce déplacement du curseur permet sans doute d'aborder les choses d'un point de vue différent, mais cela ne signifie-t-il pas que les journalistes, dans leur quotidien, ont perdu ce qui doit faire l'essence de leur métier ; à savoir : être curieux. L'un des derniers beaux exemples que j'ai vu ces dernières années par rapport à un problème crucial, a été l'expérience du *Bondy Blog*, créé par des journalistes suisses qui sont venus s'installer au cœur même d'un lieu problématique, pendant les émeutes des banlieues de 2005. Ils ont eux-aussi déplacé le curseur au point où c'est devenu quelque chose qui existe encore. Est-ce qu'il faut en passer par le jeu pour voir l'actualité, et la vie, d'une manière un peu différente ?
B. R. — Je n'ai pas vraiment d'élément de réponse... Je ne suis pas sûr que les journalistes aient perdu leur perspective et leur curiosité. Je crois juste qu'il y a clairement, depuis une quinzaine d'années, une accélération du temps journalistique, évidente, liée au web et aux chaînes de télévision d'information en continu, qui génère, plus qu'un manque de curiosité, un flux important et des informations dont on a sensiblement l'impression qu'elles sont les mêmes partout... Mais il existe des expériences journalistiques qui déplacent le curseur tout le temps. Simplement, on ne les voit pas toutes.

Le *Bondy Blog*, effectivement, a été un travail remarquable. Parce que Serge Michel et les gens de *L'hebdo*, se sont dit qu'il fallait aller voir les choses et faire entendre des voix différentes. Ils se sont dit aussi qu'il fallait utiliser un outil, le blog, à une époque où, en 2005, c'était pour la majorité des journalistes l'émergence d'une voix dont on ne savait pas ce qu'elle valait, qui était critique, ou alors c'était perçu comme le café du commerce version web. Eux se sont dit que c'était un outil de publication utile, si on encadrait les jeunes gens qui allaient y prendre la parole. Les propos qui y ont émergé nous ont interpellé, violemment. Mais cela a toujours existé, et ça existe encore ; simplement, il est certain que la pression du temps reste importante, et nous empêche parfois de bien les voir...

Pour revenir sur *Anarchy*, et à partir de vos places et expériences respectives, j'aimerais que vous puissiez nous dire, de votre point de vue, quel a été le plus gros raté du programme ? Qu'est-ce qui n'a pas fonctionné ?
R. R. – J'ai beaucoup de mal à dire du mal de ce projet. A chaque fois que je repense à cette aventure, je ne vois que ce qui s'est bien passé. Le regret, peut-être, c'est de ne pas avoir poussé la logique du jeu jusqu'au bout. Les interactions que nous avons mises en place étaient assez simples. Je sais que, pour fidéliser les contributeurs et les contributions de nature différente, il est bon d'avoir beaucoup de possibilités d'actions, et de boutons possibles. Nous étions peut-être un peu limités sur cet aspect. Nous avons donc eu un nombre plus restreint de joueurs, mais d'une très grande qualité. Est-ce qu'on aurait souhaité davantage de monde avec des contributions de moindre intérêt ? Pas sûr...

T. S. – J'aurais aussi du mal à trouver un gros point noir, mais on peut quand même dire que la série télévisée était facultative. J'ai tout regardé, elle s'est améliorée avec le temps, mais nous n'en avions pas fondamentalement besoin. Cette série était un peu annexe par rapport à ce qu'il se passait sur le site.

J'avais par exemple un personnage auquel je tenais, et qu'ils ont fait mourir dans la série. Je me suis donc retrouvé comme un âne : mon personnage était encore vivant dans le jeu, il avait des projets, et je ne savais pas quoi en faire. C'est un autre petit raté. Mais nous avons bien vu, en tant que joueur, que la rédaction avançait avec nous étant donnée la nouveauté du programme. Nous étions parfois un peu impatients par rapport aux scénarios qu'on proposait, mais toutes les décisions prises étaient justes. Donc pas de gros ratés, non...

M. G. – J'ai aussi un peu de mal à dire du mal. Je pense que la temporalité aurait pu être différente. Soit que le programme dure plus longtemps, soit que nous soyons arrivés plus tôt sur la phase de préparation, en amont. J'ai souvent eu le sentiment au quotidien de cavaler après l'histoire. J'étais bien sûr dans le plaisir de jouer, dans l'interaction. mais je crois que j'aurais préféré en profiter davantage. Peut-être aurais-je dû être de l'autre côté de l'écran ? Et puis, nous avons eu tellement d'idées après coup... L'expérience a été très intense, et peut-être que sur six mois elle aurait été différente, plus savoureuse. Mais je ne sais pas si la cohésion dans la rédaction et entre les joueurs aurait pu tenir. Nous aurions eu peut-être le temps de nous installer et d'avoir un public différent, et qui serait arrivé au fur et à mesure.

B. R. – Très clairement, le raté pour moi est la série, pour deux raisons. D'abord du fait de notre choix d'en faire quelque chose d'annexe, qui était très lié à la contrainte budgétaire de production. Il n'y a pas eu cet effet d'entraînement sur lequel nous aurions pu compter, alors que c'était une production transmédia comme il n'en existe pas, en termes d'ambition et de pari industriel. Il est certain que nous avons fait le choix de faire de la fiction parce que nous avions envie de marier les codes de l'actualité avec ceux de la série, qui est une forme qui parle aujourd'hui à toutes les générations ou presque. Rappelons-nous que les Nouvelles écritures de France Télévisions sont une petite unité, et France 4 une petite chaîne au sein du groupe audiovisuel public. Nous n'avions pas beaucoup de moyens mais je pense quand même que nous n'avons pas assez déplacé les curseurs de ce que pouvait être une série qu'on aurait pu suivre. On aurait peut-être dû davantage travailler dans une forme de docu-fiction, des choses que nous avons évoquées mais que nous n'avons pas osées. Ça demandait sans doute plus de travail, avec davantage de souffle dans les décors, et c'est un vrai regret. Il était clair que le cœur du projet était la participation et l'écriture collective, mais il y aurait pu y avoir un effet très vertueux en additionnant mieux la télévision et le web.

C'est la fiction télévisée qui a le plus « résisté » à cette démarche d'écriture collective ?
B. R. – Disons que la fiction a mis en scène cette démarche *a minima*. C'est-à-dire en intégrant chaque semaine un personnage, mais on ne pouvait faire que ça. A dire vrai, nous ne nous sommes pas posé la question de ce qui pouvait se passer dans la fiction qui aurait des répercussions sur le web. Nous étions dans une dynamique ascendante : on montait du web vers la télévision. C'est nouveau, mais intéressant.

On imagine que les contraintes très fortes qui pesaient sur la fiction étaient dues au tournage, et ensuite au montage... Est-ce que vous avez imaginé d'étendre cet idée collaborative jusqu'à réaliser des films de *mash-up* par exemple ? Aller dans cette culture pour construire une histoire fictionnelle en partant d'éléments vidéo ou photo produits par les joueurs eux-mêmes...
B. R. – Nous avions une telle incertitude que c'était compliqué, mais ça a fait partie des questions sur lesquelles nous avons réfléchi. C'était d'ailleurs le sens de la coproduction avec l'INA, qui nous a permis d'utiliser beaucoup d'images, notamment dans les flashs. Nous aurions effectivement peut-être pu construire quelque chose à partir de cette idée. Mais le raté est là : dans la circularité entre la télévision et le web. Et puis nous ne sommes pas parvenus à créer une série dont la qualité était suffisante pour qu'elle mérite d'être suivie en tant que telle, ou génère quelque chose plus gros que la série elle-même ou que le site lui-même. Nous avions beaucoup de défis, et nous ne les avons pas tous relevés.

Par ailleurs, l'un des gros succès à mon avis d'*Anarchy*, c'est aussi ce travail rédactionnel qui s'est passé sur le site, et la vibration éditoriale incroyable de cette rédaction. J'ai eu la chance de vivre dans plusieurs rédactions des moments intenses et forts où tout le monde fonctionne à l'unisson. C'était le cas avec *Anarchy*, et c'est toujours très beau à voir.

[Question public] Dans cet objet créatif très complexe et en construction permanente, comme intègre-t-on une proposition aussi logique et mathématique que le compte de points ? Quelle action vaut quels points ? Quel est la logique ?
R. R. – C'est une très bonne question, et c'est ce qui a déterminé le classement final des joueurs. Pour nous, il y avait trois jeux dans le jeu, et le plus compliqué a été de faire en sorte qu'aucun ne prenne le pas sur les autres. Le premier était le jeu de témoignages, qui existait massivement à travers les articles, puis dans les flashs info. Il y avait aussi le jeu littéraire dont nous avons un peu parlé, à travers le cadavre exquis. Et puis le jeu de personnages, où vous créez quelqu'un qui agit dans cet univers d'*Anarchy*. Nous avons d'abord esquissé un premier décompte de points que pouvait rapporter chacune des actions, il y a un an et demi avec l'aide de Florent Maurin. Poster des photos, des commentaires, voter à un sondage, participer et gagner le jeu littéraire, être élu « personnage du jour » ou de la semaine… Un premier décompte de points a été modifié une première fois avant la sortie du jeu, à l'issue d'un débat que nous avons eu avec Florent Maurin et Antonin Lhôte. Au milieu du jeu, nous nous sommes rendu compte que ça ne fonctionnait pas vraiment ; des petites actions – privilégiées par les joueurs – rapportaient trop de points par rapport à l'effort fourni pour les accomplir. Les joueurs cherchent les failles pour ensuite les exploiter et engranger un maximum de points. C'est immanquablement ce qu'il s'est passé. Nous avons donc fait machine arrière, notamment pour les partages sur les réseaux sociaux. Un petit raté technique vous permettait de gagner dix fois les points pour le partage d'un même contenu. Au bout d'un moment, un joueur était de très loin le premier sans aucune participation de sa part dans le jeu.

Pour chacun des trois jeux, nous avions aussi fixé des sortes d' « horizons suprêmes ». L'horizon suprême absolu était de voir son personnage incarné à la télévision, ce qui était logique d'un point de vue transmédia et dans l'intérêt des joueurs. Ensuite, pour le jeu littéraire par exemple, il y avait un barème. Si cinq de vos suites étaient retenues, vous gagniez un premier badge, puis un deuxième, un troisième, etc. Les personnages de la semaine avaient par exemple leur avatar dessiné par l'illustrateur d'*Anarchy*. En somme, vous pouviez jouer la victoire finale, mais aussi jouer des choses plus « simples » mais très gratifiantes. Nous avons mis en place un certain nombre de rétributions pour que les joueurs nous soient fidèles, et sur ce point ça a plutôt bien marché.

T. S. – Il y avait aussi un autre petit problème. Pour pouvoir jouer la première place, il fallait un peu être présent sur tous les tableaux. Jouer ses personnages dans l'univers, penser un scénario pendant plusieurs heures en se renseignant pour qu'il soit réaliste et fidèle à l'histoire... Tout cela prenait du temps. C'étaient des heures de travail, et quand un scénario était validé, ça rapportait 10 points. Les gens pouvaient alors témoigner à partir de notre scénario, et de la « news » créée par l'équipe d'*Anarchy*. Par exemple, avec plusieurs auteurs, nous avions décidé de faire échapper des animaux du zoo de Vincennes. Quand une contribution sur le sujet apparaissait dans le flux, par exemple une photo de panthère prétendument aperçue dans Paris, elle rapportait 150 points. Il y avait donc un décalage entre le temps pris pour développer un scénario qui allait permettre aux autres joueurs de gagner facilement beaucoup de points. Je me suis donc retrouvé à mettre parfois de côté mes personnages et mon histoire pour aller gratter des points sur d'autres tableaux. Quand la compétition était à son comble, je ne pouvais plus prendre le temps de développer mes personnages comme je le voulais.

[Question du public] L'écriture de la série a donc été menée parallèlement à ce qu'il se passait sur le site. Pourquoi n'avez-vous pas plus simplement cherché à mettre en scène ce qui était écrit sur le site ?
B. R. – Parce que c'était la grande promesse d'*Anarchy* : en écrivant sur le site, vous deveniez le scénariste d'une histoire portée à la télévision. Nous avons cherché à faire cela, et toute autre chose aurait impliqué que l'on ait écrit la série complètement par ailleurs. Ce qui nous intéressait, c'était la

circulation entre les médias, c'était de proposer une vraie fiction transmédia.

[Question du public] Ce qui était écrit sur le site, on le retrouvait dans la série ?
B. R. – Non, l'idée de la série était de produire un point de vue belge, celui d'une association humanitaire chargée de venir en aide aux Français victimes de cette terrible crise. Les événements d'*Anarchy* trouvaient donc toujours une répercussion : soit que le « flash » était repris sur la télévision, soit que le Premier ministre passait du site à la série parce qu'il cherchait à fuir la France pour se rendre en Belgique. Il y avait une circulation entre les deux médias, mais nous ne mettions pas en scène tout l'univers d'*Anarchy* dans la série – ce qui eût été formidable, je crois, mais difficile.

Rétrospectivement, est-ce qu'on considère *Anarchy* comme une expérience éphémère, au sens où cette histoire a existé au moment où elle s'est écrite, a été lue au moment de son écriture... Est-ce qu'elle peut encore se lire aujourd'hui à travers le site. Est-ce que c'est encore digeste ? Ou est-ce pensé dans cette temporalité évanescente ?
B. R. – Disons que c'est à 90 % pensé dans une forme éphémère. Et c'est sans doute l'un des ratés du site : il était tellement orienté vers sa temporalité qu'il est vite devenu difficile d'accès. Même avec un « *previously* », même si on essayait de remettre tout le temps les pendules de l'histoire à l'heure, le récit était quand même extrêmement fragmenté. Et nous n'avons pas trouvé la forme narrative purement web qui aurait permis à cette fragmentation de trouver une forme plus classique, plus linéaire, et plus facile d'accès. Et si nous avions trouvé cette forme, elle aurait permis *a posteriori* de rentrer dans l'histoire. Mais ce n'est pas le cas.

D'un point de vue purement légal, qui est auteur d'*Anarchy* ? Et qui est coauteur ?
B. R. – D'un point de vue purement légal, tous les auteurs qui ont contribué à un moment donné ont accepté que leurs textes

soient publiés sur *Anarchy*. Tous ceux dont un personnage a été choisi dans la série ont été inscrits au générique de la série et rémunérés comme auteurs.

Et par rapport à la SCAM, très concrètement, qui est crédité comme auteur ?
B. R. – Je n'en ai aucune idée, et je serai bien en peine de le dire. *Anarchy* a 350 auteurs réguliers, et ce qui fait ce programme sont tous ceux qui y ont contribué. Sur les sept années de développement, il y a dû y avoir 50 personnes mobilisées. Il y a clairement des auteurs pour la série *Anarchy* ; pour le programme web, je ne crois pas.

Est-ce qu'en termes d'audience, vous auriez souhaité que ce soit plus massif ? Est-ce que c'était possible ?
B. R. – En général, on est toujours content quand il y en a plus. Ce qu'on aurait aimé pour la série. On aurait souhaité qu'elle mérite d'être regardée par davantage de téléspectateurs. Pour le site, ce n'était pas massif, autour de 250.000 visites environ sur la période, avec quelques traits intéressants : un temps de visite de 15 minutes en moyenne, et un volume de contributions importants. Combien d'internautes avons-nous transformé en créateurs ? Ça n'a pas de prix, et c'est incomparable avec une audience « passive ».

[Question public] Vous semblez déçu par la série, et par son audience notamment... Est-ce que vous aviez l'impression qu'elle existait toute seule ? Aujourd'hui, le site est difficile d'accès, mais la série peut avoir une existence individuelle...

B. R. – Oui, et elle est toujours visible sur YouTube. Mais son existence était quand même très liée à celle du site, qui a aussi eu une existence indépendante de la série. Et c'est au fond ce que je regrette. Si nous avions réussi quelque chose de plus entremêlé, si les joueurs avaient retrouvé leur univers dans la série et si celle-ci avait été de meilleure qualité... Mais le défi d'écrire, de tourner et de monter en une semaine était assez dingue. Cela étant, il doit y avoir quelque chose d'intéressant dans cette évidence, dans cette transformation de la manière d'écrire de la fiction pour l'antenne. Et c'est quelque chose que je retravaillerais volontiers. Mais ça impose aussi de penser différemment ce qu'est une fiction pour l'antenne.

On fait le point avec... Hugues Sweeney (ONF – studio interactif)

Par Cédric Mal (octobre 2017)

Il a tout vu et fait beaucoup de choses en matière de documentaire web. Hugues Sweeney dirige le studio interactif de l'ONF depuis une dizaine d'années. Avec lui, de nombreuses œuvres marquantes ont pu voir le jour. Nous revenons ici sur les ambitions et la philosophie de l'ONF aujourd'hui sur internet : atteindre les publics où qu'ils se trouvent, envisager le documentaire comme quelque chose de « connecté », placer le dialogue avec les auditoires au cœur de la création, et considérer que la création en *live* a de beaux jours devant elle.

A l'ONF, vous produisez maintenant des programmes interactifs pour tous les supports, sauf pour les ordinateurs de bureau... C'est désormais une évidence ?
Hugues Sweeney – Quand nous avons commencé en 2009, les navigateurs sur *desktop* étaient la destination privilégiée pour faire vivre des expériences immersives et innovantes, mais les choses ont beaucoup bougé depuis.

Il y a eu un glissement, presque inconscient, quand on réfléchit aux nouvelles opportunités qui s'offrent à nous : réalité virtuelle, investissement des espaces publics, réalité augmentée, etc. Comment travaille-t-on sur les réseaux sociaux, aussi ? Depuis un an et demi, nous nous interrogeons sur la meilleure manière pour nous trouver là où sont les gens sont.

L'idée du web et des navigateurs correspondait au concept de « destination ». Il s'agissait alors, pour la communication et la mise en marché, d'emmener les internautes vers *notre* destination. Or, force est de constater que la dynamique a changé aujourd'hui : nous créons désormais pour les lieux privilégiés par les internautes, et donc on pense inévitablement à Facebook, ou aux autres réseaux sociaux. Comment créer des expériences *pour* et *sur* ces espaces ?

Mais ce n'est pas un dogme ! Il n'est pas interdit de penser que nous nous lancions demain matin dans un projet destiné à un navigateur web.

Récemment par exemple, nous avons conduit un projet baptisé *Streamers*, sur la communauté du même nom réunie sur Twitch, qui devient de fait notre plateforme de création (nous y puisons des contenus) et de diffusion. L'idée, ce n'était pas de produire un documentaire séparé de Twitch, mais *sur*, *à partir de*, et *par* Twitch.

Est-ce que ça change quelque chose en termes d'impact ? Avez-vous pu mesurer une différence ?
On commence à la mesurer. Nous avons d'abord produit des formats courts pour les réseaux sociaux. Le premier, intitulé *Mon pays c'est l'hiver*, a été diffusé en mars 2017. C'est un programme qui part du fait que le Canada sera bientôt constitué par 25 % de personnes qui ne sont pas nées ici. Or, moins de 10 % de ces nouveaux arrivants vont vivre une expérience en plein air, ou vont être en contact avec les grands espaces, alors même que cette géographie particulière est constitutive de notre pays. Qu'est-ce que cela signifie pour l'identité canadienne ? *Mon pays c'est l'hiver* montre une famille de réfugiés syriens qui vont tout simplement au cœur de la Nature en plein hiver.

Nous avons réalisé 400.000 visionnements en une semaine sur Facebook. Il est donc certain que la portée de nos publications change avec ce type de diffusion. En juin 2017, nous avons dévoilé une exposition permanente qui sera présentée pendant 10 ans au Musée de la Nature ; un lieu qui comptabilise plus de 500.000 visiteurs par an, avec un taux de récurrence très bas et des publics intergénérationnels.

Cette exposition sur l'Arctique incorpore une impressionnante installation immersive qui évoque l'accélération du changement dans la région. Ici, la question de l'accessibilité, de la visibilité ou du rayonnement a été fondamentale dans la décision de production. Notre ambition, c'est d'atteindre les gens coûte que coûte.

Même chose avec *La machine à bienveillance*, une installation interactive que nous avons dévoilée à la fin du mois août 2017 aux abords d'une des stations de métro les plus fréquentées de Montréal. En sortant des transports, les usagers croisaient notre caméra de surveillance qui analyse les utilisateurs en temps réel pour mesurer leur potentiel de bienveillance. Nous le déterminons à partir des mêmes algorithmes qui sont aujourd'hui utilisés par les systèmes de surveillance. Mais plutôt que d'être méfiants, les algorithmes tentent de détecter la bienveillance. Nous allons donc ici chercher des auditoires au hasard de la rue, des personnes que nous n'aurions peut-être pas rencontrées autrement.

Le but, ce ne sont donc pas nécessairement les chiffres de fréquentation, mais la portée et l'impact de nos productions. Nous sommes un service public : nous devons avant tout créer du sens. Le mandat de l'ONF nous oblige à nous interroger sur notre inscription au sein de la population. Mais ce n'est pas nouveau, et des projets comme *Do Not Track, Fort McMoney, Bla Bla* ou *Sacrée Montagne* ont connu de beaux succès dans la niche que nous occupons. Nous poursuivons aujourd'hui nos efforts dans la même logique, finalement...

Est-ce à dire que l'ONF ne produit plus uniquement des œuvres audiovisuelles, qu'elles soient linéaires ou interactives, mais s'inscrit désormais dans un champ qui n'est pas historiquement celui de l'Office, avec des

installations muséales, ou des propositions plutôt inspirées par les arts plastiques et contemporains...
Depuis le début des productions interactives à l'ONF, nous avons toujours travaillé sur des déclinaisons physiques. Dès *Code Barre*, nous avons investi l'espace public. Avec *Sacrée montagne*, nous avons réalisé des photomatons sur la montagne. Cette question a toujours été présente. Et si on remonte encore dans le temps, lors de l'Expo 67 à Montréal, le *Labyrinthe* de Roman Kroitor et Colin Low était une gigantesque installation en forme de salle de cinéma déconstruite, avec plusieurs écrins et un point de vue qui changeait en fonction de l'emplacement du visiteur dans la pièce[129]. Ce sont donc des projets qui sont dans l'ADN de l'institution.

Pensez-vous que cette volonté d'investir l'espace public relève d'une approche spécifiquement canadienne, en comparaison de ce que vous pouvez voir à l'étranger ? Ce n'est pas si courant en France...
Je pense que ce sont des réflexions qui ne doivent pas avancer de manière cloisonnée. Je ne fais pas de différence en fonction des domaines ou des façons de faire. Il faut s'interroger sur la démarche globale et sur les buts des projets. C'est une question de pertinence et de rayonnement que de savoir si un programme doit se suffire à son écrin traditionnel ou en sortir.

Cela étant, nous restons un peu pris dans nos propres modèles de financement, avec la télévision qui reste encore la locomotive des économies médias alors que les gens se sont déplacés ailleurs, se déplacent physiquement, et consomment des contenus sur leurs téléphones.
Personnellement, j'ai vu des choses assez fantastiques dans l'espace public aux Etats-Unis, en Chine, en France aussi. A Nantes, les interventions artistiques dans l'espace public sont formidables ! Quoi qu'il en soit, je ne me revendique d'aucun

---

[129] En septembre 2017, une expérience sur écrans géants composée à partir d'images d'archives de l'Expo 67 est proposée au Quartier des Spectacles de Montréal. Les 52 représentations d'*Expo 67 Live* ont rassemblé 18.000 personnes.

milieu en particulier, et je pense même qu'on est un peu complexé dans le milieu audiovisuel, peut-être un peu trop refermés sur nous-mêmes.

Quid des budgets de production, précisément ?... On imagine que les projets qui investissent l'espace public, ou Twitch, s'avèrent plus chers et plus complexes à financer que ce que nous nommions il y a quelques années « webdocumentaires » ?
Globalement, nous restons dans des volumes similaires. Nous avons un large éventail de projets à l'ONF : 20.000, 300.000, 1 million de dollars canadiens *[690.000 euros environ, NdA]*... Peu importent les lieux de création et de diffusion du projet, nous travaillons beaucoup en amont sur des collaborations ou des opportunités d'affaires avec plusieurs « joueurs ». Par exemple, le Quartier des Spectacles de Montréal a aujourd'hui un rôle de catalyseur et de diffuseur d'expériences innovantes dans l'espace public. Nous sommes liés, plutôt comme des partenaires que comme des coproducteurs. C'est une collaboration : nous mettons de l'argent, des savoir-faire et des auditoires... Nous arrivons ici à des budgets de 300.000 dollars environ, qui sont similaires à ceux qui sont engagés dans nos coproductions avec ARTE en France ou Encuentro en Argentine.

S'agissant du projet sur Twitch, nous nous inscrivons dans une démarche itérative, qui va se déployer sur 24 mois. Nous demeurons ici encore dans les mêmes enveloppes, autour de 300.000 dollars canadiens *[206.000 euros, environ, NdA]*.

Il s'agit finalement pour nous de développer des relations pérennes avec nos partenaires. Avec le Musée de la Nature du Canada, par exemple, nous avons engagé un projet qui avoisine les 500.000 dollars. Nous discutons également avec trois autres musées, pour d'autres initiatives. Il existe de nombreuses institutions culturelles qui investissent dans le virage numérique, mais qui ne disposent pas nécessairement du savoir-faire. Nous arrivons donc au bon moment, après plus de 8 ans d'expérience dans le domaine. On peut avoir tout l'argent du monde pour créer ; encore faut-il savoir comment s'y prendre, et avec qui…

Les projets que vous développez aujourd'hui rassemblent davantage de partenaires qu'il y a quelques années… Les coproductions internationales sont-elles aussi devenues obligatoires ?
Nationales et internationales, oui. Notre département est né sous l'étoile de la complicité. Aux premiers temps du studio, nous nous « pitchions » mutuellement nos projets avec ARTE (à l'époque, Joël Ronez dirigeait le département numérique de la chaîne franco-allemande). Nous nous sommes alors rendu compte que le but n'était pas d'amener l'un de nous dans le projet de l'autre ; il nous fallait partir ensemble dans un projet commun. Toutes nos relations se sont développées de cette manière, avec nos partenaires indépendants et institutionnels. Il faut mettre ses forces en commun, et veiller à diversifier ses collaborations. De nombreuses opportunités nous attendent sans doute demain. Les aéroports, les centres commerciaux, les villes, les parcs nationaux réfléchissent à la redéfinition des expériences dans leurs espaces par les technologies numériques. Être simplement présent sur le web (ou à la télévision, ou au cinéma) ne suffit pas. Il nous faut être présent là où sont les gens, pour leur proposer quelque chose qui soit pertinent dans leurs vies. Peu importe le reste… Il est deux fois plus inspirant de s'inscrire dans des endroits complètement hétérodoxes. C'est en tout cas ce qui m'allume !…

En quoi ce que vous, ce que nous avons nommé « webdocumentaires » il y a quelques années a pu alimenter, ou permettre les projets interactifs que vous produisez aujourd'hui ?
Ce sont les mêmes questions qui se posent. D'abord, comment fusionner le fond et la forme ? C'est l'enjeu de *Code Barre* ou de *Sacrée montagne* : comment la plateforme et le dispositif peuvent se fondre dans, et avec l'histoire ? Ensuite, il faut se demander comment l'utilisateur est impliqué dans le processus pour que son expérience fasse, d'une certaine façon, partie de la narration. La troisième dimension, sans doute plus

englobante, consiste à considérer le documentaire comme quelque chose de connecté. Les notions de code et de connexion internet restent quand même au cœur du processus. C'est une conception totalement inclusive du documentaire que je nomme « interactif », pour précisément ne pas le limiter à une plateforme plutôt qu'une autre. Le problème, c'est le modèle économique tellement cloisonné par la télévision pendant tant d'années. Nous en sommes venus à oublier que le documentaire, ce n'est pas forcément 24 ou 25 images par seconde. Regardons le podcast. Nous sommes en train de vivre les plus belles heures de la radio ! Le podcast emmène le documentaire à un autre niveau. *This American Life,* par exemple, fait un très bon travail, avec plus de 2 millions d'auditeurs. Je n'ai personnellement aucun *a priori.* Le documentaire filmique a toujours (eu) un très grand effet sur moi, c'est lui qui a ouvert toutes ces nouvelles portes pour moi. Mais je pense qu'il ne se limite pas à la forme vidéographique.

En fin d'année 2016, justement, une lettre ouverte des créateurs interactifs canadiens a été publiée. Ils s'élevaient contre le fait que les autorités et les bailleurs de fonds voulaient inciter à revenir au documentaire linéaire. Qu'en aviez-vous pensé ?
Je n'ai pas vraiment d'opinion arrêtée sur le sujet. Il est certain qu'à la fin des années 2000 avec le Fonds des Médias du Canada (le Fonds convergent puis le Fonds expérimental), nous avons fait « tourner le bateau », et créé une forme de vertige dans l'économie du milieu. Il fallait que les professionnels de l'audiovisuel aient la capacité de produire de l'interactif. Ensuite, une « économie du convergent » s'est créée en parallèle, des sociétés se sont spécialisées dans l'accompagnement de programmes TV. Je pense que l'aspect positif a été de provoquer la réflexion, et le virage numérique. Ça a obligé les gens à se positionner.
Mais forcer une partie des enveloppes numériques au sein des enveloppes linéaires a ensuite créé une contraction, comme un effet de recul. Quand on dit que 10 % des enveloppes doivent être consacrées au numérique, on signifie qu'il faut diminuer

d'autant le budget du projet de base, qui n'est déjà pas toujours facile à financer. Ajoutons qu'il reste difficile de faire quelque chose d'intéressant en 100 % numérique avec ces 10 % de l'enveloppe. Au final, cela revient presque à appauvrir les deux facettes du projet, linéaire et interactif.

Mais honnêtement, je pense que le vrai tournant sera peut-être générationnel, et on arrivera à réfléchir à l'ensemble des plateformes mobilisables à partir d'un même contenu, ou d'une même idée. Aujourd'hui, il existe toujours une hiérarchie dans ces plateformes. Il faut faire de la télévision avant de faire du convergent. Ce qui consiste un peu à essayer de faire rentrer un carré dans un cercle. En soi, rien n'est télévisuel ou cinématographique ; il existe des envies, des désirs. Et les étudiants qui sortent des écoles aujourd'hui ont une conception multiplateformes innée. D'emblée, ils prennent le casse-tête comme un tout. Quand il s'agit par exemple de faire la promotion d'un groupe de musique sur la scène internationale, ils ne se posent pas la question du multimédia. Le compte Instagram du groupe est simplement une partie inhérente de son identité. C'est un vrai tournant pour nos histoires. Nous sommes d'ailleurs peut-être juste en train de commenter *a posteriori* ce basculement.

Du coup, la réalité virtuelle n'est qu'une mode dans cet écosystème ? Vous disiez il y a quelques temps que « *la navigation est au web ce que le montage est au cinéma* ». Est-ce que vous considérez que la VR apporte une nouvelle manière d'écrire des histoires qui devient incontournable ?
Oui. Si on change les termes « navigation » par « déplacement » et « web » par « VR », ça peut aussi fonctionner. C'est une manière de porter le regard. Quand on tient une manette de jeu vidéo en mains par exemple, on va créer des déplacements ; l'usager pose un geste qui va faire partie du processus de l'œuvre ou du projet. C'est la même chose en VR, mais tout reste une question de pertinence : pourquoi tel propos est abordé en VR ? Des histoires

demandent à être racontées dans un livre ou dans un film, et d'autres sont plus appropriées à la VR.

Notre premier projet en réalité virtuelle est né d'un accident, mais cet accident est devenu une nécessité. *Jusqu'ici*[130], de Vincent Morisset, est un programme sur le déplacement et sur la manière dont on bouge dans l'espace par rapport à la vitesse, aux gestes et aux choix qu'on effectue. Tout cela va modifier la façon dont on perçoit le monde autour de nous. C'est un programme « *360 Fulldome* » dans lequel on avance, on recule, on se penche... Or, les casques Oculus sont sortis pendant la production, et il nous est vite apparu que c'était là une plateforme incontournable pour raconter cette histoire.

J'ai toutefois l'impression de revivre 2009 une seconde fois. Tout devait devenir « webdoc » à l'époque, et tout devrait devenir VR / AR / MR aujourd'hui *[Virtual, Augmented, Mixed Realities, NdA]*. Dans les discussions que j'entretiens avec certains créateurs, il apparaît parfois qu'une belle œuvre peut se résumer à 10 photographies et une bande-son d'une minute. Or, on a l'impression que tout le monde cherche à rentrer dans la représentation à 360°. Il faut faire attention : on peut aussi tuer les émotions en s'acharnant à vouloir faire du 360°. Dix photos peuvent être tout aussi efficaces, je le répète. Mais tout cela fait partie du changement, de la notion même de mutation : on est un peu déboussolé, confus, et on cherche des repères. Finalement, cette attitude nous amène vers de nouveaux questionnements, qui seront fructueux.

Je pense que la VR risque de trouver sa place, de trouver sa niche comme quelque chose de *premium*. Nous ne deviendrons pas tous adeptes avec des casques VR, mais ça pourrait devenir quelque chose de précieux, un moment privilégié auquel on accorde une attention particulière. Mais cette nouvelle habitude de consommation sera longue à s'installer, quelques années je pense.

---

[130] Voir notre conclusion, *Ouverture – Esquisse d'un « Temple de la Renommée »*.

Parlons maintenant des œuvres collaboratives ou participatives. Elles sont nombreuses à l'ONF. Comment cette manière de faire, de produire, d'inclure les gens dans la fabrication des programmes s'est-elle imposée ?
Dans l'évolution de nos productions, dans le processus d'itération et de conception, nous nous interrogeons constamment sur la place du public.
Je pense que, si le documentaire est une interprétation du monde, à partir du moment où des gens sont connectés en temps réel pendant le déploiement du programme, il faut se demander ce que cela change dans la représentation du sujet.

Avec *Do Not Track* par exemple, on est plus du côté de la personnalisation de l'expérience que de la contribution en tant que telle, mais le programme demeure participatif puisque l'utilisateur est placé à plusieurs moments au centre de l'expérience. Il voit le sujet, mais selon son propre point de vue, dessiné en fonction d'un parcours, d'une (géo)localisation particulière. Cette question des points de vue est intéressante. Combien sont-ils ? Un seul ? Un nombre multiple ?

Pour prendre l'exemple de *Journal d'une insomnie collective*[131], nous nous sommes demandé comment passer d'une expérience solitaire à une expérience collective. Les insomniaques vivent ces troubles du sommeil dans leur intimité, mais il s'agit également d'un phénomène massif, et collectif. Comment faire pour connecter ces individualités sans sommeil ?

Même chose pour *Mégaphone* : les gens ont recommencé à se parler de politique en famille ou entre amis. C'était le retour de la prise de parole. Comment on fait aujourd'hui face à d'autres individus, alors que nous pouvons nous exprimer à tous moments sur Facebook ou Twitter ? Comment valoriser les

---

[131] *Ibid.*

mots dans ces prises de parole ? Sans doute en mettant les utilisateurs au centre du programme.

Il s'agit aussi de laisser de la place, pour certains sujets, à des points de vue plus ouverts. Mettre une œuvre à un endroit et laisser les points de vue évoluer. Ne rien enfermer.

C'est rester ouvert à ce qui peut se passer *autour* du projet...
Oui. Ici, au Canada, nous parlons beaucoup de « diversité », dans les institutions politiques ou culturelles. Cette diversité concerne bien sûr les origines, mais aussi les points de vue. Comment créer des rencontres entre points de vue différents ? Comment rassembler, partager quelque chose de commun avec des individus qui n'ont pas le même *background* ?

Dans une autre mesure, on sait que l'objectivité ou la « vérité » n'existent pas. Mais en multipliant les points de vue, on obtiendra sans doute un portrait plus représentatif du sujet ou de la thématique que l'on essaie d'aborder.

Pouvez-vous nous expliquer dans quelle mesure, pour *Mégaphone* ou *Journal d'une insomnie collective*, les apports en amont des contributeurs ont pu être décisifs dans le processus de création ?
Les contributions pour le *Journal d'une insomnie collective* (2013) sont devenues la matière première du projet. Sur *Mégaphone* (2013), nous avons impliqué du public dans un processus de *bêta-testing* : nous imaginons un dispositif, effectuons des tests avec un auditoire et modifions ensuite nos intuitions de départ. Le résultat final, c'est la prise de parole des utilisateurs. S'ils ne s'investissent pas dans le programme, l'œuvre ne sert à rien. Même chose pour *Primal* : nous avons collecté un certains nombre de cris pour qu'il se passe quelque chose à la sortie du programme, mais si les internautes n'ajoutent pas leurs contributions, l'expérience ne vit pas. Ces dispositifs artistiques et éditoriaux reposent sur leur appropriation par les publics. C'est le but.

S'agissant du vaste travail de Katerina Cizek, *High Rise* (2008-2015), produit par le studio anglophone de l'ONF, l'aspect participatif se situe bien davantage en amont qu'en aval. Il y a peu d'appropriation collective ensuite...
Tout à fait. En fait, le *Journal d'une insomnie collective* a été un tournant pour nous : nous avons compris que, plus nous situons la relation avec les auditoires en aval de la production, moins celle-ci est pertinente, et les contenus seront de moins bonne qualité. Il faut vraiment travailler en amont, ou en temps réel. C'est à ce moment que les contributions pourront réellement guider le projet.

Pour *Toi, moi, et la Charte* par exemple, qui a été très actif pendant la période durant laquelle le parti au pouvoir voulait instaurer une « Charte de la laïcité », nous nous sommes servis de la collaboration des publics pour affiner les questions que nous voulions poser, et pour construire les personnages à rencontrer dans le programme. La direction du projet a clairement procédé de cette cueillette.

En somme : plus on implique un public tôt dans un processus – ce qui est extrêmement difficile à faire – plus l'intégration sera pertinente dans le projet.

Pourquoi est-ce si difficile à réaliser ? Et comment procédez-vous ?
Il faut créer sa communauté, dialoguer avec elle. Dans le cas spécifique du *Journal d'une insomnie collective*, nous avons carrément imaginé des identités propres au projet qui prenaient la parole sous différentes formes à travers Twitter et Facebook, avec une adresse courriel dédiée. Nous avons également réalisé un *mapping* de tous les insomniaques et de leurs manières de s'activer sur internet. Il existe par exemple des groupes sur Facebook, des *hashtags* spécifiques... Nous nous sommes aussi rendu compte que la radio AM était comme un lieu de convergence, un refuge pour eux la nuit. Nous avons donc réalisé des publicités sur ces radios de nuit pour inciter les insomniaques à venir répondre à notre

questionnaire sur l'insomnie. Encore une fois, il s'agit de se rendre présents et visibles à l'endroit où les gens sont, puis de construire un dialogue, une relation de confiance avec eux pour qu'ils décident de s'impliquer dans notre projet.

Il est obligatoire ici de sortir des sentiers battus, sinon on continue à prêcher des convertis, toujours dans un groupe convenu de personnes, plutôt à gauche, très éduquées, avec un salaire moyen très acceptable. Pour ne pas tourner en rond avec toujours les mêmes publics, il faut aussi adopter la forme des auditoires qu'on se propose de rejoindre. C'est beaucoup de travail, mais c'est nécessaire.

La plus grosse difficulté pour les médias, sauf pour certains diffuseurs, c'est d'avoir un peu externalisé cette relation avec les publics. C'est une question de communication et de marketing. Mais dans la production, il faut placer ce processus de dialogue avec le public au cœur de la création, même si c'est difficile.

Pourriez-vous aller plus loin dans l'aspect collaboratif des productions aujourd'hui ? Et si oui, comment ? Peut-être avec la possibilité de modifier l'œuvre en direct ?
Bien sûr. Si on prend le projet *Streamers*, initié avec la communauté du même nom, nous avons commencé par dialoguer sur la plateforme Twitch avec certains membres. Nous avons discuté de jeux vidéos, nous avons tenté de comprendre ce milieu : qui fait quoi ? Quels codes ? Quel langage ? Comment les gens interagissent ? Il faut aussi se faire aimer, être accepté, devenir presque amis. Puis, un second niveau de questionnement se pose sur la culture propre de cette communauté précise. C'est un travail d'enquête, et comme dans un laboratoire, nous procédons étape par étape. Nous observons des *Streamers* pour parler d'eux. Au mois d'avril 2017, nous avons commencé à organiser des *talk-shows* en direct avec des *Streamers* très connus. Ce sont là encore des questionnements sur les évolutions récentes de cette culture. C'est la matière première du film linéaire qui sera

diffusé sur Twitch. Nous sommes vraiment ici dans un mode de fonctionnement très « *live* ».

Considérez-vous les contributeurs des projets participatifs comme des co-créateurs ?
Je dis toujours que le créateur est une équipe. J'arrive finalement assez mal à distinguer les uns des autres. Et quand le public a un grand rôle à jouer, il fait partie de l'équipe. C'est aussi simple que cela. Nous essayons par ailleurs de cultiver un esprit d'interdisciplinarité. Sur chacun de nos projets, nous travaillons toujours avec des personnes venues de disciplines différentes, et qui n'ont généralement jamais œuvré ensemble auparavant. Nous-mêmes, nous avons par exemple intégré un botaniste dans le processus créatif pour notre projet sur l'Arctique au Musée de la Nature du Canada. Il n'a rien à voir avec les médias, mais il est essentiel pour nos réflexions. En avançant, nous rentrons toujours en contact avec des métiers que nous n'avions jamais croisés. Ce sont de nouvelles configurations de travail, et quand le public est très présent, je le répète, il fait partie de l'équipe. C'est ce qu'il s'est passé pour notre projet sur l'insomnie. Tous les matins, nous voyions de nouveaux témoignages rentrer dans le *back office,* et ça a changé la manière de voir de l'équipe de création. Le public a eu une incidence importante sur la direction et la conduite du projet.

Qu'est-ce qui est le plus important : l'objet et le projet en lui-même une fois terminé, ou l'interaction du public avec ce projet ?
C'est un peu comme les Arts de la scène, ce sont des pièces vivantes, et il faut jouer avec pour qu'elles soient belles.

La problématique recoupe d'ailleurs les questions d'archivage de ces œuvres. Comment allons-nous bâtir la mémoire de ces productions ? Nous allons devoir discuter avec les professionnels de la danse, du théâtre, des arts visuels, de l'installatif, sur toutes les problématiques qui se posent depuis les années 60. La question de l'utilisation doit être au centre même de ce qui doit être archivé. On ne peut pas simplement prendre le code et le ranger dans une boîte. Ce n'est pas suffisant ; il y a des projets qui évoluent, qui sont modifiés... Comment archiver internet ? C'est difficile. Faut-il filmer quelqu'un en interaction avec un programme pour l'archiver[132] ? Quoi qu'il en soit, la finalité reste l'utilisation. La pièce centrale des projets n'est jamais quelqu'un de l'équipe : c'est l'utilisateur.

Vous recevez toujours beaucoup de projets à l'ONF ?
Nous sommes deux producteurs, et nous devons recevoir entre deux et cinq sollicitations par jour.

Nous faisons aussi des appels, ouverts ou sur invitation, en définissant seulement le cadre des expériences. Nous avons par exemple lancé « 60 secondes mobiles et interactives ».

Question impossible : Quels seraient les éléments d'un projet qui vous feraient dire : « *Je produis ce programme et j'arrête mon métier* **» ?**
Un projet sur la musique métal ? C'est une blague.

Nous sommes tellement privilégiés dans notre métier, et nous avons exploré un terrain immense depuis 2009. L'ONF est un endroit unique au monde où nous avons une grande liberté de création, et de déploiement. Nous bénéficions aussi d'une grande confiance.

En 2009, mon fantasme était *Code Barre*. Aujourd'hui, ce sont les projets sur lesquels nous travaillons en ce moment. Je pense aussi que nous n'avons pas encore bien exploré le temps réel. C'est dans cette direction que nous allons. Il n'y a qu'à regarder les *Streamers*, Snapchat, la façon dont les gens consomment les médias numériques. Le relationnel, aussi, s'en va vers l'immédiateté. Je pense que le documentaire *live*, que je n'ai pas encore vraiment vu, a de beaux jours devant lui. Ce temps réel, c'est la nouvelle frontière que nous avons à

---

[132] Voir à ce titre la conférence « *Update or die* », MIT/Centre Phi, mai 2017.

explorer. C'est la grande problématique des médias et des usages qu'on en fait.

L'autre défi concerne les objets connectés. Nous sommes encore aujourd'hui pris dans nos écrans, dans nos écrins. Les voitures, les maisons vont s'autogérer. Avec ARTE, nous travaillons par exemple sur un « bot documentaire » sur Messenger. Comment utiliser une messagerie automatisée qui interagit avec nous pour créer du documentaire ? La question de l'intelligence artificielle est fondamentale. La réalité virtuelle nous impressionne par ce qu'elle nous fait d'un point de vue psychologique, mais on n'a encore rien vu. L'intelligence artificielle et les objets connectés vont créer une rupture beaucoup plus solide dans nos vies au quotidien. Ce sera très intéressant à explorer du point de vue éditorial, dans le champ de la création.

Chapitre 6

Le documentaire s'amuse

Le documentaire interactif est devenu joueur, et il s'est fait ludique de différentes manières. Il y a d'abord le jeu pur, façon *Type:Rider* ou *Californium* (analysé dans ce chapitre). Il y a aussi l'intégration plus ou moins subtile des mécanismes du jeu vidéo dans des propositions d'ordre documentaire, de manière exemplaire dans *Jeu d'influences* ou dans *Enterre moi, mon amour*. Et puis il y a les jeux vidéo, façon *Assassin's Creed*, qui viennent puiser partie de leur inspiration graphique dans la réalité.

En 2013, *Type:Rider* fut le premier exemple détonant du genre, et le premier jeu indépendant financé en partie et diffusé par une chaîne de télévision – ARTE en l'occurrence. Il s'agissait alors de (re)découvrir l'histoire de la typographie en traversant différents niveaux de jeux, eux-mêmes entrecoupés de segments documentaires très « encyclopédiques ».
Résultat : un succès d'audience plus que significatif. 450.000 téléchargements dans le monde au faîte de la distribution, notamment grâce à un partenariat nord-américain avec une célèbre marque de café, et un programme qui génère, une fois n'est pas coutume, un peu de profit. L'expérience fut à ce point concluante qu'ARTE récidive en 2018 avec *Vandals*, premier jeu d'infiltration dans l'univers du *street art* (développé, comme *Type:Rider*, par Cosmografik), et *Homo Machina*, voyage surréaliste dans l'usine du corps humain imaginé par Darjeeling Productions à partir des travaux avant-gardistes du scientifique Fritz Kahn.

Dans un autre genre, *Jeu d'influences,* expérience documentaire chapeautée par France 5 sur les communicants de crise, est parvenue à se frayer une place non négligeable dans les « nouvelles écritures » car l'innovation était au rendez-vous. L'utilisateur était plongé dans la peau d'un chef d'entreprise confronté à un dilemme cornélien suite au suicide de son principal collaborateur. Comment sauver sa peau ? Jusqu'où écouter les conseils de son *spin doctor* ? C'est tout l'enjeu de cette proposition dont le *gameplay* a été pensé pour entretenir le suspens.

Les jeux vidéo en forme de *news games* ou de *serious games* se sont également multipliés. Certains, adossés à des documentaires TV, ont permis de *booster* les audiences sur le *replay* (ce fut par exemple le cas de *Goldman Sachs*, un jeu accompagnant le documentaire du même nom de Marc Roche et Jérôme Fritel). D'autres, développés de manière le plus souvent indépendante, cultivent une manière différente d'interpeller – voire de mobiliser – les publics. Citons à cet égard *Papers, please,* où le joueur incarne un douanier face à des immigrants ; *Firewatch,* où l'on devient un employé d'un parc national américain devant alerter en cas d'incendie ; ou *Cart Life,* qui propose de se mettre dans la peau de travailleurs pauvres. Plus directement politique, au Honduras, c'est *Angry Mel* qui tourne en dérision l'ancien président Manuel Zelaya (2006-2009), quand en Espagne, *Corrupt Mayor* dénonce les malversations de la classe politique.

Ce dernier jeu a été développé par trois informaticiens sur leur temps libre, mais ce n'est pas une sinécure que de se lancer dans de telles aventures. Florent Maurin revient dans ces pages sur les montagnes émotionnelles par lesquelles passe un créateur indépendant de jeu à partir de sa dernière réalisation, *Enterre-moi mon amour,* qui aura marqué la création documentaire dans ce genre.

David Dufresne, de son côté, revient sur la « ludification » à l'œuvre dans l'ensemble de son travail, et particulièrement dans *Fort McMoney.* Un « jeu documentaire » qui vous proposait tout simplement de changer la face de la planète en remodelant fictivement une ville bien réelle : Fort McMoney, capitale extravagante des sables bitumineux au Canada.

Enfin, quels jeux vidéo pour quels effets narratifs ? C'est l'inspirant Pierre Corbinais qui nous répond dans ce chapitre.

Le jeu vidéo et le réel : L'heure du « coming out » pour une forme d'écriture du monde

Par Xavier de la Vega

Des histoires de violences conjugales et de *coming out* transgenre, des histoires d'exil et de tri migratoire, de censure journalistique et de lutte contre le cancer. On s'est habitué à trouver de tels sujets sur les présentoirs d'une librairie. On ne serait pas étonné de les découvrir au programme du festival annuel d'un magazine culturel et, évidemment, à l'affiche de n'importe quel festival de documentaires. Mais ces sujets sont aussi ceux de jeux vidéo publiés au cours des dernières années. Des jeux de toutes sortes et de tous formats, disponibles sur l'Appstore de votre smartphone préféré ou publiés sur Steam, sortis en version PS4 (la console de Sony) et ressortis sur Switch (la dernière console de Nintendo), voire partout en même temps.

Qu'arrive-t-il donc au jeu vidéo ? Est-ce le début de la fin ? Les *gamers* ont-ils à ce point vieilli qu'ils en ont assez d'abattre de la racaille au kilomètre, et deviendraient sensibles aux fades problèmes de l'existence ? Ou bien le jeu vidéo a-t-il tout simplement atteint une forme de maturité telle que ses créateurs s'autorisent à parler ouvertement du monde qui les entoure ? Mieux, le jeu vidéo n'affirme-t-il pas une potentialité à l'œuvre depuis ses origines : devenir une forme d'écriture du monde ?

Dans la petite histoire des rapports entre le jeu vidéo et le réel, il est convenu de rappeler que l'industrie vidéoludique a toujours développé, aux côtés des *Pac Man*, *Street Fighter* et *Call of Duty*, un contingent respectable de *serious games*, « des jeux à la finalité autre que le divertissement », selon une définition admise. Ces jeux ont généralement une vocation institutionnelle, destinés à sensibiliser (à la santé, la sécurité, à la préservation de l'environnement) ou à former (aux maths, aux métiers de la banque, etc.). Par extension, l'appellation *serious game* englobe l'ensemble des jeux qui ont vocation à jouer avec le réel.

Il y a pourtant comme un malentendu dans la notion de *serious game*. Elle incite à séparer des jeux vidéo de « divertissement », affranchis des contingences du réel et entièrement tournés vers le *fun*, d'une autre catégorie de jeux, qui auraient les pieds dans la gadoue et la tête lestée de gravité. Or, la séparation ne tient pas. On pourrait s'étendre longuement sur la manière dont les jeux vidéo expriment notre réalité de tous les jours. Prenons par exemple le jeu qui m'occupe en ce moment, lorsque je cale sur un paragraphe : *Vandals* (ARTE /Ex Nihilo, 2018), un jeu sur smartphone consacré au *street art*. *Vandals* consiste à peindre des graffitis sur les murs d'une ville en faisant la nique à des policiers en faction. Lorsque je joue, je dois gérer de manière optimale des ressources (parcours possibles, paires de cisailles, bouches d'égout) pour atteindre une fin (le plaisir jubilatoire de peindre à la bombe sur un mur interdit). Plus j'atteindrai mes objectifs (ne pas me faire repérer, faire le moins de déplacements possibles, collecter le bonus), plus je serai récompensé (en étoiles virtuelles). Bref, dans *Vandals*, le *street artist* que j'incarne se comporte en parfait *manager*. Si ce n'est pas là une parfaite expression de notre époque, je ne m'y connais pas.

Mais on pourrait aussi rappeler que certains jeux AAA (l'équivalent du *blockbuster* en jeu vidéo), proposant un *gameplay* riche en *uppercuts* et en impacts de balles, n'en offrent pas moins de puissantes représentations des sociétés contemporaines. On citera ici l'ouvrage du *game designer* Olivier Mauco sur *GTA IV*[133]. Dans ce jeu souvent décrié pour sa violence, l'utilisateur incarne un petit malfrat immigré qui doit accomplir de menues missions au volant d'une voiture pour grimper les échelons de l'industrie du crime. D'épreuve en épreuve, le jeu déploie une critique du mythe fondateur

---

[133] Olivier Mauco, *GTA IV, L'envers du rêve américain*, Questions Théoriques, 2013.

américain – l'immigrant venu gagner sa part de l'*American Dream* – en lui tendant un miroir déformant : ici, l'ascenseur social carbure au crime, dans une ville multiculturelle percluse de gangs communautaires à couteaux tirés.

Bref, qu'il le veuille ou non, le jeu vidéo exprime le réel. Ce qui a changé, probablement, c'est que les créateurs de jeux affirment de plus en plus ouvertement la capacité de l'écriture vidéoludique à porter un regard sur le monde.

Un jeu, c'est tout d'abord une économie narrative dans laquelle l'utilisateur doit franchir des épreuves pour faire avancer le récit. Prenons la série des *Lost Phone* du studio français Accidental Queens (*A normal Lost Phone, Another Lost Phone*). Ces jeux conçus pour smartphones miment l'interface d'un téléphone égaré par son propriétaire. Le joueur accède à des SMS alarmés : il comprend que le propriétaire du téléphone a disparu. Que lui est-il arrivé ? Pour résoudre cette énigme, le joueur devra explorer le contenu du téléphone, dont des pans entiers sont verrouillés. Accéder à ses emails suppose de trouver un code Wifi ; consulter les échanges d'une application de rencontres implique de trouver un mot de passe, etc. A mesure que le joueur accède à de nouveaux contenus, l'énigme de la disparition se dévoile par bribes.

Sur ce modèle, les créateurs ont ainsi raconté l'histoire d'un jeune transsexuel, cachant sa véritable identité à sa famille conservatrice, avant d'organiser sa fuite vers des cieux plus tolérants (*A normal Lost Phone*, 2015). Tout en organisant la narration (sur le modèle de l'enquête policière), le *gameplay* des verrous successifs exprime à merveille la vie numérique du jeune homme, qui s'émancipe sur des forums de discussion anonymes, tout en étant contraint de cacher son identité aux yeux de ses proches.

Un jeu, c'est ensuite un système de règles qui définissent les moyens d'action du joueur ainsi que les obstacles qui se dressent devant lui. L'économie qui naît de la tension entre la possibilité d'agir et l'empêchement de l'action constitue une fructueuse machine à expérimenter les tourments de l'individu aux prises avec les lois de l'existence. Songeons à l'émouvant *That Dragon, Cancer*, de Ryan Green et Josh Larson (Numinous Games, 2016). Ce jeu autobiographique raconte le combat d'une famille dont le benjamin est atteint à un an d'une tumeur au cerveau. *That Dragon, Cancer* est essentiellement un récit linéaire, où le joueur fait avancer l'histoire en cliquant sur l'écran. Mais la narration est ponctuée de mini-jeux qui enjoignent le joueur à l'action. Lancer des molécules sur de sombres tentacules, éviter les flammes d'un dragon ou rallumer les cierges de l'espoir : autant de gestes qui font vivre au joueur tout le tragique d'un combat tantôt déterminé, tantôt désespéré contre un ennemi plus fort que soi.

Les règles du jeu, c'est aussi, souvent, un système de récompenses et de punitions qui sanctionnent les choix du joueur, l'obligeant à renoncer à ses penchants spontanés, à formuler des compromis plus ou moins acceptables avec des normes qui s'imposent à lui. C'est ce qui fait tout le sel de *Papers, Please* (2013), de Lucas Pope. Dans cette proposition, le joueur se trouve dans la peau d'un agent des services migratoires d'un pays autoritaire. Que choisir ? Respecter scrupuleusement les consignes d'examen des dossiers présentés par les migrants, au risque d'ignorer leur urgence humanitaire ? Ou au contraire transgresser les règles et se heurter à la persécution d'Etat ? Peut-il louvoyer entre Charybde et Scylla pour sauver quelques existences tout en gardant son poste ? Au prix de quels sacrifices ?

Dans un registre similaire, *The Westport Independent*, du *game designer* suédois Pontus Lunden (Double Zero One Zero games, 2016), le joueur est confronté à des dilemmes tout aussi délicats. Il est le rédacteur en chef d'un organe de presse indépendant exposé à la censure d'un régime dictatorial, qui règne sur un pays inégalitaire au bord de l'insurrection. L'information joue un rôle décisif dans ce contexte. Le joueur choisit les articles à publier, ou non, et les journalistes à qui il va les confier, sachant qu'ils sont plus ou moins proches du régime, et qu'ils ont des enfants à nourrir. Le rédacteur en chef parviendra-t-il à préserver le journal de la répression sans renoncer à informer ? Au prix de quels compromis, de quels accommodements ?

De tels jeux véhiculent un discours implicite, auquel le joueur ne peut accéder qu'en jouant, qu'en tentant de comprendre les règles du jeu interlope dans lequel il est plongé et en expérimentant des stratégies de survie. D'essai en erreur, le joueur infère une connaissance sur le monde dans lequel il évolue. S'ils sont informés par l'actualité, les jeux créés par Pontus Lunden sont de pures fictions, comme l'est aussi, dans un registre proche, le marquant *Jeu d'influences* (2014), de Julien Goetz et Florent Maurin. Pourtant, les règles qui régissent ces œuvres portent un discours à portée universelle sur la responsabilité individuelle que l'on peut porter dans ce monde bien réel.

Alors oui, les jeux vidéo offrent de formidables machines à expérimenter le réel. Lorsqu'ils se le proposent explicitement, doit-on les considérer comme des « jeux documentaires » ? Pourquoi pas, si l'on admet les frontières troubles que le documentaire a toujours entretenu avec la fiction, que ce soit au cinéma ou en littérature. Fiction ou documentaire, un film, une œuvre littéraire ou un jeu sont toujours de purs dispositifs qui mettent en forme le réel pour le faire vivre à leur audience. La nouveauté, c'est que le jeu vidéo, souvent considéré comme un médium infantile, s'affirme sans complexe parmi les grandes représentations de la chose humaine.

De « Jeu d'influences » à « Assassin's Creed » : Le traitement du réel dans les jeux vidéo

Par Rym Bouhedda (décembre 2015)

C'était en juin 2015, rue de Lubeck à Paris. Le CNC organisait avec la SACD une rencontre sur le traitement du réel dans les jeux vidéo. Une conférence qui, à partir de trois exemples notoires, abordait une problématique épineuse, et complexe.
Avec Eric Viennot, *game designer* et pionnier des ARG[134] en modérateur de la conférence, ce sont trois jeux aux registres très différents qui ont été présentés par leurs équipes : *Assasin's Creed* d'Ubisoft (Julien Mayeux, Guillaume Brunier, Florent Sacré), *Life is strange* de Dontnod (Jean-Luc Cano, Raoul Barbet) et *Jeu d'influences* de Julien Goetz avec Florent Maurin (Premières Lignes et France Télévisions Nouvelles écritures).

Au cours de sa courte histoire, le jeu vidéo n'a eu de cesse d'évoluer dans son habilité à retranscrire le réel. Mais du très désincarné et abstrait *Pong* aux jeux mobilisant des effets de réalité surprenants, il est difficile de déterminer les ingrédients qui font la recette du succès. Eric Viennot évoque deux approches : celle qui tient pour acquis que le succès d'un jeu ne dépend pas de son réalisme (voir à ce titre, dans le Top 5 des titres les plus populaires : *Super Mario Kart*, *Tétris* ou *Minecraft*) ; et celle qui maintient que davantage de réalisme ne peut aboutir qu'à plus d'émotions, et donc à des jeux plus prenants et inévitablement plus populaires. Ce serait là le parti pris de certaines franges de

---

[134] *Alternate Reality Games* : jeux en réalité alternée.

l'industrie qui cherchent à recréer dans les jeux vidéo l'impression que laissent de véritables personnages de cinéma.

Le réalisme s'entendrait donc ici dans ce sens : la retranscription « picturale » la plus fidèle possible du monde physique que l'on connaît. Pourtant, les univers virtuels convoquent souvent des imaginaires fantastiques, parfois post-apocalyptiques et le plus souvent loin de nos réalités concrètes (il n'y a qu'à penser aux combats de guerre)...

Réalisme vs. réalité ?

Pour nombre de *gamers*, « *reality is the worst game ever* » *[La réalité est le pire jeu qui puisse exister, NdA]*. En dépit de ce credo fataliste, on peut constater que certaines propositions de jeux, comme *GTA* ou les *Sim's*, retranscrivent la réalité dans sa dimension pratique et quotidienne, même s'ils offrent tout de même des potentialités d'actions hors norme. Avec *Pac-Man, Journey* ou *Brothers*, on comprend qu'il s'agit de « faire allusion » à des valeurs et des comportements humains : la survie, la solitude, l'amour fraternel, etc. Le jeu vidéo peut donc s'abstraire du réel pour mieux en parler, convoquer des métaphores et des univers irréels pour mieux le transposer (procédé qui n'est bien sûr pas neuf et qui vaut tout aussi bien pour le cinéma documentaire). Mais d'autres jeux permettent de réinvestir le réel d'une manière nouvelle, et différente. *In Memoriam*, par exemple, permet de jouer son propre rôle et de chercher, sur *Google Earth* notamment, les traces d'un tueur. La notion de « fiction totale »[135] chère à Eric Viennot permet également d'appréhender ce type de programmes qui cherche à se fondre dans notre propre réel. C'est d'ailleurs le cas d'*Alt Minds*[136], qui entendait raconter une histoire en temps réel, en mobilisant plusieurs médias et en faisant participer les joueurs à l'enquête.

---

[135] Sacha Bollet, *Eric Viennot : entretien cinéma/jeux vidéo*, Le Blog documentaire, 13 mars 2012.
[136] Sacha Bollet, *Alt-Minds, retour d'expérience avec Eric Viennot*, Le Blog documentaire, 2 juillet 2013.

Mais entrons dans le vif de la problématique avec *Assassin's Creed*, DLC *[Download Content : jeu aux contenus téléchargeables, NdA]* conçu par Ubisoft, dont le studio français est installé à Montpellier et a notamment conçu *Les Lapins crétins*. La particularité de cette société, c'est de participer à des projets de grande envergure – dont celui-ci fait partie – tout en travaillant sur d'autres propositions qui vont à rebours des logiques de l'industrie du jeu vidéo. Pour *Assassin's Creed*, une équipe de 40 personnes aux sensibilités variées a travaillé à la conception du projet dans plusieurs studios disséminés dans le monde entier. Ubisoft tente ainsi de trouver un compromis entre son affection pour des jeux non conventionnels et la nécessité de travailler sur des projets rentables.

Ces efforts ont été au cœur du travail pour *Assassin's Creed* puisque l'objectif, selon le *creative director* Florent Sacré, consistait à améliorer sans cesse le jeu et à supprimer les poncifs qu'il pouvait comporter dans sa version originelle. L'architecture des bâtiments historiques est par exemple fidèle à la réalité historique – même si on s'accommode parfois de quelques détails trop difficiles à reproduire techniquement. Les capacités de navigation ont été optimisées (et on peut par exemple grimper sur la basilique de Saint-Denis). Ces décors sont esthétiques et « expérientiels » avant d'être des témoignages historiques, et ils ne sont donc pas exempts de défauts anachroniques. Malgré tout, l'équipe a travaillé avec des historiens qui ont aidé à concevoir des personnages cette fois plus fidèles à la réalité de l'époque, notamment pour les costumes plus proches des guenilles médiévales que des armures futuristes.

Néanmoins, le jeu ne fait pas consensus sur cette question du « réalisme historique ». Une polémique avait même été lancée après la réaction de Jean-Luc Mélenchon critiquant le récit qui était fait, dans le jeu, de l'action des révolutionnaires français. L'équipe s'est défendue en invoquant la nature fictionnelle de l'œuvre, ainsi que la liberté scénaristique. Mais cette critique pointait en définitive davantage le travail des historiens que celui des créateurs du jeu. Elle a aussi mis en exergue des interprétations et des usages différents de l'Histoire. Une position assez pragmatique consiste d'ailleurs à constater que ce jeu a le mérite d'intéresser les joueurs à l'Histoire, sans être une encyclopédie austère. Le slogan marketing du programme aux Etats-Unis le suggère assez clairement : « *You made history look cool* » *[Vous rendez l'Histoire cool, NdA]*. Et Florent Maurin d'ajouter que, ce qui a vraiment déplu à Mélenchon et à sa lecture « nationaliste » de la narration, ce sont les représentations de son héros politique, Robespierre, totalement décrédibilisé. « *Comme si on faisait oublier à Superman de mettre son slip* », a-t-il ajouté...

Le défi dans l'écriture d'un jeu vidéo ne consiste pas seulement à raconter une histoire. Il s'agit aussi d'inventer le *feature* et le *gameplay* ; c'est-à-dire de composer une narration expérientielle, qui ne se déroule pas de façon linéaire mais à partir des choix du joueur. La finalisation de l'écriture du scénario est donc assez tardive puisqu'elle se fait parallèlement à la conception du jeu. La vraie difficulté, à écouter les *game designers*, c'est de parvenir à impliquer à la fois le joueur et le héros du jeu dans les choix proposés et le déroulement de l'histoire.

Selon l'équipe d'Ubisoft, ce qui peut entraver le réalisme du jeu vidéo réside dans la technique, certes toujours en évolution, et dans la console, qui ne peut permettre qu'un panel d'actions limité. L'interactivité reste le but : les choix du joueur doivent être « impliquants ». Le réalisme historique n'est pas une fin ; ce qui prime relève des choix du créateur pour qui le plus important restera toujours le *gameplay*. S'agissant de la matière historique propre, on se revendique davantage du « tourisme historique » que de la leçon d'histoire. Réalisme, oui, mais toujours au service de l'expérience de jeu, donc...

Pour *Life is strange*, Dontnod Entertainment offre une autre perspective de la retranscription du réel. Ce jeu a bénéficié d'un budget moyen, bien moins confortable que celui d'*Assassin's Creed*. En cinq épisodes, il propose de s'immerger dans la vie d'une adolescente, lycéenne dans une petite ville côtière des Etats-Unis. L'univers se veut le plus réaliste possible pour signifier des éléments de vie du personnage (de l'évocation de la pression sociale à l'omniprésence des réseaux sociaux, et jusqu'aux accents dans les discours). Tout y a été le fruit de recherches approfondies et a été notamment travaillé à partir de reportages photo. Paradoxalement, lorsque le *game director* Raoul Barbet parle des diverses influences du jeu, c'est de la fiction qu'il cite : *Twin Peaks* (Wim Wenders), *Elephant* (Gus Van Sant), et certaines séries TV américaines.

Le découpage en épisodes, qui échelonne la progression de l'histoire, est d'abord dû à une contrainte budgétaire, mais il permet de générer, au-delà du *cliffhanger* qu'il installe à la fin de chaque étape, des choix déterminants qui se répercutent dans la suite du programme. Le scénariste Jean-Luc Cano explique que la spécificité de ce jeu, mais aussi sa qualité, se situe dans la mécanique du *gameplay* qui laisse au joueur la possibilité de remonter dans le temps pour rencontrer d'autres personnages. La discussion avec ces figures annexes est une action qui n'est pas indispensable à l'avancée de l'intrigue, mais qui permet d'enrichir l'univers global du jeu. Le réalisme des dialogues (en anglais) a par ailleurs été rendu possible grâce à une collaboration avec un scénariste américain.

Dontnod revendique pour ce jeu le « *slow pacing* » ; c'est-à-dire un usage du temps plus dilaté, qui laisserait une marge d'exploration des éléments annexes. Définissant le jeu comme « mélancolique » et « lié à l'adolescence », ses concepteurs expliquent que son public n'est pas uniquement constitué d'adolescents (majoritairement masculins), mais aussi de trentenaires et de quarantenaires. La cible était large : Raoul Barbet confie que « *sa copine devait pouvoir y jouer !* ». L'héroïne féminine choisie pour ce jeu n'était d'ailleurs pas sans poser problème à certains éditeurs : les héros masculins aux attributs virils resteraient l'argument le plus vendeur... L'équipe de Dontnod a toutefois choisi de développer un personnage féminin, non par volonté féministe mais parce que cela correspondait à l'univers de l'histoire qu'elle a eu envie de raconter.

De son côté, l'équipe d'Ubisoft reconnaît qu'il est difficile, pour elle, de concevoir autre chose qu'un personnage masculin. « *Le cliché du héros* "badass" *avec plein de* guns » reste une norme clivante et difficile à contrarier dans l'industrie du jeu vidéo. Et d'ajouter que des logiques similaires régentent l'industrie du cinéma, lorsque les producteurs sont réticents à prendre des risques pour sortir des figures conventionnelles.

Une question qui recoupe d'ailleurs celle des femmes scénaristes. Faudrait-il s'appuyer sur leurs compétences et leurs sensibilités pour renouveler et féminiser les héros comme les narrations du jeu vidéo ? Jean-Luc Cano y répond par la négative : un scénariste, homme ou femme, se doit d'écrire sur tout. Réponse contrebalancée par une jeune femme du public qui, en tant que scénariste femme et métisse, se voit toujours cantonnée à une étiquette réductrice, malgré sa bonne volonté. Un déterminisme social qu'il est difficile de changer immédiatement. Modifier durablement les représentations nécessite probablement un peu de temps...

Jeu vs. documentaire ?

Jeu d'influences pourrait se situer sur ce créneau : sensibiliser les joueurs à une autre réalité. En l'occurrence, une réalité peu connue de l'intérieur puisqu'il s'agit du travail très sensible des communicants, conseillers et autres *spin doctors* œuvrant dans des sphères de pouvoir, économique et/ou politique. Ce jeu en ligne tente de nous faire éprouver une situation fictive très proche de la réalité, en nous mettant dans la peau d'un chef d'entreprise soumis à une crise médiatique qu'il doit gérer avec l'aide d'un *spin doctor*. (Une proposition web adossée à une série TV documentaire de Luc Hermann et Gilles Bovon, diffusée sur France Télévisions.)

Florent Maurin, *game designer* du jeu et producteur chez *The Pixel Hunt*, a voulu ici appliquer des mécaniques de jeu vidéo sur des histoires réelles. Il était dans ce cas impossible de baser ce type de jeu sur un *gameplay* audacieux ou sur une innovation technologique poussée. Il s'agissait plutôt de faire ressentir des émotions au joueur et l'impliquer dans une histoire en renforçant son sens de l'empathie, dans le but de « *comprendre la réalité* ». Parce que, contrairement à ce qui a été dit plus tôt, Florent Maurin martèle que « *la réalité n'est pas chiante* ». La série *House of Cards*, par exemple, est bien l'illustration que notre vie politique est faite de péripéties et de dilemmes moraux dignes d'un film d'aventure hollywoodien.

En une heure d'expérience, *Jeu d'influences* nous fait explorer cinq chapitres. Au fur et à mesure de ses choix, le joueur se définit un profil éthique en décidant de mentir ou de dire la vérité, ce qui l'amène à expérimenter l'acte même de la décision politique, soumise à des priorités et des stratégies particulières.

Bénéficiant d'un budget de 90.000 euros doté par France Télévisions, le jeu se situe dans une économie moyenne, qui est parfois difficile à gérer – comme pour *Life is strange*. Pourtant, tous les jeux sont évalués selon des critères similaires, sans considération pour l'ampleur des moyens budgétaires qui leur ont été alloués. Avec peu, il faudrait faire aussi bien que ceux qui ont beaucoup. Florent Maurin concède tout de même qu'avec plus d'argent, le graphisme aurait été amélioré, ainsi que l'enregistrement des voix. Mais lorsqu'on l'interroge sur le réalisme « pictural », il avoue ne pas vouloir aller dans ce sens pour plusieurs raisons. Selon lui, trop de réalisme fige et enlève une part de l'imaginaire au spectateur-internaute. Et puis *Jeu d'influences* n'est pas un jeu « photo-réaliste », mais une proposition entièrement construite avec des « illustrations » – ce qui ne lui enlève en rien sa nature de jeu documentaire. Florent Maurin soutient en cela qu'on peut tout à fait produire du documentaire avec autre chose que de la vidéo...

Quant à l'opposition éventuelle entre le « jeu » et le « documentaire », le *game designer* n'y voit aucune antinomie. Selon lui d'ailleurs, la question de savoir comment définir un bon jeu est soumise à des critères trop étroits, même si l'interaction et l'implication émotionnelle devraient être les facteurs les plus lourds dans l'appréciation. En l'occurrence, pour ce jeu, la dimension ludique fonctionne parce que l'ambiance créée maintient l'utilisateur en alerte.

En tout état de cause, cette forme de jeu intrigue. Et on serait en droit de se demander pourquoi n'existe-t-il pas davantage de ce type de formats. Il se trouve que Florent Maurin se dit *« le cul entre deux chaises »*, pour reprendre son expression : entre des *gamers* fuyant coûte que coûte ce qui touche à la réalité ou à la société, et des journalistes considérant encore le jeu vidéo comme un support illégitime, loin du sérieux qu'il conviendrait pour considérer certaines questions. Ce qui lui importe absolument en définitive, c'est d'encourager l'esprit critique de chacun, que l'on soit *aficionado* de jeux d'action ou spectateur régulier de documentaires d'investigation.

Quels seraient, alors, les éventuels points communs entre ces trois équipes créatives ? Et y aurait-il un éventuel « trait » européen, ou français, dans la façon de concevoir le jeu vidéo ? Pour Raoul Barbet, la désignation d'une école et surtout l'appellation « *French touch* » lui font horreur. Il avoue que la scène indépendante française mériterait vraiment d'être plus développée. Et Florent Maurin de lui emboîter le pas en expliquant qu'il existe un manque d'initiative en France parce qu'on ne se risque pas facilement à créer sa propre société ou son propre studio de création. Chez Ubisoft, on se pose moins la question : l'entreprise cotée en bourse exige des investissements sur des projets rentables, avec des recherches très orientées autour du *gameplay*. Cela dit, Ubisoft est également en quête de nouvelles formes moins consensuelles, comme ce fut le cas avec le jeu des *Lapins crétins*. Financièrement, la société serait considérée comme « malade » si on la comparait à d'autres entreprises beaucoup moins orientées vers la création. Ce qui en dit long sur des logiques industrielles malgré tout loin de représenter l'envers du décor de la conception de jeux vidéo...

Quels jeux vidéo pour quels effets narratifs ?

Par Pierre Corbinais

> Comment utiliser le jeu vidéo pour raconter des histoires, provoquer une réaction du joueur qui puisse servir un récit, générer une expérience ? En huit mots-clés, quelques pistes s'ouvrent sur la manière dont le jeu peut devenir bien plus qu'un simple passe-temps... Une activité à même de faire réfléchir sur notre monde, sur notre existence, que l'on s'inscrive pleinement dans la fiction ou plus directement dans le documentaire.

Conséquences

Le jeu vidéo se définit par son interaction. L'interaction est affaire de choix. Et ces choix ne seront pris au sérieux par le joueur que s'ils vont de pair avec des conséquences. Il peut s'agir de conséquences affectant des variables, comme dans le bon vieux *Oregon Trail*, ou bien affectant directement l'histoire, comme dans les jeux *Telltale*. Le tout, c'est que le joueur y croie, qu'il soit persuadé que choisir une autre option l'aurait conduit à un résultat différent.

Execution, de Jesse Vembrux, questionne ce duo choix-conséquence dans le jeu vidéo en nous mettant face à un homme ligoté à un poteau, attendant visiblement les salves du peloton d'exécution. Nous avons un fusil à la main ; à nous de décider si nous allons tirer ou quitter le jeu. Si nous tirons et relançons le jeu pour une nouvelle partie, nous découvrirons le condamné à mort déjà fusillé, irrémédiable conséquence de notre action.

The Walking Dead, de Telltale, a été maintes fois salué pour sa narration et pour les dilemmes déchirants qu'il impose aux joueurs. Pourtant, quand on y regarde à deux fois (c'est-à-dire en rejouant), on découvre que les conséquences de nos choix ne sont en réalité pas si variées. Sauver tel survivant en proie aux zombies ne fera que repousser sa mort de quelques minutes. Accuser ou soutenir tel personnage ne fera pas vraiment changer son attitude à notre égard sur le long terme. Alors pourquoi ça marche ? Parce que les choix présentés par *The Walking Dead* disent quelque chose sur nous, sur notre morale, sur notre confiance, sur notre courage. Les conséquences de nos actions n'ont pas lieu à l'écran, mais dans notre tête.

Arborescence

Si les choix du joueur ont des conséquences narratives, cela signifie que le récit va se diviser. D'un côté la branche où il aura choisi de tourner à droite ; de l'autre celle où il aura préféré la gauche. Ces branches vont elles-mêmes se diviser, s'éloigner, se rejoindre parfois, formant ce qu'on appelle une arborescence. Squelette de la fiction interactive (« Livre dont vous êtes le héros vidéoludique »), l'arborescence pourra se retrouver en filigrane dans n'importe quel autre type de jeu (arborescence de dialogues, par exemple). En termes d'écriture, l'arborescence implique une grande quantité de texte, bien plus grande que pour un récit linéaire, puisqu'il faut prévoir toutes les branches, et que celles-ci peuvent se multiplier de façon exponentielle. Elle implique aussi que le joueur ne pourra lire qu'une fraction de ce qui a été écrit, ce que certains auteurs pourront trouver frustrant.

The Little Girl Nobody Like, de Deirdra Kiai, est un concentré d'arborescence. D'une durée inférieure à la minute et ne comportant que deux à cinq choix binaires par parties, le jeu comporte tout de même 9 fins bien distinctes qu'on prendra plaisir à explorer.

« *Rogue-like* »[137] spatial, *Faster Than Light*, de Subset Games, comporte lui aussi sa part d'arborescence dans les « événements » qui vont s'y succéder. (Allons-nous accepter de livrer la cargaison de ce marchand à son client ? Et si oui, allons-nous la livrer sagement, négocier un extra à la réception ou simplement garder la cargaison pour nous ?) Mais *Faster Than Light* se distingue surtout en intégrant le principe d'arborescence au système de navigation du vaisseau. Son espace est composé de nœuds eux-mêmes reliés par des segments. Voler vers le point A pourra ainsi nous ouvrir la voie vers les points B et C, mais nous interdira définitivement les points D, E et F.

Périphériques

Dans le jeu vidéo, on cherche généralement à faire oublier les périphériques (manettes, clavier, souris...). Les commandes doivent êtres les plus naturelles et intuitives possible pour que le joueur puisse s'immerger pleinement dans le jeu et oublie qu'il se trouve dans son canapé ou sur sa chaise de bureau. Il arrive cependant parfois que les développeurs utilisent ces périphériques pour enrichir l'expérience de jeu. La méthode la plus connue est celle des manettes vibrantes, introduites par la Nintendo 64, qui pourront faire ressentir la vitesse ou un choc au joueur, mais il est possible d'aller narrativement beaucoup plus loin.

Jouable à la souris, le *10 Weeks*, de Leafthief, nous fait incarner une mère de famille victime d'un AVC, et on sera surpris au milieu de récit de ne plus pouvoir déplacer le curseur de la souris sur la partie gauche de l'écran. C'est que l'AVC a causé la paralysie du bras et de la jambe gauche de Stéphanie. On ressentira son désarroi et traversera avec elle la phase de rééducation.

---

[137] Un « Rogue-like » est un type de jeu inspiré de *Rogue*, sorti en 1980 et basé sur l'exploration de souterrains. L'expression désigne par extension des configurations vidéoludiques qui génèrent leurs univers de manière aléatoire.

Brothers : A Tale of Two Sons, de Starbreeze Studio, est allé encore plus loin en nous proposant de diriger chacun des deux frères avec un des deux sticks analogiques de la manette. Nos mains deviennent alors le reflet des deux personnages, et notre coordination celui de leur complicité.

Génération procédurale

Très à la mode depuis le succès de *Minecraft*, la génération procédurale pourrait être décrite comme un « aléatoire contrôlé », un système algorithmique faisant que deux joueurs ne feront jamais face aux mêmes décors, aux mêmes challenges, tout en s'assurant que la difficulté et l'expérience du jeu restent similaires. Ces sessions de jeu uniques permettent très facilement au joueur de se raconter des histoires. Questionnez n'importe quel joueur de *Don't Starve* (Klei Entertainment) sur sa dernière partie et il pourra sans doute vous en parler pendant des heures. La vidéo d'Usul au sujet de *Don't Starve* est une superbe illustration de ce phénomène : on ouvre le jeu pour s'amuser, on en ressort avec une histoire.

Bien moins engageant graphiquement, *Dwarf Fortress*, de Tarn Adams, est lui aussi un réservoir infini à histoires. Là encore, l'objectif sera de survivre dans un monde généré de manière procédurale. Or, nous n'incarnons pas un, mais une foule de personnages, avec chacun un nom, un métier, une histoire que nous écrirons au fur et à mesure. On pourra trouver sur internet des centaines de récits issus de *Dwarf Fortress*[138] et la richesse comme la diversité de ces derniers suffira à prouver le potentiel évocateur de ce qui n'est pourtant qu'un gros tas de caractères ASCII[139].

---

[138] Notamment sur le site http://dfstories.com.
[139] L'American Standard Code for Information Interchange (ASCII, Code américain normalisé pour l'échange d'information) est le plus influent système de codage informatique de caractères apparu dans les années 60.

Cadavre exquis

On utilise généralement le terme de « cadavre exquis » pour décrire une œuvre créée à tour de rôle par plusieurs auteurs. Cette méthode existe bien sûr dans le jeu vidéo, on pourra penser à *Experiment 12* par exemple, où douze développeurs se sont relayés pour écrire les douze scènes d'une seule et même histoire, mais est-ce que cette idée de cadavre exquis ne pourrait pas s'adapter aussi à la pratique du jeu ? *Playpen*, de Farbs, répond par l'affirmative en proposant aux joueurs de peindre tous ensemble le monde qu'ils vont arpenter. Présenter comme un « *point & click* », *Playpen* propose de se déplacer dans son monde de tableau en tableau jusqu'à tomber sur une page blanche ; là, ce sera au joueur d'imaginer la suite du chemin et de l'histoire à l'aide d'un outil de dessin à la MS Paint.

Quand on y pense, ce principe n'est pas si éloigné de celui des jeux massivement multi-joueurs en ligne (MMO), où chacun incarne un personnage et participe à son échelle à l'Histoire du monde qu'il habite. Jeu principalement axé sur l'économie et les jeux de pouvoir, le MMO *Eve Online* est aussi connu pour ses guerres épiques qui viennent parfois interrompre sa tranquillité, marquant l'Histoire de ses 7.000 systèmes stellaires et impliquant des milliers de joueurs simultanément. Ces guerres ne sont pas scriptées, ni provoquées aléatoirement ; elles sont le résultat par réaction en chaîne d'une succession de décisions prises par les joueurs. La plus grosse bataille d'*Eve Online*, survenue en janvier 20016, avait ainsi pour cause initiale l'oubli d'un règlement de loyer (virtuel) et a coûté au total plus de 200.000 € (réels) à la somme de ses joueurs.

Temps absolu

On divise généralement les jeux vidéo en deux catégories : temps réel, comme dans les jeux de tirs qui favorisent l'adresse et les réflexes du joueur ; ou tour par tour, comme dans les jeux de stratégie qui laissent plus de temps à la réflexion. Côté narration, on peut aussi diviser le temps réel en deux catégories : temps relatif ; et temps absolu. Dans un jeu à temps relatif, l'intrigue attend le joueur, elle n'existe pas sans lui. La base ennemie attendra ainsi que le joueur l'ait quittée pour exploser, et l'hélicoptère du grand méchant ne décollera pas avant d'être sûr que le joueur ait une chance de s'accrocher à son échelle de corde. Dans un jeu à temps absolu, l'intrigue se déroule toute seule, et le joueur est alors relayé à la position de spectateur, comme dans un film de réalité virtuelle à 360° où l'action n'attend pas que nous regardions dans sa direction pour se dérouler.

Jazu, des July Babies, est un excellent exemple de narration interactive à temps absolu. Incarnant un barman, nous pouvons à tout moment nous tourner vers l'un ou l'autre de nos clients pour entendre ce qu'ils ont à nous raconter, mais pendant que nous écoutons le premier, le second poursuivra son monologue sans nous. Bien sûr, les deux histoires sont liées, et il faudra changer d'interlocuteur aux bons moments (ou alors jouer plusieurs fois) pour découvrir toutes les subtilités de ce récit musical et pictural.

Le temps absolu peut aussi être un moyen de nous faire éprouver ce temps. Lui accorder plus d'importance qu'il n'en a généralement dans le jeu vidéo et en faire un élément d'une mécanique de *gameplay* à part entière. *Lifeline*, de 3 Minutes Games, a montré l'exemple sur mobile en nous proposant de communiquer avec un astronaute perdu sur une planète inconnue. Cette communication est intimement liée au temps qui passe : si l'astronaute va se coucher, nous n'aurons plus de nouvelles de lui avant le lendemain. S'il traverse un cratère géant, il coupera les communications quelques heures, n'ayant rien de particulier à nous raconter. Non seulement notre attachement avec ce personnage se fera plus fort (il s'inscrit dans la même temporalité que nous), mais le jeu pourra aussi créer des moments de suspens comme aucun jeu à temps relatif ne saurait le faire.

Mécaniques

Il est facile de raconter une histoire dans un jeu vidéo. On peut s'inspirer de la littérature en inscrivant du texte à l'écran, du cinéma en introduisant des cinématiques entre deux moments de jeu, de la bande dessinée en faisant se succéder une série d'images... Mais le saint Graal de la narration vidéoludique, c'est de raconter une histoire par le *gameplay*, les mécaniques seules du jeu, et ça, c'est tout de suite plus compliqué. Si on n'a jamais vu de gros studios s'aventurer sur ce terrain glissant, plusieurs développeurs indépendants s'y sont déjà essayés, et parfois avec succès.

À travers *Dys4ia*, Anna Antrhopy parvient ainsi à nous raconter l'histoire de sa transition presque sans aucun mot. Ce sont de petits éléments de *gameplay* qui vont nous faire ressentir tour à tour les émotions que l'auteure a traversées. Une salle d'attente où nous tournons en rond représentera ainsi l'impatience, une sorte de jeu de *Pac-Man* illustrera l'appétit insatiable provoqué par les hormones, et ainsi de suite.

On peut également citer *These Robotic Hearts of Mine*, de Draknek, qui nous raconte l'histoire d'un petit garçon, d'une petite fille et d'un robot à travers les différents niveaux d'un puzzle pourtant abstrait (composé uniquement de cœurs et de rouages). Si un petit texte au début de chaque niveau nous aide à l'interpréter, il semble parfois superflu tant le *gameplay* parle de lui-même.

Systèmes

À mi-chemin entre l'arborescence et la narration procédurale se trouvent les systèmes narratifs : jeux qui ont pour seul but de générer des histoires, mais qui ne laissent aucune place à l'aléatoire. Il ne s'agit pas tant d'une technique narrative que de quelques expérimentations réussies. Il existe des centaines de manières encore inexplorées de raconter des histoires par le jeu vidéo, et ces exemples-là suffisent à nous en convaincre.

Storyteller, de Daniel Benmergui, propose ainsi de raconter des histoires sous forme de bande dessinée en modifiant l'emplacement des personnages dans les trois cases représentant « situation initiale », « élément perturbateur » et « situation finale ». Si le jeu est encore en développement, le prototype, disponible depuis 2009, laisse déjà entrevoir tout le potentiel d'un tel système. *Moving Stories*, de Terry Cavanagh et Stephen Lavelle, propose quant à lui d'écrire l'histoire d'une jeune femme en choisissant ce qu'elle va mettre dans sa valise. Des vêtements de tous les jours, des rasoirs et son ukulélé ? Elle part s'installer chez son homme. Des tablettes de chocolat, un nounours et un *sextoy* ? Elle sort au contraire d'une rupture. Un revolver, un passeport et une robe de bal ? C'est un agent secret à coup sûr ! Un costume, une main coupée, un couteau et une fourchette, elle a certainement assassiné puis mangé son DRH.

David Dufresne : « Le jeu est une grammaire documentaire, une syntaxe interactive »

Par Nicolas Bole (août 2016)

Il a commencé en rôdant autour de l'industrie carcérale aux Etats-Unis, puis en explorant le business des sables bitumineux au Canada. Il a aussi plongé dans les méandres de l'affaire Clearstream, s'est immergé avec passion dans les sombres affaires du football. Un détour par l'élection présidentielle française de 2017 et un hommage « *viral, vivant, vibrant, et ancré dans notre époque* » au mouvement Dada. Partout où il passe, David Dufresne insuffle des dynamiques inspirées par les jeux vidéo à tous ses projets interactifs. Explications.

Pouvez-vous nous décrire quels sont vos rapports avec le jeu en général ? Avez-vous eu un passé de joueur dans votre jeunesse ? Ou l'intérêt est-il venu après ?
C'est très simple : à 14 ans, à Poitiers, je fais partie d'une équipe qui lance une radio locale – qu'on appelle « radio libre » à l'époque. Je tenais deux émissions : l'une sur le rock, *BRS, Beatles Rock Story* (!) et une autre qui s'intitulait *Viens on va jouer*. Nous sommes en 1984-85. Cette époque était celle des magazines comme *Jeux et Stratégies* ou *Casus Belli*, l'émergence des *wargames* – j'y jouais des nuits entières ! – et des premiers jeux vidéo... A 16 ans, j'ai même essayé de coder un jeu en Basic sur un Atari 520 ST. Le but était d'incarner un homme politique en campagne électorale.

Le graphisme était très inspiré par l'esthétique du Minitel et la fameuse image de François Mitterrand qui apparut par strates à la télé, sous les yeux dépités de Jean-Pierre Elkabbach, lors du 10 mai 1981. D'une certaine manière, ce jeu, c'était *Fort*

McMoney avant l'heure ! Un peu plus tard, je surveille encore du coin de l'œil les jeux vidéo, notamment l'arrivée de *Sim City* puis de *Football Manager*. Au milieu des années 90 est apparu un autre type de jeux, les PBEM pour « *Play By E-Mail* ». L'idée était de passer des ordres (de matchs, de combat, etc.) par e-mail à un maître de jeu qui envoyait ensuite par courriel le résultat. J'adorais ce côté quotidien et asynchrone de l'expérience.

Bizarrement, je me suis rappelé de ma période de joueur longtemps après avoir travaillé sur *Fort McMoney*. Mais il y a évidemment un lien fort qui est resté. Et qui me rattrape, comme quand j'ai croisé en 2015, au festival de Tribeca à New York, quelqu'un qui m'a dit : « *Il y a 30 ans, je suis descendu de Paris à Poitiers et tu m'as interviewé dans ton émission* ». Le gars en question s'appelle Jean-Michel Blottière : à l'époque, il travaillait pour *Tilt Magazine*, consacré aux jeux vidéo. Il dirige aujourd'hui *Game for Change Europe*, un mouvement qui s'inscrit dans la mouvance des jeux vidéo qui cherchent à obtenir un impact social.

Comment le jeu peut-il « parler » au documentaire, et inversement ?
La force du documentaire qui s'inspire des jeux tient à sa relative simplicité et au fait que nos premiers émois vidéoludiques sont finalement très datés. Cela constitue en même temps la faiblesse des jeux documentaires : ils sont trop simples pour les «gros» joueurs actuels. En revanche, ceux qui ont joué et qui ne jouent plus, ou peu, s'y retrouvent. Un programme comme *Jeu d'Influences*, par exemple, utilise une mécanique de jeu très basique.

Il y a aussi une question de moyens : autant le webdocumentaire pouvait rivaliser avec des documentaires à gros budget, autant il est impossible pour le jeu documentaire de rivaliser avec les gros jeux. On parle de millions, parfois de dizaines de millions dans le second cas. Enfin, avec le jeu documentaire, on met d'abord en avant l'authenticité documentaire, tandis que le jeu peut faire ce qu'il veut avec la réalité.

Et aujourd'hui, quel est votre statut avec le jeu : en couple, en union libre, séparé, ou #cestcompliqué ?
Je suis en union... très libre avec lui ! Je lis de la littérature sur les jeux davantage que je ne joue. Je lis des interviews des créateurs de *Myst* ou de *Sim City*... Quand j'ai travaillé sur *Hors-jeu*, je me suis intéressé au fonctionnement des cartes à collectionner Panini. Dans une autre vie, j'étais même descendu dans le sud de France, dans leur QG, pour un reportage... Il y a d'ailleurs un petit côté PBEM dans *Hors-jeu*, puisqu'on peut recevoir des cartes par e-mail.

Je vais parsemer l'interview de quelques demandes de définition, personnelles bien sûr. Comment définiriez-vous la « gamification » ? C'est un mot que vous rejetez ?
Parler de *gamification*, c'est pour moi la défaite totale ! Ce terme provient du monde du management de l'entreprise : l'idée est d'apporter du jeu dans les relations entre salariés pour qu'ils se « sentent » mieux, non pour leur bonheur, mais pour leur productivité. Par extension, le terme s'est mis à signifier « mettre du jeu partout ». Bien évidemment, en mettre partout, c'est en mettre nulle part, et sans pertinence aucune. Je tourne le dos à tout ce qui est *gamification*. Cela crée beaucoup de programmes qui se veulent ludiques mais qui ne savent pas trop pourquoi ils le sont. Or, si jeu il y a, c'est par l'envie de proposer une forme d'engagement. Dans l'interactif, on parle souvent d'engagement du spectateur (Comment va-t-il s'engager ? Pourquoi ? Pourquoi pas ?). C'est une question qui renvoie ou qui retourne d'une certaine façon à l'idée du cinéma... engagé des années 60 et 70. Le jeu est une affaire philosophique, au fond.

Reprenons votre parcours étape par étape, avec *Prison Valley*. C'était déjà en 2009 ! Et pourtant, dès cette époque, l'idée d'insuffler du jeu dans le programme, avec notamment le passage de

l'internaute par la chambre du motel... **Comment la pensée du jeu émerge-t-elle dans le processus de création ? Y elle-est liée ou peut-elle être conçue indépendamment du sujet ?**
L'influence importante à cette époque pour moi, c'est *Voyage au bout du charbon*. Quand j'expérimente le webdoc de Samuel Bollendorff, je vois la lumière ! Au tout début de *Prison Valley*, puisque que nous ne savons pas, avec Philippe Brault, si nous allons pouvoir entrer dans les prisons du Colorado pour filmer, nous imaginons un jeu. Un véritable jeu où l'internaute aurait incarné un visiteur de prison ou un proche de détenu... Nous nous rendons sur place et, comme lorsque nous irons à Fort McMurray, c'est la ville qui va influencer la structure narrative de l'œuvre. Cañon City, la ville de *Prison Valley*, est constituée de manière tout à fait américaine : une artère principale et des routes perpendiculaires. C'est ainsi que cette structure topographique va se refléter dans le webdocumentaire, avec le récit central et ses bifurcations.

Mais nous nous rendons compte que nous n'avons pas envie de jouer. Jouer avec qui ? Les prisonniers ? De quoi ? La liberté ? En revanche, nous avons l'idée d'utiliser la grammaire du jeu vidéo. Nous utilisons notamment le « *point & click* », avec des références évidentes à *Myst*... *Prison Valley* n'est donc pas un jeu mais un documentaire réalisé avec la grammaire du jeu. Pour l'anecdote, des années plus tard, un développeur anglais de jeu vidéo indépendant a affirmé s'être inspiré de deux œuvres, un livre et *Prison Valley*, pour réaliser son jeu vidéo *Prison Architect*[140]. C'est le jeu qui s'inspire du documentaire alors que pour nous, c'était l'inverse. Nous voulions mettre l'internaute au centre du récit, lui proposer de vivre une expérience et de s'impliquer, faire des choix qui auraient une incidence dans son appréhension du réel.

---

[140] Jeu de simulation dans lequel le joueur prend le contrôle d'une prison virtuelle. Développé par la société *Introversion Software,* sorti en 2015 (après une première version en 2012), le jeu s'est vendu à plus de 300.000 exemplaires.

Avec le recul, que diriez-vous de l'écho de *Prison Valley* et de sa réception dans certains milieux plus « traditionnels » du documentaire ? Et l'utilisation de la mécanique du jeu plutôt que la réalisation d'un « vrai » jeu était-elle due à une frilosité du producteur ou du diffuseur ?
Non, la question de faire un jeu ne se posait pas réellement. Quand *Prison Valley* sort, beaucoup de gens sont surpris par la forme que prend le programme. Aux Etats généraux du documentaire à Lussas, nous avions tenu un débat incroyable pendant quasiment deux jours. Au début, on nous jetait des tomates, ou presque ! A la fin, on nous demandait comment nous avions fait... Pire encore, au festival de Sheffield où nous présentions le projet, l'assistance était globalement enthousiaste, à l'exception d'un type de la BBC qui a totalement démonté le projet ! Cela dit, deux ans plus tard, il avouera s'être trompé... A l'époque, à ceux qui opposaient le documentaire au webdoc, je répondais par la provocation en disant que c'était le combat des Anciens contre les Modernes. C'est qu'il nous fallait crier plus fort que les autres car nous n'existions pas encore à leurs yeux. Il n'y avait presque pas de producteurs ni de diffuseurs qui s'y intéressaient. Aujourd'hui, je crois encore un peu à cette distinction entre Anciens et Modernes. Il y a ceux qui disent « *un propos documentaire passe nécessairement par un film linéaire* » ; pour moi, ce sont les Anciens. Et il y a ceux qui disent qu'un propos documentaire peut utiliser bien d'autres médias. Ce qui ne veut pas dire que l'un est mieux ou moins bien que l'autre.

Évidemment, des films linéaires formidables sont toujours réalisés mais on sent aussi un énorme essoufflement, notamment par rapport aux habitudes de production du documentaire qui, à mes yeux, sont en train d'étouffer le genre. On voit d'ailleurs la même chose arriver, beaucoup plus vite, dans la création interactive. D'une certaine manière, je peux comprendre la position des Anciens : ils s'étaient battus pendant 20 ou 30 ans pour que l'on reconnaisse le grand écran comme un écrin pour les films et nous leur disions que nous ne voulions même plus du petit écran de la télévision ! Pour nous, il était évident que le format d'écran naturel du jeu vidéo, celui de l'ordinateur, plus petit que celui de la télévision, ne nous posait pas de problème. Tout le monde n'était pas d'accord. Les choses, de ce point de vue, ont évolué. Personne ne peut dire aujourd'hui : « *Je n'ai jamais regardé un film sur un ordinateur ou une tablette* ». L'expérience du cinéma, en salle, reste bien sûr un moment à part. Mais quand les salles se vident et que les programmateurs ne font, ou ne peuvent plus faire leur travail, le monde reste toujours à raconter et il faut bien trouver des moyens de le raconter.

Pourrait-on dire, en faisant une analogie avec la phrase célèbre de Pierre Desproges, que l'on peut jouer de tout mais pas avec n'importe qui ?
On peut jouer de tout mais pas n'importe... comment. Pierre Desproges disait en substance que l'on choisit son public autant que le public nous choisit. Or, sur le web, ça n'est pas vrai : nous parlons à n'importe qui, arrivé là on ne sait trop comment, ce qui est à la fois magnifique et angoissant. Ces cinq dernières années, on a pu voir un peu tout et n'importe quoi : je suis une réfugiée syrienne, je suis dans une favela à Rio et pendant cinq minutes je joue au pauvre... Aujourd'hui, la réalité virtuelle prolonge cette tendance quand elle se proclame « média de l'empathie ». Un tournant qui pose un vrai problème car c'est comme si on nous disait ce qu'il fallait (et comment) ressentir. Le cinéma ne dit pas si nous allons ressentir de la joie, du désir, de la colère ou de la tristesse... Il nous raconte une histoire qui va nous transporter là où nous le souhaitons – et aussi là où nous ne l'attendions peut-être pas. Quand, avec la réalité virtuelle, on nous parle d'empathie, c'est un peu la suite logique et malheureuse de ces productions qui se donnent le but de jouer à la femme violée, ou au réfugié battu...

Avec *Manipulations, l'expérience web,* vous réalisez un « jeu » qui est aussi une enquête. Comment conçoit la mise en jeu d'un propos, comme on dirait la « mise en scène » pour un film ?
Le souhait de France Télévisions sur *Manipulations* était d'accompagner d'un volet web une série documentaire fouillée et complexe destinée à l'antenne de France 5. C'était donc une commande qui permettait en outre, pour les producteurs, de s'assurer de la diffusion des films à l'antenne en mettant un programme sur le web d'abord (on craignait des pressions politiques sur la chaîne)... Je pensais d'ailleurs qu'il fallait absolument que les films soient disponibles aussi dans la plateforme *Manipulations.* Mais nous étions encore dans une vision où web et télévision étaient deux univers bien distincts et certains sont restés arc-boutés sur leurs positions de ne pas mettre les films en ligne. Cela explique aussi pourquoi certains membres de l'équipe des films ne se sont pas impliqués dans le projet web. Quand je regarde les cinq films, je les trouve bons, fouillés, mais trop journalistiques et démonstratifs à mon goût. Ils sont scénarisés comme des téléfilms. Avec Upian, pour la partie web, nous proposons de déconstruire totalement le travail, à mon sens trop appuyé dans les documentaires. L'idée a donc été de mettre sur un gigantesque mur tous les éléments de l'enquête – une enquête admirable de Vanessa Ratignier, qui a travaillé avec nous sur l'expérience web. Grâce à la témérité des producteurs et du diffuseur, nous avons pu mettre en ligne certains listings de Clearstream, des extraits des carnets secrets du général Rondot ou de ceux d'Yves Bertrand, le patron des RG d'alors... Et puis il y a aussi une idée de Boris Razon : la réalisation de *chats* en direct entre les équipes du film, du programme web et le public.

J'adore ce programme, qui reste somme toute basique. C'est le fruit d'une collaboration avec Sébastien Brothier et Margaux Missika *[respectivement directeur artistique et productrice d'Upian, NdA],* Vanessa Ratignier et moi-même. Dans la logique des volets convergents web-antenne, modestes, et qui apportent un autre point de vue, *Manipulations* remplit de mon point de vue sa mission.

Quand Denis Robert, qui a participé au *chat*, dit qu'avec *Manipulations* il voyait retranscrite pour la première fois l'affaire Clearstream telle qu'il l'avait vécue, je me dis qu'avec la mécanique de jeu on a réussi à être, d'une certaine manière, plus proche de la réalité. Denis Robert a pu y retrouver son émotion d'enquêteur solitaire, quand la télévision raconte l'histoire une fois terminée. Et l'internaute peut davantage comprendre comment, finalement, tout le monde manipule tout le monde en l'expérimentant. *Manipulations, l'expérience web* est la production interactive dans laquelle je suis le plus revenu dans la position journalistique : je voulais faire comprendre ce que c'est que d'accéder à tous ces documents, ces PV, ces notes... et pas forcément dans l'ordre. C'est un peu un mélange de *Usual Suspects* et de *Cluedo* !

Que pouvez-vous nous dire du *gameplay* ? Est-ce, pour le jeu, ce qu'un scénario est pour le cinéma ou un texte pour le théâtre ? Ou est-ce plutôt un sous-texte : comment bien s'asseoir dans une salle, comment régler l'écran, la disposition des sièges, l'acoustique, etc. Autrement dit, le *gameplay*, c'est le jeu ou les règles du jeu ?

J'utilise assez peu le mot *gameplay*. Je lui préfère l'expression « mécanique de jeu »... Ce qui revient sensiblement au même ! Au cinéma, la mécanique, c'est le montage. Parfois, le montage fait le film totalement, parfois en partie ; mais il est toujours central. La mécanique de jeu est elle aussi centrale.

Depuis *Manipulations* comme dans tous les scénarios interactifs que j'écris, j'utilise la première personne du singulier : j'arrive sur un mur d'enquête, j'arrive dans une ville en Alberta, j'arrive devant des cartes à collectionner... Je n'écris pas « l'utilisateur voit», « l'internaute fait ». J'essaye d'être/de mettre l'utilisateur au cœur de la mécanique, et de la mise en scène. Il y a quelques années, Hugues Sweeney, de l'Office National du Film, disait : « *La navigation est à l'interactif ce que le montage est au cinéma* ». D'une certaine façon, il est aussi dur pour un réalisateur traditionnel de trouver un bon monteur que de trouver un complice en interface et en navigation web. Quand on en trouve, on les garde pendant des années !

Qui dit jeu dit phases de test pour jauger de la mécanique. Pouvez-vous nous raconter comment ont évolué ces tests, de *Prison Valley* à *Hors-jeu* ?
Globalement, nous manquons encore de professionnalisme sur cette question. Les phases de test sont effectuées au petit bonheur, surtout en France. Au Canada, la pratique est un petit peu plus répandue. Mais ça évolue... Sur *Prison Valley*, en 2010, c'est simple : on ne pense tout simplement pas à faire de tests, tout comme on ne fait pas la promotion du projet... Les années passant, les internautes comme les diffuseurs vont devenir davantage connaisseurs et se montrer plus exigeants sur la qualité. Mais dans le même temps, nous allons vivre l'explosion dramatique du nombre de supports utilisés. Avant, il n'y avait pour ainsi dire qu'une manière de coder, avec Flash. Aujourd'hui, il faut prendre en compte les tablettes, les téléphones, les ordinateurs, les Mac, les PC, les navigateurs, les applications... L'alternative, c'est donc de coder plusieurs fois un même programme ou de restreindre au plus petit dénominateur commun les possibilités. C'est un problème que nous avons connu sur *Fort McMoney* puis sur *Hors-jeu*. Cependant, nous avons petit à petit instauré des phases de tests dans les calendriers de production. J'aimerais qu'on aille plus loin, en faisant des tests avec des personnes qui n'ont aucun rapport avec le programme, et même aucun rapport avec le monde des narrations interactives. Sans pour autant se retrouver comme à Hollywood où l'on change la fin d'un film si elle ne plaît pas au *focus group* de visionnage ! La question est donc : comment juger la mécanique de jeu sans modifier le contenu ? Les studios de production et les auteurs apprennent, projet après projet. Les erreurs que l'on fait sont à chaque fois de nouvelles... erreurs ! Nous sommes sortis aujourd'hui de l'époque des « pionniers » et il faut absolument tester la mécanique des jeux. Sur *Fort McMoney*, nous avons eu beaucoup de bugs qui ont été réglés dans le cours du premier mois de mise en ligne. Seulement, beaucoup de joueurs étaient déjà partis, sans espoir de retour. Par exemple, *Le Monde*, qui

nous a apporté beaucoup de visiteurs, a longtemps renvoyé ses lecteurs vers une ancienne base de données du site... Si l'on avait fait des tests, je me serais aussi aperçu qu'une partie des joueurs ne ressentait pas l'aspect jeu de *Fort McMoney*. Certains n'avaient pas vu qu'un tableau de bord leur fournissait des informations essentielles à la mécanique ! Dans *Hors-jeu*, nous avons fait montre de plus de pédagogie car la réalité est que nous ne savons pas du tout où en sont les internautes dans leur apprentissage. Roger Odin parlait de « capacité spectatorielle » à propos des nouvelles techniques narratives au cinéma : pour chaque innovation (comme le *flash-back* par exemple), il y a d'abord un effet de sidération, puis le public comprend peu à peu de quoi il s'agit. L'effet perd de sa force mais on peut alors jouer de l'effet avec le public. Quand les gens vont au cinéma, on sait à peu près ce qu'ils comprennent de la grammaire cinématographique. Le problème dans l'interactif, c'est qu'on ne connaît pas du tout la capacité spectatorielle des internautes. Sortis de Facebook, où le monde se divise en "j'aime" et "j'aime pas", on ne connaît guère le degré de familiarité interactive des gens qui nous regardent ou qui expérimentent. Globalement, nous touchons un public de plus en plus large mais... de moins en moins expérimenté. Le grand *mantra* des producteurs et des diffuseurs aujourd'hui, c'est : « faisons simple ». Je pense au contraire qu'il faut assumer la complexité et le jeu est l'arme fatale de cette complexité. Ce qui ne veut absolument pas dire « compliqué » !

A partir de 2013, le jeu devient « tendance ». On parle de *gamification*, on produit des *serious games*... D'un point de vue philosophique, que signifie le jeu pour vous ? Évidemment pas un divertissement ?
Ça peut l'être ! Personnellement, pour me délasser, j'ai autre chose que le jeu. Le jeu, pour moi, c'est une grammaire documentaire, une syntaxe interactive. C'est une façon d'écrire – ou de lire - un propos documentaire. A partir de 2013, il y a une poussée des projets « ludiques ». Dans *Fort McMoney*, j'assume le terme de jeu : nous affichons bien le programme comme un « jeu documentaire ». C'était une provocation pour

tenter de relier le monde du jeu et celui du documentaire ; pour dire : « Parlez-vous ». Avec son expansion, le jeu vidéo a de plus en plus de responsabilités dans la construction de l'imaginaire mondial. Quand les développeurs d'Ubisoft à Montréal travaillent sur le jeu *Watchdogs*, ils critiquent, certes timidement, une partie de la société dont ils sont les grands gagnants : la société de la connexion permanente. En journalisme, plusieurs formes vont alors apparaître, comme les *newsgames*, où l'on saupoudre faits et jeu. Cela nous donne une mélasse, parfois sympathique, mais qui malgré tout nous éloigne du documentaire. Et aujourd'hui, on voit encore beaucoup de documentaires interactifs qui utilisent la grammaire du jeu sans l'assumer totalement, plus par manque d'imagination que de moyens, me semble-t-il.

Pourquoi le jeu devient-il à ce point un mastodonte ? Qu'ont en commun des jeux aussi différents qu'*Assassin's Creed*, *Journey* et *Fort McMoney* ?
La ligne rouge que nous n'avons jamais franchie avec *Fort McMoney* tenait en un précepte : entre un élément bon pour la mécanique de jeu et un élément juste pour le propos, on choisira toujours la démarche documentaire.

Vous évoquez souvent *Sim City* comme inspiration pour *Fort McMoney*. De fait, on se balade dans l'histoire à l'aveugle, en découvrant peu à peu la ville. Mais on y « gère » aussi la cité, en répondant à des référendums. N'y a-t-il pas aussi dans le jeu documentaire l'idée de faire naître une conscience citoyenne, de faire que les internautes échangent sur un forum par exemple ?
Quand je vais voir l'ONF et que je leur parle d'un jeu sur Fort McMurray, ils lèvent les yeux au ciel en invoquant la *« green fatigue »*, c'est-à-dire la lassitude prêtée au public pour tous les projets qui ont trait aux questions environnementales ou écologiques. Je leur réponds que c'est précisément pour cela que l'on va faire un jeu ! Le jeu est stratégiquement un cheval de Troie pour que les gens s'interrogent sur le sujet. De fait, nous nous sommes rendu compte que bien des gens sont

venus sur *Fort McMoney* pour la forme et y sont restés pour le fond. C'était la première fois que je faisais un véritable jeu vidéo : les bases en sont simples et sommaires mais avec une grammaire et des mécaniques très précises, notamment sur les interviews en face à face avec les personnages que l'on rencontre ; comme dans un jeu vidéo avec ce qu'on appelle les PNJ, les « Personnages Non Joueurs ».

Je reprends l'image du cheval de Troie. Vous avez réalisé, après *Fort McMoney*, un très beau documentaire sur Jim Rogers, le trappeur héros du film (*Vote for Jim*). Faire un jeu n'était-ce pas un moyen de ne pas assumer votre envie de cinéma ?
A partir du moment où je travaille avec Philippe Brault et que l'on a des discussions à n'en plus finir sur la lumière, le cadre, nous faisons du cinéma... Je me permets de dire ça puisque c'est bien Philippe, directeur photo, qui apporte cette part de cinéma, dès *Prison Valley*. Vous avez d'une certaine manière raison : le web permet de m'affranchir des codes du documentaire, qui m'écrasent tant ils sont forts. Cent ans nous contemplent : la beauté des cimes est très intimidante. En revanche, le discours qui voudrait nous donner des complexes est tout sauf intimidant. Pendant très longtemps, j'ai pensé que le monde du documentaire était conservateur, alors même qu'il proclame à la société que c'est elle, la conservatrice. Et, pourquoi ne pas le dire : aujourd'hui, après une dizaine d'années de documentaires interactifs, on voit aussi arriver des formes de conservatisme et de réflexes dans la webcréation. Il y a aujourd'hui des pressions chez les diffuseurs autour de l'audience qui me semblent dommageables.

Avec *Dada-Data*, vous n'êtes pas à proprement parler dans du jeu, et pourtant... Il y a l'idée de « jouer avec ». Un jeu de chat et de la souris, comme un bloqueur de publicité qu'on installe sur son navigateur (le *Dada-Block*). C'est plus ouvertement politique que les tentatives de « ludification » des œuvres documentaires précédentes ?
Les « hacktions » de *Dada-Data* que vous évoquez sont très proches des « exercices » que proposait Dada. Au tout début, je voulais faire avec *Dada-Data* un documentaire sans vidéo. Il y en a finalement un peu, mais pas beaucoup. Le jeu, pour moi, consistait à faire un documentaire par le biais d'interactions avec un côté volontairement moqueur, absurde, subversif ou, du moins, politique. Il y a eu aussi un jeu de ping-pong entre Akufen (qui a développé le programme), Anita Hugi (la co-auteure du projet) et moi. Nous avons touché un public hétéroclite, de *designers* mais aussi d'historiens d'art, et de tous ceux qui ont compris la dimension critique de *Dada-Data* vis-à-vis des GAFA. Autrement dit, c'est un jeu qui ne s'avance pas comme un jeu. Et de la même manière que *Manipulations* déconstruisait le propos des documentaires TV, nous souhaitions, avec un esprit ludique, dépoussiérer l'univers Dada et de ne pas l'enfermer dans un musée.

***Hors-jeu* sort en mai 2016. Là, on pourrait dire que le jeu se situe moins dans le contenu que dans une forme d'analogie entre le sujet (le football) et la dimension virale du projet. Jouer en partageant, partager en jouant. N'est-ce pas une forme d'habile prétexte pour réaliser une œuvre finalement constituée de 99 capsules vidéo ?**
Je regrette le choix qui a été fait d'héberger les vidéos sur YouTube. Les films deviennent précisément des capsules indépendantes qui ne ramènent pas forcément vers *Hors-jeu*. J'aurais souhaité un *player* natif qui s'inscrive dans chacune des cartes à jouer et à partager. C'est vrai que les cartes sont majoritairement des vidéos mais, pour moi, *Hors-Jeu* ne se résume pas à une *playlist* YouTube. Il y a dans le terme

« capsule » une idée de rapidité d'exécution ; or, Patrick Oberli, le co-auteur de *Hors-jeu*, travaille depuis des années dans l'investigation sportive et a pu réunir une brochette incroyable de personnages. C'est un travail de longue haleine ! De ce point de vue, l'utilisation du *player* YouTube pour augmenter la viralité de l'expérience gâche un peu la fête. Je pense par ailleurs que le côté « cheval de Troie » de *Hors-jeu* est de se présenter comme une interface simple, colorée, facile à appréhender, sur un sujet fédérateur et festif, et, sous cet aspect, de faire passer des propos documentaires forts, souvent gris, parfois durs, qui permettent une autre compréhension du monde. Nous n'avons malheureusement pas réussi à faire mieux, en termes d'audience, qu'un programme comme *Do Not Track* ou *Fort McMoney*. En revanche, le forum a été le lieu de débats passionnants entre les internautes collectionneurs.

Autre question qui touche *Hors-jeu* : comment faire du jeu sans les réseaux sociaux ? Est-ce possible ? Car s'il est louable de se servir de Facebook ou Twitter pour promouvoir un propos libre et indépendant sur le web, vous renforcez en même temps – ou plutôt vous consacrez – leur importance... Et vous excluez de la partie tous les internautes qui, par convictions politiques ou éthiques, refusent de figurer sur ces réseaux sociaux...
Nous avions l'idée d'utiliser les réseaux sociaux pour ce qu'ils sont, en partie : échange et partage. Évidemment, avec les algorithmes utilisés aujourd'hui, qui nous maintiennent chacun dans notre bulle de filtres, ça fonctionne moins bien... Reste que Facebook a apporté 50 % du trafic de *Hors-jeu*. Le problème est que les vidéos regardées sur Facebook laissaient les internautes dans l'environnement Facebook... Nous avons essayé d'être des judokas et d'utiliser la force de l'adversaire à notre profit. Sauf que l'adversaire n'est pas que judoka, il est aussi l'arbitre et l'organisateur du match. Les dés sont pipés. *Hors-jeu* était une tentative de toucher un public qui n'aurait rien à voir avec le documentaire ; et un public dont la « capacité spectatorielle » interactive serait très faible. Le but

était de sortir de l'entre-soi documentaire, de l'idée du laboratoire. On doit le reconnaître aujourd'hui, la question du grand public sur le web est tranchée : le grand public, c'est YouTube et c'est Facebook. Producteurs, diffuseurs et auteurs doivent admettre qu'aucune œuvre interactive n'a marqué une génération entière – ce qui ne signifie pas, comme certains le disent, que la bataille de la délinéarisation est perdue, mais c'est un autre propos. La folle concentration du web à laquelle on assiste désormais, toute contraire à l'origine du réseau, doit en tout cas nous amener à nous situer. Personnellement, je ne suis pas sûr de mettre autant en avant Facebook et Twitter dans mes prochains projets.

« Californium » : un jeu vidéo documentaire sur l'univers de Philip K. Dick

Par Xavier de la Vega

L'année 2016 a un peu été l'année Philip K Dick pour ARTE Creative. On savait depuis longtemps que la société de production digitale Darjeeling préparait un jeu sur l'univers de l'écrivain. Et voilà qu'en février 2016, déboulent deux gros projets numériques en accompagnement du documentaire *Les mondes de Philip K. Dick*, de Yann Cocquart. D'un côté, le premier court-métrage français en réalité virtuelle, *I, Philip* (Okio); et de l'autre, donc, le jeu vidéo de Darjeeling, *Californium*.

Les deux œuvres partagent plus d'un point commun. L'une et l'autre proposent à l'utilisateur de se mettre dans la peau d'un avatar de l'écrivain, tantôt la tête d'un robot répliquant Philip K. Dick (*I, Philip*), tantôt l'écrivain Elvin Green, sorte d'*alter ego* condamné à vivre dans les cauchemars fictionnels de Philip K. Dick... et à tenter de s'en échapper (*Californium*). Dans l'une et l'autre, c'est par une expérience vécue à la première personne, en vision subjective, que l'utilisateur se glisse dans les anticipations de l'écrivain. Enfin, ces deux œuvres s'avèrent toutes deux redoutablement immersives. Elles y parviennent cependant par des moyens fort contrastés.

Californium, une œuvre « immersive » ? Le jeu imaginé par l'équipe de Darjeeling, avec Brice Roy (du collectif One Life Remains) aux manettes du *game design*, n'est pourtant pas conçu pour les « masques immersifs ». Rapporté aux standards actuels de l'industrie du jeu vidéo, c'est même un projet presque *vintage*. *Californium* est un jeu conçu pour ces écrans antédiluviens que sont les PC – il n'a même pas de version mobile, rendez-vous compte ! On s'y promène dans un univers 3D, pour l'essentiel statique, dans lequel on rencontre des personnages en 2D, simples surfaces figées. On s'y déplace au clavier en actionnant les touches Z,Q,S et D ; on y interagit à grands coups de clics – clics d'autant plus frénétiques que l'on s'oriente dans le jeu avec des mouvements de souris – et la lenteur d'une fourmi – dont l'imprécision met la patience du joueur à l'épreuve.

Et pourtant, une fois passé un temps d'adaptation, la magie opère. Cela tient en partie à la voix subtile de Michael Lonsdale, narrateur ironique d'une aventure déroutante. En partie aussi, à la qualité du design graphique, qui dépeint tantôt le décor *trash* d'un repère de junkies ; tantôt celui propret d'une Californie aux mains d'un pouvoir ultra-sécuritaire ; tantôt celui d'une colonie martienne post-humaine. En partie encore, à la cruauté anxiogène des situations auxquelles Elvin Green est confronté, cette misère et cette violence des relations humaines qui imprègnent chacun des tableaux. Mais cela tient surtout à l'expérience captivante que ces éléments produisent en combinaison avec un *gameplay* pourtant archi-classique : partir à la recherche d'indices dans le décor pour percer à jour une réalité occultée.

C'est que *Californium* parvient à tirer ce dispositif un brin austère vers le sublime. Car ce qui est en jeu ici, c'est la réalité elle-même. Celle-ci est, pour l'observateur attentif, percluse d'imperfections, de détails qui clochent. De brefs et inexplicables changements de luminosité, d'étranges signes qui persistent à s'afficher au milieu des enseignes, des objets qui disparaissent par instant, comme si leur présence clignotait dans le réel à la manière d'un néon en fin de course... Des « bugs » pour tout dire, qui guignent vers le joueur, l'incitant à jeter un œil dans l'envers du décor. Car chacune de ces anomalies dans l'environnement visuel de l'utilisateur est une sorte de plaque tournante qui, s'il parvient à l'actionner, dévoile un pan d'une autre réalité, cachée derrière la première. Un autre lieu, un fragment d'utopie peut-être, une porte de sortie en tout cas de l'environnement cauchemardesque dans lequel Elvin Green est enfermé. Les mots manquent pour décrire le vertige et la jouissance qui saisissent le joueur lorsque, par son action, le décor se larde de profondes déchirures, libérant les pans d'un autre réel, la promesse d'une échappatoire vers un nouveau monde à habiter.

L'utopie, bien sûr, n'est qu'un espoir passager. Une fois dissipée l'angoissante réalité dans laquelle se débat l'écrivain Elvin Green, le voilà projeté dans un autre cauchemar. Comme le précédent, le nouveau est imprégné des obsessions de Philip K. Dick. Le joueur vit un jour dans l'Amérique sous acides des années 70, à moins que les junkies n'y soient aux prises avec une drogue de synthèse concoctée dans quelque office étatique à des fins de contre-insurrection chimique. Il se réveille dans une République californienne du futur, régie par le culte de la personnalité et le contrôle totalitaire des populations. Avant de vivre les derniers jours du genre humain, dans une colonie martienne aux mains d'humanoïdes bien décidés à éliminer une fois pour toute ces créatures imparfaites.

A sa manière, *Californium* est ainsi un documentaire à la première personne sur l'univers de Philip K. Dick. Chacun des mondes que le joueur habitera au cours du jeu est en quelque sorte un chapitre des obsessions de l'écrivain d'anticipation. Le *gameplay* lui-même, qui permet de circuler entre ces réalités, en les ébréchant, en les disloquant, jusqu'à l'apothéose finale, exprime l'une, sinon la question fondamentale de l'écrivain : qu'est-ce qui est réel ?

Californium donne ainsi l'occasion de souligner l'apport singulier du jeu vidéo à la narration documentaire. Le jeu créé par Brice Roy introduit l'utilisateur dans l'univers d'un auteur, en mettant en action ses questionnements. Pour avancer dans le récit, il doit décoder le monde qui l'environne, déceler les signaux qu'il lui adresse, l'identifier comme artifice, avant de le faire voler en éclat. Les actions proposées à l'utilisateur, les obstacles qui se dressent devant lui, tout comme les brèches dans lesquelles il peut s'engouffrer, composent le récit documentaire lui-même. Ils contraignent le joueur à se débattre dans l'univers de Philip K. Dick, au point d'éprouver intimement ses interrogations philosophiques.

L'économie narrative de *Californium* est certainement revendiquée par les auteurs. Ils peuvent se féliciter d'approcher le Graal de tout créateur : exprimer le plus avec le moins. Pour ceux qui parviennent à s'accommoder d'un *gameplay* relativement austère, la récompense – le sublime, vraiment ! – les attend au bout du parcours. Il est probable en revanche que ce parti pris ait malheureusement laissé plus d'un joueur au bord du chemin. Et ce serait dommage.

Les montagnes russes émotionnelles de l'artisan producteur de jeu vidéo

Par Florent Maurin (décembre 2017)[141]
Traduit de l'anglais par Cédric Mal

Il présente *Enterre-moi, mon amour* (*EMMA*) comme un « *simulateur d'histoire d'amour* »[142]. « *Mais nos deux amoureux, Nour et Majd, ont un destin particulier : c'est la guerre en Syrie qui les sépare. Majd ne quittera pas Homs, où sa famille proche vit encore, Nour ne veut plus rester maintenant que tous les siens sont morts. Comme tant d'autres – dont de plus en plus de femmes seules – elle part en direction de l'Europe* ».
Pour l'utilisateur de l'application, ce sont plusieurs heures ou plusieurs jours de jeu. A travers Majd, il va pouvoir communiquer avec Nour, et suivre son voyage comme dans une discussion sur WhatsApp. Il faudra prendre d'importantes décisions pour elle, la guider, la conseiller... mais elle n'écoutera pas toujours les recommandations. Cette fiction interactive mise sur le temps réel : si Nour doit accomplir une action qui demande plusieurs heures, le joueur n'aura pas de nouvelles d'elle pendant autant de temps.
Florent Maurin revient ici sur toutes les péripéties qui ont émaillé la fabrication de ce « jeu du réel » : « *Nous le voulons fictionnel mais documenté, précis, réaliste. Humain. Nous pensons qu'il y a dans le marché du jeu vidéo une place pour ce genre de titres. Des jeux qui parlent du monde autour de nous. Des jeux qui continuent à nous accompagner, une fois la partie*

---

[141] *The emotional rollercoaster of making a video game,* Florent Maurin, Gamasutra, 12 août 2017.
[142] *Quatre trucs terrifiants quand on se lance dans un développement de jeu indé*, Florent Maurin, The Pixel Hunt, 21 octobre 2016.

finie, quand on regarde les infos, qu'on lit le journal ou qu'on croise une famille qui mendie dans la rue. »

Il y a 18 mois, nous avons commencé à travailler sur la production de notre premier jeu vidéo indépendant, *Enterre-moi, mon amour*. Si vous n'en avez pas entendu parler, il s'agit d'une fiction interactive *via* messages texte qui raconte l'histoire de Nour, une femme syrienne qui décide de quitter son pays déchiré par la guerre. Elle veut rejoindre l'Allemagne, et elle doit effectuer ce dangereux voyage seule, car son mari Majd n'a pas pu la suivre. Vous jouez le rôle de Majd (même si lui, en tant que personnage, a sa propre personnalité), et vous devez fournir à Nour des conseils et du soutien, uniquement avec des messages, des *selfies* ou des émojis que vous échangez avec vos téléphones. C'est ce que j'appelle un « jeu inspiré de la réalité », une fiction directement construite à partir de faits réels – et également, dans ce cas, à partir des interfaces que nous utilisons tous.

La production d'*Enterre-moi, mon amour* a été parfois incroyablement simple, et à d'autres moments elle s'est avérée être un chantier impossible. Nous avons fait des erreurs, nous avons négligé certaines choses, et nous avons appris beaucoup. Alors je me suis dit que j'allais partager mon expérience, qui pourrait être utile pour d'autres – gardez en tête qu'il s'agit là de notre premier projet en tant que développeurs indépendants.

Ah, autre chose avant que je commence. Dans le jeu, presque toutes les décisions que vous prenez ont un impact sur une (ou plusieurs) des trois variables qui définissent l'état d'esprit de Nour : sa relation amoureuse avec Majd, son argent et son moral. Pour cet article, je laisse l'argent et l'amour en dehors de l'équation (ils pourraient faire l'objet de deux autres textes) pour me concentrer uniquement sur mon moral au long de la prod'. Disons que je commence avec un bon niveau – 60 points de moral comme Nour dans le jeu. Allons-y.

Juin 2016
Après avoir lu un article très émouvant dans *Le Monde*, *Le voyage d'une migrante syrienne à travers son fil WhatsApp*[143], je décide de faire un jeu sur la manière dont les migrants communiquent avec leurs proches pendant qu'ils sont sur le chemin de l'exil. Evidemment, je ne serai pas capable d'aborder un sujet si délicat sans obtenir de l'aide de personnes qui connaissent très bien cette situation. Je rentre donc en contact avec la journaliste du *Monde* Lucie Soullier. Elle n'est pas du tout familière des jeux vidéo, mais après lui avoir expliqué en détails ce que j'ai en tête, elle accepte de me présenter (*via* WhatsApp) à Dana, la jeune syrienne de l'article en question. Dana est immédiatement enthousiaste : elle pense qu'un jeu vidéo pourrait être un bon moyen pour raconter les histoires des personnes comme elle. Lucie et Dana intègrent donc notre équipe éditoriale, et j'ai l'impression qu'avec leur aide nous allons pouvoir écrire une histoire crédible.
Moral + 5

Je prends contact avec plusieurs connaissances pour leur demander si elles aimeraient participer au projet : Pierre Corbinais, un excellent auteur qui sait comment écrire des dialogues authentiques, un ancien journaliste aussi, ce qui est important dans ce genre de projet de jeu ; et Paul Joannon, qui a de l'expérience dans le développement de jeux vidéo et qui travaillait à *Libération* jusqu'à encore récemment. Pour le design de l'interface, j'aimerais trouver des professionnels qui ont déjà œuvré sur des applications pour rester dans l'esprit de WhatsApp, et je connais justement la bonne équipe pour cela :

---

[143] Lucie Soullier, *Le voyage d'une migrante syrienne à travers son fil WhatsApp*, Le Monde, 18 décembre 2015.
http://www.lemonde.fr/international/visuel/2015/12/18/dans-le-telephone-d-une-migrante-syrienne_4834834_3210.html#/

Figs[144]. Enfin, l'artiste Matthieu Godet a déjà travaillé avec Paul Joannon, cela devrait simplifier les choses. Pour mon plus grand plaisir, tout le monde aime le projet et veut y prendre part. Mieux : Figs est d'accord pour le coproduire !
Moral + 5

Juillet 2016
Figs et The Pixel Hunt ont un peu d'argent à investir dans le jeu, mais cela ne sera pas assez, alors je vais devoir en trouver ailleurs. Nous postulons donc au Fonds d'Aide au Jeu Vidéo (FAJV) du CNC, qui octroie des subventions aux projets innovants. La présentation requise pour postuler est une bonne opportunité pour avoir un projet encore plus clair : nous définissons l'histoire, le *game design*, les outils que nous utiliserons, nous élaborons un budget et une analyse de marché... Mais je dois terminer notre candidature pendant un week-end que j'avais prévu de passer avec de vieux amis. Pendant que je bataille avec une faible connexion internet, je les entends manger des hamburgers faits maison et boire des bières bien fraîches sans moi. Le jeu en vaut la chandelle, mais je suis quand même un peu triste.
Moral - 1

Août 2016
Depuis le mois de juin, Pierre et moi avons rassemblé de la documentation et lu de nombreux témoignages sur des migrants qui ont entrepris le voyage entre la Syrie et l'Europe. J'avais déjà lu des articles sur le sujet, mais en creusant je réalise à quel point la situation est dramatique. Ce travail est intense, et il m'engage à me poser la question de ma position dans le projet. En tant qu'Européen en bonne santé, vivant dans des conditions matérielles relativement confortables, est-ce vraiment à moi de faire ce jeu ? C'est le problème avec les jeux vidéo inspirés de la réalité : ils vous demandent fondamentalement de parler de la vie des autres. Mais j'ai été

---
[144] Figs est un atelier de design numérique spécialisé dans le design d'expérience utilisateur et la conception d'interfaces utilisateur sur mesure. http://figs-lab.com/

journaliste, je suis familier du processus. J'ai appris à trouver la bonne distance avec mes sujets. Nous ne sommes pas des super-héros avec des capes, nous n'avons pas la prétention d'aller porter secours et de sauver les migrants d'un sombre destin. Nous ne sommes pas non plus des ONG ou des activistes. Nous souhaitons juste raconter ces histoires sous la forme d'un jeu vidéo, pour que les joueurs les connaissent et puissent en déduire ce qu'elles peuvent nous raconter du monde dans lequel nous vivons.

Comme ni Pierre ni moi ne sommes des réfugiés syriens, l'histoire de Nour et de Madj sera une fiction. Mais travailler sur un jeu inspiré de la réalité exige aussi d'être les plus véridiques et crédibles possible. Il reste beaucoup de travail devant nous pour atteindre cet objectif.

Moral - 3

Septembre 2016
Nous avons obtenu l'aide du CNC ! *[70.000 euros, NdT]* Il semblerait qu'ils aient apprécié le jeu et décidé de nous appuyer. C'est une excellente nouvelle parce que, désormais, je sais que nous avons assez d'argent pour donner naissance à *Enterre-moi, mon amour*. Bien sûr, nous sommes sur un budget serré, et nous allons sans doute devoir renoncer à certaines fonctionnalités que nous aurions aimé avoir, mais qu'à cela ne tienne. En outre, maintenant que nous avons obtenu le soutien du CNC, ça va peut-être nous aider à convaincre d'autres partenaires de nous rejoindre. Je pense immédiatement à ARTE. Ils investissement dans les jeux vidéo depuis plusieurs années, et *EMMA* est susceptible de les intéresser. Alors, je leur envoie le projet.

Moral + 4

J'ai une série de discussions sur WhatsApp avec Dana. Les épreuves qu'elle a traversées, avant son départ de Syrie et pendant son voyage, donnent des frissons. Mais elle ne se plaint jamais. Elle décrit simplement les faits et sa manière d'y faire face. Elle m'impressionne énormément, et je commence à écrire le personnage de Nour avec Dana à l'esprit. Je lui pose aussi des questions sur sa vie en Allemagne. « *Les gens sont*

vraiment formidables ici, me dit-elle. *Ils nous considèrent avec bienveillance. Mais je ne serai jamais pleinement heureuse tant que ma mère ne sera pas en sécurité »*. Sa mère vit toujours en Syrie.
Moral - 4

Octobre 2016
Pierre et moi commençons à écrire le jeu. Nous construisons d'abord une carte des principales routes que les migrants peuvent prendre entre la Syrie et l'Europe. Nous aimerions donner aux joueurs la possibilité d'emprunter à la fois les itinéraires du nord (Turquie -> Grèce -> Europe de l'Ouest) et du sud (Egypte -> Libye -> Italie), mais nous nous rendons compte que ce serait un travail bien trop important. Nous nous en tenons donc aux quelques 50 lieux qui apparaissent comme les plus visités (principalement sur l'itinéraire nord), et nous traçons les chemins qui les relient aujourd'hui. Cette carte va être notre guide pendant toute la période d'écriture. Nous éprouvons donc un léger sentiment d'inaccompli, car j'aimerais vraiment utiliser tout le matériel que nous avons rassemblé et raconter autant d'histoires différentes que possible.
Moral - 2

Paul, notre principal développeur, est un grand fan des solutions *open source*, et il me convainc qu'utiliser Unity[145] (comme tout le monde) ferait, sur le long terme, plus de mal que de bien à l'écosystème – après tout, disposer d'un seul gros acteur dans une position de monopole n'est jamais une bonne chose. Nous avons donc passé en revue les moteurs *« cross-plateform »* disponibles en *open source*, et nous avons finalement choisi MonoGame[146]. Cela va rendre le projet plus complexe, nous en sommes conscients, mais nous sommes fiers de rester fidèles à nos convictions (ce qui va s'avérer parfaitement stupide, comme vous le découvrirez plus tard). Et grâce à nos formidables complices de Inkle, nous optons pour Ink comme langage d'écriture *open source*, et même

---

[145] Moteur de jeux multiplateformes. https://unity3d.com/fr
[146] http://www.monogame.net/

notre logiciel de *versionning [qui permet le suivi des différentes versions pour revenir en arrière en cas de bugs, NdT]* est ouvert. C'est pas cool, ça ?
Moral + 2

Novembre 2016
Le développement commence. Nous sommes officiellement en train de PRODUIRE UN JEU !!!
Moral + 5

Décembre 2016
Nous avons un début de prototype ! Il n'y a qu'une partie du contenu à l'intérieur, et seulement les fonctionnalités de base (affichage des messages et des images + notifications sur les téléphones), mais ça fonctionne ! L'impression est incroyable, et cela vient vraiment confirmer mon intuition : les histoires basées uniquement sur des messages texte sont quelque chose de très puissant. J'ai déjà l'impression de parler avec Nour.
Moral + 5

Nous essuyons deux revers coup sur coup. Le premier en provenance de l'éditeur Devolver. Nous les avions contactés parce que nous pensions qu'ils seraient assez fous pour publier *EMMA*. Nous avions tort. Mais pour être honnêtes, on n'y croyait pas trop.
Un coup dur plus important nous vient d'ARTE. Depuis que nous leur avons envoyé le projet, j'étais plutôt confiant sur le fait qu'il pouvait les intéresser, et que la chaîne souhaiterait entamer une coproduction. Cela aurait été très cool, vu que nous travaillons avec un budget très serré, même avec la subvention du FAJV. Pensez à tout ce que nous pourrions pu faire avec davantage d'argent ! Malheureusement, la plupart des interlocuteurs chez ARTE ne semblent pas convaincus. Ce n'est pas un « non » catégorique, mais... Ce n'en est pas très loin. Ils ont notamment des doutes sur notre capacité à trouver la bonne distance avec un sujet si sensible. Je pense que nous pouvons parvenir à faire les choses correctement, mais je suis vite à court d'arguments convaincants. Alors en dernier recours, je demande à l'équipe d'ARTE de tester notre

prototype pendant les vacances − tout en ayant le sentiment que cela ne va pas changer grand chose...
Moral - 6

Janvier 2017
...Et je me suis trompé dans les grandes largeurs ! Aux premiers jours de 2017, je reçois un appel d'ARTE. Ils ont essayé le prototype, ils ont vraiment aimé et leurs doutes éditoriaux se sont évaporés ! On m'avait dit que le fait de pouvoir présenter un prototype était important, mais je n'avais pas réalisé à quel point c'était vrai. Bon, l'affaire n'est pas dans le sac : ils doivent encore suivre un processus de validation interne compliqué et à plusieurs étages, et les choses pourraient tout aussi bien tourner au vinaigre. Mais ayons confiance.
Moral + 5

Une femme avec laquelle je suis en contact pour le projet me propose de venir visiter le lieu dans lequel elle travaille. Elle est bénévole au centre d'orientation des migrants de La Chapelle, à Paris. La situation est compliquée, c'est le moins que l'on puisse dire. Il y a bien plus de candidats que de lits disponibles, les gens font la queue pour obtenir de la nourriture ou des vêtements, les puces sont un vrai problème, et l'atmosphère générale est très tendue. Ces derniers jours, il y a eu des bagarres, et des mecs ont même déraciné de petits arbres pour s'en servir comme armes !
Je réalise quelque chose d'important durant cette visite. Le fait est qu'on en demande beaucoup aux migrants. Ils ont tout perdu, ont risqué leurs vies, ne sont pas sûrs de revoir un jour leurs familles... Et on exige d'eux qu'ils restent calmes alors qu'ils dorment dans les rues, en attendant un éventuel lit dans lequel s'installer. Il y a quelque chose de profondément dérangeant là-dedans.
Moral - 5

Février 2017
Tout va bien, la production avance. Nous sommes certes un peu en retard, mais bon, qui ne l'est pas ?, et ce que propose

Matthieu colle parfaitement aux besoins du projet. En plus de ça, un ami, développeur indépendant, me parle d'une petite communauté qui rassemble des dirigeants de petits studios de jeux vidéo. Il me décrit un endroit rempli de gens cools, idéal pour partager des expériences et trouver de bons conseils... Ça semble très prometteur ! Alors j'y vais, et me sens presque immédiatement comme chez moi. Bien sûr, il n'y a qu'une toute petite partie de la scène vidéoludique indépendante ici, mais les vibrations sont très positives, les discussions sont fructueuses, et plus important encore, je me sens appartenir à une communauté. C'est génial ! Oh, et faire partie de ce groupe va purement et simplement sauver le projet dans quelques mois, mais nous y reviendrons...
Moral + 4

Mauvaise nouvelle dans ma boîte mail : nous ne sommes pas sélectionnés à AMAZE. C'est un déchirement parce que : 1) AMAZE est un peu LE rendez-vous des jeux vidéo « différents », 2) j'adore ce festival, et 3) nous ne sommes même pas parvenus à obtenir une « mention honorable ». Je sais, je sais, ça arrive à BEAUCOUP de très bons jeux... Mais cela ne fait pas passer la pilule pour autant. Pour la première fois dans la vie du projet, j'ai un doute. Et si *EMMA* n'était pas une si bonne idée ? Et si les gens le trouvaient de mauvais goût, ou pire encore, ne comprenaient pas notre ambition ? Il est trop tard pour faire marche arrière, me dis-je. Mais cela va m'empêcher de dormir pendant une partie de la nuit.
Moral - 3

Mars 2017
Nous avons maintenant un prototype très présentable, avec davantage de fonctionnalités développées et près de 20 % du contenu du jeu intégré. L'interface conçue par Figs est très soignée, et la fluidité de l'histoire semble bonne. Il est temps que Dana teste notre travail. Nous lui envoyons une version en .apk, et attendons avec anxiété son retour sur WhatsApp... Et c'est très positif ! Elle nous explique qu'elle a adoré le jeu. Elle y a joué avec sa sœur, qui a été tellement submergée d'émotions qu'elle était dégoûtée de devoir abandonner Nour à

la fin de la version « démo ». Cette réaction est un immense soulagement pour moi. Il était très important d'avoir l'approbation de Dana. Je suis bien conscient qu'elle n'est pas représentative de tous les Syriens qui ont décidé de quitter leur pays, mais elle nous a fait confiance et nous a aidés, et nous voulions vraiment être à la hauteur de son engagement. On dirait bien que cela semble être le cas !
Moral + 5

Nouveau mois, nouveau rejet. Cette fois, il provient des gars fort sympathiques de Raw Fury. Ils étaient franchement intéressés par le projet, mais comme ils ne prennent pas en charge les jeux uniquement pensés pour les téléphones portables, ils passent leur tour. C'est dur, car je pense que ça aurait été très cool de travailler avec eux. Peut-être la prochaine fois...
Moral - 2

L'inscription au festival AMAZE a eu au moins une bonne conséquence : Chris Priestman nous a contactés. C'est très cool, d'autant qu'il est un journaliste spécialisé sur les jeux vidéo que j'adore lire. Nous avons discuté par courriels, et il a écrit un super article sur notre projet[147]. C'est le premier article de presse sur *EMMA*, et ce n'est pas le moindre ! Quelques jours plus tard, je tombe sur un article de Colin Campbell sur Polygon, à propos d'un jeu qui partage quelques similitudes avec *EMMA*. Alors je décide de le contacter *via* Twitter... Et il répond ! Quelques semaines et courriels plus tard, nous voilà sur Polygon[148] ! La leçon que j'en retiens : n'ayez pas peur d'interpeller les journalistes spécialisés en jeux vidéo dont vous appréciez le travail. Bien sûr, nous savons que la « couverture médiatique » est essentielle à la réussite d'un jeu indépendant, du coup nous sommes extatiques.
Moral + 4

---

[147] Chris Priestman, *A game about Syrian refugess and WhatsApp*, WayPoint, 1er mai 2017.
[148] Colin Campbell, Bury Me, My Love *tracks life for Syrian refugees*, Polygon, 29 mars 2017.

Une rapide sélection des dizaines de questions que nous avons posées à Dana *via* WhatsApp au cours des dernières semaines :
- Est-ce que les jeunes Syriens s'envoient des photos sexy ?
- Si tu dois subir un contrôle inopiné par des soldats autour d'Alep, que fais-tu ?
- As-tu déjà entendu parler de *Bip-Bip* et de *Wile E. Coyote* ?
- Quelles sont les blagues que tu faisais à ta sœur quand tu avais 8 ans ?
- Est-ce que quelqu'un qui est très religieux et quelqu'un qui ne l'est absolument pas peuvent se marier ?
- Comment dis-tu « grand-père » en Syrien ?
- A quoi ressemble exactement un poste frontière, et comment ça se passe quand on le franchit ?

Certaines questions l'ont faite rire, certaines lui ont fait revivre des moments douloureux, et certaines l'ont laissée assez perplexe ! Mais pour nous, elle est toujours d'une aide très précieuse.
Moral + 3

Avril 2017
L'écriture est désormais terminée ! Nous avons 110.000 mots de texte (ce qui est BEAUCOUP), et je pense que le résultat est bon. Mais qui suis-je pour le dire ? Alors nous demandons à Nour et à Lucie (du *Monde*) de lire l'histoire en entier et de nous livrer très franchement leurs sentiments. Dans les semaines à venir, nous allons tordre et réécrire certains passages en fonction de leurs retours, pour être aussi crédibles que possible.
Je me souviens encore de cette scène où Nour rencontre un passeur : nous avons dû la démolir et la reconstruire depuis le départ car, de l'avis de Dana, elle ne faisait pas assez peur !
Parmi les autres nouvelles, la localisation et la traduction en anglais vont commencer, et ce n'est pas trop tôt car notre plan initial prévoit une sortie fin juin. Nous participons également quand même à AMAZE, mais dans la catégorie « *Open Screens* ». C'est la première fois que nous montrons *EMMA* au public, et les retours sont très positifs. Nous accueillons aussi

Audrey (Werner) dans notre équipe. Elle va s'occuper des « relations presse ».
Moral +3

Mai 2017
Un mois remarquablement calme. Je passe un temps fou à intégrer les textes et les images du jeu, et à réparer tous les liens cassés entre les différentes séquences de l'histoire ; une plaie (merci d'ailleurs à Nils Frahm, j'ai écouté son concert au Montreux Jazz Festival de 2015 en boucle !). Mais si on se concentre sur les points positifs, ARTE est finalement avec nous ! Nous allons pouvoir traduire le jeu en cinq langues (ce qui sera très utile pour obtenir une mise en avant d'Apple), ajouter de nouvelles fonctionnalités, passer plus de temps à parfaire le jeu... Et nous avons de très bons retours de personnes vierges de tout regard sur le jeu, comme Marie (Berthoumieu) et Adrien (Larouzée). Nous sommes maintenant le nez dans le guidon d'*EMMA* depuis près d'un an, et nous ne voyons plus tout très clairement. Les gens d'ARTE, de leur côté, ne sont pas aussi attachés que nous au projet ; ils n'hésiteront pas à être durs dans leurs retours et dans leurs critiques, ce qui est sain et utile.
Moral + 2

Juin 2017
Tout avance plus ou moins bien selon les plans que nous avons établis... La localisation en anglais est presque terminée, et nous trouvons de super traducteurs pour les versions en allemand (c'est obligatoire quand ARTE s'engage dans un projet), en espagnol et en italien. J'aimerais avoir une version en arabe, mais c'est techniquement plus compliqué à réaliser, donc nous devons différer l'opération après la sortie du jeu (en espérant que celle-ci devienne financièrement intéressante). Nous recevons aussi une dernière validation de Dana, et de très positifs retours des deux tests que nous menons avec les joueurs présents à Game Happens et Indigo, où *EMMA* a été sélectionné.

Et par-dessus le marché, nous avons trouvé un éditeur ! L'équipe de Paydius a adoré le jeu et souhaite nous aider à le sortir. C'est une très bonne nouvelle de les savoir avec nous. Les événements s'enchaînent très vite en cette fin de mois de juin, et je ne peux m'empêcher de me faire du souci. Selon notre planning initial, nous devrions en avoir terminé – et nous en sommes évidemment encore loin. Bien sûr, ce retard s'explique. Avec l'arrivée d'ARTE, le projet devient plus ambitieux, et cela ne va pas sans travail supplémentaire. Et puis qui a déjà entendu parler d'un jeu vidéo livré en temps et en heure ? Toujours est-il que je n'aime pas beaucoup ce sentiment : nous sommes près du but, mais nous n'y sommes pas encore – ne l'oublions pas.
Moral - 1

Juillet 2017
Depuis le début, je souhaitais que chacune des 19 fins possibles de l'histoire prenne la forme d'un message audio de Nour. Ce serait la première – et la dernière – fois que le joueur entendrait la voix du personnage, et je pense que ce serait intéressant. « Caster » la voix de Nour a été une affaire étrange, car je n'avais encore jamais pensé à quoi cette voix pouvait ressembler. Heureusement, nous dénichons de très talentueuses actrices, et la performance de Baya Rehaz (la voix de Nour en Français) me marque particulièrement. Après des mois et des mois de travail sur ce personnage, j'ai finalement l'impression d'être capable de l'entendre venir à la vie. C'est un sentiment indescriptible.
Moral + 3

IL. Y. A. TELLEMENT. DE BUGS. Je veux dire : j'ai déjà fabriqué des jeux dans le passé, et je suis assez familier du lent et douloureux processus au cours duquel on débugue et parfait un jeu, mais là, c'est encore une autre histoire. Des messages qui n'apparaissent pas, des notifications qui ne fonctionnent pas, des images qui deviennent tout d'un coup noires, des dysfonctionnements que nous sommes incapables de reproduire deux fois de suite... Ça devient difficile ! Sans parler de toutes les erreurs d'écriture. Quand vous avez

110.000 mots, avec 2.165 choix possibles, il y a BEAUCOUP d'occasions de se tromper. Multipliez cela par 5 langues différentes, et vous comprendrez pourquoi j'ai envie de ramper sous mon bureau pour ne plus jamais en sortir.
Moral - 6

Août 2017
Ok, il est temps de partir en vacances. Est-ce que le jeu est sorti ? Non. Est-ce que cela va m'empêcher de profiter d'un bon temps bien mérité avec ma chère famille ? Bien sûr que non !
Bon... C'est une bonne chose à dire mais, force est de constater que je passe quasiment chaque jour de mes vacances à travailler sur le jeu. Oui, ce sont seulement quelques petits trucs ici ou là, mais c'est peut-être pire : je suis physiquement avec ceux que j'aime, mais je ne suis pas vraiment disponible mentalement.
D'une manière générale, j'ai remarqué que pendant ces derniers mois j'étais un père bien moins patient qu'auparavant, et un conjoint moins disponible. Les privations de sommeil et les *to do list* à n'en plus finir ont clairement miné ma capacité à être attentif. Ce n'est pas un drame, et mes deux filles comme ma bien-aimée m'ont beaucoup soutenu, mais cela m'ennuie profondément qu'elles doivent payer ce prix pour que je fasse ce jeu.
Mais comme *EMMA* est censé sortir à la mi-septembre, j'apaise ma peine en me disant que la fin du projet est proche. Sauf que non.
Moral - 3

Autour du 10 août, notre développeur Paul m'informe qu'il est hospitalisé. Les détails resteront bien sûr privés, mais ça a l'air suffisamment sérieux pour qu'on lui prescrive un mois d'arrêt de travail. Il est officiellement sur la touche jusqu'au 15 septembre. Cela m'inquiète, bien sûr. Paul est un bon ami et je souhaite qu'il aille bien. Mais il est assez rassurant : il n'envisage pas d'arrêter de travailler sur un projet qu'il aime ! Je lui dis de prendre tout le temps dont il a besoin. Comme je suis un mec plutôt optimiste, je suis confiant : il ira mieux

après quelques semaines de repos. Mais ça reste un choc. Pour le jeu, il n'y a pas d'urgence évidemment. Nous sommes proche du but, et nous pourrons bien sûr le sortir une ou deux semaines plus tard que prévu.
Moral - 7

La fin du mois d'août arrive avec une grande nouvelle. *Enterre moi, mon amour* a été sélectionné par IndieCade. C'est une excellente chose, à plusieurs titres. D'abord, c'est un festival que je suis depuis des années, et où j'ai découvert les jeux que j'apprécie le plus aujourd'hui. Ensuite, *EMMA* est notre premier jeu, et même si nous ne remportons pas la compétition (*spoiler* : nous n'allons effectivement pas gagner), être sélectionné est déjà un grand honneur pour nous. Enfin, ce sera certainement une formidable opportunité pour rencontrer des développeurs indépendants venus du monde entier... à Los Angeles, qui plus est !
Moral + 4

Septembre 2017
Paul ne va pas mieux. En fait, il est impossible de savoir quand il sera remis sur pieds. Il a manifestement besoin d'un TRÈS sérieux temps de repos, avec aucune source d'inquiétude ou de pression, et à chaque fois que je l'ennuie avec des questions sur le jeu, j'ai l'impression d'alimenter son stress. Si nous étions seulement deux mecs dans un sous-sol, j'aurais simplement mis le projet en attente jusqu'à de plus amples informations – mais il y a beaucoup de monde impliqué, et ce n'est pas possible.
Je me fais donc à l'idée que je dois trouver quelqu'un pour le remplacer. C'est un crève-cœur car nous travaillons ensemble sur ce projet presque depuis le premier jour. Je sais qu'il va sacrément me manquer.
Maintenant, vous rappelez-vous quand je me vantais de travailler en *open source*, et comment je trouvais ça super cool ? Eh bien, c'était avant que je doive trouver un développeur qui connaît MonoGame, six semaines avant la date à laquelle nous sommes censés publier le jeu...
Moral - 20

...Mais les miracles, ça arrive ! Comme je vous l'ai déjà dit, j'ai rejoint une communauté de développeurs français de jeux indépendants un peu plus tôt dans l'année, et j'ai rencontré pas mal de gens très bien là-bas. Parmi eux, Thomas, un charmant jeune homme qui :
1) est probablement le meilleur développeur français sur MonoGame ;
2) est disponible pour les semaines à venir.

Rétrospectivement, je réalise pleinement à quel point nous avons été incroyablement chanceux de le rencontrer. Sans lui, il n'y aurait simplement pas eu de *Enterre-moi, mon amour*. Mais à l'époque, encore abasourdi par la malchance de Paul, je me dis simplement : « Bon, c'est cool ».
Moral + 3

Heureusement, Paul a assez bien commenté son code, ce qu'on devrait TOUJOURS faire – mais qu'on ne fait pas toujours, en particulier quand on pense qu'on n'aura pas à intégrer de nouvelles personnes sur le projet. En quelques jours, Thomas est capable de comprendre comment le jeu fonctionne et de commencer à réparer les bugs. La première chose qu'il fait est de mettre à jour MonoGame avec une version plus récente, ce qui résout beaucoup de petits problèmes et d'instabilités que nous rencontrions. Mais il y avait une raison qui explique pourquoi Paul n'avait pas mis à jour MonoGame – une raison que Thomas et moi ignorons. Le fait est que les photos et les *selfies* que Nour et Majd s'envoient l'un l'autre dans le jeu sont des fichiers assez volumineux – et ils doivent l'être pour s'adapter à la résolution des écrans de smartphones haut de gamme. Ces images sont donc lourdes, et nous en avons une centaine environ. Pendant plusieurs mois, Paul et moi avons veillé à ce que les exports du jeu n'excèdent pas 100 Mo, parce que les choses se compliquent si vous dépassez cette limite – j'y reviendrai bientôt. Nous étions très proche de la fameuse limite, mais nous avions un plan de rechange. Au pire, nous disions-nous, nous utiliserons des fichiers .jpg – plus légers – au lieu des .png.

Mais dans la dernière version de MonoGame, vous n'êtes plus autorisés à utiliser des images d'un format externe. Elles doivent être converties en « textures », et ça change tout. D'un coup, le jeu passe de 90 Mo environ à plus de 180 Mo. Quand Thomas et moi le remarquons, nous passons beaucoup de temps à tout optimiser pour perdre le plus de poids possible. Mais même après deux semaines d'efforts, nous comprenons que nous ne parviendrons pas à revenir sous la barre des 100 Mo. Ce n'est pas rédhibitoire pour la version iOS : au pire, les utilisateurs d'Apple devront disposer d'une connexion Wi-fi pour télécharger le jeu. Ce n'est pas idéal, mais c'est encore gérable. Sur Android, les choses deviennent en revanche un peu plus complexes. Pour être disponible sur Google Play, chaque jeu qui dépasse 100 Mo doit être scindé entre un fichier .apk et une extension .obb. Ce n'est pas sorcier en soi, mais c'est un nouveau (gros) point à ajouter sur notre *to do list*. Et nous sommes sur un planning serré : après une discussion avec nos partenaires ARTE, Figs et Playdius, la date de sortie d'*Enterre-moi, mon amour* a été arrêtée au 26 octobre.
Moral - 6

Octobre 2017
Nous avons une version stable et propre du jeu, qui fonctionne, et nous l'avons soumise il y a quelques jours à Apple – un mois avant la date de sortie, comme il se doit. Là, je suis à l'aéroport, prêt à m'envoler pour Los Angeles afin de montrer notre travail à IndieCade. Je suis très enjoué, et même les contrôles de sécurité me semblent fun. Mais alors que j'attends pour embarquer, je reçois un email de Playdius.
« Apple a refusé le jeu. »
Moral - 15

Alors que je vole au-dessus de l'océan, je détaille les raisons de ce refus. Il semblerait que notre jeu contrevient à la directive 4.2 sur la « fonctionnalité minimum ». Est-ce que *Enterre-moi, mon amour* n'est « pas assez un jeu » ? Ça ne peut pas être cela : nous sommes sélectionnés dans des festivals de jeux vidéo, nous avons 19 fins différentes et des milliers d'embranchements... Et d'autres histoires interactives essentiellement basées sur le texte sont publiées chaque jour sur l'AppStore ! En un mot, je suis complètement perplexe – et un peu déprimé. Pendant mon séjour à Los Angeles, l'équipe à Paris réalise une présentation détaillée des fonctionnalités d'*EMMA*. Vidéos de *gameplay*, cartes narratives, embranchements et conséquences... Tout est expliqué avec de très nombreux détails. Le jeu est soumis à nouveau... et à nouveau, il est refusé. Alors je commence à me demander : est-ce que le contenu du jeu pourrait être le problème ? Est-ce qu'il serait problématique que notre programme soit directement inspiré de faits réels ? Si c'est le cas, nous sommes battus, car nous n'avons aucun moyen de changer cela – *Enterre-moi, mon amour* perdrait alors tout son sens.

Dans le même temps, j'ai beaucoup de retours très positifs pendant le festival. Cela me fait me sentir un peu mieux, et j'en viens même à penser que, si nous obtenons un prix, cela pourrait aider notre cas. Malheureusement, nous ne gagnons rien, et il est temps pour moi de rentrer à la maison.

Moral - 6

Une discussion que j'ai eue avec un ami développeur de jeu me revient alors en tête. Armel Gibson est très talentueux, et son jeu *Vignettes*[149] a été mis en avant par Apple un peu plus tôt dans l'année. *« Peut-être, me dit-il après avoir essayé EMMA, peut-être que tu devrais proposer davantage d'interactions plus tôt dans le jeu. Ton introduction est assez longue, et il y a de nombreux moments où on ne fait que regarder Nour et Majd qui se parlent. Peut-être que tu devrais changer cela ».* Je ne suis pas certain qu'il ait raison, mais nous n'avons plus d'autres options. Produire un jeu vidéo uniquement disponible sur téléphone portable est déjà risqué, alors se passer d'une version iOS serait fatal. Je passe alors tout mon vol retour entre Los Angeles et Paris à modifier le scénario pour ajouter davantage de choix, et quand nous atterrissons, j'envoie cette nouvelle version à Thomas. Il

---

[149] http://vignettesga.me/

exporte une nouvelle version du jeu. Nous soumettons la proposition à Apple. Et je ne soulignerai jamais assez à quel point il est important d'être entouré par d'autres développeurs de jeux autour de soi pour avoir des retour frais et pertinents sur votre travail, car la demande est acceptée par Apple !
Merci Armel <3
Moral + 8

Ok. Nous sommes maintenant le 25 octobre, et demain c'est le grand jour. Tout est prêt pour le lancement. Mais cet après-midi, je reçois un message par la page Facebook du jeu. C'est quelqu'un qui en a entendu parler dans la presse. « *Je sais que le jeu n'est censé sortir que demain, écrit-il, mais je ne pouvais pas attendre, alors je suis allé sur Google Play aujourd'hui, et comme la page du jeu était déjà en ligne, je l'ai acheté. Le problème, c'est que ça ne fonctionne pas. J'imagine que c'est parce que je suis en avance d'une journée, mais je voulais quand même vous avertir...* ».
La page Google Play est effectivement déjà en ligne parce que nous ne voulions pas être à la merci d'éventuels délais de publication le lendemain. Et non, il n'y a absolument aucune raison que le jeu ne fonctionne pas.
Alors je vérifie avec mes trois téléphones de test, et tout fonctionne très bien. J'emprunte aussi le téléphone d'un collègue... et ça ne fonctionne pas. Après quelques autres tests, je dois me rendre à cette effroyable évidence : la version Android de notre jeu ne fonctionne pas sur de NOMBREUX téléphones.
Moral - 10

Nous avons un *chat* d'urgence avec Thomas pour tenter de comprendre d'où provient le problème. En parallèle, je tiens Paul informé de la situation, et après quelques minutes, il comprend ce qu'il se passe. C'est le fameux fichier .obb qui est la racine du mal. Il se télécharge correctement depuis le *store*, mais ensuite, il y a un problème d'autorisation qui empêche le fichier .apk de le retrouver sur le téléphone. Il reste possible de résoudre le problème en redémarrant le téléphone, la situation n'a donc pas l'air si désespérée. Je vais me coucher à une heure

du matin, et Thomas semble relativement confiant : il va passer la nuit sur le bug et pense qu'il sera capable de le réparer.
Moral + 2

Nous y sommes : 26 octobre. Le jeu est censé sortir aujourd'hui, et notre agence de com' a prévu d'envoyer un communiqué de presse vers 15h. Sauf que nous n'avons toujours pas de version qui fonctionne sous Android. Vers 11h, Thomas a finalement exporté un nouveau couple de fichiers .apk + .obb. Nous le téléchargeons fiévreusement depuis le *store*, et j'essaie de l'installer sur l'un des téléphones problématiques. Ça. Ne. Fonctionne. Pas.
Moral - 5

Mais grâce à Paul, nous savons que le jeu peut être lancé correctement si on redémarre le téléphone portable. Alors nous mettons en place la plus merdique des solutions : nous remplaçons le message normal d'erreur par un autre qui demande aux joueurs de redémarrer leurs téléphones s'ils voient ledit message. Je me sens vraiment mal, et je suis presque sûr que nous allons être ensevelis sous de mauvais commentaires sur Google Play car notre système n'est pas très agréable pour les utilisateurs. Mais au moins, ça fonctionne. (L'incroyable vérité, c'est que nous avons reçu ZERO plainte à ce propos entre la date de lancement et la mise en place d'une solution qui fonctionne parfaitement, deux semaines plus tard).
Moral + 2

Nous y sommes. LE JEU EST SORTI. NOUS L'AVONS FAIT, PUTAIN. NOUS AVONS PRODUIT UN JEU.
Moral + 20

Après la sortie du communiqué de presse, les articles commencent à être publiés. Je suis dans le métro quand je lis le premier, écrit par Stéphanie Chan dans *Venturebeat*[150]. Et

---

[150] Stéphanie Chan, *Burry Me, My Love review – an intensely personal look at the journeys of Syrian refugees*, Venture Beat, 26 octobre 2017.

j'éclate presque en sanglots, au milieu d'une rame bondée. Cela me semble si irréel, et tellement bon, de lire quelqu'un qui partage ses impressions sur votre jeu... Stéphanie a totalement compris ce que nous avons essayé de faire avec *Enterre-moi, mon amour*. Je pense à Dana et à chacun des membres de l'équipe, et vraiment, je suis très heureux d'avoir pu faire ce jeu.
Moral + 10

Quelques heures plus tard, à mon plus grand étonnement, nous sommes mis en avant par Apple. Nous apparaissons sur la *home page* dans plusieurs pays d'Europe. Cela signifie que les équipes éditoriales ont apprécié le jeu, et c'est très précieux pour nous. C'est aussi généralement bon pour les ventes. Mais pour moi, voir le profil de Nour s'afficher sur une grande bannière est la plus satisfaisante des choses.
Moral + 5

Novembre 2017
Après quelques jours, je me fais doucement à l'idée confortable que les gens, en fait, aiment notre jeu. Nous avons gagné le Prix des développeurs à IndieCade Europe, ce qui est un grand honneur, en particulier parce qu'il est décerné par des camarades développeurs. Nous avons eu beaucoup d'articles positifs dans la presse (même la ministre de la Culture a entendu parler de notre jeu !), et la plupart des critiques que nous avons essuyées concernent de petites choses, comme l'impossibilité pour les joueurs de rembobiner l'histoire jusqu'au dernier enregistrement (bien sûr, si cette fonctionnalité n'existe pas, c'est parce que nous l'avons souhaité ainsi, pas du tout parce qu'un souci technique nous a empêché de la faire... Hum hum.). Dana est aussi excitée que nous, et nous échangeons des liens d'articles de presse sur WhatsApp.
Malheureusement, nous recevons aussi des commentaires haineux contre les migrants et les réfugiés, en particulier sur les réseaux sociaux quand *Kotaku* et *Now This* publient leurs vidéos sur *Enterre-moi, mon amour*. Mais cela a en fait un seul effet notoire : conforter ma conviction selon laquelle, oui,

cette histoire est importante et, oui, les jeux vidéo sont un média qui importe. Si ce jeu dérange les connards, alors ça vaut vraiment le coup.

Un peu plus tard dans le mois, nous sommes nominés aux *Game Awards* (!!!), et le plus suivi des YouTubeurs français sur les jeux vidéo a fait un *Let's play* du jeu (plus de 4 millions de vues !!!!!). Pour notre premier titre en tant que studio indépendant, avec assez peu d'expérience, je pense vraiment que nous n'aurions pas pu espérer mieux.

Décembre 2017
Voilà où nous en sommes, 18 mois plus tard. *Enterre-moi, mon amour* s'est vendu de manière assez respectable, moins que ce que j'avais espéré, mais le plus important sans doute, c'est que de nombreux joueurs semblent avoir vraiment apprécié l'expérience. Parmi eux, certains posaient leurs mains pour la première fois de leur vie sur un jeu vidéo. D'autres nous ont expliqué avoir fini le jeu une première fois, et de ne pas vouloir y rejouer parce qu'ils voulaient conserver l'intensité du souvenir de leur expérience. De nombreuses personnes ont pleuré, comme la sœur de Dana la première fois qu'elle a essayé le prototype.

Nous continuons d'échanger de temps en temps avec Dana. Elle a réussi haut la main son test d'Allemand et est maintenant en formation professionnelle. Je suis vraiment très heureux pour elle : elle paraît épouser agréablement sa nouvelle vie.

Il y a aujourd'hui bien moins de Syriens sur les routes de l'exil que lorsque nous nous sommes lancés dans la pré-production du jeu. Mais des migrants continuent de se noyer chaque jour dans la mer Méditerranée. Et pour ceux qui survivent à la traversée, les conditions de vie dans les pays d'arrivée sont encore très souvent terribles. J'espère qu'*Enterre-moi, mon amour* pourra aider les gens à réfléchir à cette situation, et aux solutions que les citoyens européens pourraient imaginer pour en finir.

Quant à moi, je termine cette production avec un total de 69 points de moral – une amélioration indéniable en comparaison avec les 60 points initiaux. J'ai aussi l'impression d'avoir beaucoup appris en tant que développeur de jeux. Et aujourd'hui plus que jamais, je suis persuadé que nous allons voir de plus en plus de jeux vidéo inspirés de la réalité. Pour ma part, j'ai plusieurs nouveaux projets en tête. J'espère que j'aurai l'occasion de vous en dire davantage très bientôt !

On fait le point avec... Gilles Freissinier (ARTE pôle web)

Par Nicolas Bole (version revue en novembre 2017)

Le jeu vidéo est l'un des axes de développement du pôle web d'ARTE, avec la réalité virtuelle notamment. Depuis 2014, la chaîne franco-allemande intensifie sa stratégie numérique avec des productions pensées à destination de l'ensemble des plateformes... et entend mettre sur le même plan les productions linéaires et interactives pour établir des ponts entre deux audiences encore bien différentes. Gilles Freissinier dirige le développement numérique en y imprimant une marque qui épouse les grandes évolutions narratives du moment. Combien de dossiers parviennent sur les bureaux du pôle web ? Comment ARTE développe ces différents axes de programmation ? Pour quel public ? A questions directes, réponses franches...

Quel type et combien de propositions recevez-vous ? Sont-elles accompagnées par des producteurs ? Quels en sont les sujets ? Les dispositifs proposés ?
Gilles Freissinier – Nous recevons 30 à 40 dossiers de webproductions par mois. Ce n'est pas beaucoup plus qu'il y a 3 ans, peut-être 10 à 15 %. Ce sont des propositions sur des thématiques de société, avec une prédominance des documentaires sur la fiction même si nous en avons lancé sur Creative. Les formats obéissent à des modes : il y a quelques années, on parlait de transmédia, puis d'expérience entre différents écrans. Aujourd'hui, la tendance flagrante, c'est la réalité virtuelle et le 360. La difficulté pour nous consiste à dissocier les propositions où le 360 est nécessaire et les projets qui le proposent pour suivre la mode. Enfin, la logique de gamification, elle, est plus constante depuis plusieurs années.

Cette hybridation, que nous avons tentée avec *Fort Mc Money* ou *Hors-jeu*, est une tendance de fond.

Le terme « format » est-il encore un gros mot sur le web ? A contrario, le terme « innovation » est-il toujours un *mantra* ?
A titre personnel, le « format » n'est pas un gros mot. Cela permet de savoir de quoi on parle. Cependant, il n'y a pas, sur le web, de cases, de durées à respecter ou de contraintes techniques similaires à celles d'une antenne. Nous réfléchissons davantage en termes de grands ensembles plutôt qu'avec des découpages précis : documentaire et jeu documentaire d'un côté, fiction linéaire et interactive de l'autre. Il est vrai que le format est issu du langage de la télévision, duquel nous voulions nous démarquer. On observe quand même des « genres ». Et c'est en outre toujours plus compliqué à industrialiser car on peut à la fois produire 8 heures de vidéo (pour *Fort McMoney*) ou un projet sans la moindre minute de vidéo.

L'innovation reste l'un des axes les plus importants de notre politique. Au sein d'ARTE, la production numérique inédite existe pour défricher de nouvelles écritures, de nouveaux modes de narration... et aussi pour innover dans la façon de travailler avec des auteurs ou producteurs, dans la façon de tester de nouveaux modèles économiques, avec le jeu vidéo notamment. C'est une innovation qui se voit plus ou moins selon les projets. Si c'est dans la méthode de travail, cela se verra moins sur le site ou sur les réseaux sociaux, mais nous aurons quand même testé quelque chose.

Vous autorisez-vous à reprendre des développements web existants pour créer des collections ? Pensez-vous qu'il faudrait une aide spécifique à la « collection » plutôt qu'à l' « innovation » ?
Nous essayons de réutiliser des briques techniques, davantage que des narrations. Dans la logique des saisons pour les webséries, comme pour *Ploup*, mais aussi sur des projets documentaires numériques, sur lesquels nous essayons de

trouver des outils qui vont pouvoir être réutilisés. Ceci dit, nous restons dans une économie du prototype. A part sur les webmagazines pour lesquels nous utilisons des *templates* de pages où l'interactivité est moindre, le webdocumentaire et le jeu restent des développements spécifiques. Sur la réalité virtuelle, nous partons du tout début en essayant de réutiliser des savoir-faire, afin d'avoir une courbe d'apprentissage plus rapide. Enfin, les productions à destination des plateformes vidéo ou des réseaux sociaux ont pour but de coller aux grammaires des différents supports, tout en apportant une narration originale – je pense notamment au feuilleton BD quotidien *Eté* pensé pour et diffusé sur Instagram.

Beaucoup moins d'interactif, beaucoup de webséries (documentaire et fiction), le jeu et la réalité virtuelle : est-ce que ce sont les nouvelles formes d'écriture actuelles ? L'ordinateur n'est donc plus forcément un outil propice pour interagir dans une histoire ?
C'est plus simple d'adapter un projet mobile vers l'ordinateur que l'inverse. Un projet conçu pour ordinateur, avec des boutons cliquables, ne peut se retrouver tel quel sur le mobile. Or, nous notons une forte progression du visionnage de la vidéo sur mobile et nous sommes tenus de prendre cette donnée en compte. Notre public vient majoritairement des réseaux sociaux et 70 % de l'usage de Facebook se fait sur mobile. Cela ne veut pas dire que l'on va faire uniquement de la vidéo sur mobile mais nous intégrons cette dimension pour que nos projets fonctionnent *a minima* sur le téléphone. Cela nous oblige à faire des choix d'ergonomie et de design qui soient plus simples. Ou de proposer des usages morcelés dans le temps. En parallèle, nous savons qu'il y a des choses difficiles à faire techniquement sur un *player* natif de mobile : enrichir la vidéo comme nous l'avons essayé dans *Dig It !* et *Tous les internets*, par exemple, est impossible sur mobile. Nous adaptons donc la proposition en fonction de l'ergonomie du *device* : expérience optimisée sur ordinateur, moins enrichie sur mobile. Toutefois, la fiction interactive *Enterre-moi mon amour* montre que l'on peut utiliser la mobile dans le

cadre d'un projet interactif, l'histoire reprenant les codes de plateformes de messageries comme WhatsApp.

Quelle est la part d'audience qui vient par le mobile et par les ordinateurs ? Et par les réseaux sociaux ?
En termes de visites, nous sommes à 30 % de consultation sur mobile : c'est clairement l'audience qui progresse le plus. Le trafic venant des réseaux sociaux peut dépasser 50 % sur des magazines comme *Tracks*. Cependant, ça n'est pas une règle générale. En ce qui concerne les vidéos sur les plateformes ou les réseaux sociaux, la majorité d'entre elles sont vues à partir d'un mobile.

S'agissant de la distribution, pariez-vous davantage sur le navigateur web ou sur le système des applications ?
Nous avons adopté une stratégie de l'application unique, sauf pour la majorité des contenus en réalité virtuelle, disponibles sur l'appli ARTE360. Nous voulions lancer rapidement cette dernière et proposer une offre identifiée. Nous avons décidé de restreindre au maximum le nombre d'applis, non pas tant à cause de la lourdeur des développements, mais parce que chaque application est très difficile à promouvoir. Avec une appli qui a déjà généré des millions de téléchargements, une notification par *push* peut suffire pour présenter une nouvelle fonctionnalité. Il y a évidemment des exceptions, notamment quand il y a de l'interactivité. Pour le jeu vidéo par exemple, nous avions développé l'application dédiée *Type:Rider* ; de même pour certains projets VR comme *Notes on Blindness* ou *S.E.N.S. VR*. Nous faisons en sorte que ces exceptions soient les plus limitées possibles.

La réalité virtuelle semble être, pour tous ou presque, la prochaine grande révolution narrative. Facebook, Sony, Google, Microsoft, demain Apple... Quel rôle joue ARTE dans ce monde de mastodontes, où il est question de (très) gros sous ?
C'est intéressant d'être dans une sorte de nouveau *Far West*. Il y a plein de choses à inventer. Les narrations innovantes et

interactives étant au cœur de nos missions, la VR y a toute sa place. Le fait que ces narrations offrent davantage d'immersion fait que nos projets auront peut-être plus d'impact sur le public. Sur le rôle d'ARTE, nous n'abandonnons pas la mission de service public, avec des propositions différentes de ce qui peut être produit ailleurs. On peut faire un parallèle avec les contenus antenne : la domination hollywoodienne a été remplacée par la domination des Netflix et Amazon, mais ça n'empêche pas la télévision publique de continuer à se positionner en complément de l'offre des mastodontes, sur un territoire européen, avec de jeunes auteurs... C'est la même chose sur le numérique : nous n'aurons pas uniquement des jeux vidéo développés aux Etats-Unis par d'importants studios. C'est intéressant pour nous de proposer une offre différente, innovante, originale et européenne sur ces supports. Le défi, c'est de produire des choses sur ces technologies que l'on ne maîtrise pas totalement. Mais si nous n'arrivons pas à être référencés sur Google, si nous ne sommes pas en bonne place dans les *stores* ou sur les fils d'actualité Facebook, et que nous n'en comprenons pas la logique, alors nous n'existons pas. Il faut donc expérimenter, car si par exemple l'usage de la VR venait à se développer fortement, nous aurions perdu du temps à ne pas la tester dès maintenant.

Environ 1,5 millions d'apps sur un AppStore, qui gère seul la modération des contenus. Tant du point de vue de la visibilité que du contrôle éditorial, serait-ce intéressant (et illusoire?) de créer un store public ?
C'est une bonne idée d'organiser un *store* en service public. Le contrepoids serait intéressant. Mais comme l'AppStore et Google Play sont aujourd'hui incontournables, cela supposerait d'importants moyens européens et une énergie à mobiliser. Nous essayons de développer nos partenariats en Europe, mais de là à arriver à développer un modèle de *store*... Il faudrait un catalogue d'apps très important pour lancer un tel projet. Et pour produire ne serait-ce que 200 apps, c'est déjà compliqué !

Pouvez-vous nous rappeler la fourchette de montants que vous investissez dans les projets de webcréations ? La distinction entre projets d'accompagnements et projets webnatifs est-elle encore opérante ?
La distinction entre accompagnements et projets webnatifs n'est plus très significative, notre mission étant vraiment de penser la présence des programmes d'ARTE sur l'ensemble des plateformes numériques. Ainsi, l'accompagnement revient à imaginer des formes qui intègrent les codes et grammaires des différentes plateformes ou réseaux. Ceci dit, nous n'avons pas de projets webnatifs financés à hauteur de 10.000 euros, mais plutôt entre 50.000 et 150.000 euros. Editorialement en revanche, la distinction est encore opérante. Pour l'accompagnement des programmes de l'antenne et leur adaptation sur le numérique, nous sommes en lien avec les directeurs des programmes antenne, donc nous ne partons pas de zéro sur l'univers proposé.

Avez-vous désormais des impératifs d'audience sur les projets que vous produisez ?
Un peu comme à l'antenne, on regarde l'audience qu'on fait, c'est l'un de nos mandats. Nous nous fixons, projet par projet, des fourchettes d'audience que l'on souhaiterait dépasser. Sur le web, nous pouvons plus facilement nous adresser à des niches d'audience. Cela étant dit, nous n'avons pas de chiffres précis en tête. Aujourd'hui, avec l'évolution des usages de plus en plus concentrés sur quelques plateformes numériques, la mesure des visites est moins prédominante, celle des vidéos vues devenant un critère majeur. Disons qu'au-delà de 500.000 vues (ou visites pour un site autonome), c'est un bon résultat. Sachant qu'un unitaire fera forcément moins de vues que des épisodes diffusés sur toutes les plateformes : pour nous d'ailleurs, ça n'est pas essentiel d'être vus « chez nous », sur notre site. Du moment qu'il y a un contact avec la marque et les programmes ARTE, que ce soit sur les réseaux sociaux ou sur un blog, cela a la même valeur à nos yeux.

Votre premier travail consiste à connaître votre audience... Qui, donc, vous regarde ?
Nous connaissons mieux les différentes sources de trafic mais nous ne connaissons pas forcément bien les CSP et les âges de nos spectateurs. Les chiffres globaux disent : CSP moyen, 45 ans en moyenne sur le numérique, 35 ans sur les réseaux sociaux et 61 ans à l'antenne, avec un ratio légèrement féminin – à 52 %. Le site d'ARTE se découpe globalement entre trois grandes audiences : 40 % depuis la France, 40 % depuis l'Allemagne, 20 % depuis le reste de l'Europe et du monde. Mais ce ne sont que des chiffres globaux. Pour un projet comme *Do Not Track,* nous savons précisément d'où vient l'audience par pays. Cette répartition est intéressante car elle permet de se positionner au-delà du territoire français. Mais il est vrai que nous ne pouvons pas forcément faire d'études qualitatives projet par projet.

Demandez-vous aux producteurs de réserver un budget spécifique pour la communication des projets après leur mise en ligne ?
Non, nous ne leur demandons pas, puisqu'en tant que diffuseurs, nous sommes censés assurer la communication et le marketing. Aujourd'hui, nous investissons l'immense majorité du budget en production. L'enveloppe est de 133 millions d'euros sur les programmes, antenne et web compris ; cela n'a aucune commune mesure avec le budget de communication. Avec certains producteurs, nous intégrons cependant le *community management* dans la forme éditoriale du projet. Par ailleurs, l'objectif est aujourd'hui d'intégrer la logique de « viralisation » et de diffusion sur les réseaux sociaux au cœur même de la réflexion éditoriale. Par exemple, *Hors-jeu* est une œuvre qui, en elle-même, génère du partage. Nous ne pouvons nous lancer sur des projets qui demanderaient à l'internaute d'aller sur un site spécifique à partir d'un ordinateur ; notre façon de faire, c'est au contraire d'aller là où le public se trouve. Une fois que nous avons la forme idéale du projet pour un support, nous essayons de trouver des formes différentes pour chaque plateforme. Cela suppose parfois d'adapter les formats dans les modes

d'écritures. Nous avons essayé de travailler en ce sens pour la saison 2 de *Ploup*, afin que les auteurs s'approprient les différents réseaux de distribution et proposent des récits adaptés et cohérents. En bref, nous essayons de nous immiscer là où est le public.

Que ferez-vous des œuvres produites il y a presque 10 ans par ARTE : *In Situ*, *Prison Valley*, à échéance des droits et en cas de refonte technologique à prévoir ? Est-ce une préoccupation majeure pour vous ?
Marianne Lévy-Leblond [*responsable des productions web et transmédia, NdA*] travaille beaucoup sur ces questions. Nous avons devant nous d'importantes échéances sur de gros projets produits il y a quelques années. Sur certains, nous allons prolonger les droits. Et comme pour les programmes de télévision, nous devrons malheureusement en « débrancher » certains. Ils seront archivés à l'INA. Mais c'est vrai que la question de la conservation se pose : je sais notamment que, pour *Fort McMoney*, l'INA ne peut enregistrer qu'un parcours dans l'œuvre et pas forcément les multiples possibilités du projet. La même question se pose sur les applis, qui peuvent très vite devenir obsolètes car, tous les 6 moins environ, sort un nouvel système d'exploitation.

Chapitre 6

Et la réalité devint virtuelle...

Le serpent de mer de la réalité virtuelle a plus de 50 ans, et il frétille toujours. Plus que jamais, peut-être... Il a commencé à s'agiter en 1956 avec le « Sensorama », mis au point pour offrir au spectateur de ce « cinéma individuel » la sensation d'être immergé dans les images grâce à une machine qui jouait par ailleurs sur l'émission d'odeurs ou de vibrations. Le premier casque de réalité virtuelle militaire, lui, a été conçu en 1966 ; et c'est entre 1986 et 1989 que les efforts conjoints de quelques pionniers dans les universités et l'armée américaines (Scott Fischer et Jaron Lanier, notamment) ont débouché sur la fabrication d'un premier dispositif permettant à l'Homme de se mouvoir à l'intérieur d'un monde d'images de synthèse en 3D. Les effets « indésirables » (comme la « cinétose », le mal des transports) étaient alors trop forts pour convaincre, la technologie (processeurs et cartes graphiques) avait encore des progrès à faire pour le confort des utilisateurs, mais la promesse était ancrée. Et plusieurs fois déçue, comme avec le *Virtual Boy* de Nintendo en 1995.

En France, dès la fin des années 90, cette technologie est utilisée par de grands groupes industriels. Dans l'aéronautique, le transport ferroviaire, l'automobile, on travaille dans des environnements virtuels, et on y investit des millions d'euros. En 1999 apparaît même le premier salon dédié à la réalité virtuelle et à la réalité augmentée, « Laval Virtual », dans la Mayenne, qui perdure aujourd'hui.

Les choses se sont nettement accélérées en 2010 avec le premier prototype de casque de réalité virtuelle de Palmer Luckey, fondateur d'Oculus, et son aboutissement en 2012. Puis en 2014 avec le lancement du casque Gear VR par Samsung, l'apparition du Google Cardboard, et le rachat d'Oculus par Facebook pour la modique somme de deux milliards de dollars. Une opération d'ailleurs soutenue par le co-créateur de *Second Life*, Cory Ondrejka, devenu chef ingénieur pour le réseau social de Mark Zuckerberg[151]. En 2015, l'ONU proposait un premier contenu documentaire en

---

[151] Nicolas Barrial, *Pourquoi l'Oculus Rift se fout des mondes virtuels d'aujourd'hui*, Poptronics, 3 mars 2015.

réalité virtuelle : *Clouds Over* Sidra (réalisé par Chris Milk et Gabo Arora, avec le concours de Samsung), qui nous faisait partager le quotidien d'une réfugiée syrienne en Jordanie – une « *machine à empathie* » qui permit à l'Organisation d'engranger davantage de dons qu'à l'habitude. En 2016, c'est Sony qui lance son casque Playstation VR pour sa console de jeux vidéo, et Microsoft qui relève le défi de la réalité augmentée avec le casque HoloLens. Le monde du porno s'empare aussi progressivement de la VR ; et c'est tout sauf anodin (pensez aux usages du Minitel...). Dès lors, l'industrie du divertissement entrevoit le possible essor d'un marché grand public pour la VR, même si les ventes de casques tardent à décoller – mis à part pour Sony, qui peut s'appuyer sur les 60 millions de consoles Playstation 4 vendues dans le monde depuis sa sortie en 2013.

Aujourd'hui, les spéculations vont bon train sur les potentialités commerciales des réalités virtuelle, augmentée et mixte. Les uns les chiffrent en millions, les autres en milliards... En attendant, les premières œuvres convaincantes déferlent sur les festivals. A Sundance, on comptait une demi-douzaine de propositions en 2014, plusieurs dizaines aujourd'hui et un incubateur de talents lancé en 2017. Le festival de Venise a lui aussi ouvert une section VR. Quant à Cannes, le marché Next proposait en 2016 une trentaine de projets en cours ou terminés, et une centaine l'année suivante. Surtout, en 2017, la manifestation sélectionnait officiellement sa première œuvre VR, *Carne y Arena (Virtually present, Physically invisible)*, conçue par Alejandro González Iñarritu en collaboration avec Emmanuel Lubezki, produite par Legendary Entertainment et la Fondation Prada. Sept minutes en pleine nuit dans le désert de Sorona, entre des migrants latino-américains en route vers les Etats-Unis et la police des frontières. Retentissement international garanti pour le cinéma en réalité virtuelle, d'autant que l'œuvre reçut un Oscar spécial un peu plus tard, pour célébrer « *une expérience visionnaire et puissante en matière de narration* ».

Serait-ce alors l'avènement du « cinéma total » tel que décrit par André Bazin en 1946 ? « *Le mythe directeur de l'invention du cinéma est donc l'accomplissement de celui qui domine confusément les techniques de reproduction mécanique de la réalité qui virent le jour au XIXème siècle, de la photographie au phonographe. C'est celui du réalisme intégral, d'une recréation du monde à son image, une image sur laquelle ne pèserait pas l'hypothèque de la liberté d'interprétation de l'artiste ni l'irréversibilité du temps. Si le cinéma au berceau n'eut pas tous les attributs du cinéma total de demain, ce fut donc bien à son corps défendant et seulement parce que ses fées étaient techniquement impuissantes à l'en doter en dépit de leurs désirs. (...) Tous les perfectionnements que s'adjoint le cinéma ne peuvent donc paradoxalement que le rapprocher de ses origines. Le cinéma n'a pas encore été inventé !* »[152].

Dans un numéro spécial – et étonnant – de juin 1996, les *Cahiers du Cinéma* abordaient justement, dans un vaste dossier intitulé « *Numérique, virtuel, interactif – Demain le cinéma* », les premières promesses de la réalité virtuelle pour le cinéma. Dans l'introduction à cette enquête, Laurent Roth s'interrogeait « *à l'heure où l'on parle beaucoup de ces "Nouvelles technologies" qui ne sont plus si nouvelles* » et alors qu'« *on dit que la pellicule n'en a plus pour longtemps* » : « *L'interactivité et la réalité virtuelle sont-elles condamnées à rester l'apanage des adolescents et de leurs jeux vidéo, des carabins et de leurs expériences en téléchirurgie ? Ou bien vont-elles modifier en profondeur la pratique du spectateur ? Et à quel prix ?* ».[153]

Le questionnement n'est pas tout à fait désuet mais le contexte a radicalement changé. Car aux avancées technologiques et commerciales déjà citées, il faut ajouter le perfectionnement des caméras (Ricoh, GoPro, Jaunt VR, Nokia, etc.), des casques, les recherches qui se poursuivent pour des dispositifs d'inclusion des mains, avec des manettes ou des capteurs de

---
[152] André Bazin, « *Le mythe du cinéma total* », *Qu'est-ce que le cinéma ?*, Cerf, 1976.
[153] Laurent Roth, *Demain le cinéma ?*, Cahiers du cinéma n°503, juin 1996.

mouvement, jusqu'aux combinaisons haptiques comme le *Teslasuit* et les innovations de la société française Raptor Lab qui permettent de se déplacer virtuellement tout en restant physiquement immobile (d'abord développées pour le jeu *The Art of Fight*). Mentionnons aussi la solution de Liquid Cinema, un logiciel qui permet de monter un projet VR sans que les utilisateurs ne manquent une séquence du programme, quel que soit la direction de leur regard.

L'accessibilité des expériences en réalité virtuelle progresse aussi nettement, sous l'effet de nouveaux acteurs, tels Diversion Cinéma et pickupVRcinema. Des salles de cinéma VR essaiment dans le monde : à Amsterdam sans doute pour la première (fermée depuis), à Paris, dans de nombreuses villes françaises... Des « bars à VR » s'ouvrent dans de nombreux lieux culturels, les « arcades VR » se multiplient en Asie. Le programme Speedr de VRrOOm recense aujourd'hui 800 sites spécialisés dans le monde ; il y en aurait en fait plusieurs milliers – le marché chinois faisant figure de locomotive sur laquelle lorgne MK2 VR depuis son accord avec la société Sky Limit Entertainment.

Les musées et autres lieux culturels ne sont pas en reste. Au Museum national d'Histoire naturelle de Paris, au musée d'Orsay, au Louvre, en passant par le château de Chambord, difficile aujourd'hui d'imaginer des visites sans l'agrément de la VR ou de l'AR. Les bornes Timescope proposent de leur côté, à l'instar des jumelles à pièces installées près des monuments célèbres, des voyages culturels et historiques dans le temps qui revendiquent près de 200.000 utilisateurs en France.

Le Château de Versailles avait été le théâtre de l'une des premières expériences disponibles sur le Cardboard de Google. La firme de Mountain View travaille aujourd'hui avec plus d'un millier de musées pour produire des contenus ; et Google Arts and Culture était déjà responsable de l'expérience

Kinoscope[154], dans laquelle le Cinématographe se raconte à la première personne en revenant en 10 minutes sur 120 ans d'innovations qui ont marqué son évolution.

Les festivals intégralement dédiés à la réalité virtuelle offrent également de nouvelles opportunités aux publics de se connecter avec la technologie. Récemment à Paris, le salon Virtuality, mais aussi le festival NewImages au Forum des Images. Arles, également, s'est convertie à la VR en inaugurant le VR Arles festival en 2016. Sam Stourdzé, le directeur des Rencontres photographiques de la ville, explique : « *La photographie, c'est le champ contre le hors-champ. La réalité virtuelle, c'est le champ avec le hors-champ. Bref, l'utopie réalisée de la photographie. Le véritable enjeu reste de prouver au grand public que ce n'est pas un truc de geek* ».[155] Quant au festival Kaleidoscope, il a lancé en 2017 une plateforme de financement qui met en contact les créateurs indépendants et les financiers.

Les pouvoirs publics, en France, accompagnent le mouvement. Entre 2014 et 2017, le CNC a impulsé 3 millions d'euros dans la création de contenus VR. Unifrance tente de promouvoir la « filière française » à l'étranger, et l'Institut Français a mis en ligne une vitrine[156] pour valoriser cet écosystème naissant.

Les médias traditionnels s'engouffrent dans la brèche. ARTE360 revendique en 2018 une trentaine de films sur sa plateforme dédiée à l'« immersivité ». En août 2015, la chaîne américaine de documentaires Discovery lançait sa plateforme Discovery VR. Même effort du côté de la chaîne d'information MSNBC qui propose également en 2015 une application de réalité virtuelle, *Lockup 360*, qui accompagne la série

---

[154] Philippe A. Collin, Clément Léotard, *Kinoscope*, ex Nihilo / Novelab, en association avec la Cinémathèque française, en collaboration avec Google Arts & Culture, avec le soutien du CNC et de la ville de Paris, 2016.
[155] Victoria Gairin, *Les nouveaux prodiges de la réalité virtuelle*, Le Point n°2335, 8 juin 2017.
[156] http://culturevr.fr/

documentaire du même nom sur les prisons[157]. En 2016, le *Huffington Post* rachetait la société de réalité virtuelle RYOT pour proposer à ses lecteurs des contenus immersifs à 360°. En 2016, Canal+ lançait son offre de contenus exclusifs en 360° et en réalité virtuelle avec un *player* dédié. Promesse de vivre les coulisses d'un match de foot ou d'une émission, de se « téléporter » au cœur d'une série (en l'occurrence, *Le Bureau des Légendes*) ou dans une salle de concert, de « *passer derrière l'écran, participer au spectacle d'une nouvelle manière, de l'autre côté du miroir, sans quitter son salon* »[158].

Comme le rappelaient les organisateurs de la conférence « *Virtually There, documentary meets virtual reality* » : « *La VR a capturé l'imagination des auteurs, des journalistes, des activistes, des ONG et des ingénieurs du monde entier qui en voient le potentiel pour raconter des histoires audacieuses à fort impact, et pour attirer de larges audiences. (...) La réalité virtuelle est "virtuellement là", ce qui revient à dire qu'elle est encore en devenir* ».[159]

Tout cela n'est évidemment pas sans poser de nombreuses questions. Comment écrit-on en VR ? Comment éclairer un décor ? Diriger des personnages ? Attirer l'attention de l'utilisateur ? Monter ? Gérer l'enchaînement des séquences ? Les cartes de la création sont redistribuées, de nouveaux joueurs émergent... La grammaire de ce nouveau cinéma immersif est à inventer, et elle modifie bien sûr la fameuse place du spectateur qui devient le créateur de son propre champ de vision.

Pour le documentaire, des œuvres dépassent déjà le simple champ du sensationnel et de l'effet « Waouh », de la machine à empathie et de l'effet de sidération, pour investir le terrain de

---

[157] *Etat des lieux du marché de la réalité virtuelle,* CSA, Direction des études, des affaires économiques et de la prospective, juillet 2016.
[158] Communiqué de presse du groupe Canal+, 25 février 2016.
[159] Sue Ding, Sarah Wolozin, William Uricchio, Beyza Boyacioglu, *Virtually There, documentary meets virtual reality,* 6 et 7 mai 2016, MIT Open Documentary Lab, Fondation MacArthur, Phi Center.

la création, et de la réflexion. Alors, il y a ceux qui estiment que « *les marchands de couleurs et de pinceaux sont arrivés avant les peintres* »[160] et ceux qui cherchent à dépasser l'isolement (l'aveuglement ?) spectatoriel du casque pour cultiver la convivialité en réalité virtuelle, comme Alain Damasio : « *Par rapport à ce fonds de commerce de la VR, qui relève de l'évasion, d'une échappée égotiste hors du monde, il existe potentiellement un art inverse, qui serait fondé sur le rapport à l'autre, l'émotion d'une présence et d'un échange que ne permet pas forcément le monde réel. Des créateurs comme Jan Kounen, Charles Ayats et David Calvo s'emparent déjà de la VR pour en faire une machine à recréer du lien, un médium qui te rapproche donc du monde, au lieu de t'en couper* »[161].

Nous faisons le choix ici de laisser la parole à ceux qui *font* plutôt que d'analyser un champ en pleine construction, où chaque nouvel essai tend à redéfinir les contours de ce qui a été. Nous avons décidé de débuter cette immersion dans ce « nouveau » monde en visitant, à Montréal, l'un des studios de VR les plus connus du monde : Félix & Paul. Nous nous sommes également rendus chez le studio Okio, l'une des premières têtes de pont du genre en France. Un détour s'impose également par l'Australie, où Oscar Raby a créé l'une des œuvres qui a inspiré beaucoup d'acteurs de la réalité virtuelle : *Assent*, ainsi que par Amsterdam qui accueille Michel Reilhac, à la tête de Submarine Channel, une voix d'« autorité » dans le milieu, à laquelle répond indirectement dans ces pages celle de l'artiste numérique Adelin Schweitzer. Plusieurs œuvres sont décortiquées : *Assent* bien sûr, mais aussi *The Turning Forest, Jusqu'ici, Altération, I Philip, Le Photographe Inconnu* et, pour aborder les questions de montage en VR, *Rooftop*. Le producteur Arnaud Dressen (Honkytonk Films) et le diffuseur Key Meseberg (ARTE360)

---

[160] Nicolas Turcev, « *La politique-fiction est une déclaration d'amour déçu à la politique* » – en.retien avec David Dufresne, Carbone.ink, 4 mai 2017.
[161] Mathieu Dejean *La réalité, c'est déjà demain*, Les Inrockuptibles, 31 mai 2017.

complètent ce tableau pensé pour les néophytes, les amateurs confirmés du genre, comme pour les professionnels.

Félix & Paul : Visite guidée dans le studio le plus réputé du monde

par Fanny Belvisi (mars 2016)

C'est dans le cœur vibrant de Montréal que se situe le très à la mode Félix & Paul Studio, à deux pas du Centre Phi, haut lieu d'expérimentation artistique dans la ville. Cette proximité n'est d'ailleurs pas juste géographique, les deux entités entretiennent des liens forts, et il n'est pas rare que le Centre Phi présente les dernières réalisations du Studio.
Lors de notre séjour québécois en mars 2016, le Centre Phi proposait d'ailleurs un « Jardin de réalités virtuelles » où le public était invité à s'immerger dans quatre œuvres VR offrant un regard neuf sur de grands enjeux du XXIème siècle. Deux d'entre elles, *President Clinton, Inside impact : East Africa* et *Nomads : Maasai*, avaient été justement réalisées par Félix Lajeunesse et Paul Raphaël, les fondateurs du studio.

Nous avons donc voulu en savoir plus sur ces deux personnalités. Le logo du studio les représente, l'un chevauchant un orignal, et l'autre un dromadaire. Même si l'image stylisée fait sourire, elle traduit peut-être l'ambition de ces deux-là ; s'étendre du Grand Nord au Grand Sud. Car c'est un fait, la petite start-up créée en 2013 ne semble pas s'arrêter de grandir et s'attaque à des projets toujours plus ambitieux. On sait d'ailleurs que même si les dromadaires ne comptent pas au nombre de la faune déjà très diversifiée de la côté ouest américaine, Félix & Paul Studio a récemment ouvert une filiale à Los Angeles... *« En bout de ligne, pour Félix, Paul et Stéphane (dernier membre fondateur de la start-up), l'idée est d'être un VRAI studio de cinéma pour la VR. La technologie avance très rapidement. Il n'y aucune raison pour que cela ne puisse pas aller beaucoup plus loin et que nous ne devenions pas un gros "studio" de VR. Nous restons basés à Montréal, mais nous avions besoin de cette filiale car il y a beaucoup d'opportunités à L.A. »*, affirme Cindy.

Cindy, c'est elle qui m'accueille par cette froide matinée de mars dans les locaux du studio. Une assiette de cookies « *home made* » et une tasse de thé bouillant à la main, elle me présente les lieux dans lesquels quelques membres de l'équipe sont déjà installés devant leurs écrans d'ordinateur. Ici, tout est top secret. Impossible de prendre des photos, par exemple...

Les espaces se divisent en deux grandes parties : à l'entrée on trouve les six développeurs qui s'occupent de gérer les données reçues (et éventuellement les *bugs* qu'elles engendrent) afin qu'elles s'adaptent correctement à la technologie utilisée par le Studio – à savoir des casques Gear VR de Samsung, alimentés par le périphérique Oculus –, mais aussi de développer une caméra VR pour qu'elle puisse répondre au mieux aux besoins des projets futurs.

La seconde partie de la pièce, séparée judicieusement par le coin cuisine du Studio, est composée de l'équipe de post-production qui gère, elle, la partie montage des projets, le son et sa synchronisation.

Au total, 25 personnes participent aux réalisations du Studio avec encore 10 postes à combler du côté de la post-production, tant celui-ci gagne toujours plus en importance. « *Nous avons grandi beaucoup en peu de temps, mais nous avons encore besoin de monde car nous allons continuer à prendre beaucoup d'ampleur.* », reprend Cindy.

Cindy, c'est un peu la super assistante des trois fondateurs du studio, Félix, Paul et Stéphane. Arrivée en 2015, c'est elle qui s'occupe de gérer leurs plannings compliqués, de coordonner leurs rendez-vous, de leur faire rencontrer les bonnes personnes au bon moment, de filtrer les très nombreux projets qui arrivent dans sa boîte mail pour ne leur présenter que ceux qui s'accordent le mieux avec la philosophie du Studio. Enfin, c'est aussi elle qui gère une partie de la communication de la start-up (site internet, réseaux sociaux, Instagram). « *Il n'y a pas le temps de s'ennuyer ici. L'important c'est que tout le monde aime ce qu'il fait. Vu que notre standard de qualité est très haut, cela nécessite beaucoup d'heures et aussi une fierté dans son travail. Il faut que la personne veuille donner le meilleur d'elle-même. Tout le monde est très dédié ici.»*, explique-t-elle.

Devant l'engouement et l'essor de Félix & Paul Studio, Cindy est bien consciente de l'enjeu de ce *développement « On est encore une start-up. Il y a eu beaucoup de couvertures médiatiques sur le Studio ces temps-ci, ce qui est une bonne chose. Mais c'est aux gars de voir où sont nos intérêts ? Qu'est-ce qui pique notre curiosité ? Est-ce qu'on veut aller sur ce projet ? Veut-on encore travailler avec des gros studios comme Fox ou Universal ? Il faut trouver le juste milieu dans toutes ces sollicitations et réussir à faire un petit peu de tout dans ce qui les intéresse. »*
Quant à elle, elle sait que *« plus il y a de personnes et plus j'ai de travail ! Je dois faire en sorte que même si on a une autre filiale à L.A., cela reste la même famille, pour que tout le monde reste sur la même longueur d'ondes et continue à bien travailler ensemble. Je crois que je vais être bien occupée ! »*.

Les cookies et le thé engloutis, il est à présent temps de se confronter aux œuvres elles-mêmes. Car ce qui fait la renommée de Félix & Paul Studio, c'est notamment son positionnement sur des projets relevant d'une approche documentaire, permettant une plongée au cœur de situations « réelles » dont le spectateur fait l'expérience d'une manière presque « pure ». Le réel pourrait-il être restitué de manière intacte, en apparence en tout cas ?

Cindy me place l'imposant, et à vrai dire assez inconfortable, casque VR sur les yeux et une paire d'écouteurs sur les oreilles. Le voyage débute avec l'une des toutes premières réalisations du Studio, *Strangers with Patrick Watson* dans laquelle le spectateur est immergé dans l'intimité d'un studio de musique où le musicien est filmé en train de répéter. Nous poursuivons notre exploration avec *Nomads : Herders*, saisissante incursion dans les paysages de Mongolie avec une scène impressionnante où le spectateur pénètre à l'intérieur d'une yourte et se retrouve entouré par une famille mongole en train de manger et de vaquer à ses occupations. Même sentiment de vertige devant un tête-à-tête avec un Bill Clinton semblant presque en chair et en os, assis derrière son bureau en train de nous parler dans *President Clinton, Inside impact : East Africa*. Et puisque Félix & Paul Studio s'est également lancé dans la fiction, Cindy décide de me montrer le projet présenté au Festival Sundance en 2014 et élaboré avec Fox Searchlight et Fox Innovation Lab, à l'occasion de la sortie du film *Wild*. Au final, l'expérience sensorielle est convaincante, même si ce nouveau medium soulève une foule d'interrogations, tant la VR déplace les enjeux critiques du cinéma « classique », oblige à repenser avec de nouveaux outils sa grammaire et sa syntaxe qui sont ici bien chamboulées.

Dans la VR, le spectateur est véritablement scindé entre un ici (son corps) et un ailleurs (sa conscience). Si ce medium fait toucher du doigt un vieux rêve de l'Homme – le pouvoir d'ubiquité – quel nouveau rapport au corps induit-il ? La VR permet une relation immersive qui offre au spectateur une expérience esthétique qui stimule puissamment ses sens. Toutefois, en privant le spectateur d'une distance physique avec l'œuvre, ne procède-t-elle pas d'une captation totale de son attention ? Ne lui ôte-t-elle pas également, d'une certaine manière, sa distance critique, celle-là même qui permet d'apprécier une œuvre et la représentation du réel qu'elle propose ? D'ailleurs, quelle représentation du réel la VR offre-t-elle ? En quoi est-elle différente du cinéma ?

Roland Barthes analyse en 1978 ce qu'il nomme « effet de réel » à propos de la littérature réaliste. Cet « effet de réel » consiste dans la présence, au sein des textes littéraires, notamment à partir des romans réalistes du XIXème siècle, d'éléments descriptifs n'ayant aucune valeur fonctionnelle, c'est-à-dire ne servant en rien la narration du roman. Cet « effet de réel » apparaît ainsi clairement lié aux descriptions présentes dans les textes qui servent moins à l'action qu'à valider un rapport immédiat et authentique au réel. En étendant cette réflexion, on peut s'interroger : la force de la VR ne provient pas elle aussi de cet « effet de réel » ? Cette pensée serait d'autant plus fondée que la narration des films réalisés jusqu'à présent demeure relativement faible, et que le spectateur a finalement davantage la sensation d'assister à la description d'une réalité qui lui est plus ou moins éloignée, que d'être pris dans une histoire.

Que deviennent les notions de cadres et de plans ? Le rôle du réalisateur est-il toujours le même ou ne s'assimile-t-il pas plutôt à celui d'un metteur en scène de théâtre qui, après avoir organisé les déplacements et le jeu de ses personnages, doit quitter la scène pour laisser le spectacle se dérouler ?

Qui de plus légitime pour répondre ici à ces questions que Félix Lajeunesse ? Nous avons réussi à le « coincer » pendant quelques minutes...

*

Vos films ont une durée généralement comprise entre 8 et 10 minutes. Cette temporalité est en partie liée à des contraintes techniques. Mais ce choix de formats courts est-il aussi lié au fait que les films que vous réalisez impliquent un fort engagement du spectateur, notamment dans les documentaires ? Est-ce une volonté de ménager notre capacité d'attention ?
Félix Lajeunesse – L'idée de « présence » dans la réalité virtuelle est quelque chose que l'on doit moduler en fonction de l'histoire, comme un instrument. C'est en tout cas comme cela que nous travaillons. Ce n'est pas une matière qui doit être utilisée à pleine intensité tout le temps. On la module à travers l'histoire. Si on ne crée que des moments très forts et qu'on les enchaîne dans la narration, cela engendre un certain type d'expérience, très dense. Dans les films que nous faisons, il y a des moments où on essaie de réduire l'intensité de l'impression de présence, pour laisser au spectateur le temps de respirer et de ne pas être trop happé. C'est comme dans une histoire où il y a des plans dans lesquels on voit les choses de

loin, des plans larges où seul le monde existe et permet de se dégager un peu de l'histoire. Après ces pauses, le spectateur est plus apte à retomber dans l'intensité dramatique.

En VR, il y a donc cette première dimension qui existe, c'est-à-dire l'intensité du *storytelling*. Mais il y a aussi l'intensité de la présence du spectateur que l'on module en fonction du type d'expérience que l'on veut créer.

Dans *Nomads : Herders*, il y a des plans qui ont une intensité plus forte que d'autres. Lorsque le spectateur arrive sous la yourte avec les gens, il n'y a pas de narration en tant que telle, mais il existe une sensation de connexion très forte avec ces personnes. Et pourtant il ne se passe rien de particulier. S'il s'agissait d'un film classique, on trouverait cette scène accessoire et quelconque. Pourtant, si on la pense en fonction de l'évolution du sentiment de présence, elle est un paroxysme dans l'expérience.
Le lien avec ces personnages s'effectue à ce moment. Eh bien typiquement, je n'aurai jamais placé cette scène au début de l'expérience. Graduellement, les choses se mettent en place et cette scène est émotionnellement plus forte là où elle est située. Il faut que le spectateur soit psychologiquement préparé. Nous pensons beaucoup en ces termes et nous travaillons la VR dans cette optique, pour les projets de fiction comme pour les documentaires.

La matière première avec laquelle nous travaillons, c'est l'état d'esprit du spectateur. En VR, tu es dans sa tête. Pendant que tu l'immerges dans un œuvre de VR, il ne peut pas la fuir et porter son attention ailleurs, il ne peut pas se déconnecter. Le spectateur est contraint de connaître ce qui lui est présenté. C'est donc un medium très sensible où il est possible d'avoir un réel impact sur l'état d'esprit des utilisateurs.

Pour moi, une œuvre de VR qui n'est pas bonne me fait enrager, car je suis dedans et que je ne peux pas en sortir. Je suis plongé dans quelque chose qui enveloppe complètement ma perception. Cela me met en colère ! Tandis que s'il s'agissait d'un film classique, j'aurais juste à réduire mon niveau d'attention et à penser à autre chose. Cela n'est pas possible dans un film de réalité virtuelle. Il y a donc un lien très sensible qui se crée avec le spectateur. Dans *Herders*, nous avons donc vraiment pensé à l'évolution de l'histoire et à la manière dont nous allions agir sur l'état d'esprit du spectateur. Parce que ce medium parvient à nous toucher de façon très sensible, nous essayons de l'utiliser de façon soignée, en respectant l'intelligence et la sensibilité du spectateur.

De votre point de vue, VR et cinéma sont deux choses complètement différentes ? Si la VR permet au spectateur de s'approcher de la réalité, s'agit-il encore pour vous d'une « représentation de la réalité » ? Et, si oui, quelles en sont les modalités, les caractéristiques ?

Oui absolument, la VR est une représentation de la réalité ! La seule grande différence, c'est qu'il y a beaucoup moins de distance existant entre la représentation et le spectateur. Ce qui change donc, c'est la relation qu'on entretient avec cette représentation. Le medium est construit à partir d'assises proches de l'expérience sensorielle humaine : comment nous voyons les choses naturellement dans la réalité, comment nous les entendons, et comment nous percevons l'espace.

La VR reçoit et exprime les choses d'une manière analogue à celle de l'être humain. Il s'agit en fait d'une expérience immédiate, très intime et qui ne semble pas faire une grande distinction entre ta conscience à toi, en tant que spectateur, et la conscience de l'artiste qui a créé le film.

La nature du medium est différente, donc le positionnement du spectateur est aussi différent. Je ne pense pas que la VR, même dans son incarnation la plus réelle, permette une confusion. Même lorsqu'on filme des moments de vie intégrale, des segments non manipulés, le cerveau du spectateur reste conscient qu'il est dans une expérience et qu'il peut s'abandonner jusqu'à un certain point. Il ne peut pas penser qu'il s'est téléporté. La VR crée une suspension dans la tête, mais pas une déconnection complète.

Au cinéma, le réalisateur sélectionne et découpe le réel grâce aux plans qu'il choisit d'opérer. Dans la VR, cette opération n'existe pas en tant que telle puisque c'est le spectateur qui sélectionne lui-même ce qu'il veut regarder (ou pas) de la scène qu'on lui propose. Comment procédez-vous ?
Cette question du cadrage est une approche que beaucoup de personnes venant du cinéma ont. Ils voient essentiellement le medium de la VR sous le prisme de la liberté donnée au spectateur. Cet aspect constitue un changement fondamental avec le cinéma, mais auquel nous ne pensons jamais lorsqu'on réalise un projet. Pour nous, ce concept n'existe pas. Nous créons des moments et nous amenons le spectateur à l'intérieur de ces moments. Nous les travaillons pour que l'endroit que le spectateur choisit de regarder n'ait pas vraiment d'importance. Dans toutes les situations de la vie, nous avons toujours la possibilité de regarder ailleurs, d'exercer notre choix sur l'endroit où nous allons placer notre attention, de suivre le moment dans lequel nous allons nous immerger, selon ce qui vient à nous, selon ce que nous avons envie de regarder. Cela se produit dans l'inconscient. On ne se dit pas : « *Je fais le choix de regarder ceci ou cela...* ».

Nous essayons de créer des moments dans lesquels le spectateur va se sentir dans un état d'esprit qui est analogue à celui de la réalité, des moments où on n'essaie pas de contrôler quoi que ce soit. Le spectateur est libre de vivre ce qu'il veut, comme dans la réalité. L'important pour nous, c'est de créer les conditions d'une rencontre entre le spectateur et un moment. Nous devons nous assurer que notre travail de metteur, en scène qui consiste à créer cette rencontre pour qu'elle se fasse dans de bonnes conditions et qu'elle ait les attributs d'un moment que le spectateur va recevoir comme vrai et juste, soit correctement réalisé.

Si on pense : « *Ma caméra est une caméra 360 degrés, je la place à un point précis, parce qu'on va avoir un bon point de vue quand le personnage va rentrer* », alors on rencontre le problème dont nous venons de parler puisqu'on réfléchit uniquement en termes de points d'intérêts. On pense stratégique, on pense en cinéaste.

Au contraire, si on envisage la caméra de façon plus anthropologique, en sachant intimement quels sont le rôle et le point de vue du spectateur à l'intérieur de chaque moment (Quel est le sens de la présence du spectateur ? Quelle est sa raison d'être dans la scène ?) ; eh bien ce n'est plus grave si le spectateur ne voit pas ceci ou cela. L'important, c'est de comprendre où doit être assis ce spectateur. Quand tu as pris ta décision, tu penses la caméra comme un personnage et tu finis par faire les choix qui sont cohérents avec la nature du personnage.

Selon vous, quels sont les axes que vous devez encore développer ? Quelles sont les pistes d'évolution et d'amélioration ?
La VR est un medium qui est fragile. Il est très facile d'en faire n'importe quoi. Mais si tu veux vraiment atteindre une forme d'expression habile, être capable de toucher les gens et que l'œuvre persiste en eux, c'est difficile ! Tu dois bien connaître les fondements et l'ADN de ton medium pour que cela sonne vrai.

Dans les prochaines années, les choses qui vont changer concernent donc la durée de nos projets. Ils vont s'étendre dans le temps et aborder des histoires plus complexes, qui contiennent différents aspects. On devrait aussi gagner en souplesse et en flexibilité.
Le défi que l'on se donne en tant que Studio et en tant que réalisateurs, c'est aussi de plonger davantage dans la fiction. Jusqu'à présent nous avons été très prudents. Il était important pour nous de comprendre d'abord la matière avec laquelle nous travaillions. Nous nous dirigeons donc vers des projets plus ambitieux au niveau de la fiction.

Si vous vous lancez complètement dans des projets de fiction, allez-vous pour autant abandonner le documentaire ?
Nous n'allons pas abandonner le documentaire, au contraire ! Ce que je vais dire est un peu exagéré, mais j'ai toujours eu l'impression que le documentaire n'avait jamais vraiment trouvé sa place dans le cinéma. Comme si l'expression documentaire à travers le medium cinématographique n'allait jamais trouver son épanouissement du fait du caractère profondément fabriqué du cinéma.
Le documentaire au cinéma essaie d'atteindre le réel, mais cela reste loin et difficile, tant le cinéma est un medium d'artifice, une représentation pure comme la peinture.

Au final, le documentaire qui cherche à être vrai passe par un medium très artificiel. J'ai le sentiment que s'il n'arrive pas à s'épanouir dans le cinéma, il pourra parfaitement le faire avec la VR. Les réalisateurs vont enfin trouver un vecteur de développement pour leurs œuvres et s'exprimer pleinement.

Appliquée au documentaire, la VR procure parfois au spectateur un sentiment de voyeur. Il est à la fois présent dans la scène, tout en étant parfaitement passif. Le plaisir que procure la VR vient donc aussi d'un sentiment de transgression d'un interdit : le spectateur est invité dans une scène mais perçoit nettement qu'il ne devrait pas être là. Que pensez-vous de cette dimension ; le spectateur naviguant entre présence et passivité ?
En ce moment, il y a beaucoup de discours dans l'industrie par rapport à cette problématique, notamment chez les gens qui viennent de l'univers du jeu. Selon eux, être là ne fait pas tout, il faudrait aussi pouvoir bouger et interagir. C'est un discours qui n'est pas axé sur le *storytelling*, mais plutôt sur l'interaction. Au final, cela a tendance à devenir très dogmatique : « *Il faut que cela soit comme cela, sinon ce n'est pas de la réalité virtuelle* ». Pour moi, le problème avec le fait de pouvoir se sentir bouger, c'est que cela fait toucher très vite aux limites ! Tu te retrouves dans une sorte de jeu dans lequel

il y a forcément des règles qui sont très visibles par rapport à une expérience de réalité où tout est justement possible. Dans un jeu, le spectateur ne peut pas se sentir libre. Plus on donne de la liberté, plus il est évident qu'elle est limitée. Elle finit par définir un code de ce que tu peux faire et de ce que tu ne peux pas faire, à l'intérieur de l'expérience.

Par ailleurs, je suis convaincu que plus le spectateur est en contact avec la VR, plus ce sentiment de passivité se réduit. Il finit par intégrer complètement cette sensation.

Oscar Raby : L'interactivité granulaire, ou l'homme pensant au centre de l'univers

Par Xavier de la Vega (juillet 2016)

Lorsque les premières expériences en réalité virtuelle ont commencé à débarquer dans les festivals de documentaire, l'une des œuvres qui a le plus frappé les esprits a été *Assent*, une sorte de court-métrage réalisé pour l'Oculus Rift par un étudiant de Melbourne. L'étudiant en question s'appelle Oscar Raby, c'est un artiste visuel chilien, parti faire un Master en médias interactifs en Australie. Dans *Assent*, il raconte un épisode de la vie de son père, jeune soldat mobilisé dans l'armée au temps de Pinochet, qui a assisté à une exécution de masse dans un petit bois. Oscar Raby est aujourd'hui l'un des créateurs émergents de la narration en VR. En 2016, avec VRTOV, son agence VR, il a créé *The Turning Forest*, avec la BBC, puis *Easter Rising : Voice of Rebel*.

Comment en es-tu arrivé à la VR ?
Oscar Raby — Je viens de l'art de la performance. Avec un collectif d'artistes, nous avons par exemple organisé des combats entre artistes dans des galeries d'art, un peu à la manière de *Fight Club*. Nous avons aussi organisé des sortes de karaoké dans des galeries, dans lesquels le public pouvait participer. La participation du public était d'ailleurs quelque chose qui m'intéressait beaucoup dans mon travail en Amérique du Sud. Mis à part l'organisation de «*fight club*» artistiques, j'avais aussi un vrai travail, j'étais designer multimédia. L'homme et la machine : cela résume bien ce que je faisais. Quand la VR est apparue en 2013, je faisais un Master en médias interactifs à Melbourne. Je me demandais comment représenter un épisode que mon père avait vécu dans sa jeunesse, de manière engageante et sans présenter son

visage au public. J'imaginais réaliser un FPS *[First Person Shooter : jeu de tir en vue subjective, NdA]* pour représenter cette scène. Et puis quelqu'un a amené un Oculus rift. Il m'est immédiatement apparu comme une évidence.

Quel versant de la VR t'intéresse-t-il d'explorer : la VR en « 3D temps réel » ou la VR « cinématique » ?

La VR cinématique n'est ni plus ni moins que de l'« *expanded cinema* »[162], un genre qui est né dans les années 1970, qui s'est épanoui dans les années 1980, qui a eu une très belle mort dans les années 1990. Ce que nous voulons, c'est une VR qui s'appuie sur le jeu vidéo, qui possède une interactivité continue. Nous voulons une VR dans laquelle l'utilisateur incarne un personnage doté de capacités d'action.

Cela peut aller du simple sentiment d'être « présent » jusqu'à des récits à embranchements multiples, dont l'utilisateur peut altérer l'issue. Toutes les œuvres que nous produisons obéissent à cet impératif. Comment amener l'utilisateur dans l'espace et dans le récit ? Comment le métamorphoser en personnage et lui conférer un rôle actif dans l'histoire ? Même s'il ne s'agit que d'un personnage rationnel, une sorte de fantôme connectant les différentes branches de l'histoire.

Que peut-on faire en VR qu'on ne pouvait pas faire autrement ?

Pour reprendre une idée de René Descartes : l'homme pensant est au centre de l'univers. La manière dont l'univers se déploie en face de toi dépend de tes actions. C'est là quelque chose que les jeux vidéo font spontanément. La VR pousse cette logique un plus loin. Elle te rappelle constamment que tu es responsable du récit. Ce qui conduit rapidement à un énoncé politique. Tu es responsable de ce qui se passe autour de toi. Peut-être que ta responsabilité est minime, plus proche de 0 % que de 100 %, mais tu es un acteur de ce monde.

---

[162] Issue des arts visuels, l'expression « *expanded cinema* » désigne des installations vidéo ou des créations numériques multimédias.

Tout ce que tu dis correspond en effet aux jeux vidéo : le fait d'être un acteur dans le récit, que les actions de l'utilisateur aient un impact et fassent avancer le personnage dans l'histoire... Mais qu'ajoute la VR ?
Depuis des années, mon approche consiste à ne pas m'en tenir au cadre pour décrire les choses. En ce moment pour cette discussion, tu me vois sur Skype, sur un écran d'ordinateur : tu vois mon visage, la couleur de ma peau. Le cadre est un instrument puissant. Mais je ne crois pas qu'il te donne la même compréhension que si tu incarnais un personnage. C'est quelque chose que le jeu vidéo, et par extension la VR peut faire : comprendre ce que cela veut dire de devenir quelqu'un. Pas seulement voir la couleur de sa peau, entendre le son de sa voix, mais comprendre ce qu'il doit traverser pour être lui-même.

Imagine une personne en marge de la société, par exemple un homosexuel au Soudan. Tu peux voir son visage et te dire : « *Ok, voilà ce que vit cette personne* ». Mais un média interactif, comme le jeu vidéo ou la VR, peut te faire comprendre ce que cette personne expérimente dans sa vie quotidienne. C'est ça l'enjeu de la VR : comprendre le processus qu'une personne traverse, et pas seulement percevoir son apparence.

La question essentielle de la VR est-elle donc pour toi celle de l'identité ?
L'identité est un signe mathématique : c'est un miroir, c'est une image, c'est une équation. Mais c'est un miroir dynamique. Ta photo d'identité, la musique que tu aimes, ta maison : tout cela est dynamique. Si tu arrives à comprendre la relation entre ces représentations et la construction mentale d'un individu, tu entres dans le domaine des médias interactifs. Ce n'est plus seulement une représentation.

De nombreux créateurs de VR, en cinématique (Chris Milk) mais aussi en 3D (Nonny de la Peña), voient

**dans cette technologie une « machine à empathie ».
Comment te situes-tu par rapport à cette approche ?**
Je n'y crois pas. Désolé. Je ne parviens pas à me connecter avec ce slogan. Je suis obligé de le contourner. Je ne veux pas vendre la VR en invoquant la connexion émotionnelle de l'empathie. Je défends une approche plus rationnelle, celle de l'identité. L'empathie consiste à dire que tu peux comprendre la lutte de quelqu'un d'autre. Mais comment ? Une image est incapable de te donner une telle compréhension. Une technologie n'est pas suffisante non plus. L'empathie, c'est le domaine du théâtre. Elle existe lorsque l'on passe du temps avec d'autres gens. Nous commençons à peine à comprendre ce qu'est la VR. J'aimerais beaucoup que le slogan de l'empathie ne soit pas la capote qui va venir gâcher ce tout nouveau sucre d'orge.

Ce qui m'intéresse n'est pas de représenter, mais de reconstruire. Concevoir un processus qui permette à l'utilisateur de comprendre le personnage derrière l'histoire. C'est de cette manière que l'on peut reconstruire une chose ou une personne.

Dans l'histoire de la photographie et du cinéma, la reconstruction a toujours été une question épineuse. Du coup, c'est une démarche plus difficile à vendre que le slogan de l'empathie. Lorsque je présente un projet, je dis toujours : « *Je veux te montrer la vie du personnage par le biais du processus qu'il doit traverser quotidiennement* ». Et on me répond systématiquement : « *Ok, ça semble intéressant mais à quoi cela va ressembler ?* ». Les décideurs se focalisent sur l'apparence, la surface, alors que nous nous intéressons à la construction du processus. Il nous faudra une masse critique de projets s'intéressant davantage au processus qu'à l'apparence pour que ce nouveau médium puisse véritablement prendre son envol.

L'empathie est en effet parfois associée à un autre médium...
Oui. Roger Ebert[163], ce poète du grand écran, définissait le cinéma comme une « machine à empathie ». Lorsque certains défenseurs de la VR nous parlent de la VR comme de l'ultime machine à empathie, ils nous reservent un slogan forgé à l'ère du cinéma.

Passons aux œuvres que tu as créées. On ne peut pas dire qu'*Assent* propose à l'utilisateur une grande variété de choix. En quoi ta position au sujet de la responsabilité individuelle dans le monde se retrouve-t-elle dans ta première œuvre en VR ?
Assent s'inscrit dans ce que nous appelons une « interactivité granulaire » ou interactivité du grain de sable. Tout ce que tu peux faire, même si cela n'affecte pas l'issue du récit, te fait savoir que tu es là. Cela peut être très limité : quand tu regardes dans une direction, les feuilles des arbres sont soulevées par le vent. Mais cela veut dire que l'univers fait attention à ce que tu fais. Cela veut dire aussi que les autres font attention à ce que tu fais. Du coup, toutes tes actions ont un effet, que celui-ci soit microscopique ou gigantesque.

Dans *Assent*, l'utilisateur peut regarder les choses. C'est précisément ce que mon père a vécu. Il n'a pas appuyé sur la gâchette. Mais par le simple fait de regarder, il s'est retrouvé impliqué dans cet épisode de l'Histoire.

Cette interactivité est beaucoup plus modeste que celle que l'on connaissait dans les années 1990. Tu as deux boutons, un vert et un rouge, lequel vas-tu activer ? Voilà une interactivité nette et efficace. Tu peux changer les choses et, en cliquant, tu sais que tu es en train de les modifier. L'interactivité granulaire est beaucoup plus profonde. Elle vient de derrière notre tête. On ne la perçoit pas nécessairement, mais elle est

---

[163] Journaliste américain (1942-2013), Roger Ebert a reçu le primer prix Pulitzer de la critique de cinéma en 1975 et a écrit pendant 46 ans dans le *Chicago Sun-Times*.

là. Et puis elle monte en puissance jusqu'à ce que l'on se dise :
« *Hum, je suis partie prenante de cette histoire* ».

Bouger la tête et décider ce qu'on va regarder dans l'image, c'est l'interactivité native de la VR. Mais dans *Assent*, en quoi affecte-t-elle le récit ?
Assent est une œuvre écrite comme une tragédie. La fatalité adviendra quoi que tu fasses. Cependant, il y a des pauses dans le récit. Tu peux t'y arrêter autant que tu veux. C'est comme un espace négatif, un espace qui n'est conquis par aucun élément visuel. Tes yeux peuvent le regarder, sans chercher à y trouver du sens, et rester aussi longtemps qu'ils le voudront.

Tu peux continuer à avancer, et à mesure que tu avances tu comprends que l'histoire ne va pas bien se terminer, que c'est une tragédie qui va s'accomplir quoi que tu fasses. Mais tu peux aussi décider de ne pas avancer. Tu peux rester là, à contempler le paysage, à regarder les feuilles, à écouter le vent. L'interactivité granulaire, ce n'est pas avoir à choisir entre deux options. Ne rien faire est aussi une possibilité.

La culture de l'interactivité, acquise notamment dans les jeux vidéo, pousse les gens à cliquer pour aller de l'avant. Est-ce que tu te sers de ce penchant ?
Oui, on peut jouer avec l'appât de la tragédie. Tu veux savoir ce qui va se passer à la fin, assister au moment où les choses vont mal tourner. Nous répondons tous à cet appel. On peut clairement compter sur cette tendance à vouloir aller de l'avant.

Le design graphique d'*Assent* est assez grossier. Était-ce délibéré ?
Oui, absolument. Au moment d'*Assent*, je jouais avec un scanner 3D de qualité moyenne. Je voulais initialement faire un portrait de mon père, capturer son apparence pendant qu'il me raconterait ce qu'il avait vécu. Je me suis scanné moi-même et en découvrant l'image sur l'ordinateur, je l'ai trouvée désordonnée, brillante. Cela ne me plaisait pas. Je suis sorti

prendre un verre. Quand je suis revenu, j'ai à nouveau regardé l'image : elle ressemblait à une peinture.

L'image avait des craquelures, des défauts. Mais c'était comme une peinture, avec des éclaboussures, des gouttes. J'ai compris qu'on n'avait pas besoin de représenter fidèlement les choses, qu'on pouvait s'écarter du photoréalisme. J'ai compris aussi que le processus pouvait être intégré à l'œuvre, comme dans le *dripping* [164] de Jackson Pollock. Pollock ivre, balançant la peinture sur la toile, c'est le processus fait œuvre. Le processus fait partie de l'expérience. Il montre que la mémoire est incomplète, qu'une peinture est plus que le motif sur la toile. Quand je fabriquais *Assent*, je faisais une peinture.

Comme les lignes de perspective que l'on dessine avant de peindre, il y a beaucoup de choses dans *Assent*. Et puis tu recouvres de peinture, tu glaces et les lignes disparaissent progressivement. Dans *Assent*, il y a des tas de lignes de codes qui sont encore là, enfouies, que personne ne voit. Un archéologue pourrait les déterrer...

Quel autre type d'interactivité t'intéresse ?
La plupart des choses que nous avons travaillées ces derniers temps ont un rapport avec le son. Comment passe-t-on d'un espace social et collectif à un espace intime ? Quand tu es dans un stade et que tu entends une foule qui chante pour son équipe, c'est un peu comme le son d'un océan. A l'autre extrême, tu perçois le son de ta propre voix. Tu ne l'entends pas par les oreilles, mais par tes cavités, tes os, ton torse. Les variations entre ces deux dimensions, le collectif et l'intime, ouvrent un espace d'interactivité. Là encore, il n'altère pas le cours de l'histoire, mais il te permet de comprendre comment tu existes dans un espace. Par exemple, si en baissant la tête, en regardant vers toi, tu perçois le son à travers tes os, tu ressens un sentiment de présence plus intense. Cette variation

---

[164] Le *dripping* (de l'anglais « *to drip* » : « laisser goutter ») est une technique picturale initialement utilisée par Janet Sobel, Picabia ou Miró, qui consiste à laisser couler la peinture sur la toile à partir d'un ustensile, par exemple un pinceau.

entre ce que tu vois et ta voix intérieure renforce ta relation avec ton personnage.

L'interactivité n'a pas besoin d'altérer l'histoire. Elle peut te faire ressentir la force et la grandeur de ton personnage ou à l'inverse sa fragilité et sa petitesse. Comme au cinéma, cela te donne accès à de nouvelles strates de l'histoire.

Activer des choses par ton regard, c'est quelque chose que tu peux seulement faire en VR. Par exemple, tu peux altérer le récit en fonction du personnage auquel tu fais attention. Dans *Assent*, il y a des coups de feu. Si l'utilisateur réagit rapidement à ces coups de feu en regardant dans leur direction, cela va avoir un impact à la fin du récit. La caméra sera orientée vers les victimes du massacre. S'il ne réagit pas à ces coups de feu, s'il les accepte sans réagir, la caméra sera orientée vers les tireurs.

Cela traduit l'expérience de mon père. Il suivait un entraînement militaire. Quand il a entendu les coups de feu, il n'y a pas fait attention, car les tirs faisaient partie de l'entraînement. Ce n'était pas surprenant d'en entendre. Je me suis dit : « *Est-ce que ce je pourrais* tracker *les réactions de l'utilisateur, son attitude corporelle, et à partir de là définir sa position vis-à-vis des tireurs ou des victimes ?*».

Peux-tu nous parler de ton expérience suivante, *The Turning Forest* ?
The Turning Forest est une collaboration avec la BBC R&D, autrement dit le département où on essaie de nouveaux jouets, pour voir ce que le groupe audiovisuel peut en faire.
Évidemment la BBC ne veut pas seulement expérimenter ; elle veut toujours toucher un plus large public. Elle est très au fait de ce que la VR peut faire aujourd'hui, et où elle sera dans les prochaines années. Du coup, ils sont prêts à expérimenter avec la narration en VR.

Ils nous ont demandé de partir d'une pièce radiophonique enregistrée en son binaural pour en faire une œuvre de réalité virtuelle. Nous avons reçu une pièce de 4 minutes 30 qui était incroyable en matière de design sonore. Ils ont placé vingt microphones dans une forêt et ils ont interprété l'œuvre en direct. Nous avons reçu les vingt pistes sonores. Un matériau extraordinaire. Tu pouvais percevoir tout ce qu'il y avait autour de toi sans rien voir du tout.

Ces 4 minutes et 30 secondes sont devenues une création visuelle et interactive de 7 minutes avec un incroyable *sound design*. Ce qui était super, c'est qu'ils étaient disposés à modifier l'œuvre initiale en fonction de l'interactivité. Ils étaient prêts à accepter la spécificité de la VR par rapport au film ou à la création radiophonique.

Le résultat ressemble à un conte de fées avec une chute un peu sombre, un peu dans le style de Roald Dahl[165] ou de *L'histoire sans fin [le roman de Michael Ende, NdA]*. Au cours de l'expérience, l'utilisateur déclenche des vignettes. Par exemple, une créature magique apparaît à l'écran. Elle ouvre grand la bouche et au lieu de vous manger, de la musique sort de sa gueule. Vous pouvez jouer avec ses dents comme sur un piano. L'interactivité n'altère pas l'histoire. Elle est une manière de susciter l'engagement de l'audience. Un peu comme dans un livre « *pop-up* » pour enfants : vous tournez une page et un motif en volume se déploie, avec des tirettes à actionner.

Tu as ensuite réalisé *Easter Rising : Voice of Rebel*, une expérience historique de VR, toujours avec la BBC...
Oui, il s'agit cette fois d'un documentaire au sujet de Willie McNeive, un personnage de la révolte de 1916 qui a déclenché l'indépendance irlandaise. A cette époque, l'insurrection de Pâques *[Easter rising, NdA]* s'est mal terminée puisque la majorité des leaders irlandais ont été exécutés, mais elle a amorcé la lutte pour l'indépendance. Nous avons reconstruit cet événement historique décisif de l'Histoire irlandaise depuis

---

[165] Ecrivain et scénariste britannique (1916-1990), il est l'auteur de romans et de nouvelles, pour enfants et pour adultes. L'une des ses œuvres les plus célèbres, plusieurs fois adaptée au cinéma, reste *Charlie et la chocolaterie*.

le point de vue de Willie McNieve, survivant de l'insurrection qui a livré dans les années 1970 un récit des événements dans un enregistrement sonore.

Tu as baptisé ta société « VRTOV », une allusion claire et revendiquée au cinéaste russe Dziga Vertov. Pourquoi ?
Ma société s'inspire de Vertov. Nous jouons avec une nouvelle technologie comme Vertov le faisait lui-même à son époque. Comme le cinéma dans les années 1920, la VR n'a pas 100 ans de tradition derrière elle. Quand Vertov s'est emparé de la caméra, il jouait avec elle comme avec un nouveau jouet. Comme lui, nous ne savons rien de cette technologie. Nous savons seulement comment elle fonctionne sur le plan technique, comment les câbles sont assemblés et comment le logiciel dialogue avec la machine. Mais nous ne savons rien de ce que le média est capable de faire sur le plan narratif. Bref, nous revivons ce que Vertov a expérimenté à son époque. J'ajoute que, comme nous, Vertov travaillait avec sa femme et son frère. Ce n'était pas un homme seul et une caméra. Il travaillait au sein d'un collectif. Par ailleurs, Denis Kaufman avait choisi ce pseudonyme car Dziga signifie « toupie » en ukrainien, et Vertov, « tourner » en russe. Un terme très adapté à la VR, qui consiste à faire tourner son regard autour de soi.

Je vois un autre parallèle. Vertov a profité des opportunités de financement qui existaient à son époque pour expérimenter. Je ne crois pas qu'il était un porte-étendard, comme a pu l'être Leni Riefenstahl dans le contexte de l'Allemagne nazie. De la même manière qu'il y a des centres de production de sens et de valeur économique dans le domaine du cinéma, il en existe dans la VR. Les œuvres que je réalise en réalité virtuelle produisent évidemment de la valeur pour l'industrie. Mais j'espère que nous allons assister à l'expression de nuances dans le langage de la VR. J'espère que nous irons au-delà de la création de valeur économique et que nous verrons bientôt émerger le jazz ou le punk de la VR.

Arnaud Dressen : « Pour la première fois, un média dédié au cinéma immersif »

Par Xavier de la Vega (février 2016)

> Arnaud Dressen est producteur pour Honkytonk Films, société qu'il a fondée en 2007. On lui doit notamment les webdocumentaires *Voyage au bout du charbon* (Samuel Bollendorff et Abel Ségrétin, 2008), *Le Challenge* (Laëtitia Moreau, 2009), *Le Grand Incendie* (Samuel Bollendorff et Olivia Colo, 2013), *Troubled Waters* (Isabelle Sylvestre, 2015) ; la websérie *Poilorama* (Emmanuelle Julien et Olivier Dubois, 2015) et l'expérience de réalité virtuelle *Héritage* (Benjamin Nuel, 2017).

J'aimerais qu'on revienne au début de l'histoire. Qu'est-ce qui t'a incité à penser que la VR marquait un tournant majeur ?
Arnaud Dressen – C'est d'abord une première expérience personnelle, en l'occurrence *Assent* d'Oscar Raby, que j'ai vue au festival Sheffield en 2014. C'est un projet très simple, un court-métrage expérimental réalisé dans le cadre d'un Master. Mais l'expérience était très puissante. *Assent* nous plonge dans le studio de l'artiste, reconstitué en images de synthèse. On y prend la place de son père, dont on entend la voix. Cette voix nous ramène à un moment de sa vie. Plusieurs scènes d'une trentaine de secondes se succèdent, certaines où l'on est accompagné par la voix du narrateur, d'autres où l'on peut explorer à sa guise. L'équilibre entre le fil conducteur de la voix et la liberté d'exploration est très maîtrisé. Pour autant, c'est une expérience totalement intuitive : on oublie l'interface, on oublie l'univers dans lequel on est. On est dans une expérience de cinéma immersif ; une expérience à la fois très personnelle et très cinématographique. On n'est pas devant un grand écran, mais englobé dans un écran infini.

Quand nous avons initié *Voyage au bout du charbon* avec Samuel Bollendorff, nous l'imaginions comme une expérience de cinéma immersif. Lorsque nous avons vu *Assent*, nous nous sommes dit que c'était exactement vers cela que nous voulions aller dès le départ. Nous voulions faire un cinéma interactif où l'immersion passe par la personnalisation de l'expérience. Comment pouvait-on développer de l'interactivité tout en étant en plein écran, avec du son continu ? A l'époque, ce n'était pas évident du tout. Quand nous avons découvert la VR, c'était pour nous un médium qui était fait pour ça. Pour la première fois, nous disposons d'un média dédié au cinéma immersif.

Rétrospectivement, l'ordinateur a été un support de substitution, temporaire, pour diffuser les œuvres documentaires que nous imaginions. Les tablettes n'ont pas apporté d'immersion supplémentaire, mais un confort d'utilisation. Ensuite sont arrivés des smartphones avec une capacité à lire de la vidéo en HD, mais on ne peut pas dire qu'ils offrent un support adéquat pour des « expériences » documentaires. La VR, c'est autre chose. Il ne s'agit pas pour les créateurs de se demander comment ils vont utiliser un outil de travail – l'ordinateur – ou de lecture – la tablette – pour raconter des histoires. Ils disposent d'un médium qui est optimisé pour cela.

C'est vrai que pour nous, chez Honkytonk, avec tout l'investissement, l'énergie, l'enthousiasme que nous avons déployé pour les nouvelles écritures et formes de production, voire arriver ce médium a été comme une consécration. Cela ne veut pas dire que nous allons cesser de produire des œuvres pour les écrans plats. Mais à nos yeux, l'avenir est dans la VR.

Nous avons beaucoup débattu ces dernières années autour de la supposée mort du webdocumentaire. Il me semble au contraire que le webdocumentaire est en train de connaître sa consécration. Tout ce en quoi nous avons cru, un nouveau cinéma, des nouvelles formes de récits, des nouveaux modèles de création, de production et de distribution ; tout cela est véritablement en train de se structurer au sein d'une industrie à part entière. La réalité virtuelle s'inscrit dans la continuité des réseaux sociaux, du jeu vidéo, et elle est en train de se structurer dans une ampleur sans commune mesure avec le petit monde du documentaire interactif. Car au-delà des documentaristes, de nombreux professionnels s'y dirigent : ceux qui font de la modélisation en 3D, des architectes, ou encore ceux qui utilisent l'image et le son à des usages thérapeutiques. Les nouveaux masques de réalité virtuelle devraient confirmer cette émergence.

C'est comme si vous aviez toujours attendu la VR...
Nous nous sommes toujours sentis frustrés de voir que la principale manière de consulter des documentaires interactifs, c'était un clavier et une souris. Frustrant parce que l'ordinateur est avant tout un outil de travail. Si les webdocumentaires proposent des histoires adaptées à cet outil quotidien, dans le temps elles sont consultables à un moment où les gens ont un navigateur web avec 15 onglets ouverts et un téléphone portable prêt à vibrer à côté d'eux. D'où une expérience forcément volatile.

C'est comme si le support contredisait la promesse d'immersion...
Exactement. On s'appuyait sur les capacités des ordinateurs, mais ces mêmes capacités jouaient contre ce que nous voulions atteindre. Il est très difficile de susciter l'attention soutenue d'un internaute dans ces conditions. C'est comme tenter de regarder un film dans un café où tout le monde parle et où cinq autres films sont diffusés en même temps ! D'où les statistiques de visionnage décevantes que tout le monde connaît : 5 à 6 minutes de temps de consultation en moyenne pour les documentaires interactifs.

Quels sont, selon toi, les publics qui sont passés à côté des narrations web et qui pourraient, grâce à la VR, vivre des expériences interactives ?
Je pense que le documentaire interactif n'a pas été compris parce que c'était un dispositif inachevé. C'était une promesse

que nous ne pouvions pas tenir parce que nous ne disposions pas d'un support adapté. Voir un documentaire sur un ordinateur, ce n'est pas attrayant, qu'elle que soit l'interactivité proposée. A moins qu'il s'inscrive dans un dispositif pédagogique ou de recherche d'informations. Si la promesse des nouvelles écritures peut être motivante pour un cinéaste, la perspective d'une diffusion sur ordinateur l'est beaucoup moins. Il faut que l'œuvre puisse trouver son public dans un cadre valorisant. L'écran d'un ordinateur, cela manque de noblesse par rapport à une salle de cinéma ! La VR change la donne. N'importe quel réalisateur qui regarde une œuvre interactive – ou non – dans un casque a l'impression d'accéder à une salle de cinéma. L'expérience est aussi bien plus satisfaisante que celle que je peux avoir devant un écran de télévision.

Penses-tu que le public potentiel de ce type d'œuvre soit beaucoup plus important ?
Je ne suis pas sûr que cela élargisse le public traditionnellement restreint du documentaire. Lorsqu'on a le choix entre un match de foot, un jeu vidéo, un film hollywoodien et un documentaire, il est probable que ce dernier passera en dernier pour une grande partie du public. En revanche, j'espère en effet que le documentaire parviendra a maintenir sa présence, voire à l'élargir avec la VR.

Cela dit, si le documentaire est un genre identifiable pour la majorité du public, le webdocumentaire lui ne l'est pas forcément. Dix ans après son apparition, beaucoup de gens ne savent toujours pas ce qu'est un documentaire interactif. Penses-tu que la VR puisse changer la donne ?
Je pense que l'intérêt des documentaires interactifs sera en effet beaucoup plus évident en VR. J'en ai fait l'expérience autour de moi. Certains de mes proches trouvaient très intéressant ce que je faisais dans le domaine du documentaire interactif, mais avaient cependant du mal à y voir une forme destinée à s'imposer. Pour eux, c'était une curiosité, une expérience, mais pas plus.

Avec la VR les choses deviennent plus évidentes. C'est un format qui possède une interactivité native ; je peux m'y déplacer, interagir avec des objets. Je peux me perdre dans l'image, me pencher sur un détail. La VR va très certainement toucher un public plus large.

La vidéo interactive a fait ses preuves, que ce soit dans le documentaire, la publicité ou la formation. On a expérimenté de nombreuses choses : donner un rôle au spectateur, provoquer des émotions, de la surprise, etc. Tout cela pourra véritablement s'exprimer au sein de contenus en VR. Bien sûr, de nouvelles questions se posent, sur le plan de la technologie ou de l'ergonomie, mais l'approche artistique demeure la même.

On a l'impression que tout le monde est en mode « VR » désormais...
Oui. Il y a actuellement une grande effervescence. Les créateurs, les médias, les agences, les ONG, les journalistes, tout le monde se demande par où commencer, quels sont les outils disponibles, etc. Les librairies se développent : Google, Mozilla, Oculus, Unity. J'ai l'impression de retrouver les débuts de l'ère du webdoc – mais à la puissance 10. Les gens ont envie de comprendre comment ça marche, combien ça coûte, combien de temps il faut... Les premières expériences ont été suffisamment convaincantes pour que les auteurs veuillent se lancer à leur tour.

Personne ne sait exactement quel va être le portail de diffusion de ces œuvres, mais tout le monde veut essayer. Les gens ne se posent pas la question du retour sur investissement. Ils se disent qu'il faudra attendre un peu avant de dresser un premier bilan. Beaucoup d'acteurs se limitent à faire un coup de communication en sortant un contenu en VR mais certains, comme le *New York Times*, ont lancé des applications qui reposent déjà sur un modèle économique. Ils développent des contenus en VR pour des marques, qui sont consultables sur leur plateforme, et qui financent des expériences proprement journalistiques. Bref, le *NYT* a réussi à créer une application gratuite avec du contenu sponsorisé – application qui a été téléchargée plus d'un million de fois déjà... Il faut dire que la VR s'inscrit parfaitement dans la démarche actuelle des publicitaires : « vivre l'expérience de la marque ». Ce qui donne des plans-séquences en VR dans lesquels on « *vit l'expérience* » d'une marque automobile ou d'une compagnie aérienne.

Au niveau de la technologie, où en est-on ?
Nous en sommes actuellement à un niveau équivalent à l'apparition de YouTube en 2005. Il est possible de diffuser de la vidéo 360 en HD. En revanche, les écrans des casques VR ne sont pas encore à un niveau satisfaisant. La définition des smartphones n'est pas encore assez fine, du coup les pixels des écrans sont visibles. Cela devrait s'améliorer rapidement.

Sur le plan de la bande passante et du stockage, des progrès restent à faire aussi. Une vidéo 360° pèse environ dix fois plus qu'une vidéo HD. D'où des questions d'optimisation : quelle compression pour la diffusion d'une vidéo de qualité à moindre coût ? Comment stocker de tels contenus ? Cela fonctionne, mais il y a une ample marge d'amélioration. Une vidéo en 360° de 5 minutes pèse actuellement entre 300 et 500 Mo, ce qui fait beaucoup, pour les supports mobiles notamment.

Pour vivre une expérience en VR, des capteurs et des algorithmes complexes entrent en jeu pour anticiper les mouvements du spectateur ; et la rapidité des processeurs est donc mise à rude épreuve. Les professionnels estiment que cela faisait longtemps que les technologies mobiles et les réseaux internet n'avaient pas autant été sollicités.
Actuellement, pour avoir une expérience VR de qualité, il est nécessaire de posséder un smartphone dernière génération, une connexion en fibre optique et un espace de stockage intégralement dédié. Il vaut mieux également se doter d'un casque de type Samsung Gear, lequel prend en charge la détection de mouvement, ce qui permet au smartphone de se

concentrer sur d'autres tâches. D'où une expérience de vidéo en 360° particulièrement fluide et beaucoup moins de sensation de malaise.

Et au niveau de la production ?
Les informations captées par les caméras actuelles (le *rig* Gopro, par exemple) sont assez rudimentaires, par rapport en tout cas aux caméras Light Field (Lytro). Nous pourrons certainement disposer dans un avenir proche de caméras abordables qui seront capables de capter la lumière avec suffisamment de précision pour effectuer un rendu d'images 3D en prise de vue réelle. La VR se dirige ainsi vers des images hybrides, et même vers une convergence entre deux continents actuellement séparés : les images « 3D en temps réel » et la vidéo en 360°.

Le triptyque « casque VR / smartphone / app » permet d'envisager d'autres modes de diffusion des contenus que les portails d'information. Comment mesures-tu ces potentialités ?
Pour un producteur qui travaille avec des chaînes de télévision, il est assez naturel de penser qu'une scène ou un lieu d'un documentaire puisse faire l'objet d'une scène en VR. Les producteurs américains développent ainsi des versions VR de leurs films. C'est un des premiers usages du médium. Tant qu'un acteur n'investira pas dans une plateforme de partage de contenus indépendants, avec un modèle économique, la VR demeurera dépendante d'autres programmes.

Il semble pourtant assez évident d'imaginer que les utilisateurs plébiscitent des contenus VR sur une plateforme dédiée, une sorte de *Steam* pour les contenus en VR. Il y aurait certainement une offre pléthorique de contenus. La concurrence serait rude, mais cela permettrait de sortir du modèle actuel de la gratuité, c'est-à-dire d'un financement par les subventions publiques ou par la publicité. Les tarifs actuels de la publicité sur le web offrent peu de place à la production indépendante.

Aujourd'hui, la production d'une œuvre interactive implique d'autofinancer une partie du projet, alors même qu'il n'existe pas de marché secondaire qui autoriserait un retour sur un investissement pour les producteurs. Je ne connais pas d'exemple d'œuvre interactive qui ait été revendue à un autre média après une première exploitation. Pour des œuvres réalisées pour ARTE ou France Télévisions, faire 100.000 ou 1 million de vues, cela ne change rien pour les retombées économiques des producteurs, si ce n'est qu'une plus forte audience alourdit les charges liées à la fréquentation, le *community management*, etc.

La possibilité de monétiser des œuvres interactives serait très motivante. Même si cela ne concernait que quelques milliers de vente à quelques euros, cela introduirait une dynamique de production salutaire. Un producteur pourrait engranger des fonds pour lancer les productions suivantes. Or, il y a vrai besoin, car la VR est coûteuse. Un producteur fait face à des investissements très lourds dans ce domaine.

Cela suppose néanmoins que des plateformes se mettent en place avec un modèle économique et des contenus intelligents. L'implication exigée par un contenu en VR est similaire à celle d'une séance de cinéma, d'une pièce de théâtre ou d'un concert. On doit bloquer un laps de temps pour expérimenter le contenu. Dans ces conditions, il peut sembler naturel à un spectateur de payer pour y avoir accès

Arnaud Colinart : Comment nous avons produit « Notes on Blindness »

Par Cédric Mal (avril 2016)

> *Notes on Blindness*, c'est « un voyage au-delà de la vision ». Le programme de réalité virtuelle, comme le long-métrage documentaire réalisé par Peter Middleton et James Spinney, est basé sur les enregistrements audio de John Hull, un écrivain, professeur de théologie, devenu aveugle en 1983. Pendant trois ans et après plusieurs décennies de perte progressive de la vue, il a consigné ses impressions et ses émotions dans un journal intime. Plus de 16 heures d'enregistrements desquels fut tiré le livre *Touching the Rock*[166] en 1990, et maintenant ce film et cette expérience VR d'une vingtaine de minutes qui nous fait physiquement ressentir la cécité. Le programme, à la fois méditatif et poétique, est assurément à nul autre pareil.
> Comment celui-ci a-t-il été élaboré ? Etait-ce une évidence de départ ? Quid de la conceptualisation, du financement, de la distribution ? Le producteur Arnaud Colinart, à l'époque chez AGAT Films / Ex Nihilo [167], revient pour nous sur l'impressionnante course contre la montre qu'il a dû mener pour venir à bout de ce projet un peu fou, qui restera sans doute la première œuvre d'art documentaire réalisée en réalité virtuelle.

---

[166] John Hull, *Touching the Rock : An Experience of Blindness*, SPCK Classics, 1990. Edition française chez Robert Laffont (1995) sous le titre *Le Chemin vers la nuit : Devenir aveugle et réapprendre à vivre*.
[167] Arnaud Colinart a depuis cofondé Atlas V avec Antoine Cayrol, Pierre Zandrowicz et Fred Volhuer. Atlas V est un studio de création qui se revendique à la croisée du savoir-faire narratif français et des technologies vidéoludiques les plus avancées.

Le long-métrage a été présenté pour la première fois au public lors festival de Sheffield, en 2016, et il est sorti dans les salles britanniques en juillet de la même année. La sortie américaine a eu lieu à l'automne 2016, et le dispositif VR, non géolocalisé, est sorti le 30 juin 2016 en Grande-Bretagne, puis ailleurs dans le monde. Le long-métrage documentaire a été diffusé en France sur ARTE en octobre 2016.
Propos librement adaptés par Cédric Mal d'une discussion à bâtons rompus.

Ce que j'ai envie que l'on retienne de cette aventure, c'est que nous n'avons jamais voulu faire de réalité virtuelle ! Non pas par défiance technologique (nous avions déjà produit des projets qui faisaient précisément le pari de la technologie chez AGAT Films), mais lorsque nous avons commencé à réfléchir sur ce projet en 2012, l'Oculus Rift était encore en développement, et nous ne voyions pas comment nous emparer de cette technologie pour raconter l'histoire que nous voulions proposer aux publics. Nous ne pensions tout simplement pas à la VR.

Notre ambition de départ est simple. Nous nous engageons avec ce pitch : produire une expérience interactive purement audio, et cela pour plusieurs raisons. La nature du témoignage initial, d'abord. Les archives et le matériel documentaire que nous apportent les réalisateurs Peter Middleton et James Spinney sont purement audio. Nous sommes également motivés par la faible quantité de projets interactifs basés sur l'audio. Relever le défi s'annonce assez intéressant. Et puis *Serial* achève de nous convaincre. Nous avions écouté compulsivement cette série (80 millions de téléchargements tout de même) qui a quasiment (re)créé une industrie du podcast ! Nous nous inscrivons donc au départ dans une logique résolument « mobile first ». Nous ne voulons pas nous baser sur les ordinateurs, ni sur le web traditionnel.

Cette envie commence à se concrétiser avec AudioGaming, un studio indépendant de création digitale avec lequel nous avions déjà travaillé sur *Type:Rider*. L'un des fondateurs de la société, Amaury La Burthe, était l'*audio director* du jeu et son associé, Damien Henry, faisait office de chef de projet. Or, il se trouve que ce dernier, qui a aussi travaillé sur *Real Humans 2*, est le co-inventeur du Cardboard ! C'est donc un peu par son intermédiaire que nous avons commencé à réfléchir à la production de contenus en réalité virtuelle, comme une visite de Paris « augmentée » d'images d'archives par exemple, mais sans y croire réellement à ce stade.

Pour ce qui va devenir *Notes on Blindness*, nous commençons par travailler sur du matériel audio en imaginant une expérience immersive et interactive en son binaural. Il y a par exemple une séquence, que l'on a baptisée *Panic*, basée sur le trouble qui affecte James Hull lorsqu'il sort dans son jardin enneigé : la couche de poudreuse brouille tous ses repères auditifs. Nous avions imaginé faire entendre à l'utilisateur les véritables mots du personnage, puis de lui demander de se lever et de marcher avec son téléphone. Grâce à un gyroscope et à la synchronisation de ses pas, nous pouvions faire entendre à l'utilisateur le bruit de sa marche dans la neige cependant qu'il se déplaçait sur de l'herbe ou sur du bitume. Nous étions très contents de l'immersion dans l'histoire que ce dispositif permettait... Sauf que c'est plus compliqué.

Les premiers tests utilisateurs en audio 360° se sont avérés décevants. Nous nous sommes aperçus qu'on ne parvenait que difficilement à détourner son attention de l'écran du téléphone. Ce n'est pas un comportement naturel, notre attitude est déterminée par la vue. Dès lors, l'utilisateur s'ennuyait. Que faire ? Proposer de regarder un écran noir ? Une image fixe ? De la neige qui tombe ? Rien n'était satisfaisant. Et si nous continuions dans cette voie, nous allions passer à côté du projet, de sa mission (transmettre quelque chose du monde des aveugles aux voyants) et de notre cible résolument « grand public ».

Comment trouver un moyen de représenter l'univers que James Hull décrit ? C'est la question fondamentale qui se pose. On décide alors de travailler la représentation de ce monde acoustique en ajoutant une couche visuelle à l'audio 360. L'idée, finalement, c'est de construire des paysages sonores. Mais que montrer ? Et comment ? Nous nous accrochons au texte. « *The world beyond side* », « *acoustic space* »... Le concept visuel émerge : tout ce qui apparaît à l'image doit être lié à l'activité sonore. Il nous faut garder cette ligne directrice tout au long du projet ; c'est elle qui donnera à l'ensemble une cohérence artistique.

Nous basculons alors dans une expérience visuelle basée sur l'activité sonore qu'on développe sous différentes formes dans une approche à 360°. Nous replongeons dans une phase d'écriture active à partir de notre matière première, nos archives et notre concept visuel. Nous commençons à distinguer ce qu'il se passe dans le long-métrage et ce qu'il pourrait se passer dans la version mobile du point de vue des enjeux de perception. C'est d'ailleurs entre septembre et novembre 2012 que nous lisons le premier script abouti du film. Mais nous travaillons de sorte à ne pas phagocyter les deux projets, et en gardant en tête cette question fondamentale : qu'est-ce qui rend légitime, dans cette vaste entreprise, l'existence d'une expérience interactive à côté du film de 90 minutes ?

Nous rentrons à cette époque en co-production du long-métrage, et nous présentons aux auteurs du film notre approche « audio-interactive » de l'univers de John Hull. Peter Middleton et James Spinney participent donc à notre réflexion, en validant notamment nos hypothèses de création.

Nous continuons à travailler selon la direction artistique visuelle, sonore et interactive que nous avons imaginée, en prenant comme base de diffusion le smartphone. Il faut se souvenir ici que personne n'avait de casque de réalité virtuelle à l'époque ! Y compris parmi notre cible privilégiée (les CSP+). De nouvelles phases de développement nous occupent, toujours à partir de la *magic window [fenêtre magique, NdA]* à 360°. Nous imaginons par exemple des effets à partir de notre souffle sur le téléphone pour la partie dédiée au vent, et nous décidons d'assumer notre parti pris un peu kitsch avec la neige.

Tombe alors l'aide à la production du CNC (100.000 euros). Nous soumettons dans la foulée notre projet au Tribeca Media Fund – que nous n'avions pas réussi à obtenir avec *Type:Rider*. Nous avions besoin de cette subvention (50.000 euros), mais surtout de ce réseau et de cette visibilité à l'international. Contre toute attente, nous décrochons la timbale !

A New York, nous nous rendons compte que notre projet intéresse fortement les professionnels nord-américains présents sur place. Nous sentons que le film intrigue (la version court-métrage avait déjà été présentée aux festivals de Sundance et Hotdocs), et le *pitch* que nous déployons aux *industry meetings*, devant des représentants du *New York Times*, de Google, de POV ou de Sundance, convainc tout le monde. Ils sont tous hyper-motivés et assènent, par conviction profonde pour certains ou par simple opportunisme pour d'autres : « *Mais il faut faire ce projet en réalité virtuelle !* ». Nous sommes alors en avril 2014. On se dit qu'on va finir par s'essayer à la VR, mais cela pose un sérieux problème de financement...

Ce à quoi s'ajoute la pression du calendrier. Quand on signe le contrat de développement avec ARTE, le film est en effet déjà entré en production. Nous avons donc un an de retard ! Or, si le projet VR tend à s'autonomiser par rapport au projet de film, il s'agit tout de même d'une stratégie de diffusion globale ! L'angoisse monte, donc...

Pour trouver les moyens de nos ambitions, nous déposons un dossier aux NTP (les Nouvelles Technologies de Production du CNC) en soumettant un projet en 3D et en VR, assorti d'un prototype visible sur Cardboard pour convaincre la commission. Amaury La Burthe m'avait prévenu : l'essai serait plutôt concluant. A vrai dire, je ne suis pas ébloui par la technologie, mais sidéré par cette évidence qui sautait à la figure : tout ce que nous essayions de faire, c'est-à-dire de mettre quelqu'un *à la place* de John Hull uniquement par le son, était réussi. Et uniquement avec un bout de carton ! A ce stade, je me dis sérieusement que le casque de réalité virtuelle était devenu un masque pour nos esprits.

J'envoie donc le prototype à ARTE, avec le sentiment que le pari est réussi. Nous étions parvenu à quelque chose qui ressemblait à nos souhaits : un projet innovant, immersif, basé sur le son, strictement respectueux du témoignage de John Hull, et assurément excitant pour le public.

Nous n'excluons pas pour autant une version mobile à 360° pour tous les utilisateurs qui n'auraient pas de casque de réalité virtuelle – et ils sont toujours très nombreux ! Nous imaginons donc, à ce stade, développer les deux versions en parallèle, et c'est d'ailleurs ce que nous soumettons au festival de Sundance. L'accessibilité du programme est quelque chose de très important pour nous ; c'est une mission de service public (nous sommes en partie financés par ARTE), qui préoccupe d'ailleurs la grande majorité des producteurs interactifs indépendants en France. Nous tenons absolument à ce que notre projet puisse être considéré par le plus grand nombre.

Nous recevons la confirmation de notre sélection le 13 novembre 2015, alors que je participais au jury transmédia du festival Tous écrans, à Genève. Mais nous n'avions que nos yeux pour pleurer après la tragédie qui s'est déroulée à Paris ce même jour.

Deux semaines après le choc immense des attentats, nous remontons la pente. Et nous nous persuadons que nous n'allons pas nous laisser abattre. Il y a de nombreux producteurs interactifs qui sont basés dans ce quartier du XIème arrondissement de Paris, meurtri par les attaques. Ces rues ont un sens particulier pour la création interactive française. Nos partenaires Audiogaming ont eux aussi été confrontés au terrorisme à côté de chez eux avec l'affaire Merah. On se motive donc, et on se dit qu'on va impressionner tout le monde à Sundance.

Au fil de nos conversations avec les programmateurs du festival de Park City, nous nous rendons compte que la version à 360° de notre proposition n'a aucun sens pour eux, et qu'elle n'aura que peu d'impact. C'est la réalité virtuelle qui guide désormais leur ligne éditoriale. Nous mobilisons alors 100 % de nos ressources pour travailler sur le prototype VR qui sera présenté à Sundance. Nous explorons plusieurs hypothèses narratives, en sélectionnant des chapitres précis des écrits de John Hull et en les confrontant aux interactions possibles avec l'utilisateur. La sélection s'opère à la fois en fonction des possibilités du média et des impératifs de *storytelling*. Nous travaillons de manière itérative, et petit à petit nous abandonnons certaines options pour en préférer d'autres. Par exemple, la séquence au cours de laquelle on passait du jour à la nuit grâce à un *tracker*, qui fonctionnait très bien dans une version mobile à 360°, ne convient plus du tout à un dispositif de réalité virtuelle.

C'est une étape assez ingrate dans le processus de création, car nous avons du mal à nous défaire des réflexes que nous avions acquis en 360°. Nous avons vraiment la sensation d'avoir le cul entre deux chaises, sans pouvoir s'asseoir sur aucune d'elles ! Nous travaillons d'arrache-pied, réduisons le nombre de chapitres de 15 à 10, puis 8, et enfin 4 : *Park, Feeling the wind, Rain* et *The Chorale*.
Nous parvenons à maintenir l'arche narrative choisie sur une première itération, avec cette promesse : produire une véritable expérience narrative en VR, avec un début et une fin. Nous ne pouvions pas nous contenter d'un simple extrait, et encore moins d'un *teaser*.

Peu avant le festival de Sundance, nous allons vivre trois jours assez décisifs lors d'une *creative retreat* organisée par le New

Media Fund du Tribeca Film Institute qui nous soutient depuis le départ. Trois jours dans une forêt près de New York, avec de nombreux professionnels (*game designers,* développeurs, etc.) qui vont nous faire des retours très intéressants sur l'ergonomie du programme. On rencontre un enthousiasme assez général des créateurs présents sur place : Ingrid Kopp, Opeyemi Olukemi (la responsable du fonds), James George (*Clouds, Block out*), Yasmin Elayat et Jigar Mehta (*50 days in Egypt*), Francesca Panettta (*6x9*), etc.

Nous demandons aussi à tous ces professionnels comment se passent les choses à Sundance. Tous nous conseillent de présenter un menu accessible, et surtout de faire un effort substantiel sur la communication autour du projet. Je prends alors le temps – et la peine ! – de formaliser nos outils marketing (un *teaser*, un dossier de presse, des captures d'écran, etc.). C'est fondamental pour faire parler d'un projet là-bas. Et plus généralement, la question de la distribution de *Notes on Blindness* est largement débattue pendant ces trois jours – car c'est un peu le nerf de la guerre...

Nous arrivons ensuite au festival de Sundance, et *Notes on Blindness* suscite un peu d'attention, avec quelques articles dans la presse. Mais ce sera la semaine suivante que les choses vont très vite s'accélérer avec des mentions dans le *New York Times* ou sur *USA Today*. On croule alors sous les sollicitations de festivals.

C'est d'ailleurs peut-être en ce domaine que nous avons réalisé le meilleur investissement du projet : nous avons demandé au producteur Fred Volhuer de nous représenter aux Etats-Unis, et c'est grâce à lui que le *New Yorker*, *Vice* ou encore le *Google Creative Lab* se sont intéressés à nous. C'est sous son impulsion que l'écho médiatique du projet a été démultiplié, et que d'autres partenariats ont pu se nouer. Nous avons aussi beaucoup travaillé avec lui sur la manière de présenter *Notes on Blindness* en fonction des particularités de chaque festival. Après Sundance, nous commençons tout de suite à travailler pour la soumission du projet à la sélection du festival de

Tribeca (laquelle sélection n'est pas automatique après avoir été aidé par la bourse du TFI). Le rythme du développement et la forme du projet deviennent de fait très dépendants de ces manifestations américaines. D'abord parce qu'elles concentrent un grand nombre de professionnels talentueux, mais aussi parce que ce sont aujourd'hui presque les seuls endroits, avec certains musées ou centres d'art, où le public peut s'essayer à ces œuvres en réalité virtuelle.

Entre les mois de janvier et d'avril 2014, on transpire pour être prêts et convaincants à New York. Nous disposons alors de quatre séquences cohérentes, mais nous avons du mal à en réaliser trois autres avec le même niveau d'exigence et de satisfaction. Nous supprimons aussi, la mort dans l'âme, la scène que nous avions baptisée *The Dream*. Elle montrait ce que John Hull voyait quand il rêvait ; son inconscient restant encore attaché au visuel. « *And when I wake up, all is black again* ». Pour signifier ce basculement, nous voulions brusquement insérer une vidéo – une scène du film – dans la représentation. L'intention était puissante, mais sa concrétisation s'est avérée impossible : l'intégration d'images en 360° tournées en 2D dans un univers en 3D ne fonctionnait pas. Et nous ne pouvions plus compter sur les réalisateurs du film, alors très absorbés par leur propre travail.

Nous continuons donc de travailler sur la séquence intitulée *Panic*, qui raconte bien la dimension dramatique et angoissante du handicap, et sur l'*Epilogue*.

A ce stade, nous sommes certains de notre choix de couleurs. Le monochrome bleu et le noir, plutôt que le traditionnel noir et blanc. Avec un strict noir et blanc, nous aurions été trop signifiants, et sans doute serions-nous trop tombés dans la nostalgie. Le bleu, finalement plus froid que le blanc, est aussi très peu représenté dans la nature (mis à part le ciel, bien sûr), ce qui nous arrange. Précisons également que notre intention et notre ambition n'ont jamais été de reconstruire visuellement la perception des aveugles.

Pour la dernière séquence, l'enjeu de couleurs se déplace un peu. Là, il s'agissait de traduire le fait que John Hull retrouve une certaine forme de paix intérieure en s'affranchissant de ses perceptions visuelles. On décide donc de construire le concept de la scène autour [Attention : *spoiler* !] d'un basculement au blanc. L'utilisation de cette couleur pour exprimer la paix et obtenir une représentation plus abstraite encore pour signifier le détachement par rapport au monde visuel s'est assez vite imposée. D'autant que nous n'aurions pas pu recourir au noir : les utilisateurs l'aurait associé à la mort, ou à un *bug* dans le programme.

Finalement, la première séquence, *Park*, c'est un peu le banc de *Forrest Gump* : on ouvre la boîte de chocolats. Et l'*Epilogue* permet de la refermer, et de revenir sur le banc.

Après Tribeca, le stress emmagasiné pendant des semaines et la franche réussite (artistique) du projet m'arrachent une petite larme. On a compté jusqu'à 7 heures d'attente pour voir le programme et 300 personnes en ont profité chaque jour ! C'était énorme. L'équation de départ, difficile, a trouvé sa solution. Le sentiment de satisfaction est très fort. Alors même que le projet n'est pas encore sorti, et que ce n'est qu'une version Bêta que nous proposons aux spectateurs.

Se pose maintenant la question de la finalisation de *Notes on Blindness*, et surtout celle de la sortie du programme. Les discussions sont nourries, et parfois difficiles avec les diffuseurs pour déterminer une stratégie efficace. Nous avons eu la chance d'expérimenter un modèle de production itératif porté par des équipes talentueuses, mais désormais il va falloir ne pas décevoir. C'est en ce sens d'ailleurs que nous ajoutons finalement deux séquences au programme, qui en contiendra alors six. Notre ambition ici, c'est de donner au spectateur le sentiment d'effectuer un voyage narratif complet.

Le moins exaltant dans cette histoire, c'est peut-être l'adaptation française (car le projet a été entièrement développé en anglais). Les sous-titres, rédhibitoires à ce jour en réalité virtuelle, sont interdits. Avec ARTE, nous portons notre choix sur Lambert Wilson pour incarner la voix-off, aussi bien dans le long-métrage que dans l'expérience VR. Cette version française opère donc un net glissement : d'un témoignage brut et personnel, nous passons à une histoire qui nous est racontée. Le travail sur l'authenticité des archives et la dimension testimoniale – et intime – de l'expérience perd inévitablement de sa force, mais c'est un passage obligé si l'on veut atteindre le plus de monde possible – ce qui reste un objectif de départ clairement assumé, je le répète.

Au final, le budget total de *Notes on Blindness* s'élève à 500.000 euros, sans compter les valorisations en industrie et l'apport d'Audiogaming. Il a été financé grâce aux apports d'ARTE (180.000 euros, dont 30.000 pour la phase primordiale du développement), du CNC (150.000 euros), de l'aide aux Nouvelles Technologies en Production (NTP) du même CNC, de Tribeca (50.000 euros) et de la région Midi-Pyrénées (20.000 euros).

Notes on Blindness est aussi l'histoire d'une coproduction internationale – d'une auberge espagnole – qui se passe bien. Ce qu'il faut en retenir, c'est que nous sommes parvenus à obtenir et à mobiliser le meilleur des deux mondes : le financement en France et la visibilité aux Etats-Unis. Les Américains nous apportent 10 % du budget, mais 90 % des retombées médiatiques et professionnelles. C'est notre problème dans l'interactif aujourd'hui en Europe : il n'existe que très peu d'intérêt pour nos projets. C'est une réflexion collective qu'il faudra mener : nous avons de gros moyens de production, et assez peu de retentissement public. Et ce qui plaît aux Etats-Unis, c'est justement notre manière de faire, européenne et française. « *C'est un travail sensible* », nous dit-on souvent. Pour eux, nous nous exprimons dans le champ du « *Digital Art* », alors que les Américains s'emparent de ces nouvelles manières de raconter le monde essentiellement dans le journalisme, où la vidéo à 360° et l'animation ont le vent en poupe. C'est un peu comme dans l'industrie du cinéma : on ne fait pas mieux que les Américains, mais différemment. Il y a de la place pour Spielberg, Tarantino, Desplechin et Hazanavicius.

Ce qui nous amène à Cannes pour la présentation de *Notes on Blindness* aux professionnels réunis sur la Croisette en 2016. Je pensais qu'on allait être accueillis comme les enfants incompris de la Silicon Valley, mais pas du tout ! Et cela pour une raison fondamentale : nous nous inscrivons dans la lignée des productions et des écritures du cinéma français, et de sa « petite » universalité. Nous devons nous battre pour conserver cette spécificité française, ainsi que son mode (modèle) de financement. C'est une richesse incroyable, une valeur précieuse. Les diffuseurs, les bailleurs de fonds, les producteurs, tout le monde vous le dira : il n'y a que des Français pour faire ça ! Il faut en être fier. On peut penser que ça n'a rien à voir avec les préoccupations du marché, mais peu importe ! Nous *devons* le faire.

En Grande-Bretagne, l'industrie du cinéma a été décimée par l'aspirateur américain. Il n'y a qu'à voir : *Star Wars* est sélectionné aux BAFTA ! Ce n'est pas le cas en France, et ce que le cinéma a réussi à faire, nous devons y parvenir pour les productions interactives (webdoc, réalité virtuelle, jeux vidéo, etc.). Il faut simplement que le monde de la culture française nous entende, nous reçoive et nous écoute. Ce n'est pas vraiment le cas aujourd'hui, mais espérons que l'essor de la VR sera l'occasion, si ce n'est la justification, de ce changement de disposition à nos égards.

Cela étant, la chance du secteur du transmédia et de l'interactif, c'est que les utilisateurs finiront par le dire pour nous. Céline Sciamma[168] l'a martelé à Cannes : la réalité virtuelle recèle « *un effet de sidération comparable au cinéma* ». Et je pense qu'il en est de même pour des propositions comme *Phallaina* ou *Prison Valley*.

---

[168] Céline Sciamma était alors présidente de la commission d'aide aux « nouveaux médias » du CNC. Elle a été remplacée par Pierre Schoeller en juillet 2016.

Notes on Blindness[169], c'est un peu le *Le Voyage dans la Lune* de Méliès. Nous nous sommes concentrés sur toutes les contraintes techniques, et nous avons composé en fonction. Pourquoi ça fonctionne ? Fondamentalement, parce qu'on est dans le noir – et donc pas très loin de l'immersion propre du spectateur dans une salle de cinéma. Et parce que l'histoire est basée sur un matériel audio.

Finalement, le webdoc a été l'une des premières formes de récit interactif sur internet, et le potentiel d'immersion de la VR procède de cette interactivité, que nous travaillons depuis 10 ans dans des œuvres documentaires sur le web. Aujourd'hui, nous découvrons un nouveau médium, et la différence d'expériences qu'il autorise devrait mettre tout le monde d'accord, à terme. Je pense que les projets vont justifier et légitimer son existence.

---

[169] Lire aussi Peter Middleton et James Spinney, *The story behind « Notes on Blindness »*, *New York Times*, 16 janvier 2014.

Kay Meseberg : « La réalité virtuelle est une vieille idée »

Par Xavier de la Vega (février 2016)

Kay Meseberg est responsable VR/360 chez ARTE. Il gère notamment la plateforme ARTE360, sur laquelle on peut retrouver *Notes on Blindness*, *I Philip*, *Polar Sea*, *Altération* ou encore la série *Art Stories*.

Avec ARTE360, ARTE témoigne d'un intérêt marqué pour la réalité virtuelle. A partir de quel moment avez-vous pensé qu'il fallait y aller ?
Key Meseberg – Au début du projet *Polar Sea*, nous avions décidé de travailler avec la vidéo 360°. A ce moment-là, en 2013, il y avait déjà de telles vidéos, mais elles n'étaient pas très connues. Puis la campagne de *crowdfunding* pour le premier casque Oculus Rift a été lancée. J'ai alors dit au réalisateur : « *Puisque nous sommes en train de créer une application smartphone, pourquoi ne pas montrer le projet dans un casque Oculus ?* ». Le tournage a eu lieu à l'été 2013 dans l'Arctique. Lorsqu'ils sont revenus avec les images, cela a fonctionné tout de suite.

Le deuxième facteur a été l'impact que nous avons observé sur les spectateurs : les gens regardaient les images avec la bouche bée. En voyant cela, nous nous sommes dit : « *Là, il se passe quelque chose d'important* ». Sur le plan personnel, je fais de la production web depuis 15 ans, et c'était la première fois que je voyais des réactions positives de toutes les générations devant un projet interactif. Un enfant de 5 ans réagissait de la même manière qu'une grand-mère de 90 ans. Nous nous sommes alors presque sentis « obligés » de faire quelque chose avec ça, et d'expérimenter.

Les outils techniques ont bien avancé également. Mon expérience m'a appris qu'une technologie fonctionne véritablement quand il y a une longue histoire derrière. L'inventeur serbe Nikola Tesla[170] avait imaginé une sorte de smartphone il y a 100 ans déjà. Les premières anticipations du web datent de l'invention du téléphone. On peut dire que les premières expériences de réalité virtuelle ont été réalisées par les frères Lumière avec *L'arrivée d'un train en gare de la Ciotat* en 1895. Quand au premier film à 360°, on le doit à Raoul Grimoin-Sanson, avec son Cinéorama présenté à l'exposition universelle de Paris, en 1900. L'histoire de l'immersion est encore plus ancienne, puisqu'elle date au moins du théâtre grec. Lorsqu'une nouvelle technologie rejoint une très vieille idée, il se passe quelque chose d'important.

C'est le cas de la réalité virtuelle. Ce n'est pas seulement une innovation technologique, c'est aussi une vieille idée. André Bazin réfléchissait sur le cinéma total[171], Sergueï Eisenstein imaginait de son côté un film « stéréoscopique ». Beaucoup de réflexions sont aujourd'hui disponibles pour créer des contenus intéressants en réalité virtuelle.

Où en est la réalité virtuelle sur le plan technologique ?

Souvent, on compare la VR aux premiers films muets en noir et blanc. Les choses vont certainement plus vite qu'à l'époque, mais nous n'en sommes encore qu'au tout début. Il existe surtout des vidéos linéaires. On commence à voir quelques contenus interactifs et des jeux vidéo. Mais je suis d'accord avec Werner Herzog pour dire qu'il y a encore une étape à franchir pour que la VR soit un media satisfaisant pour la création de contenus en immersion.[172]

---

[170] Ingénieur (1856-1943) naturalisé américain, il travailla avec Thomas Edison et George Westinghouse. On lui doit plusieurs centaines de brevets, essentiellement dans le domaine de l'électricité. Il fut également à l'origine de l'invention du radar.
[171] André Bazin, *Qu'est ce que le cinéma*, Le Cerf, 1976.
[172] Patrick House, *Werner Herzog talks virtual reality*, The New Yorker, 12 janvier 2016.

Il est clair que l'étape du Google Cardboard – la visualisation de contenus au moyen d'un casque et d'un smartphone - est importante, car tout le monde a un smartphone dans la poche. Mais ce n'est qu'une étape. Aujourd'hui, mon smartphone possède mille fois plus de mémoire RAM que mon premier ordinateur. Cela a mis 30 ans à arriver. Cela montre bien le potentiel de progression. Avec l'arrivée de la 4G, puis de la 5G, bien des choses deviendront possibles.

Certains estiment que les tentatives de raconter des histoires interactives – les webdocumentaires par exemple – n'ont pas trouvé jusqu'ici un support technologique suffisamment immersif. La VR peut-elle les sauver ?
Je pense que les webdocumentaires ont joué un rôle très important. Quand ils ont été créés il y a 10 ans, personne ne parlait de télévision non linéaire. Aujourd'hui, nous vivons dans un monde non linéaire. Les webdocs nous ont aidés à penser les choses différemment. Les créations VR vont bénéficier des succès et des échecs des webdocumentaires. L'interactivité est l'ADN de la réalité virtuelle ; ceux qui en maîtrisent le langage auront un coup d'avance pour la création de nouveaux contenus.

Une bonne partie du public est passé à côté des programmes web, toutes générations confondues... Pensez-vous que la VR puisse s'adresser à un grand public ?
Oui. Toutes les réactions que j'observe plaident en ce sens. La VR est beaucoup plus accessible qu'une narration web dans laquelle les gens ne savent pas par où commencer, ne comprennent pas où ils doivent cliquer. Pour les gens qui ne sont pas nés avec un portable dans la main, il est plus difficile de comprendre et de s'accoutumer à de nouvelles manières de raconter des histoires. Les vidéos en 360° sont beaucoup plus intuitives. Vous appuyez sur un bouton et ça marche ! Nos programmes en réalité virtuelle ne s'adressent pas seulement à la « génération smartphone », mais à un large public.

Quels sont les premiers projets marquants d'ARTE360 ?
Nous avons sorti une première fiction en février 2016 : *I, Philip* (produite par le studio Okio). Mais nous publions aussi des concerts, des opéras, de la musique classique. Avec *Art Stories*, nous nous engageons dans une série dédiée au patrimoine historique. Nous commençons avec un programme sur le château de Fontainebleau. Nous avons aussi des projets de type journalistique, comme un sujet sur l'accueil des premiers réfugiés en Allemagne, *Wasala*, qui a été diffusé fin janvier 2016. Nous réfléchissons aussi beaucoup au cinéma. Des jeux sont par ailleurs prévus pour Arte Creative.

Nous nous intéressons également aux projets interactifs en VR, mais nous devons encore mesurer ce qu'il est possible de faire et à quel coût. Aux États-Unis, de nombreux projets sont actuellement en développement, par des auteurs qui viennent du monde du jeu vidéo. Cela dit, entre le monde réel de la vidéo en 360° et le monde artificiel des jeux, ce que peut être une bonne expérience interactive en 360° n'est pas encore clair à mes yeux. Mais j'aime le mélange des univers, alors voyons !

Des projets exclusivement en VR peuvent-ils se développer sans lien avec l'antenne ?
Il y a actuellement beaucoup d'intérêt de la part des fonds d'aide. Petit à petit, un marché s'est également créé, avec de nombreux sites destinés à publier ce type de contenus. Mais personne ne connaît encore le modèle économique de tout cela. La publication d'une application pour des contenus Oculus Rift est une possibilité. Si l'intérêt se développe pour les contenus en VR, le marché va se structurer autour de ces objets. D'ici à 5 ans, il y aura peut-être un Netflix pour la réalité virtuelle !

La réalité virtuelle, ce peut être un dispositif très simple : un casque Google CardBoard, un smartphone et une app. Pensez-vous que cela va coexister avec les dispositifs haut de gamme comme l'Oculus Rift ?
Cela va dépendre des contenus. Après Iñarritu et *Carne y arena*, Ridley Scott a sorti une expérience en VR de 30 minutes autour de *Seul sur Mars*. 30 minutes, cela ne se visionne pas pendant une pause-café, mais pendant une soirée ou un trajet de train. C'est aussi une durée incompatible avec les capacités actuelles de mémoire d'un smartphone – à moins que le programme soit visionné en *streaming*. Voilà qui limite, en tout cas pour l'instant, les contenus consultables depuis un téléphone. Les formats courts sont intéressants pour ces supports. Les expériences plus longues seront réservées à une consommation à la maison.

On peut cependant imaginer que les capacités en termes de compression et de mémoire évoluent...
Oui, avec la 4G et la 5G, il sera certainement possible de voir des formats longs sur des smartphones. En Corée du Sud, c'est déjà possible d'ailleurs. En ce moment, les réalisateurs de Hollywood sont sur les chapeaux de roue pour créer des films, y compris des long-métrages en VR[173]. Si ces expériences sont des succès commerciaux, elles indiqueront la direction du marché.

Faut-il craindre un monde dans lequel tout le monde est immergé dans un casque, de manière solitaire ?
Le danger d'un monde dans lequel la vie n'existe plus que dans des appareils est réel. Ceci dit, nous vivons déjà dans un monde d'immersion. Lorsque des gens attendent un train, si on en trouve un seul qui ne regarde pas son smartphone, c'est déjà beaucoup !

Notre devoir est de porter une grande attention aux contenus créés pour ces supports. Je souhaite qu'il y ait des programmes différents en Europe, qui réfléchissent notamment à la

---

[173] A noter les sorties récentes de *Miyubi*, par Felix & Paul, et de *Fan Club*, réalisé par Vincent Ravalec.

technologie elle-même. C'est justement le cas de *I, Philip*. Plusieurs des programmes que nous avons en préparation interrogent d'ailleurs la réalité virtuelle, la confusion entre virtuel et réel.

Cela étant, il faut garder en mémoire la mutation des modes de consommation culturelle. Au départ, on regardait la télévision dans les bars – un mode de consommation éminemment social – puis elle a pris place dans le salon familial, avant d'entrer dans les chambres individuelles. La consommation d'internet a connu une évolution analogue, du cybercafé au smartphone. Ce qui manque souvent, c'est de réfléchir à cette évolution et de s'interroger sur le devenir des technologies. On peut passer des heures à parler de l'avenir, mais on ne saura pas de quoi il sera fait avant qu'il advienne. Ce qui est sûr, c'est que l'innovation technologique ne s'arrêtera pas, que nous aurons des connexions plus rapides et qu'elles apporteront des expériences beaucoup plus satisfaisantes.

L'émergence de la VR va-t-elle définitivement enterrer les formats de type « webdocumentaire » chez un diffuseur comme ARTE ?
Disons cela avec un proverbe anglais : « *There is life in an old dog* »[174]. La réalité virtuelle et les vidéos à 360° peuvent nous permettre de résoudre l'un des principaux problèmes des webdocumentaires – l'interface utilisateur – et d'améliorer la manière d'entrer dans les histoires. La VR et les vidéos à 360° présentent deux avantages importants pour le public : la présence du bouton en triangle « *play* » (déjà vu sur toutes les vidéos du web), et l'interactivité « par nature ». Les documentaires en *scroll* avaient eux aussi tenté de créer un standard de lecture, mais le format ne s'est pas répandu aussi largement que le bouton « *play* ». Pénétrer dans les contenus de la manière la plus simple possible est crucial pour créer une bonne expérience. Une fois que le spectateur est « pris » dans l'histoire, le voyage interactif peut commencer, avec plus ou moins de linéarité selon les goûts des créateurs. Mais j'ai

---

[174] Littéralement : « *Il y a de la vie dans un vœux chien* »

comme l'impression que certains des webdocumentaristes les plus connus ont déjà de belles idées en tête pour les documentaires en réalité virtuelle.

Y a-t-il, à vos yeux, des différences fondamentales selon que l'on travaille à partir d'images de synthèse ou d'images réelles ? Techniquement, formellement, d'un point de vue éditorial, et même philosophique ?
Je pense que l'expérience commande tout. Bien sûr, les images « réelles » vont laisser une impression plus forte aux publics, mais un mélange de ces deux régimes d'image peut s'avérer tout aussi intéressant. *I, Philip*, par exemple, est basé sur une histoire vraie, avec des acteurs en chair et en os, mais aussi avec des images de synthèse. Une autre expérience réalisée dans un monde généré par ordinateur et racontée par un aussi bon conteur que David Attenborough est étourdissante[175]. La question ne consiste donc pas trancher entre images réelles et images de synthèse, mais de se demander comment raconter une belle histoire, et comment produire une belle expérience.

---

[175] Le célèbre naturaliste David Attenborough a participé à *Hold the world*, une expérience de réalité virtuelle inédite produite par Factory 42 (avec la Sky) pour le compte du Muséum d'Histoire Naturelle de Londres.

« Le Photographe inconnu » : Histoire d'un projet documentaire à deux têtes

Par Fanny Belvisi (octobre 2016)

> Présentée initialement à Power to the Pixel (Londres) en octobre 2015, puis à Sundance et au Sunny Side of the Doc en 2016, l'œuvre de réalité virtuelle *Le Photographe inconnu*, coproduite par l'Office National du Film du Canada et la société Turbulent, est sortie dans les magasins en ligne à l'automne 2017.
> A mi-chemin entre le documentaire et la fiction, l'œuvre déplace et interroge les frontières entre les deux genres, tout en proposant une expérience haute en couleurs et en sensations. Retour sur l'odyssée d'une création mouvementée.

L'histoire de ce projet est loin d'être un long fleuve tranquille. Tout commence en 1974 lorsque le cinéaste Philippe Baylaucq découvre dans une maison abandonnée à Moron Heights, au nord de Montréal, un album rempli de photos saisissantes sur la Première Guerre mondiale, qu'il confie en 2002 à son ami Bertrand Carrière.

Bertrand Carrière est photographe et il vient juste d'achever un travail sur la Seconde Guerre mondiale. Celui-ci s'empare alors de cet objet incroyable, hanté par une foule d'interrogations : qui est ce Fletcher Wade Moses qui semble avoir pris ces photos ? D'où ont-elles été faites et dans quel but ? Quelle est l'histoire de cet homme qui a minutieusement réalisé et/ou collecté ce témoignage si précieux sur la Grande Guerre ? C'est sûr, il y a un film à faire. Bertrand Carrière prend alors son bâton de pèlerin pour aller taper à la porte de différentes sociétés de production. En vain. Le projet est recalé. Pas assez sexy, pas assez vendeur, ce photographe inconnu n'intéressera personne.

Ce n'est qu'en 2010 que le projet arrive à l'Office National du Film du Canada. Depuis 2009, l'ONF dispose de studios de productions interactives, l'un basé à Vancouver et l'autre à Montréal. Travailler à partir de cet album de photographie, pourquoi pas ? Hugues Sweeney, producteur exécutif du studio interactif francophone, décide alors de lancer l'ONF dans l'aventure, tout en prévenant l'auteur : « *Attache-toi, ça va être long !* ».

Débutent alors trois années de recherches et de tâtonnements. Dans un premier temps, Bertrand Carrière travaille avec deux scénaristes interactifs de l'ONF pour réfléchir à l'écriture du projet. « *On a réfléchi pour essayer de trouver une façon interactive de regarder ces images, et puis aussi d'en proposer une lecture actualisée. Moi, je partais d'une pensée assez linéaire, cinématographique, et j'ai embarqué dans quelque chose qui était complètement différent.* », explique Bertrand Carrière.

L'idée de proposer un film en format tablette finit par éclore. Mais pour mener à bien cet objectif, il faut des moyens financiers importants. Hugues Sweeney se rapproche de la société de production numérique Turbulent, dirigée par Marc Baudet, qui développe des projets innovants depuis 2002, pour leur proposer de coproduire le projet. En 2013, Turbulent s'associe donc avec l'ONF, monte un dossier et décroche une aide de 300.000 dollars canadiens *[200.000 euros environ, NdA]* du Fonds des Médias du Canada (FMC). Le projet peut continuer.

Pourtant, plus la production avance et plus les recherches que mène Bertrand Carrière sur l'identité du photographe deviennent sinueuses, compliquées. « *Toute la recherche sur les lieux pour comprendre d'où avaient été prises les photographies s'est faite entre 2005 et 2009. Ce n'est qu'en 2014 que j'ai abordé la recherche sur l'identité de Fletcher Wade Moses. J'arrivais tout le temps sur des culs-de-sac. Je* n'arrivais pas à comprendre qui il était. Dès que je tenais une piste, elle s'évanouissait. », reprend Bertrand Carrière. Etait-il un soldat dans l'armée britannique ou américaine ? Un photographe officiel ? Impossible de retracer de manière certaine son histoire. Paradoxalement, plus le documentaire se construit et plus le parcours de ce photographe inconnu se délite.

Au final, le résultat obtenu sur tablette ne convainc ni l'ONF, ni Turbulent. Que faire ? L'aide attribuée par le Fonds des Médias du Canada a largement fondu. Si aucune œuvre n'est réalisée, il faudra rembourser l'aide allouée. Turbulent décide alors d'impulser 295.000 dollars canadiens des deniers de l'entreprise pour poursuivre le projet. Retour à la case départ. En 2015, deux ans après l'obtention de l'aide du FMC, l'ONF et Turbulent choisissent alors d'abandonner l'idée d'un documentaire sur tablette pour se tourner vers un projet en VR.

Ce photographe inconnu comprendra donc deux volets : un film documentaire court « classique » réalisé par Bertrand Carrière à partir de l'ensemble du matériel et des documents qu'il est parvenu à récolter, et une expérience en réalité virtuelle interactive à mi-chemin entre le documentaire et la fiction, réalisée, elle, par Loïc Suty, de Turbulent. Celui-ci explique : « *Lorsqu'on s'est rendu compte que le documentaire pour tablette ne donnait pas les résultats attendus, il a été décidé de faire : d'une part, un film documentaire linéaire, que Bertrand réaliserait ; et d'autre part, prendre une toute autre approche pour la réalité virtuelle. Cela permettait de conserver le périmètre de Bertrand, qui est vraiment celui de la recherche pure documentaire. Je ne voyais pas l'intérêt de faire un doublon digital de son travail, dans la mesure où la forme documentaire linéaire s'y prête très bien. C'est une forme qui n'est pas du tout "has been" ; au contraire, ça marche parfaitement. En réalité virtuelle, je trouvais intéressant de tester tout autre chose. Saupoudrer d'un peu d'interactivité et de digital le travail de Bertrand aurait cassé les équilibres que lui crée et aurait donné une œuvre hybride, qui risquerait d'être à la fois mauvaise d'un point de vue documentaire, et mauvaise du point de vue de l'innovation numérique.* »

Cette fois-ci, l'ONF et Turbulent n'ont plus le droit à l'échec : il faut que ça fonctionne ! Et leur préoccupation majeure est de chercher comment transformer un objet inerte, un album, et des photographies, c'est-à-dire des supports bidimensionnels planes, en une expérience vivante, interactive et forte pour les spectateurs. Comment raconter une histoire à partir de ces photos ? Et d'ailleurs, quelle histoire puisque celle de son auteur présumé est restée justement opaque malgré les recherches ? Enfin, surtout, comment retrouver dans une expérience l'émotion suscitée par l'observation de ces photographies, celle-là même qui a motivé et impulsé tout le projet ; cette émotion qui a nourri l'envie de transmettre d'une manière ou d'une autre le contenu de l'album ?

Le choix d'utiliser la réalité virtuelle s'inscrit pleinement dans ces questionnements. Des lunettes Oculus sur les yeux, un casque sur les oreilles, le spectateur avance au cœur des images de guerre de l'album, la VR lui donnant la possibilité d'en vivre pleinement le contenu sidérant, monstrueusement fascinant. Dans *Le Photographe inconnu*, le spectateur fait ainsi l'expérience de photographies immenses, démesurément plus grandes que lui. Il est littéralement submergé par les pixels des photographies et peut en toucher la portée de manière intuitive, sensorielle.

Mais ce n'est pas tout. Le spectateur a également un *joystick* à la main. *Le Photographe inconnu* présente en effet l'originalité d'utiliser un moteur de jeu vidéo pour faire une expérience 3D interactive qui ne soit justement pas celle d'un jeu vidéo. Ce choix d'utiliser de la VR interactive, plutôt qu'une « simple » VR « cinématique », permettait aussi un rapport actif du spectateur face aux photographies, indispensable aux yeux du réalisateur pour qu'il puisse s'emparer du contenu des clichés. « *Ce que l'on a eu très tôt en tête, c'est une sorte de* Doom *sans flingue !*, raconte Loïc Suty. *L'interactivité que nous avons utilisée est uniquement une interactivité de déambulation, il n'y a pas de collecte d'objets par exemple. Je voulais créer une déambulation du spectateur qui soit de l'ordre du parcours muséal. Dans chaque séquence, il y a donc un point d'entrée et un point de sortie entre lesquels le spectateur est libre de ses déplacements. Le parcours a été conçu d'une manière qu'on pourrait apparenter à ce que réalise sûrement un muséographe, en concevant le chemin des visiteurs à l'intérieur des pièces d'une exposition. Ici aussi, il y a un fil relativement linéaire, que le spectateur suit à son rythme et avec lequel la voix-off est synchronisée. Il était essentiel pour nous que l'utilisateur puisse se déplacer librement pour découvrir les photographies qui sont commentées d'une façon ou d'une autre. »*

Cette liberté est néanmoins parfaitement orchestrée. L'expérience que fait le spectateur dans la contemplation des photos est ainsi structurée en trois grands chapitres, avec un premier temps centré sur une histoire chronologique de la guerre, des tranchées à l'hôpital en passant par les usines ; un deuxième moment axé sur la question de la mémoire et de l'utilisation des photographies, par la presse notamment, dans un cadre de propagande ; et enfin un dernier temps basé sur la thématique de la destruction, des ruines et de la fascination que celles-ci induisent chez le spectateur. L'expérience se clôt par une déambulation dans un cimetière. « *"Il n'y a qu'une seule chose qui est éternelle chez l'humain, c'est le fait qu'il continuera à se faire la guerre." Chez Turbulent, nous avons mis du temps avant d'assumer pleinement cette conclusion. Mais cela nous semblait important que l'on puisse aboutir sur un constat sombre. Ce n'est pas parce qu'on est dans une esthétique de jeu vidéo que l'on doit prendre de la distance par rapport à la réalité historique et à la brutalité barbare, stupide de la guerre. L'expérience ne parle pas vraiment d'héroïsme. Si les gens sortent en pensant que tout cela a été monstrueusement absurde, et non que ces personnes sont mortes glorieusement pour la France ou pour tout autre pays, alors je pense avoir fait mon travail.* », explique Loïc Suty.

Simultanément à la déambulation physique dans des paysages oniriques peuplés des photographies trouvées dans l'album, le spectateur fait également une expérience de mots. Le casque placé sur ses oreilles lui permet en effet d'entendre un texte qui évolue au gré de son cheminement dans l'œuvre. Puisque l'identité du vrai Fletcher Wade Moses reste introuvable, Loïc Suty et l'équipe de production ont donc pris le parti d'inventer un personnage de toute pièce. LE photographe de l'album devient ainsi pour l'œuvre en réalité virtuelle UN photographe, inconnu et fictionnel. Ce sont les pensées de ce personnage inventé que suit le spectateur, puisque le réalisateur a choisi de composer un texte à la première personne avec l'écrivain Catherine Mavrikakis, permettant ainsi d'explorer le ressenti du personnage au contact de la guerre et des photographies qu'il en tire. A mi-chemin entre l'esthétique du journal intime et celle des mémoires, le spectateur est alors autant immergé dans les images que dans la structure d'un discours intérieur labyrinthique. Au déplacement physique sinueux entre les photographies répond en effet les méandres d'une pensée qui se cherche, hésite, cherche à comprendre ce qu'elle voit *in medias res*. Cette sensation d'être en présence d'un « flux de conscience », un peu à la manière dont la pratiquait l'écrivain James Joyce, provient aussi du fait que, tout en choisissant d'inventer un nouveau personnage de photographe, il était néanmoins important pour Loïc Suty de parvenir à faire exister le mystère qui flotte autour du réel Fletcher Wade Moses. De fait, l'expérience virtuelle intègre les doutes qui planent sur lui, notamment grâce aux hésitations et aux blancs qui parcourent le discours intérieur du photographe fictif. Le choix des mots a d'ailleurs fait l'objet d'une attention toute particulière, l'idée étant moins de raconter une histoire structurée que de faire partager des sensations volatiles, et transitoires.

Mais cette volonté de donner de l'épaisseur au personnage fictif au travers du personnage réel ne s'arrête pas là. Ainsi, Catherine Mavrakakis n'a pas écrit un seul flux de pensées, mais trois. Pour Loïc Suty et elle-même, il était en effet primordial de ne pas figer la personnalité de ce photographe inconnu dans une voix prédominante, affirmative d'une seule vérité. Aux identités possibles de la personne de Fletcher Wade Moses répond donc un personnage à trois voix correspondant chacune à trois psychologies différentes, qui s'alternent en fonction des séquences que traverse le spectateur.

Loïc Suty définit son personnage selon trois typologies. Il existe la voix du « photographe humaniste », personnage fasciné par la technologie qui s'interroge sur la manière dont celle-ci peut être tout à la fois source de progrès en même temps que de destruction. Vient ensuite celle du « photographe réaliste », précurseur du photojournaliste, qui oscille entre la conscience du devoir de garder une mémoire de ce qu'il voit et la connaissance de la valeur mercantile des tirages qu'il effectue, et qu'il pourra vendre facilement tant les images sont fascinantes. Enfin, dernière variation vocale, celle du « photographe futuriste », personnage nazi avant l'heure, totalement fasciné par la destruction et par la beauté de la guerre.

Le spectateur passe ainsi d'une psychologie du personnage à une autre, sans même en avoir conscience. Chaque séquence de l'expérience est activée grâce à un système de déclencheurs, c'est-à-dire une série d'interrupteurs (des *triggers*) non visibles qui, dès qu'ils sont franchis, provoquent un tirage au sort du texte entre ces trois psychologies.

On devine, derrière ce parti pris, le travail pour rendre compatibles ces variations textuelles (et donc psychologiques) entre elles, pour qu'elles soient invisibles aux oreilles du spectateur et surtout qu'elles ne lui paraissent pas incohérentes. « *Ce jeu de combinaisons aléatoires ne s'entend que si l'on prête vraiment attention aux inflexions de voix subtiles que prennent Julian Casey (voix anglaise) et François Papineau (voix française), et qui marquent la fin d'une séquence textuelle et le début d'une autre.* », explique Loïc Suty. « *Cela nous permet de proposer au spectateur une expérience avec une coloration à chaque fois différente, selon les différentes psychologies qui sont déclenchées. Le côté aléatoire constitue aussi une façon de ne pas poser une thèse sur ce personnage dont nous ne savons presque rien. Nous ne souhaitions pas le figer dans une personnalité plutôt que dans une autre, mais nous voulions l'envisager comme un nuage de possibles, une interrogation. Nous avons adopté une construction du storytelling plus vaporeuse que si nous avions travaillé en linéaire. C'est bien l'un des intérêts d'avoir choisi de travailler avec un support dynamique !* »

Dans tous les cas, il existe pour Loïc Suty une parfaite adéquation entre les potentialités offertes par la technologie en VR et l'expérience sensorielle et littéraire qu'il souhaitait créer pour ce projet. La VR donne déjà la possibilité au spectateur de se sentir à la place de l'autre. La construction d'un monologue intérieur fictionnel vient redoubler cet effet, en plongeant véritablement le spectateur au cœur de l'intimité, des émotions et des souvenirs de ce photographe imaginaire.

Mais alors que reste-t-il de l'approche documentaire qui présidait initialement au projet ? Dans l'expérience virtuelle, peu de choses. Comme l'a expliqué Loïc Suty, il désirait volontairement ne pas empiéter sur le territoire de Bertrand Carrière. De fait, les photos de l'album figurant la Première Guerre mondiale fabriquent bel et bien l'univers de l'œuvre, mais les commentaires sont très peu centrés sur les photos elles-mêmes et tendent de ce fait à les décontextualiser totalement. Ces images de Première Guerre mondiale sont ainsi presque autoréférentielles et, conjuguées au discours intérieur du photographe, renvoient avant tout à une idée de la Guerre en général. « *En s'éloignant du documentaire classique, nous nous sommes aussi distanciés de la dimension historique de ces photographies. Nous avons voulu créer une expérience qui soit à la fois poétique, muséale, et philosophique dans une certaine mesure. Les deux approches, celles de Bertrand et la mienne, sont donc extrêmement complémentaires, et l'une nourrit l'autre.* », conclut Loïc Suty.

Complémentaires, oui, assurément, mais encore faudrait-il que l'attention portée au développement puis à la diffusion du film réalisé par Bertrand Carrière soit équivalente à celle dont a bénéficié et dont bénéficie toujours le volet virtuel de ce *Photographe inconnu*. Présenté uniquement sur la page du site de l'ONF dédié au projet, le film de Bertrand Carrière a ainsi été conçu moins comme une œuvre à part entière que comme un accompagnement de l'œuvre virtuelle, au même titre que les capsules d'informations historiques sur la Première Guerre mondiale que l'on trouve sur la même page internet. Pourquoi avoir opté pour une stratégie de valorisation différente entre les deux réalisations ? L'œuvre virtuelle a été présentée dans de nombreux festival, sans pour autant que son pendant documentaire ne l'accompagne dans son sillage. Dommage, car la première fonctionne certes par elle-même, indépendamment du film de Bertrand Carrière, mais elle gagne aussi assurément en force lorsque son spectateur débute l'expérience en ayant en tête l'histoire de ces photos et les zones d'ombre qui planent sur l'identité mystérieuse de son auteur présumé. Le contrepoint purement cinématographique et documentaire ancre cette expérience virtuelle, mi-fictionnelle et mi-documentaire, dans un cadre de réflexion plus large.

« Bertrand a produit beaucoup d'images qui n'ont jamais pu être utilisées. Il y a des discussions, des témoignages et des rencontres qui sont de très grand intérêt. Ce qui est présenté dans le film est finalement très succinct. Mais c'est toujours le cas : il y a toujours un deuil à faire de certaines choses pour être synthétique et asseoir un propos clair », explique Loïc Suty. De son côté Bertrand Carrière affirme qu'« *au départ, le film présenté sur le site de l'ONF devait être encore plus bref. Il dure 20 minutes, mais il y aurait matière pour que ça soit plus long. La forme courte est encore trop courte et il y a encore beaucoup à dire ! L'intérêt pour la Première Guerre mondiale va vite s'évanouir, il faut agir vite ! ».* Et de poursuivre : « *Je vis avec l'espoir que je vais pouvoir raconter cette histoire d'un bout à l'autre, car elle est encore plus complexe que celle que le film révèle. Dans tous les cas, il y a*

une boucle à boucler et ces images doivent retourner dans un fonds pour qu'elles soient préservées. Pour le moment, je suis dépositaire de tout cela ! Mais au-delà des images, c'est le personnage et son parcours qui sont intéressants. La fin de l'histoire est encore plus étonnante, peut-être que j'aurais l'occasion de la raconter... » A suivre donc. Les méandres de la vie de ce Fletcher Wade Moses n'ont sans doute pas fini de nous emmener vers de nouveaux rebondissements et, qui sait, de nouvelles écritures...

Vincent Morisset : A propos de « *Jusqu'ici* »

Par Nicolas Bole (février 2015)

Déjà aux commande de *Bla Bla* il y a 5 ans, réalisateur de clips interactifs pour Arcade Fire, l'une des stars mondiales du net-art propose cette fois une « simple » balade en forêt : *Jusqu'ici* (*Way to go* en anglais), expérience fascinante et « entièrement interactive » pour les humains de 5 à 105 ans, développée pour le web et les casques de réalité virtuelle. Vincent Morisset revient ici sur les mécanismes de sa réflexion « artisanale » ; où l'on parle de rayons de lumière et de *Total Recall*, de marche hypnotique et de regard extra-lucide.. *Jusqu'ici* est sorti en février 2015.

On a deux séries de questions à te poser : des questions sérieuses bien sûr, mais aussi des questions un peu plus « loufoques ». Commençons par celles-ci... Le personnage de *Jusqu'ici*, c'est le grand frère de celui de *Blabla* ?
Vincent Morisset – Oui ! On faisait d'ailleurs des blagues au bureau, disant que le personnage de *Blabla* faisait penser à moi et que celui de *Jusqu'ici* ressemblait davantage à Edouard Lanctôt-Benoit, notre développeur qui est grand et fin ! Il y a une parenté entre ces deux personnages, sur lesquels on peut projeter nos propres émotions.

Il était où, ce personnage, avant de se retrouver dans la forêt ?
Sur une feuille de papier ! Caroline Robert l'a esquissé au crayon, puis on en a fait une version en pâte à modeler pour finalement l'animer à la main sur une tablette. Au tout début, il y avait ces prémisses d'espace, de temps, de perception, mais le lieu en tant que tel n'était pas défini. C'était encore très

abstrait. C'était une sorte de *statement*, pour ancrer la proposition dans quelque chose de précis et d'universel, où tout le monde pouvait se retrouver, comme dans une expérience familiale. Nous avons fait des premières expérimentations dans le boulevard Saint-Laurent et dans la ruelle derrière notre bureau. Nous sommes partis avec la caméra panoramique pour réaliser des essais... Avant même de penser à mettre le personnage dans la forêt, il s'est promené à Montréal dans un contexte plus urbain.

Vous écrivez dans le dossier de presse : « *Regarde, lucide, éveillé / et tu trouveras / peut-être / le moment présent* ». Autrefois, les enfants se perdaient dans les forêts ; aujourd'hui, il faut aider les adultes à se perdre ?
C'est une sorte de paradoxe mais, aujourd'hui, nous savons constamment où nous sommes. Notre rapport à l'environnement a changé, avec des outils comme Street View ou Google Maps. Il est de plus en plus difficile de se perdre. A travers une expérience sur un écran, notre idée était de mettre en perspective le regard qu'on se forge avec ces outils. Nous voulions en quelque sorte recréer le regard extra-lucide qu'on a parfois quand on voyage. Tu sais, cet espèce d'état d'esprit quand nous sommes plus attentifs, plus sensibles, plus réceptifs aux détails qui nous entourent... C'est une sensation qu'on peut aussi avoir quand on est plus jeune, dans les jeux notamment. Je voulais « gratter » ce rapport : être perdu et se retrouver. Tout au long de *Jusqu'ici,* on peut par exemple reconnaître un endroit par lequel on est déjà passé au début de la balade. Ça a quelque chose de satisfaisant et de rassurant de revoir cette scène-là autrement.

Vous n'avez pas peur que des gens restent bloqués – volontairement ou non – dans la forêt ?
[rires] Je ne pense pas, non ! C'est difficile, ces temps-ci, de capter l'attention pendant un certain temps, alors si les internautes font cette expérience web dans sa totalité, je serais bien content !

La ligne blanche que l'on voit dans *Jusqu'ici*, ce sont les cailloux du Petit Poucet ou une ligne de vie ?
C'est une proposition ouverte, on peut la voir de multiples façons. Même dans le titre d'ailleurs, nous jouons sur cette ambiguïté. En anglais, c'est *Way to go*, une tournure portée vers l'avant ; alors qu'en français, c'est *Jusqu'ici [Il fait le geste de s'arrêter quelque part, NdA]*. L'expérience peut être effectivement lue, perçue, sentie de plusieurs façons différentes. Nous avons travaillé dur pour conserver cette forme d'ouverture, et préserver le côté mystérieux du personnage. J'aime beaucoup ce jeu intellectuel qui consiste à offrir 3 ou 4 lectures différentes d'un même projet – comme tu le fais ici.

C'est l'enfant Morisset ou l'adulte Morisset qui a conçu ce projet ?
Les deux. C'est la volonté de proposer une expérience accessible de 5 à 105 ans. C'est drôle parce que mon neveu de 5 ans est passé ce matin à la maison, on lui a fait essayer le projet, et très très rapidement il a tout pigé : le rapport à l'espace, le saut, le rythme, la manière de débusquer les insectes... Ce programme emprunte aux mécanismes du jeu, mais de manière volontairement simplifiée, pour le rendre plus accessible, et aussi pour changer l'état d'esprit dans lequel on se trouve, pour évacuer l'angoisse de la performance et de la quête. Et puis, c'est également un projet multicouches, pour mes amis *geeks* notamment, qui vont voir autre chose que la simple expérience.

Ce n'est pas un film, ce n'est pas un jeu vidéo avec des points à gagner... C'est finalement un jeu de rôle dans lequel nous interprétons notre propre partition ?
En fait, le personnage est comme l'extension de notre regard. Quand on est dans l'épilogue sans fin et que la ligne blanche disparaît, on a la possibilité de se retrouver dans les yeux du personnage, comme à la première personne, avec des points de vue « macro ». Ce n'est pas comme un jeu dans lequel on contrôle un avatar. Dans *Jusqu'ici*, on regarde à un endroit et le personnage suit le mouvement. On se retrouve à regarder

une fourmi marcher dans la mousse, et on est vraiment dans les yeux du personnage, dans une espèce d'*hyperlapse* à la première personne. Nous voulions travailler ce changement de perception et de *feeling*.

Pas de paroles dans *Blabla*, pas de paroles dans *Jusqu'ici*... Cela veut dire que tout a été dit ? Que c'est en marchant – ou en courant – qu'on réapprend ?
En fait, le web est un medium qui possède une force pour communiquer, transmettre ou faire vivre des choses un peu intangibles. J'aime explorer cette zone qui est plus difficile à articuler avec des mots, qui est plus sensorielle, ou viscérale. Et puis, la force du web tient dans son universalité : le projet peut parler à des Marocains, des Japonais, à quelqu'un basé en Uruguay. J'ai envie d'essayer de rejoindre le plus d'internautes possible, de transcender les cultures et les âges.

Quelle est la meilleure récompense que vous avez eue après un visionnage de *Jusqu'ici* ? Quelle est par exemple la réaction qui vous a fait le plus plaisir à Sundance, où le projet était présenté en avant-première ?
Pour moi, c'était un cadeau d'avoir devant nous des gens qui expérimentaient *Jusqu'ici*, que ce soit sur grand écran ou dans un casque. Quand les utilisateurs mettent le casque, en 30 secondes ils ne sont plus dans la pièce. Ils sont absorbés dans et par l'univers. On sent bien que c'est authentique : le masque social tombe. On voit juste le bas du visage de l'utilisateur, mais il y a des sourires, des bouches ouvertes... C'était extraordinaire de voir devant nous des gens qui oublient qu'ils sont observés et qui sont complètement transportés ailleurs.

Quand les utilisateurs enlèvent le casque, vous les accueillez comme à l'aéroport ou comme dans *Total Recall*, où les personnages font des voyages dans des rêves avec des casques sur les yeux ?
C'est drôle parce que c'est LE film fétiche de Caroline Robert, en charge de l'animation et des dessins, et c'est devenu une

sorte de running gag entre nous. Quand les utilisateurs enlèvent le casque, ils disent, avec un espèce de sourire et les yeux qui brillent : « *Ah oui, c'est vrai ; Je suis ici.* ». C'est très gratifiant de voir ce que provoque l'œuvre. En général, on rencontre rarement notre public, c'est assez abstrait. Nous observons des statistiques, mais pas des visages. Avec les casques de réalité virtuelle, nous percevons l'émotion brute et nous sommes aux premières loges.

Venons-en aux questions un peu plus « classiques »... Etait-il envisageable de marcher à plusieurs dans la forêt, ou le but de l'expérience était vraiment d'être seul ?
Le projet a été imaginé en 2012, et nous y avons travaillé exclusivement à temps plein en 2014. Nous avons essayé une infinité de choses, dont le fait de marcher à plusieurs. Si nous n'avons jamais imaginé de jeu multi-joueurs, nous avions l'idée de pouvoir contrôler une troupe, ou une masse de personnages. Mais on se rendait compte que ça dispersait l'attention et qu'on se focalisait moins sur l'environnement. Ce projet, c'est vraiment une balance entre le protagoniste et l'environnement : nous voulions que le personnage soit l'extension de notre regard. Nous avons cherché à simplifier les contrôles que pouvait avoir l'internaute, pour presque les réduire simplement au rythme de la marche. Quand tu commences, tu te dis : « *Qu'est-ce que je fais ?* ». Et puis au bout de 30 secondes, tu tombes dans une marche un peu hypnotique, tu regardes un peu derrière toi... Les codes du jeu sont tellement forts qu'il fallait les utiliser, tout en désamorçant certains des réflexes qu'on a face à un jeu classique.

Pourrait-on dire que la réalité virtuelle, c'est du cinéma où l'on réalise le montage soi-même en bougeant la tête ?
Oui. C'est méditatif : tu regardes, tu te penches, tu vois des trucs... Dans l'expérience web, c'était la promesse de départ faite au producteur de l'ONF Hugues Sweeney : comment construire une sorte de pont entre les deux

grammaires, celle du jeu et celle du cinéma pour en faire quelque chose de cohérent, qui ait du sens ? Cela fait longtemps que nous sommes un peu obsédés par cette rencontre, un peu compliquée et bâtarde. *Jusqu'ici* est le lieu pour explorer un possible point de jonction entre ces deux medias.

Quel est ton rapport au jeu en général ?
Quand j'étais jeune, je jouais beaucoup. Puis, à l'adolescence, j'ai plus ou moins arrêté. Ma pratique du cinéma interactif s'est développée en parallèle, en ne connaissant pas ce qui se faisait dans l'univers du jeu. Il y a quelques années, par curiosité professionnelle, je me suis replongé dans le jeu, et notamment le jeu indépendant. J'ai été impressionné par la maturité des mécanismes de la compréhension du rapport humain à l'interactivité. Le truc aujourd'hui, c'est que je n'ai plus énormément de temps pour passer des heures devant un jeu. L'illusion d'avoir un temps infini devant nous n'est juste plus possible ! En plus, je suis nul quand il y a une quête, comme dans ces mondes ouverts et infinis. Les gros jeux médiévaux, ça m'angoisse ! Tu es perdu pendant des heures, et c'est tellement complexe que ça procure un vertige... Je ressens en même temps un certain désintérêt pour l'idée de cette performance. Peut-être parce que j'ai grandi avec des jeux qui avaient une *timeline*, qui étaient rassurants, apaisants. Ils étaient finalement plus proches de ce que je fais avec les films interactifs. Pour *Jusqu'ici*, je voulais jouer avec la notion d'espace-temps dans le contrôle de la vidéo. On donne l'illusion qu'on se déplace dans l'espace, mais en réalité on se déplace dans le temps, on bouge dans une ligne de temps.

***Jusqu'ici* n'est pas une quête ?**
Non. Et c'était drôle de voir des *kids* à Sundance me regarder et me dire : « *What ? What do I do* ? », avec l'air un peu perdus. Et puis en quelques secondes, il y a un point de bascule, un mécanisme de cause à effet qui fait que les gamins, quand ils chaussent le casque, se mettent à se pencher ou à bouger la tête pour être en synchronicité. A la fin, je leur

demandais : « *Do you like it ?* », et ils répondaient : « *Yeah !!* ». Ils avaient du mal à mettre des mots sur ce qu'ils ressentaient. Du reste, dans les jeux, ce sont ces moments qui me faisaient vibrer, et qu'on n'arrive pas forcément à expliquer. Je ne prétends pas que *Jusqu'ici* soit un jeu, mais une part de ses fondations vient de cet univers. Et puis il y a les codes du cinéma, avec du montage, des effets en temps réel et des questions de rythme... C'est un peu comme du *VJing*.

Comment s'est déroulée la production ? Comment passe-t-on de l'idée au prototype ? On développe un petit bout du trajet pour voir si ça fonctionne ?
On a réalisé quelque chose comme 70 prototypes ! Chaque prototype validait une intuition ou une idée, ou l'évacuait. A la base, l'idée consistait à explorer la capture panoramique et à essayer de créer la sensation du déplacement dans l'espace, comme dans un jeu. On a essayé avec l'iPhone et un gyroscope dans notre bureau et on a regardé si la progression dans la vidéo créait quelque chose. Nous nous sommes aussi beaucoup posé la question de savoir « *qui sommes-nous ?* » dans l'expérience, « *est-ce que nous sommes nous ou un autre ?* ». Dès le premier jour, Caroline, Edouard, Philippe et moi, nous avons essayé de pousser l'ensemble de ces idées dans toutes les voies possibles. Philippe réfléchissait à la manière de générer de la musique de façon dynamique, avec des rythmes euclidiens qui s'imbriquent les uns dans les autres selon les déplacements du personnage (voulus par l'internaute). Caroline, elle, a commencé à défricher les manières dont nous pourrions « transcender » la vidéo, et ne pas se limiter seulement à des images mouvantes qui se figent quand on s'arrête. Dans ce cas, c'est un peu comme dans Street View : nous sommes confrontés à une image « morte ». Nous avons au contraire recherché à donner une illusion de vie, et on a donc pensé à rajouter le personnage...

Le personnage n'était donc pas présent dès le début de la réflexion ?
Non, même pas ! L'idée de base était vraiment très primitive, et on a rajouté des choses petit à petit. Nous avons donc créé le personnage, et nous avons ensuite voulu pousser la réflexion encore plus loin. Il s'agissait de le catapulter dans son univers, en juxtaposant une représentation réaliste et une représentation interprétée de cette même forêt, en jouant sur la notion de sensibilité, et sur les perceptions...

Et tout ça sans vous perdre ?
On a eu le luxe, grâce à l'ONF, France Télévisions et *Le Temps*, de pouvoir travailler un an sur le projet, avec des technologies qui sont souvent encore « dans le brouillard ». Nous avons pu énormément expérimenter. Notre processus, sur tous les projets, consiste à pouvoir générer de bons accidents. Je n'ai jamais prétendu avoir une vision très précise de ce que je fais au moment où je démarre un projet. Ce sont des instincts, et je fais ensuite confiance à l'échange d'idées. L'ONF assume une dimension artisanale et expérimentale dans laquelle je me reconnais. Ce sont aussi des précurseurs du cinéma direct et de la caméra portative. Pour l'image à 360°, j'avais envie qu'on soit dans quelque chose de léger au niveau du tournage. D'ordinaire, la captation panoramique est lourde et nécessite de grosses équipes... Je trouvais intéressant d'approcher ce medium de manière plus légère. Le tournage, c'est simplement 16 caméras GoPro et un gyroscope.

En 2012, nous n'avions évidemment pas pensé le projet pour la réalité virtuelle. C'est au fur et à mesure du développement que j'ai eu envie de revisiter la VR, qui était un format un peu mal-aimé. Et finalement, 3 ans après, la VR est au top. Je me suis dit aussi qu'il ne serait pas grave que ce ne soit pas parfait. A Sundance, presque tous les projets étaient des sortes de *case study*, des démos où le *stitch [la « couture » des images filmées en 360 par plusieurs caméras, NdA]* n'était pas parfait. Mais nous avançons dans des zones où personne n'est allé jusqu'à présent. Avec une certaine naïveté, nous produisons quelque chose d'entièrement interactif, sans aucun point mort... Nous devons aussi par exemple gérer le problème de malaises quand les images bougent. C'est dans cette optique que notre personnage est un point de fuite pour le regard, ce qui évacue un peu ce problème. Les collaborateurs de chez Oculus étaient mystifiés ; ils nous ont dit : « *Sur le papier, il y a des choses qui ne sont pas techniquement correctes dans votre projet, mais ça marche quand même. C'est fantastique !* ».

Quand décide-t-on de désactiver le pointeur de la souris de l'utilisateur pour l'expérience conçue pour les ordinateurs ? C'est évident ou on se dit que c'est trop dangereux parce qu'on va perdre des utilisateurs ?
Ce n'est effectivement pas rien de kidnapper le curseur de l'utilisateur ! C'est un parti pris qu'on a... pris, justement. Dans mes projets, je veux qu'on oublie la technologie et l'interface. Je cherche à ce qu'on ne voit pas la couche du web. Et pourtant, c'est fou comme ce programme est complexe. Nous avons vraiment poussé les technologies web dans des zones inexplorées. Et malgré tout, *Jusqu'ici* reste une œuvre dans laquelle on oublie assez rapidement les ficelles de la technologie. C'était notre défi : ne pas être dans le « waouh ! » avec des images où tout explose. Nous avons pris le parti de travailler des effets dynamiques de manière quasi subliminale. Les rayons de lumière par exemple, qui traversent les feuilles des arbres : tout est dynamique, ça va prendre des points blancs de la vidéo et ça les extrude selon l'angle de la caméra. C'est incroyablement compliqué mais, pour les utilisateurs, c'est juste : « *Je suis dans la forêt, la lumière passe à travers les branches, et c'est normal !* ».

La VR, c'est l'équivalent de la couleur ou des lunettes 3D au cinéma ? Autrement dit : est-ce une technologie durable, ou pas ?
J'ai toujours été sceptique par rapport à ces questions sur la technologie. J'évite de m'interroger sur le futur, ça ne m'intéresse pas. Je suis davantage dans l'instant, en me demandant quels sont les possibilités narratives et les

outils que nous pouvons utiliser aujourd'hui. Pour moi, le canevas de la VR est apparu de manière accidentelle et organique et, pour être honnête, nous étions tous un peu sceptiques. Mais en l'essayant... Il y a vraiment un changement de paradigme. Tu as un rapport complètement différent à l'œuvre. Mais est-ce que ça va être durable en termes de plateforme de diffusion ? Je ne sais pas.

Quels mots mettrais-tu sur ce changement de paradigme ?
On entend beaucoup de termes comme « *empathy machine* », « *présence* » ou « *immersion* »... Ce sont les trois mots les plus à la mode pour se référer à la VR. Et en fait, ça a beau être à la mode, je trouve que ces mots sonnent justes.

C'est une expérience totalement différente de celle du cinéma ?
Oui, ça n'a rien à voir. Je n'en ai pas essayé énormément, mais le rapport qu'on a au projet est complètement différent. Par exemple, j'expérimente de manière très différente selon que je suis sur le web ou avec le casque. Sur le web, c'est plus nerveux, je peux constamment changer de point de vue. Et en même temps, il y a quelque chose d'apaisant et de relié à quelque chose de cinématographique. Dans la version VR, tu es juste comme absorbé dans un univers. On a beaucoup joué sur les contrastes entre l'environnement réaliste, et l'environnement interprété, multicolore, entre des points de vue micro et macro, entre des moments où tu es sur une ligne et d'autres où tu peux aller où tu veux... Ces contrastes sont encore plus amplifiés dans l'expérience VR. Même le bougon cynique en moi ne peut qu'adhérer ! Nous savons que la technologie n'est pas encore vraiment au point, nous avons encore conscience de l'écran, nous voyons les pixels, mais nous voyons aussi que c'est prometteur. Et je crois nous pouvons considérer la VR comme un medium en soi.

Okio, tête de pont de la réalité virtuelle française derrière « I, Philip » et « Altération »

Par Xavier de la Vega (février 2016)

Ils ont produit en 2016 *I, Philip*, « première fiction française en réalité virtuelle » qui accompagne le dispositif transmédia d'ARTE mis en place autour de l'univers de Philip K. Dick ; soit : un documentaire linéaire pour l'antenne, le jeu vidéo *Californium*, et donc *I, Philip*.
Depuis, le studio Okio a récidivé dans le domaine de la fiction VR avec *Altération*. Deux œuvres qui ne résument pas son activité, mais qui place la structure d'Antoine Cayrol et de Pierre Zandrowicz sur le devant de la scène mondiale, pas très loin des québécois Félix & Paul. Retour sur la genèse de cette société de production, et analyse de ses deux propositions phares.

Tout a commencé par une séance de Grand Huit. Une séance qui leur a donné des sueurs froides, du vertige, de l'effroi. Pas forcément inhabituel lorsqu'on s'adonne aux montagnes russes... Sauf qu'Antoine Cayrol et Pierre Zandrowicz, respectivement producteur et directeur créatif de FatCat Films, n'avaient pas du tout prévu, ce soir-là, d'aller à la Foire du Trône. Ils avaient rejoint des amis producteurs à une soirée. Un masque DK, la première version de l'Oculus Rift, était posé au fond de la salle. On pouvait y vivre une séance virtuelle de Grand Huit, avec « *une image toute pourrie* ». Pourtant, lorsque les deux acolytes sont sortis fumer une cigarette pour partager leurs impressions, ils avaient « *pris une claque* ». Ils se sont dit très vite : « *Et si on faisait un film ?* ».

Deux ans et demi plus tard, le film est là. Il s'agit de *I, Philip* l'un des premiers courts-métrages de fiction en réalité virtuelle qu'ARTE a intégré à sa programmation sur l'écrivain de science-fiction américain Philip K. Dick, sans doute le premier « gros » projet français en VR. Entre temps, les deux trentenaires ont créé Okio, une société de production VR vite devenue une référence. « *On a passé un an à expérimenter la VR dans tous les sens, raconte Antoine. On a bricolé nos caméras. On a filmé à ski, en skate, en voiture, sur le Grand Huit, pour comprendre comment ça fonctionnait, ce qui marchait et ce qui ne marchait pas. Puis les gens ont commencé à nous appeler. On était devenu les spécialistes de la VR* ».

De fait, Okio a vite multiplié les productions. *I, Philip*, donc, mais aussi *Altération*, et plusieurs films en écriture. Voilà pour le volet « *drama* ». Il y avait aussi Okio-Report, à l'origine de plusieurs reportages en vidéo 360° pour *Le Parisien* et *France Ô*. Il y avait enfin le volet « *marques* » : Okio a déjà plusieurs publicités en VR à son compteur, pour Jean-Paul Gautier, pour l'opérateur de gaz Engie lors de la COP 21, pour le Téléthon... La pub est d'ailleurs devenue l'activité principale d'Okio studio, qu'Antoine Cayrol et Pierre Zandrowicz ont quitté fin 2017, pour créer avec Arnaud Colinart, Atlas V, une société de production entièrement consacrée aux œuvres de création.

I, Philip est presque né par hasard. Pierre Zandrowicz avait une idée de film dans les tiroirs depuis longtemps. « *Nous avions essayé d'en faire un documentaire, un long-métrage, un court-métrage, mais l'histoire était complexe et les financements ne suivaient pas. Nous nous sommes dit que ça marcherait très bien de raconter cette histoire avec un masque VR, de faire ressentir de l'empathie pour cette tête de robot* », raconte-t-il. *I, Philip* est un film en vue subjective où le spectateur incarne la tête d'un robot dans laquelle est reconstitué l'esprit de Philip K. Dick.

Lorsqu'Antoine a montré au pôle web d'ARTE de premières démos sur leur savoir-faire en VR, Gilles Freissinier, chef dudit pôle web, convaincu par les tests, leur a demandé *illico* s'ils avaient des projets en réalité virtuelle. Un projet sur Philip K. Dick ? Qu'à cela ne tienne : ARTE venait d'engager un gros dispositif transmédia autour de l'écrivain. « *Je n'avais pas encore fini d'écrire le scénario qu'Antoine est revenu de son rendez-vous en me disant qu'ARTE voulait le lire* », poursuit Pierre. Quelques semaines d'écriture plus loin, la chaîne avait dit : « banco », amorçant le montage d'un court-métrage dont le coût final s'élève à la bagatelle de 500.000 euros. C'est ce qui s'appelle arriver au bon moment, au bon endroit.

ARTE a décidemment été une bonne étoile pour *I, Philip*. Les responsables du pôle web de la chaîne ont d'abord débloqué un financement pour que les deux acolytes puissent réaliser une démo et mettre à l'épreuve le pari central du film : tourner intégralement en caméra subjective. Un pari tout sauf anodin, lorsque l'on sait qu'à ce jour un seul long-métrage de fiction a été tourné avec un tel procédé (*Lady in the Lake*, 1947), et que l'œuvre fait office de curiosité bien plus que de référence cinématographique. Marianne Lévy-Leblond et Lili Blumers, d'ARTE web, craignaient que le regard-caméra des personnages, prévu dans plusieurs scènes du film, ne fonctionne pas. « *On a travaillé un mois et demi sur la démo, on est allé leur montrer*, évoque Pierre. *Ils ont regardé le film une seule fois – c'était hyper frustrant – et ils ont dit : "OK, c'est cool". On leur a dit : "Vous ne voulez pas le revoir ?". " – Non, non, c'est bon".* » Et c'est ainsi qu'est né ce court-métrage dans lequel, en enfilant son masque VR, le spectateur se retrouve à la place d'une tête de robot, sorte de bête de foire numérique égarée au milieu des humains.

Pour *I, Philip*, il a fallu inventer entièrement un dispositif de tournage. « *On a mis au point des techniques pour avoir un vrai rendu cinéma – pas un rendu GoPro* [un assemblage de 6 caméras GoPro est un standard pour le reportage en 360°, NdA]. *En plus, on voulait tourner en relief.* », raconte Pierre. *Du coup, il a collé deux caméras Red [une caméra numérique très haute définition, NdA]* pour filmer en 3D. Les micros étaient posés au dessus des caméras, ce qui les a obligés à supprimer les ventilateurs et à fixer un long tuyau au dos des machines pour les ventiler. « *C'était vraiment une caméra chelou...* ». « *D'où vient notre désir de tourner en relief ? Mais du désir de recréer la réalité ! Voir au masque VR une vidéo en 360°, c'est comme regarder du papier peint collé sur une boule. La réalité, elle, est en relief* », tranche Antoine.

Les deux acolytes appartiennent à cette étroite Internationale des bidouilleurs de la VR, avec les Canadiens Félix & Paul ou l'Américain Chris Milk avec *Within*, qui bricolent des outils de tournage pour se rapprocher d'un vieux rêve : recréer le plus fidèlement possible la réalité. «*Si nous gardons notre niveau d'exigence, nous allons devoir continuer à construire nos caméras. Pour l'instant, nous bricolons la meilleure caméra possible pour le film que nous faisons. La prochaine n'aura rien à voir avec celle d'*I, Philip ».

Pierre a rapidement renoncé à tourner en 360°, ce qui impliquait de quitter la pièce une fois la caméra enclenchée. Mais cela voulait dire s'embarquer dans des épreuves redoutables. « *Comme nous voulions un* stitching *parfait* [le stitching consiste à « coudre » plusieurs angles de vue pour reconstituer une image à 360°, NdA], *nous tournions en plusieurs passes. Concrètement, lorsque deux comédiens dialoguaient, je ne les filmais pas ensemble, mais d'abord l'un, puis l'autre... Sauf que le second n'avait pas le droit de répondre, ni même de bouger, parce que ça flinguait le son spatialisé* ». Ou comment un film à 360° oblige à réinventer le bon vieux champ-contrechamp. « *Le tournage était très contraignant pour les comédiens*, complète Antoine. *Mais du coup, Pierre pouvait diriger les acteurs, le chef op' pouvait éclairer la scène...* ». Bref : faire du cinéma.

Alors justement, que devient le cinéma dans un film en 360° ? Sa grammaire est bouleversée, on le sait. Pour commencer, le hors-champ n'est plus, puisque la caméra capte la scène sous tous les angles. « *Le hors-champ en VR, c'est la pièce à côté.*

Dans une scène d'I, Philip, on entend la conversation de deux personnages qu'on ne voit pas. Ils sont dans une autre pièce au bout d'un couloir », précise Pierre. Pourtant, pour le spectateur, le cadre procède encore par exclusion, puisqu'il ne peut voir à chaque instant qu'une fraction de l'image à 360°. Ce qui implique pour le réalisateur de mettre en scène une action qui se déroulera en de multiples points du champ. « *La VR implique une hiérarchie entre les éléments de la scène. Il y a d'abord les éléments fondamentaux que le spectateur ne doit pas rater s'il veut comprendre l'histoire. Une bonne partie de la narration en VR consiste à guider le regard du spectateur, par le son, la lumière, des mouvements à l'image, pour que le spectateur regarde là où il faut, quand il faut. Et puis il y a des éléments en plus, disposés ça et là, qui enrichissent l'histoire*», ajoute Antoine.

Du coup, le cadre, cette décision cruciale du cinéaste, qui exclut, accentue, magnifie, complexifie, rythme l'action, ce cadre sacro-saint n'a-t-il pas lui aussi été tout bonnement aboli ? L'on devine les gardiens du temple se hérisser, exultant, prêts à dégainer une griffe narquoise : sans cadre, peut-on encore parler de cinéma ? « *Ce truc de dire, "il n'y a plus de cadre, puisque ta caméra filme tout"...* fulmine Pierre. *En 360°, on ne filme pas tout. C'est la position de la caméra qui induit – ou non – la sensation d'être à la place de quelqu'un d'autre. La composition du cadre reste un choix décisif. Nous avons filmé une scène sur la plage d'Etretat. Nous aurions pu placer la caméra à des dizaines d'endroits différents. Nous en avons choisi un où les rochers, filmés en relief, racontaient quelque chose. On ne peut pas dire qu'il n'y a plus de cadre. Au contraire, il y a davantage de cadre qu'avant ! La VR fait peur aux réalisateurs, car ils craignent que leur rôle disparaisse. Alors qu'en VR, il y a énormément de décisions à prendre.* »

La VR, c'est un genre de cinéma avec une interactivité « native », activée par les mouvements de la tête (et du corps dans certains dispositifs). Or, comment anticiper ce que le spectateur va faire de cette image et de ce qu'elle recèle ?

« Notre rôle premier est de guider le regard du spectateur. Mais il y a aussi ce que j'appellerais une interactivité "passive" : le spectateur débloque certains éléments dans l'image. Un personnage apparaît s'il regarde dans telle direction, mais n'apparaît pas si le spectateur n'a pas regardé au bon endroit. Je trouve cette interactivité plus intéressante que celle de nombreux webdocumentaires, où les choix sont transparents (aller à droite ou à gauche ?). Là, le spectateur n'est pas conscient de ce qu'il a raté », observe Pierre. Il est possible, concède-t-il, qu'*I, Philip* aurait bénéficié d'une telle interactivité pour recentrer les mouvements du spectateur vers le cœur de l'action. Car la faculté de tourner la tête en tous sens met par moment en péril l'identification du spectateur avec le robot, et donc sa « *présence* » dans l'action.

Ce sentiment de « présence » fait figure de *mantra* pour les adeptes de la VR. Lorsqu'il a vu au masque *Syrie : la bataille pour le Nord*, sujet relayé par *Le Parisien* qu'Okio-report a produit avec l'agence de presse associative Smart, investie en Syrie, Pierre a pour la première fois de sa vie ressenti une impression d'ubiquité. « *D'un coup, la Syrie, c'était la porte à côté et j'y étais* ».

Avec cette expérimentation tous azimuts des potentialités de la VR, reste-t-il une place pour une production digitale classique – si l'on ose parler de « classicisme » pour des formes vieilles de dix ans ? Pour Antoine, la réponse est résolument affirmative : « *La VR va très certainement prendre une grande importance à l'avenir – Goldman Sachs lui prédit un avenir comparable à celui de la télévision. Mais elle va continuer à coexister avec les contenus web et des contenus télévisuels. Il n'est pas du tout sûr que les spectateurs aient un désir d'immersion permanente. Ils voudront plutôt naviguer entre des contenus immersifs et un match de foot en 2D et son alternance de plans rapides, ou encore entre le volet web d'un documentaire et des séquences spécifiques en VR. L'avenir est à la complémentarité des médias* ».

« Altération » : Rêves sous contrôle

Par Xavier de la Vega (juillet 2017)

Réalisée par Jérôme Blanquet, produite par le studio Okio pour l'application ARTE360, *Altération* est une fiction d'anticipation de 17 minutes. Sélectionnée au prestigieux festival de Tribeca, elle a notamment remporté le Prix spécial du jury du Paris Virtual Film Festival.

Dans *Altération*, une œuvre tout aussi « dickienne » que *I, Philip*, vous vivez l'aventure psychique d'Alexandro, un jeune homme qui a accepté de se soumettre à une expérience scientifique sur l'étude de ses rêves. Mal lui en a pris.

L'expérience vous saisit dès les premiers instants. Le visage d'Alexandro est devant vous, alors qu'une voix lui explique le déroulement de l'expérience. Très vite pourtant, vous basculez dans la *psyché* du personnage. Vous plongez dans ses rêves, et dans les réminiscences qui les hantent ; ces scènes d'amour qu'il a vécues avec Elsa et qu'il contemple à présent comme s'il en était le spectateur.

La vision objective du départ (je vois le visage d'Alexandro) s'est diffracté. Vous êtes devenu Alexandro, le sujet rêveur qui se revoit vivre en rêve (vous suivez toujours ?). Vous vous revoyez dans des scènes de votre vie quotidienne, au moment de l'annonce d'une paternité prochaine, sur une jetée au bord de la mer. Tout cela se mélange à des moments d'enfance.

Cette double perspective onirique marque en soi l'aspect inédit de la VR. Seul ce médium peut vous conférer la sensation de vivre un scène depuis deux points de vue simultanés : le rêve contemplé en vue subjective, et le rêve incarné à la troisième personne. Vous voilà englouti dans les souvenirs d'Alexandro, sans échappatoire, assailli par des sons qui surgissent partout autour de vous.

Car quelque chose cloche dans ces réminiscences. Aux paroles qu'Alexandro échange avec Elsa s'ajoutent des voix venues de la « réalité » de l'expérience scientifique. Vous rêvez, mais vous continuez à entendre, par bribes, ce qui se passe autour de vous. Comme lorsque la scientifique qui dirige l'expérience (Amira Casar) tente de vous arracher à votre rêve, en donnant l'ordre d'interrompre ce protocole qui lui échappe à elle aussi. Le travail de spatialisation sonore réalisé par Aspic, jeune start-up de Tourcoing, joue un rôle décisif dans le dispositif d'*Altération*.

Contaminés par la « réalité » extérieure, vos rêves le sont aussi de l'intérieur. C'est comme s'ils *buguaient*. Votre vision se trouble de scories numériques, l'image se brouille, s'efface. De quel sortilège machinique êtes-vous victime ? Qui est cette présence enfantine qui s'invite à présent dans vos rêves ? Pourquoi la texture de ceux-ci s'altère, comme passée au crible d'un programme d'intelligence artificielle (c'est avec l'aide de Google que les producteurs ont obtenu les altérations du court-métrage) ? Vous comprenez que l'on ne vous a pas tout dit, que l'expérience scientifique n'est pas ce qu'elle prétend être...

En sortant du court-métrage de Jérôme Blanquet, on songe à *La Jetée* de Chris Marker ou encore à *Inception* de Christopher Nolan. Autant de figures du rêveur qui se perd dans une machine à exploiter les rêves. Et l'on retrouve bien sûr l'univers de Philip K. Dick et ses « expérimentations » sur l'esprit humain.

Les anticipations de Philip K Dick ont d'ailleurs manifestement trouvé une expression idéale dans la VR cinématique. Soit, d'un côté, un écrivain qui met en scène des êtres, humains ou humanoïdes, victimes de l'*hubris* technologique de leurs créateurs. Soit, de l'autre, un médium, la VR cinématique, dans lequel l'utilisateur est partie prenante d'une scène dans laquelle il n'est cependant qu'un spectateur impuissant : la position de l'utilisateur dans l'espace est déterminée par la place de la caméra ; la seule faculté qui lui reste est donc de tourner la tête. Dans *I, Philip*, Pierre Zandrowicz avait mis à profit cette limite pour installer l'utilisateur à la place d'une tête de robot, machine consciente oubliée sur un chariot. Dans *Altération*, Jérôme Blanquet joue de cette même limite pour fonder l'expérience du rêveur qui assiste, impuissant, à la dissolution de ses souvenirs.

La VR cinématique peut-elle encore dire autre chose ? Antoine Cayrol et Pierre Zandrowicz semblent en douter, eux qui s'investissent désormais activement dans la création de « govies » – des expériences à mi-chemin entre le *game* et le *movie*. Autrement dit, des œuvres cinématiques dans lesquelles l'utilisateur pourra agir et/où se déplacer. On a hâte de vivre ça. En attendant, la puissance expressive d'une œuvre comme *Altération* incite à penser que la VR cinématique n'a pas dit son dernier mot.

« The Enemy », l'expérience en réalité virtuelle de Karim Ben Khelifa

Par Cédric Mal

The Enemy est certainement la plus vaste et ambitieuse entreprise de réalité virtuelle documentaire à ce jour. Fruit du travail de Karim Ben Khelifa, et d'une équipe aussi nombreuse que plurielle autour de lui pour l'accompagner dans cette folle aventure, cette expérience inédite, probante et prometteuse, a été produite par Camera Lucida avec France Télévisions, l'ONF, Emissive et Dpt. pour plus d'un million d'euros. Les partenaires sont nombreux, et il aura fallu plusieurs années de travail pour parvenir à la forme d'installation présentée en 2017 à Paris, Boston, Montréal, Jérusalem, et plus si affinités...

« *Qui est ton ennemi ?* », « *Qu'est-ce que la paix pour toi ?* », « *Qu'est-ce que la violence pour toi ?* », « *Qu'est-ce qui te rend heureux dans la vie ?* ». Gilad, Abu Khaled, Jean de Dieu, Patient, Amilcar Vladimir et Jose Alberto sont sensiblement exposés aux mêmes questions par le photojournaliste Karim Ben Khelifa, habitué des terrains de guerre, et ils énoncent leurs réponses en vous regardant droit dans les yeux, sollicitant même parfois votre attention d'un geste de la main ou de quelques mots. Et finalement, dans *The Enemy*, c'est sans doute vous qui détournerez le regard...

Au début de cette expérience hors norme, l'utilisateur est soumis à plusieurs questions dont les réponses seront consignées sur une tablette. Quel est votre degré de connaissance des conflits israélo-palestinien, au Salvador ou en Centre-Afrique ? Quel est votre positionnement face à la guerre ? Les éléments ainsi collectés permettent de dessiner un parcours personnel dans cette exposition virtuelle qui se consomme collectivement (jusqu'à vingt utilisateurs simultanés).

Une fois le casque de réalité virtuelle posé sur les yeux et le sac à dos *ad hoc* harnaché sur les épaules, le visiteur est invité à pénétrer successivement dans trois salles virtuelles, trois espaces distincts qui ont tous l'apparence d'un musée, ou d'une galerie. Boris Razon, qui a initié le projet lorsqu'il était directeur des Nouvelles écritures de France Télévisions, explique : « *C'est un choix qui est à la fois journalistique et scénaristique. Je pense que le réel n'est que représentation dans le journalisme, et que l'illusion du réel est plus dangereuse que le réel lui-même d'une certaine manière. On n'avait aucune envie de générer l'illusion de la réalité ; en revanche, nous voulions amener les gens à se poser des questions : qu'est-ce qui nous pousse à faire la guerre et d'où vient la haine ou la colère qui génèrent un état de guerre ? À partir de là, l'idée d'un environnement neutre, relativement référencé, qui ressemble à une chambre ou à une galerie, nous a semblé convenir pour l'effet recherché.* »[176]

Les murs sont clairs, lumineux, le plafond ouvert sur le ciel laisse passer le soleil sur le plancher, des photos sont suspendues aux cimaises et un texte contextualisant le terrain de guerre dans lequel on pénètre apparaît en face de nous. On s'approche des clichés – sublimes – de Karim Ben Khelifa, et ils s'animent de sons. L'ambiance ainsi créée permet de pénétrer dans l'univers des personnages que nous allons rencontrer.

Ces caractères vous surprendront peut-être, tant leur réalisme est probant. Selon les réponses initiales au questionnaire, vous serez d'abord envoyé au contact des combattants de Centre-Afrique, d'Israël/Palestine ou du Salvador. Deux belligérants attendent dans chaque espace : ils vont vous confier leurs

---

[176] Toutes les citations de cet article ont été recueillies par Elisabeth Meur en marge de l'IDFA (Amsterdam), lors de la présentation d'une première ébauche du projet en novembre 2015.

destins, leurs sentiments, leurs crimes et leurs espoirs. Ils évoqueront la cruauté de la guerre, mais aussi leurs moments de bonheur communs, presque banals. Vous pourrez leur tourner le dos, les approcher pour essayer de les toucher, soutenir ou fuir leurs regards, décrypter aussi leurs tatouages... Et eux ne vous lâcheront pas des yeux. Le spectateur est sorti de sa zone de confort, pris entre deux belligérants, littéralement au milieu du champ de bataille. « *À partir du moment où tu envisages la réalité virtuelle, non pas comme une expérience statique mais comme une expérience en mouvement, tu es directement engagé dans la chorégraphie, dans le théâtre*, explique Karim Ben Khelifa. *Du coup, l'arc narratif se construit au travers d'émotions qui sont relativement différentes. On ne pourrait pas recréer ce sentiment sur papier : cette vulnérabilité qui est liée à la surprise fait qu'à ce moment précis tu réfléchis de manière instinctive.* » Pour le réalisateur, la réalité virtuelle nous fait franchir un cap : « *La majorité du temps, quand on consomme des médias et du journalisme, on est dans une position de confort. Historiquement, quand on se disait que le journalisme était utile et important, c'est parce qu'on lisait une histoire dramatique sur le Sierra Leone tranquillement installé dans son canapé et qu'on prenait le temps de s'immerger dans l'histoire. Ici on marche, on va vers le média. C'est au-delà du webdoc, où l'on avait un sentiment de liberté parce qu'on allait chercher les contenus qui nous intéressaient. Ici, ça devient une histoire physique, il y a une interactivité, mais tu ne rates rien, tu as traversé l'histoire de son début à sa fin.* »

Trois espaces donc, trois conflits, et à chaque fois deux personnages face-à-face. Les visiteurs qui feront l'expérience en même temps que vous apparaîtront sous forme d'avatars dans vos casques de réalité virtuelle – vous vous en sentirez d'autant plus présent dans la scène – mais ils ne verront sans doute pas les mêmes choses au même moment et au même endroit que vous. Magie de la réalité virtuelle dans une acception collective : vous êtes ensemble, et en même temps dans votre propre bulle spatio-temporelle. Concentré sur votre rapport aux personnages mais aussi sur le monde alentour, vous êtes happés par le dispositif. « *Aujourd'hui, l'attention c'est ce qui coûte le plus cher, ça vaut plus que de* l'or, insiste Karim Ben Khelifa. *Dans* The Enemy, *l'utilisateur est immergé dans l'histoire de manière ininterrompue. Il ne l'aurait sûrement pas vécue de la même manière s'il s'agissait d'une expérience sur téléphone ou sur tablette »*.

Après avoir écouté deux interlocuteurs dans une même pièce, vous entendrez peut-être une voix vous dire : « *Vous ne vous êtes pas comportés de la même manière avec tous les personnages »*. C'est que les concepteurs de l'expérience ont prévu un épilogue pour vous, particulier à chaque utilisateur.

On n'en dira pas plus ici, mais vous repartirez vraisemblablement de *The Enemy* avec un message d'espoir... Cette « visite virtuelle » d'un « musée imaginaire » peuplé de combattants en pixels bien réels dure 50 minutes environ. Avec cette proposition qui s'étale dans un espace de 300 m², Karim Ben Khelifa a changé de terrain, passant du photojournalisme à la réalisation (muséale) en VR. Ce faisant, il déplace le point de vue du spectateur : pris dans le feu des regards des combattants, à l'intersection de leur haine, il devient à même de s'interroger sur le (non-)sens de la guerre, sans forcément juger les personnages qu'il aura rencontrés. Alors, la VR, machine à empathie ? Le réalisateur de *The Enemy* est catégorique : « *Le débat est trop pauvre. Si on parle d'empathie, il faut qu'on parle d'antipathie. Si on peut faire tomber des stéréotypes, on peut forcément en renforcer. Il faut préciser de quelle empathie on parle. On utilise ce mot pour parler de l'impact de la VR de manière trop générale. Est-ce qu'il s'agit d'une empathie qui émeut ou d'une empathie qui te fait sortir une pièce de ta poche ? Qui te transforme en activiste ou qui se limite à te faire ressentir l'expérience d'un autre sans pour autant changer ta perception ou influencer ta vie d'une quelconque manière ? Si l'on veut déclencher une empathie qui incite à un passage à l'action, il faut aussi trouver des méthodes pour mesurer cet impact. C'est là que ma collaboration avec le MIT est intéressante parce qu'on peut établir des protocoles de mesures pour voir quand ça marche et quand ça ne marche pas et avoir des réponses plus scientifiques que juste des suppositions. (...) En tant que journaliste, mon boulot s'arrête une fois que tu sors de l'installation puisque mon métier, c'est d'informer. L'envie de provoquer un changement, c'est une autre partie de moi, peut-être plus humaine.* »

L'objectif, explique le réalisateur, ce serait plutôt d'« *étendre notre imagination morale* » : « *L'imagination morale, c'est ce qu'on a de plus personnel : là où on a grandi, par quoi on a été influencé, comment on s'est construit... C'est notre chemin, nos racines, ce qui nous fait jusqu'à la seconde où je te parle, ce qui dicte notre manière de réagir, du point de vue social et culturel, ce qui nous positionne dans la société. Ça parle beaucoup d'identité. Étendre son imagination morale, c'est augmenter ses possibilités de comprendre l'autre, c'est s'étendre soi-même.* ». Puis : « *Une histoire ou une expérience telle que* The Enemy *peut-elle nous inciter à regarder les choses différemment ? Est-ce qu'elle peut déclencher un changement de perception ? La majorité des gens qui ont ressenti des émotions très intenses étaient proches du conflit. C'est sous la peau, très réactif, parce que même si tu ne nies pas les faits sur le terrain, les narrations d'un côté comme de l'autre ont totalement déshumanisé les personnes du camp d'en face. Et donc quand un Yéménite ou un Palestinien se retrouve face à quelqu'un qui a été éduqué, élevé pour le tuer, qu'il considère comme irrationnel, il y a une véritable barrière à franchir. Alors que pour nous, qui sommes extérieurs au conflit, ce sont seulement des opinions que l'on peut remettre en question. Amener l'installation aux gens qui sont directement concernés par le conflit, c'est vraiment le cœur du projet.* »

Et c'est l'une des raisons qui explique que l'équipe de *The Enemy* a développé une application mobile pour smartphone. Car si le projet a été présenté à dans plusieurs pays, il est par exemple bien plus périlleux de l'emmener sur le terrain des Maras, au Salvador. Réplique en réalité augmentée de l'exposition, cette application est l'aboutissement et l'accomplissement du projet, son point final et son émanation la plus saisissante. Car c'est désormais dans votre environnement familier que vous pourrez rencontrer les trois paires d'ennemis. Dans votre rue, votre salon, votre jardin… La mécanique du dispositif reste la même, mais celui-ci gagne en proximité, physique et symbolique, comme en force d'interpellation. L'application, après chaque rencontre, vous demandera également si votre opinion sur la guerre a changé. Elle vous proposera ensuite de partager l'expérience, en divulguant à vos connaissances la bande-annonce du programme, un « code d'invitation » ou votre « carte d'influence ». Celle-ci matérialise sur le globe les pays où *The Enemy* a été utilisé – et ils sont nombreux – ainsi que les sentiments relatifs à la guerre qui y sont rattachés. Vous pourrez ainsi voir où pense-t-on majoritairement que la guerre est dans la nature humaine, et où considère t-on qu'elle est « souvent », « parfois » ou « rarement nécessaire ». Bien sûr, on nourrira davantage de curiosité pour les pays concernés par *The Enemy*. Karim Ben Khelifa de conclure : « *Je me dis que si on arrive à prouver l'intérêt de notre démarche à des gens qui sont faits pour se tuer, peut-être que ça pourrait aussi nous aider à nous rendre compte que notre voisin qu'on ne comprend pas trop est beaucoup plus proche de nous qu'on ne l'aurait cru.* »

Michel Reilhac : « La VR est un terrain d'expérimentation extraordinaire »

Par Xavier de la Vega (février 2016)

> Michel Reilhac dirige le studio Submarine Channel (Amsterdam) depuis janvier 2017. Il a réalisé plusieurs films en réalité virtuelle, Viens !, présenté au festival de Sundance en 2016, Rooftop ou Wait for me. Il a également coordonné la première édition du Venice Virtual Reality en marge de la Mostra en 2017. Michel Reilhac a été Directeur du Cinéma à ARTE France pendant 10 ans, entre 2002 et 2012.

La programmation « *New Frontier* » du festival de Sundance rassemble chaque année une sélection d'œuvres expérimentales. En 2016, elle était quasi intégralement consacrée à des projets en VR. Comment interprètes-tu cette omniprésence ?
Michel Reilhac – Elle reflète une série de tendances. Tout d'abord, la montée en puissance de la réalité virtuelle et de la réalité augmentée, deux technologies qui sont appelées à converger. D'ici quelques temps, l'interface que chacun aura dans la poche ne sera plus un smartphone, mais une paire de lunettes. Dans cette perspective, les investissements en équipements et en logiciels liés à la VR sont absolument colossaux. Tout le monde s'y met, à commencer par l'industrie du cinéma. Tous les membres des GAFA (Google, Apple, Facebook, Amazon) ont annoncé des recrutements liés à la VR. Google a ouvert une structure de production dédiée à New York. Apple et Amazon ont lancé leurs propres casques. Oculus Rift, racheté par Facebook, recherche des contenus tous azimuts. Les investissements sont tels que les acteurs attendent des retours sur investissements, ce qui prédétermine le succès de la VR.

La stratégie des acteurs est de viser les *hardcore gamers* en premier lieu, en pariant ensuite sur une diffusion grand public. Cela témoigne de la maturité des acteurs. Ils parient sur une montée en puissance progressive en quelques années, et sont prêts à absorber des pertes d'ici là.

La diffusion de la VR passe actuellement beaucoup par les smartphones et les casques de type Cardboard. Est-ce un modèle durable ?
La pénétration de la VR va reposer sur les casques « versatiles », que l'on couple avec un smartphone. Pour l'instant, le budget pour utiliser l'Oculus Rift est élevé : 2.000 dollars, si on prend en compte le patch à installer sur son ordinateur pour que celui-ci soit suffisamment puissant pour faire tourner le casque.

La montée en puissance de la VR suppose aussi le développement de plateformes de diffusion...
Tout cela est en cours. De gros acteurs sont déjà là, à commencer YouTube ou Within[177]. Il y a aussi des start-up – Lens en Australie, Real House au Canada – qui se positionnent sur le créneau de la diffusion en *streaming* de films d'auteurs en VR, ou encore le réseau de distribution de films VR Wide.

Tu aimes utiliser la courbe de Gartner[178] pour décrire le cycle des narrations interactives : elles connaissent le pic des « attentes exagérées », puis sombrent dans le « ravin de la désillusion », avant de remonter vers la lumière et connaître un plateau d'expansion. Pourquoi estimes-tu que la VR remonte déjà vers la lumière ?
La technologie de la réalité virtuelle existe depuis quarante ans maintenant. Elle a connu un faux départ il y a 25 ans, où elle a

---

[177] VRSE, la société lancée par Chris Milk et Aaron Koblin a été rebaptisée « Within » à l'été 2016. Elle entend *« explorer et étendre le potentiel du storytelling immersif »* et a levé plusieurs dizaines de millions de dollars dans cette optique.
[178] Connue également sous le nom de « courbe de la hype », elle a été déposée par l'entreprise de conseil américaine Gartner.

fait une apparition dans les arcades de jeux vidéo et où il y a eu une tentative de coupler un casque à des consoles de jeux. Mais la qualité du rendu était insuffisante. La technologie s'est révélée décevante. La VR a continué à se développer, mais dans des domaines très spécialisés, comme l'aviation ou les techniques de guerre.

Lorsque Palmer Luckey a créé l'Oculus Rift, en reprenant la VR là où les recherches scientifiques et les tentatives vidéoludiques l'avaient amenée, et surtout lorsque son casque a été racheté par Facebook, la VR est revenue sur le devant de la scène de manière retentissante. La technologie a déjà accompli un long voyage, fait d'engouement et de déception, avant sa renaissance actuelle.

Cela dit, un nouveau cycle s'ouvre avec l'Oculus Rift et les casques VR actuels. Ils connaissent eux aussi des attentes exagérées qui vont très vite céder la place à la désillusion. Il va être bientôt très tendance de critiquer la VR. On dira qu'elle en finit avec l'expérience collective du cinéma, qu'elle provoque de l'addiction, un malaise physique, ou encore que l'on ne peut faire que des courts-métrages. La remontée vers la lumière devrait survenir quand les casques seront largement adoptés sur le marché grand public.

Pourquoi t'es-tu intéressé à la VR ?
J'ai quitté ARTE pour me consacrer à la création de narrations interactives. En 2015, j'ai entièrement muté vers la VR. Peu de gens travaillent à explorer ses potentialités narratives. Le défi créatif est passionnant. C'est un terrain vierge où tout est à inventer : la grammaire narrative, l'interaction avec le public. L'opportunité de participer à l'invention du langage de la VR est une chance extraordinaire. Comme elle est actuellement prise en otage par de grandes entreprises, lesquelles se focalisent sur la science-fiction, la pornographie ou le sport, il y a de grandes opportunités à saisir pour des auteurs indépendants, qu'ils désirent inventer des récits documentaires ou fictionnels.

Que représente à tes yeux la VR dans le panorama des narrations interactives ? Est-ce une forme d'aboutissement ? Ou bien une forme parmi d'autres ?
La VR est ni plus ni moins qu'une nouvelle expression d'un besoin humain : celui de créer une représentation du monde, afin de répondre à l'angoisse existentielle de notre place dans ce monde. Les hommes ont peint sur les murs des grottes, ils ont inventé la perspective à la Renaissance, la photographie au XIXème siècle. Puis sont venus le cinéma, le son, la couleur et plus récemment la 3D. La VR représente une étape de plus dans la quête d'une reproduction la plus fidèle possible du monde.

Qu'est-ce qui t'incite à placer la VR aussi haut dans cette grande histoire de la représentation ?
La VR communique un sentiment de présence, d'immersion, d'empathie, incomparablement plus puissant que ne le fait un écran en 2D. Elle représente un saut radical, un changement de paradigme total. Le spectateur ne se trouve pas devant un écran 2D mais est lui-même inscrit dans la réalité environnante de la salle de cinéma ; il vit une substitution de réalité. La VR soustrait le spectateur du monde et le fait basculer dans une autre réalité. Le réalisme de la VR est encore rudimentaire, mais très rapidement la technologie va s'améliorer. L'image sera de meilleure qualité, les mouvements du corps réel seront incorporés, de sorte que si le spectateur bouge ses mains, celles de son avatar le feront aussi. Bref, la substitution de réalité sera plus puissante encore.

La réalité, habituellement, c'est que ce qu'on touche, c'est ce qu'on voit, ce qu'on partage avec les autres. La VR nous plonge dans une réalité si crédible qu'on peut en perdre l'équilibre. Ainsi dans *Real Virtuality* (Artanim Fondation), une œuvre présentée dans le cadre de Sundance « *New Frontier* » en 2016, les deux participants doivent se saisir d'une torche sur le sol afin de s'éclairer, puis sauter sur des pierres suspendues dans le vide. Ils ne peuvent le faire sans se casser la figure. Le cerveau prend les informations visuelles de la VR pour argent comptant, au point où elles prennent le pas sur les sensations physiques réelles, sur le fait que le spectateur se trouve en sécurité dans une pièce fermée. Cela interroge la définition même de la réalité.

Actuellement les informations haptiques, celles liées au toucher et à l'activité musculaire (marcher, par exemple), sont divergentes. Autrement dit, le spectateur peut avancer dans un espace virtuel sans avoir à marcher. Lorsque la réalité physique du mouvement dans l'espace sera traduite dans la réalité virtuelle, la substitution sera totale. C'est déjà ce que propose *Real Virtuality*. C'est aussi ce que proposera le premier parc d'attraction en réalité virtuelle, *The Void*, qui a ouvert à Salt Lake City (Utah, Etats-Unis).

La programmation « *Smart* » au FIPA 2016 était largement consacrée à la « narration sensorielle », laquelle incluait l'odorat, le goût, le toucher. Penses-tu que la quête de l'immersion totale va se poursuivre jusqu'à inclure tous les sens ?
De mon point de vue, l'odorat et le goût sont des sens mineurs. Ils ne prennent de l'importance que lorsque la vue est absente. Il existe une hiérarchie des sens : d'abord la vue, puis le toucher ; l'odorat et le goût viennent en dernier. Se préoccuper aujourd'hui de ces derniers me semble assez naïf. En revanche, les sensations haptiques ont un grand avenir devant elles. La narration sensorielle explorera surtout cette dimension haptique.

La substitution de réalité dont tu parles a été problématisée par le cinéma, d'*eXistenZ* à *Matrix*. Est-elle dangereuse ?
La nouveauté fait toujours peur et cette crainte s'exprime souvent par la critique. Certains soulignent le risque d'addiction et d'enfermement lié à la VR – mais on dit déjà la même chose des jeux vidéo. D'autres pointent le caractère solitaire de la VR, qui contrasterait avec le caractère collectif du cinéma – pourtant personne ne reproche à la lecture d'être une activité solitaire ! Or, la VR est analogue à la lecture : on

s'y absorbe et on a ensuite envie d'en parler aux autres, pour confronter ses impressions avec celles des autres. Le collectif vient après, dans le partage d'une expérience.

De quoi est porteuse à tes yeux cette substitution de réalité ?
La VR complexifie notre rapport à la réalité. Celle-ci apparaît plus que jamais comme un millefeuille. Elle prolonge en cela l'œuvre des réseaux sociaux. Ceux-ci nous ont permis de nous inventer des personnages, de jouer avec notre identité ; cette dimension ludique est l'un des aspects de la vie moderne. La VR nous propose de nouveaux jeux de rôles.

Qu'est-ce que la VR apporte de singulier par rapport aux autres formes d'art ?
Un sentiment inédit d'empathie et d'immersion totale dans une réalité crédible. Cela conduit notamment à ce que la vue subjective soit particulièrement prenante en VR, beaucoup plus qu'au cinéma. Les premières vidéos pornographiques en VR sont de ce point de vue bluffantes : lorsque le spectateur prend la place d'un autre corps, c'est troublant, *a fortiori* lorsque ce corps est celui de l'autre sexe !

Ce sentiment d'empathie s'exprime aussi dans les films documentaires. Ceux qui sont réalisés dans des situations difficiles laissent un impact puissant. Le quatrième mur a disparu et cela engendre automatiquement une forte empathie avec les personnages.

Tu as parlé de la grammaire de la VR. Comment se situe-t-elle par rapport à celle du cinéma ?
Il y a une continuité totale entre les savoir-faire du cinéma et de la VR. Sur le plan du montage, de la direction d'acteurs, un cinéaste s'y retrouvera. La base de la grammaire est commune : l'ellipse, le *flash-back*, l'accéléré... La seule chose qui ne survit pas, c'est le montage *cut*, très déstabilisant en VR. La particularité de la VR, c'est l'absence de hors-champ. L'équipe de tournage est nécessairement hors-champ. Du point de vue de la grammaire narrative, le hors-champ

subsiste, mais à l'état « sémantique » : il désigne ce qui se passe en dehors de l'action à laquelle on assiste. Mais dans le même temps, le choix de placement de la caméra est plus important encore. C'est la décision-clef du cinéaste.

Cependant, pour le spectateur, il existe un hors-champ : c'est toute la partie de l'image à 360° qu'il ne voit pas. Ce qui implique une mise en scène des différentes parties du champ...
Il existe des manières de forcer l'attention du spectateur vers telle ou telle partie de la scène, que ce soit par la lumière ou le son, ou encore par des logiciels de vison forcée qui permettent de définir ce qui se trouvera devant le spectateur au début d'un plan. Mais il n'y a pas de hors-champ pour le réalisateur. A lui de prévoir tout ce qui sera disponible.

Cela dit, en réalisant *Viens !*, j'ai appris une forme de lâcher-prise. Les spectateurs doivent choisir ce qu'ils vont regarder, et j'accepte qu'ils ne voient pas tout ce que j'ai prévu de leur montrer. *Viens !* défend une vision différente de la sexualité qui peut heurter les spectateurs les plus conventionnels. L'une des personnes à qui j'ai montré le film m'a raconté qu'il revenait toujours vers un couple, qui incarnait une sexualité proche de la sienne, comme pour se rassurer. Ce point d'appui l'autorisait cependant à aller voir ce que faisaient les autres.

Quelle était ton intention dans *Viens !*[179] ?
Mon but était de tester les limites de l'intimité dans la pornographie. Proposer un poème visuel, une vision spirituelle de la sexualité. Je voulais voir ce que provoquerait le fait QUE les performeurs regardent le spectateur en tant que spectateurs – et non en tant que personnages – et tentent d'établir une relation avec lui. Je me suis aperçu que cela était éminemment subjectif et que ce regard-caméra provoquait, selon les cas, une attirance ou une répulsion.

---

[179] Le pitch : « *3 femmes et 4 hommes, nus, apparus de nulle part, sur un fond blanc, dans l'espace ensoleillé d'une pièce lumineuse hors du temps. Ils se rencontrent, partagent leur énergie, se transforment, ils fusionnent avec le monde. Ils font l'amour.* »

Te saisir d'un thème aussi intime que la sexualité dans un média aussi immersif que la VR, est-ce tenter une expérience-limite ?
Mon but était en effet de voir ce que cela ferait d'aller aussi loin dans une expérience intime, dans un film où les gens sont nus et investis dans un échange sexuel. Sans pour autant être ni dans la provocation, ni dans le voyeurisme pornographique. Je voulais voir si cela passerait.

La VR est-elle vouée à un registre spectaculaire, comme une attraction porteuse de sensations fortes ?
Le cinéma lui-même a longtemps été à une attraction spectaculaire, un phénomène de foire. Il a fallu une génération pour qu'il acquiert ses lettres de noblesses et deviennent une forme d'art à part entière. La VR va certainement être considérée comme une attraction. Pour autant, je suis convaincu qu'elle offre des potentialités narratives extraordinaires, qu'il faut commencer à explorer dès maintenant. L'expérience du cinéma nous aidera probablement à y accéder plus rapidement.

N'y a-t-il pas une accoutumance à l'image et à la sensation qui fait que nous sommes anesthésiés devant les scènes de violence ou de sexe ; accoutumance qui induit une recherche concomitante de quelque chose en plus, voué lui aussi à ce que nous y soyons insensibilisés ?
Je pense en effet que nous sommes insensibilisés à l'image en 2D, du fait de l'excès de cette image, d'où une distance entre nous et la réalité véhiculée par cette image. Actuellement, nous sommes extrêmement sensibles à l'empathie provoquée par l'image en VR, nos cerveaux sont submergés par l'émotion et les flux d'empathie. Mais il est probable que nous allons nous y accoutumer aussi. Nos cerveaux vont s'habituer à la VR et son impact empathique s'atténuera probablement.

Est-ce que cela offre une clé de compréhension de l'intérêt que les grands réseaux portent à cette

nouvelle technologie, dans le contexte d'une perte d'influence des médias traditionnels ?
Il est vrai que la VR est porteuse d'un renouvellement de l'impact émotionnel des médias. Cela va d'ailleurs passer par les réseaux sociaux. Facebook propose déjà un salon virtuel en VR, où cinq personnes peuvent se retrouver par l'intermédiaire d'un avatar, pour voir et commenter des contenus en direct. Lorsque ces expériences vont monter en puissance, elles vont avoir un très fort impact. Avant que les gens finissent aussi par s'y habituer...

Adelin Schweitzer : un artiste numérique depuis longtemps en réalité virtuelle

Par Nicolas Bole (septembre 2016)

La réalité virtuelle, il l'a utilisée et décortiquée dès 2008. Loin de l'appétit profane (et parfois consumériste) qui grossit depuis quelques années autour de cette « nouvelle » technologie, Adelin Schweitzer, en artisan, continue de démonter (physiquement et artistiquement) les dispositifs techniques de la VR pour mieux en saisir les enjeux. Aux côtés de cet artiste diplômé de l'École Supérieure d'Art d'Aix-en-Provence, la nouveauté promise par Oculus Rift et consorts nous ramène... 30 ans en arrière, quand les premiers casques ont été commercialisés, puis vite abandonnés du fait de la faible puissance de calcul des machines de l'époque.
Une commande dans le cadre de la capitale européenne de la Culture à Liverpool en 2008 a permis à Adelin Schweitzer de faire de *A-Reality* un cas d'étude *in vivo* de ce que peut la réalité mixte (qui mélange réalité physique et virtuelle). Un projet où l'on peut épouser, casque bidouillé à la maison sur les yeux et ordinateur dans le dos, le regard des machines dans l'espace physique... et ainsi vivre – non sans ironie de la part de son créateur – la manière d'envisager le monde des machines. Projet aux multiples performances dans les festivals européens sensibles aux arts numériques, ouvrant le capot des machines et de leur « vision », *A-Reality* constitue une excellente introduction, en même temps qu'un remède, au caractère techno-béat de l'industrie...

Comment avez-vous commencé à travailler sur les casques de réalité virtuelle ?
Adelin Schweitzer – Officiellement, je me suis mis à travailler avec ces dispositifs en 2008, mais il y a avait certains indices en amont : j'ai un passé de joueur de jeu vidéo et de « rôliste » à l'ancienne *[joueur de jeu de rôle, NdA]*. Cet héritage a beaucoup apporté à l'artiste que je suis aujourd'hui. Dans les magazines de jeux vidéo de l'époque, on parlait de cybersexe, de réalité virtuelle... Le démarrage de la réalité virtuelle commence très tôt dans les années 80, quand les premiers PC arrivent. Les théoriciens de la VR de l'époque sont très divers : dès les années 70, l'écrivain cyberpunk William Gibson imagine une sorte de *far-west* numérique dans lequel des libertés qui n'existent plus dans le monde réel se retrouvent dans le virtuel. C'est aussi le fameux *showroom* de Timothy Leary[180] qui déclare, en substance : « *Il n'y a plus besoin d'acide pour aller visiter les mondes parallèles ; il y a une technologie qui permet de les habiter* ». Ensuite, Jaron Lanier[181], un des pionniers de la réalité virtuelle, a posé des bases idéologiques sur ce mouvement, avant les substrats consuméristes que l'on connaît aujourd'hui. Il a fondé la société *Virtual Research*, aujourd'hui disparue, et commercialisé des casques. Celui utilisé dans *A-Reality* est l'un d'eux. L'élan, à l'époque, va en effet se heurter au mur technique.

Dans mon travail d'étudiant, j'ai déjà conçu des « couvre-chefs », de manière très intuitive : un simulateur d'ébriété et un simulateur de célébrité. Pour moi, c'est quelque chose lié à l'enfance : tous les gamins aiment cacher leur propre identité, se déguiser. Suite à cette expérience, je m'intéresse à d'autres problématiques avant de revenir au masque en 2008 avec *A-*

---

[180] Timothy Leary est un écrivain américain, neuropsychologue qui a longtemps milité pour l'utilisation scientifique de psychédéliques, et notamment le LSD.
[181] Le chercheur en informatique et compositeur américain Jaron Lanier a parachevé plusieurs travaux scientifiques sur la réalité virtuelle, notamment en imaginant comment utiliser la main de l'Homme comme moyen d'interaction dans le dispositif. Il proclamera après les tests de juin 1989 : « *La réalité virtuelle arrive !* ».

Reality. Une des choses qui me choque dans le dispositif de la VR, c'est la focalisation sur le contenu, avant même de s'interroger sur la figure que représente un type avec un casque sur la tête, qui voit des choses que les autres ne voient pas... Avec le masque, le spectateur est dans un environnement protégé, dans lequel il peut se permettre des postures : la bouche entrouverte, le corps affaissé, etc. On s'oublie très vite.

Décrivez-nous *A-Reality* : son concept, sa manière de fonctionner...
A-Reality fonde la méthodologie de mes projets. J'ai fait *grosso modo* tout ce qu'on dit aux étudiants en école d'art de ne pas faire ! Tout est parti sur ce projet de dispositif technologique : l'objectif d'*A-Reality* est de pouvoir déambuler dans l'espace public avec des yeux et des oreilles artificiels. Évidemment, il y a une toile de fond artistique ; soit l'idée de la *Beat Generation* qui envisage l'informatique comme une « pilule » qui permet de voyager... L'intention, dès le départ, c'était de pouvoir redécouvrir notre quotidien à partir du point de vue d'une machine ; c'est-à-dire que le scénario soit hors du contrôle de l'artiste, qu'il soit généré aléatoirement. Concrètement, la machine va analyser les perceptions de la personne et va générer des propositions visuelles et sonores dans une cartographie aléatoire.

Le projet naît en 2007 quand je rencontre Polly Mosley, une curatrice indépendante anglaise qui travaille sur la capitale européenne de la Culture à venir en 2008 à Liverpool. Elle cherchait des projets autour de la mauvaise image commune des villes portuaires, souvent remplie d'immigrés qui adorent le foot : Naples, Gdansk, Istanbul, Marseille, Liverpool... Je construis un argumentaire artistique qui interroge la réalité de toutes ces perceptions. Pour moi, elles sont liées à des facteurs sociaux, religieux ou économiques. En d'autres termes, il n'y a que des réalités contextuelles. Je propose alors de fabriquer une machine qui va enquêter sur ces réalités communes. Le postulat consiste à dire : si on substitue la perception naturelle que nous avons de notre environnement à une perception digitale, celle-ci étant systématiquement présentée comme une vision objective du monde, et si on compare les deux réalités perçues par l'humain et par la machine, alors nous pouvons peut-être arriver à déduire de ces deux visions une forme de « réalité objective du monde ». C'est un peu comme les gens qui essaient de peser l'âme, les fameux 21 grammes...

C'est donc une perspective ironique ?
Complètement ! C'est un postulat voué à l'échec dès le départ. Dans la formulation même, il y a quelque chose d'erroné. Car en réalité, la « vision machine » passe aussi par les yeux humains. Donc elle ne transcrit pas une réalité qui lui est propre mais une réalité dans un langage que l'être humain peut comprendre ; autrement dit : un ordonnancement de pixels dans une image. La dimension ironique de mon travail a été très difficilement perçue au départ ; les gens voient d'abord des câbles, des ordinateurs, des casques, comme une sorte de Robocop... Ils ont l'impression de saisir le monde moderne en action.

Quelle réelle nouveauté distinguez-vous dans la réalité virtuelle aujourd'hui ? Qu'est-ce qu'on peut raconter avec ?
L'élément qui guide le nouvel élan vers la VR, c'est la puissance des machines et leur mobilité. Il y a déjà eu des vagues de création VR à la fin des années 80, avec des acteurs commerciaux et des dispositifs haptiques. *Virtual Research*, de Jaron Lanier par exemple. Mais le manque de précision des machines qui administrent les interfaces va arrêter le mouvement. A l'époque, les stations graphiques pèsent 15 kilos ; aujourd'hui, dans un téléphone portable récent, il y a plus de puissance que dans les Mac que j'ai utilisés pour *A-Reality* !

Du point de vue du consommateur de technologiques que je suis, j'ai la curiosité de voir ce qui va être produit avec la VR. Et en même temps, je ne suis pas dupe : Oculus, ça n'a rien de neuf. J'ai démonté deux casques : le V6 de *Virtual Research* (qui date de 1995) et l'Oculus : il n'y a rien de différent. On n'a pas changé de technologie ; c'est comme un carburateur de moto. Ce qui change, ce sont les dalles qui passent de 640 x 480 pixels à des dalles 4K. Ce qui me fait dire que la technologie est très survendue. On parle de la VR, de la 3D, comme si c'était révolutionnaire. On sait aussi que la stéréoscopie existait dès le début de la photographie ; simplement, l'imprimerie de l'époque ne savait pas comment traiter ces images.

Est-ce dangereux de réinventer ainsi la roue ?
La technologie n'est pas plus dangereuse que le reste. Une fois qu'on s'est débarrassé de ce que j'appelle le « syndrome Skynet »[182], c'est-à-dire de la peur du dépassement de l'homme par la machine, le problème n'est pas de savoir si on perd de notre humanité avec la « technologisation » de notre corps, mais de savoir qui en a la propriété. Avoir un œil bionique n'est pas un souci en soi ; en revanche, avoir un œil bionique que seul Sony peut réparer, c'en est un. Aujourd'hui, les marchands de gadgets ont besoin de contenus pour les vendre. Ils cravachent pour synchroniser casques, écrans et contenus, pour justifier les montants exorbitants mis en R&D. Tout cela n'est pas propice à la réflexion de fond. On ne cesse de parler de scénario interactif, mais parmi toutes les expériences en 360°, celle qui m'a le plus convaincu est celle produite par Marc Dorcel [*producteur de films pornographiques, qui s'est lui aussi lancé dans la VR, NdA*]. On se retrouve à la place du réalisateur et autour de nous se déroulent différentes choses : des actrices se préparent, un mec prend le son... On se rend compte que le vrai cœur du travail, c'est la spatialisation du son. La démo d'un Grand Huit fonctionne visuellement que si l'on a le bruit des roues sur les rails. L'expérience sans le son, c'est – sensoriellement parlant – très mineur.

Vous avez travaillé sur un casque simulateur d'ébriété. En quoi le fait de porter un casque change-

---

[182] En référence au cerveau informatique Skynet qui devient autonome du pouvoir des hommes, dans le film *Terminator 2* (James Cameron, 1991).

t-il pour vous la manière de raconter des histoires ? On passe de la narration à l'expérience ?
La première chose qui me vient, c'est de dire que l'expérience est en soi une forme de narration. Il fut un temps, je m'amusais avec ce terme d'« expérience », qui est un mot issu du vocabulaire scientifique, avec l'imaginaire qui va avec. L'expérience suppose un protocole reproductible qui vise à prouver quelque chose. Avec *A-Reality*, on est en face d'une expérience qui vise à ne rien démontrer. A partir du moment où une expérience ne vise pas à démontrer quelque chose, c'est de fait une narration déguisée. Dans *Le voyage panoramique*[183], j'ai fait ce que je n'assumais pas dans *A-Reality* ; à savoir : la théâtralisation de l'expérience. On est dans une simulation totale avec un comédien qui embarque les participants du début à la fin. D'un point de vue scénographique, tout est cadré.

Par rapport à la VR justement, vous dites qu'il faut aussi mettre en scène l'expérience, pas seulement proposer une expérience au casque ?
Ça n'est pas forcément nécessaire. C'est un cheminement qui m'a amené à ça. Comme tout artiste en expérimentation perpétuelle, j'avais envie de travailler sur un dispositif comme *Le Voyage panoramique*. Mais il m'a fallu du temps pour y venir. Il y avait beaucoup de choses à traiter d'un coup : la théâtralisation, l'écriture d'un scénario interactif, une technologie lourde à gérer... C'était idéal pour se planter ! Toutes les découvertes très empiriques que j'ai pu faire sur ce qui fonctionne et qui ne fonctionne pas m'aident aujourd'hui.

Avez-vous crée une liste des choses à faire ou à ne pas faire avec la VR, au fur et à mesure de vos expérimentations ? Certains disent qu'il ne faut pas toucher quelqu'un qui a un casque sur les yeux...
Je n'ai pas fait de réalité virtuelle, mais plutôt de la réalité « altérée » ou de la réalité « augmentée ». Et toucher quelqu'un en réalité altérée, si, on peut le faire, au contraire !

---

[183] Expérience multimédia théâtralisée en réalité virtuelle proposée en décembre 2015 par Adelin Schweitzer au MuCEM à Marseille.

Une anecdote le montre : un jour, une femme utilise *A-Reality* à Munich. Cela fait 16 minutes qu'elle porte le masque, elle a passé la phase de réappropriation kinesthésique de son corps. C'est le moment où elle attrape la rampe d'un escalier avec la main. Et là, elle s'arrête net, regarde sa main et commence à toucher l'arête de la rampe de l'escalier. La machine avait assemblé visuellement un effet convexe de la réalité. Elle m'a dit : « *Mon cerveau sent que cette arête est droite mais il voit que c'est courbé* ». Et elle conclut en disant : « *Je* bugue ». Ça m'a vraiment intéressé que l'expérience augmente un effet sensoriel, du fait que vue et toucher étaient opposés.

A-Reality, c'est un peu de la réalité augmentée, davantage que de la réalité virtuelle pure ? Vous feriez cette différence entre les deux ?
La réalité augmentée m'intéresse davantage, car il y a quelque chose de plus riche dans l'idée d'augmenter la réalité que dans la stricte virtualité complète. Il y a beaucoup de chemin à faire jusqu'à une réalité totalement virtuelle. Rien que de s'asseoir sur une chaise, c'est déjà poser son corps en contact avec la réalité. Le fait de virtualiser le réel m'intéresse, cela permet de démonter des conditionnements d'usage par rapport à la vidéo. C'est ce que fait très bien le casque de réalité virtuelle : au MuCEM par exemple, lors de l'exposition *Le voyage panoramique*, les gens mettaient du temps à réaliser qu'ils avaient la liberté de regarder dans l'image. Il faut dire que le comédien leur demandait de placer leurs mains sur les genoux et la tête entre les jambes au moment où la vidéo de drone commençait au sol. Puis, le comédien leur disait de relever la tête. En le faisant, ils commençaient peu à peu à comprendre qu'ils avaient le « droit » de tourner la tête.

Y a-t-il des choses « immorales », à ne pas faire avec la VR ? Comme immerger un spectateur dans la peau d'un migrant par exemple ?
La réalité virtuelle pour moi, ça n'est rien de plus qu'une nouvelle forme de mode d'affichage d'image. Qui ouvre une foule de possibilités mais qui reste un contenant à remplir. Vous me posez la question morale de contenus tournés en

Syrie, mais peut-être n'avez-vous pas assez joué à *Call of Duty* ! Pour faire la publicité de ce jeu, les affiches montraient un G.I. en gros plan avec pour slogan : « *La guerre comme si vous y étiez* ». Donc je ne vois pas en quoi la réalité virtuelle pose davantage de problèmes que ceux qui sont déjà posés aujourd'hui. Cela va peut-être simplement grossir le trait et accentuer le problème. Évidemment, la photo de Mark Zuckerberg[184] qui domine tous les gars avec leurs casques Samsung sur les yeux, c'est flippant. De nouveau, le problème n'est pas la technologie en soi, mais il consiste à savoir à qui elle appartient.

Parlons production. On sait que les budgets nécessaires à la réalité virtuelle sont importants : on parle notamment d'un budget de 500.000 euros pour le court-métrage *I, Philip*. Avec quel budget fonctionnez-vous pour vos œuvres ?
Mon modèle économique est alimenté à 95 % par la « location » de mon travail. Autrement dit, je vends une expérience et je loue les dispositifs que je conçois à des festivals ou des musées. La production ne me rapporte pas d'argent, notamment parce que je suis le producteur principal de mes œuvres. A titre d'exemple, pour *Le Voyage Panoramique*, 16.000 euros sont entrés dans les caisses de ma structure et j'ai pu me dégager 600 euros de salaire après avoir payé mes collaborateurs et les équipements. C'est donc sur la distribution que je peux espérer me payer.

Cela nous amène à un point sensible sur les arts numériques et les arts « non-vendables ». En général, selon le medium que l'on utilise, c'est-à-dire la technologie, nous ne travaillons clairement pas dans un environnement économique qui a une capacité de réponse financière suffisante par rapport à notre investissement. Dans mon cas, j'utilise beaucoup les nouveautés technologiques pour développer des projets ; il m'arrive donc souvent de donner mon argent à Amazon pour acheter des composants ou des machines. Ajoutez à cela que

---

[184] Photo postée sur Facebook par Mark Zuckerberg, prise le 21 février 2016 lors de la conférence de Samsung au Mobile World Congress de Barcelone.

j'ai dans mon atelier neuf ordinateurs produits en Chine et qui contiennent des terres rares, et là, oui, c'est un problème moral pour moi. Évidemment, ce n'est pas spécifique à l'art numérique. L'artiste contemporain est une belle caricature du monde néolibéral, où l'on sonde nos états d'âme sans forcément que cela serve au bien de la Cité.

Est-ce que la dimension plus « artisanale » de votre travail vous intéresse davantage que les productions mieux financées ? Si oui, en quoi ?
La première réponse, c'est : « *More money, more problems* ! » [185]. Quand on veut garder la liberté d'expérimenter des choses un peu foutraques, cela devient moins flexible à partir d'un certain budget. Vous perdez un peu le contrôle sur l'écriture au fur et à mesure que l'équipe grossit.

Parallèlement, avoir de l'argent pour développer certains projets permettrait de se positionner en opposition par rapport aux contenus fades qui sont produits aujourd'hui. C'est effectivement parfois rageant de voir des projets à 150.000 euros qui ne questionnent rien et qui sont de pures *proofs of concept*[186] d'une technologie.

En outre, ces projets sont un piège : avec le nez rivé à son outil technologique, cela devient plus en plus difficile de porter un discours qui vienne en contradiction avec celui-ci. A l'heure d'une pensée sur l'innovation qui ne souffre d'aucune contradiction, cette difficulté à sortir de la fascination pour la technologie est néfaste. Mon axiome de réflexion, c'est : comment passer de l'état de fascination pure à celui d'une réflexion critique ? Qu'est-ce que ces outils m'enlèvent ou m'apportent ? Aujourd'hui, nous sommes toujours dans la société de la boîte noire, où on nous explique de moins de moins comment les outils fonctionnent de l'intérieur. Même si

---

[185] « Plus d'argent, plus de problèmes ! »
[186] Dans le sens où l'emploie Adelin Schweitzer, un projet « *proof of concept* » désigne un contenu qui ne se sert de la technologie que pour démontrer que celle-ci fonctionne, et non pour tenir un discours à son encontre.

tout le monde ne doit pas nécessairement être intéressé par ce que contiennent les machines, force est de constater qu'il y a un défaut de curiosité alimenté par les départements marketing des grandes firmes, qui proposent toujours de nouveaux modèles qui n'ont parfois pas grand-chose de nouveau.

Jusqu'où maîtrisiez-vous le processus créatif pour *A-Reality* par exemple ? Codiez-vous vous-même ?
La version la plus aboutie a été réalisée en étroite collaboration avec deux personnes. Cédric Lachasse a été essentiel au projet pour sa compétence de programmation visuelle. Pour ma part, je code, mais mal, et cela me prend beaucoup trop de temps. Je n'aurais pas pu finir le projet sans lui. De même, la programmation sonore s'est faite sur mes intentions, mais avec le concours précieux de Naoyuki Tanaka. J'étais le directeur artistique et une sorte de chef d'une bande qui m'a permis de faire des choses que je n'aurais jamais pu faire tout seul.

Je vous livre une anecdote intéressante liée à la technologie avec *A-Reality*. A l'origine, je voulais travailler avec la géolocalisation mais nous n'avions pas d'argent pour acheter un bon GPS. Dans le cours de la création du projet, nous sommes invités en résidence à Labomédia, à Orléans, et nous obtenons une aide du DICRéAM[187]. Chouette, nous pouvons nous équiper en GPS ! Mais très vite, nous faisons face à un problème technologique : pour que les cartes soient superposées, il fallait traduire les coordonnées GPS récoltées dans le modèle géodésique du vrai monde physique. Nous avons essayé de régler ce problème pendant 3 jours. Un matin, je décide de biaiser : les coordonnées GPS vont être envoyées dans un « faux » monde, un monde que nous maîtrisons *via* un algorithme, avec des coordonnées X et Y. Ainsi, quand le visiteur va déambuler dans le monde physique avec son casque sur les yeux, il va aussi voyager dans un faux monde qui sera

---

[187] Le DICRéAM, Dispositif pour la Création Artistique Multimédia et Numérique, a été fondé en 2002. Il fait l'objet d'un partenariat institutionnel entre le CNC, le CNL et différentes directions du ministère de la Culture.

généré à partir d'une photo de son visage. Autrement dit, cette intuition artistique qui répond à une problématique technique apporte conceptuellement quelque chose de plus intéressant au projet. Soudainement, le protocole de rencontre avec les gens qui expérimentent *A-Reality* a beaucoup changé. Au lieu d'aller cartographier les points GPS de plusieurs lieux dans la ville, on retrouve les personnes qui souhaitent faire l'expérience dans un lieu qu'elles ont choisi. On s'y rend et on rencontre la personne. Puis, avant d'équiper les gens du casque et de l'ordinateur dans le dos, on prend une photo d'eux. Et cette photo est transformée en carte aléatoire, en temps réel. Ainsi, ils partent à l'aventure dans une carte virtuelle, à chaque fois nouvelle, que nous ne connaissons pas non plus.

Pour moi, le rôle de l'artiste n'est pas de se mettre en compétition avec les équipes d'ingénieurs des grandes firmes, mais de trouver les failles et de s'y insinuer pour faire réfléchir les gens. Son rôle n'est donc pas de trouver des budgets colossaux pour se mettre en bataille contre des producteurs de contenus. J'ai l'air très militant quand je dis ça ; pourtant, je n'aurais aucun scrupule à travailler sur un *A-Reality 2.0* avec un partenaire financier qui y trouverait un intérêt. Du moment que cela me permet de faire, d'essayer et de faire changer les choses de l'intérieur...

Pour vous, qu'est-ce que serait une œuvre VR réussie ?
Sacrée question ! Encore une fois, pour moi, la VR n'est jamais qu'un nouveau type d'affichage de contenus avec ses contraintes, ses qualités et ses défauts. Ce sont donc encore et toujours l'histoire et le message que l'artiste désire communiquer qui qualifieront l'œuvre et en feront ou non une réussite.

Ouverture

**Esquisse d'un
« Temple de la Renommée »**

Les créations numériques ont incontestablement permis l'émergence de nouveaux auteurs sur la scène documentaire, et de nouvelles manières de raconter le monde sur de nouveaux supports.

Le mouvement se poursuit, renouvelant à chaque fois un peu plus les expériences. Difficile d'imaginer aujourd'hui de quoi sera fait demain, alors le plus raisonnable reste sans doute de regarder dans le rétroviseur. Ici comme ailleurs, c'est en auscultant le passé que l'on perçoit un peu mieux l'avenir.

Les 28 œuvres recensées dans ce « panthéon » sont pour la plupart issues de l'exposition « French Touch de la webcréation » qui a mis en valeur en 2015 des propositions qui *« renouvellent les écritures audiovisuelles en se fondant sur des procédés narratifs qui intègrent les spécificités de l'internet, comme l'interactivité. Qu'ils investissent les champs du documentaire, du jeu vidéo, de la télévision, du cinéma ou qu'ils établissent des passerelles entre tous ces domaines à travers une approche transmédia, les projets retenus sont emblématiques de la création francophone et internationale. Chacun témoigne de la créativité de leurs auteurs et producteurs que ce soit sur le plan des technologies employées au service du récit, de la diversification des outils de diffusion utilisés, ou encore de l'inventivité des modes de narration. Les créateurs qui y sont mis en avant défrichent ce champ créatif, ils en constituent son alphabet, sa grammaire. »*

Proposée par Transmedia Immersive University et l'Institut Français, cette « French Touch de la webcréation » est une adaptation actualisée de l'exposition « 2005-2015, dix ans de webcréation » qui présentait des œuvres internationales. Celle-ci a initialement été présentée au festival I LOVE TRANSMEDIA à la Gaîté lyrique du 1er au 4 octobre 2015, sous le commissariat de Caspar Sonnen et Vincent Cavaroc. Elle a ensuite voyagé un peu partout dans le monde.

1. Learning to love you more
Miranda July, Harrel Fletcher, Yuri Ono
San Francisco Museum of Modern Art
2002-2009, Etats-Unis.

70 commandements pour une webcréation qui propose d'« apprendre à s'aimer davantage ». C'est le défi proposé aux internautes par trois artistes entre 2002 et 2009 pour bâtir une œuvre collective à laquelle 8.000 personnes ont finalement pris part.
Il fallait d'abord « fabriquer une tenue d'enfant dans une taille d'adulte », puis « photographier une cicatrice et écrire à son sujet », ou encore « réaliser une vidéo de quelqu'un qui danse ». Les réponses à ses missions devaient être directement envoyées aux auteurs qui les publiaient sur le site réceptacle du projet, et rares sont les propositions à avoir été retoquées...
Les contraintes de fabrication étaient suffisamment simples et claires pour permettre aux utilisateurs de créer des objets authentiques liés à leurs propres existences et souvent conditionnés par leurs rapports aux autres. Quand l'internaute était invité à « faire le portrait de l'un des désirs de ses amis » ou à « interviewer quelqu'un qui a fait l'expérience de la guerre », il était incité à prendre un risque, à sortir de sa zone de confort quotidienne pour aller vers l'autre, interagir, et finalement se rapprocher de sa propre personne.
« *L'art est un état de rencontre* », et ce mouvement repose ici sur quelques-uns des fondements d'internet, comme la possibilité offerte à chacun de pouvoir s'exprimer sur le réseau, la libre circulation des contenus et leur mise en relation immédiate avec les publics. Les pièces collectées par le programme ont permis d'alimenter un site web dans lequel l'internaute pouvait naviguer grâce aux liens hypertextes, mais elles ont également été adaptées dans de nombreuses installations et expositions dans des musées, des galeries, des écoles, des maisons de retraite ou des festivals de cinéma. L'expérience a également fait d'objet de versions radiophoniques.

2. La Cité des Mortes
Jean-Christophe Rampal, Marc Fernadez
Upian
2005, France.

Voici le premier programme français estampillé « webdocumentaire ». Nous sommes en 2005, des auteurs et des professionnels d'internet ont l'ambition de créer ensemble « *une forme éditoriale qui donne une autre dimension au livre* ».
A l'origine du projet : l'ouvrage de Jean-Christophe Rampal et Marc Fernandez, *La ville qui tue les femmes, enquête à Ciudad Juarez*. Deux ans d'investigation sur l'assassinat de 400 personnes à la frontière mexicaine, et la disparition de 500 autres. Un fait divers qui ensanglante le pays depuis 1993, avec des victimes le plus souvent sans visage et des coupables impunis.
L'expérience interactive, basée sur les notes et les images glanées sur place par les auteurs, propose à l'internaute de se laisser guider par sa propre curiosité dans les méandres de ces affaires criminelles, pour un parcours résolument « multi-médias ». Des témoignages audio d'avocats, d'enquêteurs, de familles de victimes ou de responsables d'associations sont disséminés sur le cadran d'une radio dont il faut dompter les fréquences ; la « télé des disparues » permet de fixer quelques tranches de vie de la ville la plus dangereuse du monde pour les femmes ; des photographies constituent un complément visuel au livre tout en rendant hommage aux victimes identifiées, tandis que des « fiches signalétiques » permettent de mieux connaître les protagonistes de ce drame, suspects y compris. Une carte interactive, enfin, redessine les contours de la ville en mettant en relation la géographie des lieux et les événements tragiques qui s'y déroulent.
Si Ciudad Juarez présente une vision sans doute assez réaliste de l'enfer sur terre, entre corruption et trafic de drogues, *La Cité des morts* permet d'en cerner la complexité et de dégager d'intéressantes pistes de réflexion, tout en ménageant les émotions. Finalement, cette forme de mémorial interactif développée en Flash pose cette question : et si la ville des *maquiladoras* n'était-elle victime que d'elle-même ?

3. We fell fine
Jonathan Harris, Sep Kamvar
2006, Etats-Unis.

Est-on plus heureux aux Etats-Unis ou en France ? Dans quelle mesure la pluie est-elle associée à un sentiment de tristesse ? Comment se sent-on à cet instant précis à Helsinki ? Voici le genre de questions auxquelles le dispositif entend pouvoir apporter quelques éléments de réponse. Pour y parvenir, les auteurs ont aspiré des phrases postées sur des blogs comportant les tournures « I feel... » ou « I am feeling... » ; les données ainsi collectées passent ensuite par le filtre d'un algorithme pour être finalement disséminées dans le programme. Visuellement, chaque sentiment formulé sur le web se matérialise sous la forme d'une capsule dont la forme, la taille, la couleur et l'opacité varient en fonction de la longueur et de la tonalité du message initial. Des informations sur l'âge, le sexe, la localisation de l'émetteur et la météo au moment de la mise en ligne du sentiment sont également ramassées pour être rejouées dans la création finale.

L'ensemble participe à une exploration des émotions humaines à grande échelle. Près de dix millions de sentiments et plus de deux millions de blogs ont ainsi été sondés. Plus de 15.000 nouvelles entrées étaient chaque jour ajoutées à l'œuvre finale au faîte de son activité.

Le code et le design s'allient ici pour produire une interprétation poétique de la base de données. Le visiteur peut naviguer au hasard des particules élémentaires rencontrées par sa souris, ou choisir de visualiser textes et photographies de façon plus systématique à partir des métadonnées. Six formes de restitution de cette vaste palette de sentiments sont possibles : « Madness », « Murmurs », « Montage », « Mobs », « Metrics » et « Mounds ».

La fresque ainsi dépeinte par le programme nous raconte une histoire du web sur le web. Photographie éphémère qui tisse un (nouveau) réseau dans le réseau, Wee feel fine permet aussi de représenter l'immensité de la toile dans un univers légèrement plus petit, et plus accueillant.

4. Thanatorama
Julian Guintard, Vincent Baillais, Ana Maria de Jesus
Upian
2007, France.

Voici un programme précurseur, dans le sillage duquel de nombreuses autres expériences webdocumentaires sont nées... et qui démarre par votre propre décès.
Au centre de l'histoire, donc : l'internaute. « *Vous êtes mort ce matin, est-ce que la suite vous intéresse ?* ». Et si vous décidez de regarder votre propre fin en face, vous allez pouvoir en organiser la mise en scène. Thanatopracteur, employé des pompes funèbres, marbrier... Vous rencontrerez ceux et celles qui gèrent ici-bas notre passage vers l'au-delà. Et vous devrez faire des choix.
Inhumation ou crémation ? C'est le genre d'alternatives qui se présente au spectateur désormais maître de son destin *post mortem*. Du contrat d'obsèques au cimetière en passant par l'usine de cercueils, vous accompagnerez étape par étape votre propre corps jusqu'à sa dernière demeure.
La narration, nourrie de séquences vidéo et de diaporamas, progresse en fonction des décisions de l'utilisateur mais peut tout aussi bien résulter de la navigation que celui-ci effectuera dans la constellation de chapitres qui composent cette plongée dans les arcanes du monde funéraire. Une interactivité douce, une voix-off grave et des commentaires plus légers feront office de guides.
Entre fiction et documentaire, *Thanatorama* pourra dérouter, ou captiver. Basé sur une solide enquête journalistique, cette expérience intime interroge aussi le collectif : nos croyances relatives au sacré et au trivial, nos convictions en matière de rites religieux ou même notre rapport aux incantations marketing. Un cheminement plus méta-physique que mystique, pour un programme qui interpelle, et qui nous ferait presque oublier que l'on respire encore...

5. Gaza/Sderot
Alex Szalat, Joël Ronez, Susanna Lotz
Alma Films/Trabelsi Productions, ARTE, Bo Travail !, Ramattan Studios, Upian
2008, France.

Deux villes frontalières, et une interface qui rejoue leur opposition. A moins de trois kilomètres de distance, Gaza et Sderot se font face, Palestine et Israël sont murés dans une interminable guerre, et ce webdocumentaire entend, dans la mesure du possible, décloisonner les représentations.
Villes voisines, villes sœurs et villes ennemies, symbole et reflet du destin tragique d'une région, elles n'en demeurent pas moins peuplées d'hommes et de femmes qui tentent de « vivre malgré tout ». Des personnages que l'on rencontre par l'entremise de vidéos de deux minutes dont la publication s'est échelonnée sur dix semaines. Tournés, montés et diffusés quasiment en temps réel, ces courts-métrages nous content le quotidien d'Abu Khalil, de Yafa Malka, de Sason Sara et des autres, et nous rapprochent un peu plus de la réalité banale et concrète du conflit qui mine cette partie du monde.
Ces chroniques de vies bloquées entre les menaces de raids aériens arbitraires et de roquettes hasardeuses sont disposées de part et d'autre d'une ligne de séparation qui scinde l'écran du webdoc en deux. Les réalités israéliennes et palestiniennes ainsi mises en parallèle et sur le même plan, c'est un début de vivre ensemble qui est figuré sur internet. Quatre entrées dans cet univers sont proposées aux internautes qui peuvent choisir d'accéder aux contenus à partir d'une date, d'un personnage, d'un lieu ou d'un thème. Les mots-clés les plus fréquemment cités du côté de Gaza sont « état de siège », « frontières » et « famille » ; ceux qui reviennent avec le plus d'insistance du côté de Sderot sont « roquette kassam », « famille » et « optimisme »...
L'expérience s'est déroulée du 26 octobre au 23 décembre 2008. Quatre jours plus tard, l'opération militaire israélienne « Plomb Durci » débutait. Elle fera plus de mille morts, en majorité des civils.

6. Voyage au bout du charbon
Abel Ségrétin, Samuel Bollendorff
Honkytonk Films, Le Monde
2008, France.

Gare de Pékin. Vous êtes journaliste indépendant, en partance pour la province du Shanxi. Vous allez enquêter sur l'envers du « miracle économique » chinois, vous enfouir à 300 mètres sous terre pour explorer les conditions de travail des mineurs qui forent dans le charbon dont Pékin a tant besoin pour asseoir sa croissance.

Sur le modèle des « livres dont vous êtes le héros », vous progressez en opérant des choix : continuer votre route ou visiter le bidonville, accepter de discuter avec un mineur ou préférer la représentation musicale du coin, se cantonner aux mines publiques ou sonder les exploitations privées où les accidents se multiplient. A chaque bifurcation du récit, le danger guette – contrôle de police ou bureau du directeur qui vous enjoint de regagner la capitale.

Vous pourrez, vous devrez poser vos questions – au choix – aux forçats du charbon. Ils sont un demi-million à travailler dans cette région, et vingt d'entre eux meurent chaque jour dans des circonstances qui restent le plus souvent obscures. Les autres vivent dans des conditions dantesques, sans droit, soumis aux rudesses de la police, réduits au silence par la censure, et intimidés par la corruption.

Grâce à un travail photographique et sonore pointu, le programme vous emmène dans un monde dévasté, entre désastre environnemental et conditions de vie impossibles. Guidé par un texte défilant sur les images du webdocumentaire, appuyé par des repères contextuels et didactiques que vous pourrez actionner selon vos besoins, vous serez alors confronté à des destins tragiques.

L'approche est ludique, mais la réalité à laquelle on se retrouve confronté est véridique. Documentaire. Que faire face à cet « océan de charbon » ? Comment dévoiler cette réalité au reste du monde ? Par exemple, en partageant votre expérience avec un ami.

7. Highrise
Katerina Cizek
ONF
2009-2015, Canada.

« *Les tours dans le monde. Le monde dans les tours* ». C'est à partir de cette intuition que ce vaste projet s'est construit ; plus de cinq ans de travail pour échafauder l'architecture de cinq webdocumentaires qui forment une exploration inédite de l'habitat urbain au XXIème siècle.
The thousandth tower rassemble six habitants d'un même ensemble de la banlieue de Toronto qui racontent leurs intérieurs. Diversité culturelle et volonté de rénover le vivre-ensemble : les ferments du programme sont posés. C'est le même immeuble qui structure *One millionth tower*, projet plus collaboratif où les habitants ont été associés à des architectes, des urbanistes, des universitaires et des webdesigners pour repenser ensemble leur environnement. Dans un paysage virtuel à 360°, des animations se superposent sur les photos des lieux actuels cependant que les habitants redéfinissent un nouvel espace augmenté de terrains de sports ou de jardins.
Out my window rassemble sur la mosaïque d'une même interface treize résidents d'immeubles disséminés dans le monde entier. De Chicago à São Paulo en passant par La Havane, les appartements accueillent le visiteur pour une immersion intuitive dans un univers où les images se combinent pour offrir un panoramique complet des lieux de vie, intérieurs comme extérieurs.
Highrise s'affine et s'affirme ainsi, petit à petit. Et le programme ajoute une dimension temporelle à ses explorations spatiales grâce aux archives du *New York Times* qui viendront nourrir *A Short History of Highrise*, soit 2.500 ans de constructions verticales résumés en quatre films courts.
Universe Within interroge enfin plus frontalement les webspectateurs. Trois personnages de synthèse jouent les intermédiaires avec les films que l'on convoque en répondant à leurs interpellations. L'internaute découvre alors la manière dont la pratique d'internet des habitants raconte aussi des histoires singulières...

8. Prison Valley
David Dufresne, Philippe Brault
Upian, ARTE
2010, France.

Vous voici conduit à Cañon City, Colorado, pour une plongée au cœur de la vallée des prisons américaine. 13 pénitenciers, 36.000 habitants et plus de 7.000 prisonniers ; un comté où « *même ceux qui vivent dehors vivent dedans* ». Dans une Amérique en crise, David Dufresne et Philippe Brault explorent les ramifications de cette florissante industrie carcérale – « *la version* clean *de l'enfer* » – dans un *road-movie* interactif où l'internaute prend en partie le volant. Enregistrez-vous à la réception du motel, ce sera votre base arrière et le point de départ d'une aventure narrative que vous suivrez – selon vos choix – sur l'autoroute de la linéarité ou en prenant des chemins de traverse plus interactifs.
L'architecture du programme adopte le squelette des arêtes d'un poisson, nervuré par certains codes du jeu vidéo. Garez donc votre voiture au bord de la route pour rencontrer un gardien de prison, un *shérif*, une journaliste d'investigation ou une femme de détenu. A partir de votre QG, consultez les fiches et les indices glanés en cours de chemin, et approfondissez votre exploration de la vallée. N'hésitez pas non plus à faire une pause pour alimenter les forums de discussion mis à la disposition des internautes-citoyens ou, dans les mois qui ont suivi la publication du programme, pour participer aux *chats* organisés par les réalisateurs.
« *L'hospitalité est notre affaire* », lit-on sur les cartes de visite du motel. Les auteurs du webdocumentaire se sont mis au diapason en ménageant une place de choix au webspectateur, libre de s'immerger à sa guise dans le business de l'enfermement. Libre, aussi, d'interroger le bien-fondé d'une industrie qui prospère dans un pays où un individu sur cent passera par la case prison au cours de sa vie.
Les modalités d'interactions sont multiples, ce en quoi *Prison Valley* constitue effectivement un programme qui « *porte les outils du débat en lui-même* ».

9. The Wilderness Downtown
Chris Milk
Radical Media, Google Creative Lab
2010, Etats-Unis.

Retour en enfance, sur les chemins de l'insouciance. Cap sur de lointains souvenirs. Ce clip interactif, réalisé pour une chanson du groupe Arcade Fire, transporte l'utilisateur dans un univers familier qu'il a peut-être perdu de vue...
Pour pénétrer dans le programme, il faut renseigner une adresse. La maison dans laquelle on a grandi, l'école dont on a usé les bancs ou tout autre lieu de souvenir particulier. La technologie convoquée ici (Google Maps et Street View, HTLM 5) propose alors un voyage inattendu, et très nostalgique.
Des fenêtres s'ouvrent dans le navigateur, et bientôt déferlent comme des *pop-ups* : ici un homme à capuche qui court dans une rue anonyme ; là une nuée d'oiseaux mystérieux qui réagissent aux mouvements de la souris. La chanson progresse tandis que s'incrustent des images du lieu renseigné au départ. Vues aériennes et panoramiques à 360° ramènent le spectateur là où tout, éventuellement, a commencé.
Le sens se construit dans l'enchaînement et la superposition des fenêtres, entre les images et avec le son. La personnalisation du film culmine lorsque le visiteur est invité à écrire ou à dessiner une lettre à l'enfant qu'il était – document que l'on peut ensuite partager avec d'autres internautes.
Au terme de cette course folle, chorégraphie visuelle et sonore sur les berges de la mémoire, c'est en quelque sorte à une nouvelle bande-son de notre jeunesse qu'on est confronté. La froide technologie se réchauffe pour alimenter de puissantes émotions et ranimer des réminiscences qui persistent. L'art numérique et la musique s'allient pour produire une œuvre qui nourrit le rapport très intime que l'on peut entretenir avec une simple chanson. Madeleine de Proust interactive, ce parcours immersif et onirique vers des territoires sensoriels oubliés captive par sa puissance figurative.

10. Bla Bla
Vincent Morisset, Philippe Lambert, Caroline Robert, Edouard Lanctôt-Benoit.
ONF
2011, Canada.

Il était une fois un petit personnage de pixels qui ne réagissait que sous l'impulsion des clics de l'utilisateur. Cet être virtuel, façonné par des techniques d'animation traditionnelles et nouvelles, est au centre de ce « film pour ordinateur » qui explore la communication humaine sous toutes ses formes.
« *Les mots* », « *La leçon* », « *La naissance* », « *Les deux* », « *Le chœur* », « *La nuit* ». Six chapitres composent ce « conte interactif » au cours duquel le temps du spectateur est compté pour expérimenter l'apprentissage du langage, le bavardage, les interactions sociales ou l'expression des sentiments, bons ou mauvais.
Les tableaux picturaux et musicaux s'animent selon la volonté de l'utilisateur qui devient le co-créateur de ce qu'il voit et entend. A lui de nourrir la marionnette, de lui insuffler la vie, de la déplacer, de la faire parler, ou de la démultiplier. Sans action de l'internaute, point de *Bla Bla*, et aucune conversation possible entre « l'Homme » et « la Machine ».
Cette fragilité communicationnelle et cette réciprocité de l'échange fondent la poésie du programme, et en forment l'un des messages. La nécessaire participation de l'utilisateur dans la production des formes et des discours nous renvoie finalement à la responsabilité de nos propres actions sur la réalité. Ces marionnettes dont on nous confie les fils à tirer dessinent un subtil miroir dans lequel on peut contempler l'influence de nos comportements sur nos propres vies, sur celles d'autrui et sur le monde en général.
Vincent Morisset et son équipe nous offrent ici une manière inédite d'appréhender le récit interactif, en inventant de nouveaux codes spécifiques au genre. Ni fondamentalement documentaire, ni définitivement fictionnel, le programme se vit aussi comme une expérimentation des grammaires possibles pour construire de singulières narrations sur le web.

11. In Situ
Antoine Viviani
ARTE, Providences
2011, France.

Promenons-nous dans la ville, pendant que le temps du rêve et la possibilité de l'imaginaire y ont encore droit de cité. C'est là le dessein de ce film interactif de 88 minutes qui, à Paris, Berlin, Anvers et Marbella, s'élance au-devant de curieux agitateurs urbains.
Ils sont danseurs, écrivains, compositeurs ou géographes, et ils esquissent de nouvelles manières d'appréhender nos agglomérations occidentales, frénétiques et affairées, en ouvrant sur le bitume de singulières fenêtres de contemplation.
Main haute sur la ville, la musique prend le pouvoir sur ce programme également riche en effets sonores. Violoncelle, thérémine et même cloches d'église redessinent une image abstraite, sensorielle, et sans doute fantasmée de l'urbanité, cependant que s'entremêlent à la représentation des expériences artistiques monumentales ou tout à fait discrètes. Un homme danse avec une pelleteuse, des souffleurs chuchotent à l'oreille des passants, un couple chorégraphie ses déplacements dans des gares... Suspension du temps et élévation du mouvement : le film égrène ainsi les rencontres, provoque des accidents à même de capter, et de secouer notre regard.
L'interactivité, ici, est douce et légère, simplement saupoudrée à quelques endroits de la narration. Elle permet au spectateur d'entendre les pensées des usagers du métro ou de choisir entre le champ et le contre-champ d'un spectacle de rue. Elle autorise aussi de régulières bifurcations dans la linéarité du récit pour approfondir la connaissance de certains personnages alors renvoyés sur une carte interactive. Celle-ci, adossée à un blog, complète le dispositif pour recenser d'autres initiatives artistiques permettant de considérer d'un œil neuf notre tissu urbain, et notre présence au monde. Cette dérive poétique et politique, cet essai onirique dans le présent et le futur de nos villes interroge aussi notre propre rapport à la liberté.

12. Alma, une enfant de la violence
Miquel Dewever-Plana, Isabelle Fougère
ARTE, Upian, Agence VU'
2012, France.

Guatemala.
Alma a 15 ans et décide d'entrer dans un gang. Elle s'engage avec sa clique dans un quotidien fait de vols, de violences et d'extorsions. Elle tue aussi. Fol engrenage de la « *vida loca* » : hôpital, prison, cimetière. Cinq ans plus tard, elle décide de quitter la Mara 18. Et elle le paiera au prix fort.
C'est ce témoignage poignant, les yeux dans les yeux, qui forme l'ossature du webdocumentaire basé sur le travail au long cours du photographe Miquel Dewever-Plana et de la journaliste Isabelle Fougère. Dans un huis clos suffocant, Alma livre une confession sans fard sur sa vie d'alors, ballotée entre trafic de drogue et règlements de compte.
Ce bloc de parole, promesse d'empathie et de récit, ouvre aussi sur d'autres images que l'utilisateur peut convoquer d'une simple pression du doigt. Contrepoints figuratifs, ces évocations poétiques permettent d'enluminer les mots d'Alma et de représenter l'irreprésentable (ce qui n'est plu ou ce qu'il est trop pénible de regarder en face). Le dispositif tactile permet de toucher le visage du personnage, de l'affecter et de le faire disparaître au profit de ces représentations qui alternent peintures et dessins d'Hugues Micol, photos d'archives et prises de vues contemporaines réelles. Démiurge du montage, le webspectateur décide de ce qu'il voit mais le récit d'Alma se poursuit, implacable.
Simplicité d'utilisation et puissance d'évocation : ce webdoc « digital » (au sens premier du terme) cultive l'épure, la retenue et la délicatesse. En un mot : l'éthique. Il offre aussi un écrin idéal à Alma qui ouvre son âme pour livrer un récit très intime, et très politique. Repentie en sursis, son destin entre en résonance avec celui de nombreux autres jeunes d'Amérique Centrale. Et pour la protéger, le programme est géobloqué au Guatemala.

13. Bear 71
Jeremy Mendes, Leanne Allison.
ONF
2012 (version VR en 2017), Canada.

Le théâtre de l'expérience se situe quelque part dans les Rocheuses canadiennes, dans une réserve naturelle où la proximité de l'Homme avec la vie sauvage est à la fois séduisante et problématique.
Une femelle grizzly arpente le terrain. Elle a 3 ans quand elle est capturée par des Rangers. Piégée puis endormie, on l'équipe d'un récepteur GPS et d'une puce électronique. On lui donne un nom, aussi. Elle devient l'ourse 71 et rejoint le renard 55, le cerf 431 ou le loup 48 ; soit la vie sauvage traquée par les caméras des hommes.
C'est l'histoire de cet animal désormais pisté que nous conte une voix-off écrite à la première personne pour épouser le point de vue du plantigrade. L'anthropomorphisme rapproche le spectateur de la peau de l'ourse parquée et exposée aux barbelés, aux autoroutes ou aux émanations toxiques. Le programme avertit : « *Il n'y a pas beaucoup de façons de mourir pour un grizzly. Du moins, c'était le cas à l'état sauvage* ».
L'internaute navigue sur une carte symbolique du territoire. Nature schématisée et stylisée : des cercles noirs et des pastilles vertes figurent le relief et la végétation ; des marqueurs représentent l'emplacement des animaux comme celui des visiteurs. L'ensemble forme un univers interactif mouvant, qui fluctue à mesure des déplacements de l'utilisateur. Des icônes renferment les contenus à découvrir : photographies et images de vidéosurveillance puisées dans dix ans d'archives, mais aussi informations techniques ou sensibles sur les animaux. Le *design* graphique et sonore offre à l'internaute plusieurs strates de récit, indépendantes et complémentaires. L'expérience globale décrit un monde sous surveillance, qui englobe l'internaute *via* sa webcam. Traqueurs et traqués se confondent alors dans un saisissant retournement réflexif qui nous donne à penser sur la chimère d'un contrôle technologique absolu.

14. Assent
Oscar Raby
RMIT University (Melbourne).
2012, Australie.

Son père avait 22 ans quand il a été le témoin d'une exécution de masse au Chili. C'était dans les premières semaines de la dictature imposée par le général Pinochet, précisément le 16 octobre 1973 : une « caravane de la mort » supprimait des opposants politiques sans autre forme de procès.

Plus de 40 ans après, on parle encore de ces exactions dans les médias, dans les cours de justice ou entre simples citoyens. C'est un passé qui ne passe pas, ou alors douloureusement. Un tabou même, dans certaines familles.

Hanté par les confidences de son père qu'il avait jusque-là conservées secrètes, Oscar Raby se défait ici de ces souvenirs en les propulsant dans un casque de réalité virtuelle. L'expérience autobiographique place l'utilisateur dans les pas de son père, contraint malgré lui d'assister à un crime contre l'Humanité. Ni bourreau, ni victime, mais dans un intenable entre-deux.

Le dispositif a été construit à partir de représentations virtuelles de l'auteur modélisées en 3D, base visuelle de tous les personnages de l'univers narratif. Il nous ramène sur les lieux des assassinats, et nous place dans la position de l'observateur. Autre espace, autre temps : que choisirez-vous de voir ?

Inspiré par les jeux vidéo de tir à la première personne (FPS) et aidé par le logiciel Unity, Oscar Raby substitue l'acte du regard à l'action de la gâchette. Contempler cette scène de guerre, en immersion et loin du réalisme photographique, déclenche de puissantes sensations, à la fois délicates et terrifiantes.

Assent tire aussi en partie sa force de l'impossibilité de s'y soustraire. Le casque de réalité virtuelle lie irrémédiablement l'utilisateur à l'histoire. Sans échappatoire possible, dépourvu du pouvoir d'infléchir le cours du récit, on explore alors autrement la manière dont les traumatismes de guerre se transmettent de génération en génération. Ou comment un père et son fils font face, ensemble, au poids de l'Histoire...

15. Journal d'une insomnie collective
Hugues Sweeney, Bruno Choinière, Guillaume Braun, Philippe Lambert, Thibaut Duverneix
ONF, Akufen
2013, Canada.

Vous avez rendez-vous avec l'insomnie. Choisissez votre heure pour hypothéquer une partie de votre nuit. En fin de soirée ou au petit matin – le programme vous le rappellera –, vous rencontrerez Francis, Fatiha, Sarah ou Tina. Comme un tiers des habitants des pays occidentaux, ils sont insomniaques.
Une voix suave et enveloppante accueille l'internaute sur l'interface et le conduit dans l'antre de l'un de ces quatre personnages, à la découverte de ce qui ronge leur sommeil. Anxiété, peur, stress... mais aussi impuissance, attente, désolation. Ils ouvrent (courageusement) une porte sur leurs intimités, dans le secret de leurs chambres ou de leurs appartements. Nuits blanches à broyer du noir : quatre tableaux interactifs placent le visiteur face à ces solitudes tourmentées, et inéluctablement éveillées.
Chacune d'entre elles dispose d'un dispositif spécifique pour se livrer – souvent dans le lieu de leurs errances nocturnes. Comment l'insomnie s'installe, et comment peut-elle faire vaciller un monde ? Quels sont les rouages de cet engrenage vicieux où le sommeil disparaît ? S'agit-il de malaises individuels ou d'un phénomène collectif plus symptomatique ? Mettre des visages et poser des voix sur ce drame moderne, c'est déjà toucher quelques bribes de réponse. Partager l'expérience sensible que propose ce webdocumentaire nocturne, c'est aussi briser symboliquement l'isolement de ces êtres fatigués en se (re)connectant avec eux.
Le programme s'est construit avec les insomniaques. Matériau de base de cette création collective qu'il est possible de consulter au terme du parcours : une large enquête collaborative a permis de recueillir en amont plus de 2.000 témoignages sur le sujet, par textes, vidéos ou dessins.
Le webdoc n'a bien sûr aucune ambition thérapeutique, ni même didactique. Il permet simplement et sensiblement de découvrir quelques facettes de l'insomnie moderne. Et d'y songer. Internet ne dort jamais...

16. Type:Rider
Theo Le Du Fuentes, Cosmografik
ARTE, Ex Nihilo
2013, France.

Gothic, Garamond, Times... Les polices emblématiques de la typographie moderne sont au fondement de ce jeu documentaire ; le premier développé en France par une chaîne de télévision (ARTE, en l'occurrence).
Le joueur incarne les « : » du titre de l'œuvre ; deux points qu'il va falloir apprivoiser pour se lancer dans un dédale de niveaux à la découverte de cette histoire ludique de la typographie. Poussez des objets, sautez les obstacles, domptez les roues et faites dansez cet avatar en évitant de tomber dans les abîmes du jeu. Si les énigmes qui parsèment le parcours font appel à la logique, votre dextérité vous sera également très utile pour chevaucher les 10 niveaux du programme. Et point de suspension ici : il vous faudra aussi glaner des lettres, débusquer des astérisques pour progresser et débloquer des bonus, conçus comme de didactiques approfondissements culturels.
Le *game design* retrace l'art de dessiner et de reproduire des lettres au fil des siècles : des caractères gothiques des moines et des copistes à l'invention du pixel en passant par Gutenberg, le constructivisme russe ou la naissance du cinéma, c'est une large mise en perspective historique qu'opère *Type:Rider*. Clarendon vous mène dans un univers de western quand Helvetica vous promet les montagnes russes sur un paysage enneigé... Le dépaysement est garanti et la stylisation est également sonore : chaque niveau est baigné dans un univers musical propre.
Ce jeu idéalement destiné aux supports mobiles (tablettes et téléphones intelligents), et conçu pour les petits comme pour les grands, a connu un énorme succès dans le monde entier. Une installation interactive à destination des galeries et des musées complète le dispositif transmédia. Le tout dresse aussi, derrière les lettres, une histoire de la pensée en mouvement.

17. Stainbeaupays
Simon Bouisson, Elliot Lepers
France Télévisions, Narrative
2013, France.

Vingt ados se racontent, en partant à l'assaut des clichés qu'on peut nourrir sur eux et sur leur ville de Stains, située en banlieue parisienne.
Deux auteurs, Simon Bouisson et Elliot Lepers, ont investi pendant un an leur classe de troisième pour y animer un atelier de réalisation webdocumentaire. Une «*fosse aux lions*» qui va vite rugir de plaisir face à la possibilité de s'exprimer par ses propres moyens (souvent des smartphones) dans une œuvre qui leur ressemble, frondeuse et imprévisible.
Une douzaine de films réalisés par et avec les collégiens sont disséminés autour d'une roue que l'utilisateur actionne pour découvrir les contenus de manière aléatoire... Cette *timeline* circulaire est la grande trouvaille formelle du projet, qui fait sens avec son propos : la ronde, figure imposée des cours de récréation, rassemble les élèves – et ici les films – dans un même espace, clos sur lui-même mais également ouvert aux aléas extérieurs. Au centre, les courts-métrages se succèdent de manière alternative, tantôt mise en scène de fiction, tantôt représentation documentaire, pour nous offrir un film infini, sans réel commencement ni conclusion arrêtée.
Stainsbeaupays concentre ainsi un *patchwork* de moments de vie tels qu'imaginés par les collégiens. A quoi ressemble leur quotidien ? Quelles sont leurs rêves ? Leurs angoisses ? Comment se projettent-ils dans l'avenir et quel regard sentent-ils que l'on pose sur eux ? Les différentes réalisations se croisent et se complètent, en même temps que les initiateurs du projet confient leurs ressentis en contrepoint.
Cette œuvre collective et collaborative aura aussi eu le mérite de ressouder une classe autour d'un objectif artistique commun, et pas tout à fait scolaire. Une expérience que d'autres établissements pourront aisément reconduire : les auteurs ont en effet décidé de distribuer gratuitement le code du programme développé en HTLM5, langage libre et ouvert s'il en est.

18. Jeu d'influences
Julien Goetz, Luc Hermann
France Télévisions, Premières lignes télévision
2014, France.

« *La vérité, c'est ce que la majorité des gens croient* ».
C'est avec cet axiome en tête que vous devrez traverser ce programme. Vous incarnez Louis Esmond, PDG d'une entreprise florissante du bâtiment, Habinat. Un succès en béton dans le domaine des constructions écologiques qui va vaciller après le suicide de votre principal collaborateur, et ami. Une situation de crise s'ouvre pour vous et votre société, mais vous serez épaulé par un professionnel de la communication pour y faire face. Dès lors, quels seront vos choix ? Vous laisserez-vous guider par votre conscience personnelle ou par vos impératifs professionnels ?
Ce dilemme fonde la trame narrative de ce jeu documentaire au cours duquel l'internaute progresse de tableau en tableau en écrivant lui-même la suite de l'histoire. Des questions simples appellent des réponses simples ; en apparence, car rien n'est anodin quand on s'enfonce dans la communication de crise.
La navigation, fluide, est construite autour de vignettes dessinées, mais c'est un autre détail qui mobilisera votre attention : trois jauges qui mesurent continuellement votre niveau de stress, la confiance que vous accorde votre communicant et le retentissement médiatique de l'affaire. En cas de surchauffe, c'est la fin de partie assurée.
Le tour de force de ce programme repose aussi sur la construction à rebours du passé de votre personnage, dont le caractère s'affine au fur et à mesure de vos choix. L'intrigue n'en devient que plus haletante, et troublante.
En somme, si nous avons tous déjà été les spectateurs passifs de scandales politiques, environnementaux ou financiers, nous en voilà désormais acteurs. Et au final, nos réponses et nos parcours nous renseignent sans doute d'abord sur nous-mêmes...

19. Haïkus interactifs
Auteurs multiples
ONF, ARTE
2015, France/Canada.

Le défi lancé par l'appel à projets de l'ONF et d'ARTE était de taille : trouver des « équivalents web » aux traditionnels haïkus japonais. Faire le pari de la forme (très, très) courte pour traduire la quintessence de la poésie nippone en une expérience interactive pertinente. Avec dix bâtons supplémentaires dans les lignes de code, comme autant de règles à respecter ou à transgresser pour l'une d'entre elles (60 secondes maximum, un seul concept d'interactivité, aucun menu de navigation, compatibilité avec tous supports, etc.).
Jusqu'où peut-on repousser les frontières de la narration interactive à partir de ces compositions poétiques séculaires contenant précisément dix-sept syllabes et trois vers ? L'intérêt de la proposition a suscité l'enthousiasme de plus de 160 créateurs venus d'une vingtaine de pays. Douze projets ont été sélectionnés par un jury international, puis mis en production pour constituer cette collection dont l'ensemble, de par la diversité et la cohérence des différents propos, dépasse la somme des parties.
Explorer la vie cachée des images, écouter les sons de nos objets quotidiens, découvrir ce que nos amis pensent réellement de nous... Les promesses d'enchantement sont nombreuses. L'utilisateur doit « jouer » avec chacun de ces douze objets interactifs pour que ceux-ci s'animent, et dévoilent un peu de leurs charmes. Cliquez, glissez, touchez pour vous faire surprendre par ces vignettes vidéoludiques. L'esthétique de la concision est convoquée ici pour traduire des émotions, évoquer le temps qui passe ou sublimer des paysages. Les thèmes et les idées se juxtaposent dans chaque haïku interactif, et s'entrecroisent tout au long d'une collection davantage basée sur la suggestion que sur l'expression ou l'affirmation. C'est, dit-on, *« à découvrir en vitesse, et sans se presser »*. Bref, c'est riche.

20. Morphosis
Stéphane Durand, Pierre Cattan, Pauline Merleau
France Télévisions, Small Bang, Galatée Films
2015, France.

20.000 ans d'évolution condensés en une seule application, narrative et ludique. De l'Âge de glace à l'époque contemporaine en passant par le Néolithique ou l'Empire romain, le programme remonte le temps pour contempler la manière dont les interactions entre l'Homme, la faune et la flore ont sculpté nos paysages tout au long de l'Histoire.
Développée en complément du film de Jacques Perrin et Jacques Cluzaud *Les Saisons*, l'application apporte des réponses aux questions que pose le long-métrage. Comment le loup a-t-il été domestiqué ? Comment sont nées les îles ? Quel rôle ont joué les bœufs et les vers de terre dans le façonnage de nos campagnes ? Comment les villes, aussi, peuvent devenir des refuges de biodiversité ? Autant de thématiques abordées avec pédagogie, et simplicité.
Le cadre de cette vaste épopée reste immuable : l'image d'un paysage symbolique dont seuls les éléments évoluent grâce à une « roue du temps » que l'utilisateur peut tourner pour modeler l'espace. Au fil du parcours, montagnes, plaines et rivières se métamorphosent ; les arbres disparaissent, les champs cultivés laissent place aux constructions de l'Homme... Sous nos yeux, un paysage se construit, se travaille.
Six périodes composent cette fresque environnementale aux accents résolument écologiques, avec à chaque fois 3 épisodes interactifs pour faire progresser le récit. Les séquences d'animation au graphisme en 2D se combinent à des phases de jeu sans difficulté ni contrainte pour mieux inclure le spectateur dans l'évolution de la narration.
Un lien émotionnel se crée petit à petit, un sentiment d'appartenance et de proximité éclot. En remettant les grandes évolutions à notre échelle, l'application fait plus qu'œuvre de sensibilisation : elle amène l'utilisateur à porter un autre regard sur son entourage. Ce monde est à nous, mais il est fragile. Les grands équilibres naturels restent précaires, et réversibles. Il faut donc les chérir car rien n'est figé, pas même *Les saisons*.

21. WEI or Die
Simon Bouisson, Olivier Demangel
France Télévisions, Cinétévé, Résistance Films
2015, France.

W.E.I. pour « Week-End d'Intégration ». C'est ce rituel quasiment incontournable des grandes écoles françaises que se propose de documenter cette… fiction interactive. Une horde d'étudiants part à l'assaut d'un gîte à la campagne, pour une journée et une nuit de débauche. Drogue, sexe et alcool… mais aussi violences et humiliations. Le cocktail est explosif, potentiellement mortel. La découverte du corps d'un jeune homme sans vie au milieu d'un étang sonne la fin de la partie, et enclenche la dramaturgie.
Tous les téléphones et les caméras présents sur les lieux de la fête sont saisis par la police, puis remis entre les mains du spectateur. Autant de pistes à explorer pour comprendre ce qu'il a pu se jouer peu avant 3h41.
Pour revivre les heures qui ont précédé le drame, ces séquences resynchronisées sont dispersées sur une « *real timeline* » qui permet de basculer librement d'un enregistrement à l'autre, et d'agencer ainsi notre propre vision de l'histoire. Toutes ces captures racontent évidemment la même chose, mais sous un angle différent.
Le programme ne propose pas pour autant de se glisser dans la peau d'un enquêteur ; plus subtilement, il fait du spectateur un réalisateur, démiurge non pas du récit mais de la représentation. Quels types de segments allez-vous privilégier ? Le *trash* ou le *soft* ? Serez-vous attachés aux faits ou aux émotions ? Voyeur ou analyste ? C'est aussi notre propre regard qui est ici interrogé.
Au terme d'une expérience techniquement fluide et intuitive, le spectateur n'aura pas reconstitué qu'un puzzle ; il se sera vu offrir une image particulière de la jeunesse. Un groupe d'individus capables de se transformer en meute. Mais ne criez pas avec les loups : il en va aussi de l'intégration scolaire de ces étudiants, et donc de leur avenir…

22. Jusqu'ici
Vincent Morisset, Caroline Robert, Philippe Lambert, Edouard Lanctôt-Benoit.
AATOA, ONF, France Télévisions
2015, Canada.

Une simple balade en forêt, sans but apparent, dans le sillage d'un petit bonhomme blanc. Il n'y a rien à gagner, pas de point à engranger ni de niveau à passer. Entre jeu vidéo et film interactif, le programme explore un monde virtuel, animal et végétal, où le voyage spatio-temporel importe davantage que la destination. Point de boussole non plus pour s'orienter, l'émerveillement vous servira de guide...
Le spectateur doit accepter de se défaire de ses repères traditionnels, d'oublier ses réflexes établis ; en somme : de se perdre – et d'abandonner le contrôle de sa souris. Seul point de repère (fuyant) : une ligne blanche tracée au sol. Le bonhomme animé la suit en réagissant aux commandes de l'internaute. Support d'identification évident, il agit comme une extension de notre propre regard. Avec lui, on marche, on court, on vole... On baisse la tête pour découvrir de petits insectes ou on lève les yeux pour admirer un rayon de soleil percer à travers les arbres. Un monde de détails s'offre au visiteur, pour peu qu'il ait la patience de les débusquer...
L'expérience ambitionne de changer nos perspectives. Construit sur un savant mélange d'animation manuelle, de vidéos 360° artisanales, de musique, de rêve et de code, il est destiné à tout public, de 5 à 105 ans, et à tout support (navigateur web classique comme casque de réalité virtuelle).
Cette forêt de pixels d'abord dépeinte en noir et blanc se pare bientôt de couleurs psychédéliques, renforçant encore le caractère hypnotique de cette déambulation dans les bois. *Jusqu'ici* se rapproche alors davantage du cinéma que de la création web pour nous renvoyer finalement à notre propre appréhension de la vie. En magnifiant l'instant présent, le programme interroge nos empressements quotidiens. L'expérience peut d'ailleurs durer trois minutes, ou ne jamais s'arrêter. Sur ordinateur ou avec un casque de réalité virtuelle. A vous de voir...

23. Sarcellopolis
Sébastien Daycard-Heid, Bertrand Devé, Cédric Faimali
Yes Sir Films, France Télévisions
2015, France.

« Montez dans le bus », vous aurez vingt minutes pour découvrir la ville de Sarcelles, en banlieue parisienne, et entrer en contact avec ses habitants qui sont ici vos compagnons de voyage sur la ligne 368, qui sillonne de part en part cette cité cosmopolite.
Sarcelles, c'est le premier « grand ensemble » construit en France dans les années 60. Quatre-vingt dix communautés différentes aujourd'hui, pour 60.000 habitants seulement.
Sarcelles, c'est aussi une commune qui a bien souvent mauvaise presse, et sur laquelle les réalisateurs de cette expérience interactive viennent poser un regard bienveillant.
Le quotidien d'un chauffeur de bus, celui qui relie les différents quartiers de la ville et qui accueille dans son espace et le temps d'un voyage les différents membres de cette communauté, est la porte d'entrée dans le récit – et bien sûr son fil conducteur. *Transport en commun*, ce programme vous propose de naviguer entre les sièges, de contempler des photos de la ville ou, *via* un léger *scroll*, de faire plus ample connaissance avec les sept protagonistes sélectionnés par les auteurs. Nadil, Madeleine ou Belkacem vous accueilleront dans leur intimité et, ensemble, dresseront le portrait divers d'une ville-monde bigarrée et sans équivalent en France.
Des Parisiens de naissance, des Juifs et Musulmans issus du Maghreb, des Chrétiens de Turquie et maintenant d'Irak, des Antillais, des Pakistanais, des Vietnamiens, des Africains catholiques ou évangéliste... *Sarcellopolis,* également décliné à la télévision et à la radio, construit une autre image de Sarcelles, grâce notamment au traitement filmique et interactif dont il fait l'objet et qui redore le blason du vivre-ensemble. Bien plus encore, ce ne sont pas ici des regards ou des commentaires posés sur la ville qui s'expriment ; c'est la ville elle-même.

24. A Blind Legend
Nordine Ghachi, Jérôme Cattenot, Bruno Guéraçague, Magali Pouzol
France Culture, DOWiNO
2015, France

Vous ne verrez rien dans *A Blind Legend*. Ou presque. Le héros que vous incarnez dans ce jeu d'aventure médiéval est aveugle. On ne sait pas exactement comment le chevalier Edward Blake a perdu la vue, mais sur l'île de High Castle, vous allez devoir l'aider à retrouver sa femme Dame Caroline, tout juste enlevée par le roi oppresseur Thork. Votre seul guide dans cette quête : Louise, 10 ans.

Dans ce voyage épique et périlleux, votre ouïe devra être aussi affutée que votre épée car elle sera votre seule arme pour défier les éléments et vaincre vos ennemis. Vous vous orientez grâce au son binaural capturé et restitué en 3D, qui vous fera percevoir une infinité de détails. Le chahut du village, le vent dans les sous-bois, les sabots des chevaux ou les courses de vos assaillants... Ce sont les oreilles du joueur qui guident sa perception et ses actions, qui permettent aussi de se figurer les potentialités visuelles du jeu. A chaque utilisateur, donc, le plaisir et le loisir de se représenter les images qu'il souhaite, en écoutant simplement son cerveau...

Ce jeu audio et mobile repose bien sûr sur votre habileté à vous mouvoir dans cet univers chevaleresque, grâce à votre smartphone transformé ici pour l'occasion en *joystick*. Une simple pression du doigt permet de se déplacer, de combattre, et de progresser avec réalisme dans ce Moyen Âge reconstitué. Casque sur les oreilles et avec le son pour messager, vous épousez le tempo de votre héros, au rythme d'un scénario somme toute classique. Cinq vies vous sont offertes au départ de l'aventure, mais elles se régénèrent après vingt minutes de jeu.

Imaginé pour les mal- comme pour les bien-voyants, *A Blind legend* nous rappelle aussi que les espaces sonores de toute proposition interactive restent de puissants leviers d'immersion, et d'adhésion.

25. Phallaina
Marietta Ren
France Télévisions Small Bang
2016, France.

La vie d'Audrey croise régulièrement la route d'immenses cachalots. Des bancs de cétacés qui viennent perturber son quotidien en envahissant son champ de vision lors de crises hallucinatoires qui la coupent, pour quelques secondes ou pour quelques minutes, de sa réalité.
Cette jeune traductrice souffre d'un physeter, une « anomalie » du cerveau qui lui permet par ailleurs de rester très longtemps en apnée sous l'eau. Pour se soigner, elle décide d'entamer une série d'examens cliniques qui l'emmèneront bien au-delà de ses attentes. Sa cure personnelle va se muer en révolution intime, pour un voyage aux confins des sciences cognitives et de la mythologie que le spectateur va parcourir du bout des doigts.
Pour suivre ces (mes)aventures, il faut en effet faire *défiler* à la main les images qui composent ce roman graphique entièrement composé en noir et blanc. Les codes de la bande dessinée traditionnelle explosent sous l'effet du « *scroll horizontal* » : finis les cadres des cases, la verticalité de la représentation et le statisme du dessin. Ici, tout est mouvements dans le regard du spectateur. Les images et les pensées se succèdent dans un vaste panoramique très cinématographique de 1.600 écrans mis bout à bout, pour une durée moyenne de lecture d'une heure trente (l'équivalent de 320 mètres de pages !).
Le trait de Marietta Ren associé aux effets de parallaxe et à un *sound design* travaillé pour souligner les séquences-clé renforcent l'immersion du spectateur en même temps qu'ils creusent les reliefs, plastiques et narratifs. L'ensemble se lit sans transition ou presque, grâce à de nombreuses astuces graphiques qui fluidifient l'expérience. Cette application gratuite, sensuelle et expérimentale, est accompagnée d'une fresque de 115 mètres de long, soutenue par une bande sonore géosituée *via* smartphones. Un dispositif monumental et itinérant qui raconte une autre histoire, complémentaire de la trame principale. Et ça (se) marche !

26. La grande histoire d'un petit trait
Serge Bloch, Antoine Robert, Camille Duvelleroy
France Télévisions, Bachibouzouk, La Station animation, Les Editions Sarbacane
2016, France.

C'est une « histoire à toucher » aussi simple, douce et bienveillante qu'un parapluie pour protéger une famille des intempéries lors d'un pique-nique dominical.
Dans ce conte interactif pensé pour les enfants mais également accessibles aux adultes (et, idéalement, à consommer ensemble autour de l'application dédiée), un jeune homme vous sert de guide. Sur son chemin, il trouve un petit segment rouge, le consigne bien précieusement chez lui avec ses autres « trésors », et va finalement grandir avec – et grâce à – lui. Parce que ce petit trait est bien vivant, il va s'animer !
L'utilisateur de cette expérience résolument tactile doit faire avancer l'histoire avec son doigt. Dessiner les contours d'un cadeau, d'un serpent ou d'un train pour mettre le récit sur les rails. Les exercices nécessiteront parfois plusieurs essais pour être validés, et c'est la dextérité de l'utilisateur, moteur de l'avancement de la narration, qui est ici mise en jeu. Pas de panique, toutefois : on peut gommer, recommencer, et se tromper pour finalement réussir... *La grande histoire d'un petit trait* est avant tout une proposition ludique, pédagogique, poétique, et facile d'utilisation.
Cette simplicité se retrouve dans les dessins de Serge Bloch, minimalistes, épurés et conviviaux, qui accompagnent petits et grands dans l'appréhension de cette histoire d'abord parue en livre en 2014, et également adaptée en court-métrage.
Au final surtout, ce programme propose une belle leçon de vie : le jeune garçon rencontré au début de l'histoire croît avec son petit trait, devient adulte, et finit par se défaire d'un morceau de son compagnon de dessin pour le déposer à son tour quelque part dans la nature au hasard des rencontres. Un(e) autre que lui le trouvera, s'en emparera, et grandira avec. La boucle est bouclée.

27. Tantale
Gilles Porte
France Télévisions, La Générale de Production
2016, France.

Pour un pays et pour un chef d'Etat, l'obtention des Jeux Olympiques relève du parcours du combattant, semé d'embûches et de négociations serrées. Paris a retenté sa chance avec succès pour 2024, après s'être cassé les dents pour 2012, la faute – peut-être – à une entreprise de lobbying insuffisante.
C'est justement le cœur de *Tantale*, huis clos interactif – et cinématographique – qui se tient dans un hôtel feutré lors des ultimes tractations en vue l'attribution des 33èmes J.O. Paris fait face à Mumbaï. Le président français, Henri Laborde, est à votre écoute. Vous le suivez dans les dernières discussions, et choisissez avec lui les orientations stratégiques finales. Faut-il négocier avec la Centrafrique ? Devez-vous dénoncer la corruption ? Quelle entente avec les Américains ? Sans compter votre fille qui vient brouiller les pistes par d'incessantes sollicitations téléphoniques, non sans rapport avec les décisions à prendre...
Cette fiction interactive, 5 fins possibles et 25 manières d'y parvenir, progresse grâce à un *sound design* très élaboré. Vous orientez le récit depuis votre ordinateur ou votre smartphone en fonction de ce que vous entendez dans votre écouteur gauche ou dans votre écouteur droit. En somme, rien ne se décide sans vous : vous êtes l'utilisateur qui murmure à l'oreille du héros.
Dans la vraie vie, le tantale est un métal précieux pour nos téléphones portables. Dans la mythologie, c'est le fils de Zeus. D'un point de vue plus littéraire, ce serait quelqu'un qui désire ardemment quelque chose réputé inaccessible. Et dans cette fiction interactive, *Tantale* constitue aussi un petit précis de géopolitique et un exercice pratique de lutte d'influences. D'une très belle facture esthétique, cette expérience jubilatoire aux confins du pouvoir met en jeu non seulement les J.O., mais aussi le bilan d'une présidence. Sans oublier les fameux « deux points de PIB »...

28. Californium
Brice Roy, Olivier Bonhomme
ARTE, Darjeeling, Nova Production
2016, France.

Californium est un jeu vidéo d'exploration en vue subjective et en 3D, directement inspiré des univers de Philip K. Dick. La proposition nous emmène au-delà les apparences, dans des réalités alternatives au monde réel, au plus près de l'œuvre et de l'homme dont elle s'inspire.
Vous êtes Elvin Green, nous sommes à Berkeley (USA), en 1967. Votre carrière d'écrivain, qui n'a jamais décollé, sombre comme vous vous abîmez dans l'alcool et dans les drogues. Votre éditeur est furieux, votre femme et votre fille vous ont quitté, votre appartement est un vaste capharnaüm sans ordre ni mesure. Bref... Le tableau que découvre le joueur au départ de cette aventure en forme d'« immersion dickienne » est pour le moins déconcertant.
« *Si vous trouvez ce monde mauvais, vous devriez en voir quelques autres* », écrivait Philip K. Dick. Ici, petit à petit, la réalité se dérobe, ou se transforme. Les murs, les sols... Des visions parcellaires d'un « autre monde possible » se dessinent, et se multiplient. Comment se saisir de ces « anomalies » qui apparaissent dans la représentation ? Comment se les approprier ? C'est tout le sel de ce jeu, qui vous fera également rencontrer des personnages haut en couleurs, à l'image de l'esthétique générale très « pop » de *Californium*.
En quatre niveaux différents, disponible sur Mac comme sur PC, *Californium* réussit la prouesse de raconter un auteur de littérature de science-fiction, sans doute visionnaire, dans un jeu vidéo d'auteur basé sur une stratégie – et un plaisir – du « dévoilement ». Les fans et les profanes de *Souvenirs à vendre* ou de *Les androïdes rêvent-ils de moutons électriques ?* s'y retrouveront aisément. Ce programme est à considérer en regard d'un documentaire et d'une proposition de réalité virtuelle, *I, Philip*, également coproduits par ARTE.

Sommaire

Introductions..................9
. Après le webdoc...
. Webcréations, la typologie impossible
. Retour sur les narrations interactives

1. Introspections : Webdocumentaristes de notre temps.................. 39
. Gwenola Wagon et Stéphane Degoutin explorent le « Cerveau mondial » d'une humanité connectée
. Antoine Viviani, « Dans les limbes » d'internet
. Margaux Missika et Alexandre Brachet détricotent « Do Not Track »

2. Le documentaire en balade..................93
. « Le Cancer du Temps », une fable interactive sur notre incapacité à ne rien faire *
. « Affaires sensibles », le fait divers revu, corrigé et... épuré
. Joffrey Lavigne invite les spectateurs dans les pas de « Jaurès »
. « L'Infiltré » : Coulisses de la première politique-fiction en temps réel
. Alexandre Hallier : Eloge du livre numérique interactif
. Ulrich Fischer et la promesse de « marcher son film »

On fait le point avec... Pierre Cattan
(Small Bang)

3. Le documentaire fait du bruit..................179
. Le documentaire sonore : Un jardin d'herbes folles à explorer *
. Thomas Baumgartner : « Le son binaural est une révolution de l'écriture radiophonique »
. Le nouveau podcast : états des lieux, enjeux et perspectives *
. « De guerre en fils » : quand le documentaire radio joue avec la fiction *
. ARTE Radio : le documentaire sonore selon Silvain Gire
. Bonus – Comment se voir refuser un projet à ARTE Radio
. Sara Monimart et Chloé Assous-Plunian racontent « Les Braqueurs »
. Genèse et développement du podcast « Transfert »
. « T'es où Youssef ? » : Le podcast en forme de making-of d'un film

. « Audiostories » : Un geste documentaire en partage qui consacre les univers sonores *
. « Radio Live» : Une nouvelle génération de documentaire en live et sur scène *

On fait le point avec... Joël Ronez
(Binge Audio)

4. Le documentaire en série..................................279
. Les webséries dans tous leurs états
. Manon Gervais : Pourquoi et comment « La Bande du skatepark » a été une websérie
. *La Parade* : un conte documentaire post-industriel *
. Simon Bouisson détaille « Product »
. Julien Goetz et Sylvain Lapoix : construire la communauté de *DataGueule*
. Le documentaire en réseau : du « Madeleine project » à « Eté », de Twitter à Instagram

On fait le point avec... Gwenaëlle Signaté
(« IRL » – France Télévisions)

5. Ensemble, le documentaire........................... 353
. Irvin Anneix : le créateur numérique qui murmure à l'oreille des ados *
. Comment « Soundhunters » a mis en musique le collaboratif ?
. « Generation What ? » : de l'expérience interactive française au projet mondial
. Andrés Jarach raconte « Générations 14 »
. « Anarchy » : C'est le chaos, entrez dans la fiction

On fait le point avec... Hugues Sweeney
(ONF/studio interactif)

6. Le documentaire s'amuse...........................443
. Le jeu vidéo et le réel : l'heure du « coming out »
. De *Jeux d'influences* à *Assassin's Creed* : Le traitement du réel dans les jeux vidéo *
. Quels jeux vidéos pour quels effets narratifs ?
. David Dufresne : « Le jeu est une grammaire documentaire, une syntaxe interactive »
. *Californium* : les mondes ébréchés de Philip K. Dick

. Les montagnes russes émotionnelles de l'artisan producteur de jeux vidéo

On fait le point avec... Gilles Freissinier
(ARTE Pôle web)

7. Et la réalité devint virtuelle..................................**523**
. Félix et Paul, visite guidée dans le studio le plus réputé au monde
. Oscar Raby : l'interactivité granulaire ou l'homme pensant au centre de l'univers
. Arnaud Dressen : « Pour la première fois, un média dédié au cinéma immersif »
. Arnaud Colinart : Comment nous avons produit « Notes on Blindness »
. Key Meseberg : « La réalité virtuelle est une vieille idée »
. « Le photographe inconnu » : Histoire d'un projet documentaire à deux têtes
. Vincent Morisset : A propos de « Jusqu'ici » *
. Okio, tête de pont de la réalité virtuelle française derrière « I, Philip » et « Altération »
. « The Enemy » : l'expérience de réalité virtuelle de Karim Ben Khalifa
. Michel Reilhac : « La VR est un terrain d'expérimentation extraordinaire »
. Adelin Schweitzer : un artiste numérique depuis longtemps en réalité virtuelle

Ouverture..**643**
Esquisse d'un « Temple de la Renommée »

* article déjà paru sur *Le Blog documentaire*

www.ingramcontent.com/pod-product-compliance
Lightning Source LLC
Chambersburg PA
CBHW050147230526
45470CB00001B/2